21世纪法学系列教材

国际法系列

国际法

（第三版）

白桂梅　著

图书在版编目(CIP)数据

国际法/白桂梅著. —3版. —北京：北京大学出版社，2015.8
（21世纪法学系列教材）
ISBN 978-7-301-26149-1

Ⅰ. ①国… Ⅱ. ①白… Ⅲ. ①国际法—高等学校—教材 Ⅳ. ①D99

中国版本图书馆 CIP 数据核字（2015）第 177794 号

书　　　　名	国际法（第三版）
著作责任者	白桂梅　著
责 任 编 辑	孙战营
标 准 书 号	ISBN 978-7-301-26149-1
出 版 发 行	北京大学出版社
地　　　　址	北京市海淀区成府路205号　100871
网　　　　址	http://www.pup.cn
电 子 信 箱	law@pup.pku.edu.cn
新 浪 微 博	@北京大学出版社
电　　　　话	邮购部 62752015　发行部 62750672　编辑部 62752027
印 刷 者	北京宏伟双华印刷有限公司
经 销 者	新华书店
	730毫米×980毫米　16开本　40.25印张　766千字
	2006年9月第1版　2010年1月第2版
	2015年8月第3版　2022年9月第6次印刷
定　　　　价	65.00元

未经许可，不得以任何方式复制或抄袭本书之部分或全部内容。
版权所有，侵权必究
举报电话：010-62752024　电子信箱：fd@pup.pku.edu.cn
图书如有印装质量问题，请与出版部联系，电话：010-62756370

第三版序

本版在章节上做了一些调整并适当地增加或删减了一些内容。考虑到在讲课时较早地涉及条约法的概念和问题，故将原来的第七章条约法移至前面成为新版的第三章。另，由于难民问题与人权法联系更加密切，因此将相关内容移至第十章并做了适当改写。此外，基于国际法发展迅速，新的文献资料层出不穷，全书数据和文献的更新是必须要做的。

本次修订受益于2014年秋为北大法学院2012级本科生讲授国际法大课，同学们在课间及课后提出的问题本人受益匪浅，借此机会表示衷心感谢。特别要感谢的是陈陌阡同学，她对本书第二版中的文字错误做了认真修改并提出其他修改建议。另外，学生帅凯旋和赵理智也为本书的修订做出不少贡献，在此表示深深的谢意。最后，感谢本书责任编辑孙战营女士和北大出版社郭薇薇编辑，感谢她们不惧炎热对本书的修订稿进行审校。

尽管已经对书中的错误尽可能进行了矫正，但问题或遗漏仍在所难免，请亲爱的读者批评指正。

2015年7月24日
于北大陈明楼

第二版序

国际法的发展很快。在 2006 年本书出版以后国际法各个领域都有一些新的变化。为了做到"与时俱进",新版《国际法》做了力所能及的更新。

考虑到,国际经济法是我国教育部规定的法学院本科十几门主干基础课之一,本次修订将国际经济法删去了。但是这并不意味着国际经济法与国际公法没有关系。其实国际经济法中的许多问题都是国际公法问题,甚至没有国际公法的基础很难精通国际经济法。

此次修订还在一些章节上作了调整。例如,删去了"承认与继承"这一章,将其内容并入第四章中;将国际法基本原则作为专章,把国家的基本权利并入到第四章中。

本书的修订得到中国社会科学院法学研究所周雯博士、北京大学法学院国际法博士生高阳女士和国际法硕士生高玉婷女士的帮助,她们用业余时间为本书的资料更新和注释的核对作了大量工作,在此向她们表示衷心感谢。此外,北京大学法学院 2008 级本科生在上国际法课程期间指出了本书存在的一些错误,如柳倩同学;另外,胡诗雪、吴倩、王小溪、王一盈、徐昆、赵娜和周韶龙同学,他们在本书重印之前利用自己休息时间分工合作对本书进行了进一步的认真阅读并提出了宝贵的修改意见,特此向他们表示感谢。最后,我还要感谢本书的责任编辑孙战营女士为修订本书所作出的努力。

经过修订,书中的错误与第一版相比减少了,但还是在所难免,希望各位读者提出宝贵意见。

白桂梅
2010 年 1 月 3 日于燕园陈明楼

序

现在您阅读的是一本国际法教科书,是我在从事二十多年国际法教学和研究工作后独自完成的第一本此类著作。之所以能够最终完成,除了得益于我身边的同事、学生、朋友和家人的具体支持外,还因为在我的心中有给我无穷精神力量,自1979年起指引我走上国际法学习、教学与研究之路的我的(中国和外国的)诸位导师和前辈们。虽然他们有的已经永远地离开了,有的已经退出了国际法的教学与研究前线,但是他们严谨的治学态度和"活到老学到老"的工作精神近三十年来一直鼓舞着我,并支持我克服种种困难完成了现在的这本书。借此机会我要首先向他们表示衷心的感谢。我还要感谢的是曾经与我一起讨论过本书的结构和内容或阅读过本书部分章节的初稿并提出宝贵修改意见的我的北京大学、中国人民大学、中国政法大学、南开大学、国际关系学院等院校的同事加朋友们。最后,我还要感谢为本书部分资料的收集和注释的核对作出具体贡献的北京大学国际法、国际经济法、环境法和人权硕士班的博士生和硕士生:郭三转、朱利江、周雯、陈强、陈一峰、陈天一、王社坤、王瑞卿、王丽、赵晓静、范云鹏、郭薇薇、姜波等。本书的出版还要感谢北京大学出版社和本书责任编辑孙战营女士。

虽然这是专门为高等法学教育本科生撰写的教材,但是书中的某些章节同样可以为国际法研究生提供参考,在某种意义上,也可以为从事国际法实践的外交官、其他政府官员和非政府组织提供一定的帮助。与同类教科书相比,本书在结构和内容上的不同是加强了导论部分,把国际法的性质和历史发展、渊源、国际法与国内法的关系等问题作为专章,从而加重了它们在本书中的分量。这样的处理既符合许多国际法教师的教学习惯,也与我多年来从事国际法理论教学和研究的经历相吻合。此外,本书在每章的后面增加了一些供读者进一步阅读的参考书目,其中有些是我自己今后也要深入阅读的新书。

最后,应该向读者真诚坦白的是,由于国际法是包含了众多分支的学科,尽管自己从事了多年的教学与研究,但还是有一些不熟悉的领域,例如,国际环境法、国际经济法和国际组织法等,因此本书与这些领域相关的章节显得比较单薄,并一定有许多疏漏甚至错误。我衷心希望读者、国际法各不同领域的专家以及我的同事和朋友们对本书中存在的各种问题提出宝贵意见,以便在今后再版时予以纠正。

白桂梅

2006 年 8 月 24 日于渥太华

目 录

第一章 国际法的性质、历史和理论学说 (1)
  第一节 国际法的性质 (1)
  第二节 国际法的历史发展 (7)
  第三节 国际法理论学说 (15)

第二章 国际法的渊源 (34)
  第一节 渊源的概念和种类 (34)
  第二节 条约作为国际法的渊源 (37)
  第三节 习惯作为国际法的渊源 (40)
  第四节 一般法律原则和衡平法 (48)
  第五节 司法判例和公法学家学说 (51)
  第六节 国家间非条约性共同约定 (53)
  第七节 与国际法渊源相关的一些问题 (61)

第三章 条约法 (67)
  第一节 条约的定义 (67)
  第二节 条约的缔结 (74)
  第三节 条约的适用、解释及修订 (87)
  第四节 条约的无效、终止或暂停实施 (100)

第四章 国际法与国内法的关系 (110)
  第一节 一般理论与实践 (110)
  第二节 国内法对国际法的态度 (113)
  第三节 国际法与中国国内法的关系 (119)
  第四节 国际法与国内法的相互关系 (123)

第五章 国际法的主体 (127)
  第一节 概述 (127)
  第二节 国家在国际法中的地位 (129)
  第三节 国家和政府的承认 (139)
  第四节 国家的继承 (153)
  第五节 国际组织和其他非国家实体在国际法中的地位 (158)

第六章 国际法基本原则 (166)
  第一节 概述 (166)
  第二节 国家主权原则 (171)
  第三节 禁止使用武力或武力威胁原则 (175)
  第四节 不干涉原则 (179)
  第五节 自卫 (187)
  第六节 人民自决原则 (192)

第七章 管辖与豁免 (196)
  第一节 国家管辖权 (196)
  第二节 国家的刑事管辖权 (199)
  第三节 国家管辖豁免 (207)
  第四节 国家元首和政府首脑的豁免 (213)
  第五节 引渡与庇护 (216)

第八章 国际法上的责任 (220)
  第一节 概述 (220)
  第二节 国家对国际不法行为的责任 (223)
  第三节 国家责任的形式及其实施 (231)
  第四节 国际责任制度的新发展 (236)

第九章 国际法中的个人 (248)
  第一节 个人在国际法中的地位 (248)
  第二节 国籍 (253)
  第三节 外国人的法律地位 (266)
  第四节 外交保护 (275)

第十章 国际法上的人权 (280)
  第一节 概述 (280)
  第二节 国际人权宪章 (287)
  第三节 联合国核心国际人权公约 (299)
  第四节 区域国际人权保护 (314)
  第五节 难民的国际保护 (318)
  第六节 国际人权保护机制 (322)

第十一章 国家领土 (333)
  第一节 领土的概念和领土主权 (333)
  第二节 国家领土在国际法上的地位 (341)
  第三节 传统国际法上领土的取得和变更方式 (349)
  第四节 领土边界和边境制度 (352)

第五节　两极地区的法律地位 …………………………………… (360)
第十二章　海洋法 …………………………………………………………… (366)
　　第一节　海洋法的概念和历史发展 …………………………………… (366)
　　第二节　基线 …………………………………………………………… (371)
　　第三节　内水 …………………………………………………………… (375)
　　第四节　领海、海峡及毗连区 ………………………………………… (379)
　　第五节　大陆架和专属经济区 ………………………………………… (388)
　　第六节　公海和国际海底区域 ………………………………………… (399)
　　第七节　争端解决机制与国际海洋法法庭 …………………………… (408)
第十三章　国际空间法 ……………………………………………………… (412)
　　第一节　空气空间与国际航空制度 …………………………………… (412)
　　第二节　外层空间法 …………………………………………………… (422)
第十四章　国际环境法 ……………………………………………………… (435)
　　第一节　国际环境法的概念和渊源 …………………………………… (435)
　　第二节　大气、海洋和淡水环境保护 ………………………………… (442)
　　第三节　国际环境保护的其他主要领域 ……………………………… (455)
第十五章　外交和领事关系法 ……………………………………………… (464)
　　第一节　概述 …………………………………………………………… (464)
　　第二节　国家对外关系机关 …………………………………………… (468)
　　第三节　外交使节 ……………………………………………………… (470)
　　第四节　外交使节的派遣、接受及其职务 …………………………… (472)
　　第五节　外交特权和豁免 ……………………………………………… (478)
　　第六节　特别使团 ……………………………………………………… (494)
　　第七节　领事制度 ……………………………………………………… (495)
　　第八节　领事特权和豁免 ……………………………………………… (499)
第十六章　国际组织 ………………………………………………………… (504)
　　第一节　概述 …………………………………………………………… (504)
　　第二节　联合国 ………………………………………………………… (507)
　　第三节　联合国的主要机关与专门机构 ……………………………… (512)
　　第四节　区域性国际组织 ……………………………………………… (524)
　　第五节　国际组织法的主要内容 ……………………………………… (529)
第十七章　和平解决国际争端 ……………………………………………… (537)
　　第一节　概述 …………………………………………………………… (537)
　　第二节　政治解决方法 ………………………………………………… (541)
　　第三节　国际仲裁 ……………………………………………………… (547)

第四节　国际法院 …………………………………………（551）
第十八章　战争和国际人道法 ………………………（560）
  第一节　概述 ………………………………………………（560）
  第二节　战争的开始与结束及其法律后果 ………………（562）
  第三节　战争法规则 ………………………………………（567）
  第四节　国际人道法规则 …………………………………（578）
  第五节　中立法 ……………………………………………（587）
  第六节　对战争法和国际人道法的违反及惩治 …………（590）

索引 …………………………………………………………（601）

Content

Chapter 1 The Nature and History of and Theoretical Approaches to International Law ·· (1)
    Section 1 The Nature of International Law ······································· (1)
    Section 2 The History of International Law ······································ (7)
    Section 3 Theoretical Approaches to International Law ···················· (15)
Chapter 2 Sources of International Law ··· (34)
    Section 1 Concepts and Categories of the Sources ·························· (34)
    Section 2 Treaties as Sources of International Law ························· (37)
    Section 3 Customs as Sources of International Law ························ (40)
    Section 4 General Principles of Law and Equity ····························· (48)
    Section 5 Judicial Decisions and Teachings of Publicists ·················· (51)
    Section 6 Non-Treaty Common Commitments among Nations ············ (53)
    Section 7 Some Related Problems ·· (61)
Chapter 3 The Law of Treaties ·· (67)
    Section 1 The Definition of Treaties ·· (67)
    Section 2 The Conclusion of Treaties ·· (74)
    Section 3 The Application, Interpretation and Amendment and Modification of Treaties ··· (87)
    Section 4 Invalidity, Termination and Suspension of the Operation of Treaties ·· (100)
Chapter 4 The Relationship between International Law and Domestic Law ·· (110)
    Section 1 General Theories and Practice ····································· (110)
    Section 2 The Attitude of Domestic Law to International Law ·········· (113)
    Section 3 The Relationship between Chinese Domestic Laws and International Law ··· (119)
    Section 4 The Interrelationship between International Law and Domestic Law ·· (123)
Chapter 5 Subjects of International Law ··· (127)
    Section 1 General Introduction ··· (127)

Section 2　Status of States in International Law ………………（129）
Section 3　Recognition of States and Governments ………………（139）
Section 4　State Succession ……………………………………（153）
Section 5　Status of International Organizations and Other
　　　　　　Non-State Entities in International Law …………（158）
Chapter 6　Fundamental Principles of International Law …………（166）
Section 1　General Introduction ………………………………（166）
Section 2　The Principle of State Sovereignty …………………（171）
Section 3　The Principle of Prohibition of the Threat or
　　　　　　Use of Force ……………………………………（175）
Section 4　The Principle of Non-Intervention …………………（179）
Section 5　Self-Defense …………………………………………（187）
Section 6　The Principle of Self-determination of Peoples ………（192）
Chapter 7　Jurisdiction and Immunities …………………………（196）
Section 1　State Jurisdiction ……………………………………（196）
Section 2　State Criminal Jurisdiction …………………………（199）
Section 3　Immunities from State Jurisdiction …………………（207）
Section 4　Immunities of Heads of States and Governments ………（213）
Section 5　Extradition and Asylum ………………………………（216）
Chapter 8　Responsibilities in International Law …………………（220）
Section 1　General Introduction ………………………………（220）
Section 2　State Responsibilities for International Wrongful Acts ……（223）
Section 3　Forms of State Responsibilities and Their Implementation …（231）
Section 4　New Development of State Responsibilities Law …………（236）
Chapter 9　Individuals in International Law ………………………（248）
Section 1　Status of Individuals in International Law ……………（248）
Section 2　Nationality …………………………………………（253）
Section 3　Legal Status of Aliens ………………………………（266）
Section 4　Diplomatic Protection ………………………………（275）
Chapter 10　Human Rights in International Law ………………（280）
Section 1　General Introduction ………………………………（280）
Section 2　The International Human Rights Charter ……………（287）
Section 3　UN Core Human Rights Conventions ………………（299）
Section 4　Regional Human Rights Protection …………………（314）
Section 5　Treatment of Refugees ………………………………（318）

Section 6　International Mechanisms of Human Rights Protection ……（322）
Chapter 11　State Territory ……………………………………………（333）
　　　Section 1　Concept of Territory and Territorial Sovereignty ……………（333）
　　　Section 2　Status of State Territory in International Law ………………（341）
　　　Section 3　The Modes of Acquisition and Changes of
　　　　　　　　Territory in Traditional International Law …………………（349）
　　　Section 4　Boundaries and Frontier System ………………………………（352）
　　　Section 5　Legal Status of the Two Polar Regions ………………………（360）
Chapter 12　The Law of the Sea ………………………………………（366）
　　　Section 1　The Concept and History of the Law of the Sea ……………（366）
　　　Section 2　Baselines ……………………………………………………（371）
　　　Section 3　Internal Waters ………………………………………………（375）
　　　Section 4　Territorial Sea, Straights and the Contiguous Zone ………（379）
　　　Section 5　The Continental Shelf and the Exclusive Economic Zone ……（388）
　　　Section 6　The High Seas and the Area of International Seabed ………（399）
　　　Section 7　Disputes Settlement and the International Tribunal
　　　　　　　　for the Law of the Sea ……………………………………（408）
Chapter 13　International Space Law …………………………………（412）
　　　Section 1　Air Space and Air Law ………………………………………（412）
　　　Section 2　Outer Space Law ……………………………………………（422）
Chapter 14　International Environmental Law ………………………（435）
　　　Section 1　The Concept and Sources of International
　　　　　　　　Environmental Law …………………………………………（435）
　　　Section 2　Protection of Atmosphere, the Sea and Fresh Waters ……（442）
　　　Section 3　Other Major Fields of International Environmental
　　　　　　　　Protection ……………………………………………………（455）
Chapter 15　Law of Diplomatic and Consular Relations ……………（464）
　　　Section 1　General Introduction …………………………………………（464）
　　　Section 2　State Organs of Foreign Relations ……………………………（468）
　　　Section 3　Diplomatic Representatives …………………………………（470）
　　　Section 4　The Sending and Receiving of Diplomatic Representatives
　　　　　　　　and Their Functions …………………………………………（472）
　　　Section 5　Diplomatic Privileges and Immunities ………………………（478）
　　　Section 6　Special Missions ………………………………………………（494）
　　　Section 7　Consular System ………………………………………………（495）

Section 8	Consular Privileges and Immunities	(499)

Chapter 16　International Organizations (504)

Section 1	General Introduction	(504)
Section 2	The United Nations	(507)
Section 3	Major Organs and Specialized Agencies of the United Nations	(512)
Section 4	Regional International Organizations	(524)
Section 5	Content of the Law of International Organizations	(529)

Chapter 17　Peaceful Settlement of International Disputes (537)

Section 1	General Introduction	(537)
Section 2	Political Settlement	(541)
Section 3	International Arbitration	(547)
Section 4	The International Court of Justice	(551)

Chapter 18　Law of War and Humanitarian Law (560)

Section 1	General Introduction	(560)
Section 2	The Starting and Ending of War and Their Legal Effects	(562)
Section 3	Rules of the Law of War	(567)
Section 4	Rules of Humanitarian Law	(578)
Section 5	Law of Neutrality	(587)
Section 6	Violations and Punishment of the Law of War and Humanitarian Law	(590)

Index (601)

第一章 国际法的性质、历史和理论学说

国际法是特殊的法律学科,它与国内法和国际关系既有密切关系也有根本不同。虽然它的绝大部分规则作为法律被国际社会的成员们默默地遵守着,但是它的个别规则却受到国际关系中各种因素的影响,有时甚至遭到严重践踏。国际法的特殊性与适用它的国际社会的特性密切相关;国际法的实体内容及其发展变化与人类科学技术的进步以及由此带来的国际社会的发展变化密不可分;国际法的性质和作用以及与其相关的国际法理论学说也随着国际社会的发展而产生变迁。

第一节 国际法的性质[①]

国际法是不是法?这是中外许多国际法教科书都提出的问题,而且回答基本是肯定的。主要原因是国际法学界很少有人怀疑国际法的法律性质,这个问题反复地被提出已经不再是为了批驳一些人,例如,英国的奥斯汀(John Austin 1790—1859)怀疑甚至对国际法的法律性质简单地加以否定的观点,也不是仅仅为了强调国际法是法律,而是为了更好地阐明国际法的性质,讲解国际法的概念及其特征以及它与国内法的区别等基本问题。

一、国际法的概念

国际法是主要在国家之间形成并主要靠国家单独或集体的力量来加以实施的,调整以国家为主导的国际关系的原则、规则和制度的总和。

国际法,有时为了强调其内涵和外延常常被称为"国际公法"[②],使用后一个名称一般是为了把它与国际私法加以区别,否则人们通常所称的"国际法"指的

[①] 中外讨论国际法性质的著述很多,例如,王铁崖:《国际法引论》,北京大学出版社1998年版,第6—13页;赵理海:《当代国际法问题》,中国法制出版社,第1—24页;李浩培:《国际法的概念和渊源》,贵州人民出版社1994年版,第1—51页;Oscar Schachter, "The Nature and Reality of International Law", in his *International Law: Theory and Practice*, Kluwer Academic Publishers, 1991, pp.1—17; Gerry Simpson (ed.), *The Nature of International Law*, Ashate, Dartmouth, 2001.

[②] 作为中国法律院系的必修课程之一,国际法是指国际公法。这是一个值得阐明的问题,因为在中国目前的教育管理体系中国际法这个二级学科中实际上包含了三个学科,即国际公法、国际经济法和国际私法,三者都是教育部规定的法律院校的"基干课程",而且是必修课程。

就是国际公法。①

国际法在英文中有不同的名称,通常的说法是 International Law,有时也称为 the Law of Nations(相应的中文是"万国法")。至于 Transnational Law(跨国法)、the Law of Mankind(人类法)或者 World Law(世界法)等其他一些不同的说法,一般反映使用该名称的作者对国际法的不同理解。因为 nation 有民族之意,而 state 则专指国家,所以 Interstate Law 曾经被人认为是表示国际法的更加确切的英文。但是 International Law 显然已经作为约定俗成的用法得到广泛接受和使用,有时 the Law of Nations 也被人们与其交替换用。②

国际法主要是国家之间的法。这一表述至少包含如下含义:

首先,国际法是调整以国家为主导的国际关系的法。在当前的国际社会里,广义的国际关系的参加者相当复杂,除国家外还有国际组织、争取解放的民族、跨国公司或企业、由个人组成的各种团体,例如,像绿色和平组织、大赦国际那样的非政府组织,政党、宗教团体,在某种程度上还包括个人。但是,自从欧洲威斯特伐利亚公会(1643—1648)之后出现了现代意义的主权国家以来,国际社会一直是以国家为基本粒子构成的共同体,国家在国际关系中一直起着主导作用。在这种意义上,说国际法主要是国家之间的法律仍然是正确的。但是,完全否定个人在国际法上的地位也早已经是过时的观点了。

其次,国际法是在国家之间产生的法律。由于国际法调整的国际关系主要是国家之间的关系,而国家都是主权的,相互之间都是平等独立的,因此不存在上下等级关系,任何平等的主权国家都不可能允许任何他国对其发号施令,没有少数几个国家为大多数国家制定法律和法令的可能性。然而,作为国际社会的成员,几乎任何国家都不可能孤立地存在。它们相互之间都保持着一定的政治、经济、社会、文化、军事等不同的关系,国际社会的这些关系与国内社会一样必然会形成一定的秩序,这种国际秩序同样需要法律来调整。这个法律不可能是任何一个国家或少数几个国家的法律,只能是各个国家都普遍接受的法律,这个法律就是国际法。由于国家各自都不允许有任何凌驾于它之上的机构来发号施

---

① 关于国际经济法与国际法的关系,已故中国国际法学者刘丁教授曾在二十几年前撰文强调,应该把国际经济法作为独立的法的部门。这种强调反映当时中国国际法学界在这个问题上存在着严重分歧,反对者认为国际经济法是国际公法的一个分支。参见刘丁:"关于国际经济法的几个基本问题",载于北京市法学会首届年会论文集编辑组编:《国际法论集》,法学杂志社 1981 年版,第 179—183 页。1983 年《中国国际法年刊》同时刊登了四篇文章专门对相关问题进行讨论。这些文章是:史久镛:"论国际经济法的概念和范围",姚梅镇:"国际经济法是一个独立的法学部门",王名扬:"国际经济法是一门独立的学科"和汪瑄:"略论国际经济法"。1995 年《中国国际法年刊》又同时登载了三篇专门讨论这个问题的论文:陈安:"论国际经济法的涵义及其边缘性",李泽锐:"关于国际经济法的理论分歧"和周忠海:"国际经济法在中国的研究和发展"。

② 关于国际法的名称详见王铁崖:《国际法引论》,北京大学出版社 1998 年版,第 1—17 页。王铁崖教授在书中对法文、德文和其他一些不同语言的国际法名称及其演变作了细致介绍。

令,当然也不会接受这样的机构来制定法律,因此国际法只能从国家之间产生出来。①

最后,国际法是国家依靠单独或集体的自身行为加以实施的法律。由于平等的主权国家不允许任何国家或国家集团对其发号施令,而国际社会尚未建立一个专门的机构实施国际法,所以,国际法的适用和执行主要是靠国家自己的行为来加以保障的。例如,当一个国家侵犯了另一个国家的领土,从而违反了国际法上不侵犯的原则时,受到侵犯的国家可以通过单独或集体自卫的行为来保障不受侵犯原则的实施,从而使受害国得到相应的救济。应当注意的是,随着"对一切的义务"在国际法上得到确认并最终体现在 2001 年二读通过的《国家责任条款草案》中,作为非直接受害国的第三国通过不同程序或采取相应措施参与执行国际法的过程已经不是什么新鲜事。此外,自从国际人权法产生之后,国际法的实施就已经不再是局限于国际不法行为的行为国与受害国之间的问题了。

二、国际法与国内法的不同

可以看出国际法是一个特殊的法律部门。当我们把它作为一个特殊的法律对待时,我们是在把国际法与另外一个法律作比较,这个法律就是我们通常所了解的国家的法律。国际法学家们从整个国际社会的角度,将国家的法律称为"国内法",从而使其成为一个与"国际法"相对应的概念。当人们把国际法与国内法相比较之后,发现国际法在以下三个方面与国内法不同:

第一,法律主体上的不同。国际法的主体主要是国家,而且数量比较少,目前整个国际社会只有不到两百个国家。国内法的主体主要是个人,在法律上称为"自然人";此外还有由个人组成的公司或企业,在法律上称为"法人"。国内法的主体数量很多。在国际法上,个人是不是国际法的主体,目前还是个有争论的问题。② 但没有争论的是,国家是国际法的主要主体。国际法的绝大部分内容都是关于国家的规则和制度。除国家外,还有一些由国家组成的实体,即国家或政府间国际组织,它们也参加国际关系,例如,参加国际会议、签订双边条约或多边国际公约等等,因此它们也是国际法主体。除了国际组织之外还有一些民族,如 20 世纪 60 年代和 70 年代时的殖民地人民,它们正在争取解放,组成一个政治的实体,在国际上它们与国家和国际组织发生了各种不同的关系,它们在相互来往当中也要遵守国际法,所以它们也是国际法的主体。

第二,立法上的不同。国际社会是一个分散的社会,没有专门的立法机构,适用于这个社会的国际法是在国家之间产生的,不是由一个凌驾于国家之上的

---

① 关于国际法的制定方式,详见本书第二章"国际法的渊源"。
② 关于个人在国际法中的地位,详见本书第九章"国际法中的个人"。

立法机构制定并颁布的。然而,国内社会是一个有组织的社会。每一个国家都有一定的凌驾于社会之上的权力机构,其中包括专门的立法机构。国内法是通过这样的专门立法机构制定或认可的,不是由自然人或法人在他们相互之间产生的。这是国际法与国内法的一个非常重要的区别。这一区别决定了国际法不像国内法那样存在法律的不同等级,例如,宪法高于其他法律,国家法律高于地方法规。国际法上没有宪法这样的基本法,在国际法规则之间也不存在国内法意义上的一级法律高于另一级法律的现象。但是,自从1969年通过的《维也纳条约法公约》第53条中出现了国际法律强制规律(即国际强行法,jus congens)的概念之后,国际法上是否存在更高级的法律成为国际法理论的一个重要问题并一直存有争议。① 此外,国际法和国际关系学界关于国际宪政(international constitutionalism)或全球治理(global governance)的讨论也受到人们的密切关注。②

  第三,司法机制上的不同。国际法的实施与国内法不同,国际社会不存在专门的司法和执法机构。然而,国内法的一个重要特征是它有强大的执行机构作为后盾。每个国家都有专门的司法机构和执法机关,例如,法院、检察院、警察、监狱等等。这些都是凌驾于整个社会之上的具有强制力的机构。当某人的权利和利益因国家或政府机关以及其他自然人或法人违反法律而受到侵害时,受害人可以通过国内社会专门的司法机构得到法律的补救,从而使法律得到实施。但是,国际社会不存在任何凌驾于其上的国际法实施机制。尽管有一个坐落在荷兰海牙的国际法院,但该法院是根据国家之间的协议建立起来的机构,它没有强制管辖权。换言之,没有国家通过不同的方式表示同意,该法院不能受理关于它的案件。这种在国内法上难以理解的情况却是国际法上不可否认的现实。③ 国际法遭到违反时,因此而受到侵害的国家可以针对违法的国家采取某种相应措施以便使其承担适当的国际责任,例如,单方面提出终止条约、采取其他适当的报复措施等等,如果遭到武装侵犯,可以采取武装自卫。总之,世界上不存在专门适用和执行国际法的世界法院、世界检察院、世界警察和世界监狱。国际法

---

  ① 参见 P. Weil, "Towards Relative Normativity in International law", 77 *AJIL* (1983).
  ② 关于国际宪政或全球治理方面的著述很多,例如,Ronald St. John Macdonald and Douglas Johnston (eds), *Towards World Constitutionalism: Issues in the Legal Ordering in the World Community*, Martinus Nijhoff Publishers, 2005; Paul Schiff Berman (eds), *The Globalization of International Law*, Ashgate Publishing Limited, 2005; Nicholas Tsagourias (ed.), *Transnational Constitutionalism: International and European Models*, Cambridge University Press, 2007; Jan Klabbers, Anne Peters and Geir Ulfstein, *The Constitutionalization of International Law*, Oxford University Press, 2009; Jeffrey L. Dunoff and Joel P. Trachtman (eds.), *Ruling the World?: Constitutionalism, International Law, and Global Governance*, Cambridge Uinversity Press, 2009; Gábor Halmai, *Perspectives on Global Constitutionalism: The Use of foreign and International Law*, Boom Eleven International, 2014.
  ③ 关于国际法院的情况,详见本书第十七章。

的适用和执行主要靠因为违反国际法而受害的国家单独或集体的力量来实现。①

综上所述,国际法是一个特殊的法律部门,它的特殊性是与国内法比较的结果。国际法是调整以国家为主导的国际关系的法律,它的主体主要是国家,此外还有国际组织和争取解放的民族;它不是由专门的立法机构制定的,而是在国家之间产生的,因此国际法不存在像国内法那样的法律等级;它不是靠专门的司法和执法机构加以实施,而是靠国家单独或集体的自身行为来保障执行的。

三、国际法的性质

在人们将国际法与国内法比较之后,往往会对国际法的法律性质提出质疑。最为典型的是英国法学家奥斯汀,他认为国际法至多可以称为"实在道德",因为国际法靠"一般舆论"或"道德制裁"加以实施。② 这种国际法虚无主义的极端观点,早已经被多数人所摒弃。③ 但是20世纪90年代末发生的北大西洋公约组织("北约")空袭科索沃以及21世纪初发生的美国和英国联军针对伊拉克的战争又使一些人对国际法的法律性质产生疑问。国际法是真正的法律吗？这是在国际法遭到严重践踏后,我们常常会面对的一个问题。

要回答这个问题,我们必须首先解决什么是法律这个基本问题。④ 但是这里显然不是论证这个复杂问题的地方。不过我们可以肯定地说,国际法是与国际道德和国际礼让都不同的。那种认为因为国际法与国内法不同所以国际法不是法的观点是完全错误的,就像认为因为国内法与国际法不同所以国内法不是法律的观点一样是不能被接受的。国际法与国内法是适用于两种结构完全不同的社会的法律,两者的不同是由不同的社会结构决定的,国际社会的特殊结构造就了特殊的国际法。因此,我们不能以国内法作为唯一绝对的衡量法律的标准来衡量国际法。

国际社会是由以主权国家为主要成员组成的社会。平行关系是国际社会主要成员之间关系的基本特征。在这个平行关系之上不存在任何具有更高权威的中央权力机构,通过制定法律或发布命令来统治整个国际社会。换言之,国际社会是存在的,但不存在世界政府。如果与国家社会比较,国际社会就是一个无政府的、相对分散和无组织的社会。然而,国际社会并不是一盘散沙,也不是无

---

① 参见 Louis Henkin, *International Law: Politics and Values*, Martinus Nijhoff Publishers, Dordrecht/Boston/London, 1995, pp.60—62。

② 参见〔英〕奥斯汀(Austin):《法理学范围之限定(*The Province of Jurisprudence Determined*)》(Edited by Wilfride E. Rumble)(影印版),中国政法大学出版社2003年版,第123页和第171页。

③ 参见 I. A. Shearer (ed.), *Starke's International Law*, 11th ed., Butterworth & CO. (Publishers) Ltd., 1994, p.20。

④ 参见王铁崖:《国际法引论》,北京大学出版社1998年版,第6—7页。

法无天的,这个社会的成员不能不受任何拘束地为所欲为。自从有了国家之间的交往,形成一定程度的国际关系,国家就逐渐遵循一些共同接受的规范。不能否认,许多规范是从国家社会借鉴而来的。这些规范有的属于礼节性的,有的是道德规范,还有一些是法律规范。例如,当一个国家的元首访问另一个国家时,他会受到一定规格的礼遇,例如,铺红地毯、鸣礼炮等等,这些属于国际礼节。当一个国家遭受自然灾害,另一个国家提供无偿援助,对受难者提供人道主义的支援,这些属于国际道德。在上述情况下,任何国家都没有法律义务那样做,它们的行为是出于礼节或道德的考虑。但是,一旦国家认为它有义务必须那样做时,它就是在遵循法律的规范,否则就要因违法而承担法律责任。后面我们将要讲到的外交和领事关系法中的许多规范就是从国际礼节发展演变而成的。自从国际社会形成以来,已经形成了无数调整国家之间关系的国际法律规则,它们涉及人类生活的各个领域,形成国际法的不同分支。

总之,国际法是法律,它是与国际礼让和国际道德不同的社会现象。国际法告诉国家哪些行为是可以做的,哪些是不可以做的。但是国家的行为太多了,不可能规定详尽,因此国际法上关于国家的行为规范多数都是以否定的形式出现的,即禁止国家的某些行为,例如,废弃国家的战争权、禁止侵略或禁止使用武力或武力威胁、废除奴隶制、禁止种族灭绝、不干涉内政等等。这些规范的政治性比较强。国际法上还有大量的技术性规范,例如,在后面要讲到的国家领土、海洋法、空间法、条约法等,国际法具体领域中关于领土的划界、领海的宽度、领海宽度的测算方法、航空器的国籍、条约缔结的程序等等规则,虽然多少也带有一定的政治性,但基本属于技术性的规范。在国际法的这些政治性和技术性规范中,后者占绝大多数。

因此,当人们通过媒体了解到国际法遭到践踏从而对国际法的法律性质产生怀疑,甚至动摇了一些研究国际法的学者和国际法学生的信心时,我们有必要澄清这样一个问题,即没有任何法律是从未遭到违反或践踏的,否则那个法律也没有实际存在之必要了。国际法上政治性较强的规范一旦遭到践踏、特别是遭到少数强大国家的破坏,人们的第一反应是,这个国际法有了问题,甚至认为国际法不存在了。但人们没有注意到的是媒体未报道的大量的国际法得到遵守的情况。那些占国际法绝大部分的较为中立或技术性较强的规范是得到国家自觉遵守的。否则,岂不要天下大乱了吗?美国国际法专家路易斯·亨金(Louis Henkin)有过这样一段常常被人们引用的精辟描述:"情况可能是这样的,即几乎所有国家在几乎所有的情况下遵守几乎所有的国际法原则并履行几乎所有的义务。"[1]

---

[1] Louis Henkin, *How Nations Behave*: *Law and Foreign Policy*, 2nd ed., Columbia University Press, New York, 1979, p.47.

四、国际法的作用

作为调整国际关系的法律,国际法在维护国际社会秩序中所发挥的作用随着国际关系的发展而逐渐拓展和加强。目前国际法的作用主要包括以下三个方面:

首先,维护世界和平与安全。这是国际法最低限度的作用,即通过禁止使用武力或武力威胁保证世界各国相互之间和平共处。在国际关系中,国际法主要发挥着协调的作用,这也是国际法的传统作用。国际法是协调的法。

其次,促进国家间在政治、外交、经济、军事、科学技术和文化教育等方面的合作。在世界社会全球化发展日益加剧的今天,国家之间的相互依赖性日趋明显,促进国际合作成为国际法的主要任务。国际法也是合作的法。

最后,维护人类的共同利益。这是国际法最高限度的作用,即通过制定人类共同接受的普遍标准和奋斗目标保证人的尊严得到充分的尊重。国际法在这方面的作用主要体现在第二次世界大战后产生的两个国际法的新领域:国际人权法和国际环境法。国际法在某种程度上是维护人类共同利益的法。

第二节 国际法的历史发展[①]

将国际法的历史作为专门的领域从事学术研究始于18世纪末。第一部这类专著发表于1795年,即沃德(R. Ward)的《欧洲从古希腊罗马到格老秀斯时代国际法的基础和历史研究》("An Inquiry into the Foundation and History of the Law of Nations in Europe from the Time of Greeks and Romans to the Age of Grotius")。[②] 当代这方面各种文字的著作有很多,有的侧重于某个区域,有的关于国际法的某个领域,还有的关注影响国际法发展的不同因素,例如,宗教或文化。主要以国际法的历史为课题的著作并不多,其中比较经典且足供研究国际法历史参考的是努斯鲍姆(A. Nussbaum)所著的《国际法简史》(*A Concise*

---

① 关于国际法的历史,参见王铁崖:《国际法引论》(第7章 国际法史),北京大学出版社1998年版,第250—304页和第358—400页;Arthur Nussbaum, *A Concise History of the Law of Nations*, New York, the Nacmilian Company, 1950; Onuma Yasuaki, When was the Law of International Society Born? 2 *Journal of the History of International Law*, 2000(No. 2), pp. 1—72;杨泽伟:《宏观国际法史》,武汉大学出版社2001年版;[苏]费尔德曼和巴斯金著:《国际法史》,黄道秀等译,法律出版社1992年版;陶樾:《现代国际法史论》,大东书局民国三十五年(1946)版。最近出版的一本论文集 *The Roots of International Law/Les fondements du droit international*, Brill/Nijhoff, 2013(Edited by Pierre-Marie Dupuy and Vincent Chetail, Graduate Institute of International and Development Studies, Geneva)反映了来自不同国家的著名国际专家从不同角度分析和研究复杂的国际法历史渊源的成果。

② 参见 Woffgang Preiser, "Basic Questions and Principles", in Rudolf Bernhardt, Vol. 7, *Encyclopedia of Public International Law*, North-Holland, 1984, p. 126。

History of the Law of Nations)。①

所有研究国际法历史的人首先面对的一个问题是,国际法是从什么时候产生的?这个看似简单的问题背后隐藏着许多复杂的因素,让人一时难以给出一个简单的答案,或者根据不同的观点可能有许多完全不同的回答。在这些复杂因素中有两个概念非常关键:一个是国际法的概念,另一个是国际社会的概念。因为国际法是随着国际社会的出现而产生的,所以后者是最重要的因素。② 但是在这里不能像国际法历史学家那样探究国际法各种不同的历史渊源,只能从人们现在所认识的国际法的历史(即近代国际法)谈起。在叙述这样的一个国际法历史过程中,难免会涉及不同的文化和哲学对国际法发展的影响。

一、近代国际社会的形成与近代国际法

《威斯特伐利亚和约》的签订结束了30年的战争(1618—1648),近代国际社会从《威斯特伐利亚和约》签订后开始形成,到第一次世界大战结束(1648—1919)。③ 人们现在认识的国际法也是从近代产生的,近代以前是否存在国际法是有争议的问题。

(一)近代以前的"国际法"

近代之前"国际法"的历史可以一直追溯到古埃及、古印度、古希腊和古罗马,然后是中世纪。尤其是古希腊的文化对近代以欧洲为核心的国际法产生了很大影响。近年来越来越多的学者开始从不同的文明特别是东方历史文明的角度研究国际法的历史,提出了古代中国对国际法的影响等观点。④ 但是,无论是古代还是中世纪国际法,它们的共同特点是分散、零散和无系统。重要原因是那时的世界存在着几个各自以自我为核心的社会,这些社会要么以地域,要么以宗教为基础。以欧洲为例,到中世纪末期整个欧洲都在罗马教皇和罗马帝国皇帝的两极最高权威的统治之下。两种法律(教会的和皇帝的法)与这两极权力结

---

① 参见王铁崖:《国际法引论》,北京大学出版社1998年版,第251页。
② 参见 Onuma Yasuaki, "When was the Law of International Society Born?" 2 *Journal of the History of International Law*, 2000(No.2), pp.1—7。日本东京大学国际法教授大昭保沼从各种不同的社会文明角度重新解读国际法的历史,向过去欧洲中心论的国际法历史观提出挑战。
③ Rudolf Bernhardt主编的《国际法百科全书》将近代国际法分为两个阶段:第一个阶段从1648年至1815年,第二个阶段从1815年到第一次世界大战结束。Rudolf Bernhardt (ed.), *Encyclopedia of Public International Law*, Vol.7, North-Holland, 1984, pp.160—205.
④ 参见禾木:"被遗忘的话语——20世纪初期中国学者眼中的中国古代国际法",载《中国国际法年刊(2014)》,法律出版社2015年版,第274—308页。参见怀效锋、孙玉荣编:《古代中国国际法史料》,中国政法大学出版社2000年版;R.P. Anand, "The Influence of History on the Literature of International Law", in R. St. J. Macdonald and D.M. Johnston (eds.), *The Structure and Process of International Law*, 1983, p.342.

构相呼应,没有为发展类似当今国际法这样的法律制度留下一点空间。①

古代中国也是类似的情况。春秋和战国时期的中国是否有国际法的现象是一个有争议的问题。认为有的人多数以美国传教士和汉学者丁韪良(W. A. P. Martin)的研究为基础。根据丁韪良的考察,春秋时期的中国存在与近代国际法的词语相类似的概念,存在着"进行商务和政治交往的一个各国大家庭;使节交换,附有礼节的形式;庄严地起草的条约存放在一个叫做'盟府'的神圣地方;探讨和实施一种权力均衡,导致一种联合,制止强国的侵略和保护弱国的权利;在某种程度上承认和尊重中立者的权利;最后,有一批人作为职业献身于外交"。此外,还有丁韪良特别重视的一些战争规则。② 这些规则和惯例似乎与近代国际法非常接近,然而因为那时的"国"并非我们现在所认识的主权国家,所以不能称为国际法。在此之后秦始皇统一了整个中国,形成了围绕"中央中国"以中国文化为基础的所谓"中国世界秩序"。但是,那不是平等的国家间的秩序,而是"有'国'而无'际'"的朝贡制度,因此仍然没有发展国际法的基础。③ 总之,在古代中国不是有"际"而非"国",就是有"国"而无"际",无论如何都没有发展国际法的可能。

综上所述,在不同的古代社会里虽然也有一些政体,在这些政体之间也有互派使节、冲突和战争等现象,因而存在他们共同接受的规则和惯例,有的甚至以条约的形式加以规定,但是由于国际社会尚未形成,不存在近代意义的主权国家,因此不存在近代意义的国际法。

(二) 近代国际社会的形成与近代国际法的产生

社会的存在是法律产生的前提,国际法也不例外,国际社会的存在是国际法产生的先提条件。国际社会应该是一个包括各个不同区域的世界社会,不仅包括欧洲还应包括欧洲以外的其他不同区域。但是,它的形成和发展经历了一个漫长的过程。这个过程从 1648 年欧洲签订《威斯特伐利亚和约》开始到第一次世界大战结束。

使欧洲主要国家都卷入其中的三十年战争始于 1618 年,最初是天主教与新教国家之间的宗教之争,后来很快变成在欧洲争夺军事和政治霸权的混战。结束三十年战争的和约从 1644 年开始谈判,并最终于 1648 年在威斯特伐利亚的两个城市——明斯特和奥斯纳布鲁克——签字,其结果是出现了两个和约,即《明斯特和约》和《奥斯纳布鲁克和约》。但是因为《奥斯纳布鲁克和约》同样适用于签署《明斯特和约》的法国以及《明斯特和约》的许多其他缔约国,所以从法

---

① 参见 Antonio Cassese, *International Law in a Divided World*, Oxford University Press, 1986, p. 35。
② 参见王铁崖:《国际法引论》,北京大学出版社 1998 年版,第 361 页。
③ 同上书,第 365 页。

律上这两个和约构成一个文件,统称为《威斯特伐利亚和约》。认为该和约的签订标志着中世纪的结束和近代国际社会的开端主要有以下几个理由:

首先,该和约承认新教的存在并从而使宗教改革的喀尔文教派或路德教派的国家可以合法存在,从此改变了教皇一统天下的局面,并为后来国家脱离教会而独立存在奠定了基础。

其次,该和约承认约三百个神圣罗马帝国成员国有权与外国结盟并可以从事战争,只要战争不是针对帝国和皇帝。因此,许多小国取得了国际社会成员的地位并从而取得几乎所有的主权权利。主权国家的出现是近代国际社会形成的必要社会条件。

再次,该和约结束了持续一个世纪的欧洲权力之争,承认法国、瑞典和荷兰的新兴大国地位;承认并确定了瑞士和荷兰的中立国地位;德国被分解为若干个小国。① 政治力量的相对均衡为发展平等主权国家之间的近代国际法奠定了政治基础。

最后,该和约包含了一些解决国际关系基本问题的规则。例如,条约必须遵守;关于新的和平秩序的争端必须通过谈判、调停与和解或仲裁等和平方法来解决;受害国可以使用武力对付入侵者以便恢复其权利,在这种为了获得补偿而从事的正义战争中可以得到其他缔约国的军事援助;发动非正义的战争是非法的,缔约国必须联合对付这种对和平的破坏。② 这些规则的效力一直持续到1815年的维也纳公会,为近代国际法的形成和发展奠定了法律基础。

(三) 近代国际法的主要特点

与现代国际法相比,以欧洲为中心是近代国际法最重要的特点,其他一些特点基本与此相关。与近代以前的"国际法"相比,近代国际法的最大特点是脱离了宗教束缚,成为独立的国际法律体系。一方面这是《威斯特伐利亚和约》之后形成以主权国家为主导的国际关系的结果,另一方面这与格老秀斯及其以前的一些著名国际法学者的影响也是分不开的。

1. 以独立主权国家之间的关系为基础。这是近代国际法区别于古典国际法的重要特点之一。它有两方面的含义:第一,主权国家之间的关系是近代国际法调整的对象。在此之前,近代意义的国家尚未出现,所谓国际法实际上是"万民法"(jus gentium)或者是具有浓厚宗教色彩的神法或自然法。第二,国家是国际法的唯一主体。一直到第一次世界大战甚至之后的一段时间,只有国家才是国际法主体,其他实体尚未得到充分发展。

---

① 参见 Antonio Cassese, *International Law in a Divided World*, Oxford University Press, 1986, pp. 36—37。

② 参见 Stephan Verosta, "History of the Law of Nations 1648—1815", in Rudolf Bernhardt, Vol. 7, *Encyclopedia of Public International Law*, North-Holland, 1984, p. 161。

2. 以欧洲为核心。从其适用范围来看,近代国际法并不完全局限于欧洲,已经逐渐扩展到整个美洲,还包括一些亚洲或非洲国家。但是从其实质内容来看,仍然是以欧洲为核心。欧洲以外的国家基本上属于被动接受,它们对近代国际法的创造所作的贡献非常有限。在这种意义上,说近代国际法就是"欧洲区域国际法"是有道理的。

3. 受欧洲资产阶级革命的影响。欧洲资产阶级革命不仅使出现以主权国家为基本成员的国际社会成为可能,而且还为近代国际法产生一些进步的规则奠定了思想基础。其中有些至今仍然属于国际法基本原则,例如,国家主权原则和国家平等原则等。

4. 受殖民主义侵略扩张政策的影响。近代欧洲的历史就是殖民主义国家进行殖民和侵略的历史。因此近代国际法的许多规则和制度都是为殖民主义侵略扩张政策服务的。首先,战争权是国家固有的权利;其次,在领土变更方面,征服、割让和时效是近代国际法上合法地取得领土的方式;再次,在外国人待遇方面,允许领事裁判权制度的合法存在……如此种种难以一一列举。这些规则和制度从本质上都是符合殖民主义侵略扩张政策和利益的。

5. 受国际法学家的影响。学者的思想和著作对近代国际法的影响是任何其他时代的国际法都不能比的。对近代国际法影响最大的学者是荷兰的雨果·格老秀斯(Hugo Grotius 1583—1645),因此他被誉为"国际法鼻祖"[①]。他的主要著作《战争与和平法》出版于1625年,当时30年战争正在进行中。在这本巨著中格老秀斯论述了战争、正义战争、战争原因、财产、赔偿、战争中的合法和非法行为、战争的节制、中立等。正如劳特派特所评价的那样,尽管格老秀斯在他的著作中谈到的不是他自己的原创,许多内容已经被前人提出过,但是他把许多独立存在的思想潮流汇集在一起并且用一种学者的特别方式表述出来。[②] 他对近代国际法的最大贡献就是通过他的著作使国际法成为一门独立的学科。[③]

二、现代国际法

1919年第一次世界大战的结束也结束了一个国际法的时代——近代国际法。现代国际法从1919年开始产生,发展至今经历了两个主要的阶段,即1919

[①] 尽管根据一些西方学者的观点,这对格老秀斯的某些先驱者,例如 Gentilis, Belli, Ayala 以及其他作者,并不是很公平,但是他在近代国际法上的地位似乎是被普遍接受的。参见 I. A. Shearer (ed.), *Starke's International Law*, 11th ed, Butterworth & C0. (Publishers) Ltd, 1994, p.10.

[②] 参见 H. Lauterpacht, "The Grotian Tradition in International Law", 23 *British Yearbook of International Law* (1946), pp.1—53.

[③] 参见 I. A. Shearer (ed.), *Starke's International Law*, 11th ed., Butterworth & C0. (Publishers) Ltd., 1994, p.11.

年至 1945 年,从 1945 年至现在。① 此外"冷战"的结束使许多学者将 1945 年以后的国际法分为"冷战"和"后冷战"两个时期。由于"冷战"及其结束的确为国际法带来很大变化,这样划分不无道理。

(一) 1919 年至 1945 年

第一次世界大战后的国际法发生了巨大变化。在带来这些变化的种种因素中最为重要的包括:

首先,《国际联盟盟约》的签订和国际联盟的建立。作为有史以来第一个世界性国家间政治组织,虽然与后来的联合国相比存在很多缺陷,但是它不仅使无组织的国际社会进入到有组织的状态,还通过监督《国际联盟盟约》的实施在国际法的编纂、和平解决国际争端方面发挥了一定作用。② 此外,根据《国际联盟盟约》第 14 条和《国际常设法院规约》建立的国际常设法院审理了一些重要案件,对国际法的发展和和平解决国际争端都发挥了重要作用。

其次,《巴黎非战公约》的签订。1928 年《巴黎非战公约》,或称《白里安—凯洛哥公约》,从废弃战争的意义上具有划时代的重要性。尽管该公约在三年后就遭到缔约国日本的严重违反,但是作为第一个宣布废弃战争作为实行国家政策工具的国际公约,它结束了国家享有固有的战争权的历史并从而带来国际法其他规则和制度的变化,例如,领土取得和变更的方式。

最后,俄国十月革命的胜利。如同法国资产阶级革命那样,俄国十月革命对现代国际法的发展也起了一定的促进作用。苏维埃俄国 1917 年通过的《和平法令》以及后来苏联与其他国家签订的一些双边条约都体现出"民族自决""不侵略""废除秘密外交和不平等条约"等原则,这些原则对于国际法的进步发展产生了影响。

(二) 1945 年至"冷战"结束

第二次世界大战后《联合国宪章》的签订和联合国组织的建立使现代国际法进入了一个新的发展阶段。联合国建立后不久冷战就开始了,并一直持续了近半个世纪,这对国际法的发展产生了难以避免的影响。非殖民化运动的结束不仅带来了国际社会成员的彻底改变,也使调整国际关系的国际法发生了巨大变化。此外,科学技术的迅速发展在国际法的内涵和外延上都有明显的体现。影响第二次世界大战之后 50 年国际法发展的主要因素包括:

第一,联合国集体安全体系的建立。联合国的首要宗旨是维护世界和平与安全。《联合国宪章》建立的集体安全体系旨在将使用武力的权力交给联合国

---

① 关于现代国际法的起始时间,学者们的意见不尽相同,例如,苏联学者认为应从俄国十月革命,即 1917 年开始,但是大致的时间相差并不是很大。

② 参见周鲠生:"国际联盟与国际法",载于王铁崖、周忠海编:《周鲠生国际法论文选》,海天出版社 1999 年版,第 155—169 页。

安全理事会。因此,《联合国宪章》第 2 条第(4)款明确规定禁止联合国的会员国和其他国家使用武力或武力威胁。这标志着现代国际法从禁止战争到禁止使用武力的进一步发展。①

第二,国际社会进一步组织化。联合国建立之后,国际社会朝着进一步组织化的方向发展。各种性质和类型的全球性和区域性的国际组织纷纷建立,其中许多与联合国建立了法律联系从而成为联合国的专门机构。国际社会的组织化已经涉及人类生活的各个方面,这不仅在不同程度上推动了国际法相关领域的发展,同时还改变了只有国家才是国际法主体的现象。此外,各种非政府组织在国际关系中的作用不断加强,成为影响国际法发展的不容忽视的重要因素。

第三,非殖民化运动。20 世纪 70 年代末 80 年代初非殖民化运动的结束使许多过去的殖民地和被外国统治的实体获得独立成为平等主权国家,联合国的成员国因而从建立之初的五十多个变成一百多个。国际社会成员的扩大使国际法发生两个方面的重要变化:其一,从国际法的适用范围上看,它首次成为真正意义上的国际社会的法,而不是某个区域的或以某个区域为中心的法;其二,从国际法的实体内容上看,它增加了许多有利于发展中国家利益和全人类共同利益的规则和制度。

第四,人权问题进入国际法领域。《联合国宪章》是第一个对人权作出规定的世界性国际文件。此后联合国大会又通过了《世界人权宣言》和两个国际人权公约以及其他保护人权的普遍性国际人权公约。人权问题从此不再是纯属于国家内政的事务,进入了国际法的调整范围。这标志着现代国际法的重大发展,是人类文明进步的象征。

第五,科学技术迅猛发展。科学技术的发展对国际法的影响从来没有停止过,但是第二次世界大战后这种影响的程度是历史上任何时期都不能比拟的。国际法的几个新兴领域的形成和发展都是科学技术迅速发展的结果,例如,航空法、外层空间法和国际环境法。原有国际法领域实体内容的扩充也与科学技术的发展相关,例如,海洋法中的国际海底区域制度就是深海洋底勘探和开发技术迅速发展的结果。

第六,国家越来越多地从事经济活动。第二次世界大战以后国家越来越多地活跃在经济和贸易领域,从而促进了国际法在经济领域的迅速发展。一个包括国际货币金融、国际贸易和投资、国际经济援助和技术转让等内容的国际经济法新领域已经形成并以飞快的速度不断发展。随着经济全球化的加剧,国际法

---

① 但是由于"冷战"很快就在以苏联和美国两个超级大国为首的社会主义国家和资本主义国家之间展开,安理会在阻止和限制非法使用武力方面发挥的作用十分有限。关于禁止使用武力或武力威胁将在本书第六章中专门论及。

作为合作的法受到人们越来越多的重视。

(三)"冷战"后国际法的发展

在长达近半个世纪的"冷战"期间,国际法的发展受到严重影响。正如雷斯曼教授描述的:"从各方面来看,那时都像是有两个国际法体系,两个世界公共秩序。冷战几乎成了自然环境的一部分。没人知道它什么时侯才能结束。"①虽然历史学家们对于"冷战"究竟从什么时候开始还存有争议,但是"冷战"总算随着苏联的解体而告终结。"冷战"后的国际社会逐渐向多极化发展,多极的国际社会也面临许多新的挑战。

首先,"冷战"后的国际法在维护世界和平与安全方面呈现新气象。最值得一提的就是伊拉克侵略科威特之后安理会通过的一系列依据《宪章》第七章的规定谴责伊拉克侵略行为的决议,其中第678号决议规定,如果伊拉克在规定的期限内不撤军,授权联合国会员国与科威特合作用《宪章》第七章允许的"一切手段"执行安理会决议。在安理会授权之下,由美国为首的多国部队最终将伊拉克侵略军赶出了科威特。这是"冷战"后安理会第一次②根据《宪章》第七章采取执行行动。从此基本结束了因"冷战"导致的安理会的瘫痪状态。

其次,"冷战"后的国际人权法得到迅速发展。国际人权法的发展过程一直处在"冷战"的阴影下③,无论是国际人权公约制定还是其执行都受到不同程度的制约。"冷战"的结束使得在资本主义和社会主义两大阵营的政治冲突下不可想象的事情变成现实。例如,联合国人权高级专员的设立。又如,联合国人权理事会的建立。受到"冷战"思维严重影响的联合国人权委员会终因其政治化程度到了臭名昭著的地步而于2005年宣告解散,新成立的人权理事会不仅提高了规格,而且还在消除或减少政治化方面建立了许多新的制度。

最后,国际法院、法庭和国际仲裁的诉诸率呈上升趋势。"冷战"结束后,许多国家,特别是第三世界国家从过去利用两大阵营的政治较量转向诉诸司法解决国际争端。此外,前南和卢旺达等临时国际刑事法庭,特别是常设的国际刑事法院的建立也是在"冷战"时期不可能发生的事。④

(四)现代国际法的主要特点

与近代国际法相比,现代国际法的主要特点体现在国际法的主体、国际法的作用和国际法的实体内容等方面。

---

① Reisman, W. Michael, "International Law after the Cold War", 84 *American Journal of International Law*, (1990),第859页。

② 也是《宪章》生效后第二次,首次是在"冷战"刚开始后的1950年,由于苏联代表的缺席才使武力解决朝鲜问题的决议得以通过。

③ 参见 Louis Henkin, "A Post-Cold War Human Rights Agenda", 19 *Yale J. Int'l L.* 249 1994, p.249.

④ 参见 Matthew. H. Adler, "International Law's Contribution to Security in the Post-Cold War Era: From Functional to Political and Beyond", 19 *Fordham International Law Journal*, (Issue 5, 1995), p.1959.

1. 国际法主体的扩大。现代国际法的主体已经不限于主权国家,还包括国际组织和争取解放的民族。还有许多其他非国家实体,例如,跨国公司、国际非政府组织等,活跃在国际关系的不同领域中,但是它们在国际法上的地位存在很大争议。此外,随着国际人权法和国际刑法的发展,个人在国际法上的地位成为国际法理论界关注的重要问题。

2. 国家主权受到越来越多的限制。首先是战争权的废弃,然后是禁止使用武力或武力威胁,再后来是人权和环境的国际保护,这些都使国家主权受到一步又一步的限制。20世纪60年代末出现的"国际强行法"的概念和一系列国际强行法规则既是对国家主权原则派生出来的国家同意学说的严峻挑战,也是对国家主权的具体限制。①

3. 国际法范围的扩大。近代国际法仅限于战争、外交和领事、条约、领土、海洋和外国人待遇等领域。然而,随着人类科学技术的迅速发展和国际关系的相应变化,现代国际法特别是第二次世界大战后的国际法在范围上有了很大的扩充。国际法范围的扩大表现在两个方面:首先,是原有领域的实体内容不断扩充;其次,是国际法新领域的增加。前者可以海洋法为例,第二次世界大战后增加的内容主要包括大陆架、专属经济区、群岛国、国际海底区域等。后者的例子如航空和外层空间法、国际人权法、国际经济法、国际环境法、国际组织法等,这些都是近50年来增加的国际法新分支。

第三节 国际法理论学说②

国际法的理论可以分成两类:第一类为基本理论,主要把国际法这个学科作

---

① 参见 John A. Perkins, "The Changing Foundations of International Law: From State Consent to State Responsibility", 15 *Boston University International Law Journal*, (Fall, 1997), p.442。

② 中文版的国际法理论专著为数甚少,1949年以前主要有陈顾远著:《中国国际法溯源》,商务印书馆1934年版;周鲠生著:《现代国际法问题》,商务印书馆1931年版;刘达人、袁国钦著:《国际法发达史》,商务印书馆1937年版。1949年以后主要有赵理海著:《国际法基本理论》,北京大学出版社1990年版;李家善著:《国际法学史新论》,法律出版社1987年版;潘抱存著:《中国国际法理论探讨》,法律出版社1988年版;程晓霞主编:《国际法的理论问题》,天津教育出版社1989年版;王铁崖著:《国际法引论》,北京大学出版社1998年版;潘抱存著:《中国国际法理论新探讨》,法律出版社1999年版。关于国际法理论的英文著作很多,这里介绍一些主要的专著或论文集:R. St. J. Macdonald and D. M. Johnston(eds.), *The Structure and Process of International Law*, 1983; Oscar Schachter, *International Law in Theory and Practice*, 1991; R. St. J. Macdonald (ed.), *Essays in Honour of Wang Tieya on His Eightieth Birthday*, 1993; Rosalyn Higgins, *Problems and Process: International Law and How We 'Use It*, 1994; Jerzy Makarczyk (ed.), *Theory of International Law at the Threshold of the 21st Century: Essays in Honour of Krzysztof Skubiszewski*, 1996; R. Higgins et al (eds.), *Perspectives on International Law*, 1995; United Nations, *International Law as a Language*, 1996; Alfred Rubin, *Ethics and Authority in International Law*, 1997; John Rawls, *The Law of Peoples: with the Idea of Public Reason Revisited*, 1999; Jack L. Goldsmith and Eric A. Posner, *The Limits of International Law*, 2005。

为一个整体来研究,例如,国际法的性质、渊源、效力根据、国际法与其他学科的关系、国际法的制定、实施问题等等。第二类为关于国际法的具体原则、规则或关于国际法某个具体领域的规章制度的理论。已故国际法教授赵理海就是这样区分的。他说:"国际法的基本理论不同于国际法个别领域的理论。后者只适用于局部,如外层空间法中的功能论和空间论;条约法中的情势变迁学说;有关外交特权与豁免的治外法权说、职务说、代表说等,都是针对国际法上某一领域的个别问题而提出的理论。前者统贯全局,是涉及国际法一切领域,构成整个国际法的基础和核心的理论。"①我国关于国际法基本理论的专著虽然不多,但是从学者们的论著中可以看出,他们都是这样分类的。本章所涉及的是第一类,即国际法的基本理论。当一种理论具有相当的影响力并得到一些追随者的支持时,这种理论学说就可能形成学派或流派。因此,对已经形成的现存国际法理论学说的研究同时也是对国际法理论学派或流派,甚或是对学派代表人物的研究。

关于国际法的基本理论形成了一些学说和学派。目前的国际法理论学说主要有:自然法学说、实在法学说、社会学法学说、社会主义的理论、政策定向学说、批判法学说、女权主义理论等。几乎所有的国际法基本理论学说都是从国内法理论学说派生而来的,或者说它们几乎都是将国内法学说适用于国际法学的结果。当这些国内法学说适用于国际法时,或多或少会遇到一些问题,例如,实在法学说,它主张的"法律是以强制制裁为后盾的主权者的命令"在国际法上就难以找到相应的"主权者的命令"和"强制制裁"的机制。但是,国际法理论学说与相应的国内法理论学说的密切关系是毋庸置疑的。因此,当我们研究这些学说时不仅应当考虑到这种关系,还应当考虑国际法是一个特殊的法律体系。这对我们更好地理解国际法的各种学说是必要的。

一、自然法学说

(一) 变化的"自然"概念

在国际法上,自然法的概念是什么?在激进的实在法学派看来,自然是一种事实,不可能从中派生出法律来。这种看法的结果是产生了另一个原则,即事实的陈述中不可能推演出有价值的判断。因此,要弄清自然法的概念,首先要清楚自然是指什么。

较早的古希腊哲学家们对自然的理解与后来的自然法学家们有很大不同,他们认为自然是人的身外之物,是事物的秩序,是不以人的意志为转移的。一切都应按照自然的秩序发展,法律应该维护这种自然的秩序。对他们来说,自然是指事物的自然秩序,与生物和人没有关系,人必须按照这种自然秩序行事。后来

---

① 参见赵理海著:《国际法基本理论》,北京大学出版社1990年版,第1页。

人们对自然有了新的解释。在亚里士多德的自然法中,自然是指人的本性,不是静止的事实,而是具有自我完善倾向的人的本性。

> 亚里士多德不仅将本性(即自然法的本性——引者注)看成是胚胎(自生存那一刻已存在于我们身上),通过这种胚胎发展出各种事物和生物来;更将本性看成是自然而然希望趋近的目的,是那种处于潜在性中的东西。例如人,其本性是和他人联合。人是"天生的政治动物",有建立城市、团体、公社的趋向,以及那些已存的结社形式。通过对这些形式的考察,就可以追寻到某些有关自然法的东西。①

亚里士多德的自然概念强调人的理性、人的自身完善和发展。这样,自然就不仅是事物的自然秩序,而且是作为自然之一部分的人的理性。希腊斯多葛派,特别是基督哲学思想家们发展了自然法的思想,他们扩大了政体的范围,使其包括人类世界共同社会。因此,罗马斯多葛派塞涅卡(Seneca 公元前4年—公元65年)指出,人不仅是自己祖国的公民,也是世界社会的公民。中世纪的自然概念加上了浓厚的宗教色彩。天主是自然的主宰,因为整个自然世界都是神创造出来的。所以托马斯·阿奎那(Thomas Aquinas 1225—1274)在接受了亚里士多德关于人是社会和政治的动物观点的同时,强调人是为自己而生存并被赋予固有的尊严的自由人。因此人与上帝有直接的关系,他不能完全被政治社会所吸收,而应该在那些超越俗世范围的事物上给他以自由的空间。

总之,自然法学说作为一个历史最为悠久的法哲学,对自然的理解经过了古希腊、罗马和中世纪哲人们的发展,已经比最初的主张丰富得多了。后来坚持自然法学说的人对自然概念的理解多数是以亚里士多德的"人的自然理性"为基础的,当然也不排除是上述几种理解的混合的可能,例如,西班牙学派。

(二)西班牙学派

维多利亚(Victoria 1480—1546)和苏亚利兹(Suarez 1548—1617)是西班牙学派的主要代表人物。维多利亚是第一个承认国际法是法律的特殊部门的人。他还强调国际法对所有国家都有拘束力。他提出的国际社会由包括野蛮人(即不信基督的人)在内的所有人类构成的思想一直被后来的自然法学派所坚持,但直到第二次世界大战之后才被普遍接受。不难想象,这在当时是非常超前的。他当时承受了来自官方的巨大压力,因为当时的西班牙国王认为自己作为罗马帝国的皇帝可以占领一切领土,包括那些已被所谓野蛮人占领的领土。维多利亚认为,野蛮人照样可以成为真正的主权者和私有财产的拥有者,因为取得主权

---

① 参见〔葡〕叶士朋著:《欧洲法学史导论》,吕平义、苏健译,中国政法大学出版社1998年版,第151页。

权利和私有财产权利的法律基础不是对基督的忠诚而是人的自然理性。因此根据维多利亚的理论，只有无人居住的地方才是可以占领的。实际上先占作为国际法上取得领土的方式，作为先占条件的无主地并非维多利亚所坚持的真正的无主地，而是把有所谓野蛮人居住的地方也视为无主地。关于这一点，直到现在仍然是一个有争论的问题。《奥本海国际法》直到第五版还肯定对非洲的占领属于对无主地的占领。[1] 另外与这个理论特别有联系的问题是土著人的地位问题，目前的分歧更大。

西班牙学派的另一个主要代表人物苏亚利兹出身于西班牙贵族，西班牙征服了葡萄牙后，苏亚利兹在葡萄牙的一所大学里任神学教授。在他的《法律和神为立法者论》一书中，苏氏承认普遍国际社会的存在。各国虽然都是独立的，但都是这一社会的成员。苏氏强调国家之间存在的相互依赖关系，国际社会需要一种法律秩序来调整社会成员之间的关系。奥本海对苏氏的评价很高，说他是第一个对国际法"这个新的法律部门使用国家间的法律这个名词的人"[2]。苏亚利兹承认以自然法为基础的人类惯例的存在，并把条约也纳入其内。他认为条约一旦缔结，条约的遵守就根据自然法上的"善意"原则实现了。苏亚利兹提出"人类共同利益"说(the common good of mankind)，认为国际法的最终目标是国家间的正义和和平，国家的自身利益应服从人类共同利益。但直到现在，国家的实践与这种理论还相差甚远。

西班牙学派的主要观点可以概括为两点：第一，人是政治的、社会的动物，终极世界社会是由个人构成的，而且包括所谓的"野蛮人"。第二，承认国际社会的存在，强调人类的共同利益。

(三) 普芬道夫、沃尔夫和瓦泰尔的自然法学说

这三个人都是格老秀斯之后的自然法学者。[3] 在格老秀斯将自然法世俗化后，这些学者在某种程度上都是他的追随者。对他们来说，自然法的概念是建立在作为理性的动物的人的本性基础上的。自然法是自然授命于人的理性的规则总体。在这个基本概念的基础上自然法理论家们建立了各种不同的理论结构。一些学者认为，国际法的拘束力来源于这样的事实，即国际法仅仅是自然法在特定情况下的适用而已。换言之，国家之所以遵守国际法是因为他们的关系是由

---

[1] Oppenheim. L, *International Law: A Treatise*, Lauterpacht Hersch ed., London: Longmans, Green & Co., 1935.

[2] 〔英〕劳特派特修订：《奥本海国际法》(上卷平时法第一分册)，石蒂、陈健译，商务印书馆 1971 年版，第 64 页。

[3] 因为在国际法理论学说中，人们一般将格老秀斯学说作为单独的学说，或称折中学说，所以将在后面专门讨论。

更高的法律——自然法来调整的。①

普芬道夫(Pufendorf 1632—1694),德国人,被称为格老秀斯之后的国际法创始人之一,曾在莱比锡大学学习哲学、历史、法律学,当过家庭教师,曾经被捕入狱,在狱中8个月,撰写了一本书——《普遍法学原理》。他在自然法方面的著作是《自然法与万民法》,与国际法有关的著作有《自然法上的人和公民的义务》,这是普芬道夫将《自然法与万民法》这本900页的大部头著作压缩后写成的。普芬道夫认为除自然国际法外,不存在其他国际法规则。因为他认为国际法是自然法的一部分,所以他的任何著作都不是专门论述国际法的。他认为:"自然法支配全体人类,可以称之为普遍法,而且自然法不像实在法那样随着时间的推移而不同,因此又可以称为永恒法。"②他把自然法分为人的自然法和国家的自然法,后者就是国际法。对普芬道夫来说,所谓的万民法是不存在的,因为它在良心上是没有拘束力的。无论国家的习惯还是实践,都不能创设义务性质的规范。法律只能产生于从普遍理性派生的原则。③

沃尔夫(Wolff 1679—1754),德国人,在莱比锡大学学习数学、哲学、法律学。曾经设想用数学的论证方法论证法律学,曾因卷入宗教争端被驱逐出普鲁士,后来又被请回,并给予优厚待遇。沃尔夫是当时德国启蒙主义的代表人物。由于他在各个学术领域都有很高的建树,并著书立说,被人们称为百科全书作家。他的与国际法有关的著作有《用科学方法考察的自然法》《用科学方法考察的国际法》和《自然法与国际法要论》。沃尔夫将国际法分为四类:自然国际法、自愿国际法、协定国际法和习惯国际法。第一类为适用于国家之间关系的自然法,或称"必然法"。第二类为较文明的国家自愿同意接受的规则,或称"意志法"。根据赵理海教授的分析,"沃尔夫的国际法观念是以凌驾于各成员国之上的'世界国家'为依据的。'世界国家'则依靠一些国家的契约或'准契约'。目的是根据'世界国家'制定的规则通过各国的统治者听从自然的领导,适当地用理智给他的统治下一定义。这些规则的总和被称为自愿法,以别于地道的自然状态的必然法"。④ 第三类为条约。第四类为国际习惯。"相对地说,沃尔夫对习惯和条约法这两部分国际法重视不够。"⑤这可能是许多西方学者将沃尔夫认定为自然法学派的主要原因吧。

瓦泰尔(Vattel 1714—1767),瑞士人,最后一位传统自然法学派的国际法学

---

① 参见 I. A. Shearer (ed.), *Introduction to International Law*, 11th Edition, Butterworths & Co. (Publishers) Ltd., 1994, p.20。

② 转引自赵理海:《国际法基本理论》,北京大学出版社1990年版,第103页。

③ 参见 Cornelius F. Murphy Jr., "The Grotian Vision of World Order", 76 *American Journal of International Law* (1982), p.488。

④ 赵理海:《国际法基本理论》,北京大学出版社1990年版,第109页。

⑤ 同上书,第110页。

家。瓦泰尔是著名的瑞士学者和外交家,其父为改革派教会的牧师,他继承了父母对哲学、政治和文学的爱好,在巴塞尔大学学习古典文学和哲学。36岁时开始了外交生涯,曾任瑞士驻伯尔尼的全权公使。瓦泰尔是第一个用现代语言系统撰写国际法著作的人。他的主要著作《万国法》,虽然在理论上受到沃尔夫的很大影响(他曾志愿翻译沃尔夫的著作,后因不同意沃尔夫的世界国家核心理论而放弃),但由于他的国际法是以他做外交官的经验为基础写成的,成为当时流行最广的国际法著作。应当指出的是,瓦泰尔将万国法的概念建立在自然法的基础上。他在《万国法》一书中说:

> 我们用必要的万国法一词来表示由于对国家适用自然法而产生的法律。说它是必要的,因为国家绝对地要遵守万国法。后者包含自然法授命于国家的箴诫,自然法对国家的拘束力并不亚于对个人的拘束。因为国家是由个人构成的,国家的政策由人来决定,而这些人无论以什么身份行事都要服从自然法。这种法被格老秀斯及其追随者称为对内万国法,因为它是拘束国家良心的。有些著作家将其称为自然万国法。[1]

瓦泰尔关于国家平等的理论就是在这种自然法概念的基础上建立起来的。

(四) 新自然法学说

人们将第一次世界大战和第二次世界大战之后出现的自然法学说的复兴称为新自然法学说。复兴的自然法学说包含不同的思想。有的直接从古典自然法学说寻求理论支持,强调人的尊严的重要性以及人的理性的优越性。此外还有形式主义和逻辑定向的新自然法学说,这种方法虽然坚持自然法的概念是普遍适用的,但是自然法的思想可以由于社会和文化的不同而在内容上有所区别。相比之下,社会学方法更多地容纳自然法之外的其他因素。第二次世界大战后自然法学说的复兴主要是因为德国纳粹和日本法西斯依仗国家权力和国内法在战争中犯下了大规模侵犯人权的罪行并拒绝承担责任,使人们看到了实证主义法学说的严重缺陷。德国法哲学家拉德布拉克(Gustav Radbruch 1878—1949)就是在这种情况下提出他的新自然法理论的。他坚持认为实在法没有能够在国家内和国家外使社会以人为本,如果只是遵守实在法不足以惩罚战争罪、反和平罪和反人道罪。他认为必须以最高的自然法为基础坚决反对一切非正义的法律。[2]

---

[1] 转引自 I. A. Shearer, *Starke's Introduction to International Law*, 11th ed., Butterworths & Co. (Publishers) Ltd., 1994, p.20。

[2] 参见 Jianming Shen, "The Basis of International Law: Why Nations Observe", 17 *Dickinson Journal of International Law* (1999), pp.327—328。

（五）自然法学说的特点及其对当代国际法的影响

自然法学说在法学理论中的重要位置虽然在 19 世纪被实证主义所取代，但是到 20 世纪又得到复兴，特别是两次世界大战之后，人类的良知受到了巨大震撼。人们在反思实在法律制度存在的重大缺憾的同时，重新回到了自然法，以便为他们新的社会和法律理论寻找依据。这充分显示了自然法学说的生命力。然而，这正是自然法学说比较抽象和理想化以及它的不确定性带来的结果，因为它是适用于全体人类的，所以它是相对地超越时间和空间的。

自然法学说对国际法的两个领域影响最大：国际人权法和国际环境法。自然法学说对个人的强调对国际人权法的发展具有重要影响。自然法学说对国际社会的存在以及人类共同利益的承认对国际环境法的发展有很大影响。此外，国际法上的强行法规则也是以人类共同利益为基础的。

二、实在法学说

（一）实在法学说的基本观点

英籍意大利人真提利斯（Alberico Gentilis 1552—1608）、英国的苏之（Richard Zouche 1590—1660）、荷兰的宾刻舒克（van Bynkershoek 1673—1743）、德国的黑格尔（Georg Wilhelm Friedrich Hegel 1770—1831）、英国的奥斯汀（Austin 1790—1859）等，都是早期实在主义的思想家和著作家。其中奥斯汀被公认为实在法学说的创始人。他们关于国家的概念以及国家意志、国家同意或共同同意等不同学说是后来国际法上的实在法学说的基础。真提利斯首先提出国际法的基础是国家实践和国家意志。苏之认为国际法是国家用它们的主权权威接受的法律。宾刻舒克根本否认自然法的存在，认为国际法是在国家同意的基础上产生和发展起来的，国际法的所有规则都是国家主权意志的体现。黑格尔是第一个系统地阐述国家意志学说的哲学家。他认为国家意志是最高的，不存在任何高于国家意志的权威，就是法律也要服从国家这个抽象的概念。特别是奥斯汀实在主义的法律概念在现代人的头脑中打下了不可磨灭的烙印，对国际法上实在法学说的影响是不言自明的。奥斯汀认为法律是主权者的命令，它靠制裁加以执行，因此法律的三大要素是：主权、命令和制裁。按照他的理论，国际法仅为国际道德，称其为法是不恰当的。①

总之，所谓实在法就是人定法，即由人制定或认可的法律。国际法是由国家通过行使主权参与制定或接受的法律。实在法学说不承认在人定法之外还存在其他的法，特别不接受自然法的存在。

---

① 参见〔英〕奥斯汀（Austin）：《法理学范围之限定（*The Province of Jurisprudence Determined*）》（Edited by Wilfride E. Rumble）（影印版），中国政法大学出版社 2003 年版，第 112 页和第 124 页。

(二) 凯尔逊的纯粹法学说

凯尔逊(Hans Kelsen 1881—1973),美籍奥地利人,新实在法学说的代表人物之一。曾经在维也纳大学任教,1920年的《奥地利共和国宪法》就是凯尔逊起草的。曾任奥地利最高宪法法院法官。1940年移居美国,先后在哈佛大学和加利福尼亚大学任教。著作很多,包括《国家法概论》(1925)、《国际法概论》(1928)、《纯粹法学》(1934)、《法和国家概论》(1945)、《联合国法》(1950—1951)、《国际公法原理》(1952)和《什么是正义》(1957)等等。[①]

凯尔逊创立了纯粹法学说。他把法律作为一门与其他科学毫无关系的科学来研究,分析实在法的结构及法律规则的内在联系。他只研究法律实际是什么,而不管它应该是什么。他认为"法律应该是什么"的问题是政治的、主观的,不能用科学的方法来研究。因此他反对自然法学派将法律与正义混为一谈。[②] 凯尔逊认为国际法和国内法属于同一个法律体系,都是法律科学研究的对象。他认为这个法律体系是有层次之分的,是由不同等级的规范构成的。凯尔逊把法律规范分成不同的等级,某个规范的效力来源于上一级规范,一直追溯上去,直到找不到上一级规范为止,即为最高规范,也是最基本的规范。凯尔逊把法律规范描绘成一个金字塔。在这个金字塔尖上的规范是最基本的规范,即"约定必须遵守"。就是在这个基本规范上,凯尔逊的纯粹法学招来了不少的批评,甚至有不少学者将其与凯尔逊所反对的自然法联系在一起,这也是人们有时将凯尔逊划为新自然法学派的主要原因。

(三) 实在法学说对当代国际法的影响

对实在法学说的批评主要来自强调个人在国际法上的作用以及整个国际社会或全人类共同利益的理论倡导者们。这是因为实在主义者过分地强调国家在国际法上的作用以及国家主权的重要性。如果说"过分"是因为超出了客观存在的限度的话,那么那些符合现实的强调就是应该接受的。实际上,几乎所有的非实在主义者都不(其实是难以)否认国家是国际关系的主要行为体。[③] 如果说以国家为核心、强调国家主权、国家意志或国家同意就是实在主义在国际法上的

[①] 凯尔逊文章和著作参见:"Bibliography of Kelsen's Publications in English" in Hans Kelsen, *General Theory of Norms*, Oxford: Clarendon Press, 1991, p.440。

[②] Hans Kelsen, *Pure Theory of Law*, translated by Max Knight, University of California Press, Berkeley, 1967, p.1。

[③] 例如,麦克杜格尔虽然不喜欢"国家"(nation-state)这一用语,他并不否认国家(他称其为在领土上组织起来的政治实体,territorially organized bodies politic)的重要作用。参见 McDougal and Lasswell, *International Law in Contemporary Perspective: The Public Order of the World Community*, Foundation Press, 1981, p.155. 又如,Julius Stone 教授将国家主权作为国家内和国际社会非国家实体维护追求人的尊严目标的最大障碍,从不同角度表现出他对国家作用的承认。参见 Julius Stone, "A Sociological Perspective on International Law", in R. St. J. MacDonald and D. M. Johnston (eds.), *The Structure and Process of International Law*, 1983, pp.292—293。

主要理论的话,那么实在主义自19世纪得到广泛赞同到现在对整个国际法,包括其实体内容和关于国际法的理论所产生的影响是难以忽视的。就像科学对人类的影响那样,实在法学说对国际法的影响是最大的。①

首先,从国际法的实质来看,从《威斯特伐利亚和约》的签订到现在,国际法经历了从近代到现代的发展和演变,但是它的实质仍然没有发生根本的改变:它仍然主要是国家之间的法律。国际法主要是调整国家之间关系的原则、规则和制度的总和。当前的国际法虽然不是完全地表现国家意志的法律②,但是绝大多数的国际法制度仍然是建立在国家意志或国家同意基础上的。

其次,从国际法的实体结构来看,当前的国际法如果将那些调整国家之间对等关系的条约和协议除去的话,就只剩下很少的国际强行法规则、国际人权法和国际环境法等内容了。然而,这些剩下来的东西基本上都是那些存在不少争议的与"对一切的义务"(obligations erga omnes)相关的国际法规则。总之,支撑着当代国际法大厦的支柱并由此而形成的整个国际法框架是国家主权原则和调整国家之间关系的法律制度,例如,国家领土、国家领土上的居民、国家承认和继承、国家责任、国家管辖权、国家之间的外交和领事关系、国家之间的条约法(包括由国家组成的国际组织与国家之间或它们自己之间的条约法)、国家之间的国际组织法、国家之间的国际争端解决的国际法、武装冲突法等等。

最后,从国际法的实施方式来看,由于国际法是建立在国家意志或同意(或国家主权原则)基础上的,国际法的实施机制也不可避免地建立在同样的基础上,因为这些机制都是根据国家制定的国际公约建立起来的。这就是坐落在荷兰海牙的国际法院对国家没有绝对的强制管辖权的根本原因。而且这种状况在可预见的未来是很难改变的。这也是为什么国际法的实施主要靠国家自身的(单独或集体的)行动的主要原因。

总之,不知是因为实证主义的理论太深入人心了还是因为它与现实太接近了,人们似乎对它的存在习以为常,不把它的影响作为研究国际法发展和变化的对象。然而,介于自然法和实证主义学说之间的格老秀斯学说却由于格老秀斯本人对近代欧洲国际法的重要影响而受到人们普遍的重视。

三、格老秀斯学说

人们对格老秀斯的关注当然首先因为他被誉为"国际法鼻祖"。就个人的作用而言,格老秀斯是对国际法的发展影响最大的一个人。他的哲学思想、他的

---

① 当代许多国际法学家都属于实在法学派,如奥本海、劳特派特、施瓦曾伯格等。他们的著作至今一直得到比较广泛的引用。他们的思想对国际法学理论的形成和发展发挥了并仍在发挥着重要作用。

② 例如,国际法禁止战争、禁止使用武力或武力威胁,又如国际人权法和国际环境法这两个较新的领域,国家的意志往往要服从国际社会整个的利益,但是这又不是所谓的共同意志。

著作特别是《战争与和平法》至今仍然是国际法学者研究的对象。①

(一) 格老秀斯的自然法思想

格老秀斯继承并发展了亚里士多德的人类学思想,认为人在本质上是一种社会的动物,他需要社会而且是和平的、有组织的社会。他将人的社会性视为"自然法之母",因为"人的本性中首先含有追求社会生活的愿望,即与他的同类共同过和平的和适合其智力的生活"。② 格老秀斯指出,如果我们承认人的本性需要一个有理性的人的社会,那么人就有义务遵守该社会的秩序。格老秀斯试图使自然法具有人和神的权威。自然法在被认为是固有的同时,还在那些最有智慧的头脑中被作为一般的协议所宣布并被文明国家的实践所确认。这些共同的良心意识就是自然法。这些自然法得到各种不同形式的意志法(the jus voluntarium)的补充,其中最重要的是万民法(jus gentium)。③

(二) 格老秀斯的万民法概念及其《战争与和平法》

格老秀斯的万民法也同样建立在他的把人的社会性与神的权威相结合的自然法思想基础上。人由于需要社会生活而不会相互伤害,国际社会的成员为了这个社会的共同的福利,相互同意,由于他们共同同意的意识,自然法得到世界多数社会成员的遵守。格老秀斯承认在自然法之外还存在可以普遍适用于所有国家,至少是多数国家的法律。凡是通过推理不能从某些原则中推演出来,但又的确得到遵守的规则,属于源于人的自由意志的法律。正是因为格老秀斯的这种思想,人们将其称为折中派或格老秀斯派。对格老秀斯来说,万民法没有罗马法法学家或西班牙神学家们曾经赋予的那样广泛的含义。在《战争与和平法》一书中,格老秀斯的万民法仅指在国家之间流行的规范性法律。由于适用于国家间的公共关系,万民法表达国际社会的意志。万民法在理性的范围内创造义务并赋予权利。

《战争与和平法》是使格老秀斯成为"国际法鼻祖"的著名国际法著作之一。该著作被翻译成多种语言,它的影响是任何其他国际法著作不能比拟的。该著作的地位和历史意义并不在于它的内在逻辑性或其相关内容的耐久性,而在于

---

① 关于这方面的文章很多,主要包括 David J. Bederman, "Essay: Reception of the Classical Tradition in International Law: Grotius' De Jure Belli ac Pacis", 10 *Emory International Law Review* 1, Spring, 1996; Cornelius F. Murphy Jr., "The Grotian Vision of World Order", 76 *American Journal of International Law* (1982); Onuma Yasuaki ed., *A Normative Approach to War: Peace, War, and Justice in Hugo Grotius*, Clarendon Press, 1993;沈宗灵:"格老秀斯的自然法和国际法学说",载《中国国际法年刊》,中国对外翻译出版公司1983年版。

② 参见沈宗灵:"格老秀斯的自然法和国际法学说",载《中国国际法年刊》,中国对外翻译出版公司1983年版,第57页。

③ 参见 Cornelius F. Murphy Jr., "The Grotian Vision of World Order", 76 *American Journal of International Law* (1982), pp.480—481。

它第一次系统地阐述了整个国际法学科。① 从内容上来看,格老秀斯从他的前辈,特别是真提利斯的著作中汲取了很多,他所运用的法律和道德原则,大多数是读者们所熟知的。② 而且,该书并非主要或完全属于国际法专著,它还涉及法学的许多问题,涉及神学或哲学的问题。这些都是它一出版就受到广泛欢迎的原因。《战争与和平法》的主要理论是:国家无论有多大的政治或军事力量,都必须与个人一样服从同样的法律原则。他认为所有人的行为都是可以通过是否符合统一的自然法来加以衡量的。在《战争与和平法》中,格老秀斯否认统治者发动战争的绝对权利。正确的理性禁止一切用武力夺走合法地属于他人的东西,但是,他并不否认诉诸战争的正当性。为了正义的理由是可以发动战争的,因为自然法的一项原则是纠正错误的东西,国家为了保护自己的自然权利可以对做错的一方施加处罚。战争如果是合法的权威为了正当的理由发动的,它就构成对法律和权利的实施。③

四、麦克杜格尔的政策定向学说

(一)政策定向学说简介

麦克杜格尔(Myres S. McDougal 1906—1998)是政策定向学说的主要创始人,他的著作很多,但单独署名的并不多,大多是与拉斯维尔(Harold D. Lasswell)以及其他同事或追随者们联名出版的。④ 他的著作涉及国际法的很多领域,包括海洋法、空间法、国际人权法等等。1992年出版的两卷本大部头著作《自由社会中的法理学:法律、科学和政策研究》是他关于政策定向学说的总结。⑤ 政策定向学说(有时也称为"政策科学学说"或"纽黑文(New Haven)学说")在美国、欧洲甚至亚洲都有很大影响,形成了独立于其他法学流派的新的国际法学流派。政策定向学派用一套完全不同于其他任何法学流派的专业用语,以政策的抉择为研究重点,创造出一系列独特的研究步骤,得到许多国际法

---

① 但是根据日本学者的统计,由于格老秀斯在第一版时出版太匆忙,不得不在出第二版时,对近千个错误作了纠正。参见 Edward Gordon, "BOOK REVIEW: A Normative Approach to War. Peace, War, and Justice in Hugo Grotius". Edited by Onuma Yasuaki. 89 *A. J. I. L.* 461, 1995, pp.462—463。

② 因此,不少学者对于格老秀斯的国际法鼻祖称号怀有疑问,或者认为这样对他的前辈如真提利斯不公平。参见 I. A. Shearer (ed.), *Starke's International Law*, 11th ed., Butterworth & CO. (Publishers) Ltd, 1994, p.11。

③ 参见 Cornelius F. Murphy Jr., "The Grotian Vision of World Order", 76 *American Journal of International Law* (1982), p.481。

④ Lasswell 是另一个创始人,他是美国国际政治学家。他们两个人的合作使他们的学说具有国际法与国际政治相结合的突出特色。关于麦克杜格尔生平的详细介绍,参见 Richard Falk, Rosalyn Higgins, W. Michael Reisman and Burns H. Weston, "Notes and Comments: Myres Smith McDougal (1906—1998)", 92 *American Journal of International Law* 729, 1998。

⑤ Harold D. Lasswell and Myres S. McDougal, *Jurisprudence for a Free Society: Studies in Law, Science and Policy*, Martinus Nijhoff Publishers, Dordrecht, 1992.

学者的青睐,同时也遭到不少的批评。

政策定向学说是从美国法律现实主义运动中产生出来的。法律现实主义是20世纪30年代初美国法学界出现的一个流派,该流派由于思想上的某些不同又分为三个主要的派别。

一种相当激进,将矛头指向所有的法律规则,否认它们的合法性。他们认为法律只不过是欺骗的遮羞布,法院的判决实际上也是以不公平的利益或价值的选择作为基础的,即以法官的思想状况、以他的资产阶级偏见为基础的,或是以法官对法律的理解为基础的。

另一种集中研究法律规则本身的质量,他们关心的是法律规则是否符合现实,或者法律是否自相矛盾。

还有一种主要关心的是作出判决的过程。在此过程中,法官时常起着相当重要的作用。法官们以社会利益为出发点,自觉地、有意地改变或不惜废止法律规则以便作出判决。法官和立法者一样,都要作出政策的抉择。怎样作出合理的抉择呢?这就需要掌握丰富的知识,法律必须与经济学、社会学、哲学、历史学、心理学、精神病学、大众传媒学等其他学科相结合。麦克杜格尔的政策定向学说就是以这种现实主义学说的理论为基础的。

(二) 政策定向学说的法律概念

虽然自然法学说、实在法学说以及其他不同的学说在法律概念上有很大的不同之处,甚至有时是对立的,但它们都不否认"法律是规则的总体"。马克思主义的法律概念也不否认这一点。这些不同的法学说之间的根本冲突在于它们对法律的渊源、本质等问题的观点不同。但无论如何它们都承认"法律是规则的总体"。然而,政策定向学说却与任何其他法学说不同,它认为法律并非单纯的法律规则,而是权威的政策抉择的全部过程(process),在此过程中,权威(authority)和控制(control)适当地结合起来。政策定向学说的国际法概念就是将这个一般的法律概念适用于国际社会。这是一个全新的概念,它打破了"法律是规则的总体"这个传统的概念,把法律视为一个过程。在这个概念中,至少有四个用语是必须要解释的,即"过程""政策抉择""权威"和"控制"。

所谓"过程"是指人的社会、心理、生物、生态活动的许多相互联系、相互作用的活动。它涉及所有与法律的制定、实施、修订、废除和再制定相关的环节。"政策抉择"是指"过程"中作出的任何决定。"权威"是参与"过程"的行为者(actors)或参与者(participants)的期望或愿望(expectations)。"控制"或"权力"(power)是使参与者的期望或愿望能够实现的实际能力。

根据政策定向学说的法律概念,法律是一个过程,而且是每时每刻都在发展变化的过程。因此,传统的法律制定、实施、执行、修订和废止的程序,对于政策定向学派就不够了。为了适应他们的法律概念(活的法律,living law),他们用以

下步骤对这个"过程"加以分析:
（1）参与者
（2）要求或期望
（3）场合
（4）权力基础
（5）策略
（6）结果
（7）后果

过程的结果就是他们所谓的"活的法律"的功能:
（1）情报
（2）促进
（3）规定
（4）援引
（5）适用
（6）终止
（7）评价

假如我们用这些公式来分析国际法的话,我们就可以将其加上具体内容:（1）参与者:国家、国际组织、个人、非政府组织、教会、党派、压力集团等等。（2）要求或期望:维护人类共同利益,摒弃所有特殊利益。共同利益有两种,即维护最低限度的秩序和最大限度的秩序。最低限度的秩序是把非经授权的暴力和胁迫减到最少;最大限度的秩序是最大限度的生产并且最广泛地分享所有的人们想要的价值。第一种和第二种利益之间有着密切的、相辅相成的关系。（3）场合:外交(外交部、使馆、其他外交场合)、国际会议(临时)、国际组织(常设)、国际司法机构(国际法院、欧盟法院、欧洲人权法院、美洲人权法院、各种国际法庭)、国际行政机构(国际组织的秘书处)等。（4）权力基础:资源(海洋、领土、空间、外空和其他资源)、人民(国籍问题)、管辖权(国家与国际社会的关系以及国家的管辖权)。（5）策略:外交(外交和领事关系、外交庇护、外交制裁、不承认主义)、思想(世界公共舆论、广播、宣传攻势、煽动等)、经济(积极地积累财富和消极地经济制裁)、军事(自卫、人道主义干涉、战争法和国际人道法)。（6）结果:在制定和适用法律时作出的各种决定,这些决定可以分成七种不同的功能(或阶段),即情报、促进、规定、援引、适用、终止和评价。具体包括收集、加工、传播作出抉择需要的情报(情报);提出政策抉择的各种选择,一般由掌握有效权力的人进行(促进);签订条约、通过决议等(规定);用规定来解释发生的事件,属于正式适用规定之前的活动(援引);通过国家单方面的对等措施适用规定(适用);修订法律规定,如修改宪章(终止);对过去的成功和失败进行评价

（评价）。(7) 后果：国家对于它的行为应承担后果，即国家责任问题。

（三）政策定向学说衡量法律的八个价值标准

(1) 权力

(2) 启蒙

(3) 财富

(4) 福利

(5) 技术

(6) 尊重

(7) 情爱

(8) 正直（信仰）

　　这是拉斯维尔和麦克杜格尔对人类需求的高度概括。它们确实基本上包含了人类需求的方方面面。对政策定向学派来说，国际法的目标之一，就是最大限度地生产并且最广泛地分享这些价值。

（四）政策定向学派的五项智力任务（intellectual tasks）

(1) 澄清政策抉择的目标

(2) 描述朝着或背离这些目标的趋势

(3) 分析影响过去政策抉择的条件因素

(4) 设计将来可能的发展

(5) 系统地阐述具体的、造价最低、危险最小、最能够帮助实现目标的政策抉择

　　这些任务是相辅相成的，只顾其一不顾其他，将会一事无成。虽然这是政策定向学派作出政策抉择的科学方法，但它们是可以广泛运用的、能够帮助人们解决任何问题的方法。政策定向学说的继承者雷斯曼（W. Michael Reisman）教授用报考法学院作为例子对这五项智力任务作了形象的解释。[1] 他指出，当代社会生活的一个特点就是人们不断地为自己也时常为别人作出抉择。有些选择是在刹那间靠直觉作出的，有些选择如关于事业、投资等则要花很多时间，经过周密思考才能作出。大规模、复杂的组织作出选择的程序要有数以千计的人参与，包括各方面的专家，经过数月甚至数年的努力才能完成。[2] 但是，无论如何这些智力任务都是帮助人们作出抉择的较为实用的方法。

（五）政策定向学说的特点及评价

　　政策定向学说的主要特点有三个：第一，它的法律概念。它把法律视为一个

---

[1] W. Michael Reisman, *Jurisprudence: Understanding and Shaping Law: Cases, Readings, Commentary*, New Haven Press, 1987, pp.16—17.

[2] 同上书，第15页。

不断进行中的过程,其中不仅包括了通常我们认识的法律概念,更重要的是那些与作为规则的法律相关的所有活动和程序。它挑战传统的法律概念,使人们认识到法律与其他科学的密切联系,特别是在某些具体情况下,法律、政治和政策在国际法中的作用是很难区分的。第二,它的研究方法。它基本上是问题定向的研究方法,即以解决实际问题为目标,并不注重哲学理论特别是那些类似于"个人是否国际法主体"的经院式纷争。这是政策定向学说必然会采取的方法,否则不利于该学说的形成和发展。第三,它的语言。它采用了一套与众不同的专用语,虽然因此招来了不少的批评,但是作为该学说不可分割的一部分,这套特殊的专用语是不可替代的。

政策定向学说不仅看到了国际法、国际政治和国家外交政策之间的密切关系,而且通过它特有的方法将它们融合在一起变成一个新的法律概念。该学说充分地揭示并利用了国际法的特点,这种敢于面对现实、注重实际和问题定向的方法是值得借鉴的。但是它直接把政策抉择的过程视为法律本身的核心观点过分地贬低了法律规则的作用,未免有些偏颇。至少有两个问题是该学说难以解决的:第一,当国际法律师要援引国际法时,如何在适用政策定向"活的法律"概念的同时又能确定他/她要援引的法律呢?第二,退一步说,在没有立法和司法机构的国际社会里,由谁、如何确定一项政策抉择已经具备了权威和控制从而成为法律呢?由强国吗?如果是这样,该学说与"权力政治"之间的区别又在哪里呢?

五、其他学说

(一) 批判法学研究

批判法学研究(critical legal studies)或称"新潮流"发源于哪个国家尚存有争议。不过可以肯定地说它的根源可以追溯到 20 世纪初欧洲的批判理论(critical theory)和结构主义(structuralism),在从批判的视角研究法律的著作中,三本书中就有两本出自欧洲人之手。但是国际法上的批判法学研究的当代学术氛围却理所当然地在北美洲,因为当代批判法学的多数著作都出自美国人之手,发表在美国的法学刊物上,最为经典的应属肯尼迪(David Kennedy)的《国际法律结构》。由美国学者在批判国际法学派独领风骚的局面很快被芬兰赫尔辛基大学法学院国际法研究所科斯肯涅米(Martti Koskenniemi)教授所打破,他于1989 年发表的专著《从辩解到乌托邦:国际法律争论的结构》[1]成为批判法学在国际法上的重要著述。此外,英国威斯敏斯特大学卡蒂(Anthony Carty)教授也

---

[1] 并于 2005 年再次出版。Martti Koskenniemi, *From Apology to Utopia: The Structure of International Legal Argument*, reissued with epilogue by Cambrigde University Press, 2005.

是批判法学派的代表人物之一,其主要著作是《国际法的衰落?重估国际事务中法律想象限制》。①

国际法上批判法学研究的发起人应属哈佛法学院的肯尼迪(David Kennedy)教授,他及其追随者在国际法刊物上发表的一系列关于批判法学研究的论文标志着这一新学派开始形成。② 肯尼迪的批判法学研究以国际法上的自由主义为抨击目标,对国际法的现状,包括理论和结构都进行了深刻分析和批判,指出国际法存在着种种难以改变的问题。这派学说对国际法的批判主要集中在三个方面:国际法的无逻辑连贯性、以国家主权原则为核心的国际法的结构和国际法的非确定性。

批判法学对国际法学说和对国际法本身的批判是彻底的、全面的和切中要害的。这派学者认为国际法存在的这些问题是改变不了的。的确,只要国家主权存在,只要国际法承认国家主权并维护国家主权,这些问题都是解决不了的。一旦这些问题解决了,一切都结束了,包括国际法以及国际法的学说。批判法学派学者的洞察力是值得敬佩的,但遗憾的是他们没有阐述他们所支持和提倡的东西,没有阐明他们自己关于国际法的学说以及国际法发展的模式。

(二)国际法上的女权主义理论

女权主义在很多学科都存在,例如,文学、历史学、哲学、社会学、法理学等,基本上是指从女权主义的角度或用不同的女权主义方法研究相关的学科。20世纪90年代初女性研究又一次在中国兴起,这可能是1995年联合国第四次世界妇女大会在北京召开带来的结果。③ 但是我国的女性研究与世界水平还有一定的差距,特别是在法学界,无论是从法理学的角度研究妇女问题还是用女权主义的方法研究法律学,都是尚待开发或完善的新领域。相比之下,西方女权主义法学研究已经比较成熟。

女权主义的英文为feminism,在梁实秋的《远东英汉大辞典》中找到的解释是:男女平等主义提倡女权的运动,妇女特性。在《牛津高阶英汉双解词典》中的解释是男女平等主义和争取女权运动两个解释。谭兢嫦、信春鹰主编的《英

---

① 关于批判国际法学的主要人物及其著作介绍,参见柳磊:"国际法批判法学派述评",载于《厦门大学法律评论》总第十三辑,厦门大学出版社2007年版,第197—227页。

② 其中影响较大、被引用较多的应属肯尼迪教授1985年在《哈佛国际法杂志》上和1988年在《威斯康星国际法杂志》上发表的两篇论文:David Kennedy, "International Legal Education", 26 *Harvard International Law Journal* 361, 1985; "A New Stream of International Law Scholarship", 7 *Wisconsin International Law Journal*, 1988.

③ 联合国第四次世界妇女大会于北京召开。为了迎接这次盛会,许多妇女团体相继在几年内迅速建立起来,北京大学法学院妇女研究中心就是在这种情况下建立起来的。关于妇女研究的著述也在"世妇会"前后相继出版,例如,天津师范大学妇女研究中心编的《妇女与发展》(1993)和李小江等主编的《平等与发展》(1997)。

汉妇女与法律词汇释义》将 feminism 译为"女权/性主义",对它的释义是:

> 女权/性主义作为一种理论与实践包括男女平等的信念及一种社会变革的意识形态,旨在消除对妇女及其他受压迫社会群体在经济、社会及政治上的歧视。然而,对妇女受压迫的性质及根源,应采取何种政治策略以促成社会变革,以及对于追求的变革的性质、范围的分析,女权/性主义理论见解是复杂多样的。因此,复数形式 Feminisms(女权/性主义诸家)也许能更准确地表述女权/性主义理论及主张的全貌。①

国际法上的女权主义者似乎比一般法学界的女权主义者们面临更加艰难的局面。这不仅因为前者的研究对象是调整整个国际社会的各种复杂关系的法律,还因为国际社会是由不同的社会制度、不同的历史和文化背景的国家构成的。国际法上的女权主义学说的主要代表人物是澳大利亚国际法学者钦金(Christine Chinkin)和查尔斯沃斯(Hilary Charlesworth)教授。她们在 20 世纪 90 年代初在澳大利亚、美国和英国的法学以及人权刊物上发表的文章标志着该学说的出现。另外,加拿大多伦多大学法学院库克(Rebecca Cook)教授于 1994 年出版的《妇女的人权:国内和国际的视角》一书也有很大影响。②

国际法上的女权主义学说主要是从激进女权主义学说发展而来的。这派学者从女权主义的角度重新审视当代国际法,包括它的整体结构、它的制定和实施机制以及它的实体内容。她们认为这一切都是有利于男性的。如果尚且有一点点考虑到了妇女的利益,那也是极为边缘化的。③ 她们甚至把妇女在国际法上的地位与第三世界国家④的地位相比较,认为妇女的地位还不如第三世界国家,第三世界国家的妇女就更加糟糕。因此,第三世界国家对现存国际法的批判以及坚持多样性的观点为女权主义对国际法的批判奠定了哲学基础。⑤ 目前,国际法上的女权主义学说对国际法的批判主要可以概括为下面两个方面:

1. 对公/私两分法的批判

国内社会的公/私两分法将妇女的社会、经济和政治地位置于整个社会的边

---

① 参见谭兢嫦、信春鹰主编:《英汉妇女与法律词汇释义》,中国对外翻译出版公司1995年版,第129页。另参见温迪·科尔马:"女性主义:19世纪",载于〔美〕谢丽斯·克拉马雷、〔澳〕戴尔·斯彭德主编:《国际妇女百科全书》(精选本上卷),高等教育出版社2007年版,第395页。

② See Rebecca J. Cook, *Human Rights of Women: National and International Perspectives*, University of Pennsylvania Press, 1994.

③ 参见 Hilary Charlesworth, Christine Chinkin and Shelley Wright, Feminist Approaches to International Law, 85 *American Journal of International Law* 613, 1991, p. 615。

④ 第三世界国家是指在经济上不发达、政治上处于边缘地位的国家。按照这个定义,妇女属于"第四"或"第五世界"。

⑤ 参见 Hilary Charlesworth, "Christine Chinkin and Shelley Wright, Feminist Approaches to International Law", 85 *American Journal of International Law* 613, 1991, p. 644。

缘。这种状况在国际社会反映到国际法上十分明显地不利于妇女权利的保护。例如,1984年《禁止酷刑和其他残忍、不人道或有辱人格的待遇或处罚公约》将酷刑界定为"由公职人员或以官方身份行使职权的其他人"所作出的行为[1],结果,妇女和儿童严重、广泛地受到酷刑迫害的场合不在该公约所包括的范围,因为它们多数发生在家庭里或由私人所为,即家庭暴力和对妇女的暴力行为。与国际法上禁止酷刑相关的另一个问题是国家责任问题。只有当酷刑是国家官员或经国家授权的人的行为时,才可以归因于国家,从而由国家承担责任。女权主义关于人权的观点要求对可归因性和国家责任的概念重新审视并在此意义上对国际法最基本的假定提出挑战。如果对妇女暴力问题像因政治原因受到暴力问题那样受到国际法同等对待的话,妇女在她们的斗争中将会得到巨大支持。[2]

2. 抨击以男权为核心的国际法和国际组织结构

在女权主义者看来,国际法律秩序反映男性观点并保证男性继续在这个秩序中占据统治地位。这是因为国际法的主要主体是国家和国际组织,在国家和国际组织的机构中见不到妇女的现象是十分明显的。政府的权力机构以男性为主导,结果由国家构成的国际组织当然很少有妇女的位置。因此,妇女在国家和全球的决策过程中不是不被代表就是不能得到适当的代表。[3] 女权主义者认为妇女在国家和国际组织机构中的代表性是一个重要问题,因为长期被男性占据的结果使他们的观点被视为一般人的观点,妇女的问题变成特殊的、有限种类的问题,由于男性不是性歧视、家庭暴力、性虐待或性暴力的主要受害者,所以国家的法律和国际法都可能将这些问题作为另类问题,甚至根本忽略它们。[4]

正如女权主义者们所看到的那样,国际法一直到现在还在拒绝女权主义的分析。那些习惯了男性统治的人们对于近些年来在国际法学刊物上出现的女权主义分析的论文采取了不屑一顾或极为冷淡的态度。女权主义者们对国际法和国际组织机构的重新审视具有重要的理论和现实意义。但是,在个人在国际法上的地位(其中应该包括占世界人口一半的妇女)尚存有分歧的今天,在男女不平等的传统观念在世界许多国家仍然没有消除的情况下,为一贯在国内社会处于边缘位置的妇女找到国际法上的适当位置谈何容易。

---

[1] 参见1984年《禁止酷刑和其他残忍、不人道或有辱人格的待遇或处罚公约》第1条第1款,王铁崖、田如萱编:《国际法资料选编(续编)》,法律出版社1993年版,第182—183页。

[2] 参见 Hilary Charlesworth, "Christine Chinkin and Shelley Wright", Feminist Approaches to International Law, 85 *A. J. I. L.* 613 (1991), p.629。

[3] 在所有的国际机构中,只有一个例外,即根据1979年《消除对妇女一切形式歧视公约》第17条建立的"消除对妇女歧视委员会"。该委员会的成员绝大多数都是女性。

[4] 参见 Hilary Charlesworth, "Christine Chinkin and Shelley Wright, Feminist Approaches to International Law", 85 *American Journal of International Law* 613, 1991, p.625。

进一步阅读推荐书目

1. 王铁崖著:《国际法引论》,北京大学出版社 1998 年版。
2. 赵理海著:《国际法基本理论》,北京大学出版社 1990 年版。
3. R. St. J. Macdonald and D. M. Johnston(eds.), *The Structure and Process of International Law*, Martinus Nijhoff Publishers, 1983.
4. R. St. J. Macdonald and D. M. Johnston(eds.), *Towards World Constitutionalism*: *Issues in the Legal Ordering of the World Community*, Martinus Nijhoff Publishers, 2005.
5. Arthur Nussbaum, *A Concise History of the Law of Nations*, New York, the Nacmilian Company, 1950.
6. Hilary Charlesworth and Christine Chinkin, *The Boundaries of International Law*: *A Feminist Analysis*, Manchester University Press, 2000.
7. Martti Koskenniemi, *From Apology to Utopia*: *The Structure of International Legal Argument*, Reissue with a new Epilogue, Cambridge University Press, 2005.
8. Sari Kouvo and Zoe Pearson (ed.), *Feminist Perspectives on Contemporary International Law*: *Between Resistance and Compliance?*, Hart Publishing, Oxford, 2014.
9. Richard Falk et al (eds.), *International Law and the Third World*: *Reshaping Justice*, Routledge-Cavendish, 2008.
10. Antoio Cassese (ed.), *Realizing Utopia*: *The future of International Law*, Oxford University Press, 2012.

第二章　国际法的渊源

与国内法相比,国际法的渊源在概念和种类以及确认方法上都有很大不同,这是因为在国际法上不存在专门的立法机构,国际法是在国家实践中形成或在国家之间制定的。因此,国际法律工作者们①不能像寻找国内法律渊源那样循着法律制定的程序或制定法律机构的阶层来寻找国际法的渊源并可以把他们区分为形式渊源和实质渊源。虽然国际法律工作者们都把《国际法院规约》第38条第1款的规定作为寻找国际法的起点,但是由于从起草该项规定到目前已经经过90多年发展,不从发展的眼光来看待国际法的渊源是不可能的。因此,国际组织的决议、负责监督执行国际公约的机构通过的文件、国家单方面行为等等都应该在国际法渊源的主题下得到相应的讨论。另外,不同国际法渊源之间的关系以及国际法的编纂也是我们应当关注的问题。

第一节　渊源的概念和种类

一、渊源的概念

一提起国际法的渊源,人们自然要援引《国际法院规约》第38条第1款的规定:

一、法院对于陈述各项争端,应依国际法裁判之,裁判时应适用:
（子）不论普通或特别国际协约,确立诉讼当事国明白承认之规条者。
（丑）国际习惯,作为通例之证明而经接受为法律者。
（寅）一般法律原则为文明国家所承认者。
（卯）在第59条规定之下,司法判例及各国权威最高之公法学说,作为确定法律原则之补助资料者。

根据上述规定,国际法院依据国际法,而不是其他,对其受理的案件作出裁判,亦即国际法院所适用的法律是国际法,而且是以"普通或特别协约"(即国际

---

① 英文 international lawyers 常常被误解为"国际律师",其实不然。国际法上很少有我们所认知的专门办案的所谓"国际律师"。因此与 international lawyers 相对应的中文是"国际法律工作者",即那些从事与国际法相关工作的人员,其中除了国际法院和法庭的法官和检察官以及在国际机构从事国际法律事务工作的人员,广泛意义的国际法律工作者还包括从事国际法教学和研究的所有人员。

条约），或国际习惯，或一般法律原则为形式的国际法。一般认为，《国际法院规约》第 38 条中（子）、（丑）和（寅）款的规定就是对国际法渊源的表述。然而，第（卯）款中提及的司法判例和权威公法学家的学说则为证明上述三种渊源的辅助性资料，因为它们本身没有法律拘束力。实际上，在人们解释《国际法院规约》第 38 条第 1 款并把国际法院适用的那几项内容分为国际法渊源和辅助性渊源时，已经接受了一种初步的国际法"渊源"的概念，即它至少是那些具有法律拘束力的东西，是与那些只能作为辅助性资料的东西不同的。

什么是"渊源"？由劳特派特修订的第 8 版《奥本海国际法》用泉源或水源对"渊源"作出这样的描述："它应该解释为一股水从地面的流出。当我们看到一股水而想要知道它从哪里来的时候，我们就溯流而上，直到它从地面自然地流出的地方。我们说，那个地方就是这股水的渊源。"用这样的解释来理解国际法的渊源，"我们也可以看到法律规则流在法律领域上。如果我们要知道这些规则是从哪里来的，我们就必须溯流而上，直到它们的起点"①。王铁崖主编的《国际法》（1995 年版）基本接受了《奥本海国际法》对法律渊源的这种解释，该书认为，"法律渊源是指法律原则、规则和制度第一次出现的地方"②。

这种对"法的渊源"的一般表述完全可以运用到国际法上。虽然国际法与国内法相比是一个较为特殊的部门，但是它依然是法律。人们普遍认为的，同时也是《国际法院规约》第 38 条所宣示的那些国际法的渊源——条约、习惯和一般法律原则，不仅是国际法法律效力的来源，同时也是国际法规范的外部表现形式，当然也包括了国际法的创造方式。实际上，由于国际法的特殊性，与国内法相比较，国际法所缺乏的是不同等级的超越法律主体而存在的造法机制。但是，这并不意味着国际法上没有造法机制。

二、形式渊源和实质渊源

很多西方学者都把法律的渊源分为形式渊源和实质渊源。《奥本海国际法》认为："前者——在这里与我们更为有关——是法律规则产生其有效性的渊源，而后者则表明该规则的实质内容的出处。例如，某一规则的形式渊源可以是习惯，而它的实质渊源可能在于许多年以前缔结的一项双边条约或某个国家的单方声明。"③布朗利在他的《国际公法原理》中则认为"前者是指那些创造对所针对的对象（addressees）在法律上有拘束力的普遍适用的规则的法律程序和方

---

① 〔英〕劳特派特修订：《奥本海国际法》（上卷平时法第一分册），石蒂、陈健译，商务印书馆 1971 年版，第 17 页。
② 参见王铁崖主编：《国际法》，法律出版社 1995 年版，第 10 页。
③ 〔英〕詹宁斯、瓦茨修订：《奥本海国际法》（第一卷第一分册），王铁崖等译，中国大百科全书出版社 1995 年版，第 14 页。

式。实质渊源为那些证明具有法律拘束力的普遍适用的规则之存在提供证据"。① 换言之,实质渊源是证明法律规则之存在的证据。布朗利的表述与《奥本海国际法》的表述没有本质的差别。法律规则产生效力的渊源与法律规则的法律程序和方式基本上是指同样的东西,例如,条约或习惯。规则实质内容的出处与证明法律规则存在的证据也是一回事。但是,布朗利教授对形式渊源的进一步解释,使得这个概念基本上不能适用于国际法。他解释说:"在国内法上,形式渊源的概念是指立法的宪法机制。规则的地位是由宪法确定的,例如,制定法在联合王国之所以有拘束力是由议会的最高性原则决定的。"②

但是李浩培先生对这两个概念的解释与上述学者略有不同。他说:"国际法的实质渊源是指在国际法规则产生过程中影响这种规则的内容的一些因素,如法律意识、正义观念、连带关系、国际互赖、社会舆论、阶级关系等等。国际法的形式渊源是指国际法规则由以产生或出现的一些外部形式或程序,如条约、国际习惯、一般法律原则。"③李浩培先生对形式渊源的解释与《奥本海国际法》基本相同,但是他对实质渊源的表述则与其他人都不同。李先生认为国际法的实质渊源不是国际法学者们所应着重研究的东西,那些法律以外的因素是其他社会科学的任务。④ 实际上,形式渊源和实质渊源的区别在国际法的理论和实践上都没有十分重要的意义。对于专门研究国际法渊源问题的专家和从事国际法实践工作的国际法律工作者来说,重要的问题在于国际法是以什么形式出现的,是条约还是习惯或是一般法律原则。国际法的特殊性决定了国际法渊源无法像国内法那样分为形式渊源和实质渊源。

三、渊源的种类

条约、习惯和一般法律原则作为国际法的渊源,这在理论和实践上都没有任何争议。甚至这些渊源的排列顺序也是多数国际法学者赞同的。这不仅因为《国际法院规约》第 38 条第 1 款就是如此规定的,更因为在国际法的实际运用中,这种顺序更符合特别法优于一般法的一般原则,在没有条约的情况下才去寻找有关的国际习惯;一般法律原则是在出现法律真空时应该适用的规则。这正是《国际法院规约》第 38 条的起草者们当时的考虑。⑤

关于渊源的种类,学者们比较一致的意见是,《国际法院规约》第 38 条第 1

---

① 参见 Ian Brownlie, *Principles of Public International Law*, Sixth Edition, Oxford University Press, 2003, p.1。
② 同上。
③ 参见李浩培著:《国际法的概念和渊源》,贵州人民出版社 1994 年版,第 52 页。
④ 同上。
⑤ 参见赵理海著:《国际法基本理论》,北京大学出版社 1990 年版,第 59—60 页。

款是对国际法渊源的权威宣示,但不是全面的。李浩培教授指出,"就理论说,国际法的渊源是随着国际社会的发展而发展的,从而不能说已详尽无遗"①。詹宁斯和瓦茨教授修订的《奥本海国际法》指出,"《国际法院规约》第38条不能被认为任何时候必然是国际法渊源的详尽陈述"②。的确,《国际法院规约》实际是在《常设国际法院规约》基础上制定的,而第38条第1款并没有任何的修改。因此,这个条款在1920年起草到现在已经快一个世纪了。在此期间,国际社会发生了很多变化,这些变化对国际法的渊源可能产生影响。在这些变化中最重要的是国际组织数量的增加,以及国际组织决议特别是联合国大会的决议对国际法的发展产生了相当大的影响。越来越多的学者认为没有把国际组织的决议包括进去是《国际法院规约》第38条第1款所宣示的国际法渊源没能做到详尽无遗的主要原因。

第二节 条约作为国际法的渊源

一、造法性与契约性条约

是不是所有的条约都是国际法的渊源呢?一般认为只有造法性条约(或称"法律性条约"或"立法性条约")才是国际法的渊源,契约性条约则不是。

所谓"造法性条约"是指那些创造了法律义务而对这些义务的履行并不会使条约义务因此而消失的条约。③换言之,那些创造具有普遍指导意义并涉及国家一般行为的权利和义务的条约就是造法性条约。相反,那些仅仅为了解决某一或某些特定问题或处置某一或某些具体事项而签订的条约是所谓"契约性条约",这些条约的权利和义务因条约义务的履行而终止。

但是,由于人们对"造法性"有不同的解释,结果可能对"是否所有的条约都是国际法的渊源"这个问题有不同的答案。例如,李浩培教授就认为所有条约都是国际法的渊源,因为他认为所有条约都是"立法性条约"。他认为任何条约,不论是契约性的还是立法性的,"都为缔约各方创立法律,即创立国际法规则,其内容表现于缔约一方或几方所负担的法律上义务,另一方表现于缔约他方所享有相应的法律上权利,这些法律义务和权利发生于该条约。所以条约规定缔约各方的权利义务,实际上就是规定它们必须遵守的法律规则"④。在他看

---

① 参见李浩培著:《国际法的概念和渊源》,贵州人民出版社1994年版,第53页。
② 〔英〕詹宁斯、瓦茨修订:《奥本海国际法》(第一卷第一分册),王铁崖等译,中国大百科全书出版社1995年版,第27页。
③ 参见 James Crawford, *Brownlie's Principles of Public International Law*, 8th edition, Oxford University Press, 2012, p.31.
④ 参见李浩培著:《国际法的概念和渊源》,贵州人民出版社1994年版,第67页。

来,如果要给条约分类的话,只能分为各种不同的立法性条约,而不是区分立法性条约和其他条约,"因为凡是条约从某种意义上说都是立法性的,不过所立的法有一般规则和个别规则的不同而已"①。

1945年以来在联合国秘书处登记的国际条约已经超过3万,虽然多数是双边或仅有少数几个国家参加的协议,但是多边条约估计也超过2000。多数国家都在行使着由这些条约或协议产生的权利并承担和履行着相应的义务。因此忽略国际条约在国际法中的作用是不现实的。亨金教授等编的《国际法:案例与资料》一书用"习惯国际法"和"条约国际法"来加以区别,这种方法较为可取。

二、关于国际立法可能性的探讨

国际法上没有超国家的立法机构,因为国家是主权的,它们自己通过签订条约以及通过实践形成约束自己的国际法。换言之,国家本身既是国际法的制定者同时也是国际法的受约束者,国际法是国家(通过它们的明示或默示行为)参与制定的。从条约来看,国家如果没有参加一项条约,也就是说,一国没有在条约上签字也没有批准一项条约,它就不受该条约的拘束。从习惯国际法来看,国家如果没有参加一项习惯规则的形成并且一贯反对该项规则,该项习惯规则对它就没有拘束力。这就是说,国际法的拘束力来源于国家的同意。没有国家的同意,国际法就对它没有拘束力。这就是所谓的国家同意学说或自愿学说(voluntarist approach)。国际法在法律的制定上的这种状况与国内法形成鲜明的对比。国内法是由专门的立法机构制定出来的,换言之,它是少数人为多数人制定法律并对所有的人都有拘束力,不管其同意与否。因此如果仍然沿用国内法上"立法"的概念,"国际立法"的话语就是不存在的。但是近些年来在一些西方学者之间关于国际法的渊源问题的讨论中②,有人坚持在国际法上虽然没有专门的立法机构,但也存在国际立法的现象。

美国的查尼(Jonathon Charney)教授认为:

> 20世纪末国际社会对于发展调整全球问题的普遍规范有扩大的需求。为解决这些问题,可能需要对所有国际法主体都有拘束力的新规则,无论任何个别国家或国际人格者的态度如何。因为如果不是所有的(国际法主体)都受拘束,一个被豁免的反对国就可能,例如,成为整个国际社会宠坏了的国家。它将成为这个制度的不劳而获者并从其他成员作出某种牺牲而采取的措施中获利。不劳而获者可能通过鼓励其他未参加者来破坏这个制

---

① 参见李浩培著:《国际法的概念和渊源》,贵州人民出版社1994年版,第67页。
② 参见 Wybo P. Heere (eds), *Contemporary International law Issues: Conflicts and Convergences*, Proceedings of the Third Joint Conference held in The Hague, The Netherlands, July 13—15, 1995。

度,那样的话整个制度就会前功尽弃。①

但是,查尼教授深知发展具有普遍拘束力的国际法还存在许多障碍,而最大的障碍就是建立在国家主权原则基础上的"国家同意"理论。他承认,"如果主权和自主在国际法的所有领域都居优先的话,那么发展拘束一切(国家)的规则几乎是没有希望的"②。但是,查尼教授并不认为国家主权在国际法的所有领域都是优先的。例如,国际法上的强行法规则就无需经过国家的同意而对一切国家都有拘束力。查尼教授甚至认为义务的真正根据不是国家的同意,而是"条约必须遵守"这项国际法基本规范。"条约必须遵守在它们的条约关系中对一切(国家)有拘束力,无论它们当前是否同意这项规则。"③实际上查尼教授是试图用"条约必须遵守"来取代国家同意作为条约拘束力的依据,从而证明普遍国际法是可能的。但是他在这里犯了一个逻辑错误。正像查尼自己说的那样,"条约必须遵守"规则是调整国家之间的条约关系的,也就是说国家只有在进入这种条约关系后才受这项规则的约束。然而,国家是否进入这种条约关系是要经过其同意的。如果一个主权国家不同意受一项条约的约束,它完全可以自由地决定不参加该条约,因此,"条约必须遵守"规则对它就没有任何实际意义,因为"条约不拘束第三国"同样是对任何国家都有效的规则。

但是,上面的分析并不是否定普遍国际法的存在,只是想说明"国家同意"理论依然还起着作用,在这种情况下主张对所有国家都有拘束力的所谓国际立法是不现实的,因为实际上任何条约对于第三国都是没有拘束力的,而这项规则正是以国家同意为基础的。承认普遍国际法的存在并不等于承认国际立法的存在。国际法上确实有某些规则是对所有国家都有拘束力的,但是它们并不是国际立法的结果。这个问题将在后面讨论。这里应当明确的是,国家同意仍然是大部分国际法拘束力的依据。少数国际法规则,即强行法规则,虽然对一切国家都有拘束力,无论同意与否,但是这些规则是各国公认的,不是少数立法者为国际社会多数成员制定的。因此,所谓"国际立法"在国际法上是否存在的问题仍然有待进一步探讨。

---

① 参见 Remarks by Jonathan Charney,同上书,第 20 页。查尼是美国国际法学界在国际法理论研究方面颇有建树并有很大影响的教授。他在 1993 年美国国际法杂志上发表的一篇题为"普遍国际法"的论文,引起了国际法学界的很大反响。参见 J. I. Charney, "Universal International Law", *American Journal of International Law* (1993), pp. 529—551。

② Remarks by Jonathan Charney, in Wybo P. Heere (eds), *Contemporary International law Issues: Conflicts and Convergences*, Proceedings of the Third Joint Conference held in The Hague, The Netherlands, July 20—21, 1995.

③ 同上书,第 21 页。

第三节 习惯作为国际法的渊源

一、国际习惯在国际法上的地位

国际习惯是国际法的古老渊源,因为国际法的现象最早就是以不成文法的形式出现的,并且直到19世纪前半叶都保持着这种形式。① 这倒不是因为国际社会或其成员故意坚持这样一种状态(毕竟一项习惯国际规则的形成需要太长的时间),而是因为与国家社会相比,现在依然比较松散的国际社会那时更为原始、松散。条约的大量出现并取代国际习惯的优势地位是国际社会发展带来的结果。特别是下述两方面的发展:第一,新独立国家的大量涌现使国际社会成员增加了,而这些新成员没有参与传统国际法(即以习惯国际法为主体的近代欧洲国际法)的制定;第二,新的科学技术迅速发展使国家之间的国际合作开辟了新的领域,这些领域的国际关系需要迅速制定国际规则,靠缓慢形成的模糊的国际习惯不能满足这种需要,因此越来越多的国际条约出现了。

但是这并不意味着条约已经完全取代了国际习惯,或者说习惯在调整国际关系中不再发挥作用了。恰恰相反,习惯国际法在国际法上的地位越来越得到国际法学者和国际法实际工作者的强调。原因主要有两个:一个是某些情况下条约的制订比习惯的形成速度还要慢;另一个更重要的原因是条约没有普遍的约束力。例如,德·阿里格哈咖(Jimenez De Areghaga)教授指出,在条约的生效需要等待很长时间这一事实面前,国家已经等得不耐烦了,作为一种选择它们更喜欢习惯法的渊源,因为与传统的看法不同,与条约渊源相比,习惯法的形成要快得多。② 又如,查尼教授认为条约需要相当长的时间进行谈判、通过并使其生效。而且让条约解决所有问题是不实际的。最重要的是,条约的参加国很少能达到普遍一致性。相反,习惯法(查尼教授将其称为一般国际法)可以建立在不那么正式的同意或默许基础之上。③

习惯国际法在当代整个国际法上的地位不能以其在一个世纪以前的状况来加以衡量,也不能从数量上来确定。习惯国际法在效力上的普遍性质使它成为国际法上的重要渊源。

---

① 参见李浩培著:《国际法的概念和渊源》,贵州人民出版社1994年版,第88页。
② 参见 Antonio Cassese and Joseph H. H. Weiler (eds.), *Change and Stability in International Law-Making*, Berlin, New York: De Gruyter, 1988, p.30。
③ Remarks by Jonathan Charney, in Wybo P. heere (eds), *Contemporary International Law Issues: Conflicts and Convergences*, Proceedings of the Third Joint Conference held in The Hague, The Netherlands, July 13—15, 1995, p.24.

二、习惯的构成要素

《国际法院规约》第 38 条第 1 款(丑)项的措辞反映出传统国际法著作家们对习惯构成要素的理解,该项规定:"国际习惯,作为通例之证明而经接受为法律者。"所谓"通例"就是习惯国际法的形成之客观要素,即国家的实践;所谓"经接受为法律"就是主观要素,即法律确信(opinio juris)。传统上说,国家实践和法律确信是习惯国际法规则不可或缺的两个要素,如果没有国家实践不可能形成习惯;如果没有法律确信,国家实践所形成的不会是习惯而只能是惯例或者国际礼让等非法律的规则。国际法院在"尼加拉瓜"案中再次确认了习惯国际法规则的这两个要素。在"利比亚/马耳他大陆架划界"案中,国际法院也指出,习惯国际法的实质必须主要从国家的实践和法律确信中去寻找。[①] 但是,《国际法院规约》第 38 条第 1 款的这项规定也受到一些质疑。首先,将习惯作为惯例的证据的说法遭到了一些学者的反对。例如,英国的希金斯教授指出,一般接受的观点是,国际法院适用的应该是习惯,实践是习惯的证明。所以她建议这项规定应当这样来写:"由一般实践证明并被接受为法律的国际习惯。"她说,实际上国际法院在实践中正是如此解释的。[②] 其次,还有一些学者对于将尚未成为法律的东西接受为法律的说法大为不解。"如何在某种规则实际上还没有发展成为法律之前就先把它接受为法律呢?"[③]实际上,围绕国际习惯这两个要素的问题远比这些复杂并至今难以解决。

(一)关于客观要素

首先,我们要解决的一个问题就是:什么构成国家实践?一些学者认为只有真正实际的国家作为或不作为才能构成国家实践,换言之,仅表现在口头上的东西或一般的陈述不能构成国家实践。阿兰吉奥-雷兹(Arangio-Ruiz)教授指出,如果国家的一种陈述没有伴随或跟随着实际的实践……就不是作为习惯法的实践因素,只能是没有拘束力的陈述。[④] 另外有些学者,如英国的布朗利教授认为"适当作出的国家关于法律问题的陈述构成实践",他说许多专家都这样认为。他争辩道:"当国际法委员会或其他机关的问卷调查被国家认真考虑之后并作

---

① 参见 Case Concerning the Continental Shelf(Libyan Arab Jamahiriya/Malta),国际法院网站 http://www.icj-cij.org/docket/files/68/6415.pdf,2009 年 5 月 1 日访问。
② 参见 Rosalyn Higgins, *Problems and Process*: *International Law and How We Use It*, Clarendon Press, Oxford, 1994, p.18。
③ 参见 Peter Malanczuk, *Akehurst's Modern Introduction to International Law*, severnth revised edition, Roultedge, London and New York, 1997, p.39。
④ 参见 Antonio Cassese and Joseph H. H. Weiler, *Change and Stability in International Law-Making*, Berlin, New York: De Gruyter, 1988, p.133。

出回答,如果说这些问卷仅仅是一堆纸,我认为那是与一般常识相悖的。"①将这样的国家陈述视为废纸一堆的确是不合情理的。但是,将它们视为国家实践也不一定合适。实际上它们可以作为国家法律确信的证据。

还有的学者根本就不同意国家实践与法律确信的区分。认为"这两种因素的区分完全是学术上的,在国际生活中它们是相互关联的。实践永远都包含着法律确信。法律确信如何独立地存在?如果没有法律确信如何让人们了解实践呢"②? 按照这种分析,实践和法律确信是不可分的,它们"是相关联的概念,共同来到这个国际生活中"③。实践与法律确信的联系是不可否认的。国家在作出或不作出某种行为的同时完全有可能存在其对该行为的法律确信,但是两者之间不存在因果关系,也就是说,法律确信并不是该行为的必然结果或者相反。这是因为国家可能长期、一贯、反复地作出或不作出某一特定行为,但是它可能出于不同的考虑。只有当国家出于法律权利和义务的考虑而作出或不作出某一特定行为时,实践与法律确信才"共同来到这个国际生活中"。当国家出于道德上或礼节上的考虑甚或没有什么考虑只是一种传统上的惯行时,实践只能与"道德确信""礼节确信"或者"传统惯行""共同来到这个国际生活中"。此外,即使当国家出于法律权利和义务的考虑而作出或不作出某一特定行为时,共同来到这个国际生活中的实践与法律确信可能只是一个国家的实践和法律确信。然而,仅凭一个国家的行为是不能创造习惯国际法的。

作为国际习惯的客观要素,国家实践应该是多数国家一贯地、不断地重复某一特定行为。这里有三个问题需要引起注意:

首先,"一般实践"问题。《国际法院规约》第 38 条第 1 款(丑)项中所谓的"通例"(general practice),即国家的"一般实践"。如上所述,一个国家的实践不能形成国际习惯,常常被称为"一般国际法"的国际习惯应该是多数国家实践的结晶。换言之,国际习惯的形成需要多数国家的广泛参与。但是,有时"习惯可能由少数国家创造出来,但条件是这些国家与相关问题联系密切,不是因为它们的财富和权力而是因为它们与该事件的主题有着特殊关系,例如,海洋国家与海洋法的关系"④。不过,在创造习惯的过程中国家的实力是不容忽视的因素。例如,在外层空间领域,没有或者只有较弱外空技术的国家只能通过默认参与这种习惯的形成过程。

另外还应当注意"区域习惯法"(例如,拉丁美洲国家之间关于"外交庇护"的习惯规则)和"特殊习惯法"或"本地习惯"(local custom)的例外情况。国际

---

① 参见 Ian Brownlie,同上引书,第 129 页。
② 同上书,第 128 页。
③ 同上。
④ 参见 Shaw, *International Law*, sixth edition, Cambridge University Press, 2008, p.79。

法院在"印度领土通过权"案(the Right of Passage over Indian Territory case)反驳印度关于两个国家之间不能形成国际习惯的观点时指出:"很难理解在长期实践的基础上确立一项本地习惯的国家数目为什么必须一定大于两个。法院认为,没有理由认为两个国家之间长期不断的实践并被他们接受为调整他们之间关系的实践不能构成这两个国家之间相互权利义务的基础。"①鉴于国际法的特殊性质,区域国际习惯和几个国家间甚或两个国家之间的特殊习惯都是可能的。

其次,一贯、一致和重复的问题。国家实践还应该是一贯、一致和反复作出的实际行为,例如,外国商船在领海的无害通过制度。允许商船在无需事先申请并经过沿海国批准的情况下在领海无害通过的这个特定行为,经过沿海国一贯、一致并反复地实践,最终形成了一般接受的国际习惯。假如多数沿海国不能一贯地坚持或者不能一致地允许商船的无害通过,就谈不上反复的实践,当然也不能形成习惯。一贯、一致和反复是习惯形成不可或缺的条件。国际法院在1950年"庇护"案(the Asylum case)的判决中宣称:"依赖于这种习惯的当事方必须证明该习惯已经对另一当事方有拘束力。哥伦比亚政府必须证明所援引的规则符合相关国家一贯和一致的惯例"②。

最后,时间问题。一种特定的国家行为转变成一项习惯规则是需要时间的,虽然时间的长短是不确定的,这取决于国际社会的各种因素。因此,布朗利教授认为"长期的(更不用说从古时算起的)实践是不必要的,有关外层空间和大陆架的规则就是从相当迅速而成熟的实践中形成的"③。时间性是重要的,因为它与国家实践的因素紧密地联系着,如果完全忽略习惯法形成的时间性就相当于忽略国家实践的因素。所谓"即时习惯法"的提法就有这样的危险,因此是不能接受的。

英籍华人国际法学家郑斌在《印度国际法杂志》发表的一篇论文中提出了"即时习惯国际法"的概念。许多学者都对这种把习惯国际法的形成完全建立在法律确信基础上的学说提出批评。荷兰的马兰祖克(P. Malanczuk)教授在他修订的《阿库斯特现代国际法概论》中指出:"考虑到国际法律制度的松散性质以及国家实践这一客观因素在习惯法形成中所起的基础作用……即使对某些国家已经是明白表达的法律确信,单凭它是不足以在有争议的领域建立一般习惯法的。另外,'习惯'这个词本身就含有某种时间因素,因此'即时习惯'在用词

---

① 1960年4月12日国际法院在"印度领土通过权"案中的判决,参见国际法院网站http://www.icj-cij.org/docket/files/32/4521.pdf, 2009年5月1日访问。

② 1950年国际法院"庇护"案(the Asylum case)的判决,参见国际法院网站http://www.icj-cij.org/docket/files/7/1849.pdf, 2009年5月1日访问。

③ 参见Ian Brownlie, *Principles of Public International Law*, Sixth Edition, Oxford University Press, 2003, p.7。

上是自相矛盾的。"①习惯的实践和时间性在国际法院的判决中也得到强调。例如,在"北海大陆架"案中,法院指出:一个必不可少的要求是,在特定时期内(虽然可能是短暂的)包括其利益受到特别影响的国家实践应当是广泛并一致的。这说明国际法院对于国家实践这一因素是很重视的。② 另外,国际法院在"尼加拉瓜"案中默示地摒弃了所谓的"即时习惯"说。法院指出,国家宣布它们承认某些规则这一单纯事实尚不足以使法院将它们视为习惯国际法的一部分……在《国际法院规约》第38条的拘束下,法院必须澄清在法律确信中存在的规则必须得到实践的确认。③ 如果将习惯国际法形成要素中的客观要素抽掉,就没有必要将其称为习惯国际法了,因为它已经失去了习惯的最基本的材料。如果把习惯比作一个建筑,那么国家实践就相当于砖瓦那样的材料。虽然现代科技的发展以及建筑材料的革新,使建筑速度越来越快,但是无论如何建筑材料是必需的,否则不是真正的建筑,只是建筑蓝图。由于科学技术的迅速发展大大缩短了习惯国际法形成的时间,有时甚至少于一个难产的国际公约所需的时间。例如,关于外层空间的一些习惯国际法规则,其形成的时间与缔结1982年《联合国国际海洋法公约》相比要短得多。更多的习惯国际法规则的形成时间要短于正在制定过程中的关于国家责任的国际公约。但是承认国家通过实践可以在较短的时间内形成一项习惯国际法规则不等于承认可以在没有实践的情况下形成国际习惯。有些人为了坚持联合国大会决议具有法律拘束力以便把它们包括在国际法渊源之中,就硬将它们说成是"即时习惯"。这里暂且不谈联合国大会决议的法律效力问题,应该强调的是,如果在通过决议之前和之后都没有国家的相关实践,有关的国际习惯就是不可能的,将其说成"即时习惯"也无济于事。国家实践作为形成习惯国际法的要素是不可或缺的,可以肯定地说,不通过实践的习惯是不存在的。

(二) 关于主观要素

在上面讨论习惯法的客观要素时就已经看出关于它的主观要素存在着一种极端的观点,即没有国家实践,国家的法律确信就可以形成习惯国际法。还有另一种极端的看法,即法律确信是没有必要的。④ 不过这种观点更是不堪一击的。因为正像布朗利教授所指出的,"与礼仪、公平或道德意识相区别,法律义务的

---

① 参见 Peter Malanczuk, *Akehurst's Modern Introduction to International Law*, seventh revised edition, Roultedge, 1997, p. 46。
② 1969年《国际法院报告》,第43页,参见国际法院网站 http://www.icj-cij.org/docket/files/51/5535.pdf, 2009年5月1日访问。
③ 1986年《国际法院报告》,第97—98页,参见国际法院网站 http://www.icj-cij.org/docket/files/70/6503.pdf, 2009年5月1日访问。
④ 参见 Ian Brownlie, *Principles of Public International Law*, Sixth Edition, Oxford University Press, 2003, p. 8。

意识是实际存在的,而且国家的实践承认义务与惯例的区别"①。实际上,国家的法律确信作为习惯国际法形成的主观要素或心理因素也是十分重要的。如果没有法律确信,国家一贯地重复作出某一特定行为甚至即使持续数世纪的行为也不可能成为习惯国际法规则,因为国家可能出于礼节或道德的考虑而作出此种特定行为。

(三) 从国家实践和法律确信的证据看习惯国际法的两个要素

上面提到有些学者在习惯国际法形成的要素问题上走向了两个极端:要么否定国家实践的必要性;要么主张只有国家实践就足以构成习惯国际法。造成这种结果的一个重要原因是,持这两种极端看法的学者把证明国家实践或法律确信是否存在的证据与这两个要素本身混为一谈。这种混淆的结果是使人们错误地认为国家实践和法律确信是同时发生的,甚至认为同时发生是必然的并从而得出上述任何一种极端的结论。

在国际实践中,当试图适用一项习惯国际法规则时,必须证明该项规则的存在。王铁崖主编《国际法》概括的习惯国际法形成的三种情况实际上就是习惯国际法存在的三种证据。② 但是,正像我们注意到的,王铁崖教授并没有区分国家实践的证据与国家法律确信的证据。他将它们视为这两种要素的证据,因为他说:"这三种情况所表现的种种资料表明国家的实践,表明国家的意志,从而构成习惯国际法的证据。"③意大利的康多瑞利教授(Luigi Condorelli)将确定习惯国际法的传统证据分为四类,它们是:(1) 外交实践;(2) 判例法与学说;(3) 国家的立法;(4) 国际协定。此外,近年来的趋势是,重要国际论坛(特别是联合国大会)通过的建议和宣言在证明习惯国际法存在方面所起的作用得到重视。④ 可以说,康多瑞利教授也是把上述不同的证据作为国家实践和法律确信的共同证据,因为他是在"用于从传统的视角证明国际实践和法律确信的事实"这个标题之下讨论证据问题的,而且他并没有分别讨论这两个不同的要素的证据。实际上,作为国家实践和法律确信证据的事实在很多情况下都是无法区分的。它们作为国家行为(一般陈述或实际的作为)的记录既可以是国家实践的证据也可以是国家法律确信的证据。但是,记录国家实践的证据并不是国家实践本身,因此不能认为因为证明国家实践的证据与证明国家法律确信的证

---

① 参见 Ian Brownlie, *Principles of Public International Law*, Sixth Edition, Oxford University Press, 2003, p.8。

② (一)国家之间的外交关系,表现于条约、宣言以及各种外交文书;(二)国际组织和机构的实践,表现于国际组织和机关的决定、判决等;(三)国家内部行为,表现于国内法规、法院判决、行政命令等。参见王铁崖主编:《国际法》,法律出版社1995年版,第15页。

③ 同上。

④ 参见 Luigi Condorelli, *Custom*, in *International Law: Achievements and Prospects*, edited by Mohammed Bedjaoui, Martinus Nijhoff Publishers, 1991, p.189。

据是同一个东西,所以国家实践与法律确信也是同一个东西。这是逻辑上的混乱。建立在这种混乱逻辑上的上述两个极端的看法都是错误的。

三、"一贯反对者"规则

一国如果对于一项习惯国际法规则从其形成的最初阶段就表示反对,一直到该规则最终形成和形成之后的现阶段一贯坚持这种反对,该国就是这项规则的"一贯反对者"(persistent objector)。作为"一贯反对者",相关的习惯国际法规则对其没有拘束力。这就是所谓"一贯反对者"规则。

作为"一贯反对者"必须满足两个必要条件:首先,反对必须从规则的形成阶段开始。如果一国在规则形成阶段同意,只是在规则形成之后才表示反对,就不能援引"一贯反对者"规则。其次,反对必须是一贯的。如果一国时而同意时而反对或者只是在对自己不利时才反对一项习惯法规则,它同样不能援引"一贯反对者"规则。

关于这两个条件,后者基本不存在任何问题。但是新独立国家的特殊情况使前者,即反对的起始时间问题上,至少在理论上出现问题。这是因为新独立国家在一些习惯国际法规则的形成阶段尚不存在,所以无法提出反对。对于这类习惯法规则,它们的反对只能在形成之后提出。在这种情况下,如果依然坚持第一个条件从而拒绝它们援引"一贯反对者"规则,那就是不公平的。因此,"即使一项习惯法规则已经出现,如果新独立国家在其成为国家后的合理期间内提出反对的话,它们就被视为该项规则的一贯反对者"①。

"一贯反对者"规则是以"国家同意学说"为基础的,即习惯国际法拘束力的根据是国家的默示同意。如果一国在一项习惯法规则的形成过程中并没有保持沉默从而被推定为同意,而是通过不同方式表示反对,该规则在形成后对其就没有拘束力。但是,所反对的规则如果具有"强行法"的性质,"一贯反对者"规则就不适用。② 因此,如果我们可以把"一贯反对者"规则视为国际习惯法的例外规则的话,那么它对国际强行法不适用就是例外规则的例外。

---

① 参见 Rosalyn Higgins, *Problems and Process: International Law and How We Use It*, Clarendon Press, 1994, p. 16。

② 此外,还有一些学者主张某些习惯法规则已经成为普遍国际法(以别于一般国际法),"一贯反对者"规则对普遍国际法也不适用,因为它们对国际社会的每个成员都有拘束力。例如,卡塞斯教授就认为1970年《国际法原则宣言》中的7项原则以及人权原则已经发展成为普遍国际法,对其不能援引"一贯反对者"规则。不过卡塞斯教授所指的那些规则基本上都是具有国际强行法的性质。参见 Antonio Cassese and Joseph H. H. Weiler(eds.), *Change and Stability in International Law-Making*, Berlin, New York: De Gruyter, 1988, p. 23。

四、习惯国际法的废除与新习惯国际法的形成

这是一个比较复杂的问题,因为它涉及背离旧的或传统习惯法规则的行为属于什么性质的大问题。换言之,一个与传统习惯法规则不符的作为或不作为究竟是违法行为还是创立新的习惯法规则的实践呢?在考察这个问题之前,有必要先讨论一下废除旧习惯法规则的一般过程。

一项旧习惯法规则的废除也应该像一项原始习惯法规则的形成那样必须具备两个要素。国家实践是不可少的,同时还应伴随着一种相反的"法律确信"。废除一项习惯法规则同样需要一定的时间。"即时习惯"是不可取的,"即时废除习惯"也同样是不可取的。因此,不能认为某个国际组织的一项一致通过的决议就可以废除一项现存的习惯国际法规则。

但是一项旧习惯的废除与一项原始习惯的形成之间存有重要区别。这种区别使得前者比后者要复杂得多。这就是,在废除旧规则的过程中可能正在开始形成一项与旧规则的实体内容相同而且性质也相同的新规则。换言之,旧习惯法规则的废除过程与相应的新习惯法规则的形成过程是重叠并存的。应当特别指出的是,在这种情况下,废除旧规则的行为实际上就是违反该规则的行为。维利格(Mark E. Villiger)指出:"通过违反来改变一项习惯法规则需要完全新的一套国家实践(和确信),它们与支持旧习惯法规则的一系列实践并存。"①然而这种情况在一项原始习惯形成过程中是不会发生的。但是,这种旧规则的废除与新规则的产生重叠发生的情况往往为人们造成难以区分"违法行为"与"创造新法行为"的困惑。更糟糕的是,那些潜在的违法者可能会以"创造新法的实践"为借口明目张胆地破坏一项他自己认为已经过时的习惯国际法规则。希金斯教授曾经指出:"国际法的特征之一是对法律的违反导致新法的形成。"希金斯教授当然是在讨论习惯国际法。她认为此处的相关问题是,"那种与已知的规则或抉择的趋势相悖的实践具有什么法律意义"?② 特别是当违法的实践经常发生的情况下,人们很容易得出结论说,经常被违反的法律实际上已经过时了。

但是问题并非如此简单。在国际实践中,的确有一些国际法的规则常常遭到破坏。禁止使用武力或武力威胁就是一例,国家实践中破坏这项原则的事时有发生。可以说这项原则已经被废除了吗?当然不。因为几乎所有违法者都为他们的行为辩护,说他们没有违反这项原则。这就证明形成新的习惯国际法规

---

① 参见 Mark E. Villiger, *Customary International Law and Treaties*, Martinus Nijhoff Publishers, 1985, p. 224。

② 希金斯教授认为,与那些将法律视为抉择过程的人相比,这种情况对于那些将法律视为规则的人来说可能更麻烦一些。参见 Rosalyn Higgins, *Problems and Process: International Law and How We Use It*, Clarendon Press, 1994, p. 19。

则的要素尚不完备,不存在形成新法的"法律确信"。为了确定违反一项习惯国际法规则的实践是否构成形成新的习惯国际法规则的要素,必须像考察一项原始的习惯法规则那样,除了确定是否存在一贯、一致、一般的国家实践外,还要看有关的"法律确信"是否存在。无论是客观要素还是主观要素,都必须反映国际社会多数成员的实际情况和真正意愿,仅靠几个大国是不能废除一项习惯国际法规则的。相反,仅靠几个大国也不能阻止一项旧习惯国际法规则的废除。但是,如果一国一贯坚持反对一项旧规则的废除而且这种坚持所涉及的规则并不具有强行法的性质,作为少数者的该国虽然不能阻止该项规则的废除,但却不受由此产生的新规则的拘束。这正是上述"一贯反对者"规则在废除旧习惯法规则上的适用。

第四节　一般法律原则和衡平法

在条约和习惯之后,《国际法院规约》第38条第1款(寅)项规定了国际法院适用的第三种法律:"一般法律原则为文明国家所承认者"。这是1920年《国际常设法院规约》的起草者考虑到避免使国际常设法院因无法可依而拒绝司法,决定在条约和习惯后加入的一种法院可以适用的法律。1946年《国际法院规约》没有做任何改变地采纳了《国际常设法院规约》的规定。与该项规定相关的问题也同样延续下来,即该项规定的具体含义,由于《国际常设法院规约》没有任何界定而引起的各种不同的解释问题。其中比较容易解决的是"文明国家"的含义,当时主要是指欧洲国家,现在应该指所有国家。关于"一般法律原则"的含义,国际法学界在这个问题上存有一些分歧,尽管这些分歧并没有妨碍国际法院的法官们在实践中运用一般法律原则。在本节中与一般法律原则一并加以讨论的概念是衡平法,二者是既有联系又有区别的概念,后者在国际司法实践中往往在特殊例外的情况下得到运用。

一、一般法律原则的含义

沙赫特列举了在国际法著述和案例中常常被引用的五种一般原则,这些原则反映出人们对一般法律原则的权威性及其法律效力的不同理解。[①] 坚持自然法学说的人认为,一般法律原则是指以人的本性为基础的正义原则或者对人类所有社会都有效的原则。反对这种观点的人认为一般法律原则是在国际法

[①] (1)"文明国家承认的"国内法原则;(2)"从国际社会的特性派生的"一般法律原则;(3)"法律思想固有的并属于所有法律体系基本要素的"原则;(4)"在等级和协调关系上对所有的社会都有效的"原则;(5)建立在"作为理性的和社会的人的本性"基础上的正义原则。参见 Oscar Schachter, *International Law in Theory and Practice*, Martinus Nijhoff Publishers, Dordrecht/Boston/London, 1991, p.50.

上公认的原则。但是,既然是国际法上的原则,如何与国际习惯相区分呢?因此,各国国内法所共有的或世界各主要法系共同接受的原则是多数学者都可以同意的对一般法律原则含义的解释。这种解释既不强调一般法律原则的权威性和法律效力的基础,也不强调它们的历史、哲学或其他背景,而是突出它们是所有国内法共同的基本要素,符合法律的统一性和法律的逻辑。"它们不属于某一特定的法律体系,而属于所有的法律体系。"① 由于这种解释避免了不同法律学说和不同意识形态之间的纷争,因此得到广泛接受。

应该指出,"各国"国内法共同接受的一般法律原则不是严格意义的每一个国家一个不漏地共同接受,而是大致的意思。现存大约两百个国家分别属于几个主要的法系,即英美法系、大陆法系、中华法系、日本法系、印度法系、斯拉夫法系和伊斯兰法系等。这些主要法系中共同的原则可以作为国际法渊源的一般法律原则。还应该指出,尽管从理论上解决了"一般法律原则"的含义问题,但在实践中,国际常设法院和国际法院在涉及一般法律原则的适用时,主要以援引一般法律原则的法官对此概念的理解为基础。

二、一般法律原则在国际法院和国际法庭的适用

虽然国际法学界对一般法律原则的含义有各种不同的理解,但是从国际常设法院到国际法院,都有适用一般法律原则解决国际争端的情况。例如,在1928年"霍茹夫工厂"案中,国际常设法院指出,"任何违反约定的行为都产生赔偿义务是一般的法律概念"②。多数一般法律原则都是涉及程序、证据和司法过程的内容。例如,"已判事项"(res judicata),即最终判决,有拘束力并且不得上诉。"已判事项"是国际司法中经常引用的一项原则。③ 又如,"禁止反言"(estoppel),即已经同意或默认的情况,不得再作与该情况相违反的行为。国际常设法院在1933年"东格陵兰"案、国际法院在1960年"西班牙国王仲裁裁决"案和1962年"隆端寺"案中都适用了该原则。国际法院在1962年"隆端寺"案中还适用了另一个一般法律原则,法院认为"一项业已确立的法律规则是,一方不得以错误为借口作为使取得的同意无效的因素,如果这项错误是由自身的行为造成的"④。

如上所述,国际法庭适用一般法律原则具体内容取决于在具体案例中法官

---

① 参见 Bin Cheng, *General Principles of Law: As Applied by International Courts and Tribunals*, Stevens & Sons Limited, 1953, p.390。
② 不过多数国际法学者都把该原则的适用视为类比适用国内私法的原则。参见 Malcolm N. Shaw, *International Law*, 6th ed., Cambridge University Press, 2008, p.100。
③ Malcolm N. Shaw, *International Law*, 6th ed, Cambridge University Press, 2008, p.101。
④ 参见赵理海著:《国际法基本理论》,北京大学出版社1990年版,第64页。

们对一般法律原则概念的理解。一些一般原则,例如,"约定必须遵守"(pact sunt servanda)、善意(good faith)、不得故意允许在自己的领土上从事损害他国权利的行为、不干涉、尊重基本人权等等,都是国际法上的一般原则。①

三、衡平法

衡平的概念是亚里士多德提出来的,意思是法律规则不可能规定得如此详尽从而可以解决所有案件中的问题,因此在特殊情况下为了达到公正的结果需要通过衡平对法律加以调整。②《国际法院规约》第38条第2款规定:"前项规定不妨碍法院经当事国同意本'公允及善良'原则裁判案件之权。"此项规定的目的就是通过适用衡平法达到该条第1款规定的法律不能达到的公正。③ 但是,什么是衡平法?它与一般法律原则有什么区别?

国际法上的衡平法是一个很难界定的概念,"比任何国际法的概念都难以给出确切的定义。常常通过列举一些接近的但是似乎同样难懂的代用词语来加以界定:公平、正义、合理性、善意"④。沙赫特区分了五种衡平法和衡平原则:(1)为"个性化"调整严格法律的苛刻的衡平法;(2)考虑到公平、合理和善意的衡平法;(3)某些与公平和合理相关的法律推理的专门原则:禁止反言、不当得利、权利滥用;(4)分配和分享资源和利益的衡平标准;(5)为了使经济和社会安排和财富再分配的要求合法化而使用的表示分配正义的广泛同义语。⑤

从衡平法的某些内容来看,它的确与一般法律原则有一定联系,例如,"禁止反言"就在上述一般法律原则中谈到过。但是从国际法庭适用衡平法的判决来看,它又不能与一般法律原则混同。⑥ 衡平法并非独立的国际法渊源,而是在个别复杂案件中为了解决因机械地适用国际条约或国际习惯规则带来的不公平而采取的一种灵活运用法律的方式。目前国际法庭主要是在共享资源和划界方面运用衡平法或衡平原则,比较典型的案例是国际法院1969年"北海大陆架"

---

① 关于国际法庭适用这些原则的案例,参见 Hermann Mosler, "General Principles of Law", in Rudolf Bernhardt, Vol. 7, *Encyclopedia of Public International Law*, North-Holland, 1984, pp. 89—105。
② 亚里士多德认为公道(即衡平)与法律上的公正不同,它是对法律公正的一种纠正。参见〔古希腊〕亚里士多德著:《尼各马可伦理学》,廖申白译注,商务印书馆2003年版,第161页。
③ 由于"经当事国同意"这个限定条件,理论上这一款赋予国际法院的权力很难得到行使。但是在实践中国际法院可以把一些衡平原则作为一般法律原则加以适用。参见 N. W. Janis, "Equity in International Law", in Rudolf Bernhardt, Vol. 7, *Encyclopedia of Public International Law*, North-Holland, 1984, pp. 74—78。
④ Oscar Schachter, *International Law in Theory and Practice*, Martinus Nijhoff Publishers, 1991, p. 55。
⑤ Ibid., pp. 55—56。
⑥ M. W. Janis 分析了将衡平法视为一般法律原则的利与弊。参见 M. W. Janis, "Equity in International Law", in Rudolf Bernhardt, *Encyclopedia of Public International Law*, Vol. 7, North-Holland, 1984, pp. 75—76。

案。此外,国际法理论界由发展中国家提出的权利主张也与衡平法有一定联系,例如,同步轨道资源的分配和利用是涉及衡平法的一个比较实际的问题;20世纪80年代第三世界国家提出的建立世界经济新秩序的要求也与衡平法有关,因为它涉及广义的资源共享问题。①

第五节 司法判例和公法学家学说

《国际法院规约》第38条第1款(卯)项规定司法判例和各国权威公法学家的学说是确定法律原则的"辅助资料"。从这项规定的措辞可以看出,司法判例和公法学家学说与国际公约、国际习惯和一般法律原则在性质上显然是不同的,后者对当事国有法律拘束力,前者则没有,法院只是将其作为确定法律原则的辅助性资料。在国际法实践中,国际法庭常常使用司法判例和公法学家学说之外的一些其他辅助性资料来确定国际法规则,特别是国际习惯规则。国际组织或国际会议通过的冠以各种不同名称的决议是最重要的辅助性资料,鉴于其特殊的重要性,将在后面专门加以讨论。

一、司法判例

遵循先例是普通法国家司法制度的重要组成部分,法官在这种司法过程中起着重要作用,他们通过遵循先例制度使司法判例不仅对案件的当事方有拘束力而且对后来的其他同类案件的当事方有拘束力。这种制度在国际法上是行不通的,因为没有国家事先同意,任何国际法庭都不能作出对其具有法律拘束力的判决。因此《国际法院规约》第38条第1款(卯)项的规定有一个限定条件,即司法判例作为确定法律原则的辅助性资料受到《国际法院规约》第59条的限制,该条规定:"法院之裁判除对于当事国及本案外,无拘束力。"国际法院的判决仅对本案的当事国有拘束力,换言之,国际法院不实行遵循先例的制度。因此,国际法院的判决不能直接作为国际法的渊源,只能作为确定国际法渊源的证据,即所谓辅助性资料。

尽管《国际法院规约》第38条第1款(卯)项关于司法判例的规定并没有排除国际法院的判决以外的司法判例,但是国际法院的判决和咨询意见由于该法院本身的地位及其法官在国际法学界的崇高威望而备受重视。国际法院的一些典型案例,例如,1949年"联合国的求偿权"案、1951年"灭种罪公约保留"案、1958年"英挪渔业"案、1955年关于国籍问题的"诺特鲍姆"等案,对于澄清和逐

---

① 参见 Oscar Schachter, *International Law in Theory and Practice*, Martinus Nijhoff Publishers, 1991, pp. 58—61。

渐发展国际法发挥了重要作用。在"联合国的求偿权"案中国际法院的咨询意见确定了国际组织作为国际法主体的法律地位;在"灭种罪公约保留"案中国际法院的咨询意见促进了条约法中关于条约保留的规则的变化和发展;在"英挪渔业"案中国际法院的判决导致领海基线划法的改变并规定在1958年日内瓦《领海及毗连区公约》中;在"诺特鲍姆"案中国际法院的判决对于澄清关于国家责任的原则作出了贡献。[①]

除了国际法院的判决和咨询意见外,区域国际法庭、甚至国内法院的判决,以及国际仲裁庭、解决赔偿问题的混合仲裁庭、甚至国内仲裁庭的裁决,只要它们涉及国际法的适用,都是可以作为辅助性资料的"司法判例"。但是它们对证明和发展国际法所起作用的程度会有不同。

二、各国公法学家学说

虽然"国际法学家"这个名词的含义以及公法学家学说在国际法中的作用都随着国际法本身的发展而发生了很大变化,但是以国际法专著、教材和论文等不同形式表现的公法学家学说仍然对国际法的发展发挥着不容忽视的作用,尽管它们只能作为证明或解释国际法(包括国际条约和习惯)规则的辅助资料或证据。

在国际法尚未得到充分发展的时代,"国际法学家"是精通国际法所有领域和问题的学者,是对整个国际法学科作出特殊贡献的人,例如,真提里斯、格老秀斯、瓦泰尔等。但是现在国际法已经产生了许多新的分支而且各个分支又有不同的领域,越来越多的国际法工作者几乎被迫成为某个领域的专家。[②]"国际法学家"逐渐成为其他学科或者对国际法只有宏观了解的人对国际法工作者的某种尊称。在国际法得到充分发展并且分支繁多、内容明显细化的当代,严格意义上的"国际法学家"几乎是不可能存在的。

国际法学说对国际法发展的影响也经历了一个从强到弱的过程。在17和18世纪的欧洲,"国际法著作家和国际法教师的观点对国际法的发展起着重要作用,法庭愿意了解格老秀斯、普芬道夫、宾刻舒克和瓦泰尔的观点"。因为他们的观点"可能被作为法律的代表"[③]。特别是在国际法尚未成为相对独立的学科之前,法庭和仲裁庭依赖法学家的国际法学说的现象是不可避免的。近代国际法在整体上受到法学家的影响是后来任何时代的国际法所不能比的,其中影

---

① 参见 John O'Brien, *International Law*, Cavendish Publishing Limited, 2001, p.93。
② 参见 R. St. J. Macdonald & Douglas M. Johnston, "International Legal Theory: New Frontiers of the Discipline", in their (editors), *The Structure and Process of International Law*, Maritinus Nijhoff Publishers, 1983, p.1。
③ 参见 John O'Brien, *International Law*, Cavendish Publishing Limited, 2001, p.95。

响最大的是格老秀斯1625年出版的《战争与和平法》。由于国际条约和习惯在现代国际法中突出的地位,公法学家的学说的作用和影响逐渐减弱。"因此,人们感到国际法教科书是用来发现特定时期国际法是什么的一种方法,而不是实际规则的源泉或渊源。"①但是,著名国际法专家的著作对于国际法相关领域的发展的影响仍然不能低估。特别是在20世纪90年代以后,国际法在许多方面面临的挑战使一些现存国际法原则(例如,关于不干涉原则、禁止使用武力原则、人民自决原则等)出现许多争议,国际法专家的观点对于引导国际法的发展趋势起着重要作用。此外,在国际法庭和国内法庭,法官们援引国际法学家学说和观点来澄清现存国际法规则的情况是经常发生的事情。

需要重申的是,公法学家的著述属于私家学说,对国家没有法律拘束力。国际法学家不能创造国际法,他们的学说在国际和国内法庭只能作为证明国际法规则是否存在或者确定规则具体内容的辅助资料。

第六节 国家间非条约性共同约定

一、国家间非条约性共同约定的概念

国家间非条约性共同约定是指其自身没有法律拘束力的、条约以外的国际文件,包括国际组织的决议和国际会议通过的文件,通常称为"决议""原则""宣言""标准"或"准则""纲领"或"计划"等等。

《国际法院规约》第38条第1款中列举的条约、习惯和一般法律原则是该法院在判案时适用的法律,也是多数国家和学者一致接受的国际法的渊源。但是,《国际法院规约》这项规定是不是国际法渊源的穷尽表述呢?学者们对这个问题的回答不尽相同。但是作出肯定回答的人属于少数,绝大多数学者都持相反的态度。例如,詹宁斯和瓦茨修订《奥本海国际法》对第38条第1款在50年之后是否依然能够详尽地表述国际法渊源,表示了怀疑的态度。②王铁崖教授也认为在司法判例和公法学家学说之外,作为辅助渊源,还存在国际组织决议的问题。③李浩培教授在他的《国际法的概念和渊源》一书中也专门讨论了国际组织决议(主要是联合国大会的决议)是否以及在什么范围内可以认为是国际法渊源的问题。④总之,几乎所有国际法学者在研究国际法渊源时都必然提及国

---

① 参见 Malcolm N. Shaw, *International Law*, 6th ed., Cambridge University Press, 2008, p.113。
② 〔英〕詹宁斯、瓦茨修订:《奥本海国际法》(第一卷第一分册),王铁崖等译,中国大百科全书出版社1995年版,第27页。
③ 参见王铁崖著:《国际法引论》,北京大学出版社1998年版,第55页。
④ 参见李浩培著:《国际法的概念和渊源》,贵州人民出版社1994年版,第131—141页。

际组织决议问题,这是国际社会的现实决定的。

当代国际社会已经与起草《国际法院规约》的时代完全不同了。国际组织的大量涌现,无论从数量上、种类上以及它们的作用上都是《规约》的起草者们无法预料的。国际组织本身的活动及其参与者——国家在这些组织中的活动都对国际法的发展产生了不容忽视的作用。就国际法的渊源而言,国际法学者广为接受的观点是,国际组织的活动对国际法的传统渊源——条约和习惯的制定、形成和发展起着不同程度的作用。但是它们究竟发挥何种程度的作用?国际组织的决议能否成为独立的国际法渊源?它们的效力是什么?学者们对这些问题仍存有很多争议。此外,作为非常设的国家多边外交场合,国际会议也是国家活动的重要场合。这里我们将国际会议通过的文件与国际组织的决议一并作为"国家间非条约性共同约定"来加以讨论。

二、联合国大会决议与国际法的渊源

在当代国际社会中,国际组织不断发展。国际组织每年不知要通过多少文件,其中包括一些政治性的文件,它们对国际法的发展起着重要推动作用。特别是联合国大会(联大)的决议,许多国际法学者都从国际法渊源的角度审视联大决议的效力和作用,在国际法学界展开激烈的争论,出现了不同的理论学说。最初关于联大决议的讨论,焦点集中在它们是否具有法律拘束力的问题上。后来转向更加务实的方面,即集中讨论它们的实际效力以及对国际法发展的影响等问题。

(一)联大决议的法律拘束力问题

根据《联合国宪章》第10条至第17条的规定,首先,联合国大会的职权仅限于讨论联合国宪章范围内的任何问题和事项并提出建议。其次,联合国大会有权就下述几个方面的问题进行讨论并提出建议:第一,关于国际和平与安全的国际合作问题,其中包括有关的原则和联合国的任何会员国、安理会或非会员国就某项国际争端提请大会注意的问题;第二,关于政治上的国际合作及国际法的发展与编纂、经济、社会、文化等方面的国际合作以及促进全人类人权及基本自由的实现等问题;第三,关于联合国组织内部的预算和财政问题。这里应该特别强调的是,对于联合国会员国来讲,联合国大会通过的绝大多数决议都仅具有讨论和建议的性质。

在半个多世纪的实践中,联合国大会通过的决议不计其数,归纳起来主要有三种类型,即内部性决议、解释性决议和宣告性决议。[①]

[①] 有的学者将联合国大会决议按照不同效力根源将其分成不同的类型。参见秦娅:"联合国大会决议的法律效力",载于1984年《中国国际法年刊》,第172—183页。

内部性决议是指那些处理联合国内部事务的决议,包括有关联合国大会的程序规则、联合国秘书处及联合国附属机构的规定以及联合国的预算和其他财政问题的决议,其中也包括联合国建立初期处理国际联盟财产移交以及后来关于按地理位置分配原则选举联合国大会副主席、大会各主要委员会主席、安理会非常任理事国及经社理事会增加名额的决议。[①]

另一类是联合国大会旨在宣告某些法律规则或原则却不采取条约缔结程序而通过的决议,一般称为宣告性决议。例如,1946年联合国大会第一届会议上通过的《联合国大会确认纽伦堡宪章承认的国际法原则的决议》;又如1970年联合国大会通过的《各国依联合国宪章建立友好关系及合作之国际法原则宣言》(《国际法原则宣言》)。这些决议,"无论从形式上还是意图上都不是建议性的",而且"看来似乎很奇怪的是,联合国大会通过这类宣告性决议的权威在联合国建立初期就被接受了"[②]。

最后是那些实际上起着解释《联合国宪章》的原则和规则作用的决议。众所周知,《联合国宪章》是对联合国会员国有法律拘束力的多边条约。但是《联合国宪章》中的某些条款只是一般的原则,没有具体的解释性规定。例如,宪章中有7处作出了"增进并激励对于全体人类之人权及基本自由之尊重"或类似的规定。但是究竟尊重哪些人权及基本自由,没有具体规定。又如,宪章第2条第4款规定了禁止使用武力或武力威胁的原则,但什么是应该禁止的使用武力或武力威胁的行为?也没有具体解释。这样的例子还可以举出不少。为解决因缺乏具体规定带来的宪章的适用问题,联合国大会通过了一些解释性决议。例如,1948年联大通过的《世界人权宣言》、1974年通过的《关于侵略定义的决议》等。

关于上述三类联大决议的性质和效力,学者们对第一类内部性决议没有争议,一般认为它们对会员国具有法律的拘束力。但是对后两类,学者们存有很大分歧。由于后两类决议与国际法的渊源问题有着密切的联系,有必要专门加以讨论。

(二) 宣告性决议与习惯国际法

如上所述,从第一届联大到现在,已经通过了一系列旨在宣布国际法原则或规则的决议。它们当中的绝大多数是一致通过的,其中最典型的是1970年《国际法原则宣言》。如何评价联大一致通过的宣告性决议?目前主要有两种对立的观点。一种观点认为联大不是国际立法机构,严格按照《联合国宪章》的规

[①] 参见秦娅:"联合国大会决议的法律效力",载于1984年《中国国际法年刊》,第176—177页。但是这里秦娅女士把后者视为"本质上构成国际协定的决议"。

[②] 参见 Oscar Schachter, "Resolutions and Political Texts", in his *International Law in Theory and Practice*, Martinus Nijhoff Publishers, 1991, p.85。

定,这类决议充其量只不过是建议有关决议(或宣言)中提出的原则或规则有法律拘束力。这种观点的基础是联大的权力仅限于《联合国宪章》明确规定的范围,即所谓"明示权力"。根据《联合国宪章》的规定,联大没有立法的权力。①另一种观点建立在"国际法是国家意志的表现"的理论基础上,认为联大所有成员都同意宣布某规则具有法律拘束力,这种规则的法律性质就是难以否定的。此外,与习惯国际法的形成相联系来看这个问题,如前所述,有些学者将一致通过的宣告性决议视为各国的共同"法律确信"。

第一种观点没有错,但是过分强调这种决议的建议性,可能会忽略它们对国际法的发展所起的重要作用。第二种观点不同意否定这种决议所宣布的规则具有法律性质。这种观点的对与错取决于决议宣布的是什么原则或规则。如果所宣布的规则已经成为习惯国际法的一部分,这些规则的法律拘束力当然是不能否认的。但是应当明确三点:第一,这里的拘束力来自习惯国际法而不是宣布这些规则的联大决议本身。第二,有关的决议在此并不是没起任何作用。它的作用是确认或再确认相关的习惯国际法规则,这种确认或再确认可以减少或消除对有关规则的疑虑从而稳定它作为习惯国际法的地位。第三,如果决议所宣布的规则是新的,它可以成为一项习惯国际法规则形成过程的开端。

如果决议宣布的是正在形成过程中的规则,问题就没那么简单了。这里涉及习惯国际法的形成要素。宣布这种规则的联大决议对于它最终成为习惯国际法所起的作用是毫无疑问的,但问题是起什么作用? 更直接的问题是,联大决议是作为客观要素(国家实践)还是作为主观要素("法律确信")对习惯国际法的形成作出贡献还是两者兼而有之呢?

联大通过一个宣告性决议可否构成国家实践的问题与前面讨论过的国家的陈述可否构成国家实践是同样的问题。但是联大决议与国家陈述又有很大不同。前者是许多国家共同作出的。当一项决议是所有会员国一致通过时,它是否等于所有会员国的总数那么多次的国家实践并从而缩短形成习惯国际法的时间呢? 换言之,有了这样的联大决议是否就不需要国家的反复实践,也不需要持续的时间因素了呢? 那些主张"即时习惯"的学者也许会作出肯定的回答。但是"即时习惯"的概念并没有得到广泛接受。

宣告性决议是否构成"法律确信"从而使一个正处于惯例阶段的规则转变

---

① 关于联大的权力范围,Blaine Sloan 教授归纳了六种不同的观点,即仅承认联大有明白权力(《联合国宪章》明确规定的权力);认为联大有限制性暗含权力(从明白权力中严格推演出来的权力);联大有广泛的从联合国组织的宗旨和目的推演出来的权力;除了明白和暗含权力外,联大有一些固有的权力;除上述权力外,联大还有通过实践后来取得的权力;最后是另一个极端的观点,即联大有所有的没有被明确禁止的权力。参见 Blaine Sloan, "General Assembly Resolutions Revisited (Forty Years Later)", 58 *British Yearbook of International Law* 39 (1987), p.53。

成习惯国际法规则呢？这种可能性是不能排除的,但是必须依具体情况而定。如果在决议通过之前的确已经存在足够的国家实践,仅仅缺乏主观因素,决议的通过表明了会员国的相关"法律确信"从而满足了主观因素的条件,一项习惯国际法规则当然可能因为该项联大决议的通过而产生。但是,如果决议通过之前并不存在足够的国家实践,或者所谓的国家实践就是该项决议本身,能否形成习惯国际法规则就是有疑问的。这种情况下,将该决议作为习惯国际法形成的起点可能更合适些。可以认为各个会员国将决议中所宣布的规则视为"应然法",在决议通过之后的实践中把它们作为法律去遵守,有了足够的这种实践后,"应然法"就可以以习惯国际法的形式成为"实然法"了。[①]

（三）解释性决议的效力问题

联合国建立以来,联大通过了一些实际上起着辅助解释《联合国宪章》作用的决议。除上述1948年《世界人权宣言》和1974年《关于侵略定义的决议》外,还有1960年《给予殖民地国家和人民独立宣言》,该宣言有利于对《联合国宪章》第1条关于人民自决权原则和第11章、第12章关于非自治领土和托管制度相关规定作出解释；另外,1965年《关于各国内政不容干涉及其独立与主权之保护宣言》和1981年《不容干涉和干预别国内政宣言》,这些宣言都可以视为辅助解释《联合国宪章》第2条规定的相关原则。

《联合国宪章》是一个多边国际公约同时也是联合国的组织宪章。关于解释,《联合国宪章》本身没有作出任何规定。从解释条约的主体来看,作为《联合国宪章》的当事国,联合国的各个成员国都可以对《联合国宪章》作出解释,但是只有全体一致的解释才是有权解释。[②]《奥本海国际法》认为对于解释方式并没有严格的限制,当事国"可以在缔结条约之前、期间或之后以某种方式非正式地（并按此执行条约）或依较正式程序,如解释性宣言或议定书或补充条约同意于一个词语的解释"。[③] 应当指出的是,虽然当事国对条约的解释方式可以是正式或非正式的,但是它们通过这些方式要达到的目的是解释条约,换言之,它们解释条约的意向是明确的。在解释性宣言的情况下,宣言必须具有解释条款的性质并从而构成条约的完整部分。[④] 只有在这种情况下,解释性宣言才与所解释的条约一样对当事国具有拘束力。然而,上述联大决议的任何一项都不是为解释《联合国宪章》规定而通过的,更不能形成《联合国宪章》的完整部分。因此,

---

　　① 参见 Blaine Sloan,"General Assembly Resolutions Revisited (Forty Years Later)", 58 *British Yearbook of International Law* 39 (1987), p.71。

　　② 参见李浩培著:《条约法概论》,法律出版社1987年版,第421页。

　　③〔英〕詹宁斯、瓦茨修订:《奥本海国际法》（第一卷第二分册）,王铁崖等译,中国大百科全书出版社1998年版,第662页。

　　④ 参见同上书,第718页注253。

这些决议至多起着辅助解释《联合国宪章》的作用,它们为联合国会员国解释《联合国宪章》的相关规定提供了重要的参考资料。

除了那些起着解释《联合国宪章》作用的决议外,联大还通过一些实际上相当于解释其他条约或公约的决议。例如,1969年12月联大通过的《关于化学和细菌(生物)武器的决议》和1970年12月通过的《关于武装冲突中人权尊重的决议》。这类决议在解释相关的国际公约时,一方面通过确认、澄清或详尽说明公约义务加强了公约,另一方面也使决议本身从公约义务中获得力量。[①] 联大决议与国际条约的这种关系是实际存在的。此外,这种解释国际公约的联大决议如果反复地出现还可能使一项条约规则演变成习惯国际法规则。

(四)国际组织决议能否作为独立的国际法渊源

国际组织的决议目前是不是一种独立的国际法渊源呢?《奥本海国际法》的回答是比较谨慎的。詹宁斯和瓦茨教授认为,它属于传统国际法渊源的范围,即条约和习惯国际法的一部分。[②] 关于这个问题,李浩培教授的阐述更清楚一些。他说国际组织的决议作为国际法的渊源只是第二位的渊源。

> 其产生国际法以满足任何第一位渊源的要求为前提。例如,一个国际组织的决议只是在该国际组织的创立条约所许可的范围内才对其成员国发生法律拘束力。所以作为国际法第二位渊源的国际组织的决议,法律拘束力倚赖于作为国际法第一位渊源的条约,因而这个国际法第二位渊源实际上可以包括在国际法第一位渊源内。[③]

如此说来,国际组织的决议就不是一种独立的国际法渊源。作为第二位的渊源,我们可以从两个方面来理解国际组织决议的地位:第一,国际组织的决议,主要是联合国大会的决议,可以成为最终形成国际公约的初步发展阶段。实际上,许多国际公约都是首先以联合国大会的决议形式出现的。例如,1966年两个国际人权公约之前的1948年《世界人权宣言》;1966年《消除一切形式种族歧视国际公约》之前的1963年《联合国消除一切形式种族歧视宣言》;1967年《关于各国探索和利用包括月球和其他天体在内外层空间活动的原则条约》之前的1963年《关于各国探索和利用外层空间活动的法律原则宣言》等等。第二,国际组织决议本身虽然没有法律拘束力,但它们所宣示的一些现存的习惯国际法规则却是对国际组织的会员国和非会员国都有法律拘束力的。首先,这些现存的

---

① 参见 Blaine Sloan, "General Assembly Resolutions Revisited (Fourty Years Later)", 58 *British Yearbook of International Law* 39 (1987), p.66。

② 〔英〕詹宁斯、瓦茨修订:《奥本海国际法》(第一卷第一分册),王铁崖等译,中国大百科全书出版社1995年版,第27页。

③ 参见李浩培著:《国际法的概念和渊源》,贵州人民出版社1994年版,第53—54页。

规则可以再次得到国家的确认;其次,那些不够明确的规则还可以得到进一步的阐明。此外,国际组织决议还可能成为一项习惯国际法规则形成过程的开端,这个作用在前面已经提到,在此不予赘述。

国际组织决议能否成为国际法直接的或独立于习惯国际法和条约的渊源,实际上是一个关系到国际组织机构是否具有立法职能的问题,主要是联大在国际社会的立法职能问题。只有极少数学者对这个问题的回答是肯定的。几乎所有学者都认为联大没有立法职能,但其中有些人认为联大有准立法职能。[①] 还有些人认为联大将来可能会有立法职能。例如,詹宁斯和瓦茨修订《奥本海国际法》指出:"将来某个时候,国际社会在国际组织所提供的框架内采取的集体行动有可能取得一个独立的法律渊源的性质。"但是,"目前,这可以被认为仅仅提供一个不同的场所,以产生一些法律规则,而它们的法律效力是来自传统国际法渊源的"[②]。通过传统国际法渊源,即条约、习惯和一般法律原则取得法律效力,是绝大多数学者对国际组织决议法律效力的看法。即使有些学者主张《国际法院规约》第38条第1款并不是国际法渊源的详尽表述并主张将国际组织决议列入其中,但他们并不认为国际组织机构(如联大)有立法职能。例如,斯塔克教授在他的《国际法导论》一书中就将"国际组织的决议或决定"列入他列举的五种国际法实质渊源的名单中。[③] 但是,在具体阐述国际组织决议作为国际法渊源时,他并没有将其作为一个独立的渊源,除了那些关于组织内部事务的决议外,其他决议的法律效力均来自传统国际法渊源。[④] 在这种意义上,国际组织决议与作为国际法补充资料的"司法判例及各国权威最高之公法学家学说"没有本质上的区别。国际社会没有专门的立法机构,到目前为止依然是无可否认的现实。

三、"准条约"的效力和作用

所谓"准条约"是指以条约的形式起草,结构与条约相同,最终却不按照条约的生效方式成为对有关国家具有法律拘束力的条约的文件。根据国际法上条约缔结程序规则,只有经过国家签字、批准或其他程序,一项条约才可能对其发生法律拘束力。这种规则的实质是以国家主权原则为基础的,它的核心概念是没有国家的同意,不得强迫它履行一项国际条约义务。因此,是否使一个国际文

---

① 参见李浩培著:《国际法的概念和渊源》,贵州人民出版社1994年版,第53—54页。
② 〔英〕詹宁斯、瓦茨修订:《奥本海国际法》(第一卷第一分册),王铁崖等译,中国大百科全书出版社1995年版,第27页。
③ 在斯塔克的名单中,国际组织的决议排在第5位,前4个为:习惯、条约、法庭或制裁厅判决、法学家学说。参见 J. G. Starke, *Introduction to International Law*, 10th edition, Butterworth, 1989, p.32。
④ 参见 J. G. Starke, *Introduction to International Law*, 10th edition, Butterworth, 1989, pp.51—54、624—625。

件成为具有法律拘束力的条约或公约,完全由有关国家自由作出决定。但是,这并不意味着国家不可以适用没有法律拘束力的文件中所载的某些规则,在这方面,国家同样有决定的自由。换言之,国际法上没有任何规则阻止任何国家自愿履行来源于一个没有法律拘束力的文件中的任何国际义务,无论义务的性质如何,可能是道德性或政治性的。因此,一个看来本不属于条约的国际文件,但是其中的规定却得到国家遵守的情况是完全可能发生的。人们将这类文件称为"准条约"。

这类"准条约"可以举出很多,较近期的如 1992 年在里约热内卢通过的《里约环境与发展宣言》、1993 年在世界人权会议上通过的《维也纳宣言和行动纲领》、1995 年在北京召开的第四届世界妇女大会上通过的《北京宣言》和《行动纲领》等,较早的有 1955 年亚非万隆会议通过的《亚非会议最后公报》、1975 年在赫尔辛基通过的《欧洲关于指导与会国间关系原则的宣言》等。作为国际会议(全球的或区域的)通过的文件,它们都不具有法律拘束力。这是因为"国际会议不是造法机构。当(与会国)政府起草一个文件以便总结会议的结果时,它们一般无意以此种行为制造法律。相反,它们的目的是指明将来谋求达到的政治行动纲领"[①]。一些国家为了明确国际会议文件的非法律拘束性质,有时会在会议上作出某种声明。例如,美国在通过 1995 年《北京宣言》和《行动纲领》时声明:"美国对'我们政府通过并承诺执行《行动纲领》……'说法的理解与这样的事实是一致的,即《纲领》《宣言》和国家的承诺(除非国家提出相反的意思)没有法律拘束力,它们构成国家将如何达到并应该促进实现会议目标的建议。"[②]美国的这种声明从一个侧面反映出国际会议通过的文件在某种意义上可能会对投赞成票的与会国有一定的效力,有时甚至是法律效力。否则,美国只要不"提出相反的意思"就可以了,因为按照美国的声明,此类文件没有法律拘束力是一个事实。按照这样的逻辑,应该声明的不是美国,而是那些认为该文件具有法律拘束力的国家。美国作出这种声明的主要原因是,在《北京宣言》和《行动纲领》中都有一些"遵守"或"执行"之类的规定[③],这些都容易与法律义务联

[①] 参见 Christian Tomuschat, The Concluding Documents of World Order Conferences, in *Theory of International Law at the Threshold of the 21st Century*, edited by Jerzy Makarczyk, Kluwer Law International, 1996, pp. 567—568。

[②] 转引自 Christian Tomuschat, The Concluding Documents of World Order Conferences, in *Theory of International Law at the Threshold of the 21st Century*, edited by Jerzy Makarczyk, Kluwer Law International, 1996, p. 570。

[③] 例如,在《北京宣言》中各国政府"重申承诺……确保充分贯彻妇女和女童的人权"(第 9 段)。在《1995 年联合国第四次世界妇女大会行动纲领》中各国政府承诺的内容更加明确和具体,特别是在关于战略目标和行动的第四章中,各国政府在"妇女与贫穷""妇女的教育和培训"等 12 个领域承诺采取具体行动。关于这两个文件可以访问下面的网址:http://www.china-gad.org/ReadNews.asp? NewsID = 1083, 2006 年 3 月 12 日访问;http://www.china-gad.org/ReadNews.asp? NewsID = 862, 2006 年 3 月 12 日访问。

系在一起。

《北京宣言》和《行动纲领》体现了所谓"准条约"的特征——与会国虽然严肃地对待有关文件中的规定,但却不将其制定成条约或公约从而成为有法律拘束力的规则。为什么?因为"它们喜欢'纯粹的政治'行为的更大的灵活性,在情况发生变化时可以减免或改变……国家不仅可以在任何时候因其利益的需要而选择退出,而且还不受任何适用于条约关系的各种条件和义务的约束"。[1] 此类文件可以避免国内条约批准程序,可能也是国家考虑的因素之一。

所谓"准条约"毕竟不是条约,它们的效力和作用都与联合国大会的决议没有什么区别。因为在通过时与会国无意制定有法律拘束力的文件,所以它们自身对国家没有法律的拘束力。如果它们宣布了现存的习惯法规则,该规则是有拘束力的,但拘束力来源于习惯国际法。它们可能作为国家实践或"法律确信"对习惯国际法规则的形成作出贡献,也可能成为未来国际条约的基础从而对国际法的发展产生影响。

第七节 与国际法渊源相关的一些问题

除了上述国际法渊源和证明国际法渊源的辅助资料外,还有一些与国际法渊源相关的问题。例如,国际法渊源的等级、产生国际义务的国家单方面行为和国际法的编纂问题。

一、国际法渊源的等级

关于国际法渊源之间是否存在着等级的关系,学者们的观点不尽一致。但是在《国际法院规约》第 38 条第 1 款并没有规定任何等级这一点上,意见大致相同。布朗利和克劳福德(James Crawford)教授认为《国际法院规约》的起草者们只是想排列一个顺序。之所以把条约放在前面,是因为它更加具体。[2]《奥本海国际法》也认为将条约置于首位的原因是条约"所确立的规则及其所产生的权利和义务对于当事各方有法律的拘束力"[3]。适用的优先顺序并不意味着法律规则等级上的优先地位。条约的规定可能是对一项习惯法规则的确认或承认;习惯规则也可能是对一项条约规则的补充或修订;一般法律原则可以弥补条

---

[1] 参见 Oscar Schachter, "Non-Conventional Concerted Acts", 载于 *International Law: Achievements and Prospects*, edited by Mohammed Bedjaoui, Martinus Jijhoff Publishers, 1991, p.266。

[2] 参见 James Crawford, *Brownlie's Principles of Public International Law*, 8th Edition, Oxford University Press, 2012, p.22。

[3]〔英〕詹宁斯、瓦茨修订:《奥本海国际法》(第一卷第一分册),王铁崖等译,中国大百科全书出版社 1995 年版,第 20 页。

约和习惯规则的不足。因此,从适用顺序的意义上说,一般情况下它们之间是互补的关系。但是,《布朗利国际公法原理》指出,如果认为在任何情况下都得按照从(子)到(卯)的等级顺序,可能是不明智的。因为,如果一项条约规则与一项具有强行法性质的习惯法规则或一般法律原则相冲突,这项条约规则就是无效的。① 言外之意,条约、习惯和一般法律原则之间实际上是有等级的,但是其优先顺序并不像《国际法院规约》第38条第1款所排列的那样。李浩培教授也认为《国际法院规约》第38条第1款的规定所排列的次序"只是为了叙述的方便,没有规定等级的意义"。他认为条约规则和习惯国际法规则在法律地位上是同等的,"其适用应当按照后法优先于前法和特别法优先于普通法的一般原则"②。其实,《国际法院规约》第38条第1款把条约放在首位,也是符合这项一般原则的。

虽然在上述三种国际法的渊源之间不存在等级的关系,但是由于国际法上后来出现了前面在涉及"一贯反对者"规则时提到过的强行法的概念,问题就变得复杂化了。在国际法的规则中是否存在等级的问题从此成为国际法学界热议的话题。国际强行法是不是更高的规则?由于强行法的内涵和外延都存有争议且此概念与国际法基本原则也有一定联系,将在后面专门讨论。这里应当指出的是,自从有了国际强行法的概念后,国际法的渊源是否存在等级就成为有争论的问题并至今未能解决。

二、国家单方面行为

国家单方面行为是指国家作出的、产生国际义务的法律行为。尽管在"核试验"案中,国际法院谈到了某些法律行为的单方性质,多数国际法学者也都接受"国家单方面行为"的概念,但是国际法上并不存在这个概念的确切定义。③

虽然国家单方面行为不是国际法的渊源,它们不能直接构成协议,但是确实能够通过许多方式造成法律后果,使国家承担相应的国际义务。④ 例如,在1933年"东格陵兰"案中,国际常设法院针对挪威外交大臣艾赫伦于1919年代表该国政府向丹麦外交大臣作出的关于其政府在即将召开的和平会议上"不制造任何困难"的口头宣言指出,外交大臣对于外国的外交代表提出的在其职权范围

---

① 参见 James Crawford, *Brownlie's Principles of Public International Law*, 8th Edition, Oxford University Press, 2012, pp. 22—23.
② 参见李浩培著:《国际法的概念和渊源》,贵州人民出版社1994年版,第54页。
③ 关于国家单方面行为,参见李浩培著:《国际法的概念和渊源》,贵州人民出版社1994年版,第117—131页。
④ 参见 James Crawford, Brownlie's, *Principles of Public International Law*, 8th Edition, Oxford University Press, 2012, p. 416.

内的问题作出的这种性质的答复对于该外交大臣的所属国是有拘束力的。① 学者们认为1955年10月26日奥地利通过奥地利联邦宪法法案宣布永久中立的行为以及1957年埃及政府关于苏伊士运河相关义务的宣言都属于单方承诺行为,特别是后者,埃及政府甚至还根据《联合国宪章》第102条的规定将相关文件在联合国秘书处作为国际文件予以登记。不过学者们对于这两个单方面行为是否构成单方承诺从而产生国际义务存有争议。没有争议的例子可以包括1974年法国作出的关于保证将来不在大气中进行核试验的承诺。② 另外,联合国成员国在竞选联合国人权理事会理事国时所作出的相关承诺毫无疑问也属于这种性质的国家单方面行为。

国家单方面行为的情况非常复杂。首先,它们的种类很多。除了上述国家单方承诺行为外,国家的承认、抗议、放弃、国家对条约的保留等都在国家单方面行为之列。其次,代表国家作出单方面行为的主体不同。国家元首、外交部长和其他国家机关都可能代表国家作出单方面行为。再次,国家作出单方面行为的意图不同。最后,不同情况下的国家单方面行为可能产生不同的法律后果。

基于这个问题的复杂性,联合国国际法委员会于1996年向联合国大会建议将国家单方面行为作为其未来新的研究领域之一。③ 国际法委员会从1997年开始对国家单方面行为进行专项研究,为此还建立了一个工作组并指派委内瑞拉的西迪诺先生(Victor Rodriguez Cedeno)为特别报告员。④ 1998年特别报告员提交了第一份研究报告,在报告中西迪诺先生主要汇报了他对国家单方面行为定义的研究。他主张严格定义,排除非独立作出、无意图的、不产生法律后果的、因"禁止反言"而产生法律后果的种种行为。迄今,国际法委员会已经审议了特别报告员提交的9个研究报告。⑤ 在这些报告中特别报告员对国家单方面行为的定义以及其他许多相关问题进行了深入研究。在第二次报告中,特别报告员提出了3条条款草案供各国作为讨论的基础。⑥ 其中第2条是给国家单方面行为下的定义:"为本条款草案目的,'单方面行为'是指一个或多个国家对其他一

---

① 参见 Wilfried Fiedler, "Unilateral Acts in International Law", in R. Bernhardt(ed.), *Encyclopedia of Public International Law*, Instalment 7, 1984, pp.518—519。

② 参见国际法院判决:Nuclear Tests(New Zealand v. France), para. 53:http://www.icj-cij.org/docket/files/59/6159.pdf, 2015年6月6日访问。

③ 1996年国际法委员会在其第48期会议上确定了三个新的研究领域,其中包括国家单方面行为。参见联合国大会官方记录,国际法委员会报告,A/51/10(1996), p.230 and pp.328—329。

④ 第1条,本条款草案的范围;第2条,国家单方面法律行为;第3条,国家能力。参见1997年国际法委员会报告,A/52/10(1997),第212段。

⑤ 这些报告的联合国文件号是:A/CN.4/500 and A/CN.4/500 add1(第二份);A/CN.4/505(第三份);A/CN.4/519(第四份);A/CN.4/525(第五份);A/CN.4/534(第六份);A/CN.4/542 and Corr 1, 2, 3.(第七份);A/CN.4/557(第八份);A/CN.4/569(第九份)。

⑥ A/CN.4/500, 14 April 1999, Chinese,第2—16页。

个或多个国家、整个国际社会或一国际组织公开作出的一种声明,自发的意愿表示,其意图为取得国际法律义务。"①

直到特别报告员提交其第七次报告之时,国家单方面行为的界定仍然是国际法委员会讨论的重要问题之一。然而,国际法委员会认识到,"一个关于单方面行为的合适定义,如要能够用来拟定关于这一类法律行为的作用的规则,就必须充分考虑到国家的实践"②。因此,特别报告员西迪诺先生在一些学者的协助下,以丰富的文献为基础对国家的实践进行了深入细致的研究。他把国家单方面行为分为三类:第一,一国据以承担义务的行为(允诺和承认);第二,一国据以放弃某项权利的行为(放弃);第三,一国据以主张某项权利或提出某项法律主张的行为(抗议)。西迪诺先生的报告对于研究国家单方面行为的定义、法律效力和各种复杂的法律后果具有重要的参考价值。

三、国际法的编纂

严格意义上的编纂是指把现有法律规则以全面有序的方式记录下来并得到法律制定机关的通过。③ 因为国际社会没有专门的立法机构,所以与国内法不同,国际法的编纂是指将国际法的原则和规则系统地制定成法典。国际法的编纂工作主要由联合国国际法委员会承担,在此之前是国际联盟和一些私人团体,再往前则是由私人个体进行。

(一) 早期国际法编纂活动

虽然在国际法充分发展的当今世界由个人编纂全部国际法是难以想象的,但是在19世纪以前,由于国际法相当有限的范围和领域,完全有这种可能。将国际法编纂成法典最初是由英国法学家边沁提出来的,他受到法国拿破仑法典的影响于18世纪末主张编纂国际公法。19世纪末20世纪初的确有一些法学家进行了这方面的尝试,例如,瑞士的伯伦智理(J. C. Bluntschli,1868年)、美国的费尔德(D. D. Field,1872年)、意大利的费奥雷(P. Fiore,1890年)和加拿大的因特诺西亚(J. Internoscia,1910年),后者编纂的国际法典长达5657条。私人团体的国际法编纂活动始于19世纪末叶,比较突出的是1873年在比利时根

---

① A/CN.4/500, 14 April 1999, Chinese,第10页。但是在他的2004年第四次报告中,西迪诺先生提出了一个工作定义:"为本研究的目的,国家的单方面行为是指国家表达意愿或同意的声明,通过此声明,国家欲使国际法上的义务或其他法律效力产生"。参见特别报告员维克托·罗德里格斯·西迪诺,关于国家单方面行为的第七次报告,A/CN.4/542。这个工作定义与其在第二次报告包括的条款草案中的定义最大不同是,强调国家单方面行为是一种单方面"声明"。

② 参见特别报告员维克托·罗德里格斯·西迪诺,关于国家单方面行为的第七次报告,第3段,A/CN.4/542。

③ 参见 Ian Brownlie, *Principles of Public International Law*, Sixth Edition, Oxford University Press, 2003, p.28。

特建立的国际法研究院(Institut de droit international)和同年建立的国际法协会(International Law Association)。这些由不同国家的法学者、外交家和政治家参加的私人团体定期召开会议,制定出国际法某些部分的条款草案。

(二) 两次海牙和平会议与国际法的编纂

1899年和1907年召开的两次海牙和平会议为编纂国际法作出了重要贡献。这两次海牙会议制订了十几个国际公约,这些公约主要编纂了关于和平解决争端、限制作战手段和方法及战时中立方面的规则和制度,这些公约经修订至今仍然与日内瓦公约体系一起构成战争法的重要组成部分。

(三) 国际联盟与国际法的编纂

国际联盟在国际法编纂方面所做的工作值得一提的是1930年在海牙召开的法典编纂会议。这次会议在国际联盟的主持下针对预先确定的三个领域,即"国籍""领水"和"国家对外侨的生命财产在其领土内所受的损害的责任",对国际法的规则和制度进行编纂。为此还建立了三个委员会,每个委员会负责一个专题。但是,此次会议只通过了第一个专题,即国籍方面的一个公约和三个议定书。① 国际联盟主持下的海牙编纂会议尽管成效并不显著,通过的关于国籍的国际公约也不是被广泛接受的国际文件,但它毕竟开辟了政府间国际组织编纂国际法的先河。国际联盟为此次会议所做的筹备工作及其程序,例如,指派16名法学家组成专家委员会、由专家提交关于编纂国际法的报告、向各国政府征求报告中提出问题的意见和建议并由委员会的专家在研究政府的答复后向国际联盟行政院提出关于编纂建议的报告等等,这些都为联合国国际法委员会编纂国际法奠定了基础。

(四) 国际法委员会与国际法的编纂

国际法委员会是根据《联合国宪章》第13条由联合国大会建立的,该条规定,大会应发动研究并作成建议以便"提倡国际法之逐渐发展与编纂"。因此,联合国大会决议设立国际法委员会,承担"逐渐发展和编纂国际法"的工作。

国际法委员会于1947年建立,是联合国大会的下属机构。现有34名委员,分别来自亚洲、非洲、美洲和欧洲,从各国政府提名的名单中委派,任期5年。国际法委员会的委员都是著名的国际法专家,在国际法学界享有较高的声誉,受到人们的尊重。他们代表世界各大文化体系和各主要法系,为"国际法的逐渐发展与编纂"作出了卓越贡献。②

---

① 《关于国籍法冲突若干问题的公约》、《双重国籍兵役议定书》、《关于某种无国籍情况的议定书》和《关于无国籍的特别议定书》,参见〔英〕詹宁斯、瓦茨修订:《奥本海国际法》(第一卷第一分册),王铁崖等译,中国大百科全书出版社1995年版,第56页。

② 中国籍新上任的国际法委员会委员是外交部条法司司长黄惠康(2011年当选)。之前是外交部条法司时任中国驻荷兰大使和驻东盟大使薛捍勤(2002年至2010年)。

国际法委员会自 1949 年在其第一届会议上拟定出第一批法典编纂项目以来,迄今已经对三十多个项目进行研究,制订国际公约草案十几项,其中绝大多数已经生效。目前国际法委员会正在编纂的项目包括:最惠国条款、国家官员的外国刑事管辖豁免、灾害中个人的保护、外国人的驱逐、或起诉或引渡义务、关于条约解释的后续协议和实践、条约的临时适用、习惯国际法的形成和适用/习惯国际法的甄别、武装冲突中的环境保护和大气的保护。[①]

进一步阅读推荐书目

1. 王铁崖著:《国际法引论》,北京大学出版社 1998 年版,第 47—126 页。
2. 李浩培著:《国际法的概念和渊源》,贵州人民出版社 1994 年版。
3. 赵理海著:《国际法基本理论》,北京大学出版社 1990 年版,第 51—74 页。
4. James Crawford, *Brownlie's Principles of Public International Law*, 8th edition, Oxford University Press, 2012, pp. 20—47.
5. Mark E. Villiger, *Customary International Law and Treaties*, Martinus Nijhoff Publishers, 1985.
6. Jonathan I. Charney, Universal International Law, 87 *American Journal of International Law* (1993), pp. 529—551.
7. Jack L. Goldsmith, *Limits of International Law*, Oxford University Press, 2005.
8. Alan Boyle and Christine Chinkin, *The Making of International Law*, Oxford University Press, 2007.
9. Yuval Shany and Tomer Broude (eds.), *Multi-Sourced Equilalent Norms in International Law*, Hart Publishing Ltd, 2011.

[①] 参见联合国国际法委员会英文网站:http://www.un.org/law/ilc/,2013 年 12 月 17 日访问。

第三章 条 约 法

条约在国际法上发挥着各种功能。它可以是国际组织的章程,也可以是建立国际法庭的规约,可以是世界上许多国家共同接受的约束它们各方面行为的公约,还可以是两个国家之间为了解决一个具体问题而达成的协议。然而,所有这些都是国际法的渊源,是国际法的"成文法"。

条约法是与条约的缔结、保留、生效、效力、遵守、解释等问题相关的国际法,即关于条约的国际法。条约法本身有国际习惯规则也有条约规则。条约法是国际法的重要分支,也是最古老的国际法分支之一。中外学者在这方面的著述也很多。① 关于条约的国际法目前主要规定在 1969 年《维也纳条约法公约》和 1986 年《关于国家和国际组织间或国际组织相互间条约法的维也纳公约》中。② 实际上,即使作为非缔约国,也受到这两个公约中许多规则的约束,因为它们已经成为习惯国际法的组成部分。本章将在这两个公约的基础上讨论条约的缔结、条约的保留、生效等问题,在此之前先谈一下条约的定义。

第一节 条约的定义

严格地讲,1969 年《维也纳条约法公约》并没有给条约下一个普遍意义的定义。该《公约》第 2 条关于条约的描述是该公约的用语,因此该条第 2 款规定,公约对条约的描述"不妨碍此等用语在任何国家国内法上使用或所具有之意义"。《维也纳条约法公约》第 2 条第 1 款规定,就适用本《公约》而言,"称'条约'者,谓国家间所缔结而以国际法为准之国际书面协定,不论其载于一项单独文书或两项以上相互有关之文书内,亦不论其特定名称为何"。尽管是公约

---

① 关于条约法的中文著作,参见李浩培著:《条约法概论》,法律出版社 1987 年版;万鄂湘等著:《国际条约法》,武汉大学出版社 1998 年版。英文著作可以参见,*Essays on the Law of Treaties*: *A Collection of Essays in Honour of Bert Vierdag*, edited by Jan. Klabbers & R. Lefeber, M. Nijhoff Publishers, 1998; Arnold Duncan McNair, *The Law of Treaties*, Clarendon Press, 1986.

② 第一个公约于 1980 年开始生效,截至 2015 年 5 月 31 日已经有 114 个参加国,参见联合国网站:https://treaties. un. org/pages/ViewDetailsIII. aspx? src = TREATY&mtdsg_no = XXIII-1&chapter = 23&Temp = mtdsg3&lang = en, 2015 年 6 月 1 日访问。第二个公约于 1986 年缔结,尚未生效,截至 2015 年 5 月 31 日该公约的参加方有 25 个国家和 18 个国际组织,但根据该《公约》第 85 条,国际组织不计算在使该公约生效所需的参加方数目(35 个)。参见:https://treaties. un. org/pages/ViewDetails. aspx? src = TREATY&mtdsg_no = XXIII-3&chapter = 23&lang = en, 2015 年 6 月 1 日访问。

用语,《维也纳条约法公约》对条约的描述基本包含了作为国际法上的条约应该具有的所有要素。

一、公约定义中涉及的条约要素

(一) 条约的主体

所谓条约的主体即条约的缔结者。当代国际社会里有能力缔结条约者主要是国家,此外还有国际组织和争取解放的民族。总之,条约的主体就是普遍接受的国际法的主体。两个以上的国际法主体之间签订的协议即可构成国际法上的条约。1969年《维也纳条约法公约》第2条对条约的描述将条约的主体严格地局限于国家。这种描述受到李浩培教授的批评,认为"这显然与事实相矛盾"。① 该《公约》的这一不足已经通过1986年《关于国家和国际组织间或国际组织相互间条约法的维也纳公约》得到弥补。应该指出,就条约法的适用范围而言,条约是指国际法主体,即国家、国际组织和争取解放的民族之间签订的协议。国家与个人或公司之间或者个人与个人之间签订的协议不是国际法上的条约。

国际法上的缔约能力是与条约主体相关的问题。除上述国家、国际组织和争取解放的民族外,一些联邦国家,如美国、德国、瑞士等,允许其联邦成员在有限范围内有一定的缔约能力。《美国宪法》第1条允许美国的各个州在国会同意的情况下直接与外国缔结协定或协约。② 根据《香港基本法》和《澳门基本法》,中国香港和澳门特别行政区也可以直接与外国在经济、贸易、金融、航运、通讯、旅游、文化、体育等领域以"中国香港"或"中国澳门"的名义签订和履行有关协议。③

(二) 以国际法为准

"以国际法为准"是指依国际法而缔结并受国际法支配。国际法主体之间可能签订一些受某种国内法律支配的协议,例如,一国为了在另一国建大使馆而与另一国依该国国内法签订一些购买合同。这种协议即使主体是国家并具备所有其他条约的要素也不构成国际法上的条约。④

(三) 创设权利与义务

作为国际法的渊源,条约必须为缔约方创设一定的权利与义务。同样是国

---

① 参见李浩培著:《条约法概论》,法律出版社1987年版,第1页。
② 但是它们不得缔结条约。按照《美国宪法》,条约是需要美国国会同意和美国总统批准的文书。参见《美国宪法》第2条第2款:总统有权缔结条约,但须争取参议院的意见和同意,并须出席的参议员中2/3的人赞成。
③ 参见《香港特别行政区基本法》第151条和《澳门特别行政区基本法》第136条。
④ 参见[英]詹宁斯、瓦茨修订:《奥本海国际法》(第一卷第二分册),王铁崖等译,中国大百科全书出版社1998年版,第626—627页。

家之间通过某种方式通过的文书,如果没有为相关的国家创设权利和义务的意图,而仅仅是表明某种立场或态度,则不构成国际法上的条约。因此,联合国大会通过某些宣言,如《关于各国依联合国宪章建立友好关系及合作之国际法原则之宣言》《关于各国内政不容干涉及其独立与主权之保护宣言》和《发展权宣言》等,当这些文件在联合国大会通过时,非常明确的意图就是不为联合国会员国创设法律权利和义务。至于这些文件当中所包含的习惯国际法规则,它们的法律拘束力甚至有些已经构成国际法基本原则,但无论多么重要都不能改变这些文件本身不是条约的事实。

(四) 国家间所缔结的协定

条约是"国家间所缔结的协定"包含两个意思:

第一,"国家间"为条约主体的数目提出一个基本要求,即条约至少是两个条约主体之间的协议。一个国家或国际组织作出的声明、抗议、承诺等单方面行为,尽管同样可能在国际上产生法律效果,例如,为承诺方创设国际法律义务,但毕竟不能称为条约。因此,条约的缔结至少是双方行为,即所谓双边条约。缔约方超过两个,所缔结的条约即为多边条约。[1]

第二,"国家间所缔结的协定"表示条约是缔约各方"一致的意思表示"。李浩培先生特别强调:"各个条约当事者必须有一致意思表示,才能成立条约。这也是国际法上的条约同国内法上的契约的共同点。"[2]这是条约的实质性要素,没有在缔约各方之间达成一致意思,也即没有协议,不可能成立条约。

二、与条约的定义相关的其他问题

(一) 名称

只要是以国际法为准在国家间缔结并为缔约方创设权利和义务的文书,"不论其特定名称为何",就是条约。换言之,在确定一个文件是否为条约的问题上,文件的名称并不重要。在现代汉语里,除了作为条约的一种名称外,"公约"也指机关、团体或街道居民内部拟定的共同遵守的章程[3],此"公约"与《维也纳条约法公约》的"公约"完全是不同的概念。因此,在世界各种不同的语言里,称为"条约"的文书不一定都是国际法上界定的条约。相反,不以条约冠名的文件不一定不是条约。衡量的标准是看这些文件是否具备上述要素。

实际上,根据上述标准可以称为条约的国际文书确实有各种不同的名称:

---

[1] 参见李浩培著:《条约法概论》,法律出版社1987年版,第13页。
[2] 同上。
[3] 例如,"爱国公约""卫生公约"等。参见中国社会科学院语言研究所词典编辑室编:《现代汉语词典》(第3版),商务印书馆1996年版,第437页。

1. 条约和协议

条约(treaty)在国际法上有广义和狭义的区分。广义的条约是指具备上述各要素的不论任何名称的一切国家间的国际文书。① 在这个意义上,条约与协议(agreement)在现代汉语里是常常相互换用的两个名词,因为它们都可以用来表示所有的国家间国际文书。但是,与条约不同的是,协议只有这个广义用法②,而条约则另有狭义的用法,即用来作为一种协议的名称,例如,1959 年《南极条约》、1967 年《关于各国探索和利用包括月球和其他天体在内外层空间活动的原则条约》和 1968 年《不扩散核武器条约》等。实践中,称为条约的双边协议远比多边的要多得多,而且以条约冠名的双边协议一般都是比较庄严、重要的政治性文件,例如,和平友好条约、同盟条约、引渡条约等。

2. 公约

称为公约(convention)的国际文书一般是国际会议通过的国际协议,而且多为"立法性"的,例如,1961 年《维也纳外交关系公约》、1963 年《维也纳领事关系公约》等都是在维也纳国际外交会议上通过的,是目前外交和领事关系法的重要法典。联合国大会通过的条约多数都以公约冠名,例子不胜枚举。

3. 盟约、宪章和规约

同样是在国际会议上通过的国际文件,作为国际组织约章者则不是称为公约,而是称为盟约(covenant)或宪章(charter),例如,1919 年《国际联盟盟约》、1945 年《联合国宪章》。然而,建立国际法庭的国际文书一般称为规约(statute),例如,1946 年《国际法院规约》、1998 年《国际刑事法院规约》等。这些都是国家间的多边条约,是国际法的重要渊源。

4. 协定

行政、技术、经济、贸易等方面的国家间协议一般用协定(agreement),例如,1944 年《国际航空运输协定》和《国际航班过境协定》。这类的双边国际协议比较多,不过有时也称为专约或专条。

5. 议定书

议定书(protocol)有不同的用途。用得最多的是为补充、解释或者执行一个条约而通过的辅助性国际文件。联合国大会通过的一系列国际人权公约都有一两个甚至更多的议定书。例如,1966 年《公民权利和政治权利国际公约》的第一个议定书与该公约同时通过,即《公民权利和政治权利国际公约任择议定书》,内容是关于公约规定下的人权遭受侵害的个人,可以向公约设立的人权事务委

---

① 参见周鲠生著:《国际法》(下册),商务印书馆 1981 年版,第 593 页。
② 翻阅了王铁崖主编的三卷本《中外旧约章汇编》后发现,只有极个别的条约用"协议"这个名称,例如,1922 年《黑龙江航行地方协议》和 1947 年《北平使馆界官有资产与官有义务及官有债务清理协议书》。一般这类条约都用"协定",不用"协议"。

员会提出申诉,控告侵犯其人权的国家。该《公约》的第二项议定书是关于废除死刑的。

这两个议定书均为补充《公民权利和政治权利国际公约》的性质,它们都是任择性的,意思是该《公约》的缔约国可以自由决定是否参加这些议定书。对于不参加的公约缔约国,议定书对其没有法律拘束力。在这种意义上,议定书与其所补充的公约对于公约缔约国是独立存在的。但是,仅仅对公约缔约国是这种关系,对于非缔约国,即第三国,这种补充性质的议定书与相关公约组成一个整体,不可分割。换言之,没有参加相关公约的第三国不能仅参加议定书而不参加相关公约。

议定书还可以用作一种正式条约的名称,例如,1925 年《禁止在战争中使用窒息性、毒性或其他气体和细菌作战方法的议定书》和 1928 年《和平解决国际争端总议定书》。它们并非附加在任何国际公约之上,而是完全独立的正式国际协议。

6. 宣言、联合声明和公告

有些国际协议用宣言(declaration)来表示,例如,1856 年《巴黎会议关于海上若干原则的宣言》(《巴黎宣言》)和 1899 年在海牙通过的三个宣言,即《禁止从气球上或用其他新的类似方法投掷投射物和爆炸物宣言》《禁止使用专用于散布窒息性或有毒性气体的投射物的宣言》和《禁止使用在人体内易于膨胀或变形的投射物,如外壳坚硬而未完全包住弹心或外壳上刻有裂纹的子弹的宣言》。这些宣言与正式的国际公约,无论从其法律拘束力还是其形式和缔结并生效的程序上,都没有任何区别。宣言有时也用来表示各国政府首脑之间达成的具有法律拘束力的协议,例如,1943 年中国、美国和英国三国首脑发布的《开罗宣言》。

有时两个国家之间正式作出的书面联合声明(joint communiques)也是一种条约,例如,1984 年《中英关于香港问题的联合声明》和 1985 年《中葡关于澳门问题的联合声明》,它们甚至还是需要批准的重要条约。两个声明都规定,本联合声明须经批准,并自互换批准书之日起生效。① 国家之间联合发表的公告或公报,只要为相关国家创设了国际法上的权利与义务就是条约,例如,1945 年中国、美国和英国三国共同发布的《波茨坦公告》以及中国与美国双方发布的 1972 年《联合公报》和 1978 年《中美建交联合公报》。

---

① 依据《联合国宪章》第 102 条第 1 款,中英两国于 1985 年 6 月 12 日将《中英联合声明》送交联合国登记。参见香港特别行政区政制事务局网页:http://sc.info.gov.hk/gb/www.cab.gov.hk/tc/issues/joint2.htm,2006 年 4 月 3 日访问。《中葡联合声明》是 1988 年 3 月在联合国登记的。参见南开大学战略发展研究部网页:http://sd.nankai.edu.cn/noscript/sd/gaoxiao-1/gx-am.html,2006 年 4 月 3 日访问。这更加充分地证明它们都是条约,因为根据这项规定,《联合国宪章》生效后,联合国会员国所缔结的一切条约及国际协定应尽速在秘书处登记,并由秘书处公布。

7. 换文

换文（exchange of notes）通常是指两个国家之间外交照会的交换。两个国家为解决某具体事项，通过交换外交照会的方式表达双方达成的协议。换文虽然没有条约的形式和程序，但却是对两个国家都有法律拘束力的文件。换文是缔结条约的一种简便方式，一般不需要经过批准即可生效。

（二）形式与格式

按照上述条约的要素以及国际实践中条约的各种情况，作为国际法上的条约不拘于其名称，条约的形式也不那么重要。① 但是在国际实践中，条约一般为书面形式并且一般都有一定格式。

1. 口头与书面形式

虽然1969年《维也纳条约法公约》第2条把条约限于书面的形式，但是根据该《公约》第3条，非书面国际协定的法律效力并不因此而受任何影响。换言之，虽然该《公约》所载之条约法规则不适用于口头协议，但口头协议仍然是有效的。李浩培教授列举了历史上国家之间签订的一些口头协议，并通过国际常设法院的一些案例说明其具有法律拘束力。然而，比较正式的条约一般均为书面形式。李浩培教授承认："由于条约具有重要意义，口头条约的确很少。"② 此外，根据《联合国宪章》第102条关于条约登记的规定，很难想象口头协议如何实现在联合国的登记，而没有登记的条约无法在国际法院援引。③

2. 条约的格式

除了个别具体领域④，在条约的格式上国际法没有任何统一的规定。然而，正式条约一般包括三个组成部分：序言、正文和最后条款。

在序言部分，缔约各方表示它们缔结条约的意图、宗旨和目的以及它们愿意遵守的一般原则或共同接受的信念等。以1961年《维也纳外交关系公约》为例，缔约各方在序言中表示它们"深信关于外交往来，特权及豁免之国际公约当能有助于各国间友好关系之发展"。因此在序言中常见的词句是"深信""鉴于""察及""确认""念及""重申"等。至于序言里这些表示缔约各方共同信念的文

---

① 李浩培教授指出："在国际法上，条约的缔结，只要求缔约各方意思表示的一致，而不要求一定方式。"见李浩培著：《条约法概论》，法律出版社1987年版，第14页。
② 同上书，第14—18页。而周鲠生先生则认为"单是口头的协议不算是条约"。参见周鲠生著：《国际法》（下册），商务印书馆1981年版，第591页。
③ John O'Brien, *International Law*, Cavenbdish Publishing Limited, 2001, p.333. 关于条约的登记，参见后面条约的缔结。
④ 例如，在引渡方面，国际法上有1990年《联合国引渡示范条约》，该条约的确为国家间签订双边或多边引渡条约制定了包括引渡条约格式在内的一些规则。

字是否与条约的其他部分具有相同的法律效力则是有争议的。①

条约的主要内容都规定在正文当中。有的条约可能会按照具体内容分成几个部分,有的分成几"章",有的在章下还分"节",也有的分成几"部分"或几"编"。但是,所有的条约都有"条"和"款",只是有的条约比较长,可能有几百个条款,例如,1982年《联合国海洋法公约》,共320条;有的可能只有几个条款。

称为最后条款的这部分,一般包括条约的签署、批准、加入、生效、退出或终止、保留、作准文本、文本的保存或保管机关等杂项内容。最后条款分为两种:一种是在条约生效之后才对该条约适用的那些条款,另一种是在条约约文通过后但是条约本身尚未生效之前就开始适用于该条约的那些关于条约如何生效的条款。② 有的条约在最后条款中还包括本条约与前条约的关系、争端解决方法、在战争期间条约的效力等内容。但是,学者们对于是否将这些条款作为最后条款存有分歧。③

应该指出,虽然"最后条款"与条约的实质内容关系不大,但是在条约法上,它们却由于与条约的缔结程序、生效、效力等问题密切相关而具有重要意义。

(三) 种类

根据不同的标准,条约可以有各种不同的种类。

1. 双边和多边条约

按照条约的缔约方的数目来划分,可以把条约分为双边和多边条约两种。双边条约是指由国际法主体双方签订的协议,即只有两个缔约方。一般缔约各方只有一个国家或国际法主体,因此给人们的印象是双边条约就是两个国家或两个国际法主体之间的协议。实际上,双边条约的缔约各方所包括的国家不一定只有一个。例如,1852年《关于规定丹麦王位继承的条约》就是以丹麦为一方,以普、英、俄、法、奥为另一方的双边条约。④ 在多边条约中还有"有限性"和"一般性"的区分。有限性是仅限于特定国家参加的多边协议,例如,仅限于石油输出国家参加的条约或协定。这类条约之所以限定在特定国家范围内,是因为条约所规定的事项仅与这些国家直接相关。一般性也即开放性多边条约,是指所有国家都可以参加的条约。这类条约的内容一般涉及大多数国家的权利和利益。联合国大会通过的国际公约一般都属于这种性质的多边条约。

---

① 根据《奥本海国际法》,序言在解释条约时可以作为上下文的一部分处理。参见〔英〕詹宁斯、瓦茨修订:《奥本海国际法》(第一卷第二分册),王铁崖等译,中国大百科全书出版社1998年版,第493页注释第49。

② Shabtai Rosenne, "When is a Final Clause not a Final Clause?" 98 *American Journal of International Law* (2004), p.546.

③ 同上。

④ 见李浩培著:《条约法概论》,法律出版社1987年版,第39页。

2. 契约性和造法性条约

按照条约的性质,可以把条约分为"契约性"和"造法性"两种。由于这种区分在本书第二章讨论国际法渊源时已经谈过,在此不予赘述。实际上从适用条约法规则的角度来看,这种分类没有什么实际意义。

3. 政治和非政治条约

按照条约的内容,条约可以分为政治和非政治条约。和平友好条约、安全同盟条约等均属于政治条约。非政治条约很多,包括经济和贸易、文化和科学技术、交通和运输等。然而这种分类在国际法上的意义主要体现在承认和继承领域,在条约法领域意义并不是很大。原因是,除了战争期间,在平时,"条约法上的许多问题,如条约的有效性、条约的修改、条约的终止等,是不问条约属于这些类别中的哪一类的"①。

4. 简易程序和繁复程序缔结的条约

按照条约缔结程序的繁简程度,条约可以分为按简易程序缔结的和按繁复程序缔结的两种。但是这种分类的意义仅仅体现在条约的缔结程序上,因为"一个条约不论是经过繁复的还是简单的程序缔结的,在法律效果上并无不同"②。

第二节 条约的缔结

条约的缔结主要涉及程序问题。然而,具体参加条约缔结程序的国家或其他国际法主体的代表还有一个缔约权③的问题,而且这个问题与条约缔结程序有一定联系,因此在这里一并讨论。

一、缔约权与全权证书

(一) 缔约权

凡是在国际法上具有缔约能力者,即国家、国际组织和争取解放的民族,均可以在它们之间缔结条约。根据国家主权原则,每个国家都有与他国或其他国际法主体缔结条约的权利。然而,每个国家的缔约权由谁以及如何行使,国际法对这些问题在所不问,一般都由每个国家在其宪法或相关法律中作出明确规定。

---

① 见李浩培著:《条约法概论》,法律出版社 1987 年版,第 35 页。
② 同上书,第 36 页。
③ 这里所谓"缔约权"与前面在缔约主体题目下讨论过的"缔约能力"是两个不同的概念。前者是由国内法加以规制的问题;后者是与国际法主体相关的问题。

有些国家还有专门的缔结条约程序法。①

在英国,缔约权是英国王室特权的一部分。美国的缔约权由总统行使,但是需要根据参议院的建议并经过2/3参议员的一致同意。中国的缔约权属于国家主席,但是缔约权的行使需要根据全国人民代表大会常务委员会的决定。②

在历史上实行绝对君主制和交通极不发达时期,国家元首一般亲自行使缔约权。现在很少由国家元首直接参加缔约,通常是由他们的代表进行,尽管如果他们愿意,完全有权力那样做。由于他们被公认为国家的代表,如果他们亲自参加缔约,无须出示全权证书。③

(二) 全权证书

全权证书(full powers)是指经由国家有权机关颁发的、用以证明持有人有权作为该国代表议定或认证条约约文或表示该国同意接受条约拘束力的文件。根据1969年《维也纳条约法公约》第7条,除了有关国家按习惯或由于其他情况表明相关国家认为可以免除全权证书外,代表国家缔约的人应出具适当的全权证书。全权证书的颁发机关及其格式由各国国内法作出规定。根据1990年《中华人民共和国缔结条约程序法》第6条的规定:由外交部或者国务院有关部门委派的代表,全权证书由国务院总理签署,也可以由外交部长签署;政府部门委派的代表,授权证书由部门首长签署;部门首长签署以本部门名义缔结的协定,各方约定出具全权证书的,全权证书由国务院总理签署,也可以由外交部长签署。该条还规定:国务院总理和外交部长谈判、签署条约、协定无须出具全权证书;除非各方另有约定,谈判、签署与驻在国缔结条约、协定的使馆馆长、谈判、签署以本部门名义缔结协定的政府部门首长无须出具全权证书。此外,中国派往国际会议或者派驻国际组织,并在该会议或者该组织内参加条约、协定谈判的代表也无须出示全权证书,但是该会议另有约定或者该组织章程另有规定的除外。④

全权证书上面载明全权代表的身份和权限。有时授权的范围仅限于谈判和认证约文,有时则仅限于签署条约,一般都包括两者。如果行使缔约权的行为是

---

① 例如,1990年《中华人民共和国缔结条约程序法》,该法对中国的缔约权、中国的双边条约和多边条约缔结程序都作出了具体规定。

② 《中华人民共和国宪法》第67条第(14)项:全国人民代表大会常务委员会决定同外国缔结的条约和重要协定的批准和废除。第81条:中华人民共和国主席代表中华人民共和国,进行国事活动,接受外国使节;根据全国人民代表大会常务委员会的决定,派遣和召回驻外全权代表,批准和废除同外国缔结的条约和重要协定。

③ 1969年《维也纳条约法公约》第6条规定,国家元首、政府首长及外交部长,由于所任职务无须出具全权证书,视为代表其国家。实际上他们无须出示全权证书的另一个原因是,他们自己就是颁发这些证书的机关。

④ 资料来源:中华人民共和国外交部网页:http://www.fmprc.gov.cn/chn/wjb/zzjg/tyfls/tfsckzlk/xggnlf/t70826.htm,2006年4月3日访问。

未经授权的,除非相关国家事后予以确认,否则不能发生法律效果。①

被授权参加谈判双边条约的缔约双方全权代表,要通过交换全权证书的方式来相互审查对方代表全权证书的真实性和发证机关的权威性,特别要核实其授权范围。在谈判缔结多边条约的情况下,全权证书的审查一般由一个专门的机构进行,这种机构通常称为"全权证书审查委员会"。

二、双边条约缔结程序

双边条约与多边条约的缔结程序虽然在基本环节上相同,例如,谈判、签字和批准等,但是由于缔约方在数量上的差别,两者的确各有一些不同的环节。因此,这里要分别予以介绍。两者重叠的内容放在双边条约中,多边条约的缔结程序主要介绍与双边条约不同的程序和事项。此外,条约的缔结程序与同意接受条约拘束以及条约生效的方式都是紧密联系在一起的或者是完全重叠的问题,例如,条约在签署之后仍不能生效是因为需要批准,签署和批准既是条约的缔结程序,也是国家接受条约拘束的方式,同时也是条约生效的方式。因此,所有重叠的部分均与条约缔结程序一并讨论。

(一) 谈判、约文的通过和认证

谈判是缔结双边条约首先要经过的而且是不可避免的环节。② 由于条约是缔约双方一致意思的表示,因此双方必须在平等的基础上进行谈判和协商,以便在相关问题的权利和义务关系上达成协议。参加缔约谈判的可以是国家元首、政府首脑和外交部长,也可以是由他们派遣的全权代表。如上所述,后者一般需出示全权证书。国家派遣的全权代表在谈判过程中保持与其政府的联系,随时接受政府的指示并对其他缔约方保密。

关于谈判的方式,国际法上没有统一的规定。基本的谈判规则是缔约各方必须善意进行谈判,以便尽最大的可能缔结预期的条约。③ 在谈判达成一致意见的基础上,缔约双方开始起草约文。

对于缔约各方最后同意的约文要予以正式通过和认证。一般情况下这两个事项是同时进行的。双边条约约文的通过和认证可以通过草签、签字或待核准的签字等方式进行;多边条约的通过和认证一般按事先拟定的程序规则进行。④

---

① 1969 年《维也纳条约法公约》第 8 条。
② 应当指出,谈判作为国际法上和平解决争端的一种政治方法,与条约的缔结程序有着密切联系。但是,这里仅从缔约程序的角度讨论谈判,而不论为什么谈判和谈判的各种不同的结果。这些问题在本书第十七章中讨论。
③ 参见 Shabtai Rosenne, "Conclusion and Entry into Force of Treaties", in R. Bernhardt (ed.), *Encyclopedia of Public International Law*, Instalment 7 (1984), p. 465。
④ 同上书,第 466 页。

(二) 签署

签署(signature)是指国家派遣的全权代表在条约约文上签字。签署有不同的功能。

签署的第一个功能是仅仅意味着对条约约文的认证,即缔约双方在决定接受条约的拘束之前,事先确定所缔结的条约约文的内容。认证条约约文还可以通过草签(initialing)进行。草签是指全权代表在签字时仅签自己名字的起首字母,中国人仅签其名字的姓氏。经过认证的约文不能再有任何的更改。

签署的第二个功能是除了认证约文之外,还表示签字国初步同意接受条约的拘束,但是只有在批准之后这种同意才能有效。在这种情况下,虽然签署并不能使条约对签署国发生拘束力,但是在签署之后和批准之前,签署方不能作任何妨碍条约宗旨和目的的行为,除非明确表示不会批准而且不欲参加该条约。[①]

签署的第三个功能是在简易条约缔结程序中发生的。在通过简易程序缔结条约的情况下,签字之后条约即可生效。根据1969年《维也纳条约法公约》第12条,遇有下列情形之一,一国承受条约拘束之同意,以该国代表之签署表示之:

1. 条约规定签署有此效果;
2. 另经确定谈判国协议签署有此效果;或
3. 该国使签署有此效果之意思可见诸其代表所奉之全权证书或已于谈判时有此表示。

签署后即可生效的条约一般是那些无须经过立法机关批准的行政协定或者是更加常规性和非政治性的协议,在德国、法国和美国都有这方面的实践。[②] 由于坚持批准后才能具有拘束力会给政府的行政部门带来很大负担并且会导致长期的甚至是无限的拖延,因此在国际实践中形成了简易的条约缔结程序,从而使签署具有表示签署国同意条约拘束的功能。

(三) 批准

批准(ratification)是指"一国据以在国际上确定其同意受条约拘束之国际行为"[③]。这是批准在国际法上的含义。实际上,国家在国际上批准条约的行为发生在国内批准程序完成之后。国家的有权机关,一般是国家元首、政府首脑和外交部长,根据国内有权批准条约的机关作出的决定,作出批准书,并将其通知其他缔约方。这就是1969年《维也纳条约法公约》第2条所谓的"一国据以在国际上确定其同意受条约拘束之国际行为"。在国内,批准条约一般是指一国立

---

① 根据1969年《维也纳条约法公约》第18条第1款的规定,如果一国已签署条约但尚未明白表示不欲成为条约当事国的意思,该国负有义务不得采取任何足以妨碍条约目的及宗旨的行动。
② 参见李浩培著:《条约法概论》,法律出版社1987年版,第86—96页。
③ 1969年《维也纳条约法公约》第2条第1款。

法机构依该国宪法对条约的一种认可。例如,在美国,参议院 2/3 多数的表决通过是美国批准条约的程序。虽然根据英国的宪法原则,缔结和批准条约的权力都属于英国王室的特权,但是,涉及改变国内法、给政府带来财政负担或影响英国国民私人权利的条约需要事先提交国会后再批准。① 根据中国的《宪法》第67条和1990年《中华人民共和国缔结条约程序法》第7条,中国在国内的条约批准程序是,条约和重要协定的批准由全国人民代表大会常务委员会决定。② 条约和重要协定签署后,由外交部或者国务院有关部门会同外交部,报请国务院审核;由国务院提请全国人民代表大会常务委员会决定批准;中华人民共和国主席根据全国人民代表大会常务委员会的决定予以批准。双边条约和重要协定经批准后,由外交部办理与缔约另一方互换批准书的手续;多边条约和重要协定经批准后,由外交部办理向条约、协定的保存国或者国际组织交存批准书的手续。批准书由中华人民共和国主席签署,外交部长副署。

  批准是繁复缔约程序中的重要环节,有不同的功能。首先,如上所述,批准是国家表示同意接受条约拘束的方式。国际实践表明,经简易程序缔结的条约,例如,换文,或者经签字即可生效的条约,无须批准。③ 需要批准的条约一般会由条约本身作出须经批准的规定。如果条约中无此项规定,缔约双方可能另外通过协议规定批准的要求。此外,条约须经批准的要求还可能在国家谈判代表的全权证书上写明。④ 其次,批准是使条约生效的一种方式。如果没有"交换批准书"的进一步要求,条约一经批准即可以生效。再次,批准为缔约双方提供了认真考虑条约的时间。在缔约方签署条约后,一方面国家可以有机会听取国内公众的意见,最终由有权批准条约的机关作出是否批准条约的决定。另一方面,如果条约要求缔约方采取国内立法措施,国家还需要在批准之前得到国内立法机关的同意。最后,需要指出的是,批准没有追溯的效果。换言之,所批准的条约在批准以后才能发生效力。

  在国家是否有义务批准其全权代表所签署的条约的问题上,国际社会经历过不同的发展阶段。在交通和通讯极不发达的过去,国家元首与其派遣到外国进行条约谈判的代表联系困难,批准是为了避免其代表违背指令。只要确认其

---

① 具体做法是,所有需要批准的条约都要在英国国会置放至少21天后才能批准,这就是所谓"庞森比规则"(Ponsonby Rule)。参见 Malcolm N. Shaw, *International Law*, 6th edition, Cambridge University Press, 2008, p.912。

② 根据该条的规定,条约和重要协定是指:(一) 友好合作条约、和平条约等政治性条约;(二) 有关领土和划定边界的条约、协定;(三) 有关司法协助、引渡的条约、协定;(四) 同中华人民共和国法律有不同规定的条约、协定;(五) 缔约各方议定须经批准的条约、协定;(六) 其他须经批准的条约、协定。

③ 不能排除出现例外的可能,有时换文也要求经过批准。签字之后即可生效的条约有时也会要求得到批准。参见周鲠生著:《国际法》(下册),商务印书馆1981年版,第623页。

④ 这些国际习惯已经形成习惯国际法规则并写入1969年《维也纳条约法公约》第14条。

代表的签署没有越权行为,国家元首有义务批准条约。这种批准实际上只是对其代表没有越权行为的一种确认而已。因此,这种批准具有追溯力,即所批准的条约从其代表签字之日起发生效力。从19世纪初开始,批准作为国家义务的做法就随着交通和通讯的发展而过时了。① 相反,拒绝批准条约的情况却时有发生。根据国家主权原则,现今国家对于条约的批准与否以及批准的迟早,是完全可以自由决断的。② 因此,批准不再是签字国的义务,也不再具有追溯的效果。

为了加快缔结条约速度,晚近的国家实践发展了一种比较便捷的核准条约制度。核准(approval)是指在条约签署之后,由签字国政府或行政机关核准,通知另一缔约方,条约即发生效力。核准是代替批准的一种简易方式。由于无须立法机关的参与,避免了由此带来的拖延,现已成为普遍的国家实践。在1969年《维也纳条约法公约》中,核准和与其意思相同的接受(acceptance)都是国家表示接受条约拘束的方式。至于条约是需要批准还是核准,要依据条约的具体内容而定。在国家与国际组织之间签订的条约较多地适用核准条约制度。③ 一般在条约中会就此作出明文规定;或者缔约双方另有这种意思的协议,或者缔约方的谈判代表的全权证书上有这种授权。④ 一些国家的国内法中明确规定哪类条约可以适用核准条约的制度。例如,1990年《中华人民共和国缔结条约程序法》第8条规定:条约和重要协议以外的国务院规定须经核准或者缔约各方议定须经核准的协定和其他具有条约性质的文件签署后,由外交部或者国务院有关部门会同外交部,报请国务院核准。协定和其他具有条约性质的文件经核准后,属于双边的,由外交部办理与缔约另一方互换核准书或者以外交照会方式相互通知业已核准的手续;属于多边的,由外交部办理向有关保存国或者国际组织交存核准书的手续。核准书由国务院总理签署,也可以由外交部长签署。

(四)交换批准书

批准书是由国内有权机关(包括国家元首、政府首脑和外交部长)作成的表示同意接受已签署的条约拘束的文书。批准书作成后,仅仅完成了国内程序,必须通知其他条约签署国才能在国际上发生效力。交换批准书是双边条约缔结程序中的必要环节,是缔约双方将各自在国内的批准行为通知给对方的一种方式。交换批准书的日期和地点一般在条约中载明。

除了将本国批准条约的行为通知其他签署国外,交换批准书还起着使条约

---

① 参见 P. Malanczuk, *Akehurst's Modern Introduction to International Law*, Seventh Revised Edition, Routledge, London and New York, 1997, p.132。
② 参见周鲠生著:《国际法》(下册),商务印书馆1981年版,第625页。
③ 参见李浩培著:《条约法概论》,法律出版社1987年版,第81页。
④ 1969年《维也纳条约法公约》第14条。

发生效力的作用。① 交换批准书的行为没有追溯的效果,条约从交换批准书之日起开始生效。

三、多边条约缔结程序

多边条约多数都是通过召开国际会议的形式缔结的,特别是一般性多边条约,例如,1961 年《维也纳外交关系公约》、1969 年《维也纳条约法公约》、1982 年《联合国海洋法公约》等,条约的缔结过程就是相关国际法的编纂过程。由于参加国很多、规模大、涉及各方不同利益,双边条约缔结程序的那些环节,例如,谈判及拟定约文、签署、批准等等,在缔结多边条约时必然会有适当的调整或变通从而形成专门适用于多边条约缔结的规则。因此,多边条约缔结程序与双边条约缔结程序的主要环节基本相同。不过也有一些环节是多边条约的缔结所特有的。相同的内容这里不予赘述,只讨论下面这些特有的程序。由于条约的保留涉及的问题较多,将在后面详说。

（一）多边条约的谈判及约文的议定

因为是对世界各国开放的一般性多边条约,所以缔约谈判的广泛参与是一个非常重要的问题。但是,根据李浩培先生的考察,从国际联盟到联合国,"普遍参加原则只是在很少例外中得到了实现,在大多数场合,即使有些条约许可普遍加入,其制定权也是在少数国家手中"②。

由于多边条约约文一般是在国际组织机构或专门召开的国际会议上通过的,因此约文的议定涉及这些组织机构或会议的表决程序问题。目前一般适用多数原则,即视表决事项的性质分别以出席和投票的代表 2/3 多数或过半数通过。晚近的国际实践又形成了一种新的原则,即协商一致(consensus)原则。③但是到目前为止实际的范例并不多,1982 年《联合国海洋法公约》是按照协商一致原则通过的。

（二）多边条约的签署

一般性多边条约的约文议定之后,各谈判国和被邀请签署的其他国家便可

---

① 1969 年《维也纳条约法公约》第 16 条。根据这项规定,核准书和接受书有同样的效力。
② 由于意见分歧较大,在 1969 年《维也纳条约法公约》中没有就这个问题作出任何规定。目前的国际实践是适用所谓"维也纳公式",即 1961 年《维也纳外交关系公约》和 1963 年《维也纳领事关系公约》所适用的公式:有权参加谈判、签署、批准和加入多边条约的国家限于联合国和联合国专门机构的会员国、《国际法院规约》的当事国和其他特邀的国家。实现了普遍参加原则的最好范例是 1982 年《联合国海洋法公约》。参见李浩培著:《条约法概论》,法律出版社 1987 年版,第 102—107 页。
③ 所谓"协商一致"是指通过谈判各方的协商达成的尽量一致,无须投票表决。1973 年《欧洲安全与合作会议的程序规则》第 69 条给"协商一致"原则所下的定义是,没有代表提出任何反对意见并由于提出反对意见而对作出决定构成障碍。1974 年世界人口会议的程序规则为"协商一致"原则所下的定义是,根据联合国的实践,无须表决的一般同意,但不一定是完全一致的同意。参见 Antonio Cassese, *International Law in a Divided World*, Clarendon Press, 1986, p.195。

以在条约上签字。在签署之前,为了给谈判国一定的时间慎重考虑,一般会在条约中载明该条约开放签字及开放签字的具体期限和地点。例如,1998年《国际刑事法院规约》第125条第1款规定,本规约在罗马联合国粮食和农业组织的总部于1998年7月17日向所有国家开放签字。在此之后直到1998年10月17日在罗马意大利外交部继续开放签字;以后在纽约联合国总部继续开放签字,直到2000年12月31日。在条约开放签字期间,所有参加缔约谈判国和被邀请签署该条约的国家都可以在规定的期限内在条约上签字成为该条约的签字国。有的条约开放签字的期限较长或者没有期限,因此产生签字和加入混淆的情况。①

(三) 条约的加入

条约的加入是指未能在条约上签字的国家,"据以在国际上确定其同意受条约拘束之国际行为"(第2条)。条约的加入制度一般适用于多边条约,双边条约很少存在加入的问题。

条约的加入制度经历了不同的发展阶段。19世纪以前,加入制度的目的纯粹是为了增加已经生效了的条约参加国的数目。由于那时实行"全体一致同意"原则,加入必须得到原缔约国的一致同意才能生效。19世纪以后,加入制度发展成为只要条约中规定允许加入,有权加入的国家即可单方面地通知条约保管机关从而加入条约,无须得到原缔约国的同意。但是,加入只适用于已经生效了的条约。20世纪以后,加入制度进一步演变为可以加入尚未生效的条约,而且条约的加入书与条约的批准书一起计算在使条约生效所要求的参加国数目之内。例如,根据1930年《关于国籍法冲突的若干问题的公约》第25条和第26条,该《公约》在第十个批准书或加入书交存并由国际联盟秘书长作成记事录之后的第90日起开始生效。

允许加入未生效的条约并计算在使条约生效所要求的参加国数目之内的做法,可以达到加速条约生效的目的。但是如上所述,由于条约允许签字的期限较长,有的甚至没有任何期限,产生了签字国和加入国如何区分的问题。根据李浩培先生所说的,唯一的区分是签字需要批准而加入无须批准,只要把加入书交存给条约保管机关即可,因为加入书相当于批准书。但是,也有加入书仍需批准的情况。那样,签字和加入无论如何也无法区分了。这种附加批准条件的加入书仅仅表示愿意成为条约当事国,并不构成法律上的加入,但却构成须经批准的

---

① 例如,1966年《公民权利和政治权利国际公约》第48条第1款规定,该公约开放给联合国任何会员国或其专门机构的任何会员国、国际法院规约的任何当事国和经联合国大会邀请为该公约的任何其他国家签字。中国就是在该公约生效22年以后才在公约上签字的,但中国并不属于加入,参见联合国网站:http://treaties.un.org/Pages/ViewDetails.aspx? src=TREATY&mtdsg_no=IV-3&chapter=4&lang=en,2009年5月5日访问。

签署。①

四、条约的保留

(一) 定义

1969 年《维也纳条约法公约》第 2 条第 1 款将条约的保留(reservations)描述为:"一国于签署、批准、接受、赞同或加入条约时所作之片面声明,不论措辞或名称为何,其目的在于摒除或更改条约中若干规定对该国适用时之法律效果。"

根据上述描述,对条约的保留定义可以作出下面几点解释:

1. 保留的场合

保留可以在认证条约约文或表示接受条约拘束的场合提出。但是,保留制度仅适用于多边条约。在双边条约的场合,缔约一方如果不同意条约中的某些规定,可能产生两种结果:第一,由于缔约双方最终不能达成协议而缔约失败;第二,缔约一方对其不同意的部分加以修改并征得缔约另一方的同意,最终缔约成功。

2. 保留的目的

之所以对条约提出保留是因为保留国不同意条约中的某些规定,因此保留的目的是为了避免这些自己不同意的规定对自己产生拘束力,或者在这些规定对自己适用时按照自己更改后的方式产生拘束力。"也就是说,保留是保留国就其所保留部分改变它与其他缔约国(contracting parties)②之间条约内容的一种努力。"③

3. 片面声明

保留是缔约国作出的片面声明,无论其名称是什么:"保留""声明""谅解""澄清"等等。尽管不用"保留"作为名称,只要其目的是为了"摒除或更改条约中若干规定对该国适用时之法律效果",就是国际法上的保留。相反,缔约国即使用"保留"作为其声明的名称,但是实际上只是表达了关于条约应如何适用的

---

① 参见〔英〕安托尼·奥斯特著:《现代条约法与实践》,江国青译,中国人民大学出版社 2005 年版,第 89 页。

② 本章中这个名词的含义是参加缔约谈判的国家。此外,还有"签字国",即在条约上签字的国家;"当事国",即"同意承受条约的拘束及条约对其有效之国家";因此条约的当事国可以是在条约生效之前参加缔约谈判的国家,也可以是在条约上签字又批准条约的国家,还可以是加入条约的国家。总之,当一个条约生效之后,那些原来的缔约国、批准国或加入国,都可以成为条约的"当事国"。本章有时也用参加国与"当事国"互换使用。参见〔英〕安托尼·奥斯特著:《现代条约法与实践》,江国青译,中国人民大学出版社 2005 年版,第 90 页。

③ 〔美〕托马斯·伯根索尔、肖恩·墨菲合著:《国际公法》(第 3 版),黎作恒译,法律出版社 2005 年版,第 75 页。

看法,并不改变该缔约国对其他缔约国的义务,不是法律上的保留。总之,究竟是保留还是政治声明,并不取决于片面声明的名称,而要看其实质内容及其目的。

(二) 禁止保留的情形

依据国家主权原则,国家一般有权在同意接受条约拘束时提出保留。然而,不是所有的条约都允许保留。1969年《维也纳条约法公约》第19条规定,下列情况不允许保留:

(甲) 该项保留为条约所禁止;

(乙) 条约仅准许特定之保留而有关保留不在其内者;或

(丙) 凡不属于(甲)及(乙)所称之情形,该项保留与条约目的及宗旨不合者。

上述三项中,最后一项实际上是在条约没有禁止保留的情况下发生的。此项规定反映了1951年国际法院在其关于《防止及惩治灭绝种族罪公约》保留问题的咨询意见中提出的观点,也符合这方面的国际实践。

1948年《防止及惩治灭绝种族罪公约》在联合国大会通过之后,截止到1950年,有19份批准书和加入书交存到联合国秘书长处。但是,其中有两个国家分别在它们的批准书和加入书中对该公约提出保留。然而该公约没有作出任何关于保留的规定。由于这些保留遭到了其他一些缔约国的反对,联合国秘书长通知这两个保留国,称它们不能成为该公约的当事国。由此引起对该公约保留问题的争议。联合国大会于1950年11月16日通过第478(V)号决议,将此争议提交国际法院请求它就该公约保留意见的接受问题发表咨询意见。国际法院在其咨询意见中指出,一国在决定提出和反对一项保留时,都必须以该项保留是否符合该公约的目的和宗旨为标准。[1] 但是,国际法院的咨询意见和1969年《维也纳条约法公约》第19条都没有提及何种性质的保留属于与条约的宗旨和目的不符。此外,如何确定一个特定条约的宗旨和目的呢? 在实践中,这些都是比较难以把握的。

随着国际人权法的迅速发展,在1951年国际法院发表关于《防止及惩治灭绝种族罪公约》保留问题的咨询意见30年之后,对于国际人权公约的保留又一次引起国际社会的广泛关注。围绕这个问题的学术著述颇为丰富。[2] 1987年,消除对妇女歧视委员会在其第4号一般性意见中对于缔约国对《消除对妇女一

---

[1] 参见梁淑英主编:《国际法教学案例》,中国政法大学出版社1999年版,第188页。

[2] 参见 Ziemele, Ineta, *Reservations to Human Rights Treaties and the Vienna Convention Regime*: *Conflict, Harmony or Reconciliation*? Martinus Nijhoff Publishers, 2004; Liesbeth Lijnzaad, *Reservations to UN-Human Rights Treaties*: *Ratify and Ruin*? Martinus Nijhoff Publishers, 1995; 孙世彦:"对国际人权条约保留的原因",载于《北大国际法与比较法评论》(第1卷),北京大学出版社2002年版。

切形式歧视公约》"提出的大量保留意见表示关切",指出"这些保留意见显然不符合《公约》的目标和宗旨",并"建议各有关缔约国重新考虑其保留意见以期予以撤回"。① 1994 年,人权事务委员会在其第 24 号一般性意见中指出:"保留的数目、它们的内容和范围有可能减损公约的有效执行并倾向于削弱缔约国的义务"②。国际社会关注国际人权公约保留问题的主要原因是,追求人权的普遍性。从表面上看,似乎所有的国家参加了所有的国际人权公约,人权就可以得到普遍保护。但是实际上并非如此,因为许多国家对许多人权公约中的许多条款都作了保留。为了使人权真正得到普遍保护,就必须减少对人权公约的保留,或者对保留规定严格的限制,甚至禁止任何保留。关于国际人权公约的保留的讨论还在继续,一个难以回避的问题是如何解决这样一个悖论:禁止保留影响国家对国际人权公约的普遍参加,放任保留影响人权的普遍保护。

（三）保留对保留国参加条约的效果

1969 年《维也纳条约法公约》第 23 条规定,保留、明示接受保留及反对保留,均必须以书面提具并致送缔约国及有权成为条约当事国之其他国家。如果保留是在签字时提出的,而该签字须经批准、接受或赞同,保留国必须在正式表示同意接受条约拘束时对签字时的保留予以确认,该项保留被视为在确认之日提出。但是,对保留的接受或反对则无须确认。根据该《公约》第 20 条第 5 款,除条约另有规定外,一国在接到关于保留的通知后 12 个月期间届满时或至其承受条约拘束之日为止,两者中以较后的日期为准,仍未对保留提出反对,即视为默示接受此项保留。

保留一经提出对于保留国本身以及在保留国与接受和反对保留的国家之间将会产生各种不同的法律效果。首先,是保留提出后,保留国能否成为条约当事国的问题,即保留对保留国参加条约的效果问题。其次,是保留的内容对于接受和反对保留国的效果问题。

在上述 1951 年国际法院关于《防止及惩治灭绝种族罪公约》保留问题的咨询意见案中,所涉及的第一个法律问题就是:如果该项保留为该公约的一个或多个当事国所反对,但不为其他当事国所反对,则该保留国能否在继续维持其保留的同时被视为该公约的当事国? 国际法院重申了习惯国际法中的两项原则,其中之一涉及多边条约的完整性:多边条约是各缔约国对其全部条款共同同意的结果;因此,任何缔约国都无权以单方面的决定或特别的协定破坏或损害该条约的目的和存在理由。根据这项传统的条约完整性原则,任何保留非经全体缔约

---

① 参见:消除对妇女歧视委员会第 4 号一般性意见:http://daccess-dds-ny.un.org/doc/UNDOC/GEN/G08/422/42/PDF/G0842242.pdf? OpenElement, 2015 年 4 月 13 日访问。

② 参见"第 24 号一般性意见:关于批准和加入《公约》或其《任择议定书》时提出的保留意见或者有关《公约》第 41 条下声明的问题",HRI/GEN/1/REV.7,第 162 页。

国毫无例外地接受则均属无效。

　　国际法院肯定了这项原则的价值,但是考虑到《防止及惩治灭绝种族公约》"指望得到广泛的参加,只有对完整性原则加以灵活的运用才可能达到这个目的。由于没有一个条文对多边条约的保留问题加以规定,这就不能绝对地禁止保留……""法院力求在条约完整与保留自由这两个对抗的原则之间取得妥协。不过,这个妥协是倾向于后一个原则的……结果是:仅受一些缔约国反对的提出保留的国家,在其与不反对保留的国家之间的关系上,仍然可以被认为是公约的当事国"①。最后国际法院发出的咨询意见是:在一国提出的一项保留为该公约的一个或多个当事国反对,但不为其他当事国所反对的情况下,如果该项保留符合该公约的目的和宗旨,则该国可被视为该公约的当事国,否则,该国不能被视为该公约的当事国。②

　　关于保留对保留国参加条约的效果,1969 年《维也纳条约法公约》第 20 条作出的规定与国际法院的咨询意见是相符的。根据该规定,如果条约明文允许保留,证明缔约国已经同意,因此无须事后得到它们的接受,除非条约另有不同的规定。如果条约是国际组织的约章,除另有规定外,保留须经该组织主管机关接受(第 20 条第 1、3 款)。

　　此外还有其他两种情况:第一种情况适用于"有限性"多边条约。在这种情况下,由于谈判国数目有限以及依条约的宗旨和目的,在全体当事国之间适用该条约是每一个当事国接受条约拘束的条件,这时,保留必须得到全体当事国的接受,保留国才能参加该条约(第 20 条第 2 款)。第二种情况适用于一般性多边条约。在这种情况下,保留经另一缔约国接受,就该另一缔约国而言,保留国即成为条约之当事国,但须条约对各该国均已生效;保留经另一缔约国反对,则条约在反对国与保留国间并不因此而不发生效力,但反对国确切表示相反的意思者,条约在它们之间则因此而不发生效力。因此,保留只要得到一个其他缔约国的接受,即发生效力(第 20 条第 4 款(甲)、(乙)和(丙))。

（四）保留对所保留条款的效果

　　保留发生效力后,保留国成为条约的当事国。就所保留的条款而言,保留在接受保留国与反对保留国之间发生不同的法律效果。

　　1. 保留国与接受保留国

　　在保留国与接受保留国之间,依据保留的范围修改保留所涉及的条约规定,即在它们的相互关系中按照修改了的条约规定适用该条约(第 21 条第 1 款(甲)和(乙))。例如,我国对《经济、社会、文化权利国际公约》第 8 条关于参加

---

　　① 参见陈致中选编:《国际法案例选》,法律出版社 1986 年版,第 408 页。
　　② 参见梁淑英主编:《国际法教学案例》,中国政法大学出版社 1999 年版,第 188 页。

和组织工会以及关于罢工权的规定作出了保留。在我国与接受我国此项保留的国家之间,就应该按照保留后的第8条来适用《公约》。

2. 保留国与反对保留国

在保留国与反对保留国之间有两种情况:第一,如果反对保留的国家未反对条约在其本国与保留国间生效,只是此项保留所涉及的规定在保留的范围内不适用于两国之间。第二,如果反对保留国还反对整个条约在其本国与保留国间生效,保留国与反对保留国之间即不存在条约关系(第21条第3款)。

3. 其他条约当事国

保留所涉及的条款在其他条约当事国之间不发生任何影响,即在保留国以外的其他国家之间,不修改条约的规定(第21条第2款)。

(五) 联合国国际法委员会关于条约保留的法律与实践的研究

联合国国际法委员会将"关于条约的保留有关的法律与实践"列入其研究议程的决定于1993年得到联合国大会的批准。1994年,阿兰·佩莱先生被委员会任命为这个研究专题的特别报告员。依据委员会协商一致的意见,"对条约的保留"的研究结果应该采取保留方面的实践指南的形式,不应对1969年、1978年和1986年的维也纳公约的相关条款作出任何改动。委员会于2011年第63届会议审议了特别报告员的第17次报告,在报告的基础上通过了《对条约的保留准则草案》并按照《委员会规约》第23条将该准则提请联合国大会注意并广泛散发。①

五、条约的登记、公布和条约保管机关

条约的登记制度始于国际联盟时期。《国际联盟盟约》第18条规定,国际联盟会员国有义务将其缔结的国际条约予以登记并公布。《联合国宪章》第102条作出了类似规定。所不同的是,《国际联盟盟约》规定没有在国际联盟登记,条约没有任何法律拘束力。但是《联合国宪章》只是不允许在联合国机关(包括国际法院)引用没有在联合国登记的条约。《联合国宪章》第102条规定:"一、本宪章发生效力后,联合国任何会员国所缔结之一切条约及国际协定应尽速在秘书处登记,并由秘书处公布之。二、当事国对于未经依本条第1项规定登记之条约或国际协定,不得向联合国任何机关援引之。"其他一些国际组织也要求其成员国将某种类型的国际条约在制定机关进行登记,例如,国际原子能机构、国际民用航空组织、阿拉伯国家联盟、泛美联盟等。1969年《维也纳条约法公约》第80条第1款也规定"条约应于生效后送请联合国秘书处登记或存案及记

---

① 参见联合国国际法委员会网站(last update 9 July 2014):http://legal.un.org/ilc/summaries/1_8.htm,2015年4月13日访问。

录,并公布之",但是没有规定未登记的条约是否影响其法律效力。

条约保管机关(depositary)是指由谈判国在条约中或以其他方式指定的执行保管条约文本并接收条约的签署、有关条约的文书等职务的机关。[①] 根据需要和条约的具体规定,条约保管机关可能是一个或几个国家[②],也可能是一个国际组织的机关,例如,联合国秘书处,或该组织的行政首长,例如,联合国秘书长。1969年《维也纳条约法公约》第77条规定:除条约内另有规定或缔约国另有协议,保管机关的主要职务主要包括:

1. 保管条约约文的正本和任何交送保管机关的全权证书;
2. 准备约文的正式副本以及条约所规定的其他语言文本,并将其分送当事国和有权成为条约当事国的国家;
3. 接收条约的签署及接收并保管有关条约文书、通知及公文;
4. 审查条约的签署及有关条约的任何文书、通知或公文是否妥善,并在必要时将此事提请有关国家注意;
5. 将有关条约的文书、通知和公文转告全体当事国和有权成为当事国的国家;
6. 于条约生效所需数目之签署、或批准书、接受书、赞同书或加入书已收到或交存时,转告有权成为条约当事国的国家[③];
7. 向联合国秘书处登记条约;
8. 执行《维也纳条约法公约》其他规定所订明的职务。

第三节 条约的适用、解释及修订

前面所涉及的主要内容基本属于形式的条约法,即规定书面条约缔结程序的条约法。下面将分两节讨论实质的条约法中的一些重点内容,即关于条约的适用、解释、效力以及条约的无效、终止和停止实施等。

[①] 双边条约通常有两份原始文本,每个缔约国各保存一份,不用指定条约保管机关。除非在非常特别的情况下,只有一份原始文本。这时由缔约国双方决定谁是条约的保管机关,或者请一个第三国或国际组织作为保管机关。即使双边条约有保管机关,除了为各缔约国提供一份经证明的真实而准确的复制文本之外,也没有什么更多的事可做。参见〔英〕安托尼·奥斯特著:《现代条约法与实践》,江国青译,中国人民大学出版社2005年版,第253页。

[②] 据说,指定几个保管机关的目的是为了避免交存批准书或加入书时给作为保管机关的国家带来不必要的麻烦,例如交存加入书的实体是保管机关不承认的或者是与其没有外交关系的国家,因为只要将批准书或加入书交存其中之一就可以了。参见同上书,第257页。

[③] 1969年《维也纳条约法公约》第77条(己)。这项职务与条约的生效日期有关,目的是让有权成为条约当事国的国家知道条约生效的确切日期。

一、条约的适用

1969年《维也纳条约法公约》第26条规定:"凡有效的条约对其各当事国具有约束力,必须由各当事方善意履行。"约定必须遵守(pacta sunt servanda),这是条约法,也是整个国际法的基本原则。根据这项原则,该公约接着又在第27条中规定:"一当事国不得援引其国内法为理由而不履行条约。"这也是国际法上的一项普遍接受的原则。一般来说,条约的遵守以及条约义务的履行都要求当事国在条约对其发生效力后在国际国内适用条约的规定。

(一)条约的生效

条约的生效方式和生效日期一般在条约本身会作出明确规定或通过谈判国之间的协议来确定。如前所述,一些无须批准的条约可能在签署日期生效;更多的条约是在批准后或交换批准书后生效;多边条约的情况下,一般在一定数量的批准书、接受书、赞同书或加入书交存后生效。例如,依据1966年《公民权利和政治权利国际公约》第49条,该《公约》于"第35件批准书或加入书交送联合国秘书长存放之日起3个月后发生效力"①。如果一国是在条约生效之后才表示同意接受条约的拘束,除条约另有规定外,条约自该国交存表达同意的文件之日起对该国生效(第24条第3款)。

然而,不是条约中的所有条款都是在条约生效日期之后才开始适用的,前面在"最后条款"部分讲过,某些最后条款是在条约生效之前就对该条约适用了,即关于条约约文之认证、国家同意接受条约拘束的确定、条约的生效方式、条约的保留、保管机关的职务以及"当然在条约生效前发生之其他事项所订立之规定",在条约约文认证后开始适用(第24条第4款)。此外,还有暂时适用条约的情况。

(二)条约的暂时适用

暂时适用是指在条约生效前,整个条约或条约中的一部分暂时对一国适用。1969年《维也纳条约法公约》第25条第1款规定:"条约或条约之一部分于条约生效前在下列情况下暂时适用:(甲)条约本身如此规定;或(乙)谈判国以其他方式协议如此办理。"条约是否暂时适用取决于条约中的具体规定,如果没有关于暂时适用的规定,则由谈判国之间另外达成的协议决定。

条约的暂时适用制度一般适用于需要批准的多边条约,特别是那些需要交存数量很多的批准书或加入书后才能生效的条约,例如,1984年《修订芝加哥公

---

① 希望提起注意的一个问题是,依据联合国的实践,条约的日期不是条约的生效日期,而是条约的通过日期。例如,1966年《公民权利和政治权利国际公约》,是指该公约于1966年在联合国大会通过,而其生效日期是1976年。

约议定书》需要交存102份批准书或加入书。由于不可能在短期内达到条约生效的条件,而条约或条约中的部分规定需要尽早执行,因此需要暂时适用。再如,1994年《关于执行1982年12月10日〈联合国海洋法公约〉第十一部分的协定》(以下简称《执行协定》)第7条规定,如果该协定于1994年11月16日尚未生效,除非发出相反的书面通知,则该《执行协定》于其生效之前暂时适用。

开始暂时适用的日期可以是通过或签署条约日期,也可以是谈判国另外约定的日期。截止暂时适用的日期当然是条约正式适用的起始日期。但是对于那些在此日期前决定不欲成为条约当事国的国家则属于例外。1969年《维也纳条约法公约》第25条第2款对此作了规定:"除条约另有规定或谈判国另有协议外,条约或条约一部分对一国之暂时适用,于该国将其不欲成为条约当事国之意思通知已暂时适用条约之其他各国时终止。"有的条约规定了暂时适用的期限,一般是预期达到条约规定的满足生效条件的合理时间,期限届满时暂时适用应该截止。例如,上述1994年《执行协定》第7条第3款规定,暂时适用应于该《执行协定》生效之日终止,但无论如何,如果到1998年11月16日,即4年后,《执行协定》本身规定的生效条件仍得不到满足,则暂时适用应于该日期终止。但是不能排除暂时适用很长的例外情况,例如,1947年《关税与贸易总协定》暂时适用了47年之久。

应该指出,条约的暂时适用与条约的部分"最后条款"提前适用不同。前者需要得到谈判国或其他相关国家的明示或默示同意,后者则不需要;前者适用的主要是条约的实质性条款,后者则完全是程序性条款,而且主要是促使条约生效的技术性条款;前者需要规定暂时适用的内容、条件和期限,后者没有这些必要。

(三) 条约适用的时间和空间范围

1. 条约适用的时间范围与条约的有效期

除上述条约暂时适用的情况外,条约应该在其有效期限内适用。关于条约的有效期,1969年《维也纳条约法公约》没有相关规定。一些条约本身包含这方面的条款,规定条约的期限:有的规定几年、十几年或几十年,有的规定在到期后可以延期,还有的规定条约无限期有效。例如,1981年《亚洲太平洋邮政公约》第28条规定:"本公约自1982年7月1日起生效,有效期至下届代表大会公约的生效时为止。"[1]1998年《荷兰—英国关于在荷兰的苏格兰审判协定》第29条规定:"(2)……本协定应从其生效后保持生效1年,但具有通过相互协议延长的可能性。"2002年《中华人民共和国政府和朝鲜民主主义人民共和国政府海运协定》第19条规定:"(2)本协定有效期5年。此后,如在本协定期满前6个月缔约任何一方未书面通知缔约另一方要求终止本协定,本协定有效期将自动延

---

[1] 外交部条约法律司编:《中华人民共和国多边条约集》(第4集),法律出版社1987年版,第114页。

长5年,并依此法顺延。"①1993年《禁止化学武器公约》第6条规定,该《公约》应无限期有效。②

2. 条约适用的时间范围与时际法

上述条约应在其有效期限内适用,实际包含了(除暂时适用外)条约不应适用于其生效前发生的事实,即条约没有追溯力。1969年《维也纳条约法公约》第28条明确规定条约不溯既往:"除条约表示不同意思,或另经确定外,关于条约对一当事国生效之日以前所发生之任何行为或事实或已不存在之任何情势,条约之规定不对该当事国发生拘束力。"这是时际法(inter-temporal law)在条约法中的应用。

国内法上的时际法起源于公元440年罗马皇帝狄奥多西二世为其东方领土发布的一道命令,该命令称法律和赦令是对将来的行为给予范型而颁布的,而不是为过去的事实而规定的,但是明文为过去和未决的行为规定时不在此限。③国际法上的时际法产生得较晚,在1928年"帕尔马斯岛仲裁"案中④,独任仲裁员胡伯法官在他作出的裁决中第一次使用了时际法的概念。⑤ 他指出,一个法律事实必须按照与之同时的法律,而不是按照就该事实发生争端时或解决该争端时的法律予以判断。这是国际法上的时际法原则的精髓,也是法律不溯及既往原则的应用。⑥ 然而,无论在国内法还是国际法上,时际法都是相当复杂的问题。因为"各国国内法上之所以需要这样的时际法原则,理由显然在于任何国家一方面既需要变革,另一方面也需要法律的安全"⑦。

然而,社会的变革与法律的安全存在必然的矛盾。这正是胡伯法官在上述仲裁裁决中,在阐明时际法原则的精髓之后又在权利的取得和权利的继续存在之间加以区别的根本原因。他指出,产生一个权利的行为受该权利产生时所实行的法律支配;按照同一原则,权利的存在,换句话说,该权利的继续表现,也应当依循法律的演进所要求的一些条件。正是这种区分使荷兰能够依循演进的国际法关于占领的规则赢了此案。中华人民共和国政府建立后对于前政府签订的不平等条约的处理以及在香港和澳门地区回归问题上与英国和葡萄牙之间谈判都涉及如何适用时际法原则的问题。

---

① 中华人民共和国外交部编:《中华人民共和国条约集》(第49集),世界知识出版社2002年版,第277页。
② 参见1993年《关于禁止发展、生产、储存和使用化学武器及销毁化学武器公约》第14条第1款。http://www.icrc-chinese.org/main.asp?articleclass_id=173&sub_id=6_6&article_id=752,2006年3月4日访问。
③ 参见李浩培著:《条约法概论》,法律出版社1987年版,第352页。
④ 这个案例在本书第十一章"国家领土"中有比较详细的介绍。
⑤ 参见李浩培著:《条约法概论》,法律出版社1987年版,第357页。
⑥ 同上。
⑦ 参见同上书,第354页。

3. 条约的冲突

条约冲突主要是指针对同一事项先后制订的两个内容不同的条约,从而产生先订条约与后订条约之间的冲突。① 由于先后两个条约的当事国不一定是同样的国家,因此解决条约冲突的办法要依据下列具体情况而定:

(1) 两个条约的当事国完全相同

这种条约冲突比较容易解决,依据 1969 年《维也纳条约法公约》第 30 条第 3 款:先订条约仅于其规定与后订条约规定相合之范围内适用之。换言之,先订条约只能在与后订条约的规定相符的情况下才能适用,否则只能适用后订条约。

(2) 两个条约的当事国不同

根据 1969 年《维也纳条约法公约》第 30 条第 4 款,当后订条约的当事国与先订条约的当事国不完全相同时:在同为两条约之当事国间,适用上述第 3 款的规则;在为两条约之当事国与仅为其中一条约当事国间彼此之权利与义务依两国均为当事国之条约定之。

实际上该公约解决条约冲突的方法遵循的一项原则是,适用两个当事国共同接受的条约规定。这项原则符合"未经国家同意的条约规定对其没有拘束力"这一从国家主权原则派生的原则。

但是,上述解决条约冲突的方法受到下列限制:

第一,不能违反《联合国宪章》第 103 条的规定。该条确定了《联合国宪章》中的规定的绝对优先地位:"联合国会员国在本宪章下之义务与其依任何其他国际协定所负之义务有冲突时,其在本宪章下之义务应居优先。"

第二,条约本身包含关于优先地位的条款,明确规定了先订条约或后订条约优先适用(第 30 条第 2 款)。

第三,不能违反强行法规则。无论先订还是后订条约,只要与强行法规则冲突就是无效的。

4. 条约适用的空间范围

1969 年《维也纳条约法公约》第 29 条规定:"除条约表示不同意思,或另经确定外,条约对每一当事国之拘束力及于其全部领土。"这项规定表明条约是否适用于其全部领土完全可以由当事国自由决定。国家可以在条约中明确规定该条约适用的范围。如果条约本身没有规定,还可以另外通过协议来专门作出规定。在条约中没有规定并且没有另行规定的情况下,依据该《公约》第 29 条的规定,条约适用的空间范围就是当事国的全部领土。

所谓"全部领土"有两方面的含义:一是指国际法上国家领土的各个部分,

---

① 在确定哪个条约是先订或后订条约时,以条约的通过日期为准。参见〔英〕安托尼·奥斯特著:《现代条约法与实践》,江国青译,中国人民大学出版社 2005 年版,第 178 页。

包括领陆、领水、地下层领土和领空。二是指国家主权管辖范围内所有地域,即包括联邦国家的所有成员邦,单一国家的所有行政区划,有海外领地的国家还包括所有海外领地。

在国际实践中,常见的处理条约适用空间范围的方法是在条约中作出专门规定。过去多边条约包含的"殖民地条款"就是解决拥有海外属地国家条约适用问题的。例如,1948年《防止及惩治灭绝种族罪公约》第12条规定:"任何缔约国得随时通知联合国秘书长将本公约适用于该缔约国负责办理外交之一切或任何领土。"但是,由于非殖民化运动,"殖民地条款"遭到新独立国家的反对,认为那是对殖民主义的承认。现在一般采取在签署或批准条约时发表声明的方式来解决这个问题。①

现在多边条约中的"领土条款"或"联邦条款"也是解决条约适用的空间范围问题的一种模式。使用这种条款的常常是那些有关贸易方面的条约,因为在联邦制国家,这种问题一般是由下属政治区划负责管理的。②

应当指出,不是所有条约的空间适用范围都是在国家领土或国家管辖之内。这就是所谓"条约域外适用"问题。一些条约所处理的事项决定了它只能在国家领土范围以外适用,例如,关于公海、南极、外层空间、人权和国际人道法的国际公约。在起草《维也纳条约法公约》时,一些国家曾建议增加一个关于条约域外适用的条款。但是国际法委员会考虑到这个问题的复杂性而没有接受这个建议。

(四) 条约与第三国

1. 条约不拘束第三国的一般原则

1969年《维也纳条约法公约》第26条关于条约对其各当事国具有约束力的规定暗含着另外一层意思,即条约一般仅约束其当事国,对第三国"既不有损,也不有利"(pacta tertiis nec nocent nec prosunt)。条约对第三国没有拘束力,它们没有履行条约的义务,也不享受条约创设的权利。这是国家主权原则的体现,也是条约法上一般接受的原则。但是应该强调的是,条约为第三国创设权利和义务与条约对第三国产生影响并从而带来某些利益或损害是完全不同的事情,必须明确予以区分。③

然而,在国际实践中,常常出现为第三国创设权利甚至义务的条约规定。一个非常明显的例子是《联合国宪章》第2条第6款。该款规定:"本组织在维持

---

① 参见[英]安托尼·奥斯特著:《现代条约法与实践》,江国青译,中国人民大学出版社2005年版,第161页。
② 同上,第167页。
③ 参见李浩培著:《条约法概论》,法律出版社1987年版,第474—475页。

国际和平及安全之必要范围内,应保证非联合国会员国遵行上述原则。"① 为第三国创设权利的情况也很多,比较常见的例子是关于国际河流或通洋运河对所有国家开放的条约。

1969年《维也纳条约法公约》在第34条中确认了条约不约束第三国的一般原则,该条规定:"条约非经第三国同意,不为该国创设义务或权利。"同时又在第35条至第38条对于实际上条约可能为第三国创设权利或义务的情况作了规定。

2. 条约为第三国创设义务

条约为第三国创设义务必须符合两个必要条件:第一,条约当事国有意将条约的某项规定作为确立第三国的义务的方法;第二,第三国以书面形式明示接受此项义务(第35条)。应该特别注意的是,不能通过默示同意的行为或口头表示来推定第三国已经接受了条约为其创设的义务。第三国自愿明白无误地以特别协议的方式表达的同意,是条约为第三国创设义务的重要前提条件。未经第三国自愿同意而为其创设义务,构成对该国独立权和平等权的侵犯。② 但是,李浩培先生指出,第三国的义务不是发生于该条约,而是发生于第三国书面接受该条约所规定的义务的附加协定。③

3. 条约为第三国创设权利

条约为第三国创设权利并不需要第三国书面明示同意。除非条约另有其他规定,如果第三国没有相反的表示,可以推定其同意条约为其创设的权利(第36条第1款)。多边条约为第三国创设权利的明显例子是该条约中所包含的加入条约的条款。如果该条约是对世界各国开放加入的,作为国际社会的成员之一,第三国依据该条款有权加入该条约。否则,第三国无权要求加入一个没有加入条款的其他国家之间签订的条约。④

但是,第三国如果同意条约为其创设的权利,在享受该项权利时必须遵守"条约所规定或依照条约所确定"的条件(第36条第2款)。为第三国创设权利的条约可能会在条约本身为行使此项权利设定一些条件,也可能在条约的附件或补充文件中作出规定,或者可能由某个条约当事国单方面提出一些可以被条约确定的条件。例如,向世界各国开放的国际河流的沿岸国通过国内法规定在

---

① "上述原则"中包括国家主权平等原则、和平解决争端原则、禁止使用武力或武力威胁原则、不干涉内政原则等等。

② Hans Ballreich, "Treaties Effect on Third States", in R. Bernhardt (ed.), *Encyclopedia of Public International Law*, Instalment 7 (1984), p.477.

③ 参见李浩培著:《条约法概论》,法律出版社1987年版,第477页。

④ 最惠国待遇是经常被用作为第三国创设权利的另一个明显范例。但是,由于享受最惠国待遇的第三国事先与给予最惠国待遇的国家之间已经订有协议,因此最惠国待遇为第三国创设权利的例子受到质疑。参见同上引书。

该国际河流航行时应遵守的条件。

4. 第三国义务或权利的取消或变更

除非条约当事国与第三国之间另有协议,条约为第三国创设的义务必须经过条约各当事国与相关第三国的同意才能取消或者变更(第37条第1款)。取消义务一般由第三国首先提出,如果各当事国表示同意,该第三国的同意则仅为形式上的。然而,由于第三国在承担义务的同时可能会享有某种相应的权利,因此当条约当事国主张取消第三国的义务时同样应该得到第三国的同意。不过该公约并不要求这种同意必须是明示的和书面的。

除非条约为第三国创设的权利附有未经第三国同意不得取消或变更的条件,取消第三国的权利无须得到第三国的同意(第37条第2款)。

5. 条约中的习惯国际法对第三国的效力

条约中所包含的习惯国际法规则有两种情况:第一,缔约时条约确认的现存习惯国际法规则;第二,所创设的新规则后来发展成为习惯国际法规则。这些习惯国际法规则对第三国有拘束力,这种拘束力不是源于该条约,而是源于习惯国际法本身。因此,上述关于条约为第三国创设义务或权利的规定并不影响条约中所包含的习惯国际法规则对第三国的效力。

二、条约的解释

"文件的解释在某种程度上是一种艺术,而不是一种严格的科学。"[①]尤其是条约的解释,更是一种重要的艺术。条约从来都是妥协的产物,缔约谈判中的各种分歧意见反映了缔约各方政治、经济、社会、宗教和历史等各方面的关系和利益。为了达成缔约各方基本都能接受的条约约文,其中难免会有含糊暧昧的文字,因此,条约当事国在条约解释上常常引起争议是不足为奇的。正是由于这个原因,正确的解释条约的方法在条约法上显得十分重要。

(一)权威解释

构成对条约的权威解释或具有法律拘束力的解释应该是当事国双方或者全体当事国的解释。当事国单方面的或者只有部分当事国的解释不是权威解释,不能约束条约的其他当事方。学者著述中的解释或学术团体的解释属于学理解释,仅具有学术和参考价值,当然不能约束条约的当事方。[②]

---

① 〔英〕安托尼·奥斯特著:《现代条约法与实践》,江国青译,中国人民大学出版社2005年版,第179页。

② 关于条约的解释参见, John Norton Moore, "Treaty Interpretation, the Constitution and the Rule of Law", 42 *Virginia Journal of International Law* (fall, 2001), pp. 163—263; Evan Criddle, "The Vienna Convention on the Law of Treaties in U.S. Treaty Interpretation", 44 *Virginia Journal of International Law* (Winter, 2004), pp. 431—500。

为了减少条约解释的困难,缔约国一般会在条约中包括一些用语的解释性规定。例如,1969年《维也纳条约法公约》第 2 条中关于"条约""批准""加入""保留"等用语的界定,都为该公约的当事国对这些用语的解释带来了方便。条约本身的解释当然是权威解释。此外,缔约各方还可以通过解释性宣言或议定书的方式对条约中不够清楚的规定加以解释。这些解释也属于权威解释。

当条约当事国之间发生了关于条约解释的争端时,他们可以在条约中规定也可以另外协议规定将争端提交到仲裁或司法解决,或者规定某些机构的解释应有拘束力。① 对于接受了这些机构作出的解释的当事国,这些机构的解释也是权威解释,但是对于其他当事国没有拘束力。

(二) 关于条约解释的学说

上面涉及的是谁对条约的解释属于有拘束力的权威解释问题。下面讨论如何解释条约的问题。关于条约的解释有许多学说,其中很多源自国内法律和合同的解释学说。李浩培先生将这些学说分为下面三个学派。②

1. 主观解释学派

主观解释学派主张以符合缔约国在缔约时的共同意思为原则来解释条约。③ 根据这种学说,解释条约的主要目的是探求缔约各方的真正共同意思。为此,可以把约文的"自然意义"或"通常意义"作为解释的出发点。但是缔约任何一方都可以主张并有责任证明约文的自然意义不是缔约各方的真正意思。在这种情况下,解释条约的仲裁机构或国际法庭不得以约文的自然意义很清楚为由而拒绝其证明。探求缔约各方真正共同意思的最好方法是研究条约的准备资料(travaux préparatoires)。

2. 约文解释学派(客观解释学派)

这派学者主张缔约各方的意思表现于条约的词语中,因此解释条约的重点应该放在解释条约约文的词语上,而不是从条约准备资料中探求缔约各方的真正意思。但是,准备资料可以在解释条约约文词语的明白意义中起辅助作用。总之,根据约文解释学说,条约的真正目的是在一个文件中确定缔约各方的共同意思。因此解释条约就应对条约的词语,按照其上下文,确定其自然和通常的意义,因为这个自然和通常的意义就是缔约各方的共同意思。准备资料只能在采用约文解释方法发生困难时作为辅助方法谨慎使用。

---

① 参见〔英〕詹宁斯、瓦茨修订:《奥本海国际法》(第一卷第二分册),王铁崖等译,中国大百科全书出版社 1998 年版,第 662 页。
② 参见李浩培著:《条约法概论》,法律出版社 1987 年版,第 412—421 页。
③ 同上书,第 412 页。

3. 目的解释学派

这是主张以符合条约的宗旨和目的为目标来解释条约的学派。他们认为应该按照条约意在达到的一般目的来解释条约。因此,条约的历史背景、准备资料以及缔约各方在缔约时的情况等等,都应该联系条约意在表达的一般目的来考虑。

(三) 条约解释的一般规则

1969年《维也纳条约法公约》第31—33条关于条约解释的规定主要体现了约文解释学说,同时也参照了目的解释学说。第31条第1款规定:"条约应依其用语按其上下文并参照条约之目的及宗旨所具有之通常意义,善意解释之。"

这项规定编纂了习惯国际法,是国际法上条约解释的一般规则,得到国际法院许多判决的确认。[①] 这些规则包括:

首先,应善意地解释条约。这与条约必须遵守这一条约法的基本原则相符。

其次,按照条约约文通常的意义解释条约。

再次,依条约用语按上下文解释条约。

最后,条约解释应参照条约的宗旨和目的。

第31条在第2、3款中对"上下文"的含义作了下面的解释:

1. 序言和附件;
2. 全体当事国间因缔结条约所订与条约有关的任何协定;
3. 一个以上当事国因缔结条约所订并经其他当事国接受为条约有关文书的任何文书;
4. 当事国嗣后所订关于条约的解释或其规定的适用之任何协定;
5. 嗣后在条约适用方面确定各当事国对条约解释的协定之任何惯例[②];
6. 适用于当事国间关系的任何有关国际法规则。

虽然第31条确定了应遵循按约文的通常意义解释条约的一般规则,但是该条也规定,如经确定条约各当事国意在某用语的特殊意义,就应该按这种特殊意义来解释条约(第31条第4款)。但是,主张适用特殊意义的当事国有责任证明该用语是用于特殊意义的。[③]

(四) 辅助性解释

在坚持约文解释方法的基础上,1969年《维也纳条约法公约》第32条规定,

---

① 参见〔英〕詹宁斯、瓦茨修订:《奥本海国际法》(第一卷第二分册),王铁崖等译,中国大百科全书出版社1998年版,第663页。

② 这项规定用"协定"(agreement)令人费解,应参考李浩培先生的译文:"确证该条约各当事国对条约的解释意思一致的该条约适用上的任何嗣后惯例"。李浩培著:《条约法概论》,法律出版社1987年版,第713页。

③ 参见 Sinclair, *Vienna Convention on the Law of Treaties*, 2nd ed., Manchester University Press, 1984, pp.126—127。

在依据第31条仍然不能或难以解释条约的通常意义或者解释出来的意思明显荒谬或不合理时,为确定其意义起见,可以使用解释的补充资料,包括条约的准备工作及缔约的情况。这项规定实际上在很大程度上限制了在解释条约时准备资料的使用,因为在条约用语的通常意义已经解释清楚的情况下,无须使用这些补充资料。

(五) 多种文字条约的解释

条约的文字向来都是条约解释必须考虑的重要因素。除非具有相同的官方语言,例如,美国和英国之间的双边条约,或者相关国家商定使用一种第三方文字,例如,英语,作为谈判条约的用语并将其作为条约作准文字,大多数双边和多边条约都使用两种以上的文字。一般情况下,条约本身都会明确规定什么是该条约的作准文字,否则经认证的每一种文字的文本都是条约作准文本。例如,1945年《联合国宪章》第111条规定中、法、俄、英及西文各本同一作准。一个比较极端的例子是1997年《进一步修订1980年〈欧洲管制公约〉的议定书》使用了不少于19种欧洲文字,而且所有文本同一作准。不过该《议定书》规定,在这些文字之间出现分歧时,以法文文本为准。1969年《维也纳条约法公约》第33条第1款规定:"条约约文经以两种以上文字认证作准者,除条约之规定或当事国之协议遇意义分歧时以某种约文为根据外,每种文字之约文应同一作准。"

有时为某种目的条约可能被翻译成认证约文文本以外文字的某种文本,在这种情况下,按照1969年《维也纳条约法公约》第33条第2款,"以认证作准文字以外之他种文字作成之条约译本,仅于条约有此规定或当事国有此协议时,始得视为作准约文"。

该条第3款进一步规定:"条约用语推定在各作准约文内意义相同。"例如,目前联合国大会通过的许多国际公约都有6种作准文本,即用中、俄、法、英、西和阿拉伯文作成的公约文本。中文文本作为作准文本之一,中文的条约用语与英语、法语等其他5种文本中的用语被推定为意义相同。因此,根据这项规定中国仅使用公约的中文文本即可,没有必要参照其他语言的作准文本。[①]

第33条第4款规定,在不同的作准约文中发现存在意义上的差别时,如果条约本身没有规定而且当事国之间也没有商定以某种约文为准,并且在适用第31条和第32条后仍然不能消除这种差别,应采用顾及条约目的及宗旨的最能调和各约文的意义。

---

① 但是,大多数一般性多边公约,例如,联合国大会通过的国际公约,不是以中文谈判和起草的。联合国提供的中文翻译文本有些地方并不令人满意。在仅依靠中文文本不能把握约文的真正意义时,参考一下其他文字的文本,特别是谈判和起草时所使用文字的文本,是非常必要的。但是这丝毫不能改变中文文本作为作准文本的地位。

三、条约的修订

(一) 条约修订的意义和概念

条约的修订是和平变革的需要。任何事情都不是一成不变的,特别是在第二次世界大战后,国际社会经历了"冷战"、非殖民化运动、苏联和南斯拉夫的解体以及"冷战"的结束等多次大的变革。这些变革都会对国家之间的条约产生不同程度的影响,实际上条约的修订构成更大范围的和平变革的一部分。[①]

国际实践中双边条约和多边条约的修订都是很常见的事。一般都是修订已经生效的并尚在有效期内的条约。但是,并不能排除条约尚未生效就进行修订的情况。比较著名的例子是1994年《关于执行1982年〈联合国海洋法公约〉第十一部分的协定》,在《联合国海洋法公约》尚未生效前就对其关于国际海底区域的规定作了重大修改。

常用的几个概念需要加以澄清:修订、修正和修改。

修订(revision)与"检讨"(review)类似,是国家实践中广泛使用的条约用语。有时修订指对整个条约一般检讨,以别于仅对条约的特别规定的修正。[②] 1969年《维也纳条约法公约》使用的不是修订而是修正和修改,并在两者之间作了严格的区分。在全体条约当事国之间进行的称为"修正",在若干条约当事国之间进行的称为"修改"。不过这些用语的区分只是在该公约范围内或在理论上有一定意义,在实践中它们常常被混用。

(二) 条约修正的一般规则

条约的修正由1969年《维也纳条约法公约》第39条规定:"条约得以当事国之协议修正之。除条约可能另有规定者外,此种协议适用第二编所订之规则。"根据这个一般规定,无论双边还是多边条约都可以通过在条约当事国之间另外缔结一个协议的方式来进行修正。除原条约中另有规定,缔结修正条约协议的程序与条约的缔结程序相同。在双边条约的情况下,条约的修正必须经过条约当事国双方的一致协议。但是,在多边条约的情况下,特别是一般性多边条约,由于条约的当事国很多,当代的国际实践是条约的修正并不要求条约当事国全体一致同意。[③]

---

① Wilhelm G. Grewe, Treaties Revision, in R. Bernhardt (ed.), *Encyclopedia of Public International Law*, Instalment 7 (1984), p.499.
② 《维也纳条约法公约》没有使用"修订"这个词,而使用了"修正"。据说只是因为这个词与第二次世界大战前期条约的修订联系在一起,起草者感觉不好。同上引书,第501页。
③ 第二次世界大战之前的习惯国际法规则是,条约的修订需要全体一致同意。参见〔英〕安托尼·奥斯特著:《现代条约法与实践》,江国青译,中国人民大学出版社2005年版,第205页。

根据上述第 39 条关于修正条约的一般规则,1969 年《维也纳条约法公约》允许当事国按照原条约中所包含的或者另行规定的修正条约程序来对条约进行修正。如果原条约中没有这方面的规定,当事国之间也未另行作出规定,就应该按照该《公约》第 40 条和第 41 条规定的程序修正条约。

(三) 多边条约修正的程序

依据 1969 年《维也纳条约法公约》第 40 条第 2 款,在全体当事国间修正多边条约之任何提议必须通知全体缔约国,各该缔约国均有权参加关于对此种提议采取行动的决定以及修正条约的任何协定的谈判和协定的缔结。该条第 3 款规定,凡是有权成为条约当事国的国家也都有权成为修正后条约的当事国。这是指那些已经参加了条约的缔结但尚未表示受条约拘束的国家。

修正条约的协定对于已经成为条约的当事国但未成为该修正协定当事国的国家没有拘束力。这些国家之间以及这些国家与修正协定的当事国之间仅适用未修正的原条约(《维也纳条约法公约》第 40 条第 4 款)。

在修正条约的协定生效之后成为条约当事国的国家,如果没有对修正协定明确表示不同意,就视其为修正后的条约当事国,而在其与不受修正条约协定拘束的条约当事国之间的关系上,应视其为未修正条约的当事国(《维也纳条约法公约》第 40 条第 5 款(甲)和(乙))。这项规定反映了联合国秘书长保管多边条约的实践。①

(四) 多边条约的修改及程序

除了上述全体当事国修正条约之外,多边条约还可以在若干当事国之间加以修改。但是必须受到下列限制(《维也纳条约法公约》第 41 条第 1 款):

1. 该条约中有允许在若干当事国之间进行修改的规定;
2. 所修改的内容不为该条约所禁止;
3. 修改的结果不影响其他当事国享有条约上的权利或履行其义务;
4. 修改不能与条约的目的和宗旨不符。

对条约进行修改的当事国应将其缔结修改条约的协议以及所规定的修改,通知其他当事国,条约另有其他规定的则不在此限(《维也纳条约法公约》第 41 条第 2 款)。

---

① 参见〔英〕安托尼·奥斯特著:《现代条约法与实践》,江国青译,中国人民大学出版社 2005 年版,第 213 页。

第四节 条约的无效、终止或暂停实施

一、条约的无效

(一) 条约无效的概念

1. 条约有效的要件与条约的无效

一个符合上述缔约程序的条约从形式上应该是有效的条约。但是,符合缔约程序只是有效条约的要件之一,而且仅仅是形式上的要件。看一个条约是不是有效条约,更重要的是要考察它的实质有效要件。[①] 一方面,就条约缔约国而言,条约的基本实质有效要件是其通过签字、批准、加入等方式同意接受条约拘束,是其在平等自愿的基础上作出的真正意思的表示。否则,正如1969年《维也纳条约法公约》第46条至第50条所规定的,条约自始至终就是无效的。另一方面,就包括缔约国在内的整个国际社会而言,条约另一个基本实质有效要件是符合一般国际法强制规律(强行法或绝对法)。依据1969年《维也纳条约法公约》第53条,内容违反现行强行法的条约自始至终就是无效的。

2. 条约的相对无效与绝对无效

条约的相对无效是指由受害的缔约国以同意受该条约拘束不是其在平等自愿的基础上作出的真正意思的表示为由,主张该条约无效。如果受害国不去主张该条约无效或者嗣后明示或默示同意其有效,该条约可能成为有效条约。然而,条约的绝对无效是指包括第三国在内的整个国际社会都可以主张该条约无效,而且不能通过受害国的嗣后明示或默示同意其有效从而成为有效条约。

3. 整个条约无效与部分条文无效

(1) 整个条约无效

根据1969年《维也纳条约法公约》第44条,条约无效分为整个条约无效和部分条文无效或局部无效。根据该条第2款,除了一些特定的情况外,条约无效是指整个条约无效。该条第5款进一步专门规定,由于对一国谈判代表的强迫、对一国以威胁或使用武力的强迫和由于违反强行法而无效的条约是整个条约无效。

(2) 部分条文或局部条约无效

依据《维也纳条约法公约》第44条第2款和第3款,允许条约部分条文或局部无效的特定情况是,条约无效的理由仅与特定条文有关。但是必须符合下列所有要求:

[①] 参见李浩培著:《条约法概论》,法律出版社1987年版,第237页。

首先,条约中的不同条文之间是可以分离的;

其次,条约本身规定或另经确定,与条约无效有关的特定条文不是其他条约当事国同意接受整个条约拘束的必要根据;

最后,条约其余部分的继续实施不致有失公平。

依据《维也纳条约法公约》第44条第4款,由于诈欺和贿赂主张条约无效的国家可以在整个条约无效和部分或局部条约无效之间作出选择,如果选择后者,也必须符合上述三项要求。

(二) 条约无效的原因

1. 违反国内法关于缔约权限的规定

违反缔约权限有两种情况:一种是明显地违反具有基本重要性的国内法(一般是宪法和/或缔结条约程序法)的规定。另一种是缔约谈判代表违反其特定权限的情况。

关于第一种情况,依据1969年《维也纳条约法公约》第46条第1款,一般情况下国家不能以其国内法的规定被违反而使其接受的条约归于无效。但是如果"违反之情事显明且涉及具有基本重要性之国内法之一项规则者",国家就可以此为由主张该条约无效。该条第2款对于"显明违反"作了解释:如果违反情事属于按照通常惯例并以善意对任何国家在客观上都是显然可见的,即为"显明违反"。例如,根据1982年《中华人民共和国宪法》第67条和第81条的规定,国家主席有权依据全国人民代表大会常务委员会的决定批准同外国缔结的条约和重要协定。没有经过全国人民代表大会常务委员会的决定就批准的条约,应该属于无效条约。

关于第二种情况,依据1969年《维也纳条约法公约》第47条,如果一国谈判代表表示同意条约拘束是在超出其所代表的国家授权的特定限制情况下作出的,并且在表示同意之前已经把这种特定限制通知其他谈判国,该国可以主张该条约由于越权而无效。换言之,如果一国全权代表被授权的特定限制没有通知给其他谈判国,嗣后不得再以越权为由主张该条约无效。

2. 错误

国家可以把条约中的错误作为主张条约对其无效的理由。但是,不是任何错误都可以成为条约无效的原因。依据1969年《维也纳条约法公约》第48条第1款,此种错误必须关涉该国在缔约时假定的事实或情势,并且该国将这种事实或情势作为其同意条约拘束的必要根据。即便如此,如果错误是国家自身的行为所致,或者当时的情况足以使该国知悉有错误的可能,国家则不能以条约中的此种错误为由主张该条约无效(《维也纳条约法公约》第48条第2款)。在实践中,以错误为由主张条约无效的情况一般都是边界条约中涉及地图的错误。

条约中出现的文字上的错误不足以构成使条约无效的理由。在这种情况下,国家可以按照该条约中规定的更正条约约文或正式副本错误的方式将错误更正过来。如果条约本身没有规定更正文字错误的具体方式,可以根据1969年《维也纳条约法公约》第79条规定的方式,即通知条约保管机关方式处理。

3. 诈欺

如果一国与另一国缔结条约是由于后者的诈欺行为所致,该国可以主张该条约无效(《维也纳条约法公约》第49条)。故意制造一些现象或者作出虚假声明的行为都属于诈欺,不过现代国际实践很少有以诈欺手段诱导另一方同意接受条约的例子。

4. 贿赂

如果一国同意接受条约拘束是另一国贿赂其谈判代表的结果,该国可以主张该条约无效(《维也纳条约法公约》第50条)。对谈判代表构成重大影响的行为才是贿赂,否则只是讨好。现代国际实践中没有记载任何以贿赂为由主张条约无效的例子。

5. 强迫

条约因强迫而无效有两种情况:一种是直接强迫一国的谈判代表,例如,对其实施暴力或以刀枪威逼,迫使该谈判代表被迫在条约上签字。依据1969年《维也纳条约法公约》第51条的规定,如果国家同意接受条约拘束是另一国对其谈判代表实施胁迫行为或威胁所致,该国可以主张该条约无效。另一种情况是直接对一国使用武力或武力威胁强迫该国接受条约拘束。依据1969年《维也纳条约法公约》第52条的规定,如果条约的缔结是违反《联合国宪章》所含国际法原则以威胁或使用武力的结果,该条约无效。

6. 违反强行法

1969年《维也纳条约法公约》第53条规定:条约在缔结时与一般国际强制规律(强行法)抵触者无效。[①] 根据《维也纳条约法公约》第44条第5款,即使仅仅是条约部分条文或条约的局部与强行法相冲突,整个条约也均归于无效。

应当指出,只有"在缔结时"与强行法相抵触的条约才是自始无效的。"这个时际法的规定意味着一般国际法强制规则是没有追溯力的"。[②] 这就意味着,条约在缔结之后与新产生的强行法发生冲突,并不会使该条约自始无效。根据1969年《维也纳条约法公约》第64条的规定,凡是与新的强行法规则相抵触的现有条约都成为无效条约而终止。

---

① 关于强行法的概念及相关问题的讨论,详见本书第六章。
② 参见李浩培著:《条约法概论》,法律出版社1987年版,第301页。

(三) 条约无效的后果

1. 双边条约与多边条约

仅涉及另一国家的双边条约,无论是部分条约无效还是局部无效的条约均自始无效,它的规定始终不具有任何法律效力。

但是,在条约当事国已经信赖无效的条约并予以实施的情况下,条约的每一个当事国均可以要求在彼此关系上,尽可能恢复实施以前应存在的状况,而且在主张条约无效之前善意实施条约的行为不应视为不合法。

涉及其他条约当事国的多边条约,依据1969年《维也纳条约法公约》第69条,主要有以下两种情况:

首先,因无效的同意(即除违反强行法外的条约无效理由)而接受的条约,仅对该相关国家产生后果,在其他条约当事国之间条约仍然有效(《维也纳条约法公约》第69条第4款)。

其次,在因无效的同意而接受条约拘束的当事国与其他当事国的关系上,适用上述关于双边条约无效后果的规定,即自始无效。

2. 因违反强行法而无效的后果

1969年《维也纳条约法公约》第71条对于因违反强行法而无效的条约产生的后果作了专门规定,并且将"条约在缔结时因违反强行法而无效"与"条约缔结之后因违反新的强行法规则而无效"作了区别。

条约在缔结时因违反强行法而无效产生下列后果:

首先,当事国应该尽量消除依据这种无效条约的规定所实施的行为带来的后果;

其次,当事国应该使它们的彼此关系符合强行法规则。

条约因违反新的强行法规则而无效产生的后果是:

首先,解除当事国继续履行条约的义务(《维也纳条约法公约》第71条第2款(甲));

其次,不影响条约在新的强行法规则产生之前由于实施条约而产生的任何权利、义务或法律情势,但是嗣后这些权利、义务或情势的继续保持不能与新的强行法规则相抵触(《维也纳条约法公约》第71条第2款(乙))。[①]

(四) 不平等条约

在不平等条约的问题上,不同国家及其学者之间存在很大分歧。过去比较强大的国家或殖民国家及其部分学者不接受不平等条约的概念。他们认为"两个国家之间永远都不是平等的,而允许一国以此为理由规避其条约义务可能损

[①] 这是时际法的规定,与1928年胡伯法官在帕尔马斯岛仲裁案的裁决中所提出的概念完全一致。

害条约关系的稳定性"①。与其形成鲜明对比的是过去曾经是弱小国家、殖民地或半殖民地国家对不平等条约的立场。②王铁崖先生甚至将其称为在中国存在的一种制度,即"不平等条约制度"。该制度的形成始于1842年第一个不平等条约,即《南京条约》的签订,到1949年中华人民共和国中央人民政府成立才被彻底废除。

王铁崖先生指出:"不平等条约制度的主要特色是武力和不平等。条约是武力所迫订的或是在武力威胁下所订的,目的在于为外国人及其国家勒索权利和特权,公然侵犯中国的主权和独立,而完全否定了平等概念。"③全国人大常委会办公厅研究室为不平等条约所下的定义是:"不平等条约是国家间在不平等基础上订立的彼此权利、义务不对等的契约性协定。"④根据这个定义,不平等条约可以分为两类:第一类是强迫同意接受条约拘束的条约,依据1969年《维也纳条约法公约》第51条和第52条,这类条约属于绝对无效的条约。第二类是其内容属于权利和义务不对等的条约,这类不平等条约严重违反国家主权和国家平等原则,依据1969年《维也纳条约法公约》第53条和第64条,也是无效的和必须终止的。

二、条约终止或暂停实施

(一) 概述

与条约的无效不同,条约的终止或暂停实施是指一个有效的条约由于一个法定的原因而不能继续实施或暂时不能继续实施。⑤条约终止与暂停实施的区别只是前者在停止实施之后不会再恢复,后者在停止实施之后还有恢复实施的可能。在产生的原因和后果上,两者有许多类似之处。

双边条约与多边条约在终止或暂停实施的后果上可能略有差别。例如,在双边条约的情况下,条约一方当事国单方面地废止条约可能造成条约的彻底终止。但是在多边条约的情况下,一个当事国退出条约仅仅使该条约对该当事国终止,除非依据该条约的规定退出条约的当事国达到了彻底终止条约的数目,否则该条约在其他当事国之间仍然继续有效。

---

① 参见〔英〕安托尼·奥斯特著:《现代条约法与实践》,江国青译,中国人民大学出版社2005年版,第249页。
② 中国国际法学界的前辈们关于不平等条约的著述很多,参见王铁崖著:《国际法引论》,北京大学出版社1998年版,第383—400页;李浩培著:《条约法概论》,法律出版社1987年版,第303—304页;周鲠生讲演:《不平等条约十讲》,太平洋书店1928年版。
③ 王铁崖著:《国际法引论》,北京大学出版社1998年版,第392页。
④ 参见全国人大常委会办公厅研究室编:《中国近代不平等条约汇要》,中国民主法制出版社1996年版,第1页。
⑤ 参见李浩培著:《条约法概论》,法律出版社1987年版,第512页。

无论双边或多边条约,终止或暂停实施均对整个条约而言,但是并不排除部分条文或局部条约的终止或暂停实施。

(二) 条约本身规定的原因

许多条约中都会包括一些专门规定,根据这些规定,条约可能会终止或暂停实施。

1. 条约的有效期限

对于那些规定了有效期限的条约,条约期满即导致该条约的终止。

2. 条约的解除条件

有些条约规定条约的继续有效以条约的参加国保持一定数目为条件,如果因退约,条约的参加国减少到低于所规定的数目,该条约即告终止。例如,1961年《减少无国籍状态公约》第9条第2款规定:"本公约在缔约国减至不足6国之退约生效之日起失效。"该《公约》的失效就意味着它的终止。

3. 单方面解约或退约

许多条约都规定,条约当事国有权在任何时候单方面解除条约的约束或者退出条约。一般情况下,对于解除或退出条约的当事国,条约即告终止。但是没有追溯力,即在退约之后还必须继续履行其在退约之前作为条约的当事国依据该条约承担的条约义务。例如,1998年《国际刑事法院规约》第127条规定:"(一)缔约国得以书面通知联合国退出本规约,退约在通知收到之日起一年后生效,除非指明另一较晚日期。(二)一国在作为本规约缔约国期间根据本规约承担的义务,包括可能承担的任何财政义务,不因退约而解除。退约不影响退约国原有的合作义务,就退约生效之日以前开始的刑事调查与诉讼同本法院进行合作,也不妨碍本法院继续审查退约生效之日以前,本法院已在审理中的任何事项。"

(三) 当事国间另行确定的原因

当事国在缔结条约之后,可以通过明示或默示方式共同作出终止或暂停实施他们缔结的条约。另行制订一个条约或者在另外一个条约中包含一个条款就终止或暂停实施原条约专门作出规定。这是条约当事国在缔约之后明示共同同意终止或暂停实施条约的普遍方法。但是,依据1969年《维也纳条约法公约》第54条(乙)和第57条(乙),全体当事国还必须与其他缔约国咨商并经其同意后才能终止或暂停实施条约。① 默示共同同意终止或暂停实施条约是当事国通过其自身的行为表示条约已经终止或暂停实施的意思。例如,全体当事国就同一事项缔结一个新的条约,虽然新条约中没有明文规定,但从当事国的意思以及

---

① 缔约国是那些已经同意接受条约拘束但是条约对其尚未生效的国家。例如,已经在条约上签字但尚未批准的国家。

条约规定的内容可以看出新条约实际上永久或暂时取代了原条约。①

如果多边条约的若干当事国协议在彼此间暂停实施条约,与在若干当事国间修改多边条约适用类似的规则,在此不予赘述。②

(四) 其他原因

1. 违约

在双边条约的情况下,如果条约当事国一方有重大违约的情事③,他方有权以违约为由终止该条约,或者全部或局部停止实施该条约。

在多边条约的情况下,如果条约当事国之一有重大违约的情事,其他条约当事国有权一致协议在它们各自与违约国的关系上或者在全体条约当事国之间将条约的全部或局部停止实施或终止该条约。此外,如果违约使某些当事国受到特别的影响,这些特别受影响的当事国有权以违约为由在其本国与违约国之间的关系上将条约全部或局部停止实施;如果条约的性质决定了一个当事国对条约有重大违反,结果造成每一当事国继续履行条约义务所处的地位发生根本改变,条约的任何当事国都有权以违约为由,全部或局部停止条约对其本国的实施。

简言之,由于条约一方当事国违约,他方当事国即有权主张终止或暂停实施条约的规则与国家责任制度中的反措施有着密切联系。与反措施类似,这个规则也不能适用于"各人道性质之条约内所载关于保护人身之各项规定,尤其关于禁止对受此种条约保护之人采取任何方式之报复之规定(《维也纳条约法公约》第60条第5款)"。可以肯定地说,国际人权公约和国际人道法方面的公约中绝大部分内容都不能以对方违约为由而主张终止或暂停实施。

2. 条约嗣后履行之不可能

由于发生意外,条约必不可少的标的物永久性或暂时性消失,条约当事国可以不可能履行为理由主张停止实施条约。例如,因地球变暖海平面上升使作为条约必不可少标的物的岛屿永远消失,又如河流永久或暂时干涸或大坝被毁等,都可能使条约终止或暂停实施(《维也纳条约法公约》第61条第1款)。④ 但是如果条约不可能履行是条约当事国自己违反条约义务或违反对条约任何其他当事国所负任何其他国际义务的结果,该当事国不得适用这项规定(《维也纳条约法公约》第61条第2款)。

---

① 1969年《维也纳条约法公约》第59条。
② 1969年《维也纳条约法公约》第58条和第41条。
③ 按照1969年《维也纳条约法公约》第60条第3款,"重大违约"是指该公约不允许的废弃条约和违反条约规定,而被违反的是为达到条约目的和宗旨所必要的规定。
④ 参见〔英〕安托尼·奥斯特著:《现代条约法与实践》,江国青译,中国人民大学出版社2005年版,第233页。

3. 情况的根本改变(rebus sic standibus)

由于"情况的根本改变"(情势变迁)规则容易被滥用,1969年《维也纳条约法公约》第62条的规定实际上是对适用该规则的限制。该《公约》用否定(即"除非……不得……")的句式对此作出严格规定:第一,所改变的必须是缔结条约时存在的情事;第二,这种情事的存在必须是当事国同意接受条约拘束的必要依据;第三,改变必须是根本的;第四,改变是条约当事国在缔结条约时不能预料的;第五,改变的影响根本改变尚待履行的条约义务的范围。只有上述所有限定条件都具备了,条约当事国才能以"情况的根本改变"为由终止或退出条约或者停止实施条约。否则,不得以"情况的根本改变"为由终止或退出条约。

此外,对于确定边界的条约不能适用"情况的根本改变"规则;此外,如果情况的根本改变是条约当事国自己违反条约义务或违反对条约任何其他当事国所负任何其他国际义务的结果,该当事国不得适用该规则(《维也纳条约法公约》第62条第2款)。

4. 断绝外交或领事关系

条约当事国之间断绝外交或领事关系并不影响彼此间通过条约建立的法律关系,但是条约的适用以外交或领事关系为必不可少的条件者则不在此限(《维也纳条约法公约》第63条)。实际上,断交对于条约的适用没有实质的影响。例如,1990年海湾战争爆发后英国与伊拉克断绝外交关系,但仍然通过第三国适用1930年《伊拉克—英国引渡条约》。尽管伊拉克依据该《条约》提出的三次引渡要求均遭英国拒绝,但是拒绝的理由并不是该条约已经停止。每一次引渡的提出与拒绝都是通过第三国进行的。[①]

5. 与新的强行法规则相抵触

如前所述,条约与新出现的强行法规则相抵触者因无效而终止(《维也纳条约法公约》第64条)。

6. 战争

条约当事国相互间爆发战争或敌对行为而使彼此间的条约终止或停止实施与上述以断绝外交或领事关系为理由终止或暂停实施条约的情况有着密切联系,因为断绝外交或领事关系是战争的或敌对行为的后果之一。但是断绝外交或领事关系不都是由战争或敌对行为所引起,和平时期条约当事国之间断绝外交关系的情况时有发生。正是基于这方面的考虑,1969年《维也纳条约法公约》的起草者在终止或暂停实施条约的原因中包括了断绝外交或领事关系却没有包括爆发战争或敌对行为。国际法委员会认为,爆发战争或敌对行为是一种完全

---

① 参见〔英〕安托尼·奥斯特著:《现代条约法与实践》,江国青译,中国人民大学出版社2005年版,第236页。

不正常的情况,关于这种不正常的情况的规定不是适用于国家间正常关系的国际法一般规则的组成部分。

不受战争或武装冲突影响的条约主要包括:

首先,规定战争法规的条约不仅不受战争的影响而且是在战争或武装冲突开始后才适用。其次,创设"对一切的义务"的条约,其中包括绝大部分的国际人权公约都不受战争的影响。这些均属于"造法性"国际公约,不是规定国家之间相互权利和义务关系的条约,不因战争而终止或暂停实施。除非因为战事而造成实施的不可能,这类条约在交战国和中立国之间应继续实施;而在交战国之间,最多只能暂停实施而不得予以终止。① 再次,条约中明文规定不受战争影响的条约或条约规定。最后,关于建立客观制度和确定边界的条约不受战争的影响。

受到战争影响的条约主要包括:

首先,以当事国间正常关系为基础的政治性条约,例如,友好同盟条约,因战争或武装冲突的爆发而终止。其次,商务条约因战争或武装冲突而终止。但是,关于保护当事国国民的投资或商标权的协定并不受影响。最后,在因战事使条约的履行成为不可能的情况下,可以暂停实施。例如,上面提到的那些"造法性"条约。

战争或敌对行为对条约是否产生影响是条约法不能回避的问题。联合国国际法委员会于2000年在第五十二届会议上将"武装冲突对条约的影响"专题列入其长期工作方案,于2004年第五十六届会议上将其列入目前的工作方案,并任命布朗利教授为这个专题的特别报告员。委员会于2005年在第五十七届会议上审议了特别报告员提交的第一次报告。在报告中,布朗利教授拟定了包括11条的条款草案,通盘叙述了该专题及其包括的问题,包括与这个问题相关的国家实践情况。布朗利教授认为,这套条款草案的方针是要澄清法律地位,促进和增强各国之间法律关系的安全,从而减少武装冲突实践对条约关系的影响。

委员会在2011年第六十三届会议上二读通过了关于武装冲突对条约的影响的整套条款草案。在2011年8月2日和3日,委员会通过了对上述草案的评注。② 联合国大会第六委员会在2014年给联合国大会的报告中建议大会将"武装冲突对条约的影响"项目列入大会第七十届会议临时议程以便审查条款采取的形式等问题。③ 看来该条款草案是以公约还是其他什么形式在联合国大会通过尚未有定论。

---

① 参见李浩培著:《条约法概论》,法律出版社1987年版,第574页。
② 参见国际法委员会报告(第六十三届会议(2011年4月26日至6月3日和7月4日至8月12日),A/66/10,http://legal.un.org/ilc/reports/2011/2011report.htm,2015年5月10日访问。
③ 参见第六委员会的报告:http://www.un.org/zh/documents/view_doc.asp?symbol=A/69/504,2015年5月25日访问。

进一步阅读推荐书目

1. 李浩培著:《条约法概论》,法律出版社 1987 年版。
2. 万鄂湘、石磊、杨成铭等著:《国际条约法》,武汉大学出版社 1998 年版。
3. 陈治世著:《条约法公约析论》,学生书局 1992 年版。
4. 〔英〕安托尼·奥斯特著:《现代条约法与实践》,江国青译,中国人民大学出版社 2005 年版。
5. Jan Klabbers, *The Concept of Treaty in International Law*, Kluwer Law International, 1996.
6. Aust Anthony, *Modern Treaty Law and Practice*, Cambridge University Press, 2nd edition, 2007.
7. Shabtai Rosenne, *Developments in the Law of Treaties*, Cambridge University Press, 1989.
8. Sinclair, *Vienna Convention on the Law of Treaties*, 2nd ed., Manchester University Press, 1984.
9. Olivier Corten, Pierre Klein (eds.), *The Vienna Conventions on the Law of Treaties: A Commentary*, Volume I, Oxford University Press, 2011.
10. Olivier Corten, Pierre Klein (eds.), *The Vienna Conventions on the Law of Treaties: A Commentary*, Volume II, Oxford University Press, 2011.
11. Anthony Aust, *Modern Treaty Law and Practice*, 3rd ed., Cambridge University Press, 2013.
12. Richard Gardiner, *Treaty Interpretation*, Oxford University Press, 2008.

第四章　国际法与国内法的关系

国际法与国内法的关系是国际法理论和实践的重要问题，它与国际法的实施密切相关。"国内法"，有时称为"内国法"（municipal law, internal law, domestic law or national law），是国际法学者对国家内部法律或国家法的称谓。国际法与国内法的关系更多的是法律适用上的问题，特别是当两者发生冲突时，无论在国际还是国内层面上，这个问题都显得非常重要。

第一节　一般理论与实践

一、理论纷争

关于国际法与国内法的关系，理论上主要分为一元论和二元论两种学说。一元论主张统一的法律概念，认为国际法和国内法都是同一个法律秩序的组成部分。因此，国际法在国内实施无需转化为国内法。两种法律发生冲突时要么国际法优先，要么国内法优先。一元论的理论基础是自然法学派关于国内法和国际法都以自然法原则为基础以及个人是国际社会的基本单位的思想。19世纪末德国法学家耶利内克（1851—1911）和佐恩（1850—1928）都是主张国内法优先于国际法的一元论者。凯尔逊（1881—1973）则是坚持国际法优先于国内法的典型代表。他认为所有法律的效力都是源自国际法的基本规范。他的理论最后归结为所有的国际法规则都优先于国内法规则，如果国内法与国际法冲突就是无效的，国际法规则可以直接适用于国内领域。较晚近的一元论学者，试图通过坚持国际法的优先性将尊重人权的理念渗透到各国法律秩序中去。[①]

二元论认为国际法和国内法是两个不同的法律体系，它们相互独立地存在，互不相关。二元论学说在19世纪的欧洲非常流行，反映当时的实在法学派以国家为核心的理论。实在法学派认为国际社会是由独立主权国家构成的，国家在国际关系中自愿接受有限的国际法规则的约束。国际法仅仅调整国家之间的关系，国家与个人之间的关系由国内法来调整。因为两者是完全不同的法律体系，所以只有由主权国家通过特别的采纳行为才能在国内适用国际法。如果两者之间发生冲突，国内法院只能适用国内法。二元论的主要倡导者有德国学者特里

---

① 参见 M. Shaw, *International Law*, 6th edition, Cambridge University Press, 2008, p.132。

佩尔(H. Triepel)、斯特拉浦(K. Strupp)和安茨洛蒂(Dionisia Anzilotti)。特里佩尔认为国际法与国内法有两个主要区别:第一,国内法的主体是个人,国际法的主体是国家;第二,国内法的渊源是国家的意志,国际法的渊源则是各国的共同意志。①

其实,理论上的分歧主要反映来自大陆法系国家的学者之间的纷争。普通法系的学者对上述理论问题不太感兴趣。他们采取经验主义的方法,讲究解决问题的具体手段。例如,菲茨莫里斯(Fitzmaurice)在1957年海牙国际法学院的演讲中说,一元论和二元论的分歧完全是不现实的、不着边际的,因为它们假定存在着根本就不存在的分歧。最好的办法是将理论分歧放在一边,不相信绝对的国际法优先于国内法或者相反,研究国际法与国内法的实际关系以及国际法在国家领土范围内的适用等实际问题。②

菲茨莫里斯处理国际法与国内法关系的方法被认为是以二元论为基础的第三种学说。菲茨莫里斯和卢梭(Rousseau)"试图建立一个紧密联系实际的理论框架。该学说从否定下述观点开始,即在国际法与国内法之间存在着一个体系优先于或服从于另一个体系的相互作用的空间。每一个秩序在其自己的范围内都是最高的,例如,法国法律在法国最高,英国法律在英国最高。不能说法国法律优先于英国法律,只能说两个不同的法律体系在各自的范围内运作。因此,国际法与国内法也可能以同样的方式来处理它们之间的关系"③。尽管把国际法与国内法的关系比拟为法国法与英国法的关系不一定完全合适,但是,菲茨莫里斯强调国际法和国内法是在两个不同的范围运作的法律体系,对于国际法的大部分内容是符合实际的。对于像国际人权法或国际环境法这类的国际法领域,这种学说可能不一定完全适用。这是因为这些国际法,例如,国际法人权法,不是处理国家与国家之间对等关系的规则而是保护国家管辖范围内的个人人权的规则。与其他国际法的分支不同,国际人权法和国际环境法的运作范围主要是在国内并因此与国家的国内法发生不可避免的密切联系。

二、国际社会的一般实践

实践中的问题主要发生在国际和国内这两个层面上。在国际层面上一般涉及国际法院或法庭对国内法的态度问题,也即国内法在国际关系中的地位问题。在国内层面上主要涉及各国对国际法的态度、国际法在国内的实施和国内法院

---

① 参见 John O'Brien, *International Law*, Cavendish Publishing Limited, London and Sydney, 2001, p. 109。

② Gerald Fitzmaurice, "The General Principles of International Law Considered from the Standpoint of the Rule of Law", *Recueil des Cours*, vol. 92, 1957 II, p. 71.

③ 参见 M. Shaw, *International Law*, 6th edition, Cambridge University Press, 2008, pp. 132—133。

适用国际法等问题。鉴于国际法与国内法的关系更多的不是理论而是国际实践的问题,本章的重点将放在后者。又鉴于国际层面的实践相对简单而且已有普遍接受的国际法规则,但国内层面的实践非常复杂,本节仅涉及国际层面的实践而将国内层面的实践在另一节中专门讨论。

(一) 国家不得援引其本国法律作为其违反国际义务的借口

首先,在国际法院或法庭,如果当事国违反国际法是遵循其国内法的结果,该国不得援引其国内法作为辩护理由。这是业已确立的且得到各国普遍接受的国际法规则。例如,1932年国际常设法院在"上萨瓦及节克斯自由区"案的判决中说,"可以肯定,法国不能依靠本国立法来限制它所承担的国际义务的范围"①。1969年《维也纳条约法公约》第27条规定:"缔约国不能援引其国内法律或法律秩序为其不履行国际义务辩护。"换言之,任何国家不得援引其本国法律作为其违反国际义务的借口。

其次,在国家之间的关系中任何国家不能将自己的国内法强加于其他国家或者强迫他国遵守。这是因为国家之间的关系应适用国际法或者国家自愿共同接受的法律,国家的国内法是适用于国家本国领土范围内的法律。

(二) 国际法庭参考相关当事国国内法

虽然没有争端当事国之间的特别协议,国际法庭不会适用当事国的国内法来解决国际争端,但是在作出判决时,常常会出现参考相关当事国国内法的情况。这种情况一般出现在国际法庭面对有关国家机关的权限、管辖权、个人和法人的国籍、没收等问题时。例如,在涉及外交保护的争端中,一个争端当事国主张对其国民实行外交保护,国际法庭要证明该国民与该当事国的法律联系就要参考该当事国的国籍法或相关的国内法。国际法院在1955年"诺特鲍姆"案中指出,诺特鲍姆取得列支敦士登的国籍并因此而丧失德国国籍的事实均以这两个相关国家的国内法作为证据。

(三) 当事国国内法在国际法庭的其他作用

国际常设法院在1923年"波属上西里西亚德国利益"案中指出,从国际法和作为国际法机构的国际法院的立场上看,与法律判决和行政措施一样,国内法仅仅是表达国家意志并构成国家活动的事实。法院的"这种陈述实际表明国内法可以仅仅作为可归因于相关国家的产生国际责任行为的证据"。但是,布朗利认为这种看法"有待进一步商榷"。他认为除了可以作为违反条约和习惯法规则行为的证据外,国内法在国际法庭还有其他作用。例如,国内法院对其本国

---

① 1932年常设国际法院"上萨瓦及节克斯自由区"案的判决,第75页,参见国际法院网站http://www.icj-cij.org/pcij/serie_A/A_24/78_Zones_franches_Haute_Savoie_et_Pays_de_Gex_2e_phase_Ordonnance_19301206.pdf, 2009年5月2日访问。

法律的解释对于国际法庭有拘束力;国际法庭不能宣布国内法规则在该国国内无效,因为国际法律秩序必须对国内管辖范围的事项予以尊重;特别协议可能要求国际法庭适用相关的国内法。①

实际上,由于国际法与国内法之间的紧密联系,要想在国际法庭完全无视国内法的存在是不现实的也是根本办不到的。但是必须注意下述两点:第一,无论如何国际法院和国际法庭在没有得到争端当事国双方同意的情况下一般不会适用某个国家的国内法;第二,国际法院和法庭接受当事国国内法院对其本国法律的解释不是因为这种解释对国际法院和法庭具有当然的拘束力,而是出于国际法律秩序对国内管辖范围事项的尊重,并且这种尊重对争端当事各方都是平等的。

第二节 国内法对国际法的态度

一、一般实践

在国内层面,主要涉及国家如何对待国际法的问题。国际法要求国家善意地履行国际义务,但是对于国家采取什么方式和措施履行国际义务则在所不问。不过各国在实践中形成了一些一般实践,归纳起来主要包括下面几个方面:

首先,国家有义务保证其国内法与其缔结的国际条约不冲突。如果国家缔结了一个国际条约,但它的国内法与该条约的规定是冲突的,国家就有义务修改或废除其国内法使其不与之冲突,否则,国家就要承担由此产生的责任。

其次,由于有些国际条约的规定是原则性的,它的执行需要缔约国在其国内制定具体的法律。例如,1966年《公民权利和政治权利国际公约》第2条第2款规定,本公约缔约国"承允遇现行立法和其他措施尚无规定时,各依本国宪法程序"并遵照本公约规定,"采取必要步骤,制定必要之立法和其他措施,以实现"本公约"所确立之权利"。

再次,国家对国际法的态度一般都通过宪法或法律加以规定,尽管由于态度的不同而具体规定各异。

总之,由于国际法是约束国家行为的,而且国家行为既包括国家在国际关系中的行为也包括国家在其领土范围内的行为,因此国家的立法行为也当然受到它在国际法上承担的国际义务的约束,国家必须为它制定与国际法相冲突的法律所产生的结果承担责任。但是,在国内层面国家的权力如何行使,包括立法、

---

① James Crawford, *Brownlie's Principles of Public International Law*, 8th edition, Oxford University Press, 2012, pp. 52—54.

司法和行政权力,以及国内法律秩序中的规则等级关系如何确定,包括把国际法置于哪个等级,都是国家主权范围内的事项,国际法没有也不可能作出统一规定。

二、国际法在国内的适用

国际法只有一个,但是国内法却有很多,所以国内法对国际法的态度不像国际法对国内法那样容易概括。即使概括出来的抽象理论,如一元论或二元论,在实际生活中也难以付诸实践。因此只能在对个别国家的具体情况作出具体分析之后,才能看出这个国家的国内法对国际法的基本态度。从国家的一般实践来看,国内法与国际法的关系或者国际法在国内法上的地位不是体现在宪法中就是规定在一般法律中。无论在宪法或法律中如何规定,各国都不可避免地随时面临如何处理国际法与本国国内法之间的关系问题。在国际实践中,各国一般都是把条约与习惯区别对待的。

(一)条约

各国对条约的态度取决于其国内法律制度。由于篇幅所限,这里仅选择一些不同法系的国家分别加以简单介绍。

1. 英国

在英国,缔结和批准条约的权力由英王根据英国首相的建议而行使,议会不参与缔结或批准条约。因此条约并不能直接成为英国法律的一部分,否则英王就可以不经议会的同意而制定或改变英国的法律了。然而英王这样做是违反英国宪法原则的。根据这项原则,英国议会具有立法的垄断权。因此,如果条约中的规定需要改变英国的国内法,必须由议会通过一项议会法令(an act of parliament),使英国法律与条约的规定一致起来。这样,英国国内法对条约的态度就根据条约的内容而有区别。主要分为两类:一类是涉及英国议会立法权的条约,这类条约都必须经过议会颁布议会法令才能在英国生效。另一类是不涉及议会立法权的条约,主要是关于战争行为的条约。根据英国的宪法原则,英王有根据大臣们的建议不经议会的同意而宣战的权力。因此这类条约无需议会通过法令就在英国发生效力。

英王批准的条约多数都要经过议会通过法令才能在英国适用。但是如果不通过法令会是什么结果呢?主要是国内和国际两方面的结果。在英国国内,法院仍然适用过去的法律,即使与条约冲突也一样,因为英国的法院不能直接适用条约。不过英国法院可以尽量把英国国内法解释为与条约不冲突,若实在解释不通时,还是要适用与条约冲突的国内法。在国际上,英国参加的条约并不因英国议会没有颁布法令而对英国无效。换言之,其他缔约国仍然认为相关条约对英国有法律拘束力。因此,英国对于它违反条约规定的行为必须承担国际责任。

这说明条约在国内的效力和在国际上的效力是不同的。在国内主要涉及法院适用法律的问题,在国际则涉及英国作为一个国际人格者享受权利并承担义务的问题。多数英联邦成员国家都遵循英国的传统,如加拿大、印度等,在没有议会法令的情况下,条约是绝对不会在国内自动执行的。英国和英联邦成员国家对待条约的方式称为"转化"式。

2. 美国

在美国,与许多其他国家相同,立法机构直接参与条约的批准过程,使批准成为立法行为,从而使国际条约与美国国会颁布的联邦法律具有同等地位。美国宪法规定,经过参议院的建议并得到出席议员 2/3 的赞成,总统才有权缔结条约。按照美国宪法的规定,经国会批准的条约自动成为美国国内法的一部分。在国际条约与国内法发生冲突的情况下,如果与之冲突的是州宪法和法律,条约优先;如果是联邦法律,适用后法优于前法的原则。不过,条约必须符合权利法案和美国宪法的其他要求,否则不能在美国国内适用。总之,美国的权利法案和宪法优先于条约;美国联邦法律与条约处于同等地位;美国各州宪法和法律服从条约。但是,如果美国因为一项条约规定违反权利法案或宪法要求而未履行条约义务,或者因为适用后联邦法律而违反了前条约,它必须在国际上为这种违反条约的行为承担责任。美国和其他许多国家对待条约的这种方式称为"纳入"(incorporation)式。由于条约经过"纳入"的方式成为国内法的一部分,就存在条约与国内法发生冲突如何适用条约的问题。一般适用后法优于前法的原则,这就意味着条约可以优先于前国内法律,当然条约也可能被后国内法律所取代,而国家要为在后者的情况下可能产生的违反国际条约的行为承担国际责任。①

但对于一些属于"行政协定"的条约②,用"纳入"的方式就会有问题,因为按照美国宪法的规定这些协定不一定都被视为条约。为了解决这个问题,美国和许多其他国家还区分"自执行条约"(self-executing treaties)和"非自执行条约"(non-self-executing treaties)。只有自执行条约才可以直接在美国法院适用,非自执行条约中的规定不能直接在美国法院适用,不能成为私人在美国法院诉讼的诉因。例如,美国已经批准的《公民权利和政治权利国际公约》就属于非自执行条约。③ 非自执行条约要在国内发生效力需要专门的立法或行政措施。

---

① 参见 Malcolm D. Evans, *International Law*, Oxford University Press, 2003, p.426。
② 参见王铁崖著:《国际法引论》,北京大学出版社 1998 年版,第 206 页。
③ 该公约于 1992 年 9 月 8 日对美国生效,在美国的批准书中,美国政府宣布该公约的实质性条款,即第 1 条至第 27 条为非自动执行条款。参见,Reports, United States: Senate Committee on Foreign Relations Report on the International Covenant on Civil and Political Rights, 31 *International Law Materials* 645(1992), p.651。

3. 俄罗斯和东欧一些国家

在过去的苏联和东欧一些国家里,国际法在国内法上的地位在宪法中没有明确作出规定。一般的实践是,必须经过国内的特别立法或行政行为才能使条约在国内生效。因为在国内法院和行政机关一般都不直接援引国际条约,所以这些国家的国内法院并不面对条约是否与国内法冲突的问题。① 苏联和南斯拉夫解体之后,这些国家对国际法的态度发生了很大变化。

1993 年的《俄罗斯宪法》第 15 条第(4)款规定:"普遍公认的国际法原则和准则及俄罗斯联邦国际条约是俄罗斯联邦法律体系的组成部分。如果俄罗斯联邦国际条约确立了不同于法律所规定的规则,则适用国际条约规则。"② 2004 年《克罗地亚宪法》第 140 条规定:"依据宪法缔结、批准并公布且生效的国际协议是克罗地亚共和国国内法律秩序的一部分,在法律效力上高于法律。"③

4. 荷兰

有些国家的国内法明确规定条约优先于国内法,但很少有国家规定条约优先于宪法。在这方面,荷兰的情况是比较特别的。根据 1953 年(1956 年修改过的)荷兰宪法的规定,所有荷兰国内法,包括宪法,如果与对所有个人都有效的条约规定或国际组织决议的规定冲突,必须被忽略。虽然荷兰没有对立法行为进行司法审查的制度,但荷兰法院因此有权宣布议会的行为无效,理由不是因为它违反宪法,而是因为它与某个条约或国际组织决议的规定相冲突。不过,在宪法程序上,有一条保护性规定,即荷兰议会必须以修改宪法所需要的多数同意来缔结与宪法相冲突的条约规定。换言之,与荷兰宪法冲突的条约必须得到议会多数同意(而且是修宪所需多数)才能具有这样的优先地位。1983 年的荷兰新宪法又保留了荷兰法院的这项权力。荷兰对国际条约的这种近乎极端的态度可能与这样的事实有关,即荷兰是如此小的国家,但它却有相当大的全球贸易和投资利益。为了这些利益,荷兰更加强调国际关系中的法治建设。④

5. 其他国家

由于一些国家属于英联邦或者过去是英国殖民地,因此国际上相当数量的

---

① 参见 P. Malanczuk, *Akehurst's Modern Introduction to International Law*, Seventh Revised Edition, Routledge, 1997, p. 68。

② 参见中俄法律网网站 http://www.chinaruslaw.com/CN/InvestRu/Law/2005531140842_6715509.htm, 2009 年 5 月 2 日访问。

③ 参见中南财经政法大学网站 http://fxylib.znufe.edu.cn/new/ShowArticle.asp?ArticleID=2795, 2009 年 5 月 2 日访问。

④ 参见 P. Malanczuk, *Akehurst's Modern Introduction to International Law*, Seventh Revised Edition, Routledge, 1997, p. 68。

国家仍然保持着与英国一致的做法。那些有成文宪法的普通法国家,例如,爱尔兰,在其宪法中明确规定要求行政机关在其与他国关系中遵守国际法规则,但是在议会没有通过之前,条约不能成为国内法的一部分。《爱尔兰宪法》第 15 条第 2 款规定,只有议会有权制定法律。因此,条约要在爱尔兰法院适用需要实施条约的立法。①

某些国家对国际法的态度受到一些历史因素和外部压力的影响并反映在新制定的宪法中。德国、意大利和日本等国家在第二次世界大战后制定的新宪法都规定,在国内尊重本国人民的权利,在国际上遵守国际法。例如,在第二次世界大战前德意志帝国宪法的规定和当时帝国法院的实践都表明,德意志帝国法优先于国际习惯和国际条约。这种规定在第二次世界大战后制定的新宪法中发生了根本改变。德国 1949 年《基本法》第 25 条规定,国际公法的一般规则是德国联邦法律的一部分,具有优先于法律的地位并直接为联邦领土内的居民创设权利和义务。但是,该《基本法》第 59 条第 2 款又规定,调整联邦的政治关系或者与联邦立法事项相关的条约,需要在具体情况下对这种联邦立法的有权机构,以联邦法律的形式予以同意或参与。从上述规定看出,德国对国际法的态度也在国际习惯和国际条约之间有所区别,属于《基本法》第 59 条第 2 款所指性质的国际条约,在联邦立法机关的同意或参与后即被纳入到德国法律中并与联邦法律具有同等的法律地位。②

总之,国际条约在国内法上的地位一般都是在国家的宪法或法律中明文加以规定的。但是,这只是国际条约在国内适用的第一步,国内法院是否能够直接援引国际条约是更进一步的问题。多数国家的国内法院都不愿在作出判决时适用那些与国家行政或立法行为冲突的国际法规范。主要有三方面的原因:第一,减少可能干预政府外交政策的机会,为此国内法院常常尽可能狭义地解释宪法中关于国际法的规定;第二,避免干扰国家利益,为此国内法院一般请求行政部门对条约作出解释;第三,避免对国家的行为根据国际法作出判断。③

(二) 习惯国际法

与国际条约不同,习惯国际法在国内的地位不存在国家的行政与立法机关之间的冲突问题。习惯国际法与国内法的关系或在国内的地位,一般都是在宪法预先作出规定或由法院判例逐渐形成一定的规则。将习惯国际法转化为国内

---

① 参见 John O'Brien, *International Law*, Cavendish Publishing Limited, London and Sydney, 2001, p.128。

② 关于德国法与国际法的关系,详见〔德〕沃尔夫刚·格拉夫·魏智通主编:《国际法》,吴越、毛晓飞译,法律出版社 2002 年版,第 132—203 页。

③ 参见 Hurst Hannum, "The Status of the Universal Declaration of Human Rights in National and International Law", 25 *Ga. J. Int'l & Comp. L.* 287(Fall, 1995 / Winter, 1996), p.294。

法是不实际的,因为这样做需要定期地审查所有的习惯国际法规则的变化,那将是相当困难的。

在普通法和大陆法国家里,对待习惯国际法的态度都不如对国际条约那么明确。在英国,习惯国际法规则被视为英国法律的一部分并作为英国普通法加以实施,但条件是该项规则与议会的法令或具有最高权威的前司法判例不冲突。只有这样才能并入英国法并成为其一部分,即所谓"纳入"说。英联邦国家以及包括美国在内的许多国家都遵循与英国类似的纳入原则。但是,如果习惯国际法与英国议会法令冲突,后者优先。不过,如果可能的话,英国法院将解释议会法令与习惯国际法不冲突。当习惯国际法与规定英国法的司法判例冲突时,也是后者优先。然而,如果司法判例是确认习惯国际法的,而且该习惯国际法已经过时,英国法院就可以拒绝遵守遵循先例规则。

与英国类似,美国把习惯国际法(有时称为"国际普通法"international common law)作为联邦普通法的一部分。但是,近年来由于关于人权的国际习惯规则常常被法院视为其行使管辖权的依据,一些美国学者对"纳入"说提出质疑。[①]

正像一些西方学者观察到的,社会主义国家和新独立国家,即在非殖民化运动中建立的新国家,很少在它们的宪法中就习惯国际法的地位问题作出规定。由于社会制度和意识形态等方面的不同,社会主义国家对于从近代欧洲的帝国主义和殖民主义实践中形成的习惯国际法规则持怀疑态度。新独立国家因为过去是殖民地,没有参与习惯国际法的形成过程,所以对习惯国际法持冷淡态度。考虑到这些历史因素,它们的宪法中对习惯国际法的沉默就不难理解了。

在20世纪90年代初的宪法改革后,东欧国家对习惯国际法的态度发生了一些变化。例如,匈牙利1989年修订的宪法规定,匈牙利的法律制度接受普遍承认的国际法规则和规章。保加利亚新宪法保证其国内法与经接受的国际法标准一致。斯洛文尼亚的宪法要求法律符合普遍接受的国际法原则。俄罗斯联邦宪法规定一般承认的国际法原则和规范是国内法的一部分,但是没有规定习惯国际法优于国内法。

---

① 这些关于人权的习惯国际法与传统的习惯国际法的不同之处是:它们与国家实践联系得不够紧密;发展快;越来越倾向于调整国家对自己的公民待遇问题。在这种情况下仍然坚持纳入说会导致由于在美国法院实施关于人权的习惯国际法而影响美国与相关他国的外交关系,因为美国一些州法院受理外国人控告外国人甚至外国国家领导人侵犯人权的案件屡见不鲜。参见 Curtis A. Bradley and Jack L. Goldsmith, "Customary International Law as Federal Common Law: A Critique of the Modern Position", 110 *Harv. L. Rev.* 815(February, 1997)。

第三节 国际法与中国国内法的关系

一、宪法规定

中华人民共和国政府迄今制定的四部宪法中都没有明文规定条约和习惯在中国法律中的地位。如前所述，与那些在宪法中不提国际法的国家一样，中国的做法也有它一定的理由。① 虽然在宪法中明确规定国际法的地位并不是衡量一国是否重视国际法的标准，但是在国内和国际社会都在强调法治的形势下重新审视这个问题是必要的。一国不必单纯地为了向他国表明自己重视国际法而在宪法中作出专门的规定，也没有义务这样做，但是处理国际法与国内法的关系是任何国家都不能回避的实际问题。这就需要冷静地对中国宪法当中没有这样的规定的利与弊进行客观的分析，重新审视是否应该在宪法中明确规定国际法的地位问题。处理国际法与国内法的关系主要涉及两个实际问题：第一，国际法在中国的宪法、法律、行政法规、地方性法规和规章以及部门规章这些不同等级的国内法中所处的地位问题。第二，国际条约和习惯国际法在我国的效力及适用的问题。在过去的几十年中，关于这两个问题的答案只能从法律、行政法规、地方性法规和规章以及部门规章中归纳，或者通过对法律和条约的制度和缔结程序的比较来推演。无论是归纳还是推演，都是由于宪法无规定的缘故。近年来，随着我国批准和加入越来越多的国际人权公约，这些问题的重要性更加明显，国际法学界对这些问题给予了并正在给予更多的关注。② 在对学者们的归纳和推演结果进行初步分析之后发现，如果在中国的宪法中明确作出原则性规定，可以避免一些理论上的混乱和实践中的困惑。但是在这个愿望没有实现之前运用同样的方法澄清一些问题是必要的。

二、从条约缔结与法律制定程序看条约在中国的地位

如上所述，由于中国宪法在国际法问题上的沉默，学者们只能用推演的方法分析国际条约在中国国内法中的地位。根据1982年《中华人民共和国宪法》和1990年《中华人民共和国缔结条约程序法》的规定，条约缔结与法律的制定程序基本相同。我国多数学者从中推演出条约与中国的法律在国内具有同等效力的

---

① 参见龚刃韧："关于国际人权条约在中国的适用问题"，载于夏勇主编：《公法》（第一卷），法律出版社1999年版。
② 参见王铁崖著：《国际法引论》，北京大学出版社1998年版，第五章；朱晓青、黄列主编：《国际条约与国内法的关系》（学术会议论文集），世界知识出版社2000年版；龚刃韧："关于国际人权条约在中国的适用问题"，载于夏勇主编：《公法》（第一卷），法律出版社1999年版；李兆杰："条约在我国国内法效力若干问题的探讨"，载于1993年《中国国际法年刊》。

结论。① 但是这只是一种比较抽象的概念。仔细分析一下,它们之间从等级上还是有一定的区分的。这种区分是由不同的制定程序产生不同等级的法律这一事实决定的。按照制定程序,中国的法律等级从高到低依次为:宪法(全国人大2/3以上的多数通过)、基本法律(全国人大过半数通过)、一般法律(全国人大常委会过半数通过)、行政法规和部门规章(国务院和各部门制定)。按照1982年《中华人民共和国宪法》和1990年《中华人民共和国缔结条约程序法》关于条约缔结程序的规定,条约在中国只能与全国人大常委会通过的一般法律具有同等效力,即条约不仅低于宪法也低于全国人大过半数通过的有关刑事、民事、国家机构的基本法律和其他基本法律。②

与条约的地位相连的一个具体问题是条约的定义。是不是中国参加的所有条约都具有中国一般法律的地位呢？这个问题在1990年《中华人民共和国缔结条约程序法》颁布之后就基本解决了。该法将条约分成:由全国人大常委会批准的条约和重要协定;由国务院核准的条约和协定;无需全国人大常委会批准和国务院核准的协定。根据这样的分类,只有第一类条约与中国的一般法律具有同等地位;第二类条约的地位相当于行政法规;第三类相当于部门规章。③ 从表面上看,是否中国参加的所有条约都具有中国一般法律的地位问题似乎已经解决,但实际上仍然存在着混乱。假设一个由全国人大常委会通过的一般法律与一个由国务院核准的条约发生冲突或"有不同规定",而且该法律明文规定在这种情况下"适用条约的规定",结果是出现下级法律优先于上级法律的现象。④

与条约的地位相连的一个理论问题是,条约是不是中国国内法的组成部分？对那些持肯定态度的人来说,这似乎是不成问题的。既然与中国的一般法律或其他行政法规有同等的地位,当然属于中国国内法的一部分。陶正华教授为支持条约是中国法律组成部分找到三个主要论据:第一,根据中国宪法和缔结条约程序法,条约和法律在中国国内具有同等效力;第二,除少数需转化外,多数条约可直接适用于国内;第三,许多法律都规定,中国缔结或参加的条约优先适用。⑤但持否定态度的人并不以为然,他们否认条约是中国国内法的渊源之一。例如,万鄂湘、杨成铭等学者指出:"条约不是我国的法律渊源形式,因此我国法律没

---

① 参见万鄂湘、王光贤:"国际人权条约在我国国内法院的适用",载于朱晓青、黄列主编:《国际条约与国内法的关系》(学术会议论文集),世界知识出版社2000年版,第293页。
② 参见刘楠来:"条约在国内的适用与我国的法制建设",载于朱晓青、黄列主编:《国际条约与国内法的关系》(学术会议论文集),世界知识出版社2000年版,第144—145页。
③ 参见吴慧:"条约在我国国内法上的地位及与国内法冲突的预防和解决",载于朱晓青、黄列主编:《国际条约与国内法的关系》(学术会议论文集),世界知识出版社2000年版,第126—128页。
④ 同注②,第145页。
⑤ 参见陶正华:"关于条约效力的几个问题",载于朱晓青、黄列主编:《国际条约与国内法的关系》(学术会议论文集),世界知识出版社2000年版,第36—37页。

有规定,'条约是我国法律的一部分',而只规定'条约优先适用',并且这种'优先适用'的条款只是规定在具体法律中,而在作为根本法的宪法中则付诸阙如。"① 看来学者们的观点有很大分歧。然而无论如何,在国内适用条约的问题是不能回避的。

三、国际条约和国际习惯在中国适用的若干问题

在中国,条约的适用并不是像英国那样要求经过立法机关将其转化为国内法,但也不完全像美国和其他很多国家那样按照纳入的方式使条约在国内直接适用。因为没有统一的规定,所以条约的适用只能以逐个处理的方式,即在相关法律当中具体作出规定。学者们试图在这些众多的具体规定中归纳出一些一般的东西并试图用它们来解释国际法在中国国内的适用问题。

(一)"条约在国内的效力"和"条约在国内的适用"的区别

在讨论其他问题之前区分一下"条约在国内的效力"和"条约在国内的适用"是必要的②,因为常常有人将它们混为一谈。实际上这是两个不同领域里的完全不同的问题。前者是国际法领域里的问题。当我们说某条约对某国有效时,是说该条约对该国有法律的拘束力,结果是该国有义务遵守该条约,在国际和国内履行条约义务。因此"条约在国内发生效力"是指条约一旦符合了国际法和国内法条约缔结程序所规定的条件,就在国内对缔约国发生效力。③ 至于缔约国如何使条约在其国内得到履行,那就是缔约国根据其宪法和法律来决定的国内法范畴的问题了。但是缔约国有义务保证条约在国内得到执行,否则就要承担相应的国际责任。"条约在国内的适用"是国内法上的宪法性问题。当我们说条约在国内的适用时,是说一个已经对一国发生效力的条约如何在该国范围内得到履行的问题,当然主要是如何被国内法院援引的问题。目前国际上主要采用两种方式,即"转化"和"纳入"的方式。

总之,"条约在国内的效力"和"条约在国内的适用"是国际法和国内法两个不同领域的不同问题,前者指国际法上条约在一国国内发生效力,后者指国内法上条约在国内的执行。

(二)以不完全纳入方式适用条约

例如,1986年《中华人民共和国民法通则》第142条规定:"中华人民共和国

---

① 参见万鄂湘、杨成铭等著:《国际条约法》,武汉大学出版社1998年版,第192页。

② 秦晓程在他的论文中曾几次强调二者是"有区别的两个范畴的问题"。参见秦晓程:"条约的国内适用——中国国内立法中的状况分析与思考",载于朱晓青、黄列主编:《国际条约与国内法的关系》(学术会议论文集),世界知识出版社2000年版,第154、156页。

③ 仅仅符合国内法条约缔结程序规定的条件,条约并不一定对一国发生效力。例如,在多边条约的情况下,批准书不够条约规定的数量条约就不能生效,缔约国即使完成了国内法条约缔结程序,例如,批准并公布了某条约,该条约仍然不能在该国国内发生效力。

缔结或者参加的国际条约同中华人民共和国的民事法律有不同规定的,适用国际条约的规定,但中华人民共和国声明保留的条款除外。中华人民共和国法律和中华人民共和国缔结或者参加的国际条约没有规定的,可以适用国际惯例。"这种规定在中国的法律中是比较常见的。如《中华人民共和国民事诉讼法》《中华人民共和国商标法》《中华人民共和国专利法》《中华人民共和国继承法》《中华人民共和国渔业法》《中华人民共和国海商法》等都有类似的规定。"中华人民共和国缔结或者参加的国际条约……有不同规定的,适用国际条约的规定,但中华人民共和国声明保留的条款除外",已经作为"优先适用"的固定模式被中国的法律起草者们采纳。

从上述条款的规定看,在条约与我国国内法冲突时,条约优先。在我国法律和条约都没有规定时适用国际惯例。但是因为还有许多法律中没有这样的条款,所以不能说在中国国际法优先于国内法,不能说这是中国的一般实践。最后应指出的是,由于《民法通则》第142条的规定是在"涉外民事关系的法律适用"标题下作出的,因此这里的国际条约仅适用于涉外民事关系。我国已经批准的大约26项国际人权公约在中国法律中处于什么地位,在法院如何适用仍然是尚未解决的问题。

(三) 关于条约的"转化"问题

中国不像英国那样,条约必须得到立法机关的同意才能在国内生效,因为中国制定法律与批准和加入国际公约的程序基本上是相同的。因此,在中国不存在"转化"的问题。但是我国有时会在参加了国际条约后在国内制定相应的法律。例如,《中华人民共和国未成年人保护法》《中华人民共和国领海及毗连区法》等,都是在我国批准了相关国际条约后制定的法律。因为这些国内法是以中国参加的公约为基础的,所以在中国法院适用这些法律时同时就适用了中国参加的国际条约。但是,中国没有制定相应法律的国际条约如何在中国适用的问题仍然没有解决。

(四) 条约适用的空间范围问题

一般说来,国家作为一个国际人格者以它的名义批准或加入的条约应该在其全部领土范围内生效。但是,对联邦国家来说,有些条约可能会在一定条件下适用于联邦成员。同样,过去的殖民国家也发生类似的问题。一般情况下条约中可能会有一个专门的条款对此作出具体规定,即所谓"联邦条款"或"殖民地条款"。这些条款的目的均为解决条约适用的空间范围问题。1997年和1999年中国开始分别在香港和澳门实行一国两制制度之后,中国产生了国际条约适用的空间范围问题。按照《中华人民共和国香港特别行政区基本法》和《中华人民共和国澳门特别行政区基本法》(以下分别简称《香港基本法》和《澳门基本法》),香港和澳门作为中国的特别行政区,实行高度自治。在这两个特别行政区继续实行资本主义制度,50年不变。中国批准和加入的国际公约并不自动在这两个特别行政区生效,而是在征得它们同意之后才对它们生效。这种做法与"联邦条款"有些类似,但有其独特之处,中国不是在具体条约中而是在特别行政区的基本法中作出一般原则性规定。

在条约适用的空间范围方面,中国的"一国两制"制度还引发另一个问题,即在这两个特别行政区没有回归之前,英国和葡萄牙在国际上代表它们参加的国际公约如何处理的问题。为了充分体现"一国两制"制度,基本法允许一些这样的条约继续在特别行政区有效。例如,在香港回归时中国不是《公民权利和政治权利国际公约》的参加国,但英国代表香港在1976年参加了该公约,在香港回归之后,该公约继续在香港有效。但是香港执行该公约的报告由中国政府代为提交给有关人权机构。澳门于1999年回归后也采取了同样的做法。

(五)关于习惯在中国的适用问题

由于中国宪法中没有提及条约和习惯,只能以1986年《中华人民共和国民法通则》第142条的规定为基础讨论这个问题。该条规定,中华人民共和国法律和中华人民共和国缔结或参加的国际条约没有规定的,可以适用国际惯例。首先,该条规定的措辞符合特别法优先于一般法的原则,与《国际法院规约》第38条的规定相符。其次,由于这项规定是在"涉外民事关系的法律适用"的标题之下作出的,因此这里的"国际惯例"也仅适用于具有涉外因素的民事案件。

第四节 国际法与国内法的相互关系

前面主要是一方面把国内法放在国际层面,另一方面把国际法放在国内层面或者放在个别国家的国内法体系中来探讨国际法与国内法的关系。下面将从国际法与国内法的整体发展的角度讨论国际法与国内法之间的相互关系。

一、国内法对国际法的影响

因为国内法的发展远比国际法发达,所以国内法对国际法的影响是巨大的。主要体现在以下几个方面:

(一)国内法学说与国际法学说

几乎所有的国际法理论学说都是从相应的国内法学说发展而来的。由于国内法发展得早,人类社会中,法的概念首先是一个国家的法律,关于法的学说当然也是以这种法为研究对象,然后又将其适用到国际法上。

(二)国内法的程序规则与国际法

对国际法影响最大的是国内法的程序规则。例如,国际法的条约法,几乎所有的法律结构都是从国内法上的合同法借鉴的,从条约的缔结程序、条约的生效

（三）国内法实体内容对国际法的影响

除了程序规则，国内法的实体规则对国际法也有相当多的影响。例如，国际人权法是在国内宪法制度中总结的经验基础上发展而来的。又如国际法上关于政治犯不引渡的规则，它最初是某个国家的国内法原则。这类的原则和规则还有很多，在海洋法、外层空间法、国际环境法、国际经济法等领域，国际法借鉴了许多国内法的实体内容。但应当指出的是，国际法对国内法的借鉴，都是作为人类共同法律遗产而吸收的，在借鉴时要去掉代表个别国家特性的东西，取其基本内容。

（四）国内法与国际法的实施

大量国际法规则的具体实施必须依靠国内立法。例如，外交豁免权，国际法至多规定什么样的人享有外交豁免权，但究竟什么人有资格享有豁免权就得由国内法来决定了。而且一遇到这类问题国际法就不涉及了，否则就成了干涉内政。又如国际人权法上的很多规则，如果没有国内立法的配合，很难想象它们将如何得到实施。

（五）国内法的演变对国际法发展的影响

过去由于国家的元首直接参加谈判并签约，而且国家元首掌握所有权力，所以国际法上的条约缔结程序中无需全权代表制度，也无需批准的程序。但是随着国内法的演变，国际法上不仅产生了这些制度和程序，而且还随着国内法律制度的变化而逐渐发展。由于国家首脑不可能亲自签署所有的条约，国际法上的条约缔结程序中产生了全权代表制度。在实行三权分立的制度之前，只要全权代表没有越权并且是按照国家元首派遣他时给他的指示办理的，国家元首就必须批准条约。因此，批准条约是强制性要求。自从国家开始实行三权分立的制度，国家的行政权和立法权在国家元首和国会之间分享，条约的批准不再是强制性的。国家元首已经不能像三权分立之前那样保证条约的批准和条约在其国内的实施，因为那样将意味着越权。由于批准条约的程序失去了强制性，国际条约常常由于得不到批准或一定数量的批准而不能生效。因此，现行国际条约法又出现了"核准"等避开国内立法机构的程序。国内法，特别是私法对国际法的影响体现在其他许多方面。①

二、国际法对国内法的影响

（一）条约国际法和习惯国际法对国内法的影响

上述国际法实施需要国内立法的事实反过来也说明国际法对国内法的影

---

① 参见张文彬著：《论私法对国际法的影响》，法律出版社2001年版。

响。当国家参加了一个国际条约而且该条约要求它在国内立法从而履行条约义务时,国际条约就对国内法发生了直接的影响,即国内法中体现了国际条约的内容。但国际法对国内法的影响并不仅限于此。习惯国际法或普遍接受的国际法规则,特别是那些具有强行法性质的规则,对国内法产生的直接或间接影响也是明显的。例如,南非从法律上废除种族隔离制度就是这种影响的最有力的证明。但是,习惯国际法对国内法的影响一般是间接产生的。由于习惯国际法是不成文的规则,它们不可能规定国家通过国内立法履行由习惯国际法产生的国际义务。因此,国际实践表明习惯国际法对一国国内法的影响主要是通过国际舆论的压力间接实现的。

(二) 国际法上的国家管辖权对国内法的影响

根据国际法上国家主权平等的原则,国家在行使权力时不能对其他国家的主权造成侵害。国家在国际法上享有的属地优越权和属人优越权就是国家主权平等原则派生出来的权利。国内法的一些实体内容是在国际法的这项原则以及国家的属地优越权和属人优越权的基础上应运而生的。例如,国家之间存在司法协助的实践,许多国家都有引渡法,因为任何国家都不能不经允许到另一国家的领土上行使其权力。又如,几乎每个国家都有自己的国籍法,规定取得和丧失其国籍的原则和具体条件。一方面,制定国籍法本身就是国家行使主权的表现;另一方面,国籍法或其他类似法律的制定也是国际法上存在的国家属人优越权要求的。

(三) 国际法的概念对国内法的影响

在国际法产生之前,只有本国法与外国法的区别,因此"国内法"的概念本身就是国际法产生后才出现的。在国际法逐渐发展成熟并对国内法发生影响之后,国家时常借鉴一些国际法的概念并以此为基础来作出法律规定。例如,国家的刑法中常常有关于属地和属人管辖的规则。为了规定刑法的管辖范围,一定要提及犯罪地在该国领土范围内。然而,"领土范围"以及与这个概念相关的"边界"、"边境"等,都是国际法上的概念。

进一步阅读推荐书目

1. 王铁崖著:《国际法引论》,北京大学出版社 1998 年版,第五章,第 177—211 页。
2. 赵理海著:《国际法基本理论》,北京大学出版社 1990 年版,第五章,第 75—86 页。
3. 张文彬著:《论私法对国际法的影响》,法律出版社 2001 年版。
4. 朱晓青、黄列主编:《国际条约与国内法的关系》(学术会议论文集),世界知识出版社 2000 年版。
5. 龚刃韧:"关于国际人权条约在中国的适用问题",载于夏勇主编:《公法》(1999 年第一卷),法律出版社 1999 年版。

6. 李兆杰:"条约在我国国内法效力若干问题的探讨",载于 1993 年《中国国际法年刊》,第 269—279 页。
7. 王丽玉:"国际条约在中国国内法中的适用",载于 1993 年《中国国际法年刊》,第 280—301 页。
8. Ian Brownlie, *Principles of Public International Law*, Seventh Edition, Oxford University Press, 2008, pp. 31—54.
9. Andre Nollkaemper, *National Courts and the International Rule of Law*, First Edition, Oxford University Press, 2011.
10. Dinan Shelton (eds), *International Law and Domestic Legal Systems*, Oxford University Press, 2011.
11. Antonio Cassese, "Towards a Moderate Monism: Could International Rules Eventually Acquire the Force to Invalidate Inconsistent National Laws?", Antonio Cassese (eds), *Realizing Utopia: The Future of International Law*, Oxford University Press, 2012, pp. 187—199.
12. Malcom N. Shaw, *International Law*, Seventh Edition, Cambridge University Press, 2014, Chapter 4.

第五章 国际法的主体

第一节 概 述

一、关于主体的争论

国际法主体(subjects of international law)的含义是什么？亨金以及其他美国国际法学者认为："国际法主体包括能够享有和承担国际法的权利和义务并被赋予在国际上采取某种形式的行为能力的个人或实体,一般称为国际人格者。"①王铁崖教授主编1981年出版的《国际法》中为国际法主体所下的定义是："能够直接参加国际关系并直接享有并承担国际法的权利和义务的集合体。"②这个定义与亨金的相比有一个重要的不同之处,即亨金的定义使自然人和法人可能成为国际法主体,而依王铁崖《国际法》的定义却不可能。因为该书进一步分析说："国际法主体必须是集合体。自然人属于个体,而国内法所规定的法人虽然也是一种集合体,但不是组成国际社会的集合体,所以都不属于国际法上的集合体的范围。"③个人如果不是国际法的主体,他们只能是它的客体。国际法的客体是指"国际法主体行为的对象和国际上权利和义务的对象"④。但是,这两个定义都没有跳出"国家是国际关系的核心"这个圈子。换言之,在作出定义之前,国家已经作为国际法主体将可能要下的定义限制住了。这是在实在法学派以国家为核心的理论基础上形成的关于主体与客体的话语。这种话语的结果就是否定个人作为国际法主体的资格或者极大地限制了个人取得这种资格的可能性。个人是国际法的客体,这是实在法学者的结论,也是多数主权国家都接受的观点。如果把个人从国际法的客体中除去,国家作为国际法主体行为的对象就只剩下领土以及与领土相关联或领土以外的公海、外层空间等空间物体了。⑤这当然不是主权国家欢迎的,也不是实在法学者愿意接受的。但是,如果坚持个人是国际法的客体,个人在国际法上的地位就与山脉、河流或海洋甚或动物没有什么区别了,这似乎对于构成国家并使国家能够在国际社会作出行为的个人来

---

① 参见 Louis Henkin et al (eds.), *International Law: Cases and Materials*, Third Edition, West Publishing Co., 1993, p.241。
② 参见王铁崖主编:《国际法》,法律出版社1981年版,第84页。
③ 同上书,第85页。
④ 参见王铁崖主编:《中华法学大辞典国际法学卷》,中国检察出版社1996年版,第182页。
⑤ 同上。

说太不公平了。① 因此下面的定义似乎比较恰当：国际法的主体是指独立参加国际关系并直接在国际法上享受权利和承担义务,并具有独立进行国际求偿能力者。② 国际法主体通常也称为国际人格者。

随着个人和跨国公司、非政府组织等非国家实体在国际关系中的参与程度不断增加,围绕国际法主体的争论还将持续下去。下面是国际法学界长期以来在争论中形成的各种不同学说。

二、各种不同的学说

（一）只有国家才是国际法的主体

这是实在法学说坚持以国家为核心的必然结果。国家是国际社会的基本单位,它们像个人构成国家社会那样组成国际社会,它们之间的关系是国际关系。国际法是调整国家之间关系的法,它与国内法不同,后者是调整个人之间以及个人与国家之间关系的法。只有国家才能在国际法上直接地享有并承担国际权利和义务,因此国家是唯一的国际法主体。实在法学说盛行于19世纪之后,目前仍然坚持国家是国际法的唯一主体的人已经很少了。

（二）只有个人才是国际法主体

这是自然法学说坚持以个人为核心的必然结果。自然法学说认为国际社会的基本单位不是国家而是个人,因为国家是一个抽象的政治概念,它在国际上的所有行为都是由个人来实现的。坚持这种观点的人并不认为直接在国际法上享有权利并承担义务是国际法主体的主要特征。他们争辩道,国内法的主体并非都能够有这种能力,不能因此而否认他们的法律主体资格。

（三）国家、国际组织、争取解放的民族和个人都是国际法主体

坚持这种观点的人首先认为国家是主要的国际法的主体,但是由于国际组织和争取解放的民族在某种程度上也像国家那样有直接参加国际关系并在国际法上享有权利并承担义务的能力,所以它们也是一定限度上的或非完全的国际法主体。个人是更有限的或非完全的国际法主体,因为他们只是在极为特殊的情况下,才是国际法的主体。

---

① 参见 Rosalyn Higgins, "Conceptual Thinking about the Individual in International Law", in Falk, Kratochwil and Mendlovitz (eds.), *International Law: A Contemporary Perspective*, Colorado: Westview Press, 1985, p.478; George Manner, "The Object Theory of the Individual in International Law", 46 *The American Journal of International Law* (1952), p.430. Manner教授认为将个人作为一种东西看待是荒诞的、不合逻辑的或不现实的,也是不道德的。

② 参见 Ian Brownlie, *Principles of Public International Law*, sixth edition, Oxford University Press, 2003, p.57。

三、关于国际法主体争论的实际意义

上述那些争论更多地停留在纯学术的层面上。很多人把焦点放在了解释"主体"或"客体"的文字上,结果往往显得有些脱离实际。在国际法的实践中,很少把谁是国际法主体的问题放在一个非常重要的位置。在国际法的制定、适用、修改和废除过程中,很少出现关于国际法主体的重大争论。因此有些学者,如麦克杜格尔教授,设法避免关于国际法主体和客体的争论。[①]

实际上,国家、国际组织、非政府组织、跨国公司、个人在国际关系中各自都扮演着不同的角色,在不同的层面上对国际法的形成和发展产生不同程度的影响。作为国际法的主体还是客体,这个问题并不重要,重要的是他们在国际法中的实际地位。

第二节 国家在国际法中的地位

一、国家是国际关系的主要参与者

从历史发展的角度来看,国家在国际法上的优势地位是从19世纪开始的。在此之前因为根据自然法学派的学说所有的法律都是从自然法派生出来的,所以国内法与国际法之间没有严格的区分,也无所谓国家和个人在国际法上地位之不同。但是,情况从19世纪开始发生变化,国际法成为完全独立的法律学科。"这时,实在法学成为占统治地位的哲学,当时的实在法学说通常将国家视为国际法的唯一主体。"[②]这是因为只有国家才能直接参加国际关系、在国际法上享受权利并承担义务。个人只能通过他们的国家才能与国际法发生联系。这种情况一直持续到第二次世界大战之后。国际组织的迅速发展及其在国际关系中作用的增强彻底改变了国家是国际法唯一主体的状况。20世纪六七十年代非殖民化过程中,民族解放运动组织的国际人格地位得到承认,从而进一步打破了国家作为唯一国际法主体的局面。但是,国际组织和民族解放运动组织的加入并没有改变国家在国际关系中作为主要参与者的主导地位。这不仅因为国际组织和民族解放运动组织只是在有限的范围内参加国际关系,还因为国际组织是由国家组成的,前者的国际人格是后者根据协议赋予的;民族解放运动组织是向国家过渡的实体,因此它们并不是长期存在的,而是比较短暂的一种国际法主体

---

① 政策定向学派用"参与者"取代"国际法主体"这一用语,从而避免了理论上关于国际法主体的争论。
② 参见 P. Malanczuk, *Akehurst's Modern Introduction to International Law*, Seventh Revised Edition, Routledge, London and New York, 1997, p.100。

形态。

因为国际法是调整国际关系的法,而国际关系的主要参与者是国家,所以国际法的绝大部分内容都与国家的活动有关。在过去的几个世纪中,国际法的目的主要是使国家遵守一定的规则以便和平地、互不干扰地、独立地行使各自的主权和管辖权。因此,国际法的内容主要是维护或限制一个国家针对另一个国家的权利和义务。这些权利和义务的内容主要是关于战争与和平、国家领土边界和国家的管辖权以及其他从国家主权派生的权利和相应义务。

国际法的基本原则与国家的基本权利与义务在内容上没有什么区别。国际法的实体内容主要是国家领土、与国家领土相毗连的海洋法、与国家对外关系有关的外交和领事关系法、与国家缔约活动相关的条约法、与国家之间的冲突有关的和平解决国际争端的法律、与国家使用武力的活动相关的武装冲突法等等。随着国际人权法、国际组织法和国际环境法的出现,国际法的内容仅仅与国家的活动相关的局面已经被打破。但是,调整以国家之间的关系为主的国际关系的法仍然是国际法的主要特征。因此,国家是国际法的主要主体仍然是不争的事实。

二、国家的要素

国际法学中的国家概念主要强调它与部落、民族、宗教团体、党派、社会团体等实体的区别。检验一个实体是否是国际法上的国家要看它是否达到或具备了作为国家的一定标准或要素,达到了一定标准或具备了一定要素就取得了国家资格,成为国际社会的成员之一。一般认为固定的领土、定居的居民、政权组织或政府和主权是检验国家的标准或国家应具备的要素。这些是缺一不可的。其中容易引起争论的是最后一项——主权。

(一) 固定的领土

领土是国家首要的构成要素,因为它是后面三个要素的基础,没有领土不可能有定居的居民,更不会有政府和主权。没有领土的国家是不可能的。不过有时国家的领土可能是有争议的,例如,现在的中东地区存在着不少领土争端,但领土争端并不妨碍一个现存国家的国家资格。此外,一个现存国家的部分或全部领土可能暂时被侵占,例如,1990年伊拉克侵略科威特,将其全部领土据为己有,被侵占国家并不因这种占领而失去其国家资格,因为由侵略造成的结果是国际社会不承认的。这个问题与国际法上的不承认原则有关,将在后面专门讨论。这里应该强调的是,一国领土被侵占并不当然影响其国家资格。但是,如果是一个非国家实体或者确切地说是一个民族解放运动组织,在它尚未取得固定的领土或领土问题仍存在争议时,它的国家资格就会受到质疑,它向国家过渡的时间将继续向后拖延。

(二) 定居的居民

一定数量的定居的居民是构成国家的要素之一。国家的人口数量千差万别,多的超过 10 亿,如中国;少的只有几千人,如太平洋岛国瑙鲁。但是,国家人口的多少并不影响它们在国际法上的地位,它们的基本权利和义务是相同的。但是,如果自称为国家的人口全部都是一个家庭的成员肯定是有问题的,例如,英国人派迪·罗伊·贝茨(Paddy Roy Bates)1966 年占领了一个位于英格兰东岸的废弃人造建筑,声称对此地行使主权,并于 1967 年 9 月 2 日宣布建立"西兰公国"(Principality of Sealand)。该"国"自建立以来一直由派迪·罗伊·贝茨和他的家人占据,常住人口很少超过五人。①

(三) 政府或政权组织

作为一个国家,必须是有组织的社会。没有任何政权组织,一盘散沙,不能称其为国家。至于国家的政府或政权组织是何种性质和形式,国际法并没有具体要求。但是无论如何,政府必须是实际上对领土和居民实行有效统治的政权组织。换言之,无论是民主选举产生的政府还是通过军事政变产生的军政府,国际法对此在所不问。不过,有效统治并非绝对要求。在特殊情况下,例如,一国发生内战或类似的动乱,一国不会因为其政府暂时缺乏有效统治而失去国家资格。② 随着国际人权法的发展及其对国际法的影响逐渐增大,特别是苏联解体、东欧剧变之后,欧洲国家的实践让一些国际法学者反思政府性质对于国家要素的重要性问题。③

(四) 主权

在国家资格的四个要素当中,主权是最重要的也是争议最多的要素。首先,用"主权"来表示这个要素的做法在国际法学界是不一致的。例如,被许多国际法学者引用的《关于国家权利与义务的蒙得维的亚公约》就是用"与他国建立关系的能力"取代"主权"这个说法。④ 然而,第 9 版《奥本海国际法》则用了"主权

---

① 相关情况参见"西兰公国"的官方网站:http://www.sealandgov.org/about,2015 年 5 月 22 日访问。

② 参见 P. Malanczuk, *Akehurst's Modern Introduction to International Law*, Seventh Revised Edition, Routledge, London and New York, 1997, p.77。

③ 参见:"Declaration on the 'Guidelines on the Recognition of New States in Eastern Europe and in the Soviet Union'"(16 December 1991),全文可参见 UN Doc. A/46/804, Annex, p.2;http://www.un.org/en/ga/search/view_doc.asp? symbol = A/46/804,2015 年 5 月 22 日访问。

④ 参见 Ian Brownlie, *Principles of Public International Law*, fourth edition, 1990, p.72,但是在后来的版本,即第 5 版和第 6 版中,这个要素是独立(independence),参见该书第 5 版和第 6 版的第 71—72 页;I. A. Shearer, *Starke's International Law*, 11th ed., 1994, Butterworthes, London, p.86;〔英〕M. 阿库斯特著:《现代国际法概论》(第 3 版),周仁等译,第 62 页,但是,作者把第(三)和第(四)放在一起作为一个要素了。

的政府"这个说法。① 其次,有些学者认为"与他国建立关系的能力"这个要素是没有必要的。例如,20 世纪 70 年代美国和德国就是在几内亚比绍只具备前三个要素的情况下对它给予承认的。② 再次,有些学者把他国的承认作为国家要素或者取得国家资格的条件。这种观点反映了关于承认性质的"构成说"。③

无论用"主权"还是"与他国建立关系的能力"来表示国家资格的第四个要素都无关紧要,重要的是,它是不可或缺的。当一个已经具备了前三个要素的实体不能与他国建立任何关系或者不享有主权,它的作为国家的资格就是值得怀疑的。实际上国际法要求国家具备这个要素是为了区别于国家内部的行政区划或联邦国家的成员,例如,中国的省或直辖市、美国的州或者俄罗斯的共和国、边疆区或联邦直辖市。至于历史上曾经有过的被保护国,在其与他国的交往权部分地或完全地由其保护国来行使的情况下还仍然被视为国家,这种现象可以从两个方面来加以解释。首先,保护国与被保护国的关系是通过两个国家之间的协议建立的。在协议中被保护国同意它的部分或完全的对外交往权由保护国代为行使。因为签订这种协议的前提是被保护国是国家,非国家实体是不可能签订这种协议的。其次,被保护国将自己置于他国的保护之下,是它行使主权的表现,尽管这种行使的结果是限制了它的主权。

三、国家的形式

国际法对国家的形式没有要求,国家的结构和组织形式由国家自己决定。迄今,现存和历史上曾经出现过的国家形式主要有两种:单一国和复合国。

(一) 单一国

单一国是指只有一个最高中央权力机关的国家。单一国的中央政府代表它的国家在国际上与其他国家进行交往。世界上多数国家均为单一国,可能由多民族或种族也可能由单一民族构成。有些单一国的部分地方行政区可能享有不同程度的自治权,但是它们仍然属于单一国家。例如,中国目前有五个民族自治地方(内蒙古自治区、新疆维吾尔自治区、广西壮族自治区、宁夏回族自治区和西藏自治区)和两个特别行政区(香港和澳门)。根据《中华人民共和国宪法》和现行《中华人民共和国民族区域自治法》以及《香港基本法》和《澳门基本法》,中国的民族自治地方和特别行政区享有自治权。特别是中国的两个特别行政区,它们不仅享有比民族自治地方更高的自治权,还按照"一国两制"政策实行

---

① 参见〔英〕詹宁斯、瓦茨修订:《奥本海国际法》(第一卷第一分册),王铁崖等译,中国大百科全书出版社 1995 年版,第 92 页。

② 参见 P. Malanczuk, *Akehurst's Modern Introduction to International Law*, Seventh Revised Edition, Routledge, London and New York, 1997, p.79。

③ 本书在本节第五部分"国家和政府的承认"中专门讨论这个问题。

与中国内地完全不同的社会制度。此外,作为特别行政区,香港和澳门享有在商贸和文化等领域与外国进行交往的权利。但是,无论有多么高的自治权,它们仍然是中国的一部分,中国仍然是一个单一国家,中国在国际上作为一个国际人格者的地位并不因此而受到影响。

此外,作为中国的一个省,台湾地区也是中国的一部分。这是与中国建立外交关系的所有国家都接受的事实。同时这些国家在与我国的建交协议中都承诺不与台湾地区建立任何性质的官方关系。任何试图将台湾地区从中国分裂出去从而破坏中国领土完整的企图都是不允许的。

(二) 复合国

复合国是两个或两个以上国家构成的联合体,该联合体在国际法上的地位依其具体情况的不同而异。现有的复合国主要有两种:联邦和邦联。

1. 联邦

联邦是由两个以上成员邦构成的联合体,它的产生以组成联邦的国家之间的条约为基础,它的存在以后来的被这些国家接受的联邦宪法为依据。世界上有不少国家采取联邦的形式,有的称其成员邦为"州",如美国;有的称为"共和国",如俄国;还有的称为"省",如加拿大。在国际法上,联邦是由其成员邦组成的国家,构成一个国际人格者。与邦联相比,联邦有如下特征:第一,有统一的联邦宪法,联邦政府与其成员邦之间的权限根据联邦宪法划分。以国家的存在为目的的一部分职权,包括宣战、媾和、签订政治性条约、派遣和接受外交使节等职权由联邦政权行使。第二,联邦有统一的、凌驾于各成员邦之上的最高权力机关,根据宪法行使其职权,联邦立法机关制定的法律直接拘束各成员邦的公民。第三,联邦各成员邦的公民都具有联邦的共同国籍,例如,美国50个州的公民都是美国公民。

从国际法的角度来看,联邦这种复合国与单一国没有什么区别,它是一个单一的国际法主体。至于一些联邦国家允许其成员邦或某些个别的成员邦享有一定的对外交往权,例如,当年苏联允许白俄罗斯和乌克兰参加联合国,那是相关国家的内政①并有一定的历史背景,而且这些成员邦所享有的有限的对外交往权并不足以使其成为一个国际法主体。

欧洲联盟(欧盟)建立的权力机构在某种程度上行使着类似于联邦政府权力机构的职能,例如,欧盟法的效力可直接及于各成员国的公民。但是欧盟目前尚不具备联邦国家的所有特征,被称为"自成一类"(*sui generis*)的实体。

---

① 白俄罗斯和乌克兰成为联合国的创始会员国有历史原因。参见周鲠生:《国际法》(下册),商务印书馆1976年版,第734页,注㉗。

2. 邦联

邦联是由两个以上的主权国家为维持它们对内和对外独立的目的,根据他们之间共同缔结的国际条约建立的国家联合体。邦联也具有自己的组织机构,但是该机构的权力仅及于各成员国,并不直接及于各成员国的公民。各成员国都是完全的主权国家,它们各自独立地处理国内外一切事务,独立地参加国际关系,各成员国的国民具有各自的国籍,各成员国都是国际法主体,而邦联本身不是国际法主体。

历史上1778年至1787年的美利坚合众国,1815年至1848年的瑞士,1818年至1866年的德意志等,都属于邦联国家。当代的例子更少。苏联解体后,10个原苏联加盟共和国根据条约成立的独立国家联合体,在性质上是与邦联类似的组织。

3. 英联邦和法兰西共同体

它们既不是联邦也不是邦联,而是自成一类的国家联合体。英联邦由英帝国演变而来,成员国主要是已经获得独立的前殖民地或被保护国,依据是1926年关于帝国内部关系的《巴尔福报告书》(Balfour Report)和1931年英帝国议会在该报告书的基础上通过的《威斯敏斯特法》(Statute of Westminster)。前者确立了自治领与英国的关系地位相等,彼此不相隶属,共同效忠英王,作为英联邦的成员自由结合的新关系。后者使自治领获得独立主权,以法律的形式确认了英联邦的建立及其法律性质。该法规定,此后自治领国会制定的法律不得因与英国法律或帝国国会立法冲突而无效或不能实施;帝国国会制定的法律,除自治领要求或同意制定外,不适用于自治领或自治领的任何部分。现今大约五十个英联邦成员国各自都是独立主权国家,是单独的国际法主体。英联邦本身不是国际法主体。虽然成员国之间互不称对方为"外国",它们之间相互派遣和接受的外交使节都称为"高级专员",但实际上他们与外国外交代表几乎无区别地享有外交特权和豁免。虽然英联邦成员之间在其他一些领域,如解决国际争端、缔结条约、引渡等等,遵循比较特殊的原则、规则和制度,但是这并不影响各成员国独立的国际人格,况且这种特殊性正在逐渐消失。

法兰西共同体与英联邦类似却又有不同。它是根据1958年《法兰西第五共和国宪法》在"法兰西联邦"的基础上建立的,成员是法国及其非洲的海外领地。该《宪法》规定,"共同体成员国享有主权,它们自行管理并民主地自由地处理自己的事务",但在外交政策、防务、外币、共同的财政经济政策和关于战略的政策,则由共同体管辖;共同体总统由法国总统担任;共同体还设立了参议院和执行委员会等机构。1960年法国议会和共同体参议院修改宪法。新宪法规定,共同体成员国可以通过签订协定成为独立国家而脱离共同体;非共同体成员国也可以通过协定参加共同体而不影响它的独立地位。从表面上看来它似乎是个联邦,但实际上则是类似于英联邦的国家联合体。因为它既没有可以对各成员国行使权力的机关,也不能代表成员国进行国际交往,各成员国都是国际法主体,而共同体本身则不是国际法主体。

(三) 几个相关问题

1. 永久中立国

永久中立国即通常所谓的"中立国",这里用"永久"加以限定,主要是为了与"战时"中立国相区别。永久中立国是指在国际公约担保的情况下自愿约束自己,除抵抗外来攻击外,永远不与他国作战,不卷入任何战争或从事任何可能使其直接或间接卷入战争的行为。实际上,这是国家的永久中立化。

永久中立国的存在必须具备两个要件:第一,自愿中立化的国家自己要明白地宣布其永久奉行中立的立场,保证平时不参加任何集团,战时不参与战争,也不从事任何可能卷入战争的行为。第二,中立国的中立化要得到国际公约的保障。一般是由若干强国通过缔结条约的方式来保证某国中立化的不受侵犯。现在的中立国有瑞士和奥地利;比利时、卢森堡和老挝曾经是中立国。

2. 梵蒂冈

梵蒂冈在国际法上的地位比较特殊。过去,教皇作为教皇国的君主在国际法上与其他君主享有同等地位和平等甚至特殊的待遇。但是 1870 年意大利王国兼并了教皇国,并于 1871 年通过了一项关于给予教皇及教廷以保障的法律,称为《保障法》。虽然教皇一直不承认《保障法》,但实际上其他国家及教皇本人均适用了该法律的某些规定。1929 年 2 月 11 日,教廷和意大利之间签订了《拉忒兰条约》(Lateran Treaty),从而解决了教皇与意大利政府之间的冲突,教廷的国际地位也得到澄清。在《拉忒兰条约》中,意大利政府承认教廷在国际上的主权是其本质上固有的,也是符合其传统及其在国际上的使命要求的。意大利还承认,梵蒂冈国家在教皇的主权之下。该《条约》第 24 条包含教廷关于在国际事务上的主权属于教廷的声明。在此基础上,教皇声明不愿也不参与其他国家之间的世俗争斗和与其有关的国际会议。但教廷保留它在各当事国共同请求教廷的和平使命时,运用其道义和精神力量的权利。

虽然在意大利与梵蒂冈的关系上,《拉忒兰条约》解决了梵蒂冈的国际地位问题,但是梵蒂冈在国际法上的地位仍然需要澄清。实际上,梵蒂冈由梵蒂冈市国家(Vatican City State)和教廷(the Holy See)两个实体组成。用国家的要素来衡量,梵蒂冈市国家的情况非常特别:梵蒂冈的领土只有大约一百英亩;人口也只有一千人左右,而且几乎全都是因执行职务才居住在那里的人;至于它的主权,从《拉忒兰条约》很难看出是属于梵蒂冈市国家还是属于教廷。但是实际上,梵蒂冈市国家和教廷梵蒂冈都参加国际会议并缔结国际条约,包括多边和双边条约。不过它们分别参加的国际会议和缔结的国际条约在性质上有所区别,前者主要是技术性的,后者主要是教廷和人道方面的。积极和消极的使节权,即派遣和接受外交使节的权力由教廷行使。①

综上,尽管梵蒂冈市国家与教廷在行使职权上有所不同,但是梵蒂冈市国家在国际法上作为一个特殊国际人格者的地位是毫无疑问的。

3. 附属国

附属国有两种形式,即附庸国和被保护国。附庸国是指在外交关系上完全或大部分地由另一个国家代表,但在国家内部事务上仍然享有独立地位的国家,例如,19世纪的土耳其属保加利亚和塞尔维亚、埃及等附庸国、英属印度附庸国、英属尼泊尔和不丹等。控制附庸国对外关系的国家称为宗主国。宗主国对附庸国享有的权力称为宗主权。宗主国与附庸国之间的关系以及宗主权行使的范围依具体情况而有所不同。有的附庸国有一定的对外关系权,例如,在土耳其宗主权之下的埃及和保加利亚都有一定的缔约权。② 过去的附庸国现已获得独立,附庸国也随之成为历史的陈迹。

被保护国是指通过缔结条约将自己交由一个强国保护的国家。被保护国一般按照条约把一切重要的国际事务交给保护国管理,从而形成了保护与被保护的关系。由于被保护关系依每个具体情况而有所不同,被保护关系的概念缺乏法律上的确定性。被保护国在国际社会的地位也取决于每个保护关系所涉国家之间的条约作出的规定。例如,被保护国是否能签订某些国际条约,是否可以在一定范围内接受和派遣外交使节等问题,都是在确定保护关系的条约中具体作出规定的。在某种程度上并为某种目的,被保护国可能仍然保持它自己的国际人格和国际法主体的地位,因为被保护国的国家元首和政府在保护国或其他国家的法院通常都享有管辖豁免权。被保护国并不是保护国的一部分。因此,在保护国与第三国的战争中,被保护国并不当然成为作战的一方;被保护国的国民也不具有保护国的国籍(尽管享受保护国的外交保护);对于在某些情况下仍保留缔约权的被保护国来说,保护国缔结的条约并不当然地拘束被保护国。目前除欧洲的安道尔共和国之外,其他被保护国均已获得独立,成为完全的主权国家。③ 被保护国基本上也已经是历史的陈迹。

---

① 参见李浩培著:《国际法的概念和渊源》,贵州人民出版社1994年版,第18—19页。
② 参见周鲠生著:《国际法》(上册),商务印书馆1976年版,第80页。
③ 1993年3月14日,安道尔全民公决通过了新宪法,成为一个主权国家。依据该新宪法的规定,法国总统和西班牙塞奥—德乌赫尔地方主教同为国家元首。因此,安道尔仍然不属于完全的主权国家。参见中华人民共和国外交部网站:http://www.fmprc.gov.cn/chn/gxh/cgb/zcgmzysx/oz/1206_2/1207/t9485.htm,2009年11月10日访问。

四、国家的基本权利与义务

（一）概述

1. 国家的基本权利是国家固有的权利

国家的基本权利与义务是那些国家固有的权利和与之相对应的义务。它们不是国际法赋予的，而是国家固有的，即国家作为国家"生来"就有的。从这个意义上讲，国家的基本权利与人权颇为相像。自然法学说认为，就像个人为生存享有必不可少的人权那样，国家为其生存也享有一定的基本权利。实证法学说则认为，国家的基本权利来源于国际社会成员的资格，只要承认一个实体具有国际人格，就等于承认它具有国家的基本权利。无论如何，国家的基本权利不是国际条约赋予的，而是国家的天然权利。这就意味着：第一，国家享有的基本权利不以任何条约为基础，尽管权利的行使方式可能受到国际条约的限制[①]；第二，国家的基本权利是不可剥夺的。国家的基本权利对任何国家都是必不可少和不可剥夺的。如果一个国家的独立权被剥夺，它的国家资格就会随之消失，它也失去了在国际法上享受权利并承担义务的能力。其他各项基本权利如果被剥夺也同样会在不同程度上对国家的国家资格产生影响。

2. 国家基本权利与义务的范围

虽然联合国大会于1946年12月6日通过的《国家权利义务宣言草案》并非对国家有法律拘束力的文件，但它所列举的国家的基本权利与义务清单已经得到较为广泛的接受。这个清单中包括的国家权利是，独立权、平等权、管辖权和自卫权；国家的义务是，不干涉内政、尊重人权和基本自由、和平解决争端、不使用武力或武力威胁和忠实履行国际义务。

（二）独立权

国家的独立权是从国家主权派生的国家基本权利之一，它意味着不受任何干涉。联合国大会1946年12月6日通过的《国家权利义务宣言草案》这样写道："各国有独立权，因而有权自由行使一切合法权力，包括其政体之选择，不接受其他任何国家之命令。"首先，国家有权决定自己的政治制度、自由地发展自己的经济、社会和文化。其次，国家自主地行使一切合法权力，任何其他国家或组织不得对其发号施令。最后，国家在其管辖下的领土范围内排他地行使所有国家职能。非经允许，任何外国或组织不得在一国管辖范围内行使其权力。

国际法上的一些基本原则是维护国家独立权的，例如，不干涉内政原则、主权平等原则、不侵犯原则等。由于在国际法上国家主权的真正含义就是国家独

[①] 例如，国家自卫权的行使方式受到《联合国宪章》第51条的限制，又如国家的平等权受到《联合国宪章》第29条规定的"否决权"的限制。

立,所有从国家主权原则派生出来的国际法基本原则及其他规则和制度可以说都是维护国家独立权的。

（三）平等权

1949年《国家权利义务宣言草案》第2条宣布:"各国有与他国在法律上平等之权利。"1970年《关于各国依联合国宪章建立友好关系及合作之国际法原则之宣言》对国家平等权作了比较详细的描述:各国不问经济、社会、政治或其他性质有何不同,均有平等权利与责任。该宣言认为,主权平等尤其包括各国法律地位平等、国家人格受到尊重、领土完整和政治独立不受侵犯等要素。

各国与他国在法律上平等的意思是,国际社会的任何成员,不论大小、强弱,都不能在法律上将其置于不利地位,所有国家一律平等。国际法上许多原则、规则和制度都是维护国家平等权的,例如,国家主权豁免、各国外交代表的特权和豁免、国际组织或国际会议投票表决制度、双边条约签字时的"轮换制"等等。然而,实践中各国在政治和经济各方面的发展很不平衡,超级大国与弱小国家力量悬殊。国际法如何保障所有国家在法律上一律平等一直是一个值得探讨的问题。

（四）管辖权

国际法的各种原则、规则和制度几乎都与国家的管辖权有着不同程度的联系。这是因为国际法不仅维护国家的管辖权,还要限制国家行使管辖权的范围和方式。由于各国之间的平等和互惠关系,维护与限制管辖权之间是相辅相成的。鉴于管辖与豁免的紧密联系以及这两个问题在国际法上的重要位置,本书在第七章中把这两个问题放在一起专门论述,在此不予赘述。

（五）自卫权

传统国际法常常把自卫权与自保权相混淆,其主要原因是国家使用武力的权利甚或战争权尚未受到严格限制。传统国际法上的自保权是指国家为了维护自己的生存和安全,维护自己的主权和独立,有权采取国际法允许的一切措施保全自己。但是由于国际法是不断发展变化的,国际法允许国家自保的措施也发生了很大变化。在整个国际法的历史上,绝大部分时期内国际法允许的措施中都包括战争。换言之,在这段历史时期内,出于自保的目的,当国家的法律权利或利益受到他国侵犯时,它可以通过发动战争来行使其自保权,例如为保护本国侨民而对他国宣战。因为战争不但是那时的国际法不加禁止的,而且国家还享有战争权,所以国家"没有必要把本国的防卫行为称为行使自卫权"[①]。虽然战争权的废弃仅仅是1928年以后的事,但是现代国际法的发展是迅速的,它不仅废弃了国家的战争权而且还禁止国家使用武力或武力威胁。也就是说国家不仅不能通过发动战

[①] 参见〔日〕寺泽一、山本草二主编:《国际法基础》,朱奇武等译,中国人民大学出版社1983年版,第163页。

争而且也不能通过使用武力或武力威胁来实现其自保权。这样,自保权与自卫权的区别由此而产生。将本国的防卫行为称之为行使自卫权不再是多余的了,将自卫权等同于自保权显然已经成为历史。至于它们之间的关系,我们可以说自保权中包括自卫权。但是在什么情况下国家的什么行为属于行使自卫权,就要依据现代国际法来决定了。①

第三节 国家和政府的承认

一、概述

承认是指现存的国际法主体(主要是国家)对新出现的国家或政府表示接受并愿意与之开展国际交往的政治和法律行为。一般情况下,现存国家对新出现的国家或政府可以考虑各种因素自由地作出是否承认的决定。在这种意义上,承认完全是一种政治行为。但是一旦作出承认或者不承认的决定,都将引起一系列法律后果。因此,承认又是一种可以产生法律后果的政治行为。

(一) 关于承认的学说

承认主要是一种国家行为。关于承认的性质,国际法学界存有两种学说,即"构成说"和"宣告说"。"构成说"认为承认行为是新国家作为一个国家存在的必要条件。一个新的实体出现之后,必须要经过现存国家的承认,才能成为真正的国家,否则它就不具备国家的资格,不能成为国际社会的一员。因此承认是构成国家资格或国际法主体资格的要件。② 赞成构成说的人强调新的实体在国际社会中的地位或该实体与现存国家进行交往的能力。构成说的主要问题是把承认与国家的构成要素联系在一起。由于现存国家不可能全部在同一个时间对新的实体作出承认,其结果就是一个实体在一定的时间内对于承认它和不承认它的国家来说,既是国家也不是国家。

与"构成说"相反,根据"宣告说",一个新国家的出现是一个事实,只要具备了国家的要素,就是一个国家。至于其他国家对新国家是否予以承认,对该新国家作为国家存在的事实没有任何影响,承认仅具有宣告的性质,仅对新国家的存

---

① 第八版《奥本海国际法》在论述这个问题时似乎有些含混,因为在那里自卫权和自保权似乎是混用的。参见〔英〕劳特派特修订:《奥本海国际法》(上卷,平时法,第一分册),石蒂、陈健译,商务印书馆1971年版,第224—229页。

② 参见〔英〕詹宁斯、瓦茨修订:《奥本海国际法》(第一卷第一分册),王铁崖等译,中国大百科全书出版社1995年版,第96—98页; M. Shaw, *International law*, 5th ed., Cambridge University Press, 2003, pp. 368—372; M. Evans, *International Law*, 1st ed., Oxford University Press, 2003, pp. 248—250。

在提供必要的证据。① "宣告说"也存在一些问题。例如，承认的宣告性是针对谁的？如果是针对整个国际社会的，它的意义何在？如果是针对被承认国的，又何必多此一举？宣告说存在的最大缺陷是，它只看到承认对一个新国家作为国家独立或孤立地存在不会发生影响，忽略了承认在承认国与被承认国之间会产生一些法律后果，从而影响新国家与其他国家之间的相互关系。

构成说和宣告说都有片面性，单一地采取任何一种，都不能解决现实国际社会的实际问题。实际上，主要以政治考虑来决定的承认是不能作为国家资格或国际法主体资格的构成要件的，但是在新国家与现存国家之间的关系上，它们作为国际法主体所享有的权利的实际行使不可能不受承认的影响。虽然我们不能否认这两种学说各自都有一定的道理，在实践中对国家的承认实践也都有不同程度的影响，但是我们也必须强调，一个主张自己已成为新国家的实体，并不因此自动地取得被承认的权利，现存国家也没有承认的义务。这是国家实践证明了的国际社会的现实。因此，我们必须面对现实，了解国际法上的承认行为的实际作用。

（二）承认的作用

从国家在承认方面的实践来看，承认的作用可以从国内和国际两个层面上来加以分析。从国内层面来看，一个新的实体出现后，无论是两个国家合并、一个旧国家解体还是从一个现存国家分离出去的结果，只要符合国家构成的基本要素，它作为一个新国家，从它建立之日起，就可以像其他国家一样开始运作，用国际法的术语来说就是，它可以开始在其领土范围内排他地行使包括立法、司法和行政在内的各种国家权力。② 只要不与国际社会的任何其他成员发生关系，新国家作为国家的存在就与它们的承认与否没有联系。换言之，新国家在国际法上的权利和义务，即国家的基本权利和义务，在其领土范围内和在不属于任何国家管辖的地方，如公海，可以享有和履行，不受承认影响。在这种意义上，宣告说似乎是有道理的，在理论上也是站得住脚的。但是在现实社会中，有哪个国家可以在不与任何其他国家发生关系的情况下生存呢？在当今国家之间的相互依赖性不断增强的国际社会里，这几乎是不可能的。可是，只要新国家与其他国家交往，就不能绕过承认问题。可以想象，在一个新国家出现之后，所有的现存国家都拒绝承认它，联合国也拒绝接纳它，它在国际社会的活动空间将是非常有限的，甚至可能是不能继续存在下去的。③ 这正是新国家出现后一般都渴望得到

---

① 参见〔英〕詹宁斯、瓦茨修订：《奥本海国际法》（第一卷第一分册），王铁崖等译，中国大百科全书出版社 1995 年版，第 96 页。

② 参见陈致中编著：《国际法案例》，法律出版社 1998 年版，第 119 页。

③ 后面要讲到的国际法上不承认原则的适用，结果就会是一个所谓的新国家不能继续存在，1931 年的"满洲国"，1965 年的"罗得西亚"都是被拒绝承认的例子。

现存国家的承认的原因,这也是为什么存在构成说的部分原因。

在国际层面上,即新出现的实体与现存国家之间的关系上,新国家出现后一般情况下都期待尽快尽多地得到现存国家的承认,后者也会在权衡各方面利弊关系之后在合理的时间内先后作出承认并开始与新国家进行交往。这里的"一般情况"是指新出现的实体,无论是新国家还是新政府,已经基本上无疑问地符合国际上一般接受的标准,承认后不会引起与现存其他国家,特别是与新出现的实体相关国家之间的正常关系。例如,两个国家合并成为一个新国家或一个国家解体后分别建立若干个新国家。又如,一个新政府已经彻底推翻了旧政府而且后者没有任何可能恢复掌权的迹象。总之,在情势比较明朗并且新实体符合标准时,现存国家一般都会在适当时候给予承认。

但是在现实国际社会生活中,新实体的出现往往是复杂、艰苦,有时甚至是武装斗争的结果。[①] 在一些特别的情况下,新实体的出现或正在出现是有争议的,而且争议一般都关系到与新实体直接有领土主权关系的现存国家,例如,因分离而建立的新实体的母国。在这种情况下,对新实体来讲,现存国家的承认就变得至关重要,而不仅仅是宣告性或证据性的。正是在这种情势不够明朗的情况下,国际法上的承认才有实际意义。[②] 总之,实际生活中的承认问题远比学者们想象的复杂得多,在实践中片面地适用上述任何一种学说都不能解决实际问题。[③]

(三) 不承认原则

如上所述,承认主要是一种政治行为。因此被承认者没有要求得到承认的权利,现存国家也没有承认的义务。这是因为现存国家承认与否是它们主权范围内的事,可以根据本国的政策自由作出决定。但是,国家在某些情况下却承担不承认的义务,国家的不承认义务来自国际法上的所谓不承认原则。

不承认原则是从不承认主义发展而来的。根据不承认主义,国家对于因非法使用武力而获得的领土或建立的国家不应予以承认。所谓"不承认主义"产生于 20 世纪 30 年代初。1931 年"九一八"事件后,日本侵占了中国东三省,并策划建立傀儡国家——"满洲国"。中国将这个问题提交到国际联盟行政院,在国联就如何处理这个问题进行辩论时,当时的美国国务卿史汀生为了对付日本,于 1932 年 1 月 7 日照会中日两国政府,声明不承认因违反《巴黎非战公约》中的

[①] 1971 年东巴基斯坦从巴基斯坦国分离成立孟加拉国就是内战的结果。参见 *The Events in East Pakistan*, 1971, A Legal Study, by the Secretariat of the International Commission of Jurists, Geneva, 1972, pp. 15—45。

[②] 例如,P. Malanzcuk 认为在事实清楚时,承认是宣告性的。"但是在情况不确定事实不清时,承认的证据价值可以发生决定性效果,这时承认是半构成性的。"参见 P. Malanzcuk, *Akehurst's Modern Introduction to International Law*, Seventh Revised Edition, Routledge, London and New York, 1997, p.84。

[③] 参见 Malcolm D. Evans, *International Law*, 5th ed., Oxford University Press, 2003, p.237。

义务和《国际联盟盟约》义务而产生的任何情势、条约或协定。① 不承认主义当时得到国际联盟的采纳,后者于 1932 年 3 月 11 日通过决议规定"成员国负有义务不承认通过违反《国际联盟盟约》和《巴黎非战公约》的方式产生的任何情势、条约和协定"。虽然美国当时的主张有其政治和军事利益背景,但它在国际上发生了积极的影响,成为国际法上承认制度的一种学说,即"不承认主义"。这一学说在后来美国与其他美洲国家签订的条约中有所体现。例如,1933 年 10 月 10 日的《互不侵犯及和解的非战公约》规定,缔约国承允不承认非依和平手段所取得的领土安排,或"以武力占领或取得领土的有效性"。

但是,该学说开始发展成为国际法上的一项原则是第二次世界大战之后的事,因为在那之前国际社会承认了一系列侵略的结果,例如,意大利对埃塞俄比亚帝国的武力征服、德国侵占捷克斯洛伐克等等。由于《联合国宪章》第 2 条第 4 款明确规定禁止使用武力或武力威胁,通过武力占领他国领土当然是非法的和不能得到承认的。因此,1948 年 4 月 30 日的美洲国家组织《波哥大宪章》第 17 条、1949 年 12 月 6 日联合国大会通过的《国家权利义务宣言草案》第 10 条以及联合国大会 1970 年 10 月 24 日通过的最著名的《国际法原则宣言》都对此作出了类似规定。2001 年国际法委员会二读通过的《国家对国际不法行为的责任条款草案》第 41 条再次确认了不承认原则。②

随着禁止使用武力或武力威胁的原则逐渐得到各国的接受并发展成为一项强行法规则,不承认原则也不断地在国际实践中得到适用。在这方面联合国安全理事会起着举足轻重的作用。国际社会在不承认方面的实践可以归纳为以下几个方面:

首先,对侵略造成的结果不予以承认,包括由于侵略造成的领土主权变更的情势、由于非法使用武力扶植的傀儡政权等。最近的例子是在 1990 年伊拉克侵略科威特并将其吞并之后,安全理事会通过第 662 号决议,宣布对科威特的吞并是无效的,并号召所有国家和组织不予以承认。③ 较早的例子还有 1974 年土耳其侵略塞浦路斯并于 1983 年 1 月宣布建立所谓独立国家"北塞浦路斯土耳其共和国"。安全理事会随即通过第 541 号决议宣布所谓独立国家在法律上无效并呼吁所有国家除塞浦路斯共和国外不要承认任何塞浦路斯国家。④ 事实上只有土耳其一个国家对其予以承认。但是,不承认原则的适用在实践中可能会出现

---

① 史汀生强调《巴黎非战公约》下的义务,因为该公约废除战争作为推行国家政策的工具,美国、中国和日本都是该公约的当事国。
② 根据这项条款,任何国家不得承认严重违背依国际强行法承担的义务所造成的情况为合法。
③ 1990 年 8 月 9 日第 662(1990)号决议(S/RES/662),参见联合国网站:http://daccessdds. un. org/doc/RESOLUTION/GEN/NR0/574/75/IMG/NR057475. pdf? OpenElement,2009 年 5 月 7 日访问。
④ 1983 年 11 月 18 日第 541(1983)号决议(S/RES/541),参见联合国网站:http://daccessdds. un. org/doc/RESOLUTION/GEN/NR0/453/82/IMG/NR045382. pdf? OpenElement,2009 年 5 月 7 日访问。

复杂局面。例如,在 2014 年 3 月克里米亚公投事件中,美国提出的不承认克里米亚公投结果的安理会决议草案由于俄罗斯的否决而未能通过。① 此外,1978 年越南侵略柬埔寨后建立的韩桑林政权以及 1979 年苏联入侵阿富汗后建立的卡尔迈勒政权均为侵略的结果,承认它们就等于承认侵略的合法性。

其次,对因违反《联合国宪章》和其他国际法原则而建立的实体或情势不予以承认。例如,1965 年 11 月 11 日,罗得西亚单方面宣布独立,第二天联合国安全理事会通过决议号召所有国家不承认这个非法的种族少数政权。10 天后,安全理事会再次表示这种独立的宣布不具法律效力并号召所有国家不予以承认。② 各国对联合国安理会的号召作出积极反应,承担了不承认的义务,一直到 1980 年罗得西亚真正获得独立,成立新国家——津巴布韦。

国际法院于 1971 年作出的关于纳米比亚的咨询意见更加促进了不承认原则在这方面的发展。国际法院以 13 票对 2 票完全肯定联合国安全理事会关于南非政权在纳米比亚的继续存在为非法的观点,指出:"南非有义务立即从纳米比亚撤出其行政机构。"法院并以 11 票对 4 票肯定:"联合国会员国有义务……不得作出含有承认这种存在及其行政机构的任何行为,特别是不得与南非政府进行具有上述性质内容的交往。"③

对于不承认国来说,不承认基于两方面的义务:第一是具体的条约义务,如果承认某新国家或新政府就违背了该国依条约承担的某项具体国际义务,例如,1932 年美国对"满洲国"的不予承认;第二是一般性国际义务,即基于禁止使用武力或武力威胁原则的义务,某新国家或新政府或其他情势的出现是违反该项原则的结果,各国负有不承认的义务。

不承认已经发展成为得到国际社会广泛接受的重要原则,含义主要是国家和国际组织有义务不承认由于使用武力或武力威胁而取得的领土的合法性,其中也包含通过违反《联合国宪章》和其他国际法基本原则的手段造成的任何实体或情势。

最后,应该特别强调的是,根据不承认原则的不承认与一般情况下根据各种政治考虑采取的不承认是完全不同的。两者的主要区别在于:根据不承认原则的不承认是基于一种国际义务,无论是基于具体条约义务还是一般国际法上的义务,国家没有自由决定的余地;然而一般情况下国家没有承认的义务,对一个

---

① 关于决议被否决的详细情况,参见:http://www.chinanews.com/gj/2014/03-16/5955072.shtml,2015 年 3 月 31 日访问。

② 1965 年 11 月 12 日第 216(1965)号决议(S/RES/216),参见联合国网站:http://daccessdds.un.org/doc/RESOLUTION/GEN/NR0/222/93/IMG/NR022293.pdf? OpenElement,2009 年 5 月 7 日访问。

③ 国际法院报告,1971 年,第 58 页,参见国际法院网站:http://www.icj-cij.org/docket/files/53/5595.pdf,2009 年 5 月 7 日访问。

新国家或新政府是否作出承认完全由国家从国家自身利益出发自由作出决定。当国家根据本国的政治、经济或其他利益的需要决定拒绝或暂时不承认某个新国家或新政府时,不承认是国家自由决定的结果。

二、国家的承认

一个新国家出现后,现存国家都面临是否对新国家予以承认的问题。新国家出现的场合有所不同,国家在处理承认问题时所应考虑的因素以及所采取的外交策略也不尽相同。

(一) 独立

20世纪六七十年代大量原殖民地、附庸国和被保护国纷纷获得独立,建立新国家,出现对新国家的承认问题。这些新成立的国家在相关国际文件中一般被称为"新独立国家"。作为被殖民统治和外国压迫的人民,根据国际法上的人民自决原则,新独立国家一般是通过武装斗争或其他方式,推翻殖民统治,摆脱宗主国的束缚,经过一段艰难历程才获得独立的。现存国家对这些新独立国家的承认问题与他们对民族解放运动的态度密不可分。

(二) 合并

合并是指两个以上的独立国家通过协议合并成一个新国家。国家合并的场合是复杂的,较新的例子是1990年民主德国与联邦德国合并成为现在的德国。从政治意义上,由于这两个国家在第二次世界大战以前原本就是一个国家,说它们是"统一",更为贴切。但是,在国际法上,特别是1973年分别成为联合国成员国以后,由于它们过去确实分别都是独立主权国家,所以说它们是"合并"或"东德并入西德"似乎更为确切。

(三) 分离

分离是指一个主权国家的一部分与母国脱离,成为一个新国家。对于在这种场合产生的新国家,现存国家在处理承认问题上都表现得比较谨慎,因为无论是过急的承认还是过迟的承认都可能造成外交上的被动局面。前者可能被相关的母国视为一种干涉行为,后者可能被新成立的国家视为至少是不友好的行为。因此如何把握好承认的时机是关键问题。1948年美国对以色列的承认以及1971年印度对孟加拉国的承认都被人们视为过急承认的例子,因为在这两个例子中,承认国都是在新国家存在的事实尚不明朗的情况下急于作出承认的。较近的例子是欧共体及其成员国以及奥地利和瑞士等国家1992年1月15日对克罗地亚作出的承认,因为实际上克罗地亚政府在被承认的几年之后才对其领土实行了有效统治。最新的例子应该是科索沃于2008年2月17日单方面宣布独立后某些西方国家作出的承认,有的是在当天或第二天作出的。

（四）分立或解体

分立或解体是指一国的几部分分别独立成为几个新国家。与分离不同，分立后，原来的国家不复存在，因此没有那样复杂。最近的国家分立的例子应该是苏联、南斯拉夫和捷克斯洛伐克的解体。苏联的解体过程比较复杂，因为波罗的海三国（拉脱维亚、爱沙尼亚和立陶宛）与其他加盟共和国不同，它们是1940年被苏联兼并的。大多数西方国家仅给予这种兼并以事实承认而在法律上承认它们是独立国家。美国一直拒绝承认苏联的兼并。因此，这三个加盟共和国不是根据加盟共和国之间的协议，而是在较早时宣布独立。值得注意的是，许多国家对于这三个国家的独立都是用"热烈欢迎波罗的海国家恢复它们1940年失去的主权和独立"来表态的。并且它们在宣布独立后的10天内，就得到国际社会的广泛承认。①

三、政府的承认

与国家的承认不同，政府的承认需要现存国家对新政府是否能够代表其国家作出一定判断。正是由于这个原因，目前许多国家采取回避政府承认的政策，以避免由于不得不对一个国家新政府的性质作出判断而带来的尴尬。

（一）政府承认的场合

新政府的出现一般有两种情况：一种是正常的依据宪法程序进行的旧政府与新政府的更迭；另一种是通过非宪法程序夺取政权，即通过政变或叛乱，推翻旧政府，建立新政府。正常的新老政府更迭不发生政府承认问题。例如，中华人民共和国每5年进行一次的全国人民代表大会换届选举产生的新政府，外国无需对根据宪法程序选举产生的新政府予以承认，一般的做法是发贺电或照会对新当选的政府表示祝贺。我国对于外国新当选的总统或国家元首也采取同样的方式表示我国的态度。随着通讯技术的迅速发展，直接通过电话表示祝贺已经成为比较普遍采用的表达方式。但是这些都与承认没有关系。对新政府的承认主要发生在因政变或革命而发生政府变更的场合。在这种情况下，相关国家的政治和法律秩序发生巨大变化，有时甚至伴随着暴力或武装冲突或内战。原来与旧政府之间的外交关系能不能继续维持？过去建立的政治和经济交往是否能够继续？要解决这些问题，决定对新政府承认与否就是必要的，因为解决这些问题的必要前提就是要解决是否接受新政府的问题。

在新政府完全取代旧政府的情况下，愿意继续维持两个国家之间的外交关系就等于对新政府的承认。但是有时情况要复杂得多，例如，1949年中国革命

---

① 参见 Roland Rich, "Recognition of States: The Collapse of Yugoslavia and the Soviet Union", 4 *European Journal of International Law* (1993), pp.37—38。

建立的新政府,虽然在中国绝大部分领土上取代了旧政府,但是后者并没有彻底消失。在这种情况下,现存国家所面临的问题要比是否接受新政府复杂得多,因此出现了所谓事实承认和法律承认的区别。历史上比较重要的几次政府承认问题包括:1789年法国革命、1917年俄国十月革命和1949年中国革命产生的新政府。本书将在后面对中华人民共和国中央人民政府的承认问题进行专门讨论,在此之前先讨论一下各国在这方面的一般实践。

(二) 政府承认的一般实践与"有效统治原则"

一般情况下,现存国家对于因政变或革命而产生的新政府都会本着"有效统治原则"作出是否予以承认的决定,而不考虑新政府的政权起源和法律依据。国家这样的实践基于几个方面的原因:首先,国际法没有规定国家的政府更迭必须按照宪法程序,因此只要新政府能够对其所代表的国家实行有效控制就可以承认它,而此种承认不违反国际法。但是如果新政府的产生是违反禁止使用武力或武力威胁等强行法规则的结果,就要适用国际法上的不承认规则。其次,国际法对一国政府的性质没有要求,无论一个国家的政府以民主的方式进行统治还是以其他任何方式,只要统治是有效的就可以承认,当然有一个不可忽视的条件,即政府的统治不能违反国际强行法规则,例如,禁止种族灭绝规则等。最后,在新政府实行有效统治后现存国家对其予以承认还有一个非常实际的考虑,即保护本国和侨民在该新政府控制的领土上的各方面的利益。

(三) 托巴主义与艾斯特拉达主义

所谓"托巴主义"(the Tobar Doctrine)或"正统主义"(Doctrine of Legitimacy)是指由厄瓜多尔外交部长托巴提出的关于强调新政府政权起源合法性的主张。托巴认为对于那些通过违反宪法程序的方式建立的新政府不能予以承认。他的主张得到一些中美洲国家的支持和采纳:20世纪初,几个中美洲国家于1907年和1923年先后签订条约同意遵循"托巴主义",在条约中规定各国承诺拒绝承认通过革命夺取政权并在事后没有谋求宪法正当性的政府。[1] 为了维护巴拿马运河区域的稳定,美国针对中美洲国家适用了这种政策。但是,美国总统威尔逊认为只要革命得到人民的支持就可以承认。因此"正统主义"在美国人看来已经转变为威尔逊政策,即所谓"威尔逊主义"(the Wilson Doctrine)。[2] 无论"托巴主义"还是"威尔逊主义",它们的核心思想是根据新政府的性质和法统渊源来作出是否予以承认的决定。换言之,这种对新政府承认的政策不仅不回避干涉内政的问题,而且直截了当地评判相关国家国内法律秩序并以此作为承认与否的标准。

---

[1] 参见 John O'Brien, *International Law*, Cavendish Publishing Limited, London, 2001, p.175。
[2] 参见 M. Shaw, *International Law*, 6th ed., Cambridge University Press, 2008, p.457。

所谓"艾斯特拉达主义"(the Estrada Doctrine)是与上述主张相反的学说,由墨西哥外交部长艾斯特拉达于1930年提出。艾斯特拉达认为拒绝承认新政府可能构成对内政的干涉,而且重要的不是承认而是维持外交关系问题。因此他宣布墨西哥今后仅限于保持或不保持与外国政府的关系,而不作出明示的承认。20世纪60年代以来,更多的欧洲和美洲国家放弃了明示承认新政府的方式,其中包括法国、比利时、英国和美国。上述国际实践表明,由于不同的原因,现存国家对新政府的承认趋向于采取默示承认的方式。但是非常具有讽刺意义的是,近年来一些西方大国对于某些国家按照宪法程序进行的大选结果明确表示不承认。①

四、对叛乱团体和交战团体的承认

对叛乱团体的承认与对国家和政府的承认都有一定的联系,因为如果叛乱成功,结果可能出现一个新国家或者建立一个新政府。在叛乱迅速结束的情况下,无论失败或成功都不发生对叛乱团体承认的问题。只有在叛乱是相对持久的情况下,现存国家才面临对叛乱团体承认与否的问题,因为叛乱团体占领和控制了一定的领土,这种占领已经达到影响现存国家在该国的商务或侨民的利益。实际上,对叛乱团体的承认仅表示承认国对叛乱团体的武装斗争保持中立态度,目的是保护在叛乱团体占领区域内本国商务和侨民的权利和利益。一旦叛乱团体与其本国政府的敌对行动达到了内战的程度,叛乱团体就可能取得交战团体的地位,从而发生对交战团体承认的问题。

对交战团体的承认实际上是承认国对交战团体的国际法地位的确认。这种承认的主要法律效果是战争法规的适用,因此确认内战的存在是必要的。对交战团体承认产生一定的法律效果,除要求交战团体遵守战争法规外,还要求它对其所控制的地区发生的国际不法行为承担国际责任;承认国将承认交战团体在其控制的领土上的权利,不再把他们的行为视为私人行为,并与他们保持一定的关系以便保护本国和本国侨民的利益。

五、中国与承认

承认这个原本就很复杂的问题与中国联系起来变得更加错综复杂,它的复杂性可以说是史无前例。正如已故陈体强教授所指出的那样:"事实上,没有任何一个国家像中华人民共和国一样,其承认问题表现得如此重要,并且如此的旷日持久和错综复杂。"②

---

① 参见曲星:"从'海德尔现象'说开去",载于《世界知识》2000年第5期,第20—21页。
② 陈体强:"中华人民共和国与承认问题",载于1985年《中国国际法年刊》,第3页。

首先，必须澄清一个重要问题，即对中华人民共和国的承认属于对新政府的承认，而不是对新国家的承认。这原本是一个简单的事实，但是如果将对新国家的承认与对新政府的承认混为一谈，就可能出现"两个中国"的错误概念。关于这个问题，毛泽东主席于1949年10月1日发表的《中央人民政府的公告》中向全世界人民郑重宣告："本政府为代表中华人民共和国全国人民的唯一合法政府。凡愿遵守平等互利及互相尊重领土主权等原则的外国政府，本政府均愿与之建立外交关系。"从《公告》的基本措辞可以明显地看出，中华人民共和国是过去旧中国的延续。中国共产党领导下的中国革命推翻了国民党政府建立了新政府，即中华人民共和国中央人民政府。至于"中华人民共和国"这个与"中华民国"不同的名称，仅仅是由于新政府所代表的中国在政治制度上发生了根本的变化而更换的国号而已。在通过革命或政变等非宪法程序的新政府建立后改变国号的情况在世界历史上并不少见，例如，"法国就经历了一系列的革命，从王国到共和国，后又从帝国到王国，最后又恢复为共和国"[①]，其中都涉及国号的改变。在这种情况下，虽然国家的政体发生重大变化，但是其在国际法上的国际人格没有变，国际社会的成员并不因此而增加或减少。因此，作为国际法主体，中华人民共和国就是中国，中华人民共和国中央人民政府是中国的新政府。中华人民共和国中央人民政府的建立对于中国的国际法主体资格没有任何影响。对中华人民共和国的承认，就是对中国新政府的承认。

其次，中华人民共和国中央人民政府是中国唯一合法政府，承认中华人民共和国中央人民政府就不能再承认至今仍存在于我国台湾地区的旧政府。这是中华人民共和国政府的一贯立场和原则，它对于避免"一个国家两个政府"具有十分重要的意义。这一立场在中国与美国建交的三个前提条件中充分体现出来。它们是：第一，断绝美国与台湾集团的外交关系；第二，终止美国与台湾国民党集团之间的所有条约；第三，从台湾撤出全部美国军队。[②] 1949年以来，中华人民共和国一直以"中华人民共和国中央人民政府是中国唯一合法政府，台湾是中国不可分割的一部分"作为处理中国与他国之间外交关系的原则。

六、承认的方式及效果

国家可以通过各种不同的方式表示对新国家或新政府的承认。承认可以是明示的，也可以是默示的；可以是法律上的，也可以是事实上的；可以是单独作出

[①] 参见陈体强："中华人民共和国与承认问题"，载于1985年《中国国际法年刊》，第6页。
[②] 已故陈体强教授将中国的这种外交实践称为"逆条件"的承认，并认为这是"有关承认的国际实践中的一个创新"。参见同上引文，第24—27页。

的,也可以是集体作出的。此外由于现存国家各种外交策略,还有附条件的承认等现象,尽管这种承认并不属于一般接受的承认方式,也在这里一并讨论。

(一) 明示与默示承认

明示承认是指通过直接和明白的语言文字表达出承认意思的承认,例如,通过发表声明或向被承认国或政府发照会或函电的方式明确表示承认的意思,又如在通讯技术如此发达的当今社会,通过电话或传真以及其他可以接受的方式都可以明白地表达承认的意思。

默示承认是指承认国并不明白地表示承认的意思,而是通过与新国家或政府实际的外交接触来表达承认的意图,例如,直接与新政府建立外交关系,缔结诸如和平友好条约或同盟条约等政治性条约。在对交战团体承认的情况下,宣布中立或类似的行为即构成默示承认。

与未被承认的国家或政府共同参加一个国际会议或国际组织,或者同为一个多边条约或国际公约的缔约国,并不构成默示承认,除非有相反意思的明确表示。但是,现存国家投票赞成一个新国家加入联合国当然构成默示承认。然而在国际实践中,一些国家为了消除误会,往往会在与未被承认的实体共同参加一个国际会议或国际组织,或者同为一个多边条约或国际公约的缔约国时,专门作出明确声明。例如,科威特和其他一些阿拉伯国家在签署、加入或批准《消除一切形式种族歧视国际公约》时声明它们的行为并不暗含对以色列的承认,因为以色列也是该公约的当事国。[①]

实际上,没有这种声明,其他国家包括未被承认的实体一般不会认为这种"共同参加"的行为构成默示承认。因此这种专门声明一方面是作出声明国家在承认问题上表现出认真和谨慎的态度,另一方面也说明该国注意在各种适当的外交场合行使自己的国家权利。同时,作出这种专门声明的国家也可能想向未被承认的实体或者与后者有直接利害关系的国家或实体传达与其外交策略相关的某种信息。

此外,在未被承认的实体有效控制的领土范围内保留一定的外交代表并与其保持某些必要的非官方接触,建立非完全的外交代表性质的机构,例如,美国承认中华人民共和国中央人民政府之前在中国建立的联络处,甚至高级官员之间的互访,都不构成默示承认。

最后应该指出,上述所谓"艾斯特拉达主义"以及20世纪80年代以后许多西方国家先后宣布不再作出对政府承认的决定而采取保持或不保持与新政府的外交关系的政策,在这种情况下,直接与新政府建立或保持外交关系的做法实际

[①] 参见 United Nations: Multilateral Treaties Deposited with the Secretary-General, Volume I, Part I, ST/LEG/E/20, p.152。

上相当于默示承认。

(二) 事实与法律承认

所谓事实(de facto)与法律(de jure)的承认是依被承认的实体本身的性质而言的,不是指承认行为的性质。因此,当一国宣布给予某实体以事实或法律上的承认时,意思是说该国认为被承认的实体是事实上或法律上存在的实体。法律的承认是完全的、正式的承认,具有永久性,只要被承认的实体继续存在,承认就一直有效,即使外交关系中断,也不意味着承认的撤销。

事实承认是非正式的、暂时的承认。如果现存国家对于新国家或新政府能否长期有效地在其所控制的领土上行使权力,或者能否真正地掌握其所夺取的政权并能代表其本国独立地行使权力尚存有疑问,或者出于其他方面的考虑,一般先给予事实上的承认,以观事态的发展,然后再决定是撤销还是给予法律上的承认。

例如,第一次世界大战后,一些像芬兰、拉脱维亚和爱沙尼亚那样的新国家,就是先得到事实承认,待领土问题全部解决后才得到法律上的承认。某些情况下,现存国家完全出于政治和外交方面的考虑决定给予某些新实体或情势以事实承认或法律上的承认。例如,对于1940年苏联兼并波罗的海三国的情势,许多西方国家采取的立场是,给予这种兼并以事实上的承认,同时仍然承认波罗的海三国为法律上的独立国家。①

(三) 单独与集体承认

一般情况下,承认的行为是由国家单独作出的,即所谓"单独承认",但也不能排除"集体承认"的情况。例如,1878年参加柏林会议的列强根据《柏林条约》对门的内哥罗(黑山)、塞尔维亚和罗马尼亚的承认。这种明确表达承认意思的集体行为构成集体承认。相反则一般不构成集体承认。例如,上述默示承认的例子中讲到的联合国接纳新的会员国的情况,投反对票和弃权票的少数会员国并不因为某新国家最终被接纳为联合国会员国,而因此承认该新成员国为新国家,因为联合国接纳新会员国的集体行为不能构成集体承认。尽管那些没有投赞成票的成员国在联合国组织的范围内必须根据《联合国宪章》的规定处理它们与该新会员国之间的关系,但这并不影响在联合国以外它们之间的关系。换言之,联合国接纳一个实体为新会员国仅仅是该组织为此目的作出的集体决定,而一个国家承认一个实体为国家仍然是承认国单方面的行为(无论承认是通过投票赞成该实体参加联合国还是通过其他默示或明示方式表达),承认的

---

① 这种所谓暂时性的事实承认一直持续到波罗的海三国于20世纪90年代初宣布独立。因此,一些欧洲共同体成员国于1991年8月27日对于这三个国家的独立发表声明时没有用"承认"二字。只有美国一直坚持不承认苏联当年的兼并。参见 Roland Rich, "Recognition of States: the Collapse of Yugoslavia and the Soviet Union", 4 *European Journal of International Law* (1993), p. 38。

结果仅仅在承认国与被承认国之间产生。① 但是,关于这个问题在学者中仍然存有争议,尽管持反对意见的属于少数。

20世纪90年代初,苏联和前南斯拉夫解体后,欧共体专门通过决议制订承认新国家的指导方针②,作为该机构对其成员国承认行为的一种协调,承认行为依然是各个成员国单独作出的,不属于集体承认行为。

（四）附条件的承认

附条件的承认也是历史上常见的现象,这种现象凸显了承认行为政治性的一面。所谓附条件的承认是指现存国家在承认新国家或新政府之前向他们提出一些具体条件,只有在条件满足时才给予承认,而且所提出的条件一般都与现存国家的自身利益紧密相关。例如,根据1933年《利特维诺夫协议》,美国承认苏联的条件是后者不能损害美国的内部安全并且必须满足其所有财政方面的权利要求。③

陈体强教授所谓的"逆条件承认"与附条件的承认有一定联系。"逆条件"是指被承认实体向承认国提出条件,不满足条件则承认就不能成立或者只能是不完全的承认。陈体强教授的"逆条件承认"以中国的外交实践为基础,他甚至认为这是"中华人民共和国对承认法作出了创新的贡献"。他指出"中华人民共和国不仅拒绝按照其他国家提出作为承认的代价而提出的条件行事,甚至规定出它自己的有关承认的条件———一种'逆条件'的承认"④。但是必须指出,承认和建交是不同的。承认是国家的单方行为,而建交则是两个国家之间的双方行为。换言之,现存国家对新国家或新政府作出承认无需与后者协商,但是建交则必须通过协商才能达成。历史上附条件承认现象存在的原因正是由于承认是现存国家的单方行为,作为国际社会旧有成员的大国利用承认让新国家为得到它而付出代价。为了得到现存国家的承认,许多新出现的小国往往会服从为承认附加的条件。苏联和南斯拉夫解体后,欧共体及其成员国对那些新国家的承认也附加了条件。但是,从它们提出条件的目的来看,似乎与历史上的附条件承认有很大区别。历史上的附条件承认是为了与被承认国讨价还价为本国获取利益;欧共体及其成员国提出的条件则是要求被承认国实行民主制度和尊重人权,

---

① 参见 Malcolm D. Evans, *International Law*, 5th ed., Oxford University Press, 2003, pp.253—254。
② 参见:"Declaration on the 'Guidelines on the Recognition of New States in Eastern Europe and in the Soviet Union'"(16 December 1991)全文可参见 UN Doc. A/46/804, Annex, p.2: http://www.un.org/en/ga/search/view_doc.asp? symbol = A/46/804, 2015年5月22日访问。
③ 参见同上引书,第387页。
④ 陈体强:"中华人民共和国与承认问题",载于1985年《中国国际法年刊》,第24页。

目的不是为本国谋取利益。①

(五) 承认的效果

一般情况下,承认一经作出就意味着接受新国家为国际社会成员的地位,承认它作为一个国家所具有的各种权利和义务;对新政府的承认意味着承认国将与新政府全面地开展外交关系,表明承认国认为新政府在国际关系中是有关国家的代表,它的行为在国际法上是有效的。承认产生一系列政治和法律效果,主要包括:

1. 承认为建交奠定基础。承认是建交的前提,在默示承认的情况下也是这样。承认意味着承认国和被承认国间正常外交关系的开始。一般情况下,承认一个新国家或新政府,随之而来的就是建立或保持外交关系。但是因为建交是承认国与被承认国或政府双方的行为,有时承认之后并不一定很快就能建立外交关系。例如,以色列1950年承认中华人民共和国中央人民政府,但两个国家之间没有随之建交,而是在四十多年之后才建立了外交关系。原因是当时中国不承认以色列为一个新国家。②

2. 被承认国作为国际法主体所享有的一切权利应得到承认国的尊重。承认一经作出,承认国对被承认国的国内法律法令和司法判决的效力应予以尊重;被承认国或政府及其财产在承认国的法院享有豁免权,即新国家或新政府及其国家财产不能成为被告,除非新国家或新政府放弃豁免权。相反,未被承认的国家或政府不能在一国法院主张管辖豁免,不能从国际私法的角度要求外国法院承认其立法和司法行为的效力,也不能作为原告在一国法院提起诉讼。这些是不予承认在英国和美国法院引起的一般后果。③

3. 承认国承认被承认国或政府在国际上的独立和平等地位。承认国承认被承认国或政府独立平等地参加国际关系和进行双边和多边外交的权利以及在国际会议和国际组织的合法代表席位。应该特别指出的是,对新政府作出法律承认就意味着对旧政府的承认的撤销。这种撤销实际上是由于旧的政权组织作为政府已不复存在,使过去对它的承认失去意义因而失效的结果。对于承认国来说,对一个新政府作出承认就意味着它承认该政府是该有关国家的唯一合法政府,在国际上代表其本国,享受一切应有的权利,包括对处于国内外的国家财产的所有权、在国际组织或国际会议的代表权等等。

---

① 参见:"Declaration on the 'Guidelines on the Recognition of New States in Eastern Europe and in the Soviet Union'"(16 December 1991) 全文可参见 UN Doc. A/46/804, Annex, p.2; http://www.un.org/en/ga/search/view_doc.asp? symbol = A/46/804, 2015 年 5 月 22 日访问。

② 关于中国与以色列之间的承认实践,详见陈体强:"中华人民共和国与承认问题",载于1985年《中国国际法年刊》,第28页。

③ 参见 Ian Brownlie, *Principles of Public International Law*, Oxford University Press, 2003, pp.95—96。

4. 承认具有追溯的效果。无论法律承认还是事实承认都有追溯的效果,即承认国要承认被承认的新国家或新政府从其建立之日,所具有的国际权利和义务,特别是承认国的法院将被承认的新国家或新政府在国内的行为,包括立法、司法和行政等行为,视为从其成立之时起就具有法律效力。简言之,承认不是仅对承认之后的新国家或新政府的行为产生效果。承认的追溯效果基于维持被承认的新国家或新政府国内法律体系的连续性和稳定性。此外,使承认具有追溯力也有外交便利的考虑。特别是在对新政府的承认情况下,如果承认没有追溯力,承认之前新政府关于没收财产的立法行为可能由于没有法律效力而成为"盗窃和掠夺"行为。[①] 关于承认的追溯效果的经典案例是"路德诉萨戈"案(Luther v. Sagor,英国高等法院,1921 年)。本案中的原告本来拥有一个木材厂,1919 年该厂被苏维埃俄罗斯政府国有化。1920 年,被告从苏维埃俄罗斯政府手中购买了一批该厂生产的木材。原告起诉向法院要求该批木材的所有权,认为苏维埃俄罗斯政府国有化的行为不应该被承认。案件初审时,英国还没有承认苏维埃俄罗斯政府,法院判决支持了原告的诉求。但当案件到达上诉法院时,苏维埃俄罗斯政府已经得到了英国政府的事实承认。法院认为此承认行为应该自苏维埃俄罗斯政府取得对国家的有效控制之日起即生效,即 1917 年 12 月。因此,国有化的法令就是一个主权国家政府的有效法令,效力应该得到英国法院的承认。从而,上诉法院判决推翻了原判决。[②]

第四节 国家的继承

一、概述

国际法上的继承是指国际权利和义务由于一个国际人格者发生某些变化而从该国际人格者转向另一个国际人格者而发生的法律关系的转移。继承本是国内法上的概念,一般是指对于死者生前权利和财产的承受。将国内法上这一继承概念运用到国际法上有一定的变化,因为作为国际法主要主体的国家与国内法的主体自然人在消亡的问题上有很大差别。如果说某国家消亡了,实际上是指该国家被另一国家或一些国家所代替,而不是说该国家在地球上完全消失了。因此国家的消亡是指一国际人格者发生变化,而且这种变化还可能是不同程度的,有完全的,也有部分的变化,无论如何都发生国际法上的继承问题。

与国内法相比,国际法上的继承要复杂得多。从继承的主体来看,国际法的

[①] 参见 Lauterpacht, *Recognition in International Law*, Cambridge University Press, 1947, pp.59—60。
[②] Tim Hillier, *Principles of Public International Law*(Second Edition), Cavendish Publishing Limited, 1999, pp.102—103。

继承主要是国家的继承,此外还有政府的继承和国际组织的继承。从继承的对象来看,主要包括对条约的继承和条约以外事项的继承,即国家财产、国家债务、国家档案等事项的继承。

从国际实践来看,由于领土变更而发生国家继承的场合大致可以分为:第一,领土转让或交换领土;第二,合并;第三,分离或解体;第四,新独立国家,即原来的附属国或非自治领土或殖民地获得独立后建立的新国家,这是《关于国家在条约方面的继承的维也纳公约》作出定义的专有名词,与通常所说的新国家有一定的区别。

目前,国际法上尚不存在任何普遍适用于各种继承情况的国际公约来对国家和政府的继承作出规定,只有两个关于条约和条约以外事项国家继承的国际公约:《关于国家在条约方面的继承的维也纳公约》于1978年8月23日订于维也纳,于1996年11月6日生效;《关于国家对国家财产、档案和债务的继承的维也纳公约》于1983年4月8日订于维也纳,目前尚未生效。[①] 这两个公约是我们讨论国家和政府继承的基础。此外,联合国大会于2000年12月12日通过了一项题为《国家继承涉及的自然人国籍问题》的决议。该决议的主要内容涉及国家领土变更对自然人国籍的影响,本书将在第九章中涉及。

二、条约的继承

条约继承是指被继承国的条约对继承国是否继续有效或被继承国根据条约享有的权利和承担的义务是否转移给继承国的相关制度。

被继承国与继承所涉及的领土之间存在的联系是考量是否继承的基本标准。但是在条约继承方面,并非所有与领土有联系的条约都必须继承。一般的实践是,"人身条约"不继承。所谓"人身条约"是指被继承国以一个国际人格者的资格签订的纯属政治性的条约,如和平友好条约、友好同盟条约、中立条约等等。因为"人身条约"随着缔约国的存在而存在,缔约国消失了,这类条约就随之失去任何意义。即使在部分领土变更的情况下,被继承国依然存在时,这种涉及国家对外关系的政治性条约也不在继承之列。应该继承的是那些"非人身条约"或称为"处分性条约",如划界条约、边界河流或湖泊的管理条约和其他与陆地、河流、公路、铁路相关的条约或协定等。但是有一些条约介于这两者之间,例如,引渡条约、商务协定等,学者们对于这类条约是否继承存有争议。

在转让和交换领土的情况下,条约继承比较简单。在国家继承日期,即被继

---

① 截至2015年7月21日,该公约只有7个签字国和7个参加国,然而按照该《公约》第50条的规定,第15份批准书或加入书交存后的第30日公约才能生效。参见:https://treaties.un.org/pages/ViewDetails.aspx?src=TREATY&mtdsg_no=III-12&chapter=3&lang=en,2015年7月22日访问。

承国对国家继承所涉领土的国际关系所负的责任由继承国取代的日期,被继承国签订的条约在所涉领土失去效力,继承国的条约开始生效。

两个或两个以上的国家合并建立的新国家,作为继承国,对被继承国签订的条约应当继承,但条约的适用范围由继承国决定。如果没有向第三国作出相反意思的明确表示,原来对被继承国有效的条约,继承之后的效力范围仍限于原来的领土范围。

分离和解体的情况在继承问题上类似,所不同的是,分离之后,原来的国家继续存在,而解体之后,原来的国家消失。在条约继承方面,这两种情况适用相同的规则:原来对被继承国的全部领土有效的条约应继续对继承国有效,原来仅对部分领土有效的条约,则仅对与该部分领土有关的继承国继续有效。

根据《关于国家在条约方面的继承的维也纳公约》的规定,上述四种情况下条约的继承虽有不同,但一般遵循两项原则:第一,凡与继承所涉领土有关的非人身条约都应继承,继承后的条约适用范围仍限于条约原来适用的范围,除非继承国与条约的其他当事国另有协议。第二,如从条约可知或另经确定,条约对继承国或对继承国全部领土的适用不合条约的目的和宗旨或者根本改变实施条约的条件,可以作为例外。

与上述几种情况不同,新独立国家在条约的继承问题上适用特殊的规则,这主要是由新独立国家与被继承国之间的特殊关系决定的。一般认为,它们不受原宗主国签订的所有条约的拘束,其中包括适用于或专门适用于继承所涉领土的条约。这种从头开始的主张,后来发展成为所谓"白板规则"(the clean slate rule)。1978年《关于国家在条约方面的继承的维也纳公约》第16条规定:"新独立国家对于任何条约,不仅仅因为在国家继承日期该条约对国家继承所涉领土有效的事实,就有义务维持该条约的效力或成为该条约的当事国。"换言之,新独立国家对于这些条约有权决定是否继承。对于这样的多边条约新独立国家如果决定继承,可以发出书面的继承通知,确立其成为该公约当事国的地位。在发出继承通知时,新独立国家还可以在该公约本身允许的情况下对该公约作出适当的保留。对于双边条约,新独立国家可以与另一条约当事国协商同意,或通过两国默示行为同意该条约在新独立国家与该另一当事国之间继续有效。但应当指出,新独立国家与另一当事国间的条约关系,并不能解释为在新独立国家与被继承国之间也存有条约关系。

在国际实践中,为解决新独立国家的条约继承问题,作为继承国的新独立国家常常与原宗主国签订"移交协定"。虽然这种协定的法律效力并不太清楚,两个相关国家对条约继承的态度至少可以在某种程度上得到澄清。不过也有一些新独立国家采取单方面声明的方式来表达它们对原宗主国条约的态度,它们一般都允许这些条约在一定时间内暂时适用,在此期间内再作出将来是否继承的决定。

在政府继承的情况下,实践证明新政府一般都根据条约的具体内容作出是否继承的决定。1917年建立的苏维埃政权废除了沙皇政府和资产阶级临时政府所缔结的不平等条约,继承了在平等基础上的有关善邻关系的条约和其他平等条约。中华人民共和国中央人民政府建立后,新政府在条约继承方面采取的原则是:既不认为一切旧条约继续有效,也不认为一切旧条约当然无效,要根据条约的内容和性质,对各项条约逐一进行审查,然后再作出具体决定。1949年《中国人民政治协商会议共同纲领》第55条规定:"对于国民党政府与外国政府所订立的条约和协定,中华人民共和国中央人民政府应加以审查,按其内容,分别予以承认,或废除,或修订,或重订。"根据这个规定,对于任何旧条约,在未经中国政府承认之前,外国政府不得以此为根据向中华人民共和国提出任何权利主张和要求,更不能根据不平等条约要求任何特权。条约的继承包括多边条约和普遍性国际公约的继承。中华人民共和国政府对条约的继承同样适用于国际公约。

三、条约以外事项的继承

条约以外的事项主要包括国家财产、国家档案和国家债务。根据1983年《关于国家对国家财产、档案和债务的继承的维也纳公约》的规定,国家财产是指按照国家国内法的规定为该国所拥有的财产、权利和利益。国家财产的继承就是被继承国把对国家财产的权利转移给继承国。这种继承发生在国家继承日期,而且一般不予补偿。位于被继承国领土范围的第三国国家财产不受影响。被继承国应采取一切措施防止被继承国的财产遭到损害或破坏。国家财产分为动产和不动产,1983年《关于国家对国家财产、档案和债务的继承的维也纳公约》对不同的国家继承场合分别作出规定。

(一)关于国家财产的继承

在转让和交换领土的情况下,继承国与被继承国应首先通过它们之间的协议解决财产继承问题。如无协议,位于继承所涉领土内的被继承国的国家不动产应转属继承国。那些与被继承国对国家继承所涉领土的活动有关的国家动产也应转属继承国。

国家合并场合下的国家财产继承比较简单,因为合并之后,原来的两个或两个以上的国家就成为一个新国家,财产的继承问题是该新国家的国内问题。

在分离和解体的场合,除继承国与被继承国之间订有协议外,位于国家继承所涉领土内的被继承国国家不动产应转属继承国;那些与被继承国对国家继承所涉领土的活动有关的国家动产应转属继承国;其他国家财产应按公平的比例转属继承国。在解体的场合,位于被继承国领土外的国家不动产,应按照公平比例转属继承国。另外,由于国家继承引起的被继承国与继承国之间公平补偿的问题不受上述规则的影响。

新独立国家在财产继承方面也同样采取特殊原则。由于继承国与被继承国之间的特殊关系,国家财产的继承不以有关国家之间的协议为前提,而以"各国人民对其财富和自然资源享有永久主权"为原则,即使有关国家之间订有协议,也不能违反这项原则。

在政府继承的情况下,旧政府的国家财产,无论是什么形式的,也无论在继承日期处于国内还是国外,都应转属新政府。苏维埃政府根据1918年1月28日全俄中央执行委员会颁布的法令,继承俄国政府在国外的一切财产和权益,其中包括俄国在外国的动产和不动产、俄国驻外代表机构的馆舍、财产等。中华人民共和国的新政府对于前政府在国内外的财产享有不可剥夺的继承权。自1949年10月1日起,当时属于中国的国家财产,无论是在国内还是在国外,无论是动产还是不动产,都应由中华人民共和国政府继承。对此中国新政府曾经多次作出声明。

(二)关于国家档案的继承

根据1983年公约的规定,国家档案是指为执行国家职能而编制或收集的,而且在国家继承日期按照被继承国国内法的规定属于国家所有的,并出于各种目的作为档案直接保存或控制的各种日期和种类的一切文件。国家档案的继承意味着被继承国对有关档案的权利的丧失与继承国相应权利的取得。与国家财产不同,国家档案一般具有不可分割的特征。要保持其完整性,就不能在被继承国和继承国之间或继承国之间公平加以分配。但是国家档案的可复制性特点又可以解决这个问题。

(三)关于国家债务的继承

国家债务是指国家在国际上按照国际法对他国、国际组织或任何其他国际法主体所负的财政义务。国家债务的继承意味着被继承国对继承所涉财政义务的结束和继承国这种义务的开始。国家债务的继承对债权人的权利和义务不发生影响。国家对外国法人和私人所负的债务以及国家内部的地方当局对其他国家所负的债务,不在国家继承的范围之内。但"地方化债务",即由国家承担的但在国内适用于某个地方的债务,属于国家债务,因此应当继承。不在继承之列的债务还有"恶意债务",即在形式上似乎是国家债务,但在性质上是违反国际法基本原则的债务,如征服债务或战争债务等。例如1919年6月28日制定的为了解决德国战争后果的《凡尔赛和约》,根据第254条,对于取得原德国领土的国家,只需要按比例继承1914年战争爆发前德国政府的债务,战争爆发后发生的所有债务都被视为是战争债务而无需继承。[①]

---

① 参见:Christoph G. Paulus, The Evolution of the "Concept of Odious Debts", ZaoRV 68(2008), p. 398. http://www.zaoerv.de/68_2008/68_2008_2_a_391_430.pdf, 2015年6月5日访问。

国家债务的继承在国家合并的场合比较简单,被继承国的债务应转属继承国。在领土转让和交换领土、分离或解体的场合,首先应按有关国家之间的协议来解决,如无协议,应按公平的比例转属继承国,同时应特别考虑到与这些债务有关的转属继承国的财产、权利和利益。新独立国家作为继承国时,对被继承国的任何债务都不应继承。但是,如果继承国与被继承国之间订有协议则属例外,但这种协议不得违反各国人民对其财富和自然资源享有永久主权的原则,协议的执行也不应危及新独立国家经济上的基本均衡。

在政府继承的情况下,对于前政府的债务,苏维埃政府采取了一律不继承的政策。该政府于1918年1月28日全俄中央执行委员会颁布法令,无条件和无例外地废除沙皇俄国和资产阶级临时政府所承担的一切外债。

中华人民共和国政府对前政府外债的政策是,根据债务的性质和具体情况区别对待。对于"恶意债务"一律不继承,对于合法债务,通过与有关国家协商解决。在政府继承的情况下,"恶意债务"还包括旧政府为进行内战、镇压国内革命运动向外国请求援助而承担的债务。对于这样的"恶意债务",中华人民共和国政府有权拒绝继承。[①]

第五节 国际组织和其他非国家实体在国际法中的地位

虽然国家在国际关系中的主导地位是不能否认的,但是国家作为国际法的唯一主体的局面已经被打破。国际法上的一切均由国家所引起并最终归结于国家的状态受到来自许多方面的挑战。国际组织、争取解放的民族、非政府组织、甚至跨国公司等许多非国家实体都在不同程度上参与国际关系,在国际法中扮演着不同的角色。

一、国际组织

国际组织(international institutions, international governmental organizations, IGOs)是指国家间或政府间的组织。第二次世界大战之后,随着国际组织的不断增多,特别是联合国组织及其专门机构在国际政治、经济、社会和文化各个领域发挥着重要作用,国际组织在国际法中的地位和作用受到越来越多的重视。特别是在1949年国际法院作出"关于为联合国服务而受损害的赔偿问题"的咨询意见[②]之后,国际组织的国际法主体资格逐渐得到普遍确认。

1948年9月17日,瑞典人贝多特男爵,作为联合国调解巴勒斯坦纠纷的调解人,被一群以色列恐怖主义分子杀害,而且由于以色列警察采取措施迟缓,罪

---

① 案情可参见段洁龙主编:《中国国际法实践与案例》,法律出版社2011年版,第35—37页。
② 关于该咨询意见,参见陈致中编著:《国际法案例》,法律出版社1998年版,第12—15页。

犯未受到追捕和查明。为此,联合国大会就下述两个问题请求国际法院提出咨询意见:第一,联合国作为一个组织,在其人员执行职务而受到损害时,能否向该国提出赔偿要求,就联合国和受害者或受害者授权的人所受的损害取得损害赔偿。第二,联合国的保护性权力如何与受害者本国的权力协调。

国际法院于1949年4月1日作出咨询意见。对于联合国能否提出国际求偿的问题或联合国是否具有国际人格的问题,国际法院一致作出肯定的答复。国际法院认为,联合国可以被认为是能够承担国际权利及义务的国际法主体。因此国际法院对于第一个问题的第一部分得出的结论是,联合国能够向对联合国本身造成损害的会员国提出赔偿要求。关于联合国能否为受害者和受害者授权的人提出赔偿要求的问题,国际法院也作出了肯定的答复。国际法院"关于为联合国服务而受损害的赔偿问题"的咨询意见对于确认国际组织的国际法主体资格具有重要意义。

国际实践表明,像联合国那样的国际组织确已具备国际法主体资格。国际组织与国家之间并在它们自己之间能够签订条约或协议;它们的官员在第三国领土内享有与外交代表基本相同的特权和豁免;当它们的权利受到侵害时,有能力在国际上提出赔偿要求。但是,正如国际法院在1949年"赔偿"案咨询意见中所指出的,承认联合国那样的国际组织的国际法主体资格并不等于说它们就是国家。它们的权利和义务是有一定范围和局限的,因为国际组织是根据组织成员之间的协议为一定目的建立的,它们不是超国家的,它们的权利和义务以该协议为基础,并且取决于该组织特定的目的和职能。

二、争取解放的民族

代表一个民族从事反对殖民统治、争取独立解放斗争的政治实体产生于第二次世界大战之后,主要是在亚洲、非洲和拉丁美洲。这些政治实体的目标从最初的反殖民统治扩大到反对种族主义和外国的统治,形成了席卷全球的民族解放运动。它们所代表的"民族"一般称为"争取解放的民族"或"争取独立的民族"。它们的国际法主体资格逐渐得到国际社会的承认。

争取解放的民族在它们取得国际法主体资格之前有的确实已经控制了部分领土,如阿尔及利亚的民族解放阵线以及津巴布韦和西撒哈拉的解放运动,但是在众多的民族解放运动中那只是少数。因此,与叛乱团体不同,它们获得国际法主体资格的法律依据不是对领土的有效控制,而是民族自决原则。民族解放运动组织在国际社会中的活动,如参加国际会议、与现存国家进行国际交往、签订条约或协议、派遣和接受外交使节等,都是依据"所有民族均享有自决权,根据此种权利,自由决定其政治地位及自由从事经济、社会与文化之发展"这项国际法原则。

争取解放的民族多数可能正在向独立国家过渡,还有一些也可能正在考虑与另一个独立国家合并或者成为某个国家的一部分。① 作为一个为摆脱殖民统治或外国压迫而斗争的政治实体,争取解放的民族是一个国际人格者,在国际法上行使着国家所享有的某些权利,如派遣和接受外交使节、参加国际谈判和国际会议、参与国际组织的活动;在民族解放战争中适用战争法规则,接受其他国家和国际组织的援助等等。但是,与国家相比它们在国际法上享有的权利和承担的义务还是比较有限的,并且它们的国际人格者地位是暂时的,一旦它们获得了独立而成为独立国家或与他国合并或成为他国的一部分,这种形式的国际法主体资格即告结束。

三、非政府组织

(一)非政府组织的定义

非政府组织(non governmental organizations, NGOs)是指并非由国家单独或通过国家之间的协议共同建立的、其组织成员不是国家或政府而是个人或民间团体的非营利性的组织。② 这个定义排除了大量的跨国公司以及其他以营利为目的建立的非国家实体。由于这些非国家实体以不同的方式活跃在国际关系中,将在后面分开讨论。符合这个定义的非政府组织仍然数以千万计。其中最著名的要属红十字国际委员会、绿色和平组织、医生无国界组织和大赦国际等在相关领域对国际社会的发展影响最大的组织。

(二)非政府组织的种类

按组织成员的地理分布,可以把非政府组织分为全球性、区域性和国内的。上述那些著名的非政府组织都是全球性的,即它们在几乎所有国家都有相应机构,它们的成员普及全世界。此外还有很多区域性的和国内的非政府组织。

按照组织活动的不同领域,非政府组织可以分为政治、法律、人权、环境、妇女、儿童、教育、文化、艺术等等组织。几乎国际社会生活的各个领域都有非政府组织的存在。③

---

① 1960年联合国大会通过的1541(XV)号决议中指出,非自治领土可以通过成为主权独立国家、与一个独立国家联合或并入一个独立国家的方式而取得全面自治。参见该决议附录二:《关于指导会员国确定是否存在根据联合国宪章第73条戊款传递信息义务的原则》,载于白桂梅著:《国际法上的自决》,中国华侨出版社1999年版,第253页。

② 参见 P. Malanczuk, *Akehurst's Modern Introduction to International Law*, Seventh Revised Edition, Routledge, London and New York, 1997, p.96. 关于非政府组织的定义可以参见 Stephan Hobb, "Global Challenges to Statehood: The Increasingly Important Role of Nongovernmental Organizations", 5 *Ind. J. Global Leg. Stud.* 191 (1997), p.194.

③ 关于非政府组织的种类参见 Karsten Nowrot, "Legal Consequences of Globalization: The Status of Non-Governmental Organizations under International Law", 6 *Ind. J. Global Leg. Stud.* 579 (Spring, 1999), pp.589—590.

按照组织活动的性质,还可以把非政府组织分为学术性和实务性的,前者可以国际法研究院为例;后者的例子很多,特别在国际人权和国际环境保护领域。但是这种分类可能带有一定的武断性,因为许多非政府组织都是既进行学术研究又从事实务活动,只是在某个方面有所侧重而已。

(三) 非政府组织在国际法上的作用

从国际法发展的角度来看,非政府组织发挥的作用主要有两个方面:即国际法的制定和实施。特别是在国际人权和环境保护方面,它们的作用尤为突出。在国际法的制定方面,非政府组织通过参与起草国际公约的谈判并提出意见和建议直接对国际法的进步发展发挥着推动作用。例如,在国际环境保护方面,非政府组织参与了《濒危野生动植物物种国际贸易公约》《世界遗产公约》和《生物多样性公约》的准备工作。在国际人权保护方面,非政府组织参与国际公约制定过程的情况更加普遍,《酷刑公约》《消除对妇女一切形式歧视公约》《儿童权利公约》等等重要国际人权公约的制定过程都有非政府组织不同程度的推动和参与。在国际人道法方面,比较典型的例子是 1997 年签订《禁止杀伤人员地雷公约》。红十字国际委员会以及其他非政府组织对于该公约的签订以及公约的实施均发挥了重要推动作用。

此外,非政府组织通过参与国际会议的"影子会议"(shadow conference)[①]以及参加国际组织的某些活动,也对国际法在相关领域的变化和发展起着推动作用。例如,1992 年在里约热内卢召开的联合国环境与发展大会,与其同期举行的是由约两千个非政府组织参加的"全球论坛"。在政府代表举行会议的同时,非政府组织利用旁听和"全球论坛"提出它们自己的"条约草案"对政府施加影响。1995 年在北京召开的第四届世界妇女大会也有一个"影子会议",即在北京郊区怀柔举行的"非政府论坛"。虽然第四届世界妇女大会上没有通过任何国际公约,但是会议通过的《北京宣言》和《行动纲领》中的许多内容反映了非政府组织的呼声。非政府组织对"软法"的产生所发挥的推动作用更是不容忽视的。[②] 这方面较早的例子是 1948 年《世界人权宣言》的通过。[③]

在国际法的实施方面非政府组织也发挥着积极作用。它们发挥作用的方法和途径是多种多样的,包括直接援助国际组织的工作和监督缔约国对国际公约的履行。在援助国际组织的工作方面,国际环境法领域的非政府组织的作用尤

---

① 所谓影子会议是指与政府间国际会议同时并同一地点召开非政府组织会议或论坛,影子会议已经成为非政府组织参与国际关系的一个重要形式。

② 参见 Karen Knop, "Feminist Inquires into International Law", 3 Transnat'l L. & Contemp. Probs. 293, pp. 308—317。

③ Daniel C. Thomas, "International NGOs, State Sovereignty, and Democratic Values", 2 Chicago Journal of International Law 389 (Fall, 2001), p. 391.

为突出。一些国际公约明确赋予非政府组织以观察员地位或授权非政府组织援助秘书处的工作。① 非政府组织在监督缔约国履行国际公约义务方面发挥着其他实体无法替代的作用。它们通过进行调查、分析、研究并公开国家违反国际法的行为,督促国家履行国际义务,特别是国际人权公约的义务。例如,在联合国人权理事会的普遍定期审查制度和条约机构的缔约国报告制度中,非政府组织通过撰写影子报告的方式协助国际人权机构的工作并督促国家履行国际义务。

(四) 非政府组织的法律地位

目前国际法上并没有任何关于非政府组织的建立及其法律地位的统一规定。非政府组织都是根据其所在国家的国内法建立的,法律地位也由国内法加以规定。因此它们在法律上主要是通过国家间接地与国际法发生关系。一些国际组织通过组织约章给予某些非政府组织一定的地位。例如,《联合国宪章》第71条的规定:"经济暨社会理事会得采取适当办法,俾与各种非政府组织会商有关于本理事会职权范围内之事件。"根据这条规定,非政府组织可以依据经济及社会理事会(经社理事会)确定的方法就关于该理事会职权范围的事件与其进行协商。② 有些非政府组织在国家或政府间国际会议和国际组织中取得一定的参与机会和长期的"咨商地位"。③ 经社理事会根据这项规定通过了一系列与非政府组织进行咨商的决议。目前,已经有3400个非政府组织取得了经社理事会的咨商地位。④ 它们被划分为三类:第一类为与理事会多数活动有关的组织;第二类为在特定领域具有特别专长的组织;第三类是已列入名册,可以非经常性地向经社理事会、附属机构或联合国其他机构提供咨询的组织。取得咨商地位的非政府组织可以派遣观察员出席经社理事会及其附属机构的公开会议,可以提出与经社理事会工作有关的书面意见。它们也可以就共同关心的事项与联合国秘书处进行磋商。⑤ 此外,红十字国际委员会于1991年在联合国大会获得的观察员地位,这是迄今为止唯一的例外情况。

上述这些非政府组织在国际上已经取得了一定的地位,这是毫无疑问的。但它们是否因此而取得国际法主体资格在国际法学界尚存争议。马兰祖克认为

---

① Stephan Hobb, "Global Challenges to Statehood: The Increasingly Important Role of Nongovernmental Organizations", 5 *Indian Journal of Global Legal Studies* 191 (1997), p.206.

② 参见1968年经社理事会通过的第1296号决议,并参见许光建主编:《联合国宪章诠释》,山西教育出版社1999年版,第472—476页。

③ 关于非政府组织与国际组织的关系将在第十六章中细说。

④ 而这个数字在1948年时是41。参见:http://esango.un.org/paperless/Web?page=static&content=intro,2015年7月22日访问。

⑤ 参见 Basic Facts About the United Nations,《联合国概况》,出售品编号:E.00.I.21.和2000年10月12日 GA/9785号新闻稿(更新日期:2001年10月29日)。http://www.un.org/chinese/aboutun/prinorgs/esc/esc.htm#Relations,2006年3月18日访问。

非政府组织并不因为在国际组织取得一定地位而成为国际法主体。① 史蒂芬·霍布(Stephan Hobb)虽然不否认非政府组织的国际法主体资格尚未得到普遍承认,但却主张将它们视为国际法主体,因为它们的行为直接受到国际法的约束。② 也有人认为非政府组织至少已经成为"不完全国际法主体"。③ 国际法研究院曾经多次在不同场合努力提高非政府组织的法律地位。但是,正像史蒂芬·霍布所指出的,国家决定着其他国际法主体的存在。④ 在非政府组织取得在性质上与国际组织类似的国际法主体资格之前,仍然需要更多国际实践的支持。

四、跨国公司

跨国公司(transnational corporations)或多国公司(multinational corporations)在国际法上的地位受到越来越多的关注。⑤ 目前,国际法的一些领域,例如,海洋法、国际环境法等,已经在国际公约中制定了适用于跨国公司的规则。如果坚持传统的国际法理论,跨国公司在国际法上的地位仍然没有发生变化。因为它们是根据某个国家的法律建立的,所以它们在国际法上的地位与个人相同,它们在国际上的利益由相关国家代表,它们是否遵守国际法也由国家来保证。

但是,在国际实践中,一些跨国公司已经不能与个人相提并论,例如,可口可乐公司,它们已经不是任何一个国家可以控制的。除了不能拥有领土和赋予个人以国籍以外,某些跨国公司的权力甚至大于一些主权国家,国家很难控制它们的行为。然而,它们还没有取得国际人格者的地位,因此没有资格参与国际法的制定,也没有资格承担国际责任。

国际法在这个问题上似乎处于两难境地。一方面,在传统的国际法律体系架构内,跨国公司无法参与国际法的制定过程;无法受到国际法的约束;更无法承担因为违反国际法而应该承担的责任。另一方面,当代国际法上尚不存在任

---

① 参见 P. Malanczuk, *Akehurst's Modern Introduction to International Law*, Seventh Revised Edition, Routledge, London and New York, 1997, p. 97。
② 参见 Stephan Hobb, "Global Challenges to Statehood: The Increasingly Important Role of Nongovernmental Organizations", 5 *Indian Journal of Global Legal Studies* 191 (1997), pp. 199, 200, 201。
③ 参见 Karsten Nowrot, Legal Consequences of Globalization: The Status of Non-Governmental Organizations Under International Law, 6 *Ind. J. Global Leg. Stud.* 579 (Spring, 1999), p. 623。
④ Stephan Hobb, "Global Challenges to Statehood: The Increasingly Important Role of Nongovernmental Organizations", 5 *Indian Journal of Global Legal Studies* 191 (1997), p. 199。
⑤ 关于跨国公司在国际法上的地位,参见 Jonathan Charney, "Transnational Corporations and Developing Public International Law", *Duke Law Journal* (September, 1983), pp. 748—788;张磊:"跨国公司的国际法主体地位分析",载于《国际关系学院学报》2001 年第 4 期,第 47—53 页;王慧:"跨国公司法律地位探讨",载于《中外法学》1996 年第 4 期,第 35—41 页;梁开银:"论中国跨国公司的法律问题",载于《浙江师范大学学报》2005 年第 1 期,第 50—55 页。

何直接对跨国公司的行为加以控制的机制。如果国家不能为跨国公司的行为承担责任,就没有任何其他实体能够对它们负责了。这将是一个麻烦事,因为一些国际法规则的最终目的就是规制公司的行为。例如,对劳工权利的保护,对人权和环境的保护等等。然而,公司剥削劳工、侵犯人权或污染环境,却不能让它们承担国际责任,因为它们不是国际人格者。①

有些学者认为摆脱这种两难境地的办法是赋予其国际人格,只有这样才能使它们有资格参与国际法的制定过程、受国际法的约束并承担国际责任。跨国公司有没有可能取得国际人格呢?世界各国还没有在这方面做好准备,学者们的观点仍然存在很大分歧。乔纳森·查尼在二十多年以前分析了学者们的观点并归纳了四种不同的态度:第一,否认它们在国际法律体系中的任何权利和义务,不容许它们在国际法上发挥任何作用;第二,为跨国公司提供正式和非正式的参与发展和执行与它们的利益相关的国际法律的机会,给它们有限的程序性权利;第三,为跨国公司规定一些已获承认的权利和义务,承认它们在国际公法的特定实体领域内发挥的作用,给它们有限的实体权利和义务;第四,赋予它们全面参与国际法律体系的权利,让它们承担与国家相同的义务,赋予它们完全的国际人格。乔纳森·查尼认为第一种和第四种态度是不可取的,因为它们都是不切实际的。②

在国家依然在国际关系中占统治地位的当今国际社会里,尽管跨国公司对国际关系的影响很大,但是从他们在直接承担国际权利义务并在权利受到侵害时独立进行国际求偿的能力上看,尚未达到赋予其国际法主体资格的程度。另外,国际法亟待解决的主要问题是跨国公司如何承担国际责任。特别是在环境和人权领域,在应该对他们负责的国家不愿或不能发挥作用时,能否通过国际机制使权利受害者得到法律救济?如何打开上述两难局面从而使国际法可以直接约束跨国公司?在跨国公司尚未取得国际法主体资格之前如何解决这些问题需要我们结合实际进行深入研究。

进一步阅读推荐书目

1. 〔英〕詹宁斯、瓦茨修订:《奥本海国际法》(第一卷第一分册),王铁崖等译,中国大百科全书出版社1995年版,第二章"国际人格者",第91—269页。
2. 周鲠生著:《国际法》,商务印书馆1976年版,第二章"国际法的主体——国家"第58—107页。

---

① Peter J. Spiro, New Players on the International Stage, 2 *Hofstra Law & Policy Symposium* 19 (1997), pp. 34—35.

② 参见 Jonathan Charney, "Transnational Corporations and Developing Public International Law", *Duke Law Journal*, (September,1983), p. 775。

3. 赵理海著:《国际法基本理论》,北京大学出版社 1990 年版,第七章"关于国际法主体和国家承认问题"第 133—181 页。
4. P. Malanczuk, *Akehurst's Modern Introduction to International Law*, Seventh Revised Edition, Routledge, London and New York, 1997, pp. 75—108.
5. 谢福助著:《个人在国际法上之地位》,台北正中书局 1977 年版。
6. Guido Acquaviva, "Subjects of International Law: a Power-based Analysis", 38 *Vanderbilt Journal of Transnational Law*, (2005)2: 345—396.
7. H. Lauterpacht, *Recognition in International Law*, Cambridge, 1947.
8. T. C. Chen, *The International Law of Recognition: With Special Reference to Practice in Great Britain and the United States* (ed. by L. C. Green), London: Stevens & Sons, 1951.
9. J. Crawford, *The Creation of States in International Law*, Oxford: Clarendon Press, 1979.
10. 陈体强:"中华人民共和国与承认问题",载于 1985 年《中国国际法年刊》,第 3—36 页。
11. M. Shaw, *International Law*, 7th ed., Cambridge University Press, 2014, pp.
12. James Crawford, *Brownlie's Principles of Public International Law*, 8th edition, Oxford University Press, 2012, pp. 115—199.
13. Marcelo G. Kohen (ed.), *Secession: International Law Perspectives*, Cambridge University Press, 2006.
14. Mikulas Fabry, *Recognizing States: International Society and the Establishment of New States since 1776*, Oxford University Press, 2010.
15. Jan Klabbers, "The Legal Position of International Organizations", in *An Introduction to International Institutional Law*, 2nd edition, Cambridge University Press, 2009, pp. 38—52.

第六章　国际法基本原则

第一节　概　　述

一、概念和特征

（一）国际法基本原则构成国际法的基础

任何国家的法律体系都有一些比较抽象的原则，这些原则或者规定在基本法中或者在某个具体领域或更加具体的方面的法律当中，它们构成整个法律体系及其部门的基础，起着指导整个社会的作用。国际法也不例外，但是不同的是，国际社会没有专门的立法机构制定法律及其基本原则。国际法的基本原则是国际社会的主要成员——国家——公认的。施瓦曾伯格教授在半个多世纪以前为海牙国际法学院所作的演讲中曾经指出："任何国内法体系的经验都告诉我们它们想当然地存在一些法律原则。因此我们可以假定国际法也是同样。"① 然而，如何区分法律的基本原则与非基本原则呢？施瓦曾伯格教授认为基本原则是那些通过归纳的方法从具体原则和规则中提炼出来的原则，它们是那些其他原则赖以建立的原则。② 他提出了三个检验标准："（1）该原则必须对国际法特别重要。关于这个问题的观点肯定受到每个人对国际法理解的很大影响。（2）该原则必须包含相对广泛的国际法规则，这些规则明显自然地属于它的标题之下。（3）该原则必须在国际法上非常典型以至于成为人们所知的所有国际法体系的基础部分，或者在现存国际法上非常有特点以至于如果忽略了它就有看不到现代国际法基本特征的危险。"③ 王铁崖教授对国际法基本原则做了专门研究，他认为国际法基本原则有四个特征：各国公认、具有普遍意义、适用于国际法一切效力范围、构成国际法的基础。④

实际上在上述国际法基本原则的特征中，只有一个是最重要和最关键的，即构成国际法的基础。因为是它决定了其他的特征，从而使国际法基本原则与其他原则区别开来。国际法上有无数的原则，分布在国际法的各个不同领域，发挥

---

① 见 G. Schwarzenberger, The Fundamental Principles of International Law, 87 *Rec. des Cours* 195 (1955-I)，第 195 页。
② 参见同上书，第 196—197 页。
③ 同上书，第 204 页。
④ 参见王铁崖著：《国际法引论》，北京大学出版社 1998 年版，第 214 页。

着不同的指导作用。例如,在承认制度中有"不承认原则";又如在引渡制度中有"政治犯不引渡原则""相同原则"和"专一原则";再如条约法领域的"情势变迁原则"和外交保护中的"用尽当地救济原则"等等,我们可以不停地列举下去。这些原则也是各国公认的,但是因为它们都是局限在某个具体领域或某个领域的具体方面,不是国际法赖以建立的基础,所以它们不是国际法基本原则。

因此我们可以概括地说,国际法基本原则就是那些构成国际法基础的原则,几乎国际法的所有原则、规则和制度都是在这些原则之上建立或产生的。

(二) 国际法基本原则的范围

国际法上究竟有哪些国际法基本原则?目前尚无一般接受的答案。施瓦曾伯格在他的《国际法基本原则》中论述了七项原则,它们是主权原则、承认原则、同意原则、善意原则、自卫原则、国际责任原则和海洋自由原则。[①] 布朗利在他的《国际公法原理》中提到了八项原则,它们是同意、对等、国家平等、协议的法律效力、善意、国内管辖和海洋自由原则等。[②] 王铁崖教授在他的《国际法引论》中指出:"迄今为止已有联合国七项原则、和平共处五项原则、万隆十项原则、《国际法原则宣言》七项原则和《经济宪章》十五项原则,它们都符合国际法基本原则的标准,应该说构成当前的国际法基本原则。"[③]王铁崖教授当然不是指这些原则简单相加的和就是国际法基本原则的清单,因为它们很多都是重叠的。

此外,上述这些原则中,有些属于一般法律原则,例如,善意原则;有些属于某个国际法领域的原则,如海洋自由原则;还有一些属于国际法基本问题,例如国际法上的承认和国际责任。这些原则和问题与构成国际法基础的国际法基本原则是有区别的。用"构成国际法的基础"这一标准衡量,目前国际法的基本原则可以归纳为:

1. 国家主权原则
2. 国家平等原则
3. 不干涉内政原则
4. 和平解决争端原则
5. 不使用武力或武力威胁原则
6. 不歧视原则
7. 国际合作原则
8. 约定必须遵守原则

---

① G. Schwarzenberger, The Fundamental Principles of International Law, 87 *Rec. des Cours* 195 (1955-I), pp. 214—371.

② 参见 I. Brownlie, *Principles of Public International Law*, fourth edition, Clarendon Press, Oxford, 1990, p. 19。

③ 见王铁崖著:《国际法引论》,北京大学出版社1998年版,第241页。

9. 忠实履行国际义务原则

10. 人民自决原则

11. 尊重人权和基本自由原则

这个清单不是详尽的。上述 11 项原则中,一些是维护国家主权的,例如,国家主权和国家平等原则;一些是限制国家主权的,例如,不干涉、和平解决争端、不使用武力或武力威胁等禁止性原则;还有一些是维护人权的,例如,人民自决和尊重人权和基本自由原则。但是由于国家之间的对等关系,禁止性原则从另一个角度看也是维护国家主权的,例如,国家的内政不容干涉、国家领土不容侵犯等。实际上,只有关于人权的原则是单方面限制国家主权的,因为人权的主体是个人或个人组成的群体,他们是人权原则的直接受益者。

二、国际法基本原则与国际强行法

许多法律体系中都区别严格法(*jus strictum*)与任意法(*jus dispositivum*),后者是可以通过制定协议或合同加以修订或废除的,前者则不能。1969 年《维也纳条约法公约》第 53 条和第 64 条的规定也接受了这样的区别。但是在该公约中使用的概念不是"严格法"而是"一般国际法强制规律",就是通常所谓的"国际强行法"(*jus cogens*)。国际法上的绝大部分规则都是任意法,即可以用条约予以排除的规则,只有很少的规则具有强行法的性质,其中包括国际法基本原则。国际强行法概念的出现引发了一些理论问题:哪些规则具有强行法的性质?它们与国际法基本原则和国际法其他规则是什么关系?关于这些问题目前在国际法学界尚存争议。

(一) 国际强行法的概念

强行法是国内法上的概念,起源可以追溯到罗马法,意思是"私人的契约不能改变公法"[①]。现在几乎所有国家的法律中都有强行法规则,即个人不得以特别协议加以背离的原则或规范。国际法借鉴了国内法上强行法的概念。但是国际法上强行法的概念规定在国际公约中是在第二次世界大战后的事。

最先对国际强行法作出明确规定的国际条约是 1969 年《维也纳条约法公约》,该公约第 53 条规定:"条约在缔结时与一般国际法强制规律抵触者无效。""一般国际法强制规律指国际社会全体接受并公认为不许损抑且仅以后具有同等性质之一般国际法规律始得更改之规律。"这是国际法律文件中对国际强行法的唯一描述。根据这种描述,国际强行法至少应该包含三个要素:第一,国际

[①] 参见李浩培著:《条约法概论》,法律出版社 1987 年版,第 286—288 页。关于国内法上强行法的概念还可以参见李浩培:"强行法与国际法",载于 1982 年《中国国际法年刊》,第 37—63 页;张潇剑著:《国际强行法论》,北京大学出版社 1995 年版,第 4—14 页;万鄂湘等著:《国际条约法》,武汉大学出版社 1998 年版,第 311—313 页。

社会全体接受;第二,不许损抑;第三,只有以后同等性质的规则才能更改。为什么国际社会全体要接受一些不得违反并不得更改或废除的规则呢?这是关系到国际强行法的法理基础的问题,在国际法学界存有很大争议。但是《维也纳条约法公约》的部分起草者达成的一致意见是,强行法规则"为整个国际社会的共同利益而存在"①。

国际强行法概念的产生是对以国家同意为核心的实证主义学说的挑战,并因此受到了一些国家的反对。例如,法国因此在公约草案通过时投了反对票,法国认为承认强行法概念使条约义务的神圣性受到威胁。②

近年来,随着国际人权法的迅速发展,国际强行法的概念得到越来越多的确认和强调。例如,前南国际刑事法庭在1998年"检察官诉弗兰德兹亚(Furundzija)"案中支持存在国际强行法概念的观点并认为禁止酷刑就属于这种规则。该法庭指出:"由于(禁止酷刑规则)所保护的价值具有重要意义,它已经演变成强制性规则和强行法,即在国际法等级中享有比条约和'一般'习惯规则更高级别的地位。这种更高级别的最显著的结果是,相关原则不能通过没有同等规范效力的国际条约或地区或特别习惯甚或一般习惯规则被国家所减损。"③又如2001年国际法委员会二读通过的《国家对国际不法行为的责任条款草案》第26条规定:"违反一般国际法某一强制规范所产生的义务的一国不得以本章④中的任何规定作为解除其任何行为之不法性的理由。"此外,该条款草案还在第二部分的第三章对严重违背一般国际法强制规范承担的义务专门作了规定(第40条、第41条)。该条款草案在规定不受反措施影响的义务时也包括涉及国际强行法的内容(第50条第1款(d))。⑤

(二) 具有强行法性质的规则

1969年《维也纳条约法公约》第53条只为国际强行法作了一个形式上的定义,至于如何确定一个规则已经构成国际强行法规则,公约没有规定鉴别的标准。这样会不会有少数一些国家将它们的区域习惯提升为国际强行法并强加于国际社会的危险呢?马兰祖克认为这种危险是可以避免的,方法是通过要求这

---

① 参见张潇剑对"识别国际强行法两项主要标准"的分析,见张潇剑著:《国际强行法论》,北京大学出版社1995年版,第52—55页。

② 参见 Jochen Abr. Frowein, Jus Cogens, in Rudolf Bernhardt, Vol. 7, *Encyclopedia of Public International Law*, North-Holland, 1984, pp. 327—328。

③ 参见 Prosecutor v. Furundzija, Judgment, Case No IT-95-17/1-T, Trial Chamber (10 December 1998), para 153。

④ 即该条款草案第一部分的第五章解除行为不法性的情况。

⑤ 该条款草案的中文版和英文版载于贺其治著:《国家责任法及案例浅析》,法律出版社2003年版,第337—371页。另见联合国网站:http://daccessdds.un.org/doc/UNDOC/LTD/G01/638/24/PDF/G0163824.pdf?OpenElement,2009年5月1日访问。

些国家证明所指称的强行法规则已经得到国际社会全体的接受和承认。① 目前"国际社会全体接受和承认"已经构成国际强行法的规则为数不多,其中有些属于国际法基本原则,有些是国际人权法或国际刑法领域的规则。

卡塞斯指出,在国家之间已经基本达成一致意见认为下列原则构成国际强行法的一部分:禁止使用武力或武力威胁、禁止灭绝种族、禁止奴隶制、禁止严重违反人民自决权和种族歧视。② 王铁崖教授对许多学者列举的强行法规则作了介绍和分析,但他自己没有尝试进行归纳。从他的分析中可以看出除了卡塞斯列举的上述五项外,一般还包括禁止侵略战争、惩治危害人类罪和海盗罪、对自然资源的永久主权、人民自决③、不干涉、国家主权、国家平等。④ 禁止酷刑也被一些学者列入强行法的清单中。⑤

(三) 国际法基本原则与强行法的关系

从上述国际法基本原则和国际强行法的内容可以看出,前者往往被包括在后者之中。这说明两者之间有着紧密的联系,但是它们毕竟不是相同的概念,有联系也有区别。

国际法基本原则和国际强行法的共同之处是:第一,它们都是不可损抑和非相同性质的规则不可更改或废除的规则。第二,它们都是国际社会全体接受和承认的规则。这些规则具有普遍的拘束力,对所有国家发生效力,任何国家不能通过任何方式,包括制定条约和协定或通过形成区域或特别习惯法的方式,将自己置于这些规则的拘束之外。

国际法基本原则与国际强行法的区别是:国际法基本原则构成国际法的基础,但是有的强行法规则仅仅解决某个具体领域的具体问题,例如,禁止奴隶制或禁止灭绝种族,并不构成整个国际法的基础。另外,还有学者认为国际法基本原则适用于国家之间的一切行为,但是国际强行法仅仅适用于国家之间的条约关系。⑥ 不过另有学者有不同看法。⑦ 其实,国际强行法的适用范围早已超出了国家之间的条约关系。2001 年国际法委员会二读通过的《国家对国际不法行为的责任条款草案》证明国际强行法规则在非条约关系领域是可以适用的。

---

① 参见 P. Malanczuk, *Akehurst's Modern Introduction to International Law*, Seventh Revised Edition, Routledge, London and New York, 1997, p.58。

② Antonio Cassese, *International Law in a Divided World*, Oxford University Press, 1986, p.179。

③ 参见 Ian Browlie, *Principles of Public International Law*, 6th ed, Oxford University Press, 2003, p.489。

④ 参见王铁崖著:《国际法引论》,北京大学出版社 1998 年版,第 241—246 页。

⑤ 参见 P. Malanczuk, *Akehurst's Modern Introduction to International Law*, Seventh Revised Edition, Routledge, London and New York, 1997, p.58。

⑥ 参见王铁崖著:《国际法引论》,北京大学出版社 1998 年版,第 248 页。

⑦ 参见 P. Malanczuk, *Akehurst's Modern Introduction to International Law*, Seventh Revised Edition, Routledge, London and New York, 1997, p.57。

第二节 国家主权原则

由于国际法基本原则的范围并不确定而且有重叠现象,此外由于受篇幅所限,本章后面关于它们的具体内容的讨论仅在选择出来的几个国际法基本原则的范围内展开,其中包括国家主权原则、禁止使用武力或武力威胁原则、不干涉原则、自卫和人民自决原则。之所以选择了这些内容,主要是因为:首先,它们是在学者中已经基本达到共识的,换言之,很少有人对它们作为国际法基本原则提出质疑。其次,围绕它们的具体内容,国际法学界存在一些争论,有必要进行讨论。[1]

一、主权的国内法概念

主权(sovereign)一词源于拉丁文"supra"或"superanus",意思是至高无上的权力。最早的主权国家大约是公元10世纪到11世纪之间以君主结构形式出现的。那时的主权国家的特点是主权归于称为主权者的帝王或君主个人,主权实际不属于国家,因为"朕即国家";更不属于人民,因为国家和人民都属于帝王或君主个人。

现代意义上的国家主权概念是法国思想家博丹(Bodin 1530—1596)提出来的。在他的《论共和国》一书中,博丹给国家主权所下的定义是:主权指最高的、永恒的、绝对的、不可分割的、在法律上不承担责任的立法权力(legislative power)。主权的所有内容都来源于制定法律的权力,因为这是核心的权力,主权者不受他自己制定的法律的约束。但是这并不是说主权者不受任何法律的约束,它要受神法(divine law)和自然法的约束,要受不可改变的正义道德规则等所谓"一般法律原则"的约束。[2]

100年后英国的洛克(John Lock 1632—1704)提出了人民主权的思想(popular sovereignty)。根据洛克的理论,人们不是绝对地而是以共同利益所需的程度将其自然权利交给政治共同体。立法机构是最高的权力,它不能也不可能对人民的生命和命运构成绝对的专制。行政机构是最高的法律执行者,没有意志、没有权力,它有的只是法律。真正的政治主权是建立了立法机构的市民社会。[3] 后来法国的卢梭(Jean-Jacques Rousseau 1712—1778)提出了社会契约论

---

[1] 本章没有进行讨论的"忠实履行国际义务原则""国家主权平等原则""国际合作原则""独立权"和"国家平等原则",都是相当重要的内容。但是,由于上述原因,决定不在本书专门进行讨论。

[2] 转引自 Luzius Wildhaber, "Sovereignty and International Law", in *Structure and Process of International Law*, edited by R. St. J. Macdonald and D. M. Johnston, Martinus Nijhoff Publishers, 1983, p.428。

[3] 同上书,第430页。

从而大大发展了人民主权的理论,使其成为法国资产阶级革命的思想基础。从此国家主权不再是属于帝王或君主个人的权力,主权不仅与整个国家联系起来,也与国家的人民联系起来。

但是,主权仍然是一个国家内部的最高权力,没有任何权力可以高于国家主权。现代意义上的国家对内主权意味着:(1)国家自己决定其事务的权力;(2)国家自己决定哪些方法对于管理其事务是适当和必要的;(3)国家权力的最高属性,即不是从任何其他可能的权力派生而来;(4)在和平时期由国家机关作出在国内最高决定的权力;(5)在紧急状态下或在战时作出最高决定的权力。[①]

在国内,国家主权有对内和对外两个方面。对内的一面表现在国家可以制定宪法;确定自己国家的形式和政治及经济制度;制定它自己认为需要制定的法律;以它认为任何适当的方式处理自己的行政事务;建立陆海空军和国防力量及设施等等。对外的一面主要表现为在国际上与其他国家或国际组织进行交往的权力。这种权力在单一制国家由中央政府掌握,在联邦制国家由联邦政府掌握。国家基于这种权力,经由合法政府代表,自由独立地进行国际交往活动,包括与他国建立和保持外交关系、参加国际会议或组织、签订双边条约或协定、参加制定或加入国际多边条约或公约等等。总之,无论主权的行使是相对集中还是分散,国家主权是以一国国内宪法为法律依据的。

二、国家主权在国际法上的概念

如果说,在洛克和卢梭提出并发展了人民主权的理论之后在国内法上就不存在绝对、永恒、无限的政治主权了,那么在国际法上的国家主权从来都不可能是绝对或无限的。在这个主要由主权国家组成的国际社会中,每一个国家都在它所管辖的固定的领土范围内行使着对内和对外主权。因为凡是国家都是主权的,所以在这种意义上它们相互之间都是平等的。国家之间主权平等。按照"平等者之间无管辖权"这一罗马法格言,国家在它们的相互关系上是互不隶属、互不管辖、互不干涉的独立关系。因此,国家主权在国内的最高性质在国家与国家之间的关系上只剩下它的排他性了。任何国家都不能将主权在它们国内的概念直接适用于对其他国家的关系中。正如《奥本海国际法》指出的那样:"没有一个国家对其他国家拥有最高的法律权力和权威,而各国一般地也不从属于其他国家的法律权力和权威。因此,国际上国家间关系的特征是平等和独立,而且事实上是它们的相互依赖。虽然国家往往被称为'主权'国家,但是,这

---

① 转引自 Luzius Wildhaber, "Sovereignty and International Law", in *Structure and Process of International Law*, edited by R. St. J. Macdonald and D. M. Johnston, Martinus Nijhoff Publishers, 1983, 第435—436页。

只是说明它们的国内宪法地位的,而不是说明它们在国际上的法律地位的。"①这里所谓国家之间的"相互依赖"实际上反映了主权平等者之间的对等关系。如上所述,由于这种对等关系,不仅任何国家的主权在国家间的国际关系上都不可能是最高的,而且每个国家在国内的最高权的维护依赖于国际法对其他国家主权的限制,即"没有一个国家对其他国家拥有最高的法律权力和权威"。这种对等关系的结果使国际法上的主权概念只能是国家对内的最高权和对外的独立权。

在"帕尔玛斯岛仲裁"案中胡伯法官的著名论断是对国家主权的最权威的说明:"国际关系中的主权表示独立之义。在地球上的一部分的独立是指在其范围内排除任何其他国家而行使国家的职能。在过去的几个世纪里,随着各国的国家组织的发展以及作为必然结果的国际法的发展,已经建立了国家在其领土范围内行使排他权力的原则,这个原则已经成为解决多数涉及国际关系问题的出发点。"②国家主权在国际关系中的排他性建立在国家领土主权的基础上,即国家对于在其主权管辖之下的地球的那部分享有完全排他的主权,其他国家不能管辖、不能干涉、不能侵犯。

前面的讨论是把国家主权置于国家与国家之间的国际关系之中,结果我们认识到国家主权的最高性质在国际关系中是不存在的,国家主权的真正含义实际上是国家的独立。我们还应将国家主权置于由国家组成的国际社会中来认识它的真正含义。国家在国际社会中不是孤立存在的,它们会发生政治、经济、贸易、军事、文化等各种关系,这些关系都需要由法律原则、规则和制度来调整。国际法就是这样应运而生的。国家在它们的相互关系中是独立的,但是它们都不能独立于国际法。迄今为止尚没有任何国家主张因为它是主权的所以它是不受国际法约束的。只要承认国际法的存在并接受国际法的约束,国家主权就只能是相对的、有限的。如上所述,国际法基本原则中有些是对国家主权的维护有些是对它的限制。随着国际交往的频繁和全球化的加快,国际法的外延和内涵都在不断发展,特别是国际法上限制国家主权的内容越来越多,国家主权原则的内容与几个世纪前相比已经发生了很多的变化。

三、国家主权原则的内容

根据施瓦曾伯格的阐述③,国家主权原则概括起来主要包括:国家同意原

---

① 见〔英〕詹宁斯、瓦茨修订:《奥本海国际法》(第一卷第一分册),王铁崖等译,中国大百科全书出版社1995年版,第94页。

② 转引自 G. Schwarzenberger, The Fundamental Principles of International Law, 87 *Rec. des Cours* 195 (1955-I), p.226。

③ G. Schwarzenberger, The Fundamental Principles of International Law, 87 *Rec. des Cours* 195 (1955-I), p.216。

则、领土管辖权、领土之外的管辖权、不干涉内政原则、国际法主体在法律上平等的原则。施瓦曾伯格所述的这些国家主权原则的内容与1955年劳特派特修订《奥本海国际法》基本一致,不过后者还要加上国家的尊严和国家自保权。①

国家主权的相对性是由平等的主权国家之间的对等关系决定的,由于这种对等关系,国际法既承认国家主权,又对它加以限制。国际法对国家主权的限制经历了一个缓慢的发展过程,这个过程与国家主权原则的发展过程是完全重合的。国家主权原则从它产生至今,内容已经发生了很大变化,促使其发生重大变化的是两个国际法历史发展事件。

第一个历史发展事件是国家战争权的废弃。1928年《巴黎非战公约》的签订标志着国家主权有史以来受到的第一次重大限制。国家不能通过向他国宣战的方式推行其对外政策,这种观念逐渐得到国际社会的广泛接受。国家主权原则中不再包括国家的战争权,使国家主权原则的内容发生了重大变化。这种变化意味着一切以国家的战争权为基础或与之相关的传统国际法规则归于无效。例如,传统的取得领土的方式中的"征服"和"割让"等都随着战争权的废弃而成为历史的陈迹。到第二次世界大战之后这种变化已经发展到禁止国家在它们的相互关系中使用武力或武力威胁的程度。《联合国宪章》第2条第4款明确规定各会员国在其国际关系上不得使用武力或武力威胁。根据《联合国宪章》的其他规定(第39条至第51条),除了在联合国集体安全体系内由安全理事会授权或由于自卫而采取武力行动这两个例外,当代国际法完全禁止在国家之间的关系上使用武力或武力威胁。不使用武力原则已经成为国际法基本原则。禁止使用武力或武力威胁是废弃国家战争权的继续,它标志着国际法正在从一个完全以维护国家主权为基础的法律体系朝着以维护整个国际社会共同利益为目标的方向发展。

促使主权原则发生重大变化的第二个国际法历史发展事件是人权进入国际法的领域。1945年《联合国宪章》的生效使国家主权受到了又一次重大限制:国家如何对待其本国国民的问题不再是纯属国家主权管辖范围的事项,而在此之前这是毫无疑问的。以往任何国家对于其他国家的国民应该享有哪些权利和事实上是否享有哪些权利都不能过问,否则将构成对该内政的干涉,而《联合国宪章》将促进对人权和基本自由的尊重与遵行规定为联合国组织的宗旨和目的之一,联合国大会在后来又陆续通过了具体实现这一宗旨的"国际人权宪章"②,直至现在国际人权法已经成为国际法的重要分支之一。国际法的这种发展表明

---

① 参见〔英〕劳特派特修订:《奥本海国际法》(上卷,平时法,第一分册),石蒂、陈健译,商务印书馆1971年版,第213—229页。

② 指1948年联合国大会通过的《世界人权宣言》以及1966年联合国大会通过的《经济、社会和文化权利国际公约》和《公民权利和政治权利国际公约》及其议定书。

国家主权原则的内容已经发生了根本性的变化。这种变化意味着作为国家主权原则重要内容之一的国家属地和属人优越权不再是完全不可触及的铁板一块,国际法上国家主权管辖范围内的事项与国际关注事项的两分法从过去的清晰可辨到现在开始变得模糊不清了,过去一个主权国家对于其他国家或国际社会谴责它侵犯人权的行为完全可以说"不",但是现在不完全是这样,联合国对于南非在其国内推行种族隔离制度采取的措施就是最好的例证。可以肯定地说,如果一个主权国家在其国内实行奴隶制、种族灭绝、种族隔离、大规模屠杀、酷刑等国际犯罪行为,它不能以"不干涉内政"作为盾牌来拒绝国际社会的干预。而且,即使构不成国际罪行,如果一国通过参加国际公约或接受国际习惯的方式在国际上承担了尊重人权的具体义务,它同样不能将与这些国际义务相关的人权问题完全视为本国的内政从而拒绝国际人权保护机制的干预。国际人权法发展至今虽然步履缓慢且艰难,但是它每前进一步都是对国家主权的进一步限制。

第三节 禁止使用武力或武力威胁原则

一、禁止使用武力或武力威胁原则产生的背景

(一)联合国建立之前国际法对国家战争权的限制

战争权曾经是国家的基本权利之一。一直到20世纪20年代末,国家的这项权利没有受到任何质疑,因此直到晚近,人类发展史就是战争史。当国家用武力推行其政策时,它便可以对任何他国发动战争,因为这是它的主权权利。后来,战争的手段受到了一定的限制,即国家在从事战争时要遵守一些战争规则,以便减少战争给人类带来的灾难。但是,并未从根本上限制国家的战争权。后来在正义战争与非正义战争之间有了区别,非正义战争受到了限制,这是国际法或国际道德对国家战争权的初步限制,但是因为如何界定正义与非正义并非简单的事情,所以这种限制是表面的。彻底废弃国家的战争权是在第一次世界大战之后的事。

1927年,在西线战场服役的第一次世界大战的老兵来到巴黎参加集会以纪念在战场上牺牲的战友。借此机会,法国外交部长白里安向美国国务卿凯洛哥提议法美两国签订一个条约废弃国家的战争权。凯洛哥接受了这个建议,但是考虑到美国在国际联盟之外,可以借此机会在该组织之外加强美国的影响,反过来建议签订一个多边国际公约而不是美法之间的双边条约。结果有十几个国家在巴黎签订了《巴黎非战公约》,因为公约是由白里安和凯洛哥发起的,所以又称《白里安—凯洛哥公约》。该《公约》规定,任何国家不得用战争推行其对外政策,应该用和平的方法解决国际争端。从此,国家不再享有战争权。

（二）第二次世界大战与联合国集体安全体制的建立

1928年《巴黎非战公约》并没有能够制止战争,第二次世界大战在11年后爆发了。战争对人类造成的灾难是惨重的,无论战胜国还是战败国,它们的人民是战争的最终受害者。在战争即将结束之际,几个同盟国国家的首脑开始了建立联合国组织并起草该组织宪章的活动。考虑到国际联盟失败的教训,联合国组织要建立一个能够发挥作用的集体安全体制。该安全体制以安全理事会为核心,法律依据是《联合国宪章》第1条第(3)款、第2条第(4)款和第七章中的规定。

《联合国宪章》第1条第(3)款规定联合国组织是协调各国行动的核心,第2条第(4)款规定禁止使用武力或武力威胁是联合国及其会员国遵守的原则,第七章规定安全理事会如何在维护世界和平与安全方面协调各国的行动,其中包括国家的自卫行动。

（三）联合国集体安全体制的作用

联合国建立七十年来,集体安全体制在维护世界和平与安全方面是否发挥了预期的作用？学者们的评价不一。客观地讲,联合国集体安全体制发挥的作用不尽如人意。主要原因是联合国建立后不久"冷战"就开始了,在以前苏联为首的社会主义阵营与以美国为核心的资本主义国家之间的冷战一直伴随着联合国的成长过程,客观上限制了集体安全体制作用的发挥。但是,该体制不尽如人意的根本原因是体制内的缺陷,关键问题是五个常任理事国的"否决权"。在《联合国宪章》起草阶段"五大国一致"被认为是第二次世界大战期间打败法西斯侵略的有力武器,也一定会是战后维持和平与安全的法宝。但是事实上大国间的一致很快变成了对立,"冷战"成为战后国际关系的主要格局,维护世界和平与安全这个世界人民的共同愿望从目的变成了工具。"冷战"结束后人们冷静地反思一些问题,其中比较重要的是:禁止使用武力或武力威胁原则是否过时？它的未来如何？这些问题与对禁止使用武力或武力威胁原则作出规定的《联合国宪章》第2条第(4)款的含义密切相关。

二、《联合国宪章》第2条第(4)款

（一）《联合国宪章》第2条第(4)款的含义

《联合国宪章》第2条规定了7条原则,这些原则不仅是联合国及其成员必须遵守的,而且绝大多数是国际社会所有成员都必须遵守的,因为它们已经形成国际法基本原则。第2条第(4)款规定:"各会员国在其国际关系上不得使用威胁或武力,或以与联合国宗旨不符之任何其他方法,侵害任何会员国或国家之领土完整或政治独立。"

1. 第2条第(4)款是集体安全体制的基础

根据这一条,联合国的会员国将使用武力的权利交给了安全理事会。国际社会中的国家像国家社会中的个人那样,将它们的权利交给一个专门的机构来行使,以便维护它们共同的利益。根据这条规定,在国家之间的关系中不能使用武力或武力威胁,国家在需要使用武力时就应发挥联合国集体安全体制的作用。但是,由于冷战及其他因素,对第2条第(4)款的含义存有不同的解释。

2. 第2条第(4)款的目的

第2条第(4)款的目的是为了使战争为非法,但却没有提及战争,没有使用这个词语。这与1928年《巴黎非战公约》之后又发生了第二次世界大战有关。为了禁止不宣而战的实际的军事行动,《联合国宪章》采用的"武力"这个词语比"战争"更为实际,限制更加广泛。

3. "武力"的含义

英文中"force"一词的含义比较广泛,可以包括各种形式的胁迫,如经济、政治、心理、肉体上的胁迫等等。一些国家曾经努力使第2条第(4)款包含经济上的胁迫措施,但西方国家坚决反对。实际上,"武力"的含义应该限定在"军事的"武力(armed force)。但即便如此,也会有不同的解释,如"间接武力"的问题,为交战团体或为作战的一方提供武器是否构成武力的使用?军事专家的指导和训练部队是否构成间接武力?虽然第2条第(4)款没有明文禁止间接使用武力,但是如果使用武力是非法的,是被禁止的,对这种使用武力的行为的支援也应该是非法的,被禁止的。

4. "武力威胁"的含义

武力威胁是各种形式的。用武力威胁的手段使他国作出让步是国家享有战争权时的优先策略。正所谓"不战而屈人之兵"者为上策。用武力威胁的方式迫使他国按自己的意图行事或者改变他国的政策,是强国欺负弱国的一贯手法。在国家的战争权被废弃,特别是在武力或武力威胁被禁止之后,这种手段即成为违反国际法的行为。

但是,什么行为构成武力威胁?如果一国在其边境大量屯兵或调动部队到边境,或者在靠近他国领海的公海上进行大规模军事演习等等,是否构成对有关国家的武力威胁呢?这个问题不能笼统地回答,而应当根据具体情况来分析从而得出较客观的结论。如果相关的国家正处于关系紧张的状态,其中的一方作出上述任何行为都可能被对方认为是一种武力威胁,相反则不会。实际上,武力威胁都会有一定的原因,或事先会有一定的征兆,两国国家关系密切且友好,突然其中一方对他方实行武力威胁的事是很难想象的,但是,作出上述行为的国家的动机也是不容忽视的。

(二) 关于严格解释和灵活解释

按照《联合国宪章》起草者建立集体安全体制的真正意图,对第2条第(4)款的解释不应该有严格和灵活解释的区别。但是,自从"冷战"限制了集体安全体制正常发挥作用促使一些学者提出对这一条的灵活解释之后,才有了相应的严格解释。所谓严格解释是,除了自卫和安全理事会的集体安全行动外,第2条第(4)款禁止一切武力或武力威胁。但是主张灵活解释的人提出了许多理由。

首先,联合国的集体安全体制没有发挥起草宪章时预期的作用。由于"冷战"及安理会五个常任理事国否决权的原因,安理会在维持世界和平与安全方面如同虚设。会员国之所以交出它们使用武力的权利是因为假定安理会可以替它们行使。既然会员国交出的使用武力的权利不能由安理会适当地行使,会员国在权利受到侵害时,只能自行其是。

其次,还有人争辩道,第2条第(4)款仅禁止那些侵害任何国家的领土完整和政治独立以及与联合国宗旨不符的武力或武力威胁。如果使用武力既不是自卫也不是安理会的集体行动,但同时既没有侵害他国领土完整和政治独立也没有与联合国宗旨相悖,那就是合法的。

(三) 对第2条第(4)款灵活解释的分析

1. 第2条第(4)款与联合国集体安全体制

关于安理会集体安全体制的成功与失败以及它在维护世界和平与安全方面的功与过,历史自然会有一个客观的评价。正确的态度应该是,对于这个体制自身存在的缺陷进行适当改革,而不是将这个缺陷所引发的问题作为不受任何限制地使用武力或武力威胁的理由,因为无限制地使用武力就必将危及世界和平与安全。

2. 第2条第(4)款与领土完整与政治独立

领土完整不是地理上的概念,政治独立也不是狭义的不被他国统治的意思。并非仅仅对一国领土的实际占领才是对该国领土完整的破坏。如果一个国家的领土可以任由他国的军事力量进出,还能说它是一个领土完整和政治独立的国家吗?因此,只要没有经过一国的同意而侵入该国领土范围就是对该国领土完整和政治独立的侵犯。

3. 第2条第(4)款与联合国宗旨

联合国的宗旨包括三个方面:第一,维护世界和平与安全;第二,发展国家间友好关系;第三,促进人权和基本自由的尊重与遵行。这些宗旨是相互联系相辅相成的,不能只注重其一而不顾其他。实际上,严重地侵犯人权可能导致对世界和平与安全的威胁,破坏世界和平与安全必然导致对人权和基本自由的严重侵犯。促进国家之间的友好关系对于维护世界和平与安全以及尊重人权和基本自由都是有利的。相反,以维护人权为借口破坏世界和平与安全或为维护世界和平与安全而侵犯人权,都是不符合联合国宗旨的。

三、禁止使用武力或武力威胁原则在当代国际法上的意义

根据《联合国宪章》的规定,禁止使用武力或武力威胁这项原则只有两个例外:联合国集体安全体制下安全理事会采取的或经其授权的武力行为和国家的单独或集体自卫。"应政府邀请的""人道主义的"或"为保护侨民的"等等例外都是《联合国宪章》第51条不允许的。

国际实践证明,禁止使用武力或武力威胁原则不仅没有过时而且是越来越重要的国际法基本原则。

第一,从国际社会对侵略行为的反应可以证明这一点。当一个国家对他国使用了武力,国际社会很快就会对这种使用武力的行为是否违反国际法的问题作出反应。首先,是国际组织,主要是联合国的安全理事会和联合国大会。根据《联合国宪章》的规定,安全理事会有权确定是否发生了侵略行为;联合国大会有权建议或讨论已经发生的违反《联合国宪章》的行为并谴责侵略行为。其次,是国际法院和其他国际法庭。国际法院虽然没有强制管辖权,但对于接受其管辖的国家可以作出判决,确定是否违反了第2条第(4)款。最后,是其他国家。国际法的实施在很大程度上还依赖于国际舆论的力量,这种力量在判断是否违法方面的作用是不容忽视的。

第二,违法者的自我狡辩从反面也证明了这一点。当一个国家违反了第2条第(4)款时,它们通常都会为自己没有违法找出许多理由,想方设法为自己辩护。然而,它们从未主张第2条第(4)款已经过时或不是法律了。这种自我狡辩从反面证明第2条第(4)款不仅没有过时而且是一项有效的原则。

第四节 不干涉原则

不干涉是从国家主权原则派生的原则,在《联合国宪章》中得到重申和确认,是国际社会公认的国际法基本原则。但是,随着国际关系的发展和变化,特别是近年来国际人权法的迅速发展,不干涉原则受到有史以来最严峻的挑战,"人道主义干涉"学说再次被提出并引起激烈争论。不干涉原则是否已经过时?"人道主义干涉"是否成为或正在形成新的习惯国际法规则?特别是在1999年北约轰炸南联盟之后,这些似乎成为国际法学界不能回避的问题。保护的责任概念的提出并没有真正解决这个问题,反而使其越发复杂化了。

一、不干涉原则的概念

不干涉原则是指在国际关系中,国家或国际组织不能干涉属于其他国家或组织成员内部管辖的事项。这是建立在国家主权原则基础上的一项原则,旨在

保证国际社会的每一个国家的主权都能得到尊重。《联合国宪章》第 2 条第(7)款规定:"本宪章不得认为授权联合国干涉在本质上属于任何国家国内管辖之事件,且不要求会员国将该项事件依本宪章提请解决……"不干涉原则中有两个基本概念:干涉和内政。

(一)干涉的概念

干涉是指一个国家或国际组织通过强迫或专横的方式干预另一个国家或组织成员主权管辖范围的事务,以便强迫或阻止该国从事某种行为或采取某种政策。

干涉的方式是多种多样的,除构成侵略的武装干涉外,还有非武装干涉,政治和经济的、公开和隐蔽的、直接和间接的干涉等等。干涉的理由或目的也是千差万别,不过实质上都是为了维护本国或国家集团的私利。现代国际法禁止以任何方式为本国或其他私利而对他国进行干涉,因此干涉行为是非法的。国际上为了人类共同利益由国际组织,如联合国或联合国专门机构或国际条约机构进行的关注国家某些内部事务的行为,例如,要求缔约国在国内采取立法或行政措施以便履行条约义务的行为,不是非法行为,因此称为"干预",应与干涉区别开来。

(二)内政的概念

根据《联合国宪章》第 2 条第(7)款的规定,国家管辖范围内的事件就是内政。国家管辖范围内的事件包罗万象,不可能一一列举,只能用排除的方法来确定,即凡是不属于国际关注的事件就是内政。随着国际法的发展,国家的"内政"范围经历了一个逐渐缩小的历史演变过程。特别是随着国际人权法和国际环境法等维护人类共同利益的国际法领域在 20 世纪后半叶得到迅速发展以来,国家主权受到越来越多的限制,国家内政的范围也加快了缩小的速度。例如,过去完全属于国家内政的人权问题,现在已经在很大程度上成为国际人权法关注的事项。

所谓国家内政的范围逐渐缩小,是与第二次世界大战以前的国际关注和国家内政的范围相对而言的。实际上,在以主权国家为主要成员的国际社会中,绝大部分事项仍然在国家的管辖范围内。因此,不干涉原则依然是重要的国际法基本原则,尽管其内容随着国际法的发展而发生相应变化。

二、不干涉原则的内容

虽然不干涉原则的内容在《联合国宪章》第 2 条第(7)款中没有作出任何规定,但在后来的许多国际文件中都有所阐释并得到多数国家的接受。例如,1970年联合国大会通过的《国际法原则宣言》在涉及"依照宪章不干涉任何国家国内管辖事件之义务之原则"时规定[①]:

---

① 王铁崖、田如萱编:《国际法资料选编》,法律出版社 1982 年版,第 5—6 页。

任何国家或国家集团均无权以任何理由直接或间接干涉任何其他国家之内政或外交事务。因此,武装干涉及对国家人格或其政治、经济及文化要素之一切其他形式之干预或试图威胁,均系违反国际法。

任何国家均不得使用或鼓励使用经济、政治或任何他种措施强迫另一国家,以取得该国主权权利行使上之屈从,并自该国获取任何种类之利益。又,任何国家均不得组织、协助、煽动、资助、鼓动或容许目的在于以暴力推翻另一国政权之颠覆、恐怖或武装活动、或干预另一国之内乱。

使用武力剥夺各民族之民族特性构成侵犯其不可移让之权利及不干涉原则之行为。

每一国均有选择其政治、经济、社会及文化制度之不可移让之权利,不受他国任何形式之干涉。

在此之前和之后的国际文件都有关于不干涉原则的类似规定,例如,1949年《国家权利义务宣言草案》第1条、1965年联合国大会通过的《关于各国内政不容干涉及其独立与主权之保护宣言》、1981年联合国大会通过的《不容干涉和干预别国内政宣言》等等。国际法院的判例也重申不干涉原则的上述内容。例如,在1986年尼加拉瓜案中国际法院指出,国家有权自由选择自己的政治、经济、社会和文化制度,自由制定自己的外交政策。使用胁迫对这些选择进行干预就构成不正当的干涉,因此选择必须是自由的。

上述国际文件中的规定和国际法院判例不仅反复重申不干涉是各国公认的国际法基本原则,而且还确认了各国接受的这项原则的具体内容。这些内容多数已经形成各国公认的习惯国际法规则,概括起来主要包括下面几个方面:

(一) 不得干涉他国组建其政府并选择其制度

根据不干涉原则,一国不得使用经济、政治或任何其他措施将自己的意志强加于另一国家,因为各国均有选择其政治、经济、社会及文化制度的权利,不受他国任何形式的干涉。

(二) 不得干涉他国的内政和外交事务

根据不干涉原则,不得干涉属于国家立法、行政和司法权力范围的事项,或者政府权力机关与该国国民的关系等事项[①],也不得干涉国家的对外事务。

(三) 不得策动推翻另一国政府

根据不干涉原则,任何国家有义务不得组织、协助、煽动、资助、鼓动或容许旨在以暴力推翻另一国政权的颠覆、恐怖或武装活动,或干预另一国的内乱。国家的这种义务包括不在他国境内从事颠覆他国政府的行为,也包括不在本国领土从事或防止其被用于此种目的的活动。

---

① 参见 Antonio Cassese, *International Law*, Oxford University Press, 2001, p.98。

国家如果作出上述行为,不仅违反不干涉原则,同时也违反国家主权原则;如果干涉是通过武力进行的,同时还违反禁止使用武力原则。但是在国际实践中,干涉国往往找出各种借口以证明其行为的合法性。

三、关于"为保侨的干涉"和"人道主义干涉"

自从国际法上有了不干涉原则,一些国家(特别是大国或强国)就开始设法寻找干涉的合法理由,其中包括"为保侨的干涉"和"人道主义干涉"。历史事实表明这些理由多数都是强国对弱国进行干涉的借口。有些作者将集体自卫、支援民族自决、"受到合法政府邀请的"等活动都视为有理由的干涉。笔者认为,这不仅容易造成概念上的混淆,还容易给人造成所有这些都是合法理由的错误印象。因此必须澄清,凡是根据现行国际法普遍认为合法的行为,例如,根据在平等基础上缔结的条约进行的、在相关国家默认或同意情况下进行的、支援民族自决、参与集体自卫等,都不属于干涉行为。相反,"为保侨的干涉"和"人道主义干涉"常常被一些强国作为压迫弱国的借口并因此在不同国家和学者之间引起很多争议。

(一)"为保侨的干涉"

"为保侨的干涉"是指一国为了保护其在国外受到非法待遇的公民而对该外国进行的干涉。一些西方学者认为当自己国家的公民在外国受到"非法待遇"时进行的干涉,甚至包括武装干涉,是有理由的干涉。[①] 在国家可以用战争来推行自己的外交政策或者用战争来维护本国利益的时代,"为保侨的干涉"不仅是不被禁止的,而且是国家的权利。但是,那是近代欧洲国际法或传统国际法所允许的干涉。现代国际法不允许任何国家以保护本国侨民的利益为借口干涉他国内政,更不允许用武力的手段进行干涉。至于国家根据"外交保护"与他国进行的交涉,是国家依据国家主权原则而享有的权利(属人管辖权),不是干涉。

因此,"为保侨的干涉"不是现代国际法接受的行为。即使是西方学者也承认,"基于这个理由的干涉可能被滥用,而且导致对另一个国家的事务进行毫无理由的广泛干涉"[②]。但是,在实践中,一些西方大国或原殖民国家在对弱小国家或原殖民地国家进行干涉时,往往以保护本国侨民为借口。[③]

[①] 参见〔英〕詹宁斯、瓦茨修订:《奥本海国际法》(第一卷第一分册),王铁崖等译,中国大百科全书出版社1995年版,第318页。

[②] 同上。

[③] 《奥本海国际法》列举了从1956年到1983年发生的这类干涉事件,参见〔英〕詹宁斯、瓦茨修订:《奥本海国际法》(第一卷第一分册),王铁崖等译,中国大百科全书出版社1995年版,第318—319页;2001年的一份关于干涉与国家责任的报告的附件中,作者对国际实践中的干涉事件作了非常详细的分析和介绍,其中包括1990年以前发生的10次军事干涉,报告的作者认为这些干涉多数都是强国针对弱国的。参见 Past Humanitarian Interventions, in Responsibility to Protect: Research, Bibliography, Background, Supplementary Volume to the Report of the International Commission on Intervention and State Responsibility, by Thomas G. Weiss and Don Hubert, IDRC, 2001, pp. 49—77。

（二）"人道主义干涉"

1. "人道主义干涉"的概念

"人道主义干涉"是指一国单方面或数国集体地在没有联合国授权的情况下为人道的目的使用武力对他国进行的干预行为。[①] 这个定义包含四个要素：第一，一国或数国对他国所从事的行为；第二，为人道的目的而从事的行为；第三，既未得到受干涉国同意也未经联合国授权的单方行为；第四，使用武力或武力威胁的行为。

上述四个要素中重要的是第二个要素，即"为人道的目的"，使其与其他干涉区别开来。所谓"为人道的目的"是指在被干涉国发生大规模侵犯人权的情势或"人道危机"，干涉是为了保护他国国民的人权，结束"人道危机"。这是使干涉合法化的唯一要素，也是与上述"为保侨的干涉"相区别的关键因素。

此外，由于"人道主义干涉"是一些国家为使其对他国单方面使用武力或武力威胁的行为合法化才提出的，因此在国际法学界关于"人道主义干涉"的辩论中所指的干涉行为一般是指使用武力或武力威胁的行为。

2. 关于"人道主义干涉"的争论

"人道主义干涉"是个传统的话题。近年来由于种种原因，特别是在1999年北约轰炸南联盟之后，关于它的合法性以及它是否正在形成或者已经构成新的习惯国际法的问题，成为国际法学界争论的焦点。[②]

反对者认为"人道主义理由"常常被一些国家用来作为以战略、经济或政治利益为动机对他国进行干涉的借口，国际法上不存在也不应该存在关于"人道主义干涉"的习惯法。但是在反对者中有两种不同的观点：一种观点彻底反对

[①] 关于人道主义干涉的定义，参见 Daphne Richemond, "Normativity in International Law: The Case of Unilateral Humanitarian Intervention", 6 *Yale Human Rights & Development Law Journal*, 2003, p. 47; Intervention, in Responsibility to Protect: Research, Bibliography, Background, Supplementary Volume to the Report of the International Commission on Intervention and State Responsibility, by Thomas G. Weiss and Don Hubert, IDRC, 2001, pp. 49—77; Oliver Ramsbotham, *Humanitarian Intervention in Contemporary Conflict: A Reconceptualization*, Cambridge, MA: Polity Press, 1996, pp. 3—7。

[②] 中外有很多关于人道主义干涉的著述，参见 Edward McWhinney, *The United Nations and a New World Order for a New Millennium: Self-Determination, State Succession and Humanitarian Intervention*. The Hague: Kluwer Law International, 2000; Annan, Kofi A., *The Question of Intervention: Statements by the Secretary-General*, New York: United Nations Department of Public Information, 1999; Advisory Council on International Affairs and Advisory Committee on Issues of Public International Law, *Humanitarian Intervention*, The Hague: Advisory Council on International Affairs, 2000; Roberts, Adam, "The Road to Hell: A Critique of Humanitarian Intervention." *Current* No. 363 (1994): 24—28; Schnabel, Albrecht, "Humanitarian Intervention: A Conceptual Analysis." In *Peacekeeping at a Crossroads*, edited by S. Neil MacFarlane, 19—44, Clemensport: Canadian Peacekeeping Press, 1997; Whitman, Jim, "After Kosovo: The Risks and Deficiencies of Unsanctioned Humanitarian Intervention." *Journal of Humanitarian Assistance* (September 2000): http://www.jha.ac/articles/a062.htm; Whitman, Jim, "A Cautionary Note on Humanitarian Intervention." *Journal of Humanitarian Assistance* (September 1996): http://www.jha.ac/articles/a001.htm。

"人道主义干涉",不相信有任何例外;另一种观点认为在极特殊的情况下可能有一定的例外,在例外情况下"人道主义干涉"是可以接受或被容忍的。支持者坚持认为维护人权干涉就是合法的。在支持者中也有两种不同的观点:一种观点认为国际法应该对"人道主义干涉"作出严格规定以便让干涉国有规则可循;另一种观点认为目前国际法上没有规定或只有模糊规定的状况是最好的。[①] 围绕"人道主义干涉"合法性的大辩论涉及许多复杂的国际法理论与实践问题,例如,国家主权与人权的关系以及人权保护与禁止使用武力或武力威胁的关系等。

为了寻求解决这些问题的方法,加拿大总理克雷蒂安(Jean Chretien)在2000年联合国世纪大会上宣布,为了迎接联合国秘书长向整个国际社会提出的努力构建应对大规模侵犯人权和违反人道法的国际共识的挑战,将建立一个关于干涉与国家主权的独立国际委员会。如期建立的该委员会由两位主席和10名委员组成[②],其主要任务是寻求一个解决干涉与国家主权之间不可协调关系的新方法。该委员会于2000年9月14日建立,经过一年的研究于2001年8月完成了"关于干涉与主权国际委员会报告"和作为附件的一本书:《保护的义务:研究、书目和背景》。[③] 尽管人们可能不完全同意该报告和该书中的观点,但是它的确是研究"人道主义干涉"问题的重要参考资料。[④] 重要的是它提出了保护的责任这一颇具魅力的新概念。

四、保护的责任

(一) 背景

保护的责任这一概念的提出与两个事件密不可分:1994年的卢旺达种族大屠杀和1999年的科索沃战争。这两个事件让国际社会深刻反思在国际法的框架内如何对付一国国内人道危机问题。一个是由于国际社会的袖手旁观没能避免的在短短3个月内近100万人惨遭屠杀的种族灭绝行径[⑤];另一个是在未经

---

① 参见 Daphne Richemond, "Normativity in International Law: The Case of Unilateral Humanitarian Intervention", 6 *Yale Human Rights & Development Law Journal*, 2003, pp.51—72。

② 加拿大政府邀请"国际危机小组"主席、澳大利亚前外交部长 Garenth Evans 和来自阿尔及利亚的联合国秘书长的特别顾问 Mohamed Sahnoun 任该委员会的联合主席,其他10名委员都是法律、伦理、政治等方面的权威,分别来自美国、加拿大、俄罗斯、德国、瑞士、南非、菲律宾、危地马拉和印度等国。

③ 这是一本学术价值相当高的关于"人道主义干涉"的著作,特别是书中按12个主题分类的书目对于研究者具有重要参考价值。

④ 该书有英法两个版本而且都有电子版,在网上可以浏览并下载:http://web.idrc.ca/en/ev-9439-201-1-DO_TOPIC.html。

⑤ 联合国威胁、挑战和改革问题高级别小组(名人小组)揭露道:"种族灭绝发生后两个星期,安全理事会撤出了在卢旺达的大部分维和人员。……种族灭绝开始后六个星期,终于授权向卢旺达派驻一个新的特派团,但此时却没有几个国家提出派遣部队。特派团得以部署时,种族灭绝已经结束。"参见名人小组2004年报告,第41段:http://www.un.org/zh/documents/view_doc.asp?symbol=A/59/565,2015年5月23日访问。

联合国安全理事会授权的情况下由北大西洋公约组织对前南斯拉夫进行的长达78天的空袭——备受质疑的所谓"人道主义干涉"。难道国际社会在面对一国国内发生人道危机时真的没有应付的办法吗？保护的责任就是在这样的背景之下催生的概念。

（二）联合国的努力

在2000年"联合国千年峰会"上，时任联合国秘书长安南发表题为"我们人民：21世纪联合国的作用"的报告。在报告中，安南承认批评以"人道主义干涉"为借口干涉主权国家内政的论点很有力量，但是他反问批评者："如果人道主义干预确实是一种无法接受的对主权的攻击，那么我们应当如何对某一个卢旺达、某一个斯雷布雷尼察作出反应？——对（那种）破坏同我们的共同人性基本原则的有系统的侵犯人权事件，怎样处理？"①他认为在面临保护人权和保护主权的原则发生冲突的两难处境时，"没有任何一项法律原则——即使是主权原则——可以掩护危害人类罪。在发生此种罪行并且制止此种罪行的一切和平手段均已用尽的地方，安全理事会有道义上的责任为国际社会采取行动"。"武装干预永远只能是最后的手段，但是面对大规模屠杀，这一手段不能放弃。"②虽然安南尚未使用"保护的责任"的概念，但是基本理念已经确立。在联合国秘书长的倡导下，上述"关于干涉与国家主权国际委员会"于当年建立并在一年以后向联合国秘书长提交了关于保护的责任的研究报告。

2004年联合国"威胁、挑战和改革问题高级别小组"（简称"名人小组"）发表了题为"一个更安全的世界：我们共同的责任"的报告，在该报告中名人小组接受并使用了保护的责任的概念，指出：

> 人们日益认识到，问题并不在于一个国家是否"有权干预"，而是每个国家都"有责任保护"那些身陷本来可以避免的灾难的人，那些面临大规模屠杀和强奸、采用强行驱逐和恐吓方式进行的族裔清洗、蓄意制造的饥馑和故意传播的疾病的人。越来越多的人承认，虽然主权政府负有使自己的人民免受这些灾难的主要责任，但是，如果它们没有能力或不愿意这样做，广大国际社会就应承担起这一责任，并由此连贯开展一系列工作，包括开展预防工作，在必要时对暴力行为作出反应，和重建四分五裂的社会。应该主要注重通过调解和其他途径协助制止暴力，和通过派遣人道主义特派团、人权特派团和警察特派团等措施来保护人民。如果需要使用武力，应在万不得已的情况下才这样做。③

---

① 参见：http://www.un.org/chinese/aboutun/prinorgs/mshch/docs/2000/s-2000-1.pdf，2015年5月22日访问。

② 同上。

③ 参见名人小组2004年报告，第201段：http://www.un.org/zh/documents/view_doc.asp?symbol=A/59/565，2015年5月23日访问。

从报告的上述措辞可以看出,"关于干涉与主权国际委员会"关于"保护的责任"的思路基本得到接受。名人小组在报告中强调:"我们赞同新的规范,即如果发生灭绝种族和其他大规模杀戮,国际社会集体负有提供保护的责任,由安全理事会在万不得已情况下批准进行军事干预,以防止主权国家政府没有力量或不愿意防止的族裔清洗或严重违反国际人道主义法行为。"[①]

上述两个报告虽然属于在联合国秘书长倡导下进行的研究成果,但是它们的确为联合国正式提出"保护的责任"的概念奠定了理论基础。

首次提及"保护的责任"概念的联合国大会决议是2005年通过的《世界首脑会议成果文件》。在该文件的第138段和第139段,以"保护人民免遭灭绝种族、战争罪、族裔清洗和危害人类罪之害的责任"为题目提出了保护的责任概念。[②]

(三)保护的责任的内容

根据《世界首脑会议成果文件》的阐述,保护的责任包括以下内容:

1. 引起保护的责任的情势是灭绝种族、战争罪、族裔清洗和危害人类罪。与"关于干涉与主权国际委员会"和名人小组的报告相比,引起保护的责任的情势更加明确而集中,即只针对四种罪行。

2. 保护的责任首先在国家。"每个国家均有责任保护起人民免遭"上述四种罪行之害。这种责任包括预防罪行的发生和预防对罪行煽动。

3. 国际社会首先要用和平的手段帮助国家保护人民免遭上述四种罪行之害。当有关国家当局显然无法保护其人民时,联合国随时准备根据《联合国宪章》,包括第七章,通过安全理事会逐案处理,及时、果断地采取集体行动。

4. 帮助各国建设保护人民免遭上述罪行之害的能力。

"保护的责任"概念在联合国一经提出就得到了国际社会的广泛关注,国际法和国际政治学界的相关著述、刊物、研究机构像雨后春笋般地涌现出来。[③] 但

---

① 参见名人小组2004年报告,第203段:http://www.un.org/zh/documents/view_doc.asp?symbol=A/59/565,2015年5月23日访问。

② 参见2005年《世界首脑会议结果文件》第138和139段:http://www.un.org/zh/documents/view_doc.asp?symbol=A/res/60/1,2015年5月23日访问。

③ 主要著作可以参见:Ramesh Thakur, *The Responsibility to Protect: Norms, Laws and the Use of Force in International Politics*, Routledge, 2010; Cristina Badescu, *Humanitarian Intervention and the Responsibility to Protect: Security and Human Rights*, Routledge, 2012; Luke Glanville, *Sovereignty and the Responsibility to Protect: A New History*, the University of Chicago Press, 2013;中文相关文章,例如阮宗泽:"负责任的保护:建立更安全的世界",《国际问题研究》2012年第3期;何志鹏:"保护的责任:法治黎明还是暴政重现",《当代法学》2013年第1期。主要刊物,例如由荷兰BRILL出版社出版的杂志 Global Responsibility to Protect;主要机构,例如保护的责任国际联合会(International Coalition for Responsibility to Protect),参见该机构网站:http://www.responsibilitytoprotect.org/;保护的责任全球中心(Global Centre for Responsibility to Protect),该机构网站:http://globalr2p.org/;保护的责任亚太中心(Asia-Pacific Centre for the Responsibility to Protect)该机构网站:http://www.r2pasiapacific.org/。

是,国际社会在这方面的实践还十分有限,而且"国际社会"在处理2011年利比亚问题(所谓"保护的责任"在联合国的首次实践)时超越安理会授权的范围,最终使利比亚政权更迭变成联合国集体武力行动的目的。利比亚的实践直接导致安理会针对叙利亚的决议草案几次遭到否决。鉴于此,人们不禁会问:"保护的责任"是否也可能像"人道主义干涉"那样被滥用呢?

第五节 自　卫

自卫权被公认为国家的基本权利之一,是国家固有的或"自然"的权利。从《联合国宪章》第51条的措辞中我们可以肯定,国家的这一固有权利得到了《联合国宪章》的确认:"本宪章不得认为禁止行使单独或集体自卫之自然权利。"[①] 自卫权是以国家主权为依据的,因此与国家其他三项基本权利一样,它不是国际法创造的,国际法只是对它的存在加以确认而已。换言之,无论《联合国宪章》或其他国际公约是否作出规定,国家都享有这项基本权利。但是这项权利的具体内容是怎样的?国家在何种情况下如何行使此项权利?人们在这些问题上存有很大分歧。

一、《联合国宪章》第51条中的自卫权

自卫权是国家主权的重要体现或重要组成部分。但是,就像国家主权要受到国际法的限制一样,国家的自卫权也不是不受限制的。《联合国宪章》的规定就是对自卫权的限制。《联合国宪章》第51条规定:"联合国任何会员国受武力攻击时,在安全理事会采取必要办法,以维持国际和平及安全以前,本宪章不得认为禁止行使单独或集体自卫之自然权利。会员国因行使此项自卫权而采取之办法,应立即向安全理事会报告,此项办法于任何方面不得影响该会按照本宪章随时采取其所认为必要行动之权责,以维持或恢复国际和平及安全。"[②] 这条规定虽然不是专门为自卫权制定的,但它的确在以下三个方面涉及自卫权并对其规定了一些限制:

(一)单独或集体自卫

国家在受到武力攻击后可以单独地也可以集体地进行自卫。作为国家固有的权利,单独自卫并不难理解,但是关于集体自卫,在国际法学者中存有一些分歧。有两种不同的观点:一种认为集体自卫必须是所有参加自卫行动的国家都受到了武力攻击或威胁,因为如果没有受到武力攻击就谈不上自卫,没有受到武

---

① 见《联合国宪章》第51条。
② 见王铁崖、田如萱编:《国际法资料选编》(第2版),法律出版社1986年版,第875页。

力攻击的国家如果参与自卫,它的行为不是自卫而是援助自卫国家的军事援助行为。另一种认为只要有任何一个国家受到武力攻击,其他任何国家都可以参加集体自卫。实践证明后一种观点是正确的。根据《联合国宪章》的规定,无论单独或集体自卫都应该在联合国集体安全体制下进行。因此,单独和集体自卫的含义也应该与该体制保持一致。

(二) 自卫的前提条件

根据《联合国宪章》第 51 条的规定,联合国会员国行使自卫权的前提有两个:第一,自卫应发生在受到武力攻击之后。如果只是由于国家的权利和利益受到侵害,例如,他国没有履行条约的规定,结果造成国家权利受到侵害,为了维护这种权利而使用武力就不能援引自卫权。根据这一规定,预防性行为肯定也是不允许的。但是,由于人们对《联合国宪章》第 51 条的理解上的分歧,在预防性自卫等问题上存有争议,本书将在后面加以论述。第二,自卫应发生在安全理事会采取必要办法之前。根据《联合国宪章》第 42 条,安全理事会有权"采取空海陆军行动,以维持或恢复国际和平及安全"①。首先,《联合国宪章》第 51 条将采取自卫行动的时间规定在安全理事会采取必要办法之前说明国家的自卫行动被《联合国宪章》纳入了联合国集体安全体系之中,其中暗含的意思是,如果安全理事会已经对自卫所针对的武力攻击采取了集体行动,受攻击的国家的自卫行为只能纳入该集体行动。此外,在国家采取了自卫行动之后,安全理事会仍然可以采取集体安全行动以维护国际和平及安全。其次,这个时间的规定还说明联合国安全理事会在其会员国遭到武力攻击后,不一定都能及时作出反应。实践证明安全理事会采取集体安全行动的决议常常由于政治的原因而不能通过,结果拖延了时间甚或根本不能采取任何行动。在这种情况下,遭受武力攻击的国家只能采取自卫行动。"冷战"时期就是这样。

(三) 向安全理事会报告

因为联合国会员国的自卫行动是联合国集体安全体系的一部分,所以报告的要求是非常必要的。国家的单独或集体的自卫行动应该在安理会的协调之下进行,至少不能影响安理会按照《联合国宪章》的规定采取必要行动以便维护或恢复国际和平及安全的权责。

二、习惯国际法中的自卫

由劳特派特修订的第八版以及由詹宁斯和瓦茨修订的第九版《奥本海国际法》都主张《联合国宪章》第 51 条的规定对自卫权没有任何减损,在《联合国宪章》规定的同时还存在关于自卫的习惯国际法。这种主张的依据就是《联合国

---

① 见王铁崖、田如萱编:《国际法资料选编》(第 2 版),法律出版社 1986 年版,第 873 页。

宪章》第51条中"本宪章不得认为禁止行使单独或集体自卫之自然权利"这句话。布朗利教授对这种观点的回应是正确的,他写道:"除非《联合国宪章》中关于使用武力的规定没有任何意义,否则关于存在下来的一些习惯法规则的争论一定会引起《联合国宪章》与特定'外部'规则之间关系的认真澄清。因此就必然有一个吸收或纳入的过程,否则'习惯法'就会被随意地用作使用武力的借口。"① 关于自卫权的习惯法规则是存在的,但问题的关键是这些规则的内容是什么,如果不澄清这个问题,任何武力的使用都可能以自卫为幌子。

"加罗林号"事件是许多西方学者阐述关于自卫权的习惯法规则时必然要提及的,因为他们认为在这个行使自卫权的事件中,美国国务卿丹尼尔·韦伯斯特说明了自卫权的基本要素,即自卫必须是"刻不容缓的、压倒一切的、没有选择手段余地的和没有考虑的时间的",自卫行为应该不包括"任何不合理或过分,因为以自卫必要为理由的行为必须为该必要所限制并明显地限于该必要的范围之内"②。概括起来就是"必要"和"相称"这两个要素。这些要素的重要性是毫无疑问的,它们就是国际法院在1986年尼加拉瓜诉美国"对尼加拉瓜进行军事和准军事行动"案的判决中提及的"必要"和"相称"规则。③ 但是更重要的是这些习惯法规则所应适用的场合,或者说适用这些规则的前提,即遭到他国武力攻击。然而因为"必要"和"相称"规则是150年以前存在的习惯法的一部分,反映的是那时的国家实践,当时战争和使用武力或武力威胁都不被禁止。

因此布朗利教授强调说,如果习惯法(与自卫权的行使)仍然是有关联的,那么它也应该是1945年那时的习惯法,是紧紧挨近《联合国宪章》的,而不是1842年时的习惯法。④ 而且,在讨论关于自卫权的习惯法时,关于使用武力的习惯法是必须一并加以考虑的,否则就与150多年以前没有什么区别,也没有必要讨论自卫权的问题了。1945年或《联合国宪章》通过时存在的习惯法至少应包括国家战争权的废弃,国家不能用发动战争的方式来实现其自保权。因此,如上所述,自保权与自卫权的区别成为必要,国家行使自卫权的前提条件也必然成为自卫权的首要要素。总之,建立在国家的战争权之上的关于自卫权的习惯法已经过时,它已经被1928年和1945年以后的国际实践和在废弃战争权和禁止使用武力或武力威胁原则基础上的习惯法所取代。

---

① 见 Brownlie,"The Principle of Non-Use of Force in Contemporary International Law", in *Non-Use of Force in International Law*, edited by William E. Butler, Martinus Nijhoff Publishers, 1988, p.19。
② 参见〔英〕詹宁斯、瓦茨修订:《奥本海国际法》(第一卷第一分册),王铁崖等译,中国大百科全书出版社1995年版,第309页。
③ 参见梁淑英主编:《国际法教学案例》,中国政法大学出版社1999年版,第16页。
④ 参见 Brownlie,"The Principle of Non-Use of Force in Contemporary International Law", in *Non-Use of Force in International Law*, edited by William E. Butler, Martinus Nijhoff Publishers, 1988, p.19。

三、关于自卫的规则

除了自卫权的前提外,正当的自卫行为还必须符合一定的规则。

首先,是必要性规则,即武力自卫必须是必要的。这项规则似乎建立在这样的假定之上,即在受到武力攻击之后,国家可以采取和平的方法将侵略者赶出去。因此,如果所受到的武力攻击是可以通过和平的方法解决的,被攻击的国家就不能采取武力自卫,否则就违反了必要性规则。从逻辑上这似乎是有道理的,但历史的经验告诉我们这种逻辑对侵略者是有利的,因为"占领了领土或侵犯了人民的侵略者可以在坐享其侵略胜利果实的同时,通过拖延战术或无理的条件阻止和平解决方案"[①]。结果与传统国际法承认征服为取得领土的合法方式没有什么区别。因此比较合理的结论应该是,只要遭到了武力攻击,国家就可以采取武力自卫行动。

与必要性规则紧密相关的一个问题是,如果一国受到武力攻击之后不能马上进行反击怎么办?受到武力攻击的国家是否可以在有了这种能力之后再采取自卫行动,不论中间间隔多长时间?这种将占领视为连续性的武力攻击,无论多少年之后都可以援引自卫权而使用武力收回过去失去的领土的观点被概括为"收复失地"。当1961年印度以武力收回被葡萄牙占领的果阿、达曼和第乌三地时,就是以行使自卫权作为其使用武力的法律依据的。[②] 如果是这样,1982年阿根廷试图以武力收回被英国占领的福克兰岛的行为也可以被认为属于收复失地的行为。考虑到必要性规则中所暗含的时间因素,收复失地的行为显然是违反了这项规则的。

其次,是相称规则。关于这个规则的一个关键问题是行使自卫权的国家所采取的武力措施应当与什么相称,是与所受到的武力攻击的规模相称呢?还是与自卫的目标相称呢?如果是前者,如何才能与所受到的武力攻击规模相称呢?是所使用的武器还是部队的规模?如果是后者,自卫的目的是否就是把侵略者从本国国土赶出去?那种把侵略者赶出去后为了惩罚或报复的目的而继续对侵略者的本土进行武力攻击的行为是不是明显地违反了相称规则呢?根据沙赫特教授的看法,自卫措施既要与所受到的武力攻击规模也要与自卫的目标相称。他认为:"受到武力攻击的国家自己一般都把武力限制在与所受的攻击相称;一般不轰炸城市或发动入侵……因此,如果经过衡量相对伤亡或武器的规模确定自卫行动大大超过引起自卫的行动,国际舆论马上就会谴责这种自卫为非法的

[①] 参见 Oscar Schachter, *International Law in Theory and Practice*, The Netherlands: M. Nijhoff Publishers, 1991, p.152。

[②] 参见慕亚平、周建海、吴慧著:《当代国际法论》,法律出版社1998年版,第258页。

不相称。"①

总之，自卫权虽然是国家固有的权利，但是它必须受到法律的限制，除了受《联合国宪章》第51条规定的限制外还要符合一定的习惯国际法规则。

四、关于"预防性"自卫

现在我们要澄清的一个重要问题是，在《联合国宪章》第51条之外是否存在不以受到武力攻击为前提的关于自卫权的习惯法或所谓"外部"规则，具体地说，即是预防性自卫是否合法的问题。

所谓预防性自卫是指对于尚未实际开始但可以合理地认为已迫在眼前的武力攻击，使用武力实行自卫的行为。② 关于预防性自卫是否合法的问题存有很大争议。实际上，如果严格地解释《联合国宪章》第51条的规定，任何没有受到武力攻击的自卫都不符合《联合国宪章》的规定，因此预防性自卫是非法的。这是显而易见的，因此也是多数学者不得不同意的。但也有少数学者坚持一种观点，这种观点以对《联合国宪章》第51条的不同解释为基础。他们把受到武力攻击的前提要求解释为：《联合国宪章》明文允许受到武力攻击这个前提下的自卫并不等于《联合国宪章》禁止其他前提下的自卫。③ 持这种观点的学者可能忘记了《联合国宪章》的其他规定，特别是禁止使用武力或武力威胁原则。他们也很难解释如果《联合国宪章》规定的行使自卫权的前提条件不是唯一的，为什么《联合国宪章》的起草者们还多此一举地对此作出规定。④

另有一些学者虽然认为预防性自卫是非法的，但又从实际需要出发容忍个别预防性自卫行为并承认其合法性。例如，《奥本海国际法》认为对于预防性自卫较为妥善的见解是："虽然预防性自卫行动通常是非法的，但是并不是在一切情况下都是非法的，问题决定于事实情况，特别是威胁的严重性和先发制人的行动有真正必要而且是避免严重威胁的唯一方法……在现代敌对行动的条件下，一个国家总是要等待武力攻击开始后才采取自卫行动，是不合理的。"⑤这种观点从表面上看似乎是较为合理的，因为在以核时代以及信息时代为特征的国际社会里，各国的防卫力量极为悬殊，要求一个面对生存受到严重威胁的国家只能

---

① 参见 Oscar Schachter, *International Law in Theory and Practice*, The Netherlands: M. Nijhoff Publishers, 1991, p.153。
② 参见〔英〕詹宁斯、瓦茨修订：《奥本海国际法》（第一卷第一分册），王铁崖等译，中国大百科全书出版社1995年版，第310页。
③ 参见 P. Malanczuk, *Akehurst's Modern Introduction to International Law*, Seventh Revised Edition, Routledge, London and New York, 1997, pp.311—312。
④ 同上书，第312页。
⑤ 参见〔英〕詹宁斯、瓦茨修订：《奥本海国际法》（第一卷第一分册），王铁崖等译，中国大百科全书出版社1995年版，第310页。

在受到致命的武力攻击之后才能自卫,显然是不太合情理。但是经过深入分析之后,人们会发现承认这种情况下的预防性自卫为合法是非常危险的。这不仅因为其合法性缺乏实在的法律依据,更因为承认预防性自卫为合法的结果将会导致更多的自卫权的滥用。因此,应该严格地解释《联合国宪章》第 51 条的规定,除非修改《联合国宪章》,否则任何预防性自卫都是非法的。

第六节 人民自决原则

在国际人权法、国际关系理论和当代国际政治领域,没有任何研究课题能够像自决问题这样吸引如此广泛的注意力。[①] 主要原因是人民自决不仅涉及种族、宗教、历史和文化问题,还关系到国家资格、国家政治独立和领土完整。在非殖民化结束后,如何处理人民自决与国家领土完整之间的关系成为摆在国际社会面前的一个十分尖锐的问题。

一、人民自决的概念及其发展

从 19 世纪到 20 世纪初,自决的思想在欧洲各种民族主义运动中得到进一步发展,其中对自决思想的发展有一定影响的是"国家民族主义",即各民族均有权建立国家,只有民族统一的国家才是合法的。1917 年的俄国十月革命胜利后,"民族自决原则"作为苏联的外交政策在第一号法令中宣布之后,成为苏维埃政府和平调整第一次世界大战后对外关系的基本原则之一。列宁的民族自决权原则从解决俄国民族问题的角度提出,并与殖民地与附属国人民争取从帝国主义压迫下获得解放的问题联系在一起。第一次世界大战期间,美国总统威尔逊提出的"十四点原则"中也体现自决的思想。但是威尔逊的自决概念以被统治者的同意为基础,核心内容是人民自由地选择他们自己的政府,决定自己政府的形式。

非殖民化运动与《给予殖民地国家和人民独立宣言》人民自决权与非殖民化运动之间的密切关系是不言而喻的。这是因为殖民主义统治是对人民自决权的最严重的侵犯,非殖民化的过程就是人民自决权原则在国际法上形成的过程。《给予殖民地国家和人民独立宣言》首次在联合国庄严宣布:"所有的人民都有自决权;依据这个权利,他们自由地决定他们的政治地位,自由地发展他们的经济、社会和文化。"该宣言是 1960 年联合国大会通过的 1514 号决议,该决议虽然

---

① See: J. Oloka-Onyango, "Heretical Reflections on the Right to Self-Determination: Prospects and Problems for a Democratic Global Future in the New Millennium," *American University International Law Review*, Vol. 15, No. 1, 1999, p. 151.

没有法律拘束力,但是在国际社会发生了巨大的影响力,为人民自决发展成为一项国际法基本原则并最终成为一项集体人权奠定了基础。

二、人民自决原则的主要内容

国际法上的人民自决原则的核心是人民自己决定自己的命运,而不是受外来的统治、剥削和压迫。在非殖民化过程发展起来人民自决原则其主要内容必然与废除殖民统治联系在一起。除了上述 1514 号联合国大会决议外,由联合国大会 1966 年通过并于 1976 年生效的两个国际人权公约,即《公民权利和政治权利国际公约》和《经济、社会、文化权利国际公约》的共同第 1 条对人民自决权作出了规定:"所有人民都有自决权,他们凭这种权利自由决定他们的政治地位,并自由谋求他们的经济、社会和文化的发展。"并规定:"所有人民得为他们自己的目的自由处置他们的天然财富和资源,而不损害根据基于互利原则的国际经济合作和国际法而产生的任何义务,在任何情况下不得剥夺人民的生存手段。"可以看出,人民自决原则主要有两个方面:第一是政治方面的自决,即人民自由地决定其政治地位。在非殖民化时期,殖民地人民摆脱殖民统治建立独立国家是绝大多数人民的选择。第二是经济方面的自决,即人民自由地谋求经济、社会和文化的发展,自由地处置其天然财富和资源。后来提出的发展权就是从自决原则的这个方面演变而来的。

由于经济方面的自决后来作为发展权受到越来越多的关注和讨论,国际法上的自决主要是指政治方面。随着殖民地人民按照人民自决原则纷纷获得独立,非殖民化运动在 20 世纪 70 年代末 80 年代初基本结束,人民自决原则面临是否已经过时的问题,由此引起很多争议问题。

三、关于自决原则的主要争议

(一) 自决的主体问题

谁是人民自决原则中的人民?这个问题在非殖民化过程中是毫无疑问的,当然是殖民地人民以及类似的被外国统治和压迫的人民。但是,当非殖民化运动即将结束时,人们就开始思考后非殖民化时期人民自决原则将如何适用的问题,关键是自决的主体问题。上述两个国际人权公约并没有给人民自决权下任何定义。这为缔约各国确定权利的持有者带来一定困难。为此,印度在签署两个国际人权公约时专门作出声明,强调自决权一词仅适用于在外国统治下的人民,不适用于主权独立国家或一个人民或民族的一部分,这是国家统一的根本。一些国家对印度的保留提出反对意见。例如,荷兰在其反对意见中指出:"任何限制该项权利的范围或附加条件的企图都将损害自决权的概念,并将严重削弱其普遍接受的性质。"提出反对的国家还有法国和当时的联邦德国,反对的理由与荷兰的相似。① 关于自决主体的争论一直持续至今,主要原因是,如果认为自决的主体除了殖民地人民还可以包括主权国家内部的部分人民,例如少数民族或土著人,如何处理该原则与国家主权和国家的领土完整的关系。这是一个相当复杂的问题,涉及国际国内政治、经济、文化、宗教、历史等等方面,必须进行深入研究。迄今为止的主要观点仍然是对立的:一些人坚持人民自决的主体是殖民地人民、被外国压迫或统治的人民;反对的人认为,要想让该原则继续发挥作用就应该承认主权国家内部的人民也在特定情况下是人民自决的主体。

(二) 自决与分离

国际法上的人民自决原则是否包括分离权成为后非殖民化时期争论最为激烈的问题。原因是,如果将人民自决原则适用于一国内部的一部分人民,如果自决包括分离权,国家的领土完整将受到挑战。为了解决这个问题,有人提出了内部自决的概念,指不包括分离权的自决,实际就是人民的自治。② 还有人提出救济性分离的概念。所谓救济性分离是指适用人民自决原则不应影响一国的领土完整,除非该国政府不尊重人民自决原则、不能代表其人民、严重侵犯人权。救济性分离概念的提出貌似是以1970年《国际法原则宣言》中的下面一段表述为理论依据的:"以上各项不得解释为授权或鼓励采取任何行动,局部或全部破坏或损害在行为上符合上述各民族享有平等权及自决权原则并因之具有代表领土内不分种族、信仰或肤色之全体人民之政府之自主独立国家之领土完整或政治统一。"但是,这样的解读明显存在问题。首先,是断章取义。如果结合《宣言》关于人民自决原则规定的上下文,可以断定该原则中的人民是特指殖民地人民的。其次,是这种通过逆向推理所作出的解读不符合《宣言》的宗旨和目的。《宣言》作出关于人民自决原则的规定,其目的是为了推动非殖民化运动的进一步发展从而使所有人民都享有自决权,而不是分裂现存国家。之所以作出上述规定,正是为了在促进实现人民自决权的同时保障国家领土完整,而不是相反。总之,人民自决原则作为国际法的一项基本原则,其产生和最终形成的背景是非殖民化运动,这一点不能忽视更不能忘记。尽管在后非殖民化时期该原则受到来自不同方面的挑战,也提出了许多理论或主张,但毕竟还很不成熟,有待实践的检验。应该可以肯定的是,实然国际法并不承认有什么分离权,同时也不禁止一国的部分人民从母国分离。换言之,实然国际法上的人民自决原则不包括分离权。③

---

① 参见:《在联合国秘书长登记的国际多边条约汇编》,1991年英文版,第182页。
② 参见 Antonio Cassese, *Self-Determination of Peoples: A Legal Reappraisal*, Cambridge University Press, 1995, pp. 101—140.
③ 参见国际法院关于科索沃单方面宣布独立是否符合国际法的咨询意见,关于人民自决的论述位于第79—82段,咨询意见全文(Accordance with International Law of the Unilateral Declaration of Independence in Respect of Kosovo, Advisory Opinion, I. C. J. Reports 2010, p. 403),参见:http://www.icj-cij.org/docket/files/141/15987.pdf,2015年5月24日访问。

进一步阅读推荐书目

1. 王铁崖著:《国际法引论》,北京大学出版社 1998 年版,第 6 章"国际法基本原则"第 212—249 页。
2. 李浩培:"强行法与国际法",载于 1982 年《中国国际法年刊》,第 37—63 页。
3. Christos L. Rozakis, *The Concept of Jus Cogens in the Law of Treaties*, New York: North-Holland Pub. Co., 1976.
4. P. Weil, "Towards Relative Normativity in International Law", 77 *American Journal of International Law* (1983), pp. 413—442.
5. Jonathan I. Charney, "Universal International Law", 87 *American Journal of International Law* (1993), pp. 529—551.
6. G. Schwarzenberger, The Fundamental Principles of International Law, 87 *Rec. des Cours* (1955-I), pp. 191—385.
7. Sean D. Murphy, *Humanitarian Intervention: The United Nations in an Evolving World Order*, University of Pennsylvania Press, 1996.
8. Enzo Cannizzaro and Paolo Palchetti (eds.), *Customary International Law on the Use of Force: A Methodological Approach*, Martinus Nijhoff Publishers, 2005.
9. Alexander Orakhelashvili, *Peremptory Norms in International Law*, Oxford University Press, 2006.
10. Christine Gray, *International Law and the Use of Force*, 3rd edition, Oxford University Press, 2008.

第七章 管辖与豁免

管辖是国际法上的重要问题,是国际法的所有领域都要涉及的内容。管辖权是国家的基本权利,与国家的独立权和平等权有着密切的联系。国际法上有一些一般的与国家管辖权相关的原则,国际法的各个领域中都有很多具体的与管辖相关的原则、规则或制度。从管辖的主体来看,这些原则、规则或制度绝大部分内容都是关于国家的。例如,国家在本国领土内的管辖权、国家对本国国民的管辖权、海洋法中沿海国对专属经济区和大陆架的管辖权、航空法中船旗国对航空器的管辖权、外层空间法中国家对宇航员和外空物体的管辖权等等。国际法上还有一些与国家管辖没有直接关系的管辖问题,例如,国际法庭或国际仲裁庭的管辖权。从管辖的内容来看,国际经济法和国际私法中的问题更多也更复杂。本章将集中讨论国际公法中国家管辖的一般问题,包括管辖的豁免问题。

第一节 国家管辖权

国家管辖权是国家的基本权利之一,是国家主权的具体体现。国家管辖权在实践中并非单一的概念,它包括许多不同的方面和各种不同的形式。由于管辖一词有多种意思,应该在讨论国家管辖权之前作一点必要的澄清。

一、管辖的概念

"管辖"一词有许多含义,因此在使用它时必须特别谨慎。在国内法中,"管辖"在一些国家可能是指"领土"。例如,英国法院可能命令当事一方不得将某儿童带出"法院管辖范围"。此处的"管辖范围"是指法院所属国的"领土范围",即不得将其带出英国领土。[1]

此外,国家管辖权在国内可以按照权力的不同性质分为立法、行政和司法三个主要方面,分别由不同的政府部门行使。国家的立法、行政和司法管辖权都是国家权力,理论上它们应该是相互独立的,即所谓"三权分立"。但是,一个国家是否接受"三权分立"的理论纯属"国内管辖事项",不是国际法所调整的范围。"国内管辖事项"是国际法的专用语,其中的"管辖"一词具有国际法上的特殊

---

[1] 参见 Peter Malanczuk, *Akehurst's Modern Introduction to International Law*, Seventh Revised Edition, Routledge, London and New York, 1997, p.109.

含义。

在国际法上,"管辖"是比较抽象的概念,通常是指国家权力所及的范围。例如,《联合国宪章》第 2 条第(7)款规定的不干涉"本质上属于国内管辖之事件",其中"管辖"就是指国家行使国家权力的范围。上面提到的"国内管辖事项",就是国家权力(包括立法、司法和行政权力)范围内的事项。

二、国家管辖权的概念

国家的管辖权是从国家主权派生而来的。管辖权是国家的一项基本权利。在国际关系中,凭着这项基本权利,一方面,任何国家都可以按照本国的法律和政策对在本国领土范围内的一切人和物以及一切事件主张并行使管辖权,包括外国人和涉及外国人的物和事件,这是国家的属地优越权。另一方面,每个国家都可以对其本国国民行使管辖权,无论他们在国内还是在国外,这是国家的属人优越权。

国家的属地优越权和属人优越权均为国家在与他国的关系上主张和行使国家管辖权的依据。当国家提出管辖主张时,通常将其称为"属地管辖权"或"属人管辖权"。国家管辖权包括立法、司法和行政权力,因此国家的管辖权也可以分别称为立法管辖权、司法管辖权和行政管辖权。国家可以依据属地和属人管辖权,针对本国领土内的外国人和本国在外国的侨民行使适当的立法、司法和行政权力。

此外,国家的属地和属人优越权都不是绝对的。例如,国家依据属地优越权可以要求外国人遵守其法律和规章制度,但是一般并不要求他们与本国人一样承担效忠的义务或服兵役义务,也不要求单纯进行临时访问的外国人承担交纳所得税的义务。这正是为什么我们在外国旅游期间所购买的当地商品在出关时可以获得退税待遇的原因。

三、国家管辖权的行使

由于每个国家都有管辖权,都有属地和属人优越权,因此不同国家管辖权时常会发生重叠。例如,在一个刑事案件中,甲国国民在乙国犯罪,乙国有属地优越权,甲国有属人优越权,如果罪犯逃到丙国,后者也有属地优越权。如果所有相关国家都争相主张它们的管辖权,管辖权的冲突就是不可避免的。在国际关系中,国家管辖权不是绝对的,也不是不受任何限制的。

在国际实践中,管辖权的行使受到国际法的一些限制。

首先,国家的属地优越权受到国家管辖豁免原则的限制,外国、外国国家财产、外国国家元首和政府首脑和外国的外交官在国内法院享有司法豁免权。

其次,国家的属地和属人优越权受到领土主权原则的限制,任何国家都不能在没有得到事先允许的情况下,到他国领土范围内行使其任何国家权力。国际常设法院在1927年"荷花号"案中指出:"国际法加之于国家的第一个、也是最重要的限制是:国家不得以任何形式在他国领土内行使权力,不存在相反的允许性规则……国家不能在其领土以外行使管辖权,除非能从国际习惯或从条约中找到允许这样做的规则。"① 实际上国际法一般禁止国家在他国领土内行使其国家权力,这是国家领土主权的排他性和国家平等的必然结果。因此,所有国家只能在自己领土范围内或在不属于任何国家管辖的地方,如公海上或公海上空,行使其国家权力。② 如果国家根据国际法可以对某人行使管辖权但该人不在本国领土范围内,只能通过引渡的方式来实现。

由于领土主权原则的限制,"即使一个国家对它的国外国民有属人管辖权,只要他们是在另一个国家的领土内的,该国行使属人管辖权的能力就受到了限制"③。同样是基于这种限制,一些国家主张将其国内法的效力扩展到本国领土之外的其他国家的个人或公司,遭到许多相关国家的强烈抗议。例如,美国1996年的《赫尔姆斯—伯顿法》。④ 总之,无论国家行使管辖权的依据是"属地"或"属人",还是后面将要讨论的"保护性"和"普遍性"管辖原则,国家如果到其他国家的领土上行使管辖权,包括司法和行政管辖权,就违反了国际法。例如,1960年以色列曾派人到阿根廷逮捕德国纳粹战犯头目阿道夫·艾其曼(Adolf Eichamann)并将其押回以色列进行审判,后来阿根廷在联合国安全理事会就指责以色列的行为侵犯了该国主权。⑤

最后,国家管辖权还可能受到国际条约或国际习惯规则的其他具体限制。例如,国家可能通过与他国缔结双边条约或参加多边国际公约而承担引渡义务⑥,为了履行引渡义务,国家的属地优越权就可能受到一定限制。例如,国家不得不将一个在另一个国家犯了罪逃到本国的外国人按照引渡条约的规定移交给有权对其进行处罚的国家,尽管在没有承担引渡义务的情况下,国家根据属地优越权可以对此人行使适当的管辖权。

---

① 参见陈致中编著:《国际法案例》,法律出版社1998年版,第41页。
② 世界上的一些区域虽然不属于任何国家的领土,但是也不允许国家自由地行使其所有的国家权力。例如,国际海底区域和外层空间,都是人类共同继承遗产,任何国家不能占有这些区域的任何部分。
③ 〔英〕詹宁斯、瓦茨修订:《奥本海国际法》(第一卷第一分册),王铁崖等译,中国大百科全书出版社1995年版,第329页。
④ 关于赫尔姆斯—伯顿法可参考下列文章:宋晓平:"赫尔姆斯—伯顿法及其与国际社会的冲突",载于《拉丁美洲研究》1997年第6期,第35—40页;陈刚:"《赫尔姆斯—伯顿法》引起的美加冲突",载于《美国研究》2001年第3期,第101—116页。
⑤ 参见陈致中编著:《国际法案例》,法律出版社1998年版,第46—50页。
⑥ 关于引渡将在本章第五节中专门讨论。

第二节 国家的刑事管辖权

国家的刑事管辖权在国家各种形式的管辖权中是国际公法涉及最多的,并且主要集中在国内法院能否受理有涉外因素的刑事案件上。正像马兰祖克所指出的,关于国内法院刑事管辖权的国际法规则多数是禁止性的原则和规则,通过这些原则和规则为国内法院划定一定的管辖范围。① 目前国际上普遍接受的原则主要是:属地管辖原则、属人管辖原则、保护性管辖原则和普遍性管辖原则。这四项原则在国家实践中形成并发展,有些至今仍存有争议。特别是普遍性管辖原则,随着国际人权法的发展,一些国家依此允许其国内法院对外国人在外国的严重违反国际人权法的罪行行使管辖权。

一、属地管辖

国家对于在其领土范围内的犯罪有管辖权,无论罪犯是本国人还是外国人,这就是国家管辖的属地原则(即前述"属地优越权"),或依据领土的管辖原则。属地管辖原则已经得到各国的普遍承认。这项原则的法理依据是"领土内的一切都属于领土"(quidquid est in territorio est etiam de territorio)的法律格言。依据此格言,国家对其领土范围内的一切人、物和事享有完全和排他的管辖权。该原则是国家领土主权在国际法上的具体表现之一。

属地管辖原则在处理刑事案件的国际实践中有诸多有利之处。例如,法院在收集证据等方面的便利,同时也有利于维护罪行发生地国家的相关利益。② 一般情况下,世界上绝大多数国家都主张本国法院对于在其领土范围内的犯罪行使管辖权,即使罪犯是外国人或无国籍人。但是在实践中,可能出现一个案件并非完全局限于一国境内的情况。例如,一个第三国人站在邻国边界线的那一边,开枪打死了位于本国境内的一个人。这时该邻国和本国的法院都可以依据属地管辖原则对这个刑事案件主张管辖。但是,本国法院依据的是客观属地管辖原则,因为犯罪行为在客观上终止于本国境内。通常认为客观属地管辖原则是对属地管辖原则的延伸适用。而该邻国法院则是依据主观属地管辖原则,因为犯罪行为主观地开始于该邻国境内。

此外,还有一种以犯罪效果及于本国境内为由主张属地管辖的情况,即所谓

---

① 参见 P. Malanczuk, *Akehurst's Modern Introduction to International Law*, Seventh Revised Edition, Routledge, London and New York, 1997, p. 110。

② 参见 Ian Brownlie, *Principles of Public International Law*, sixth edition, Oxford University Press, 2003, p. 299。

"效果说"。① 这在实际上也是属地管辖原则的一种延伸适用。从表面上看,它与客观属地管辖原则类似,但是二者却是有区别的:客观属地管辖原则要求犯罪终结地和效果地都在法院地国家的境内,而"效果说"只要求犯罪的效果地在该国境内。因此,根据"效果说"行使的属地管辖实际上没有涉及法院地国领土内的任何实际行为。在关于国家管辖权的经典案例——1927年的"荷花号"案中,国际常设法院适用了"效果说"并引起很大争议。

该案由法国汽船荷花号和土耳其运煤船博兹·库特号1926年在公海上的碰撞事件所引发。两船碰撞,造成土耳其船博兹·库特号沉没,船上8人死亡。事发后第二天法国船荷花号抵达土耳其君士坦丁堡(即现在的伊斯坦布尔),被土耳其当局扣留并对碰撞事件进行调查,随后依土耳其刑法对案发时在荷花号上负责瞭望的法国官员戴蒙上尉进行了审讯。最后君士坦丁堡刑事法院判处戴蒙因玩忽职守而犯非故意杀人罪,拘留8天并处以22英镑的罚款。

法国政府对土耳其的审讯和判决提出强烈抗议,认为土耳其无权审理此案,因为该案发生在公海上,荷花号上的船员只能由船旗国审理。结果土法两国根据它们之间的特别协定将争端提交国际常设法院。两国要求国际常设法院裁定的问题是:第一,土耳其法院对戴蒙的审讯是否符合国际法;第二,如果不符合国际法应如何赔偿戴蒙的损失。

国际常设法院最后判定土耳其法院对戴蒙的审讯和惩罚没有违反国际法。法院对土耳其法院行使管辖权依据的下述分析适用了"效果说"②:

"许多主张在刑事立法上严格适用属地原则的国家的法院都对刑法做这样的解释:犯罪者在外国领土上的犯罪行为,只要有一个犯罪因素发生在其领土,就可被认为是发生在该国领土……当犯罪效果发生在土耳其船上的时候,不能只因为戴蒙上校是在法国船上,就认为国际法有一条规则禁止土耳其对戴蒙上校进行惩治。法院认为,从所谓属地原则上看,土耳其惩罚戴蒙是正确的。"在驳斥法国关于船旗国专属性管辖的观点时,国际常设法院的判决进一步指出,"如果犯罪行为发生在公海上,而效果落在悬挂另一国旗帜的船上,或落在他国领土上,就像发生在两国领土上的事情一样,国际法没有一个规则禁止行为效果在其船上的国家把该犯罪行为当做发生在它的领土上"③。

不仅由于国际常设法院的法官之间存在较大争议,结果对"荷花号"案的判决是以6比6的投票加院长的决定票通过的,还由于该案判决后的国际实践大

---

① 参见 Vaughan Lowe, "Jurisdiction", in *International Law*, edited by Malcolm D. Evans, Oxford University Press, 2003, Chapter 10, pp. 338—339。
② 但是也有学者认为荷花号案有争议地适用了客观领土管辖原则。参见 Ian Brownlie, *Principles of Public International Law*, sixth edition, Oxford University Press, 2003, p. 300。
③ 陈致中编著:《国际法案例》,法律出版社1998年版,第42、43页。

多数都是与该判决完全相反的,多数国际公约包括1982年《联合国海洋法公约》,都规定船旗国和属人管辖原则①,因此不能认为"荷花号"案确认了"效果说"。

这里必须强调指出,"效果说"容易被一些国家用作将本国法律强加于他国的借口。例如,美国依据其《反托拉斯法》对外国人在外国作出的行为进行惩罚并因此遭到许多国家的抗议。② "效果说"是对外国人在外国的犯罪主张管辖,因为不是依据保护性管辖原则或普遍性管辖原则,没有得到普遍承认。特别是当它被超级大国为维护自己国家的经济利益而利用时,的确是非常危险的理论。

二、属人管辖

国家对在外国领土范围内的本国公民(在外侨民)也可以行使管辖权,这是国家管辖的属人原则(即前述"属人优越权"),或依据国籍的管辖原则。根据属人管辖原则,国家可以对在外国犯罪的本国人实行管辖。属人管辖原则在大陆法系得到国家的广泛适用,但是在英国等普通法系国家里,法院仅对某些犯罪,例如,叛国罪、谋杀或重婚罪适用此项原则,即英国法院仅主张对在外国犯了上述这些罪行的英国人行使管辖权。不过英国并不反对其他国家广泛适用属人管辖原则。美国仅对违反了美国法律的美国人适用属人管辖原则,英国在这方面的实践与美国类似。③

还有一些国家主张对外国人在外国但是对本国人造成伤害的犯罪实行管辖,它们依据的是所谓"被动属人管辖原则",或"被动国籍原则",或称为管辖权的"消极人格"依据。④ 1886年墨西哥法院主张对美国人卡丁实行管辖的"卡丁"案(the Cutting case)被认为是适用"被动国籍原则"的著名案例。卡丁被控在美国得克萨斯州的报纸上诽谤一个墨西哥人,并在墨西哥被捕。墨西哥法院认为它有权惩罚卡丁,因为墨西哥刑法规定,对于外国人在外国对墨西哥人所作的犯罪行为,墨西哥有权加以惩罚。墨西哥法院的判决遭到美国的抗议并提出外交干预,要求释放卡丁,但是遭到墨西哥的拒绝。虽然此案由于控方撤诉而告结束,但是美国要求墨西哥修改其刑法以避免同类事件再次发生,墨西哥同样拒绝了此项要求。

另外,有一项与属人管辖相关的原则,即船旗国管辖原则。依据这项原则,

---

① 参见 Jeffrey L. Dunoff (et al eds.), *International Law: Norms, Actors, Process*, Aspan Law & Bussiness, New York, 2002, pp.333—334。
② 同上书,第339页。
③ 参见 P. Malanczuk, *Akehurst's Modern Introduction to International Law*, Seventh Revised Edition, Routledge, London and New York, 1997, p.111。
④ 参见〔英〕詹宁斯、瓦茨修订:《奥本海国际法》(第一卷第一分册),王铁崖等译,中国大百科全书出版社1995年版,第335页。

船旗国可以对自己在公海上的船舶和公海上空的航空器行使管辖权。船旗国是指船舶国籍的所属国,这里的"所属"与船舶的所有权没有必然的关系。船舶在哪个国家登记注册就取得哪个国家的国籍,取得哪个国家的国籍就悬挂哪个国家的国旗,船旗国的概念由此而来。船旗国管辖原则同样适用于在公海上空飞行的航空器和在外层空间运行的外空物体,如人造卫星、航天飞机等。从船舶与个人一样享有国籍的角度来看,可以把船旗国管辖原则与属人管辖原则联系在一起。

但是船舶与个人不同。船旗国对在公海上航行的船舶上的一切人以及发生在船舶上的一切事件享有管辖权(包括立法、司法和行政管辖权),就像国家对其领土的管辖一样。因此在公海上的船舶常常被视为船旗国的虚拟领土。例如,在上述"荷花号"案中,国际常设法院指出,"在公海自由的法律体制下,在公海上的船舶就好像是在船旗国的领土上一样……"①从这种意义上讲,船旗国的管辖权实际上与国家属地管辖原则也有一定的联系。

三、保护性管辖

即使罪行的发生地不是在国家领土范围内,罪犯也不是本国国民,只要罪行涉及国家的安全和重大利益,为了保护本国利益,国家也可以行使管辖权。这就是所谓的保护性管辖原则。几乎所有国家都主张对这种破坏本国重大政治、经济和军事利益和影响国家安全的犯罪实施管辖。

国家主张对外国人在外国的犯罪行使刑事管辖权时,一般限于直接针对国家本身的罪行,例如,弑君罪、伪造货币罪以及违反移民法的罪行,而且一般属于世界各国的刑法都公认为犯罪的行为。保护性管辖是属地和属人管辖的例外,因此只有在本国国家安全和重大利益受到严重影响的情况下,国家才可以对外国人在外国的犯罪行使管辖权。

一般认为,这种保护性管辖的行使与国际法并不冲突,但是如果把国家利益或国家安全解释得过于宽泛,就可能引起问题。正如布朗利所指出的:"保护性原则建立在保护具体利益的基础上,这已经够敏感的了。然而,对保护概念的解释可能会有各种明显的不同。"②因此在国际实践中,"明显地存在着夸大适用保护性管辖原则的压力,存在着将'保护真正的重大利益'与该原则剥离并允许利用该原则提升(国家)重要利益的危险"③。特别是在国家越来越多地卷入经济

---

① 陈致中编著:《国际法案例》,法律出版社1998年版,第43页。
② Ian Brownlie, *Principles of Public International Law*, sixth edition, Oxford University Press, 2003, p. 303.
③ Vaughan Lowe, "Jurisdiction", in *International Law*, edited by Malcolm D. Evans, Oxford University Press, 2003, Chapter 10, p. 342.

活动的当今世界,如何防止保护性管辖原则的滥用是值得重视的实际问题。

最后应该指出,保护性管辖与上述"被动国籍原则"有一定联系。但是它们是不同的概念:前者通常适用于针对国家本身或整个国家的罪行,后者则是针对本国国民的罪行。

四、普遍性管辖

(一) 普遍性管辖的概念

虽然根据上述三项原则国家都不能主张管辖,但是只要相关行为违背了对一切的义务(obligations erga omnes)并构成国际法上的罪行,例如,海盗行为,国家就可以行使管辖权。由于所有的国家对这些行为都有管辖权,因此在国际法上,国家依此而行使管辖权的原则称为普遍性管辖原则。

依据普遍性管辖原则而行使管辖权,不要求罪行与行使管辖权的国家之间有任何联系:罪犯和受害者都不是本国人,犯罪地也不在本国领土范围内,罪行也不直接对本国的重大利益造成影响。在这种情况下,按照上述三项原则,即属地、属人和保护性管辖原则,国家都不能主张管辖。因此,普遍性管辖是属地、属人和保护性管辖的例外,是国际法根据罪行危及世界和平与安全、危害整个国际社会和人类共同利益的性质,赋予国家的权利。换言之,由于犯罪的性质已经到了如此严重的程度,以致国际社会的共同利益受到威胁,国际法允许所有国家对罪犯行使刑事管辖权,可以不管罪犯的国籍如何和犯罪地在何处。

(二) 适用普遍性管辖的罪行

国家行使普遍性管辖权以所管辖罪行的性质为基础,不是对所有罪行都可以行使这种管辖权。"一些国家主张对一切罪行,包括一切外国人在国外所犯罪行(或至少是严重罪行)行使管辖权。说英语国家认为这种普遍管辖一般是国际法所禁止的……但是即使是认为普遍管辖一般不符合国际法的说英语国家也同意,国际法允许国家对某些威胁整个国际社会并在所有国家都属于犯罪的行为行使普遍性管辖,例如,战争罪、海盗罪、空中劫持罪和各种形式的国际恐怖主义罪。"[1]

普遍性管辖原则仅仅适用于那些危害国际社会和人类共同利益的罪行。由于这些罪行违背了"对一切的义务",因此国际法赋予每个国家以对罪犯行使管辖的权利。根据习惯国际法和相关国际公约,可以适用普遍性管辖原则的罪行是根据国际法属于犯罪的行为,主要包括海盗罪、战争罪、迫害和平罪、侵略罪、危害人类罪、贩运毒品罪、贩卖人口罪以及其他严重侵犯人权的罪行,例如,种族

---

[1] Peter Malanczuk, *Akehurst's Modern Introduction to International Law*, Seventh Revised Edition, Routledge, 1997, p.112.

灭绝罪、种族隔离罪、酷刑罪等。国际法赋予每个国家对这些罪行主张刑事管辖的权利,目的是为了保证罪犯受到应得的惩罚,不给他们任何藏身之地。

(三) 普遍性管辖与"或引渡或起诉"义务

一些关于惩治不同形式的国际恐怖主义罪行的国际公约对缔约国施加了"或引渡或起诉"义务,这种义务实际上体现了在缔约国之间实行的普遍性管辖原则。

由于各种形式的国际恐怖主义行为对国际社会的公共秩序造成很大威胁,从20世纪70年代开始出现了许多惩治国际恐怖主义罪行的国际公约。例如,1970年《关于制止非法劫持航空器的公约》第7条规定:"在其境内发现被指称的罪犯的缔约国,如不将此人引渡,则不论罪行是否在其境内发生,应无例外地将此案件提交其主管当局以便起诉。该当局应按照本国法律**以对待任何严重性质的普通罪行案件的同样方式**(着重号为引者所加)作出决定。"①此外,1971年《关于制止危害民用航空安全的非法行为的公约》(第7条)、1973年《关于防止和惩处侵害应受国际保护人员包括外交代表的罪行的公约》(第7条)、1979年《关于劫持人质国际公约》(第8条)等,这些国际公约用基本相同的措辞为缔约国创设了"或引渡或起诉"(aut dedere, aut judicare)的义务,目的是为了保证不会将所有被指称的罪犯作为政治犯对待并且都能得到起诉。只要所有缔约国,无论是被指称罪犯或受害者的国籍国、还是犯罪地国或其他任何缔约国②,都能履行这项义务,这个目的就不难达到。实际上,这些公约"部分地通过在缔约国之间创设本质上属于某种形式的普遍性管辖来达到这个目的"③。

从普遍性管辖的角度来看,"或引渡或起诉"义务对于规定该义务的相关公约缔约国具有下面几个方面的意义:

首先,缔约国对相关国际公约规定的国际罪行行使的管辖,从一项权利转变为一项义务,即罪犯所在地的缔约国有义务:要么在其不愿意对罪犯实行管辖权的情况下将罪犯引渡给其他要求行使管辖权的缔约国;要么对罪犯进行起诉。换言之,罪犯所在地的缔约国对相关公约规定的罪行是否行使普遍性管辖权,不是作为一项权利可以自由作出决定,而是作为一项必须履行的义务:"或引渡或起诉",没有第三个选择。

---

① 王铁崖、田如萱:《国际法资料选编》(第2版),法律出版社1986年版,第590页。其他相关国际公约中也有类似的规定,例如,1980年的《关于核材料的实质保护公约》第9条,18 ILM 1419;1988年的《制止破坏海上航行安全非法行为公约》第3条第4款,27 ILM 685;《制止恐怖主义爆炸的国际公约》第8条第1款,A/52/653,等等。

② 包括航空器的所属国、嫌疑犯的永久居住地国、在其领土内发现嫌疑犯的国家以及一切其他国家。

③ Vaughan Lowe, "Jurisdiction", in *International Law*, edited by Malcolm D. Evans, Oxford University Press, 2003, p.344.

其次，根据"或引渡或起诉"义务，罪犯所在地的缔约国不能把相关公约规定的罪行作为政治罪行，因此不能允许嫌疑人在该国政治避难，也不能给予其难民地位。

最后，为履行"或引渡或起诉"义务，缔约国应该保证相关罪行是该国刑法中所包括的罪行。如果现行刑法中不包括公约规定的相关罪行，应该通过修订法律将其加入"严重性质的普通罪行"之中。

应当指出，"或引渡或起诉"目前只是条约义务，尚未构成习惯国际法的一部分。遇到某国际公约所涉及的罪行尚未成为习惯国际法上承认的可以适用普遍性管辖原则的罪行时，非缔约国理论上可以对其他国家的管辖主张提出异议甚至反对。不过实践中，这样的事情还没有发生过。①

（四）普遍性管辖与人权保护

近年来，一些国家的法院根据普遍性管辖原则受理了一些侵犯人权的案件，其中影响比较大的是2000年比利时布鲁塞尔初审法院审理的关于刚果外交部长耶罗迪亚的刑事案件。由于该案涉及政府首脑管辖豁免问题，本书将在后面专门讨论。实际上，普遍性管辖所涉及的案件不仅仅是限于刑事的，有相当多的案件是非刑事的。许多国际罪行的受害者通过在外国的国内法院提起侵权或民事诉讼谋求损害赔偿。

第一个此类案件是1980年美国法院受理的"菲拉缇加（Filartiga）诉皮纳-伊拉拉（Pena-Irala）"案。在该案中原告是1978年移居美国的巴拉圭公民，是巴拉圭当时军事政府的反对派人物；被告是原巴拉圭亚松森的警官。在提起诉讼时，被告正在纽约非法居留。原告的诉讼理由是，被告在三年前绑架原告的儿子并对其实施酷刑而导致其死亡。美国第二巡回上诉法院认为，"为民事责任之目的，实施酷刑者如同海盗和贩运奴隶者一样，是人类的公敌"。该法院在判决中认为，以官方当局为借口实施的酷刑，即便不能清楚地归因于政府行为，也是违反国际法的。在美国发现的该外国酷刑实施者可以在美国法院被诉，无论行为在何处发生。② 该案最终以原告胜诉而告终。③ 必须指出，此案以美国的外国人侵权法为依据，该法仅允许美国地区法院对所有外国人在外国因违反国际法或美国参加的条约作出的侵权行为引起的民事案件行使管辖权。此案判决中的观

---

① Vaughan Lowe, "Jurisdiction", in *International Law*, edited by Malcolm D. Evans, Oxford University Press, 2003, p.344.

② 参见 Peter Malanczuk, *Akehurst's Modern Introduction to International Law*, 7th ed, Routledge, 1997, p.114. 关于此案详细情况，详见 F. Hassan, "A Conflict of Philosophies: The Filartiga Jurisprudence", 32 *International and Comparative Law Quarterly*, 1983, pp.250—258.

③ 因为被告延长遣送日期的要求被驳回，被告于1979年被遣返回巴拉圭，法院通过缺席审判判决被告赔偿共计 10385464 美元。但是判决从未得到执行。参见 Henry J. Steiner & Philip Alston, *International Human Rights in Context: Law, Politics and Morals*, Oxford, p.1056.

点被美国法院后来受理的一百多件类似案件作为参考。1992 年美国专门通过了一项酷刑受害者保护法案。与外国人侵权法相比,该法提供更多寻求救济的机会。此外,其他国家的法院也开始受理以私法为诉因的案件,以便为侵犯人权的受害者提供救济。①

（五）关于缺席审判

当然,如前所述,管辖权的行使应以罪犯在主张管辖的国家领土范围内为条件。如果罪犯在其他国家,需要请求引渡,在罪犯移交到自己国家境内后才能行使管辖权。至于是否可以进行缺席审判的问题,考虑到《公民权利和政治权利国际公约》第 14 条第(3)款(d)关于"审判被控刑事罪时,被告一律有权平等享受""到庭受审,及亲自答辩或由其选任辩护人答辩……"的"最低限度之保障"的规定,国家通过缺席审判行使普遍性管辖权,将违反"到庭受审"的最低限度的人权。②

另一方面,考虑到普遍性管辖可能涉及外国国家元首或政府首脑,从而与国家主权豁免之间发生冲突,完全不顾外国国家主权豁免而进行缺席审判势必构成对相关国家主权的侵犯。国际实践表明,除非相关国家都受到国际人权公约的约束③,或者将争端交付国际仲裁或提交国际法庭④,否则在国家之间解决这一冲突存在着许多实际困难。

上述国家管辖原则是国际实践一般接受的。但是,在实践中,一些国家并不一定严格地依据这些原则提出主张或行使其管辖权。这些主张存在争议,没有得到一般接受。"有些国家似乎把某类外国人视为与国家有足够的密切联系,从而有理由对他们适用它的刑法或刑法的一些部分,即使他们是在国外的。例如,有些国家主张对永久居民在国外所犯的罪行有管辖权。"⑤这种管辖权的主张显然不符合属人管辖原则,因为管辖的对象是外国人。因此这种主张强调的是该外国人与其永久居住国之间直接和重要的联系。

---

① 因为被告延长遣送日期的要求被驳回,被告于 1979 年被遣返回巴拉圭,法院通过缺席审判判决被告赔偿共计 10385464 美元。但是判决从未得到执行。参见 Henry J. Steiner & Philip Alston, *International Human Rights in Context: Law, Politics and Morals*, Oxford,第 1055 页。
② 根据 Henry J. Steiner 和 Philip Alston 的描述,与 Filartiga 诉 Pena-Irala 案一样,根据美国外国人侵权法提起的许多涉及人权保护的案子都是缺席审判。因此法院在被告缺席的情况下,相信原告的指控都是真的。"也就是说,这样的审判以及上诉法院的判决都没有进行事实调查。"参见 Henry J. Steiner & Philip Alston, *International Human Rights in Context: Law, Politics and Morals*, Oxford, p.1056。
③ 例如,"皮诺切特"案涉及的西班牙、英国和智利都是 1984 年《禁止酷刑和其他残忍、不人道或有辱人格的待遇或处罚公约》的缔约国,根据该《公约》,皮诺切特不享有豁免权。关于"皮诺切特"案在后面讨论国家元首豁免时详说。
④ 例如,2000 年国际法院受理的"刚果诉比利时逮捕令"案,国际法院 2002 年作出判决,解决了刚果和比利时之间的争端。
⑤ 〔英〕詹宁斯、瓦茨修订:《奥本海国际法》(第一卷第一分册),王铁崖等译,中国大百科全书出版社 1995 年版,第 334 页。

又如，美国于 2001 年 11 月 13 日颁布了一道军事命令，该命令涉及美国驻古巴关塔那摩军事基地关押的美国从阿富汗逮捕的国际恐怖分子。该命令第 7 条除了禁止任何人利用美国或美国各州法院提起诉讼外，还禁止他们在外国法院或国际法庭提起诉讼。由于该命令禁止非美国公民在外国法院或国际法庭提起诉讼，"很难认为这种规定是合法的，即使是保护性原则也很难延伸到使其合法的程度"[①]。

五、并行管辖

并行管辖是指不同国家对同一案件主张行使管辖权。国际法允许一个以上的国家对一个特定的人或事件同时主张管辖权。[②] 假设甲国的恐怖主义分子在丙国谋杀了乙国国民，这时至少三个国家可以对这个谋杀事件主张行使管辖权。当数个国家同时对一个特定的人或事件主张管辖时，谁可以优先行使管辖权？国际法上没有确定优先管辖的一般规则。除非国际公约或协定事先作出专门规定，一般只能根据具体情况在相关国家之间协商解决。

第三节　国家管辖豁免

国家管辖豁免是一般承认的国际法原则，是国家主权和国家平等在国际关系中的具体体现。国家管辖豁免主要包括国家和国家财产的豁免、国家元首和政府首脑的豁免和外交代表的豁免。由于后者已经形成国际法上单独的法律制度和体系，这里暂不讨论外交代表豁免的问题。国家管辖豁免不仅涉及国际公法，还关系到国际经济法、国际私法等其他领域内的许多重要问题。这里仅从国际公法的角度讨论国家管辖豁免的概念、享受豁免的主体、关于豁免的学说、对豁免权的限制以及豁免的放弃等问题。

一、国家管辖豁免的概念

国家管辖豁免是指国家根据国家主权和平等原则不接受任何他国管辖的特权。具体体现在国家及其财产在其他国家国内法院享有的司法豁免权。[③]

[①] Vaughan Lowe, "Jurisdiction", in *International Law*, edited by Malcolm D. Evans, Oxford University Press, 2003, p.347.

[②] 参见 Thomas Buergenthal & Sean D. Murphy, *Public International Law*, 3rd ed., 法律出版社 2003 年版, 第 216 页。

[③] 参见龚刃韧著：《国家豁免问题的比较研究》，北京大学出版社 1994 年版，第 1 页。

国家管辖豁免是解决国家主权平等与国家排他的领土主权冲突的必然结果。① 因为一方面,按照"平等者之间无管辖权"(Par in param non babet imperium)的法律格言,任何国家不得对其他主权国家主张或行使管辖权。另一方面,国家对其领土并在其领土范围内享有完全排他的主权和管辖权。在这种情况下,为了保障国家主权平等,必须对国家的属地管辖权施加一定的限制。由于这种限制是在平等的基础上并且是在国家之间对等的关系中作出的,因此从这种意义上讲,国家主权平等原则也是国家管辖豁免的基础。②

国家管辖豁免制度是为了保障国家主权平等而产生的,它体现了国家之间相互尊重主权的国际法基本原则。因此国家豁免并不意味着外国可以无视所在国立法、司法和行政权力而逍遥法外。根据国家豁免原则,外国只是在国内的法院享有不受司法管辖的一些特权。换言之,外国必须尊重所在国的主权,遵守其法律法令和规章制度,只是在违反了所在国法律后不是通过国内法院来解决,或者在外国卷入民事纠纷或刑事案件时,免受国内法院的司法管辖。遇到外国享有司法豁免的民事或刑事案件,一般通过外交途径解决,但绝对不是外国可以免受国内法律约束的意思。

由于国家在国家管辖豁免方面的实践还很不统一,国际上又没有相关的普遍性国际公约,联合国国际法委员会从1978年开始着手研究和编纂这个议题,并终于在2004年第59届联合国大会上通过了《国家及其财产管辖豁免公约》。虽然该《公约》尚未生效③,但是由于它是联合国国际法委员会长期以来研究和编纂的结果,可以作为我们讨论这个问题的重要参考资料。

二、国家管辖豁免的主体

国家管辖豁免的主体是指享受豁免者。国际实践表明,享受国家管辖豁免的主体一般包括国家及其财产、国家元首和政府首脑、外交代表。此外,国家的部队、军舰、政府船舶和航空器,作为国家的一部分,也享有国家管辖豁免。

国家是国家豁免当然的主体。但是,什么是国家?这是国内法院决定是否给予外国国家以豁免的前提。关键不是国家在国际法上的概念,而是作为行为

---

① 美国最高法院对 The Schooner Exchange v. MacFaddon 案的判决被普通法系国家广泛认为第一次阐述了外国国家豁免说。参见 Lee M. Caplan, "State Immunity, Human Rights, and Jus Cogens: A Critique of the Normative Hierarchy Theory", 97 A. J. I. L. 741 (October, 2003), p.745。

② 关于国家管辖豁免的理论根据,详见龚刃韧著:《国家豁免问题的比较研究》,北京大学出版社1994年版,第26—36页。

③ 2004年12月2日经联合国大会决议(A/RES/59/38)通过,并于2005年1月17日至2007年1月17日向所有国家开放签字。根据该《公约》第30条,在第30份批准书、接受书、核准书和加入书交存联合国秘书长之后第30天生效。截至2015年5月31日,该《公约》的签字国有28个,批准的国家有18个。

者,谁可以代表国家从而成为国家定义的一部分。只要一个国家承认一个外国为主权国家,该国法院就承认该外国的豁免权,尽管有些国家也承认非国家实体的司法豁免权。①

但是,"国家"毕竟是一个抽象的概念,国家的行为都是由代表其行事的个人或集体来完成的。因此,要确定谁是国家管辖豁免的主体,就必须分辨哪些个人或集体可以代表国家或经国家授权从事国家行为。根据2004年《国家及其财产管辖豁免公约》所下的定义,国家是指:(1) 国家及其政府的各个机关;(2) 有权行使主权权力并以该身份行事的联邦国家的组成单位和国家政治区分单位;(3) 国家机构、部门和其他实体,但须它们有权行使并且实际在行使国家的主权权力;(4) 以国家代表身份行事的国家代表。②

依此定义,为了国家豁免的目的,国家和政府的各个机关和部门,包括国家的立法、司法和行政机关;联邦国家的成员,如美国的各个州;国家的地方政府,如中国的各个省、直辖市、自治区和特别行政区,只要它们有权行使国家主权权力并以该身份行事就可以作为国家的一部分,享有国家管辖豁免权。

根据这个定义,国家机构、部门或其他实体只有在有权行使国家权力并实际上正在行使国家主权权力时所作出的行为才能有援引国家豁免的资格。在国际实践中,外国国家机构或部门在国内法院是否享有国家豁免权在各国立法和司法实践中是不一致的,主要反映了两种不同的观点,称为"结构主义"和"职能主义"。"结构主义"认为具有独立法人资格的国家机构或部门不享有国家豁免权。"职能主义"则不问是否具有独立法人资格,只要国家机构或部门所作出的行为具有行使国家权力的性质,就应该享有援引国家豁免权的资格。该公约的规定实际上是这两种观点折中的结果。③

在实践中即使国家和政府机关的行为,在外国法院也不是全部都享有豁免权,传统的绝对豁免主义受到挑战。

三、绝对豁免主义与限制豁免主义

19世纪以前国家很少进行商业活动,因此国家的所有行为都享有豁免。19世纪以后,国家涉足商务、企业的规模逐渐扩大,产生了国家在贸易上的垄断以及国家经营铁路、海运和邮政服务的现象。特别是社会主义国家出现以后,国家在从事商业活动方面发生了根本的改变。有关国家管辖豁免的国际法原则先是

---

① 例如,英国、美国、法国、澳大利亚等,特别是后者,甚至在1985年的《外国国家豁免法》中明文规定"不是独立国家一部分的分离领土(无论是否自治)"也享有国家豁免。参见龚刃韧著:《国家豁免问题的比较研究》,北京大学出版社1994年版,第169—170页。
② 参见《国家及其财产管辖豁免公约》第2条第2款。
③ 参见龚刃韧著:《国家豁免问题的比较研究》,北京大学出版社1994年版,第194—204页。

在理论上遇到挑战,后来,特别是20世纪以后,一些国家的法院开始对逐渐扩展的国家商业活动作出反应。例如,比利时和意大利法院在处理涉及外国的案件中把国家或其政府的"统治权行为"(acta jure imperii)与"管理权行为"(acta jure gestionis)区别开来,对后者不给予豁免。支持这种做法的理论通常称为限制豁免主义或相对豁免主义。

限制豁免主义在实践中得到许多国家的接受。一些国家的立法反映了这种理论。例如,澳大利亚1985年《外国国家豁免法》、加拿大1982年《国家豁免法》、巴基斯坦1981年《国家豁免法令》、新加坡1979年《国家豁免法》和南非1981年《外国主权豁免法》。美国从1952年就开始采取限制豁免主义,但美国法院的实践并不完全一致。因此美国国会在1976年制定出《外国主权豁免法》以便采用统一和确定的限制豁免主义立场。英国议会于1978年制定出《国家豁免法》,该法确定了英国法院在裁判和执行这两个方面实行限制豁免主义。

1972年《欧洲国家豁免公约》是在总体上放弃绝对豁免主义的区域性国际公约。该《公约》第15条规定,除该《公约》其他条款另有规定外,外国在本国法院享有豁免。根据该《公约》其他条款,外国不享有豁免的情况多数发生在那些与国家"管理权行为"相关的诉讼。

四、不得援引国家豁免行为的判断标准

随着支持绝对国家管辖豁免主义的国家日趋减少,一些国家的法院主张对"国家管理权行为"行使管辖,从而形成了一些国家管辖豁免的例外情况或不得援引国家管辖豁免的诉讼。2004年《国家及其财产管辖豁免公约》在第三部分列举了8种这样的诉讼:

(1) 国家与外国自然人或法人从事的商业交易,但国家之间进行的商业交易或者该商业交易的当事方另有明确协议的情况则不在此限;

(2) 雇用合同,但是如果国家间另有协议,或者雇用是为了履行政府权力方面的特定职能或者被雇用者是外交代表、领事官员或常驻国际组织的代表则不在此限;

(3) 人身伤害和财产损害;

(4) 财产的所有权、占有和使用;

(5) 知识产权和工业产权;

(6) 参加公司或其他集体机构,但是该机构的参加者不限于国家或国际组织,而且该机构是按照法院地国法律注册或组成的;

(7) 国家拥有或经营船舶,只要在诉讼事由产生时该船舶是用于商业性目的;

(8)仲裁协定的效力,即国家与外国自然人或法人订立关于将商业交易争端提交仲裁解决的协议,关于仲裁协议的有效性、解释或适用、仲裁程序或者裁决的确认或撤销的诉讼。

从多数国家国内法院的实践看,一般把外国国家及其政府的行为分为两类:一类是国家的政治、军事和外交行为;另一类是经济、商业和贸易行为。如上所述,这两类国家行为也被称为"统治权行为"和"管理权行为"。然而在英美法系国家的司法实践中,相应的用语是"主权行为"与"商业交易行为";在欧洲大陆法系则用"公法行为"与"私法行为"来取代。国家的"管理权行为"或"私法行为"不享有豁免权。2004年《国家及其财产管辖豁免公约》关于不得援引国家豁免的上述规定反映了国家在有限豁免方面的实践。

如何确定国家的某一行为属于"管理权行为"或"私法行为",是一国法院必然会遇到的实际问题。有些国家根据行为的性质来确定,例如,试验核武器的行为,外国这种性质的行为由国内法院来判决显然是不适宜的。而那些国家与私人均可从事的行为,如订立购买小麦的合同,无疑属于商业交易行为。还有的国家根据国家行为的目的来确定是否是商业交易行为。例如国家为赈灾而购买粮食,法院可以从其行为的目的判断它不属于商业交易行为。但是在实践中可能出现单一地用"行为性质"或"行为目的"这两个标准都难以确定的国家行为。例如,国家订立为其军队购买军需品合同的行为,按"行为性质"标准应该是商业交易行为,但是因为是为该国的军队所购买,按"行为目的"标准又不能将其视为商业交易行为。究竟如何判定,只能由各国法院根据具体情况自由裁量了。

五、国家管辖豁免的放弃

国家管辖豁免的放弃是指一国以明示或默示方式自愿地同意在外国法院不援引其国家管辖豁免,而接受外国法院的管辖。

放弃必须是自愿的。国家管辖豁免是国家主权平等的必然结果,任何外国国内法院不得任意剥夺国家的管辖豁免。但是国家在是否援引国家管辖豁免的问题上有选择的自由,它可以选择放弃。放弃豁免是国家的主权行为,前提条件是放弃必须是国家自愿的行为。因此必须注意:第一,同意放弃豁免的意思表示必须由国家亲自作出,不能由未经授权的代表机关或由代表国家行事的个人作出。第二,放弃的表示必须是不含糊的和确定的。最后,也是最重要的,判决与判决执行的豁免必须是分开的,换言之,放弃了法院判决的豁免并不意味着同时也放弃了对判决执行的豁免。因此,对于法院判决执行的豁免必须另行作出。①例如,没有国家明确表示放弃执行管辖豁免,法院不能对其国家财产进行包括扣押、查封、扣留等强制执行措施。

放弃豁免的场合与不得援引豁免是完全不同的。前者是国家出于自身的意志,自行决定的,以国家的同意为前提,而且所涉及的管辖事项根据限制豁免主义也是属于"统治权行为",因此本应享有豁免权;后者则是国家豁免原则在特定范围内的例外或对该原则的限制,并不以国家的同意为前提。

放弃有明示的和默示的。根据2004年《国家及其财产管辖豁免公约》第7条,国家如果通过国际协定、书面合同或在法院发表的声明或在特定诉讼中提出的书面函件,即属于明示放弃豁免。国家通常可以通过签订双边条约、参加多边国际公约或者与私人或法人订立合同的方式事先放弃豁免。国家还可以在事后通过临时发表声明等方式明确放弃国家豁免权。例如,英国传统司法判例法只接受面对法庭直接表示的豁免的放弃。②

默示放弃是指国家通过在外国法院直接提起或参与诉讼或采取与案件实体有关的任何其他步骤,表示接受该法院管辖的意思。③ 默示放弃的一般形式是:

第一,国家在外国法院作为原告直接提起诉讼或对自己的诉讼提起反诉。这时外国法院就可以认定该国已放弃豁免。这是各国法院判例普遍承认的一种默示放弃豁免的方式。

第二,国家在外国法院通过介入诉讼或采取与案件实体有关的任何其他步骤的形式参与某特定诉讼案件,也被认为是对豁免权的放弃。

第三,上述第二种默示放弃同样适用于这种介入引起的与该诉讼的相同的法律关系或事实引起的反诉。

但是,下列情况不能解释为国家放弃豁免:

第一,如果国家同意适用另一国法律。

第二,如果国家能够证明自己在采取介入诉讼或其他与案件实体相关的步骤之前"不可能知道可据以主张豁免的事实,则它可以根据那些事实主张豁免,条件是它必须尽早这样做"④。

第三,如果国家在另一国法院"援引豁免或对诉讼中有待裁决的财产主张

---

① 参见 Hazal Fox, "International Law Restraints on the Exercise of Jurisdiction by National Courts of States", in *International Law*, edited by Malcolm D. Evans, Oxford University Press, 2003, Chapter 11, p. 365。
② 参见龚刃韧著:《国家豁免问题的比较研究》,北京大学出版社1994年版,第232页。
③ 2004年《国家及其财产管辖豁免公约》第8条是关于国家默示放弃豁免的规定,但用的是"参加法院诉讼的效果"的措辞。
④ 2004年《国家及其财产管辖豁免公约》第8条第1款。

一项权利或利益",不应视为放弃豁免行为。① 因此国家为了主张其管辖豁免授权其代表到外国法院要求法院宣布其判决或仲裁决定无效,为此目的出庭作证,或者拒绝出庭,都不构成默示放弃。

第四节 国家元首和政府首脑的豁免

一、现任国家元首和政府首脑的特权和豁免

由于他们代表国家,国家元首和政府首脑在国际法上享有一定的特权和豁免。在特权方面,国家元首和政府首脑在外国享有一些礼仪性的尊荣;他们的人身安全必须给予特别的保护;他们的寓所享有与大使馆馆舍同样的不受侵犯权。在免纳一切关税、捐税等方面他们享受的豁免也和国家外交代表相同,详细内容详见第十五章,在此不予赘述。

在司法豁免方面,国家元首在外国访问或旅行期间享有管辖豁免的习惯国际法规则没有编纂成国际条约。因为不同于国家管辖豁免,所以在 2004 年《国家及其财产管辖豁免公约》中没有关于国家元首豁免的规定。由于同样的原因,1961 年《维也纳外交关系公约》中也不包括这方面的内容。从各国的实践看,国家元首豁免的内容一般参照使馆馆长享有的豁免。但是,应该注意下面几点:

首先,国家元首的豁免是指在外国法院享有的司法豁免,国家元首在国际法庭是否享有同样的豁免,取决于相关国际法庭规约的具体规定。例如,1919 年《凡尔赛和约》关于建立审判战犯法庭的规定、1945 年《纽伦堡国际军事法庭宪章》和 1946 年《远东国际军事法庭宪章》、1992 年《前南国际刑事法庭规约》和 1994 年《卢旺达国际刑事法庭规约》以及 1998 年《国际刑事法院规约》,都明确规定,无论有任何官职,包括国家元首,都不能免除国际刑事责任。

其次,国内法院决定某外国国家元首是否享有豁免的前提,理论上应该是确定该官员作为国家元首的地位是否得到本国政府的承认。在国际实践中,只有当某国家元首的地位存有争议的情况下才有此必要。由于涉及国家之间的关系问题,如果必须这样做,法院一般会征求国家行政部门的意见。例如,在"美国诉诺列加"案中,美国第十四巡回上诉法院为了确定诺列加的国家元首地位而请求美国行政部门予以确认。得到的答复是诺列加不享有国家元首的地位,因为事实上他从来不是巴拿马宪法上的统治者,巴拿马也没有主张他享有豁

---

① 2004 年《国家及其财产管辖豁免公约》第 8 条第 2 款。

免权。①

最后，国家元首的民事管辖豁免问题比较复杂，有些国家的相关法律规定是否享有豁免取决于国家元首的行为是以官方身份还是以私人身份作出。如果是完全以私人身份卷入民事纠纷，就要按照《维也纳外交关系公约》第31条第(1)款的规定处理。②

二、卸任国家元首的豁免

现任与卸任的国家元首在外国法院的豁免是不同的。现任国家元首在外国法院享有绝对豁免。卸任的国家元首只享有有限的豁免，即仅就其过去在任期间以官方身份作出的行为(即官方行为)享有豁免。换言之，卸任国家元首享有的豁免在性质上发生了转变，从"地位豁免"(ratione personae)转变为"职能豁免"(ratione materiae)。③ 但是，"官方行为"在国际法上没有确切的定义。有人主张凡是明显违反国际法的行为不属于可以享受豁免的官方行为。这个问题在著名的"皮诺切特"案中是在相关国际公约规定的范围内解决的。

皮诺切特是智利的前总统，1973年通过军事政变夺取政权，从此掌握智利最高权力，并于1980年通过制定新宪法的方式使自己成为行使国家行政权力的智利总统。1989年，智利通过民主选举产生新总统，1990年3月11日皮诺切特将权力移交给新总统。1998年9月，皮诺切特因患腰疾到英国访问并在医院治病。根据1998年10月16日和同年10月23日应西班牙的要求签发的两份临时逮捕令，皮诺切特在伦敦一家医院被拘禁。两份逮捕令分别指控皮诺切特在1973年至1983年以及1988年至1992年期间屠杀了西班牙公民并指控皮诺切特犯有五项罪行，即酷刑罪、密谋使用酷刑罪、劫持人质罪、密谋劫持人质罪和谋杀罪。1998年10月17日和23日智利共和国政府先后两次向英国提出抗议，抗议中说皮诺切特参议员作为一位外交人员和前国家元首享有免于诉讼的豁免权，并要求立即释放皮诺切特。④

英国法院面对的问题之一是，作为智利共和国前总统，皮诺切特对于他过去在任期间的官方行为是否享有豁免权。英国上议院最后判决皮诺切特不享有豁免权。上议院作出此判决的理由基于英国、西班牙和智利均为缔约国的《禁止酷刑和其他残忍、不人道或有辱人格的待遇或处罚公约》(简称1984年《禁止酷刑公约》)。该《公约》规定的酷刑定义将酷刑行为限定在公职人员或以官方身份行使职权的其他人所作出的行为。判决书指出，皮诺切特违反该《公约》规定

---

① M. Shaw, *International law*, 6th ed. Cambridge University Press, 2008, p.736.
② 该条对外交代表在民事和行政所享受的豁免规定了三种例外，详见本书第十五章。
③ M. Shaw, *International law*, 6th ed. Cambridge University Press, 2008, p.738.
④ 关于"皮诺切特"案的情况详见周忠海主编：《皮诺切特案析》，中国政法大学出版社1999年版。

犯下的罪行不享有豁免权,否则1984年《酷刑公约》将失去任何意义。① 至于前国家元首对于其过去在任期间以官方身份所犯的违反国际法的罪行在外国法院不享受刑事管辖豁免是否已经形成习惯国际法规则,目前的国际实践和理论均存在分歧和争议。国际法院在"刚果诉比利时"案的判决就是充分的证明,因为国际法院判定刚果外交部长享有豁免。由于与外交部长的豁免直接相关,将在下面详说。此外,国际法院2012年作出的德国诉意大利国家豁免案判定意大利法院拒绝给予德国以国家豁免的行为违反了意大利对德国承担的义务。②

三、一些相关的国际实践

政府是国家的最高行政机关,掌握着与外国进行谈判与协商、签订条约和协议、出席国际会议等职权。政府首脑是政府最高行政机关的首要领导者,如中国国务院总理、英国和日本的首相。外交部长是国家外交部门的首要领导者,负责处理国家的日常外交事务。政府首脑和外交部长的豁免在内容上比照《维也纳外交关系公约》中的相关规定。国际法院对刚果诉比利时案所作的判决对理解政府首脑和外交部长管辖豁免的范围有很大帮助。

2000年,民主刚果将比利时告到国际法院,理由是比利时布鲁塞尔一个初审法庭通过国际刑警组织向全球发出通缉令,通缉刚果当时在任的外交部长耶罗迪亚。刚果认为比利时侵犯了刚果的主权,违反了国际法,因为在任外交部长耶罗迪亚在比利时法院享有豁免权,因此要求国际法院宣布比利时应当撤销2000年4月11日签发的国际逮捕令。③

在参加了1949年《日内瓦公约》和该公约1977年附加议定书后,比利时于1993年制定了专门执行这些国际公约的国内法,规定比利时法院可以对外国人在外国实施的严重违反这些国际公约的行为(战争犯罪)享有管辖权,1999年比利时修改该法律,将该法律的适用范围扩大到种族灭绝罪和危害人类罪。④ 比利时法院正是根据该国内法向全世界各国,包括刚果,发出逮捕耶罗迪亚的通缉

---

① 陈弘毅:"从'皮诺切特'案看国际刑法和国际人权法的发展",载于高铭暄、赵秉志主编:《21世纪刑法学新问题研讨》,中国人民公安大学出版社2001年版,第40页。
② 参见 国际法院判决: Jurisdictional Immunities of the State (GERMANY v. ITALY: GREECE intervening) Judgment of 3 Feburary 2012, http://www.icj-cij.org/docket/files/143/16883.pdf,2015年4月12日访问。
③ 在起诉后,耶罗迪亚外交部长的职务被终止,改任教育部长。关于"刚果诉比利时"案,详见国际法院判决, Case Concerning the Arrest Warrant of 11 April 2000 (Democratic Republic of the Congo v. Belgium), 2002 14 February, General List No. 121, at: http://www.icj-cij.org/icjwww/idocket/iCOBE/icobejudgment/icobe_ijudgment_20020214.PDF,并参见武玉挺:"'刚果诉比利时'案及普遍管辖权初论——国际法院判决与比利时国内实践分析",载于《北大国际法与比较法评论》(第3卷第1辑),北京大学出版社2004年版,第164—182页。
④ 该法的英文版载于 *International Legal Materials*, Vol.38, 1999, 第918页。

令的。通缉令指称耶罗迪亚犯有严重违反《日内瓦公约》及其附加议定书的罪行（战争犯罪）和危害人类罪。

国际法院受理了此案并于 2002 年 2 月 14 日作出判决。国际法院的判决认为比利时的这种做法是违反国际法的，因为刚果的外交部长享有外交特权和豁免，他不能作为外国法院的被告。国际法院认为，在任外交部长享有"地位豁免"（ratione personae），因为享有这种豁免是为了保障他代表其国家有效地履行其职务。豁免的范围取决于他或她执行的职务，但是一般是在其整个任职期间，无论以官方还是私人身份所从事的行为，在国外享有完全和绝对的刑事管辖豁免和人身不可侵犯权。这种在外国法院享有的绝对豁免权同样适用于他们的战争罪行和危害人类罪行。①

第五节 引渡与庇护

一、引渡

引渡是指国家将被外国追诉或判刑并处于该国境内的人，移交给请求对他们实行管辖的国家以便审判或处罚。

（一）国家没有一般引渡义务

在国际法上，国家没有一般性或绝对引渡义务。但是国家可能会通过与外国签订双边条约，一般称为引渡条约或司法协助条约或协定，也可能通过参加国际公约，承担引渡义务。联合国大会于 1990 年通过的《引渡示范条约》为各国确立了制定引渡条约的范本，也确立了关于引渡的一般原则。

（二）引渡的一般原则

根据 1990 年通过的《引渡示范条约》和国家的一般实践，国际法上关于引渡的一般原则归纳起来主要有：

1. "政治犯不引渡原则"。政治犯不引渡是国际社会普遍接受的原则，因此凡是属于犯了政治罪的人，国家都可以拒绝将其移交给要求引渡的国家。关于什么是政治罪以及该原则在适用中存在的种种问题，将在后面庇护问题中加以讨论。

2. 本国国民不引渡原则。一般情况下当被引渡的人是被请求引渡国的国民时，可以拒绝引渡。许多国家从来不把自己国家的国民引渡给外国，因为依据属人优越权它们有权对在任何地方犯罪的本国人予以惩治。例如，根据 2000 年

---

① Case Concerning the Arrest Warrant of 11 April 2000 (Democratic Republic of the Congo v. Belgium), 2002 14 February, General List No.121, 第 58 段。

《中华人民共和国引渡法》第 8 条,向中华人民共和国提出的引渡请求,属于"根据中华人民共和国的法律,被请求引渡人具有中华人民共和国国籍的",拒绝引渡。但是也有个别国家并不适用这项原则,例如,英国和美国,"在条约没有相反规定的情况下,对被要求引渡的本国国民和其他的人不作任何区别"。①

3. 相同原则。这个原则的含义是只有当请求引渡的罪行根据请求引渡国和被请求引渡国的法律都属于犯罪的并且是按照双方法律规定可予监禁或以其他方式剥夺自由的时间最少不低于一定期限的犯罪行为时,才可以引渡。②

4. 专一原则。这个原则是指在引渡成功之后,请求引渡国只能以请求引渡时所指称的罪名对被引渡人进行审判和处罚。如果对另外的罪行进行审判和处罚,被请求引渡国有权主张请求引渡国承担相应的国际责任。

(三) 关于引渡的国内法

多数国家都制定专门的法律规定引渡问题,一般称为引渡法。第一个引渡法是 1833 年比利时制定的。

中华人民共和国的第一部引渡法是在 2000 年 12 月 28 日通过并开始实施的。该法的主要内容包括,引渡的条件、拒绝引渡(其中包括"应当"和"可以"拒绝引渡)的理由、请求引渡和审查引渡请求的程序、为引渡而采取的强制措施、引渡的执行等等。该法的主要内容符合国际实践中各国普遍接受的一般原则,也符合中国所参加的国际公约的规定。关于普遍接受的一般原则,例如,该法第 7 条规定的中国可以引渡的条件中包括,引渡请求所指的行为,依照中华人民共和国法律和请求国法律均构成犯罪,这是相同原则。又如,该法第 8 条规定的拒绝引渡的理由中包括,因政治犯罪而请求引渡的,这是政治犯不引渡原则。关于国际公约的规定,例如,该法第 8 条将"被请求引渡人在请求国曾经遭受或者可能遭受酷刑或者其他残忍、不人道或者有辱人格的待遇或者处罚"作为应当拒绝引渡的理由,符合中国参加的 1984 年《禁止酷刑公约》第 3 条的规定。

二、庇护

(一) 庇护的概念

庇护是指国家对于因政治原因被外国追诉和受到迫害而要求到本国境内避难的外国人,允许其入境或居留并给予保护。从庇护的概念可以看出,庇护与政治犯不引渡有着密切的联系。庇护是主权范围内的事情,是国家属地优越权的具体体现。但是我们现在所指的庇护是国家的权利,不是个人要求一个国家给

---

① 参见〔英〕詹宁斯、瓦茨修订:《奥本海国际法》(第一卷第二分册),王铁崖等译,中国大百科全书出版社 1998 年版,第 342 页。
② 参见 1990 年《引渡示范条约》第 2 条第 1 款,载于白桂梅、李红云编:《国际法参考资料》,北京大学出版社 2002 年版,第 74 页。

予其庇护的权利。因此,在国际法上国家一般没有庇护的义务。是否给予外国人以庇护是主权国家决定的事项,因此一般都在国家的国内法中作出规定。例如,我国 1982 年《宪法》第 32 条第 2 款规定:"中华人民共和国对于因为政治原因要求避难的外国人,可以给予受庇护的权利。"

(二) 庇护的对象与政治犯不引渡原则

庇护的对象多数是政治犯,因此庇护与政治犯不引渡有关。但是,除了政治犯外还有其他的庇护对象,例如,由于从事科学研究而遭受迫害的人。关于庇护的对象应当特别注意的是,根据一些国际公约,国家承担不得给予庇护的义务。例如,1970 年和 1971 年关于国际航空安全的两个国际公约中都规定缔约国承担"或引渡或起诉"的义务。这两个公约的缔约国要履行此项义务就不能将空中劫持罪犯作为政治犯予以庇护,尽管空中劫持罪犯可能有政治动机。国际上还有许多国际公约包含类似的规定,根据这项规定,国家承担了不给犯了某些国际罪行的人以庇护的义务。

政治犯不引渡原则是在法国资产阶级革命以后形成的,现已成为习惯国际法的一部分。这项原则最初规定在法国宪法当中,意思是法国给予为争取自由从本国逃亡到法国的外国人以庇护。后来英国、瑞士、比利时和美国都坚持此项原则,使其最后得到普遍的遵守。但是迄今为止,国际法上并不存在政治罪行的定义。实际上这个定义是很难达成的,因为在一个国家属于应该保护的政治运动,在另一个国家很可能属于应该受到惩罚的罪行。这个难题在社会制度和意识形态完全不同的国家之间不容易解决。不过上面谈到的那些惩治国际罪行的国际文件当中规定的"或引渡或起诉"规则的确对界定政治犯有很大帮助,至少应该将犯有类似空中劫持罪的人从政治犯罪中排除出去。

(三) 领土庇护与外交庇护

我们通常所说的庇护是指领土的庇护,即对那些逃亡到本国领土范围内的外国人予以庇护。外交庇护是指在国家的驻外使馆或者领事馆之内庇护外国人。现代国际法并不承认这种庇护的合法性,因为根据 1961 年《维也纳外交关系公约》和 1963 年《维也纳领事关系公约》,这种庇护行为都是违反公约规定的。外交庇护只是在某些"紧急情况"下适用于拉丁美洲的某些国家之间。因此,外交庇护不是普遍接受的国际法规则。

进一步阅读推荐书目

1. 龚刃韧著:《国家豁免问题的比较研究》,北京大学出版社 1994 年版。
2. 〔英〕詹宁斯、瓦茨修订:《奥本海国际法》(第一卷第一分册),王铁崖等译,中国大百科全书出版社 1995 年版,第 327—400 页。
3. 黄风著:《引渡制度》(增订本),法律出版社 1997 年版。

4. 倪征著:《国际法中的司法管辖问题》,世界知识出版社 1985 年版。
5. 黄风著:《或引渡或起诉》,中国政法大学出版社 2013 年版。
6. 马德才:《国际法中的引渡原则研究》,中国政法大学出版社 2014 年版。
7. Vaughan Lowe, "Jurisdiction", in *International Law*, Chapter 10, edited by Malcolm D. Evans, Oxford University Press, 2003, pp. 329—355.
8. James Crawford, *Brownlie's Principles of Public International Law*, 8th edition, Part Ⅶ: State Jurisdiction, Oxford University Press, 2012, pp. 447—507.
9. Malcom N. Shaw, *International Law*, Chapter 4, 7th Edition, Cambridge University Press, 2014.
10. Cedric Ryngaert, *Jurisdiction in International Law*, Oxford University Press, 2008.

第八章 国际法上的责任

在国际法上,责任是义务的必然结果。对国际义务的任何违反一般都会导致国际责任。本章首先讨论国际法上责任的概念;然后集中探讨与国家责任相关的一些问题,包括国家责任的要素、形式和免除国家责任的情况;最后讨论一些其他国际责任问题,包括国际法不禁止的行为引起的责任、因犯国际罪行而承担的国际刑事责任等等。

第一节 概　　述

一、国家责任的概念及其发展

(一) 国家责任的概念

人们习惯把国际法上的责任称为"国家责任"(State Responsibility)或"国际责任"(International Responsibility),似乎这两个词表达的是同一个意思。① 主要原因是国际法上的责任主要是由国家来承担的,国际法上的国际责任制度主要是关于国家如何承担国际责任的制度。实际上,国际责任是一个比较宽泛的概念,它可以表达国家或国家以外的实体或个人在国际法上承担的责任,包括因国际不法行为或因国际法不加禁止行为所引起的责任,也包括犯了国际罪行引起的国际刑事责任。人们习惯上把国际法上的责任还称为"国际责任法"(the Law of International Responsibility)或"国家责任法"甚至"责任法"②,用来表示所有与责任相关的国际法原则、规则和制度的总和。

2001年国际法委员会二读通过的关于《国家对国际不法行为的责任条款草案》(以下简称《国家责任条款草案》)第1条规定:"一国的每一国际不法行为引

---

① 例如,在 James Crawford 和 Simon Olleson 的文章中,"国家责任"和"国际责任"是常常换用的。参见 James Crawford and Simon Olleson, "The Nature and Forms of International Responsibility", in *International Law*, first edition, edited by Malcolm D. Evans, Oxford University Press, 2003, pp.445—472。关于国际法上的责任还可以参见贺其治著:《国家责任法及案例浅析》,法律出版社2003年版;李寿平著:《现代国际责任法律制度》,武汉大学出版社2003年版;吴嘉生著:《国家之权力与国际责任》,五南图书出版公司1999年版。

② 与"条约法"类似,"国际责任法"已经被许多国际法学者,包括国际法委员会委员和其他国际法专家频繁使用。布朗利在他的《国际公法原理》(2003年)第6版中用的是更贴近"条约法"的"责任法"。看来"国际责任法"作为一个涵盖所有关于国际责任的国际法次级规则的专用名词在国际法学界得到广泛使用只是时间问题。

起该国的国际责任。"① 因为国家是国际法的主要主体,所以国际法上的多数义务都是由国家来承担的。即使是保护个人人权的国际人权公约也主要为国家创设国际义务。因此,国际法上的责任制度主要是关于国家责任的原则和规则。

国际责任还涉及国家以外的一些实体,例如,国际组织、正在争取解放的民族,它们的国际不法行为同样引起国际责任。国际法院1999年"对人权委员会特别报告员豁免法律程序的争议的咨询意见"中确认了国际组织依据一般国际法承担的潜在责任。② 可以说,国际组织和争取解放的民族在国际法上承担国际责任与它们的国际法主体资格一样是业已确定的问题。

至于跨国公司在国际法上的责任,这是一个尚存有很大争议的问题。由于跨国公司或多国公司是否是国际法主体还是一个非常不确定的问题,它们是否能够与国家一样在国际法上承担国际责任,也是令人置疑的。与跨国公司相比,个人在国际法上的责任是比较确定的,但是仅限于刑事责任。

(二) 国家责任概念的发展

1. 刑事责任

国内法上的法律责任区分民事责任、刑事责任或行政责任等,与国内法不同的是,国际法上的责任事实上并没有严格作这样的区分。然而必须指出的是,国际法上的主体(主要指国家)能不能犯罪以及如果能犯罪如何处罚,在二战以来已经越来越成为国际法上关注的重要问题。也就是说,国际法上的责任虽然没有民事、刑事责任等的划分,但国际法上的刑事责任却被特别地提了出来。虽然2001年国际法委员会二读通过的《国家责任条款草案》把一读通过的有争议的第19条删掉了,但这个问题只是得到回避而并没有予以解决。由于国际法上的国际刑事责任主要由个人承担,本书将在后面专门讨论个人的国际刑事责任时一并讨论国家的刑事责任问题。

2. 国际法不加禁止行为的责任

可以看出,国际法委员会2001年二读通过的《国家责任条款草案》并不包括国际法不加禁止行为产生的国际责任,而事实上,国际法上不加禁止行为产生的国际责任属于国际法委员会研究的另一专题。具体来说,从1997年国际法委员会将该专题列入其研究和编纂计划开始,它就将其分为两部分:一是预防危险活动造成的跨界损害,二是由于危险活动造成的跨界损害而产生的国际赔偿责任。具体情况本书将在后面细说。

---

① 参见 http://daccess-ods.un.org/TMP/7246407.html,2006年3月20日访问。
② 1999年国际法院报告,第62页,第66段。参见 http://www.icj-cij.org/icjwww/idocket/inuma/inumaframe.htm,2006年3月20日访问。

3. 个人的国际刑事责任

如上所述，国际责任法主要是关于国家责任的法律。除国际组织和争取解放的民族外，其他实体是否能够在国际法上承担责任是有争议的问题。但是，个人在国际法上直接承担刑事责任是确定无疑的。个人在国际法上承担刑事责任的问题随着国际法的发展而越来越复杂了，特别是经过第一次和第二次世界大战之后对战犯的审判以及后来建立的两个临时国际刑事法庭和 2002 年建立的国际刑事法院，个人承担的国际刑事责任不限于海盗罪之类的为私人目的而犯的罪行，也不局限于战争或武装冲突期间违反国际人道法的罪行，范围已经扩展到包括在和平时期发生的灭绝种族罪和危害人类罪等罪行。

二、初级与次级规则

所谓"初级规则"是指那些创设国家权利和义务的规则，它们可以是习惯国际法规则也可以是条约中的规则。例如，国家领土不可侵犯、"或引渡或起诉"等，都属于这类规则，前者是习惯国际法，后者是条约中的规则。然而"次级规则"则是关于违反了"初级规则"后产生的后果的规则。例如，当国家领土不可侵犯或"或引渡或起诉"规则被某国或某缔约国违反后，产生哪些法律后果的规则即属于次级规则。

将国际法规则分为"初级规则"（primary rules）和"次级规则"（secondary rules）由国际法委员会关于国家责任的特别报告员阿戈（Roberto Ago）首次提出。具体来说，因为"初级规则"是国际法所有具体领域（如海洋法、空间法、国际人权法、国际环境法等等）的实体规则，而如果将"初级规则"列入国际法委员会的国家责任编纂专题，相当于编纂所有的国际法，在国际法诸多领域日益扩大并细化发展的当今时代，这是根本办不到的。因此，阿戈指出："委员会同意需要集中力量，研究确立国家对国际不法行为的责任的原则，认为应严格区别这项任务和确立对国家施加义务的规则的任务，而违反这些义务将产生责任。审议国际法对国家施加的各种义务，特别是依照这些义务对国际社会的重要性而区分其等级，必须被看作是评估国际不法行为的严重性的一个必要因素，并作为确定其后果的标准。但这不应掩盖一个重要事实，即确定一项规则及其所施加的义务的内容是一回事，而确定这些义务是否已被违反以及违反所产生的后果是另一回事。只有这个问题的第二个方面才属于责任的范围。在这个方面造成任何混淆都将产生困难，可能再次挫伤顺利编纂这个专题的希望。"[①]因此，阿戈认为国际法委员会关于国际责任的编纂工作应该限定在"次级规则"。阿戈的建

[①] 《国际法委员会年鉴》（第 2 卷），1970 年版，第 66（C）段，第 306 页，转引自贺其治著：《国家责任法及案例浅析》，法律出版社 2003 年版，第 15 页。

议得到了国际法委员会的接受,尽管在实践中有时很难区分,甚至在编纂国际责任法规则时可能会不可避免地涉及某些属于"初级规则"的国际法的内容。①

在国际责任法的用语中,"初级规则"与"次级规则"两分法也得到国际法学者的接受。例如,美国国际法学者沙赫特教授将关于国际责任的国际法分为三类:第一,确定行为的合法性或非法性的"初级规则";第二,确定不法行为是否存在及其法律后果的"次级规则";第三,关于责任的实施以及由此产生的其他法律后果的规则。② 在沙赫特划分的三类规则中,后两类实际上是可以合二为一的,因为它们都是"次级规则"。

第二节 国家对国际不法行为的责任

就像本节的题目一样,在本节中讨论的问题也基本与国际法委员会二读通过的《国家责任条款草案》③保持一致。这样做的主要原因:一是起草该条款草案的国际法委员会的委员都是国际责任法的专家,他们的研究成果应该是比较权威的;二是该条款草案中的绝大多数内容都是对现存习惯国际法的编纂,因此许多内容已经得到国际法院和其他国际法庭或仲裁庭的多次援引。

一、国际不法行为的构成要素

国际不法行为是国家责任的前提。所谓国际不法行为是客观上违背国际义务并且主观上可归因于国家的行为。《国家责任条款草案》第2条规定:一国国际不法行为在下列情况下发生:(a)由作为或不作为构成的行为依国际法归于该国;(b)该行为构成对该国国际义务的违背。这就是构成国际不法行为的主观要素和客观要素。

必须指出,国际不法行为是依国际法而不是依任何其他法律而定性。《国家责任条款草案》第3条规定:"在把一国的行为定性为国际不法行为时须遵守国际法。这种定性不因国内法把同一行为定性为合法行为而受影响。"这条规定的主要目的是避免任何国家以其行为符合国内法而否定该行为在国际法上的不法性。④ 该项规定与"国家不得以本国法律规定不同或没有规定为理由为自

---

① 例如,一读通过的《国家责任条款草案》第19条关于国际罪行的内容就属于"初级规则"。不过,该条由于其他原因在二读通过的《国家责任条款草案》中被删除了。

② 参见 Oscar Schachter, *International Law in Theory and Practice*, Martinus Nijhoff Publishers, 1991, p.202。

③ 若无特别说明,下述提到该条款草案均指国际法委员会二读通过的草案,关于条款草案文本请参见:http://daccessdds.un.org/doc/UNDOC/GEN/N01/477/96/PDF/N0147796.pdf? OpenElement,2006年4月6日访问,或者,贺其治著:《国家责任法及案例浅析》,法律出版社2003年版,第337—424页。

④ 参见贺其治著:《国家责任法及案例浅析》,法律出版社2003年版,第76页。

己不履行国际义务辩护"的规则是完全一致的。后者是各国普遍接受的习惯国际法规则。①

(一)可归因于国家的行为

什么行为可以归因于国家?根据《国家责任条款草案》第二章的规定,这些行为包括:

1. 可归因于国家的国家机关的行为

国家机关的行为当然应视为国家行为。但是,国家机关的种类繁多,级别不同,职能和人员组织结构各异,是否所有国家机关及其成员的行为都是国家行为呢?《国家责任条款草案》第4条第1款规定:"任何国家机关,不论它行使立法、行政、司法职能,还是行使任何其他职能,不论它在国家组织中具有何种地位,也不论它作为该国中央政府机关或一领土单位机关而具有何种特性,其行为应视为国际法所指的国家行为。"该条第2款还规定,国家"机关包括依该国国内法具有此种地位的任何人或实体"。

这条关于国家机关行为的规定中有以下四个问题应该注意:首先,国家的权力分立不影响国家机关的行为归因于国家;其次,上级机关与下级机关的行为均可以归因于国家;再次,国家的领土单位,即行使政府职能的邦、州、省、市等地方单位立法、司法和行政机关的行为可以归因于国家;最后,机关由人或实体构成,其工作人员的行为,只要是以国家官员的身份所从事,均可归因于国家。

上述几个要点中的第一点需要特别加以说明。国家机关包括立法、司法和行政以及行使其他国家职能的机关,如军队、警察、监狱等。在国际关系中,任何国家不得以"三权分立",例如,以"行政不干涉司法"为借口,为自己违反国际法的行为或不履行国际义务的行为辩护。这里应该特别强调的是,不是只有国家的行政机关的行为才构成国际不法行为。在国内,国家立法、司法和行政管辖权如何分配和行使由国家宪法加以规定,根据国内法的相关程序来实现。但是在国际关系中,某个国家立法、行政和司法管辖权的分立与否是该国的内部事务,在与其他国家的关系上,无论国家权力是否分立,国家应该为其所有权力机关的行为承担责任。② 国际法院在1999年"对人权委员会特别报告员豁免法律程序的争议的咨询意见"中指出,根据已确立的国际法规则,一个国家的任何机关的行为必须视为该国的行为。这是一项习惯国际法规则。③

---

① 本书在国际法与国内法关系一章中讨论过这个规则,参见本书第四章。

② 在关系到中国国家财产的光华寮案中,日本政府曾多次以"三权分立"和"司法独立"为由推脱责任。参见赵理海:"评日本法院对光华寮案的审判",载于《当代国际法问题》,中国法制出版社1993年版,第105—117页。

③ *Difference Relating to Immunity from Legal Process of a Special Rapporteur of the Commission on Human Rights*, Advisory Opinion of 29 April 1999, ICJ, para. 62.

2. 可归因于国家的个人、团体或实体的行为

一般情况下,个人、由个人组成的私人团体或实体的行为是不能归因于国家的。但是,当私人个人或私人团体的行为由于某种原因与国家发生一定的联系时,他们的行为同样可归因于国家。

(1) 经授权行使政府权力的人或实体的行为

不属于上述各种国家机关的人或实体,如经授权行使政府的某种权力,其行为可归因于国家。例如,私营保安公司可能经授权担任监狱的警卫。国营或者私营航空公司可能经授权行使移民管制或卫生检疫的权力。然而,监狱、移民和检疫都属于政府职能范围。这些非国家机关的人或实体在执行上述职能时所作出的行为都是可归因于国家的行为。

(2) 受一国指挥或控制的行为

当个人或团体是在国家的指挥或控制之下作出的行为,该行为可归因于国家。例如,没有正式编入国家军队的雇佣军的行为、不在警察编制内而奉命执行警务的人或团体的行为。《国家责任条款草案》第 8 条规定:"如果一人或一群人实际上按照一国的指示或在其指挥或控制下行事,该行为应视为国际法所指的该国行为。"

3. 其他可归因于国家的行为

不是国家机关的行为在特定情况下也可能归因于国家,由另一国交由一国支配的机关的行为、叛乱运动或其他运动的行为和经一国确认并当做其本身行为的行为。

(1) 由另一国交由一国支配的机关的行为

另一个国家将其某国家机关交给一国支配,即由后者行使另一个国家某国家机关的职能,这种情况在国际实践中常常发生。例如,一国可能替另一国行使领事职能,也可能支配另一国派遣的军队。在这种情况下,被一国支配的该另一国国家机关的行为应该归因于哪个国家呢?《国家责任条款草案》第 6 条规定:"由另一国交由一国支配的机关,如果为行使支配该机关的国家的政府权力要素而行事,该行为依国际法应视为支配该机关的国家的行为。"决定归因于哪个国家的行为的关键因素,是确定该机关行使的是哪个国家的权力。例如,在 1930 年的"雪弗洛"案中,法国的领事因故请英国的领事代行法国领事的职务。由于这位英国领事的疏忽,旅居波斯的法国人雪弗洛在被怀疑为间谍而被捕后,家中的财物、书籍和文件丢失。因此法国政府要求英国为英国领事的疏忽造成的损失承担赔偿责任。受理此案的仲裁委员会认为,英国政府不能为其领事作为代管另一国领馆的人而承担疏忽责任。虽为英国领事但执行的是法国的领事

职务,该领事在执行职务时的疏忽行为当然应该归因于法国而不是英国。① 再如,1976 年 3 月 21 日,瑙鲁与澳大利亚之间签订了《关于瑙鲁最高法院向澳大利亚高等法院上诉的协议》。② 该《协议》第 1 条规定:"除了第 2 条之外,对瑙鲁最高法院就下列案件的裁决可以向澳大利亚高等法院上诉:(一)瑙鲁最高法院具有原始管辖权的案件:1. 刑事案件:被定罪的人对定罪或量刑不满提起的上诉;2. 民事案件:对任何终审判决、裁定或命令提起的上诉……"因此,如果出现澳大利亚高等法院对来自瑙鲁最高法院的上述案件的上诉作出的裁决违反国际法的情形,应该承担责任的是瑙鲁,而不是澳大利亚。

(2)叛乱运动或其他运动的行为

国家对于叛乱运动或其他运动的行为一般是不承担责任的。但是,如果叛乱运动成功地推翻了旧政府建立了新政府,叛乱运动的行为应归因于该国。如果叛乱运动成功地建立了新国家,叛乱运动的行为应归因于该新国家(《国家责任条款草案》第 10 条第 1、2 款)。例如,在 1903 年"玻利瓦尔铁路公司"案中,委内瑞拉革命叛乱运动成功,该叛乱运动在叛乱期间向英国人的玻利瓦尔铁路公司的借债行为,应归因于委内瑞拉。③

(3)越权或违背指示的行为

《国家责任条款草案》第 7 条规定:"国家机关或经授权行使政府权力要素的人或实体,如果以此种资格行事,即使逾越权限或违背指示,其行为仍应视为国际法所指的国家行为。"根据这项规定,即使在超越权限或没有按照上级指示所作出的行为,只要以国家机关或行使政府权力的资格行事,该行为就是可归因于国家的行为。例如,在 1926 年的"尤曼斯"案中,一名墨西哥军官带领 10 名墨西哥士兵奉命保护在墨西哥境内因骚乱安全受到威胁的一名美国人。但是,他们不仅没有按照命令去保护那个美国人尤曼斯,反而与暴民一道将其和另外两个美国人击毙。该仲裁案的裁决指出,不能认为谋杀事件是在违背命令的情况下以他们的私人身份所为,就不能将其视为墨西哥的国家行为。

(4)国家当局不存在时的行为

当一国因发生革命、政变、内战、武装冲突或被外国占领等情况而出现政府当局瓦解或不能实际发挥作用时,由个人或团体自发作出的行为是否归因于国家呢?《国家责任条款草案》第 9 条规定:"如果一个人或一群人在正式当局不

---

① The Chevreau case, June 9, 1931, *Reports of International Arbitral Awards* (RIAA), Vol. II, United Nations, p. 117; see also 27 *Americal Journal of International Law* (1931), 153, 331; 27 *Americal Journal of International Law* (1933), 160, 143.

② Australia and Nauru: Agreement relating to appeals to the High Court of Australia from the Supreme Court of Nauru (opened for signature 6 September 1976, entered into force 21 March 1977) 1216 UNTS 151.

③ Bolivar Railway Company Case, British-Venezuelan Mixed Claims Commission, United Nations, *Reports of International Arbitral Awards*, vol. IX, 1960, pp. 445, 453.

存在或缺席和在需要行使政府权力要素的情况下实际上正在行使政府权力要素,其行为应视为国际法所指的一国的行为。"这项规定中有三个要素必须注意:第一,行为作出时正式当局不存在或缺席;第二,行为"在需要行使政府权力要素的情况下"作出;第三,行为在"实际上正在行使政府权力要素"时作出。例如,一国边境遭到外国入侵后,人民自发抗击侵略者的行为应该视为国家行为。又如,在1987年的"伊格尔诉伊朗伊斯兰共和国"案中,仲裁法庭认为伊朗"革命卫队"在正式当局缺席的情况下行使政府权力,将美国人伊格尔关押并将其驱除出境,该行为应由伊朗政府承担责任。①

(5) 经一国确认并当做其本身行为的行为

《国家责任条款草案》第 11 条规定:"按照前述各条款不归于一国的行为,在并且只在该国家承认和当做其本身行为的情况下,依国际法仍视为该国的行为。"这项规定通常是指私人个人或私人团体的行为根据该条款草案一般情况下不归于一国的行为,但是并不排除一国自己主动承认并将其作为该国的行为的情况。例如,在1979年的"德黑兰的美国外交和领事人员"案中,原本是伊朗学生作出的私人行为,但是伊朗政府的官方支持使行为的性质发生变化。国际法院指出:"阿亚托拉·霍梅尼宣布的保持占领使馆,并扣留其驻守人员作为人质,以便向美国政府施压的政策得到了伊朗其他权力机关的遵守,并获得它们在各种场合所作的声明的一再支持。这一政策的结果从根本上改变了因占领使馆和扣押外交与领事人员作为人质所造成的形势的法律性质。阿亚托拉·霍梅尼和伊朗其他机关对这一事件的赞同和继续维持的决定,将持续占领使馆和扣押人质转化为国家行为。"②

(二) 违背国际义务

上述可归因于国家的行为如果违背一国根据习惯国际法、国际条约或一般法律原则承担的国际义务,即构成国际不法行为从而引起国家责任。此外,国家通过单方面行为也可能承担国际义务,对这种国际义务的违背同样构成国际不法行为。③《国家责任条款草案》第 12 条规定:"一国的行为如不符合国际义务对它的要求,即为违背国际义务,而不论该义务的起源或特性为何。"除了国际法的渊源之外,作为国际不法行为的构成要素,"违背国际义务"还涉及国际义务的性质、效力以及时间等问题。

---

① 参见"Decisions of the Iran-United States Claims Tribunal", 82 *American Journal of International Law* (1988), pp. 353—357。

② United States Diplomatic and Consular Staff in Tehran (United States v. Iran), Judgment of 24 May 1980, Merits, paras. 66—67. See: http://www. icj-cij. org/icjwww/icases/iusir/iusir _ ijudgment/iusir _ iJudgment_19800524. pdf, visited on 20 March 2006.

③ 关于国家单方面行为产生国际义务的问题,参见本书第二章的相关内容。

1. 国际义务的性质

在国际法的实践和学者著述中常常有把国际义务分为行为义务和结果义务的做法。所谓行为义务，又称手段义务，是指一国的行为如不符合要求该国采取的某一特定行为的行为准则，即为违背其行为义务；而所谓结果义务，是指一国如不采取以自己选择的方式取得特定的结果，即为违背结果义务。① 结果义务不注重达到国际义务要求的结果所采取的手段或措施，但如果国家采取自行决定的方法没有达到国际义务所要求的结果就构成违背该项义务。但是，由于具体到国际责任法领域，国际司法判例很少直接提到行为义务和结果义务的分类，而且违背这两种国际义务所引起的国际不法行为及其法律后果也没有什么不同之处，因此《国家责任条款草案》第 12 条没有在国际义务的特性上作任何区分。②

2. 国际义务的效力

确定国家是否违背国际义务的一个重要条件是，相关国际义务必须是对该国有效的，否则不构成对该项国际义务的违背。《国家责任条款草案》第 13 条规定："一国的行为不构成对一国际义务的违背，除非该行为是在该义务对该国有约束力的时期发生。"

这项规定中至少有两个要素：第一，确定一国是否违背国际义务，必须事先确定产生该项义务的国际法规则，无论是条约规则还是习惯国际法规则，是否对该国有效。第二，确定一国的行为是否违背国际义务，还必须事先确定产生该项国际义务的国际法在该行为作出时对该国是否有效。这是时际法原则在国际责任法中的具体适用。③

3. 违背国际义务行为在时间上的延续

确定违背国际义务行为的时间不仅对于适用上述时际法原则非常关键，对于确定诉讼时效和国际法庭的管辖权等都是十分重要的。《国家责任条款草案》第 14 条对此作出了规定。该项规定在非持续性与持续性违背国际义务行为之间做了区分。所谓非持续性违背国际义务行为是指相对来说即刻完成的行为，例如，击落或击沉外国航空器或船舶的行为、杀害外国外交官或国民的行为、抢掠外国人财产的行为等等。所谓持续性违背国际义务的行为是指在时间上延续进行的行为，例如，非法占领外国领土、在外国领土非法驻军、对外国港口进行非法封锁、实施违反国际义务的国内法等等。

区分即刻性的违背国际义务的行为与持续性的违背国际义务的行为在国际

---

① 参见贺其治著：《国家责任法及案例浅析》，法律出版社 2003 年版，第 114 页。
② 同上。
③ 关于时际法，参见本书第三章的相关内容。

法中具有非常重要的意义。首先,对于不同性质的违背国际义务的行为,应适用的国家责任的形式也不同。在前者的情况下,不可能要求立即停止非法行为,因为行为在一瞬间已经完成,但是在后者的情况下,则可以要求对方立即停止非法行为,而且立即停止非法行为可能是首选的国家责任的形式。其次,在采取赔偿的责任承担方式时赔偿数额的计算也会不同。一般前者的赔偿数额会小于后者的赔偿数额。最后,时效的起算也会不同。在前者的情况下,时效的起算点开始于瞬间行为的那一刻,在后者的情况下,时效的起算点开始于持续性行为结束的那一刻。

二、国家责任的免除

国家责任的免除是指一国行为的不法性依国际法由于某种原因被排除从而免除了该国的国家责任的情况。[①]《国家责任条款草案》将其称为"解除行为不法性的情况"。免除国家责任的情况有以下六种。

(一) 同意(Consent)

同意是指一国以有效方式同意另一国实施某项特定行为时,该特定行为的不法性在与该国的关系上即告解除。[②] 在同意的情况下,由于行为的非法性被排除,从而免除了行为国(即作出特定行为的国家)的国家责任。例如,一国军队进入另一国领土是在该另一国的同意下进行的,侵入一国领土的不法性便被排除,从而免除了军队派遣国的国家责任。同意作为免除国家责任的一种情况需要注意以下三个问题:

首先,同意必须以有效的方式表示。例如,同意必须是国家合法机关在自愿的基础上作出的,由傀儡政府或在欺诈、贿赂、胁迫等情况下作出的同意是无效的,不能排除行为的不法性。

其次,根据《国家责任条款草案》第 20 条的规定,所作出的特定行为不能逾越同意的范围。例如,如果仅同意民用飞机飞入一国的领空,军用飞机的飞入就是逾越同意范围的行为,因此不能排除其非法性。

最后,国家不能通过同意允许另一国违反国际强行法规则。例如,国家不能通过签订条约或其他方式同意另一国从事灭绝种族或大屠杀的行为。[③]

(二) 自卫(Self-Defense)

一国违反禁止使用武力原则的行为构成国际不法行为,但是根据《国家责

---

① 我国国际法教科书传统上都用"国家责任的免除"来表示因行为的不法性被排除而免除国家责任的情况。参见王铁崖主编:《国际法》,法律出版社 1981 年版的第 127—128 页和 1995 年版的第 146 页。本书仍然沿袭这种用法。

② 《国家责任条款草案》第 20 条。

③ 参见 James Crawford and Simon Olleson, "The Nature and Forms of International Responsibility", in *International Law*, first edition, edited by Malcolm D. Evans, Oxford University Press, 2003, p.463。

任条款草案》第21条,"一国的行为如构成按照《联合国宪章》采取的合法自卫措施,则该行为的不法性即告解除"。但是,自卫必须按照《联合国宪章》第51条规定的要求进行。[①]

（三）反措施（Countermeasures）

反措施是指国际不法行为的受害国针对非法行为者作出的报复性措施,目的在于促使国际不法行为的责任国履行其义务。由于反措施是对一国的国际不法行为作出的反应,即使反措施违反了针对国际不法行为的责任国承担的国际义务,也会解除该行为的非法性从而免除国家的责任。反措施既是免除国家责任的一种情况,也是国际责任履行的重要内容之一。关于反措施的具体条件、要求和其他内容,本书将在下一节关于"国家责任的实施"中细说。

（四）不可抗力（Force Majeure）

不可抗力即"不可抗拒的力量",是指人力无法抗拒的强制力,例如,台风、地震、海啸等自然灾害。如果国际不法行为是不可抗力造成的,即可排除其非法性,从而免除国家的责任。不可抗力还包括发生国家无力控制、无法预料的事件等情况。

《国家责任条款草案》第23条第1款规定:"一国不遵守其对另一国国际义务的行为如起因于不可抗力,即有不可抗拒的力量或该国无力控制、无法预料的事件发生,以致该国在这种情况下实际上不可能履行义务,则该行为的不法性即告解除。"

上述规定有两个要素必须注意:第一,发生了不可抗力或国家无力控制或无法预料的事件;第二,由于前述情况不可能履行国家所承担的国际义务。但是,根据该条第2款的规定,如果不可抗力的情况是由国家自身的行为所引起或者国家已经承担发生此情况的风险,不能解除国家行为的不法性。

（五）危难（Distress）

危难是指遭遇危及生命安全的极端危险。在危难的情况下代表国家执行公务的机关或个人为了挽救其自身或受其监护的人的生命而作出的国际不法行为,可以排除其不法性从而免除国家责任。根据《国家责任条款草案》第24条的规定,因危难解除国家行为的不法性需要注意以下几点:

1. 不法行为只能在迫不得已的情况下作出,即"除此行为之外,别无其他合理方法";

2. 如果危难情况是由国家自身的行为所致,非法性不能排除;

3. 如果在危难情况下所作出的行为"可能造成相仿的或更大的灾难",非法性不能排除。

[①] 关于自卫权以及《联合国宪章》第51条的规定详见本书第六章。

（六）危急情况（Necessity）

危急情况解除国家行为不法性是指国家在全国或部分地区的安全和社会秩序遭到严重威胁或破坏时，为了应付紧急状态而不得不作出的国际不法行为可以排除其不法性，从而免除国家责任。由于危急情况排除国家行为不法性的情况涉及保护国家基本利益，常常会出现滥用的现象，因此《国家责任条款草案》第 25 条主要规定了对援引危急情况排除行为不法性的限制，并且以否定的语句作出规定："一国不得援引危急情况作为理由解除不符合该国所负某项国际义务的行为的不法性，除非该行为是该国保护基本利益、对抗某项严重迫切危险的唯一方法。"即只有在迫不得已的情况下才能援引危急情况免除国家责任。第 25 条对援引危急情况作出的限制还有：

1. 违背国际义务的行为不得严重损害该义务的对象国家或整个国际社会的基本利益；

2. 如果相关国际义务不允许援引紧急情况或者紧急情况是该国促成的，国家则绝对不得援引紧急情况作为解除其行为不法性的理由。

根据《国家责任条款草案》第 27 条规定，只有在免除不法性的情况继续存在时，行为的不法性才能免除。换言之，一旦这种情况不再存在，国家就必须遵守相关国际义务。

第三节 国家责任的形式及其实施

一、国家责任的形式

国家责任的形式是指国际不法行为产生的法律后果，也是国家承担的国际责任的内容。根据《国家责任条款草案》第二部分，国家责任的形式包括：终止不法行为和保证不重犯、恢复原状、赔偿和抵偿。此外，《国家责任条款草案》还对严重违背国际强行法产生的特定法律后果作出了专门规定。

（一）终止不法行为（Cessation）和保证不重犯（Non-Repetition）

终止不法行为和保证不重犯这种国家责任形式适用于持续进行的并且在援引国家责任国主张由行为国承担责任时该行为仍在继续的行为。当一个国家作出具有持续性的国际不法行为时，例如，非法占领另一国的领土、扣押外国外交官等等，它要承担的国际责任首先是终止不法行为，必要时还要作出不再重犯的承诺。

（二）恢复原状（Restitution 或 Restitution in kind）

恢复原状是指恢复先前的状态，适用于对有形标的物造成侵害或损害的国际不法行为。根据《国家责任条款草案》的规定，恢复原状是赔偿的一种方式。

因为恢复原状在所有赔偿方式中是能够最彻底地消除国际不法行为造成的损害的,所以它是援引责任国的首选。但是,《国家责任条款草案》第 35 条规定,如果恢复原状是实际上办不到的或者恢复原状所得到的利益与不要求补偿所引起的负担不成比例,则不能采取这种国际责任的形式。

恢复原状包括物质上的,例如,归还被占国家领土、释放被绑架的人质等;也可以是法律制度上的,例如,废除或取消违背国际义务的法律等。

（三）补偿（Compensation）

补偿是在没有或无法通过恢复原状得到赔偿的情况下采取的一种赔偿损害的方式。《国家责任条款草案》第 36 条规定,国际不法行为的责任国有义务补偿该行为造成的任何损害,"这种补偿应该弥补在经济上可以评估的任何损害,包括可以确定的利润损失"。

补偿一般通过支付一笔款项作出,但是在实践中评估损害和确定补偿数额是非常复杂的,常常引起国际争端。

（四）抵偿（Satisfaction）

抵偿或者道歉[①]是指责任国给予受害国以非物质和金钱上的赔偿,一般适用于对受害国造成精神伤害的国际不法行为。《国家责任条款草案》第 37 条规定,"抵偿可以采取承认不法行为,表示遗憾、正式道歉或另一种合适的方式"。但是"抵偿不应与损失不成比例,而且不得采取羞辱责任国的方式"。

上述各种国家责任的形式相互之间没有排他性,某一特定国际不法行为可能仅引起一种形式的国际责任,也可能同时产生多种形式的国际责任。例如,可能需要在作出道歉之外还给予一定的补偿。

二、国家责任的援引

国家责任的援引是指国际不法行为的受害国向行为国提出赔偿的要求。《国家责任条款草案》在第三部分对援引国家责任的主体、条件和方式等作出了规定。

（一）援引国家责任的主体

在《国家责任条款草案》的范围内,援引国家责任的主体是国家。国家作为国际不法行为的受害国在下述两种情况下可以援引国家责任:

1. 国际不法行为所违背的国际义务是针对该国承担的义务（第 42 条 (a)）。

[①] 我国国际法教科书常常用"道歉"而不是"抵偿"来表示这种国家责任的形式。参见王铁崖主编:《国际法》,法律出版社 1995 年版,第 156 页。

2. 国际不法行为所违背的国际义务是针对一个国家集团的,而该国属于该国家集团的成员;或者所违背的国际义务是针对整个国际社会的,而对此义务的违背特别影响该国或"彻底改变了由于该项义务受到违背而受到影响的所有其他国家对进一步履行该项义务的立场"(第42条(b))。

上述规定将国际义务分为三类:第一是双边国际义务,即一国对另一国承担的义务;第二是多边国际义务,即一国对两个以上国家承担的义务,例如,依据多边国际公约或区域习惯国际法承担的国际义务;第三是针对国际社会承担的国际义务,通常称为"对一切的义务"(obligations erga omnes)。援引违背后两种国际义务引起的国家责任时,条款草案要求援引国因该义务的违背而受到影响或者由于该义务被违背而彻底改变了所有其他国家继续履行该项义务的立场。

(二)援引国家责任的方式

所谓援引国家责任的方式是指国际不法行为的受害国向行为国提出赔偿要求的方法。对国际不法行为以某种方式作出反应是受害国援引国家责任必须作出的行为,否则可能被视为以默示方式放弃援引国家责任的权利。《国家责任条款草案》第43条规定:(1)援引另一国责任的受害国应将其要求通知该国。(2)受害国可具体指明:(a)从事一项持续性不法行为的责任国应如何停止该行为,(b)应根据第二部分的规定采取哪种赔偿形式。

(三)援引国家责任的条件

根据《国家责任条款草案》第44条,只有在下述条件下才能援引国家责任:第一,依据涉及国籍的任何可适用的规则,即适用国籍规则。第二,用尽当地救济。实际上这些都是国家实行外交保护的前提条件。关于国家实行外交保护的前提,本书将在"国际法中的个人"一章中详述。此外,根据《国家责任条款草案》第45条,受害国已经以有效方式放弃或者被视为"已以有效方式默许其要求失效",也不能援引国家责任。

(四)援引国家责任的其他问题

1. "数个受害国"和"数个责任国"的问题

同一国际不法行为可能有两个以上的受害国。在这种情况下,每个受害国可以"分别援引实施了该国际不法行为的国家的责任"(第46条)。同一国际不法行为也可能有两个以上的责任国,在这种情况下,"可以对每一国家援引涉及该行为的责任"(第47条)。但是,受害国所得到的补偿不能多于所受的损失。

2. 受害国以外的国家援引国家责任的问题

如上所述,国家作为国际不法行为的受害国可以援引国家责任。根据《国家责任条款草案》第48条,非受害国在以下情况下也可以援引国家责任:

第一,被违背的义务是对包括该国在内的一国家集团承担的、为保护该集团的集体利益而确立的义务;或者第二,被违背的义务是对整个国际社会承担的义务。

国家在上述情况下援引国家责任的目的不是为了本国的利益,而是为了集体或整个国际社会的利益。因此,非受害国援引国家责任仅限于要求行为国"停止国际不法行为,并提供不重复的承诺和保证"和"履行向受害国或被违背之义务的受益人提供赔偿的义务"。

三、反措施(Countermeasures)

反措施既是免除国家责任的一种情况,也是国家责任实施的一种方式。后者在《国家责任条款草案》第49—54条中专门作出规定,包括反措施的目的和限制、不受反措施影响的义务、反措施的相称、与采取反措施有关的条件等。

1. 反措施的目的和限制

受害国只能为促使国际不法行为责任国恢复履行其国际义务的目的而采取反措施,而且仅限于暂不履行对该责任国的国际义务。此外,采取反措施的受害国应尽量允许责任国恢复履行相关国际义务(第49条)。换言之,反措施是临时性的,一旦责任国恢复履行,反措施就应该停止。

2. 不受反措施影响的义务

对国际法上的一些义务不能适用反措施。因此,在国家针对另一国的国际不法行为采取反措施时,不得违背这些国际义务。《国家责任条款草案》第50条将其称为"不受反措施影响的义务"。这些国际义务包括:

(1)《联合国宪章》规定的不得使用武力或武力威胁的义务;
(2)保护基本人权的义务;
(3)禁止报复的人道主义性质的义务;
(4)依一般国际法强制性规范承担的其他义务;
(5)采取反措施的国家与责任国之间任何关于解决争端程序的义务;
(6)尊重外交和领事人员、馆舍、档案和文件不可侵犯性的义务。

上述六项中,前四项都是国际强行法规则或关于国际人权和人道法产生的义务。在一国因违背禁止灭绝种族、禁止种族隔离等国际强行法规则或因侵犯基本人权而构成国际不法行为时,很难想象另一国可以为了采取反措施而作出同样或类似的行为。

最后两项不受反措施影响的义务一项是关于两个相关国家之间在和平解决国际争端方面承担的义务,例如,通过两国间的双边协议或两国均接受的国际多边协议承担的通过谈判、斡旋或调停、仲裁或司法解决等程序解决争端的国际义务。另一项是与1961年《维也纳外交关系公约》和1963年《维也纳领事关系公约》的相关规定相一致的。根据这两个国际公约,外交和领事人员人身不可侵犯,使馆和领事馆馆舍、档案和文件不可侵犯。① 接受国可以通过宣布"不受欢迎的人",派遣国也可以通过召回大使,甚至可以通过暂停外交关系或降低外交关系级别等方式对另一国的国际不法行为作出回应,以此作为反措施。但是,不能把侵犯外交和领事人员、侵犯外交和领事馆馆舍、档案和文件作为反措施。

3. 相称

对国际不法行为采取反措施必须遵循相称原则,即所采取的措施与所受到的损害应该是相称的。例如,一国不能因为另一国没收一个本国侨民的财产并且没有给予补偿而没收在本国领土范围内的该另一国所有国民的财产。

4. 采取反措施的条件

《国家责任条款草案》第52条规定了反措施应符合的一些前提条件:首先,采取反措施的国家应事先将需要责任国承担责任的要求通知给责任国,并要求它履行其国际义务;其次,将采取反措施的决定通知给责任国并提议与其进行谈判。这项规定的目的是为了在采取反措施之前给责任国以纠正国际不法行为的机会,但是,在紧急情况下采取反措施不受这项规定的限制(第52条第2款)。第52条还规定,如果国际不法行为已经停止,并且已经将争端提交给有权作出对当事国有拘束力之决定的法院或法庭,不得采取反措施,如已经采取必须停止,不得无理拖延。但是,如果责任国不履行解决争端程序,不在此限。

5. 反措施的终止

鉴于反措施的目的是为了促使国际不法行为的责任国履行其义务,一旦责任国承担应该承担的国家责任从而履行其义务,反措施就应该停止(第53条)。这是对反措施的基本要求,上述关于反措施的目的、对反措施的限制和采取反措施的前提条件等相关规定均体现这一基本要求。

6. 非受害国采取的措施

《国家责任条款草案》第54条对非受害国(受害国以外的国家)采取的措施作出了规定。根据该项规定,国家作为国家集团或者国际社会的成员,即使是非受害国也可以在"为保护国家集团的集体利益而确立的义务"(第48条)被违背或"被违背的义务是对整个国际社会承担的义务"时,对责任国采取措施。但是,非受害国采取措施的目的是"确保停止该违背义务行为和使受害国和被违背之义务的受益人得到赔偿"(第54条)。这是一项颇有争议的规定。②

---

① 尽管领事人员和领事馆馆舍、档案和文件的不可侵犯性与外交人员、使馆馆舍、档案和文件的不可侵犯性略有差别(详见本书第十五章),但是在不能将对他们的侵犯作为反措施这点上,没有区别。

② 参见贺其治著:《国家责任法及案例浅析》,法律出版社2003年版,第322页。

第四节 国际责任制度的新发展

一、一般国家责任与严重违背国际义务的责任

一般情况下国家对它的国际不法行为都是要承担国家责任的。但是如果这种国际不法行为已经达到非常严重的程度从而构成国际罪行,国家理应承担国际刑事责任。在 1996 年一读通过的《国家责任问题条文草案》中在一般国家责任与国际罪行之间作出区分。该《条文草案》第 19 条第 2 款规定:"一国所违背的国际义务对于保护国际社会的根本利益至关紧要,以致整个国际社会公认违背该项国际义务是一种罪行时,其因而产生的国际不法行为构成国际罪行。"因此,国家责任因国际不法行为的程度不同被分成了一般的国家责任和国际刑事责任。相比之下,前者是比较简单的。但后者引发了一些新问题:国家是否能像自然人那样成为犯罪的主体?如何使国家对其所犯的国际罪行承担国际刑事责任?国家的国际犯罪行为在他国法院是否享有管辖豁免?这些问题在学者中存有很多争议,在这方面的国际实践还不够丰富。为了避免这些复杂且敏感的问题,国际法委员会在第五十二届会议上暂时通过的条文草案中删去了"国际罪行"这一用语。但是这种回避的方法只能解决公约起草中的某些问题,在国际实践中遇到的这些实际问题是不能回避的。本章将对这些新问题进行初步探讨,但在此之前有必要将联合国国际法委员会起草国际责任公约的情况作一下简单介绍。

(一) 国际刑事责任问题

这个问题在国际法理论界一直存有分歧。应该说国际刑事责任并不是一个新的概念。国际法上对海盗、奴隶贩运、毒品走私等国际罪行所追究的就是国际刑事责任,世界各国对这些罪行的普遍性管辖业已建立。但是,这些罪行绝大多数情况下都是由个人以私人身份为私人的目的而作出的行为。但是,像发动侵略战争、破坏和平、种族灭绝和种族隔离这样的国际罪行,显然绝大多数都是由国家或国家首脑或政府首脑以官方身份为官方目的而作出的行为。可归因于国家的这些国际罪行应该属于国家的犯罪行为,即国家的国际罪行。但是,如何追究国家的刑事责任?这一直是困扰国际法学界的实际问题。理论上,国家犯了罪也应该追究刑事责任,但是实践上如何操作呢?一些严重的国际罪行,如侵略,显然是国家的行为,但国际实践表明,对这类国际罪行都只追究了个人的刑事责任。[①]

---

① 参见薛捍勤:"第五章 国家责任",载于王铁崖主编:《国际法》,法律出版社 1995 年版,第 161 页。

这个问题起源于第一次世界大战后,在受害国人民强烈要求对德皇威廉二世及其罪魁祸首进行审判和惩处的情况下,《凡尔赛和约》在第 7 章中作出了关于组织特别法庭审判德皇威廉二世和德国主要战争罪犯的规定(第 227—230 条)。虽然由于当时荷兰拒绝引渡德皇二世以及其他种种原因而没有能够实施这些条款,但这项规定本身已经证明国家发动侵略战争应承担责任而且相关的个人应受到处罚。[①]

第二次世界大战之后建立的纽伦堡国际军事法庭和东京国际军事法庭对于第二次世界大战战犯的审判标志着现代国际法的新发展。这些国际军事法庭赖以建立的法律文件——《欧洲国际军事法庭宪章》和《远东国际军事法庭宪章》——都明确规定战争罪行包括"破坏和平罪""战争罪"和"反人道罪"[②]。根据这项规定,战争罪行不仅包括策划、准备、发动或执行侵略战争的行为,而且包括在战争期间违反战争法规或战争惯例的罪行以及在战争发生前或战争进行中对任何和平人口(平民)进行杀害、灭种、奴役、强迫迁徙等不人道行为。[③] 这样的规定对于全面地追究战争罪犯个人的刑事责任是有利的。这两个法庭分别审判了德国甲级战犯(22 名)和日本甲级战犯(28 名)共 50 名,他们都是德国和日本最重要的国家领导人,其中 19 人被判处绞刑,18 人被处以终身徒刑。总之,不仅纽伦堡和东京国际军事法庭的宪章以及这两个法庭的判决都确认了侵略战争中个人承担国际刑事责任的"国际法的大原则",而且判决都得到了有效的执行。正像梅汝璈先生所说的:"像这样对国家领导人规模浩大的审判和严厉的制裁是历史上从来未曾有过的,在二十或三十年以前是不可能的。这两大审判虽然不是没有缺点,但是它在法理上却贯彻了'个人责任'和'个人官职地位不能为开脱罪责之理由'的原则。"[④]

第二次世界大战后的这两大审判仍然没有解决国家本身承担国际刑事责任的问题。在纽伦堡国际军事法庭判决书中有这样一段话:"违反国际法的罪行是人作出来的,而不是抽象的集体(国家)作出来的;只有处罚犯有这样罪行的

---

① 梅先生把所谓"莱比锡审判"称为历史上的一幕大滑稽剧,因为由于种种复杂的情况使同盟国和协约国对审判失去了兴趣以及德国政府对国际审判持顽强抵抗的态度,最终导致审判工作竟然委托德国政府去做,结果只是轻微地惩罚了总共 4 名小战犯。"当那个罪恶昭彰、杀人如麻的石坦格尔(Stenger)将军被法庭宣告无罪的时候,观众还喝彩欢呼,鲜花致敬,把他当做'民族英雄'看待。"见梅汝璈著:《远东国际军事法庭》,法律出版社 1988 年版,第 3—4 页。

② "反人道罪"的英文为"crimes against humanity",有时也译为"反人类罪",在 1998 年《国际刑事法院规约》中用"危害人类罪"。

③ 参见《远东国际军事法庭宪章》第 5 条及《欧洲国际军事法庭宪章》第 6、7 条,载于王铁崖、朱荔荪、田如萱等编:《战争法文献集》,解放军出版社 1986 年版,第 189—190、198—199 页。有人认为把反人道罪包括在战争罪之中是不恰当的,因为这样就大大缩小了反人道罪的适用范围。而实际上反人道罪不仅发生在战争发生前及战争期间,而且也发生在和平时期。实践证明这种观点是正确的。

④ 参见梅汝璈著:《远东国际军事法庭》,法律出版社 1988 年版,第 24—25 页。

个人,才能使国际法的规定有效实施。"①根据这段陈述可以得出一个结论,即国家作为一个抽象的集体是不能作出违反国际法的罪行的,所以不存在由国家承担国际刑事责任的问题。但是这样推论下去就会陷入悖论之中,国际法上的国家责任制度的基础就会受到冲击,因为在这个制度中国家承担的绝大部分国家责任都是由个人作出的行为引起的。按照"由人作出的行为就应该由人来承担责任"的推理,整个国家责任制度都不可能存在了。因此,不能笼统地说因为所有的国际不法行为都是由个人作出的,所以只有让作出这些行为的个人承担责任才能使国家责任制度有效实施。看来问题的关键不在于由谁作出国际不法行为,而在于国际不法行为的性质。当一种国际不法行为的性质非常严重以致构成国际罪行时,国家承担国际刑事责任的方式就与承担因其他国际不法行为引起的国家责任的方式不同了。在这种特殊的情况下,国家作为一个抽象的集体,它理应承担的刑事责任实际上只能由作出这些行为的个人来承担。这种特殊情况归根结底是由国际法的特殊性决定的。

(二)"严重违背依一般国际法强制规范承担的义务"

如上所述,国际法委员会决定将一读通过的《国家责任条款草案》第19条关于"国际罪行"的内容删除,从而避免了许多问题。但是多数意见仍然赞成保留一般国际责任与严重违背国际义务的责任之间的区别。因此,二读通过的《国家责任条款草案》在第二部分第三章(第40条和第41条)专门作出规定。第40条对第三章适用的范围作出规定:"本章适用于一国严重违背依一般国际法强制性规范承担的义务所产生的国际责任。如果这种违约情况是由于责任国恶劣或系统性违约所引起的,则为严重违约行为。"第41条规定了依第三章承担的一项义务的特定后果:(1)各国应进行合作,通过合法手段制止第40条含义范围内的任何严重违背义务的行为。(2)任何国家均不得承认第40条含义范围内的严重违背义务行为所造成的情况为合法,也不得协助或援助保持该情况。(3)本条不妨碍本部分所指的其他后果和本章适用的违背义务行为可能依国际法引起的进一步的此类后果。

与一读通过的《国家责任条款草案》第19条相比,上述规定既巧妙地回避了"国际罪行"这个棘手的问题,又保留了不同情况的违反国际法承担不同义务的区别。应当指出的是,上述规定恰当地适用了1969年《维也纳条约公约》第53条和第64条关于国际法强制规范的概念。但是,《国家责任条款草案》与该公约一样,把确定国际法强制规范的问题留给了今后适用它的人。

---

① 转引自梅汝璈著:《远东国际军事法庭》,法律出版社1988年版,第22页。

二、关于国家国际刑事责任的形式问题

国家在国际法上可能因严重违反对国际社会的基本义务而犯罪并可能以不同的形式承担国际刑事责任。

但是,如上所述,第二次世界大战后的经验证明犯了战争罪的国家的相关领导人都应该而且实际上也被追究了国际刑事责任。从表面上看,国家究竟能否承担国际刑事责任的问题在第二次世界大战后的两大审判中似乎并没有触及。因为从两个国际军事法庭的宪章来看,这两个法庭都没有审判轴心国的意思,同盟国也没有为此专门设立一个国际法庭审判犯了战争罪的那几个轴心国。这里有一些需要澄清的问题:

第一个要澄清的问题是,第二次世界大战后两个国际军事法庭对50名甲级战犯的审判是否由于仅仅针对其个人不针对他们的国家就从而免除了轴心国的国家责任?换言之,这50名甲级战犯以他们个人的身份接受审判是否与他们的国家或政府没有任何关系?可以肯定地说,这50名甲级战犯所承担的国际刑事责任与因海盗行为或奴隶贩运行为而承担的国际刑事责任是完全不同的。虽然同样都是国际罪行,但它们的性质却有很大区别。海盗类的罪行是私人以其私人身份为私人目的而作出的行为,甚至一些并非为私人目的也并非是以私人身份作出的行为也与战争罪行有根本的区别。根据1984年《酷刑公约》的规定,酷刑行为是指为了"取得情报或供状""由公职人员或以官方身份行使职权的其他人"所作出的行为。因此酷刑是一般的公职人员和国家或政府最高领导人都可能作出的行为。① 但是破坏和平(或侵略战争)罪行中策划、准备、发动和执行侵略战争不是一般的公职人员可以作出的行为。在这两种不同性质的国际罪行中,同样是国家或政府领导人,在酷刑行为的情况下,根据《酷刑公约》受处罚是因为不论职位多高他们都是公职人员,无例外地应该受处罚;但在破坏和平罪行的情况下,他们受处罚是因为只有作为国家或政府领导人的他们才能使他们的国家犯罪成为可能,只有处罚他们"才能使国际法的规定有效实施",或者更确切地说,只有处罚他们才能使国家的国际刑事责任得以实施。正像《奥本海国际法》所说的:"对违反战争法的行为负责的个人所犯的战争罪应受惩罚的规则,已经普遍地被承认为国际法的一部分,而这就是承认国家的刑事责任的……例证,因为,战争罪犯的犯罪行为通常不是为了实现私人的目的,而是代表国家或作为国家机关而作的。"② 因此可以说对犯了战争罪的国家的领导人的惩罚,

---

① 当然,国家或政府领导人由于他们的身份不同,在作出一般国际罪行(如贩运毒品或酷刑)时可能比普通人更加便利。

② 〔英〕詹宁斯、瓦茨修订:《奥本海国际法》(第一卷第一分册),王铁崖等译,中国大百科全书出版社1995年版,第419页。

就是对犯罪国的惩罚。换言之,惩罚犯罪国国家或政府领导人是国家承担国际刑事责任的形式之一。这样,第一个问题就澄清了,第二次世界大战后对50名甲级战犯的审判同时也是轴心国承担国际刑事责任的一种形式。

第二个要澄清的问题是,国家或政府领导人在因为犯了战争罪而受惩罚时,是为他们自己所犯的罪行还是仅替国家受惩罚?如上所述,在战争罪的情况下,国家与代表国家行事的个人之间的关系是:一方面个人以其私人身份不可能犯违反和平罪,因为这种罪行是只有以国家的名义才可能作出的行为。另一方面,国家是一个抽象的集体,后者的犯罪行为是由代表它行事的个人完成的,如果没有这些个人,国家的犯罪行为也是不可能的。因此作为一个抽象集体的国家与作为代表国家行事的具体的个人共同完成类似于战争罪这样的国际罪行,二者缺一不可。既然罪行是国家和个人共同完成的,当然犯罪的国家和个人在国际法上就应该共同承担刑事责任。但是这种情况与国内法上的法人或单位犯罪的情况并不完全相同。在国家、代表国家或政府行事的个人与国际刑事责任这三者之间的关系问题上,可以类比适用国际法上关于国家、国家元首和政府首脑与外交特权和豁免三者关系的理论。根据1961年《维也纳外交关系公约》的规定,外交代表在国际法上享受特权和豁免是由于他们代表国家执行职务的需要。作为国家元首和政府首脑的个人享受外交特权与豁免不仅因为他们代表国家执行职务的需要,还因为他们是国家的象征,因此国家元首和政府首脑的私人行为同样享有特权和豁免。与外交代表不同,国家元首或政府首脑在国际上的身份无论何时何处都与其所代表的国家联系在一起。因此就像国家元首或政府首脑在国际上享受特权与豁免等于其代表的国家同时也享受了特权与豁免一样,国家或政府领导人因战争罪行而在国际上受惩罚等于其代表的国家同时也受到了惩罚。具体地说,第二次世界大战后的两个国际军事法庭的判决展现的是个人承担国际刑事责任的形式。在这些个人承担国际刑事责任的同时,他们所代表的国家也承担了部分国际刑事责任。因此这里不存在个人替国家受惩罚的问题,因为要惩罚犯罪国就必须通过惩罚相关的个人才能实现。① 澄清这个问题的意义在于对犯有战争罪的个人的处罚并不能免除犯有战争罪的国家应该承担的国际刑事责任。国家和作为国家或政府领导人的个人都要承担因战争罪而引起的国际刑事责任,个人和国家的责任是不能相互抵消的。

---

① 就像国家元首和政府首脑在国际上享受特权和豁免必须由相关的个人具体地去享受一样。国家或政府领导人与他们所代表的国家之间的关系可以在《欧洲国际军事法庭宪章》中找到依据。该《宪章》第6条规定:"为审判及处罚欧洲轴心国主要战争犯罪而设立之法庭,应有审判及处罚一切为轴心国之利益而以个人资格或团体成员资格犯有下列任何罪行之人员的权力。"只有这样分析才能解决"作为抽象集体的国家不能作出犯罪行为但是只有国家才能犯战争罪或破坏和平罪"这样的悖论。

鉴于国家是一个抽象的集体这一特性,国家作为一个整体能否承担国际刑事责任的问题一直是有争议的。因此,最后应该澄清这样一个问题,即除了由国家或政府的领导人承担个人的国际刑事责任外,国家的国际刑事责任是否还有其他形式？正如《奥本海国际法》所指出的:"在国际法上归类为罪行从而产生一种特殊的、与适应于涉及国家责任的其他情况不同的国际责任制度的国家行为有什么法律后果,尤其是对这种行为所可能采取的制裁属于什么性质,是不明确的。"①的确,在第二次世界大战之后,同盟国对轴心国采取了一系列制裁措施,其中包括占领其领土和限制其军备等限制主权的严重形式。但是,这些制裁是否构成对轴心国所犯战争罪行的惩罚并被视为他们承担国际刑事责任的另一种形式？国际法学界对这个问题的回答不尽相同。实际上如果从国际法是一个特殊的法律体系这个基点看问题,就不难找出解决问题的答案。一些国际法学者对这个问题的研究是值得借鉴的。例如,《奥本海国际法》一方面承认在国际法上对犯有国际罪行的国家进行制裁的性质是不明确的,另一方面又指出,"《联合国宪章》第七章所规定的制裁,对于可以适当地称为战争罪的行为,是部分地具有惩罚性的"②。又如,王铁崖主编的1981年版《国际法》明确地将"限制主权"作为国家责任的一种形式。该书认为"这是最严重的一种国家责任形式……这方面最明显的例证是:第二次世界大战结束后,同盟国为了惩罚法西斯侵略者和防止侵略势力的再起,根据国际协定,在一定时期内,对德国和日本曾实行军事占领和军事管制,并由同盟国管制委员会在这些国家行使最高权力,如当时美、苏、英、法四国政府共同行使德国的最高权力,其中包括德国政府、司令部和任何州、市或地方政府或当局所有的一切权力在内。这样,就对当时的德国和日本的国家主权予以临时性的最大限制。除了这种全面地限制主权以外,也可以采取局部地限制主权的方式,例如,1947年缔结的对意大利的和约,规定限制该国拥有的武装力量的数量不得超过实行自卫所必需的限度;1951年以后,对日本也实行同样的限制"。③ 1990年伊拉克侵略科威特后引发的1991年的"海湾战争"是第二次世界大战后又一次用限制主权的方式惩罚侵略者的例证。在联合国授权之下建立的多国部队分别在伊拉克建立了两个"禁飞区",在占伊拉克领空60%的该区域内禁止伊拉克飞机飞入。此外,联合国还通过决议对伊拉克实行全面的经济等制裁。与此同时,联合国还于1991年5月建立特别委员会负责对伊拉克进行武器核查并监督销毁伊拉克大规模杀伤性武器和生化武器。联合国或在联合国授权之下采取的这些制裁措施都在不同程度上带有惩罚的性

---

① 参见〔英〕詹宁斯、瓦茨修订:《奥本海国际法》(第一卷第一分册),王铁崖等译,中国大百科全书出版社1995年版,第418页。
② 同上书,第419页。
③ 参见王铁崖主编:《国际法》,法律出版社1981年版,第130—131页。

质,这些可以视为犯有战争罪的伊拉克应该承担的国际刑事责任。尽管人们对于把经济制裁作为惩罚犯有战争罪的国家的手段是否恰当持怀疑态度①,但都认为把限制主权作为惩罚犯罪国的领导人之外的一种惩罚形式是必要的。在这种情况下,军事、经济等制裁是包括构成国家的所有机构和附属单位甚至国民在内的犯罪国作为一个整体应当承担的国际责任。

三、国际赔偿责任

引起国家责任的国际不法行为一般都是国际法所禁止的行为。但是随着当代科学技术的迅速发展,出现了虽然国际法并没有明确禁止但国家也应承担责任的行为。这种行为一般称为"国际法不加禁止行为",由于这种行为而承担的责任一般称为"国际赔偿责任",因国际不法行为而承担的责任称为"国家责任"。这两个概念以及二者之间的区别已经"作为两个不同的国际法概念被普遍接受"。② 国际赔偿责任主要发生在国际法的某些特定领域,如国际环境法。

"国际赔偿责任"似乎已经成为用以表达与国家因国际不法行为所产生的国家责任相区别的另一种国家责任,即国家因"国际法不加禁止行为"而承担的责任的固定用语③。所谓"国际法不加禁止行为"是指在现行国际法(条约或习惯国际法)上没有规定或没有禁止的行为,其中包括作为和不作为。国际法委员会已将"国际赔偿责任"问题与国家责任问题分开单独作为一个专题进行研究。

(一) 国际赔偿责任概念的提出

国际赔偿责任(International Liability)概念的提出是与工业化的高度发展、核材料的和平利用、远洋石油运输、外空的探索和利用以及其他各种可能产生跨越国界影响的人类活动紧密联系在一起的,而且主要与国际环境法相关。如前所述,通常的国家责任都是由国际不法行为引起的,即国家由于违背了它依据国际法而承担的国际义务构成国际不法行为从而承担国家责任。这种国家责任制度有两个特点:第一,以国际不法行为为基础;第二,国家对其他国家或国际组织承担的责任。由于核材料的和平利用或外空的和平探索和利用等上述活动本身都是国际法不加禁止的,然而这些活动产生的跨越国界的影响可能造成对其他国家或其他国家国民的损害,造成损害者不能以他们的活动是"国际法不加禁止的"为理由而不承担赔偿责任。国际赔偿责任的概念就是在这种情况下产生

---

① 因为真正受到经济制裁影响的是受制裁国的普通国民,特别是妇女和儿童。
② 参见薛捍勤:"第五章 国家责任",载于王铁崖主编:《国际法》,法律出版社1995年版,第162—166页。
③ 参见Peter Malanczuk: *Akehurst's Modern Introduction to International Law*, seventh revised edition, Routledge, London and New York, 1997, p.254。

的。国际赔偿责任也有两个特点:第一,造成损害的活动本身是国际法不加禁止的;第二,造成损害者和受损害者都不一定仅仅是国家。因此用"国际赔偿责任"来表述是比较恰当的。

(二) 国际法委员会的工作

国际法委员会在1997年第49届会议上决定开始就"国际法不加禁止的行为所产生的损害性后果的国际责任"这个专题进行研究。此项研究分两个部分进行:第一部分是关于"预防危险活动造成的跨界损害"的研究。委员会于2001年通过包括19条的"预防危险活动造成的跨界损害条款草案",从而结束这部分的研究工作。第二部分是关于"损害分配的原则"。委员会于2004年一读通过了包括8个条款的"关于危险活动造成的跨界损害的损失分配的原则草案",该草案于2006年通过了二读。至此,委员会结束了"国际法不加禁止的行为所产生的损害性后果的国际责任"的专题研究工作。

(三) 一些有争议的问题

首先,"初级规则"与"次级规则"区分的问题。国际法委员会在"国际法不加禁止的行为所产生的损害性后果的国际责任"这个比较广泛的范围内将"预防危险活动造成的跨界损害"作为副专题优先进行研究是非常明智的举措,因为如果仅仅是被动等待造成损害后再采取措施,无论对受损害者或造成损害者,还是对人类环境的保护都是不利的。但是从1998年通过一读的关于这一专题的条款草案和特别报告员于2000年提出的修订条款草案的内容来看,条款草案属于"初级规则",因为它是为"当事国"创设"预防危险活动造成的跨界损害"的义务,违背了这些义务将会产生国家责任。唯一与其他"初级规则"不同的是,所指的危险活动是"国际法不加禁止的、其后果有可能造成重大跨界损害的活动"。实际上"国际法不加禁止行为"在条款草案中仅起到了限制该草案适用范围的作用。多亏条款草案是关于造成重大跨界损害的"国际法不加禁止行为",否则它的适用范围将是无限的。而且"国际法不加禁止行为"是一个动态的概念,它所包括的行为可能是现有的,也可能是未来可能有的,那样的话,国际法委员会的编纂工作可能是漫无边际的。因此,还是应该坚持编纂或发展"次级规则"这个方向,否则国际法委员会将面临着编纂整个国际环境法的艰巨任务。①

其次,关于过失责任与客观责任或严格责任的问题。按照布朗利教授的分析,客观责任或严格责任原则已经在国际实践中得到普遍接受。他说:"从实在法来看问题是非常清楚的。国家实践以及国际法庭的多数判决都采纳客观责任的概念。少数法律学者倾向于过失责任是因为他们错误地理解了国际法院在科

---

① 不能忘记,国际赔偿责任主要发生在国际环境法领域并不等于所有的国际环境法都是国际赔偿责任规则。

孚海峡案中的推理……国际法院仅在表述一项特定义务的性质,不是在接受某种过失责任或其他什么责任的一般原则基础上作出判决。"[①]但是,持相反观点的学者认为传统国际法上的国家责任是以过失为基础的。所谓客观责任原则只是在少数例外情况下所采取的原则。例如,亚历山大·基斯指出:"传统上,国际责任是基于可被归咎的国家的过错。在国家关系中(着重号为引者所加),这个原则只有一个例外,这就是1972年3月22日《关于空间实体造成损害的国际责任公约》。根据该《公约》第2条,发射国对其空间实体在地球表面,或给飞行中的飞机造成损害,应负绝对责任。"对亚历山大·基斯来说,"似乎不存在其他表明适用客观责任的先例。除存在上述条约条款外,尚不能认为在国家关系中(着重号为引者所加)客观责任已被接受"[②]。表面上看这两位学者的观点似乎是完全对立的,但只要注意一下基斯教授两次谈到客观责任原则仅在例外情况下才被适用时都使用了"在国家关系中"这个限定语,我们就不难看出他们实际上都同意,在国际环境法领域,在国家关系中适用客观责任原则的实践仅仅限于根据多边或双边条约当事国承诺的情况,没有作为一项普遍的国际法规则加以适用。[③] 至于在国家与个人之间是否适用客观责任原则,"则是另外的情况,属于国际私法的内容"[④]。

最后,关于"软法"与"软责任"的问题。在产生国际赔偿责任的主要领域——国际环境法中,人们熟悉的一个现象就是所谓"软法"现象。所谓"软法"是指对国家不具法律拘束力的国际文件,如国际组织或国际会议的决议、宣言等。迄今为止,国际环境法中那些全球性综合内容的指导性、原则性和计划性的国际文件几乎都属于"软法"性质。[⑤] 与国际环境法的"软法"现象相呼应,基斯教授提出"软责任"的概念:"在任何责任之外甚至明确排除责任,要求对国际环境支付赔偿,至少在国家与国家关系中;并且,将国家关系层次上的赔偿问题转移到个人关系层次上,也就是说,以属于国际私法关系的污染者与被污染者之间的赔偿取代国际公法所调整的国家关系中的国际责任。"[⑥]无论是"软法"还是"软责任"都体现了国际环境法的特点。然而"软责任"同时也体现了国际赔偿责任制度的特点。在国际赔偿责任制度尚处于发展过程的今天,把国际赔偿责任转向国际私法领域,即将受到环境损害后果影响的个人对国家的申诉转向直

---

① 参见 Ian Brownlie, *The Rule of Law in International Affairs*: *International Law at the Fiftieth Anniversary of the United Nations*, Martinus Nijhoff Publishers, 1998, p.85。
② 参见[法]亚历山大·基斯著:《国际环境法》,张若思编译,法律出版社2000年版,第368、369页。
③ 参见王铁崖主编:《国际法》,法律出版社1995年版,第164页。
④ 参见[法]亚历山大·基斯著:《国际环境法》,张若思编译,法律出版社2000年版,第369页。
⑤ 参见邵津主编:《国际法》,北京大学出版社2000年版,第201—202页。
⑥ [法]亚历山大·基斯著:《国际环境法》,张若思编译,法律出版社2000年版,第374页。

接针对污染者个人,从而使其成为国际私法解决的问题,应该说是一种非常现实的做法。但是,国际赔偿责任制度还面临另一个问题,即受到损害环境后果影响的可能是整个人类甚或整个地球,然而国际上并不存在代表整个人类或整个地球对环境损害提出申诉的机构。在这方面,"软责任"现象可能存在的时间更长。

(四) 国际赔偿责任制度的现状

1. 建立国际赔偿责任制度的实际困难

与国家责任不同,由于国际赔偿责任由国际法不加禁止行为引起,即引起国际赔偿责任的活动本身并没有违背国家在国际法上承担的国际义务,或者国际法根本就没有规定。这种活动之所以产生国际赔偿责任是因为活动的结果造成了对他国、他国国民和财产的损害。因此,要确定国际赔偿责任的存在与否首先必须证明被指控的行为与损害之间存在因果联系、确定污染者以及量化损害。但是在国际环境法领域要做到这些至少存在三个方面的实际困难:第一,空间上的困难,即污染源与发生损害的地方存在一定的距离,使人难以确定损害真正的来源。第二,时间上的困难,即有些损害往往发生在事故发生后的若干时间以后,例如,1986年发生在苏联境内的"切尔诺贝利核电站的核渗漏事故"对上千人造成的直接或间接损害是在很长时间后才发现的。又如1999年的"贫铀弹事件"是在巴尔干地区大量使用贫铀弹若干年之后才引起人们关注的。第三,物质上的困难,即污染物本身的复杂性所带来的困难。首先,损害可能是若干种污染物混合在一起的结果;其次,损害可能由于某种污染物与大自然的物理反应之后产生的;最后,同样的污染对于不同的人群或物体可能带来不同的损害。

2. 国际赔偿责任制度尚处于发展阶段

国际上还没有关于国际赔偿责任的普遍性国际公约,但是这方面的专门性公约还是有一些的。例如,1960年的《原子能领域民事责任公约》、1963年的《核损害民事责任公约》、1969年的《国际油污损害民事责任公约》、1972年的《空间物体造成损害的国际赔偿责任公约》、1977年的《勘探和开发海底矿物资源造成油污损害的责任公约》、1992年的《关于修改〈国际油污损害民事责任公约〉议定书》、1993年的《环境危险活动造成损害的民事责任公约》、1997年的《核损害补充赔偿公约》、1999年的《关于危险废物越境转移及其处置所造成损害的责任和赔偿的巴塞尔议定书》、2001年的《国际燃油污染损害民事责任公约》、2003年的《工业事故的越界影响对跨界水域造成损害的民事责任和赔偿议定书》等等。此外,国际环境法领域还有许多国际公约,虽非专门关于国际赔偿责任,但其中包括国际赔偿责任的条款。

四、国际组织的责任

国际组织的责任是指某个国际组织因为违反国际法而应当承担的法律责任。"冷战"结束以来,联合国和区域性国际组织的活动逐渐频繁,例如,联合国在世界许多地方都派遣了维和部队。不断有媒体报道联合国的维和士兵在非洲一些国家涉嫌实施了一些严重犯罪,例如,强奸当地少女或参与贩毒等。1994年卢旺达爆发种族大屠杀,在短短 3 个月的时间内有近一百万的人被屠杀。有人指责联合国没有能够有效制止大屠杀的发生,应当对大屠杀负责。因此,国际组织的法律责任问题已经引起了国际社会的广泛注意。国际法委员会在 2000 年的第 52 届会议上决定将"国际组织的责任"专题列入它的长期工作方案,在 2002 年的第 54 届会议上将它列入工作方案,并任命乔治·加亚委员为该专题的特别报告员。委员会已于 2011 年第 63 届会议上通过了《国际组织的责任条款草案》并作为委员会报告的一部分提交联合国大会。① 基本上,除了国际组织自身特有的一些规则之外,国际组织的法律责任和国家对国际不法行为的责任极其类似,因此,作为一项一般的原则,国际组织承担法律责任必须符合两个条件:第一,该行为必须可归于该国际组织;第二,该行为必须违反国际法。

进一步阅读推荐书目

1. 贺其治著:《国家责任法及案例浅析》,法律出版社 2003 年版。
2. 李寿平著:《现代国际责任法律制度》,武汉大学出版社 2003 年版。
3. 吴嘉生著:《国家之权力与国际责任》,五南图书出版公司 1999 年版。
4. 梅汝璈著:《远东国际军事法庭》,法律出版社、人民法院出版社 2005 年版。
5. 梅汝璈:《东京大审判——远东国际军事法庭中国法官梅汝璈的日记》,江西教育出版社 2005 年版。
6. Ian Browlie, *State Responsibility*, Oxford University Press, 1983.
7. James Crawford, *The International Law Commission's Articles on State Responsibility: Introduction, Text, and Commentaries*, Cambridge University Press, 2002.
8. Nina H. B. Jorgenson, *The Responsibility of States for International Crimes*, Oxford University Press, 2002.
9. Albrecht Randelzhofer, *State Responsibility and the Individual: Reparation in Instances of Grave Violations of Human Rights*, M. Nijhoff Publishers, 1999.
10. Phoebe N Okowa, *State Responsibility for Transboundary Air Pollution in International Law*, Oxford University Press, 2000.

---

① 参见 2011 年《联合国国际法委员会年鉴》第二卷第二部分。

11. Jan Klabbers, *An Introduction to International Institutional Law*, 2nd edition, Chapter 13, Cambridge University Press, 2009, pp. 251—270.
12. James Crawford, Alain Pellet and Simon Olleson (eds.), *The Law of International Responsibility*, Oxford University Press, 2010.
13. James Crawford, *State Responsibility: the General Part*, Cambridge University Press, 2013.

第九章 国际法中的个人

在国际法律体系中关于个人的条约或习惯规则是一直存在的,特别是在国际人权法产生之后,这些规则越来越多并且朝着深化、细化的方向发展。正如《奥本海国际法》所说:"国际法已经不再是——如果它曾经是的话——仅仅与国家有关。国际法有许多规则是直接规定个人的地位和活动的;还有更多的规则间接影响着个人。"① 目前,国际法中关于个人的内容主要包括国籍、外国人的待遇、外交保护、难民的待遇和人权。由于人权法已经成为国际法的重要分支,本书将专设一章分别讨论。由于难民待遇问题更多地与人权保护相关,也与人权问题一并讨论。

第一节 个人在国际法中的地位

一、历史回顾

如上所述,在传统国际法中很少有直接与个人相关的国际法内容。在这些很少的与个人的权利和义务有关的国际法内容中,个人只是以国家的侨民或在国家境内的外国人的身份出现的。② 具体内容无非是个人的国籍、外国人的法律地位、引渡与庇护等,所有这些内容都是与国家对其在国内或国外的国民行使管辖权有关联的。虽然在第二次世界大战之前,国际法上有一些零星的关于个人权利保护的条约或协定,但是它们的内容仅限于非常特殊的一部分人群,例如,宗教或语言少数者、奴隶或受奴役者、战争中的伤病员或平民等。③ 国际法上大量的关于个人的内容是从第二次世界大战之后,确切地讲是在《联合国宪章》规定了人权问题之后才开始出现的。1948 年联合国大会通过了《世界人权宣言》,1966 年又通过了《经济、社会和文化权利国际公约》《公民权利和政治权利国际公约》和《公民权利和政治权利国际公约任择议定书》。这些文件构成所谓的"国际人权宪章",与其他关于人权的国际公约一起成为现代国际法的一个

---

① 〔英〕詹宁斯、瓦茨修订:《奥本海国际法》(第一卷第二分册),王铁崖等译,中国大百科全书出版社 1998 年版,第 292 页。
② 一直到第二次世界大战后,在中外国际法教科书中,有关个人的国际法的内容一般是以"国际法上的个人"或"国际法上的居民"为题目的。
③ 参见龚刃韧:"国际法上人权保护问题的历史发展",载于白桂梅、龚刃韧、李鸣等编著:《国际法上的人权》,北京大学出版社 1997 年版,第 1—47 页。

重要组成部分。至此,传统国际法中基本没有直接与个人相关的国际法内容的现象永远成为历史。个人在国际法上的地位也因此有了改变,受到国际法学者的重视。但是个人在国际法上究竟处于什么地位?他们是不是国际法的主体?这些问题并没有解决,在学者中仍存有很大分歧。

二、理论上的分歧

个人是否是国际法主体或者他们在国际法上是否具有独立的人格?这不是一个新问题,国际法学者们之间一直争论不休,只是争论的焦点随着国际法的发展而有所变化。按照学者们一般接受的国际法主体的定义,作为国际法主体必须能够直接享受国际法上的权利并承担相应的义务,此外还必须具有在国际上进行诉讼的能力。这两个能力似乎是衡量国际人格者资格的标准。

在国际人权法形成之前,人们争论的焦点在于,个人是否具有直接在国际法上享受权利并承担义务的能力。对这个问题的回答多数是否定的,那些作出肯定回答的少数学者一般都从下述两个方面来论证他们的观点。首先,国家元首、政府首脑和外交代表享有特权和豁免,这些权利是国际法上的权利。其次,海盗行为、贩运奴隶、贩卖毒品等行为均为国际法所禁止,个人因从事这些行为而违反国际法并因此而承担责任,因此个人有义务遵守国际法,否则将受到惩罚。但是,这些论证都一一遭到驳斥。①

在国际人权法形成之后,个人是否能够在国际法上享有权利似乎成为无可争议的问题。② 人们争论的焦点开始转向第二个标准,即个人是否具有国际求偿能力。③ 个人根据国际人权公约而享有的人权在遭到国家特别是自己本国的侵害后,能否以其独立于国家的身份在国际上得到法律救济成为判断个人在国际法上的地位的关键因素。

许多支持个人是国际法主体的学者认为个人已经取得了国际求偿能力。主要的理由有:首先,随着《公民权利和政治权利国际公约任择议定书》的生效以及越来越多的国家成为该议定书的当事国,个人的国际求偿能力有了国际公约的保障并得到越来越多的主权国家的接受。根据该《议定书》第1条的规定,作为侵害该公约所载权利的受害人,个人可以向该公约建立的人权事务委员会对侵害其人权的国家提出申诉。此外,国际上还有一些类似于人权事务委员会那

---

① 参见端木正主编:《国际法》(第2版),北京大学出版社1997年版,第86—87页;参见王铁崖主编:《国际法》,法律出版社1981年版,第98—100页。

② 实际上并非无可争议,有些学者就认为国际条约并没有赋予个人以人权,个人只是国际人权公约的受益者而已。参见〔美〕L.亨金著:《权利的时代》,吴玉章等译,知识出版社1997年版,第44页。

③ 当然,也有一些学者主张个人在20世纪初就已经具有国际求偿能力。参见 P. K. Menon, "Individuals as Subjects of International Law", *Revue de Droit International* No.4 (1992), pp. 301—304。

样的其他人权机构可以受理由个人以自己的身份对国家提出的申诉。① 其次，在联合国人权理事会的机制中，个人可以通过个人申诉程序对侵害人权的国家提出申诉。最后，在欧洲人权保护体制中，个人过去可以通过欧洲人权委员会、部长委员会和欧洲人权法院这三个机构按照规定的程序控告侵害自己人权的国家。现在，个人可以直接到欧洲人权法院提起诉讼。这些都足以说明个人具有在国际上进行求偿的能力。

反对个人作为国际法主体的人对于上述关于个人国际求偿能力的论证不屑一顾。他们强调国家在国际人权保护机制中的主导地位，强调除欧洲人权保护机制外所有受理个人申诉的制度都是任择性的，即国家的同意仍然是这些制度的基础。如果没有国家的同意，这些制度的建立都是不可能的。欧洲人权保护机制是特殊情况，不能或者很难推广适用于世界其他区域。② 因此，个人作为国际人格者的资格是以国家的同意为前提的，很难说个人已经取得了独立于国家的国际求偿能力。

关于个人是否是国际法主体或个人在国际法上的地位问题的理论分歧已如上述。分歧主要源自学者们对个人在国际法上的实际地位给予不同的解释，这些解释或多或少都会受到不同哲学的影响，因此偏见是不可避免的。

三、个人在国际法上的实际地位

个人在国际法上的实际地位是什么？这是不是一个能够找到客观答案的问题？哲学上的偏见能不能克服？政策定向学派做过这样的尝试，方法是把自己假定为从另一个星球上来的"人"，试图从客观上认识国际法，解决国际法上的问题，包括个人在国际法上的地位问题。他们是成功的，因为他们改变了国际法的概念，在他们界定的国际法概念中，主体是不成问题的，没有争论之必要。除了政策定向学派之外，很少有人对这个问题作出客观评价，因为这个问题的答案必定以国际法的定义为前提，而政策定向学派的国际法定义成功地避免了多少年来一直困扰着国际法学者的关于主/客体的争论。③ 但是，他们并没有解决个人在国际法上的实际地位这个问题，原因是并非多数人都能接受他们的国际法定义。相反，实在法学派关于国际法是国家之间的法律这一定义早在19世纪就被多数人所接受，它已经根深蒂固，它的影响无处不在。实际上关于国际法主/

---

① 例如，禁止酷刑委员会、消除种族歧视委员会、消除对妇女歧视委员会等。
② 其实，欧洲的经验并不是永远都不可能推广适用于世界各地。但是，如果将来有一天国际社会真的与欧洲的现在一样了，国际法变成其他性质的法律的日子也就不远了。
③ 因为根据政策定向学派的国际法定义，国际法是一个过程，不是纯粹的规则的总体。所有参与这个过程的都可以称为"参与者"。他们不必是规则所产生之权利和义务的主体，因此也就避免了建立在狭隘的国际法定义上的主/客体的争论。

客体的争论正是实在法学派关于国际法的定义的必然结果。因为如上所述,根据在18世纪以前占统治地位的自然法学说,国际法和国内法都是自然法的一部分。由于个人和国家在自然法上的地位是相同的,因此不会产生主/客体以及类似问题的争论。总之,关于个人在国际法上的实际地位的考察不可能是独立于任何国际法学说或(更具体地)国际法定义的中立意义的研究。而且,由于"个人在国际法上的地位"这一命题当中的"国际法"就是用"主要是国家之间的法"来界定的,这个定义是这个命题的起因,因此在这个定义的基础上来探讨这个命题是符合逻辑的,也是容易被多数人接受的。此外,列宁主义关于国家自然消亡的理论可能有助于有关这个命题的研究。下面将循着国际法发展历史轨迹对这个问题进行初步探讨。

首先,个人在国际法上的地位问题是随着近代国际法的产生才出现的,古代国际法不存在这个问题。在近代国家产生之前,在罗马帝国等封建帝国的统治下,国家之间的交往甚少,当时所谓的万民法实际上是国家的涉外民法,因此是国家法律的一部分。在国际法尚未形成时当然不会有个人在国际法上的地位的命题。近代国家的产生是近代国际法产生的前提,国家之间的交往越来越频繁,国际法应运而生。真正独立于国内法存在的国际法产生之后,个人在国际法上的地位问题才有可能被提出来。

其次,国际法产生之后,个人在国际法上的地位就随着国际法的发展而发展变化。近代国际法主要是协调的性质,而且是国家之间对等关系的协调,即为了和平地、各自互不干扰地、独立地、行使自己的主权,它们在相互关系中不得不作出一定的妥协,但是妥协的目的都是为了更好地行使自己的主权。在这样的国际关系中个人不是行使主权者就是主权行使的对象,因此在国际法上个人不是代表国家就是被国家所代表,没有独立的地位。在国际法上个人的身份可以归纳为:一国之君主、一国之使节或全权代表,这些都是代表国家的身份。根据国际法,个人由于这些身份而在驻在国享有外交特权和豁免。个人如果没有这些身份或者个人不代表国家,他们在国际法上就不能享受这些特权和豁免。作为普通的个人,他们在国际上被自己的国家所代表。被国家所代表意味着国际法不涉及个人的权利和利益,后者只能通过国内法加以规定。国家在其国内法中关于如何对待其本国公民的规定是国际法不关心的。但是,国家如何对待其境内的外国人却是国际法的重要内容。如果外国人的权利受到侵害,外国人的本国可以在用尽当地救济后对其实行外交保护。外交保护制度是以国家的属地和属人优越权为基础的。由于国家的属地和属人优越权,国际法上出现了协调国家这两种管辖权的原则、规则或制度。此外还有外国人的出入境、外国人的法律地位、庇护与引渡制度等。这些国际法的内容虽然都与个人有关,但个人无论作为一般的外国人还是与庇护或引渡相关的人,他们都是国家行使属人和属地管辖权的对象。此外国家还有一种"普遍性管辖权",即国家对于在不属于任何国家管辖的地方所犯的"国际罪行"行使管辖权。当时的所谓"国际罪行"包括海盗行为、奴隶贩运、毒品走私、在公海上的非法广播等。在这种情况下,作为"国际罪犯",个人是国际法惩治的对象。无论作为国际法保护的对象①还是惩治的对象,个人在国际法上的地位都不是独立的。在外交保护的情况下,外交保护权是保护国的权利;在惩治"国际罪犯"的情况下,国际法赋予国家以"普遍性管辖权",权利也是国家的。总之,近代国际法上有关个人的规定或制度都是为了协调国家的管辖权而形成的,目的主要是调整以国与国对等双边关系为主体的国际关系。

与近代国际法相比,现代国际法有了很大发展。在保留了近代国际法原有的具有协调性质的内容的基础上,现代国际法增加了具有合作性质的内容,打破了以国与国对等双边关系为主体的传统。维护人类共同利益或国际社会的整体利益逐渐成为现代国际法的目标之一。国际法在这方面的内容最初(第二次世界大战之后)主要是关于惩治战争犯罪,其中包括危害人类罪、反和平罪和战争罪。后来又增加了灭绝种族罪(1948年)、种族隔离罪(1973年)、酷刑罪(1984年)等。国际法对这些罪行的惩治不是为协调两个国家之间的对等关系,而是维护整个人类的利益。国际法在这方面的更大发展应该是国际人权法的产生。从《联合国宪章》到《世界人权宣言》,再到1966年的两个国际人权公约,国际人权法到20世纪70年代末(两个国际人权公约生效)就基本形成了。从此,个人在国际法上的地位发生了根本的变化。国际人权法的目的就是使国家承担国际义务保护个人(所有个人,其中包括本国人、外国人、无国籍人、难民等)的基本权利与自由。从表面看,与近代国际法相比,现代国际法只是扩大了保护个人和惩治个人所犯罪行的范围。实际上,同样是对个人的保护和惩治,但其目标却有着根本的区别:前者是为了协调两个国家之间的对等关系以便更好地行使它们的主权和管辖权;后者则是为了维护整个国际社会或全人类的利益,为此必须限制国家的主权,虽然这种限制仍然是国家行使主权的结果(国家参与制定国际人权法并参与实施国际人权法),但是,国际法对个人的基本人权和自由的保护是直接的,而不像在外交保护制度下那样,国际法对个人的保护是通过协调两个国家之间的对等关系(即协调它们的属地和属人优越权),实际上是通过维护国家主权来实现的。而国际人权法保护个人的人权是通过直接限制国家的主权来实现的。

国际人权法已经成为一个独立的分支,是当代国际法的重要的也是非常特殊的组成部分。②在国际人权法上,个人不再完全依附于自己的国家,他们可以

---

① 虽然也可以理解为保护国家自身,但是外交保护制度应该是国际法对个人的一种间接保护。
② 关于国际人权法详见本书第十章。

在其本国侵犯了其基本权利和自由时在国际上对其本国提出申诉。尽管国际人权法的执行机制目前还很弱,但它的发展趋势是逐渐增强。用列宁的"国家自然消亡"理论来分析这个问题,结论是这样的:国际法是随着近代国家的产生应运而生的,它也将随着国家的消亡而消失。就像现在的欧盟法已经不是国际法了一样[①],未来的以个人为主要主体的"国际法"也不能恰当地称为国际法了,它可能被称为"世界法""人类法"或其他什么名称。不过那是遥远的将来的事情,现在个人在国际法上主要还是被保护的对象和被惩治的对象。

第二节 国　籍

一、概述

国籍是指一个人具有一个国家的公民或者国民的资格,是国家与个人之间的一种固定的法律联系。尽管随着国际人权法的发展,个人的基本权利可以不分国籍地得到国际法的保护,但是从"固定的法律联系"这个意义上,国籍对于国家和个人,在国际法上都具有重要意义。

(一)国籍在国际法上的意义

既然国籍是国家与个人之间固定的法律联系,国家由个人所组成,以调整国家之间关系为主的国际法必然与国籍有关,特别是关于国家属人管辖的国际法规则直接关系到个人的国籍。因此,在国际法上国籍对于国家和个人都非常重要。

对于国家来讲,依据国际法上的属人优越原则,国家对具有本国国籍的个人享有管辖权,无论他们在国内还是国外。当本国国民的权利和利益在国外受到侵害时,国家有权对他们实行外交保护。国家实行外交保护的重要前提之一就是国家与个人之间的法律联系,即国籍。此外,国家在国际法上还承担着相应的义务,即允许本国国民进入本国领土的义务。当一国国民由于种种原因在外国遭到驱逐时,它有义务接纳该国民回到自己的国家,因为在国际法上虽然任何国家都没有义务允许外国人在其境内居留,但却有义务允许本国国民进入本国领土。[②]

对于个人来讲,具有某个国家的国籍除了本人的权利和利益遭到外国的侵

[①] 马兰祖克认为欧盟法是介于国际法和联邦法之间的一种法律。参见 P. Malanczuk, *Akehurst's Modern Introduction to International Law*, Seventh Revised Edition, Routledge, London and New York, 1997, p.101。

[②] 〔英〕詹宁斯、瓦茨修订:《奥本海国际法》(第一卷第二分册),王铁崖等译,中国大百科全书出版社1998年版,第297页。

害可以受到本国的外交保护外,还享有仅限于本国国民享有的权利,主要是政治权利,如选举权和被选举权。此外,如上所述,每个国民都有回到自己国家的权利。这是一项人权。1966 年《公民权利和政治权利国际公约》第 12 条第 4 款规定:"人人进入其本国之权,不得无理褫夺。"

(二) 国籍法

目前世界上大约有两百个国家,每个国家都有一定的国民。究竟什么样的人在什么条件下可以获得或者丧失某个国家的国籍呢?这是各个国家通过法律自己规定的事,国际法没有,也不可能作出统一的规定。①

从各国实践来看,国家规定国籍的法律一般有两种形式:第一是在宪法中作出规定;第二是制定专门的法律,称为国籍法。历史上第一个规定国籍问题的宪法是 1791 年的《法国宪法》;第一个用单行法律规定国籍问题的是 1842 年的《普鲁士国籍法》。我国的国籍法属于第二种,现行的《中华人民共和国国籍法》是 1980 年制定的(以下简称 1980 年《国籍法》)。

至于一国的国籍法,特别是根据该法授予的国籍,是否必须得到其他国家的承认,这是国际法的问题。应该指出,虽然可以根据本国的具体情况制定自己的国籍法,但是国籍法的规定不能与对其有法律拘束力的国际公约或习惯国际法规则发生冲突。例如,在授予国籍方面,以歧视的理由拒绝授予某种人以国籍的规定肯定是违反国际法的。随着国际人权法的发展,国家制定国籍法的行为受到越来越多的限制。1948 年《世界人权宣言》第 15 条规定,人人有权享有国籍。又如,在丧失国籍方面,某些国家依法剥夺某人的国籍的规定显然与一般接受的国际人权法规则相悖,因为《世界人权宣言》第 15 条还规定,任何人的国籍不容无理剥夺,这种国籍法的规定是否能够得到其他国家的承认是有疑问的。

(三) 国籍法的抵触及其解决

既然主要由国内法对国籍作出规定,为什么国籍又是国际法上的问题呢?主要是因为各国的国籍法在获得和丧失国籍方面作出不同的规定,结果产生国籍法的抵触或冲突从而引起某些个人的国籍抵触现象。国籍抵触分为积极和消

---

① 关于国籍法研究,参见李浩培著:《国籍问题的比较研究》,商务印书馆 1979 年版;李双元、蒋新苗主编:《现代国籍法》,湖南人民出版社 1999 年版;Ruth Donner, *The Regulation of Nationality in International Law*, Transnational Publishers, New York, 1994; Swan Sik Ko, *Nationality and International Law in Asian Perspective*, Martinus Nijhoff Publishers, Dordrecht, 1990; Alfred Michael Boll, Nationality and Obligations of Loyalty in International and Municipal Law, 24 *Australian Yearbook of International Law* (2005), pp. 37—64; Christine Chinkin, "Nationality in International and Regional Human Rights Law", in *Bringing International Human Rights Law Home: Judicial Colloquium on the Domestic Application of the Convention on the Elimination of All Forms of Discrimination against Women and the Convention on the Rights of the Child* (United Nations, Department of Economic and Social Affairs, Division for the Advancement of Women, 2000), pp. 17—39; Paul Weis, *Nationality and Statelessness in International Law*, 2nd ed, Sijthoff & Noordhoff, 1979。

极两种。积极国籍抵触是指双重或多重国籍现象,消极国籍抵触是指无国籍现象。

国际法主要是解决国籍抵触的问题。除了一些一般原则外,目前国际上还有一些关于解决国籍抵触问题的国际公约。联合国建立之前国际上有1930年通过的一系列世界性国际公约:如《关于国籍法抵触的若干问题的公约》《关于无国籍的特别议定书》和《关于双重国籍某种情况下兵役义务的议定书》。① 此外还有一些区域性国际公约:如1933年《美洲国家间国籍公约》和《美洲国家间关于妇女国籍的公约》。联合国建立之后国际上有1954年《关于无国籍人地位的公约》、1957年《已婚妇女国籍公约》和1961年《减少无国籍状态公约》。②

但是,考虑到积极国籍抵触现象主要发生在两个国家之间,解决这个问题更有效的方式是在两个相关国家之间签订双边条约;并考虑到通过国家国内立法解决消极国籍抵触现象是更有效的方式,不难理解上述世界性国际公约的参加国很少,它们在消除或减少国籍抵触现象方面所发挥的作用是比较有限的。不过应该指出,一些普遍接受的国际人权文书,包括1948年《世界人权宣言》、1979年《消除对妇女一切形式歧视公约》和1989年《儿童权利公约》都包括关于国籍的规定,它们对于解决国籍抵触现象可以发挥重要作用。③

二、国籍的取得

国籍的取得就是一个人取得某一个特定的国家的国民或公民的身份。取得

---

① 该公约及其两个议定书都是在1930年4月12日的海牙会议上通过的,并于1937年7月1日生效,参加国都比较少:《关于国籍法抵触的若干问题的公约》(Convention on Certain Questions relating to the Conflict of Nationality Laws),179 UNTS 89,当时只有比利时、巴西、英国、加拿大、澳大利亚等12个缔约国,加拿大在1996年5月15日退出该公约。《关于无国籍的特别议定书》(Special Protocol concerning Statelessness),C.27.M.16.1931.V.,当时只有比利时、巴西、英国、澳大利亚等8个缔约国,第二次世界大战之后只有3个国家加入该议定书。中华民国政府在1934年12月18日批准了上述公约及议定书,中华人民共和国政府不承认上述公约及议定书。《关于双重国籍某种情况下兵役义务的议定书》(Protocol relating to Military Obligations in Certain Cases of Double Nationality),178 UNTS 227,当时只有美国、比利时、巴西、英国、澳大利亚等12个缔约国,第二次世界大战后加入该公约的国家只有14个。

② 《关于无国籍人地位的公约》(Convention Relating to the Status of Stateless Persons)于1954年9月28日在纽约通过,360 UNTS 117,截至2015年7月21日,共有86个国家成为缔约国。中国没有签署该公约,1997年6月10日,联合国秘书长收到中国政府和英国政府就香港地位的信件,信件中称:一旦中国恢复对香港行使主权,该公约适用于香港。《已婚妇女国籍公约》(Convention on the Nationality of Married Women)于1957年2月20日在纽约通过,309 UNTS 65,截至2015年7月21日,共有74个国家成为参加国。《减少无国籍状态公约》(Convention on the Reduction of Statelessness)于1961年8月30日在纽约通过,989 UNTS 175,截至2015年7月21日,共有63个国家成为参加国。关于上述三个公约现状可参见: https://treaties.un.org/pages/ParticipationStatus.aspx, 2015年7月22日访问。

③ 这三个国际文书中,第一个是联合国大会通过的决议,虽然不是有法律拘束力的文件,但作为"国际人权宪章"的组成部分,其中的许多规定已经成为习惯国际法规则;后两个是具有法律拘束力的国际公约,在所有的国际人权公约中属于参加国最多的。

国籍的具体条件都是在国家的国内法中作出规定的。个人一般通过两种方式获得国籍:一种是因出生而取得国籍,通过这种方式取得的国籍称为"原始国籍"。世界上绝大多数人都是通过这种方式取得国籍,而且一生不会改变自己的国籍。另外一种方式是入籍,即在出生以后通过申请、选择、婚姻或收养等而取得国籍,通过这些方式取得的国籍一般称为"继有国籍"。

(一)因出生取得国籍

在各国的国籍法中,因出生而赋予个人以国籍一般遵循这样几个原则:第一,血统主义原则;第二,出生地主义原则;第三,出生地主义原则和血统主义原则混合采取的原则,也即"混合原则"。

根据血统主义原则,当子女出生时自动取得父母的国籍,无论出生地属于哪个国家。历史上曾经有许多(当代甚至仍然有一些)国家实行父系血统主义或单系血统主义,即子女在出生时仅自动取得父亲的国籍。随着妇女地位的提高产生了双系血统主义,子女在出生时自动取得父母的国籍。因此,非婚生子女通常会取得他们母亲的国籍。

根据出生地主义原则,无论父母具有哪国国籍或者父母是无国籍人,子女在出生时自动取得出生地所属国的国籍。按照这个原则,凡是出生在采取出生地主义原则的国家领土范围内或国家管辖范围内的人,无论父母是哪国人都因出生而自动取得该国国籍。出生在公海上航行的船舶或飞越的飞机上的人可能会取得船旗国的国籍。①

但是现在绝大多数的国家都不单纯地采取血统主义原则或出生地主义原则,而是混合地同时采取这两个原则,形成了所谓的"混合原则",只是有些国家侧重于血统主义,有些国家侧重于出生地主义。例如,美国和英国即属于后者:它们一方面规定外国人在它们的领土内所生的子女自动地成为它们的国民,另一方面也规定它们的国民所生的子女,无论出生地在国内还是国外,都自动成为它们的国民。

(二)因入籍而取得国籍

所谓入籍,在国籍法上也称为"归化"。入籍有主动和被动两种,主动入籍就是自愿申请,经批准而取得国籍,这是所谓狭义的入籍,也即严格意义上的"归化";被动入籍是个人由于身份的变化,例如,因结婚、被收养等而自动地取得另一个国籍。

自愿申请加入一个国家的国籍一般是要有一些要求或条件的。详细的要求和条件一般规定在国籍法或移民法当中。比如有些国家要求申请者在相关国家

---

① 船旗国是指船舶或飞机的注册登记国,在哪个国家登记注册,在公海上航行时就悬挂哪个国家的国旗,或者称为"船旗国",飞机也沿用这个制度。

连续居住3年或5年以上,有的国家要求居住的时间可能更长一些①;有的国家要求在该国有一定数量的投资或带来一定的技术;还有的国家规定必须熟练掌握该国的语言并且要求申请者道德品质端正②;几乎所有国家均规定申请者需提交无犯罪记录的证明材料③;另有一些国家规定申请者需要在该国有固定的住所、正当的职业等等④。

在国际法上,国家有允许外国人入籍的自由,外国人没有要求入籍的权利,因为允许入籍不是国家的义务。⑤ 应该指出,虽然国际法在入籍问题上没有具体的规定,但是国家关于入籍的规定不能违反国际法的一般原则,例如,不歧视原则。历史上曾有一些国家在其国籍法或移民法中规定禁止某个种族的人或某个国家的人入籍,是明显地违反这项原则的。⑥

被动加入一国国籍主要是婚姻或收养这两种情况。由于婚姻而取得国籍的情况是因为一些国家出于保持家庭成员的国籍一致或增加人口的考虑在法律中作出相应规定带来的结果。例如,国家的法律可能规定一个外国的女子与本国男子结婚自动取得本国国籍或者规定因丈夫的国籍改变而其妻子的国籍也随之改变。收养的情况也是同样。

但是,因婚姻被动取得国籍的情况主要发生在妇女身上。关于妇女因婚姻改变国籍的情况早已得到国际社会的关注,国际上还有一些国际公约专门对此作出规定。例如,1957年《已婚妇女国籍公约》第1条规定:"缔约国同意其本国人与外国人结婚者,不因婚姻关系之成立或消灭,或婚姻关系存续中夫之国籍变更,而当然影响妻之国籍。"又如,1979年《消除对妇女一切形式歧视公约》第9

---

① 例如,美国《移民和国籍法》第316条规定:归化为美国公民的其中一个条件是,"在申请归化日期之前已经从合法获准永久居留之日起在美国境内连续居住至少满5年";俄罗斯2002年4月19日的《国籍法》规定,要获得俄罗斯的国籍,首要条件是在俄罗斯境内居住5年以上,其中每年出境时间不得超过3个月;法国《国籍法》规定,外国人申请取得法国国籍必须符合的条件之一是,在法国连续居住5年以上;德国《外国人法》规定,外国人想要取得德国国籍的条件之一是,必须在德国境内合法居留满8年。

② 例如,俄罗斯2002年4月19日的《国籍法》规定,申请加入俄罗斯国籍的外国公民必须掌握俄语。英国2002年的《入籍、移民和庇护法案》规定,申请人在语言方面必须证明他对英语有足够的掌握,申请人或是出示证明,显示他已经取得了为非英语为母语人士开设的英语课程 ESOL 第三级的资格 (English for Speakers of Other Languages Skills for Life Entry 3 Qualification),或者是他所持有另一种英语能力证明,其程度是相等或高于 ESOL 第三级。该证明文件是由政府委任的代理人发出的。法国《国籍法》也规定,申请人必须懂法语。道德品质端正一般是指要求申请人没有犯罪记录。

③ 例如,德国《外国人法》规定,外国人想要取得德国国籍的条件之一是,未因刑事犯罪而被判过刑;法国《国籍法》也规定,申请取得法国国籍必要的条件之一是,品质良好,未受过刑事制裁。

④ 前面提到的要求申请必须在申请国境内连续居住满一定年限以及技术移民等一般都要求有固定的住所以及正当的职业。

⑤ 参见周鲠生著:《国际法》(上册),商务印书馆1976年版,第253页。

⑥ 例如,美国到1943年才开始承认中国人的归化资格。1943年的《废除禁止输入中国劳工法案》规定中国居民可以移民美国。又如,澳大利亚在1901年开始实行限制中国移民的《移民限制法》,直到20世纪五六十年代才开始松动,允许包括中国人在内的亚洲人移民澳大利亚。

条第 2 款规定:"缔约各国应给予妇女与男子相同的取得、改变或保留国籍的权利。它们应特别保证,与外国人结婚,或婚姻期间丈夫改变国籍,均不当然改变妻子的国籍……或把丈夫的国籍强加于她。"

国家领土变更可能影响所涉领土上的居民的国籍。例如,历史上因征服或割让领土发生领土变更的情况下,被征服或割让领土上的居民全部取得征服国或受让国的国籍(即强迫集体入籍)。现代在交换领土的情况下,原本属于甲国国民,领土交换给乙国之后是否自动取得乙国国籍呢? 在这种情况下,一般是由有关的国家通过双边条约或协定来解决这个问题。在条约中国家一般采取自愿选择的原则,即由 18 岁以上的有关的个人自由选择甲国或乙国国籍,18 岁以下的人可以先由父母或监护人帮助选择,18 岁以后再自己作出选择。①

三、国籍的丧失

(一) 自愿丧失国籍

自愿丧失国籍是指本人自愿退出一个国家的国籍,即退籍。只要个人出于自愿,退籍一般是允许的。但是国家可能会规定一些条件。② 例如,国家一般规定,已经或者必须保证能够取得另一个国家国籍,才可以退籍。这对于消除无国籍现象和保护儿童权利都是有利的。尤其是当国家承担了相关国际义务时,例如,通过参加国际人权公约而承担了某些特定义务时,国家有义务采取国内立法措施保障消除无国籍现象义务的履行。③ 但是个人有权利通过申请退出一个国家的国籍。

(二) 非自愿丧失国籍

非自愿丧失国籍主要有两种情况:

一种是由于个人身份的变化引起的并非出于自愿的国籍丧失。例如,与外国男子结婚的女子或被外国收养的儿童,如果本国的法律规定与外国男子结婚的本国女子因婚姻而自动丧失本国国籍,或者规定被外国收养的儿童因收养而自动丧失本国国籍,这些人在这种情况下就会自动丧失了原有的国籍。由于领土的变更也可能会出现这样的情况。例如,一个国家将其领土的一部分割让给另一个国家,两个相关的国家在条约或协定中规定,由于这种割让,所涉领土上

---

① 例如,1919 年的《凡尔赛条约》第 37 条规定:"根据本条约将分配给比利时的领土主权确定转移之后两年内,居住在该领土上的 18 周岁以上的德国国民有权选择德国国籍。丈夫所选择的国籍对他的妻子有效,父母所选择的国籍对他们不到 18 周岁的子女有效。"又如,1957 年中国与蒙古的协定中规定,中蒙公民所生子女未满 18 岁时,其国籍由父母协商解决,18 岁以后由子女自己选择国籍。参见:陶正华:"中国公民的双重国籍问题",载于《国际法研究》(第 2 卷),中国公安大学出版社 2008 年版,第 194 页。

② 例如,我国 1980 年《国籍法》第 10 条为退出国籍规定了三个条件,即外国人的近亲属;定居在外国的和有其他正当理由。根据这项规定,申请退出中国国籍的人可以根据外国的国籍法取得新的国籍。

③ 1966 年《公民权利和政治权利国际公约》第 24 条第 3 款规定:"每一儿童有权取得一个国籍。"

的居民将自动丧失其原有国籍。这样,即使不愿退出该国国籍的人也会丧失其国籍。

另一种情况是国籍被剥夺。在一些国家的法律中规定对犯有特定严重罪行的人依法剥夺其国籍,因此剥夺国籍是一种处罚。例如,波兰 1962 年的《国籍法》规定,居住在国外的波兰国民作出任何诸如对波兰国家不忠、损害波兰人民重大利益、于 1945 年以后非法离开波兰国境、拒绝有关当局召唤回国、逃避兵役等行为者,将被剥夺波兰国籍。又如苏联 1978 年《国籍法》规定,对于有败坏苏联公民的崇高称号和危害苏联威望或国家安全的行为者,根据苏联最高苏维埃主席团的决定,剥夺其苏联国籍。关于剥夺个人国籍的国内法律在国际上的效力问题引起国际法学者的广泛关注,因为《世界人权宣言》第 15 条规定,人人有权享有国籍,任何人的国籍不容无理剥夺。

一个人丧失国籍可能产生两种结果:一种结果是,可能从双重国籍人成为单一国籍人。这是国家的国籍法为避免双重国籍现象而有意作出规定的结果。例如,1952 年美国《移民和归化法》规定,在外国归化的结果是当然丧失美国国籍。[①] 我国 1980 年《国籍法》第 9 条规定:"定居外国的中国公民,自愿加入或取得外国国籍的,即自动丧失中国国籍。"另一种结果是,可能成为无国籍人。避免出现双重国籍现象可能是为了避免出现不必要的尴尬或困境,似乎无可非议。但是,制造无国籍人就是应该避免的。这些都是与国籍抵触相关的问题,下面将予以详述。

四、国籍抵触现象:双重国籍与无国籍问题

(一)双重国籍(积极国籍抵触)

1. 双重国籍产生的原因

上述国籍取得的各种方式都可能产生积极国籍抵触。从原始国籍的取得来看,一对来自采取血统主义原则的国家的夫妇在采取出生地主义的国家所生的子女,一出生就取得出生地国籍和父母的国籍,如果其父母的国籍不同,而这两个不同国籍的国家都采取血统主义,那么这个人一出生就可能取得三个国籍。

继有国籍的取得也可能产生双重国籍。例如,与异国男子结婚的女子或者被异国人收养的儿童都可能成为双重国籍人。如果根据女子所属国的法律,与外国男子结婚并不因此而自动丧失本国国籍,但是男子所属国的法律却规定,凡是与本国男子结婚的外国女子,一结婚就自动取得本国国籍。这样该女子由于

---

① 美国《移民和归化法》第 349 条第 1 款规定:"美国国民,无论是通过出生取得还是通过归化取得,如果以退出美国国籍为目的而自愿从事下列行为之一的,即丧失美国国籍:(1)年满 18 周岁之后自愿申请或通过法定监护人申请归化为外国国民的……"

婚姻而成为双重国籍人。被异国人收养的儿童可能会出现同样的情况。申请入籍的情况也会造成双重国籍现象。当申请得到批准从而取得另一国籍后，如果原有国籍并不因此而丧失，申请者就因为入籍而成为双重国籍人。

2. 双重国籍对国家和个人带来的问题

双重国籍的人，或者称为"混合人民"，由于两个国家都将他们视为本国人从而要求他们履行效忠义务，在某些情况下，双重国籍人的处境会比较困难。假设两个国家之间发生了战争，双重国籍人就会处于非常尴尬的境地，因为无论他或她到哪个国家服兵役，都可能被另外一个国家视为背叛。[①] 此外，在战争期间双重国籍人即使在第三国也可能遇到麻烦，因为第三国可以将其视为两个国籍国中任何一个国家的国民对待。假设两个国籍国中有一国是第三国的敌国，而第三国正是将其视为该敌国国民对待，他的处境就不太有利了。

由于不同国家对同一个人都具有管辖权和外交保护权，双重国籍的现象也可能会为相关国家带来一些问题，有时可能成为国家之间纠纷的起因。历史上就曾经发生过这样的事，例如，1870年以前的英国普通法坚持在英国出生的不列颠臣民不能丧失其国籍的原则，即所谓"永远效忠原则"。根据这个原则英国不承认英国人在外国归化。1812年，英国根据这个原则强迫已经在美国入籍的英国人服兵役，结果成为英美两国之间发生战争的原因之一。在19世纪美国和普鲁士之间，20世纪初美国与法国之间，也发生了由此引起的多次与双重国籍人服兵役相关的争端。此外，双重国籍人的权利和利益在第三国受到损害后，两个国籍国都有权实行外交保护。第三国如处理不当，也会引起国家之间的纠纷。[②]

3. 消除或减少双重国籍的方法

由于双重国籍对于个人和国家都可能带来不利的后果，国际社会从第一次世界大战后就开始努力消除或减少双重国籍现象。消除或减少双重国籍主要有以下方式：

第一，签订多边国际公约。在1930年海牙国际法法典编纂会议上通过了《关于国籍法抵触的若干问题的公约》。该《公约》第6条规定，如果一个人非因本人自愿行为而有双重国籍，他可以在他所愿放弃的国籍所属国的国家允许下放弃两国籍中的一个国籍，但除该国法律另有规定外，如果他在国外有经常的居所，则不得拒绝给予核准。1930年海牙国际法法典编纂会议还通过了《关于双重国籍某种情况下兵役义务的议定书》，该《议定书》第1条规定，具有两个或两

[①] 例如，1951年美国上诉法院曾经判决一个具有美国籍的日本人为叛国罪，因为他在日本战俘营虐待美国俘虏。参见周鲠生著：《国际法》（上册），商务印书馆1976年版，第260页。

[②] 参见周鲠生著：《国际法》（上册），商务印书馆1976年版，第259页。

个以上国籍的人,如其经常居住在他具有国籍的国家之一,而且事实上他与该国关系最为密切,应免除其在别国的一切兵役义务。1957年联合国大会通过的《已婚妇女国籍公约》通过规定与外国人结婚不当然影响妻子的国籍,来避免双重国籍。2000年联合国大会通过的《国家继承涉及的自然人国籍问题》第10条第1款规定,先前国(即发生国家继承时被另一国取代的国家)可以规定,在国家继承中自愿取得继承国国籍的人,丧失先前国国籍。该条第2款规定,继承国可以规定,在国家继承中自愿取得另一国国籍或在某些情况下保留先前国国籍的有关的人,丧失在这一国家继承中取得的该国国籍。① 上述这些公约和联合国大会决议,不是因为参加国不多就是因为没有法律拘束力,所以它们在解决双重国籍方面所起的作用很有限。相比之下,通过签订双边条约的方式解决双重国籍问题倒是比较有效的方法。

第二,签订双边条约。双重国籍产生的主要原因是相关的两个国家在法律上的不同规定引起的,因此由两个国家共同谈判协商,签订双边条约或协定解决彼此的双重国籍问题是一种行之有效的方式。比较早的解决双重国籍问题的双边条约是19世纪美国与北德意志同盟以及德意志各邦间签订的一系列条约。这些条约都规定承认归化的合法和由归化引起的效忠关系的变化。②

由于中国过去长期采取血统主义原则,结果出现很多双重国籍的现象。"国外华侨数在千万以上,遍布于全世界,其中绝大多数集中于东南亚地区,而这些地区原来都是英帝国和其他殖民国家的属地……这些国家和其属地一般是采出生地主义的。"③为了解决或避免因双重国籍引起的国家间纠纷,中国在20世纪五六十年代与东南亚国家分别通过签订双边条约的方式解决相互间存在的双重国籍问题。1955年中国与印度尼西亚之间签订的《中华人民共和国和印度尼西亚共和国关于双重国籍问题的条约》④就是一个典型例子。

依据该《条约》,凡是同时具有中国国籍和印尼国籍的人均应该根据本人意愿在中国和印尼两个国籍中选择一个。这项规定包含两个重要原则:第一,一人一籍原则;第二,自愿选择原则。实际上,在两个国籍中自愿选择的原则同时也体现了两个国家的平等。为了彻底解决双重国籍问题,该《条约》还规定,在规定的期限内没有选择国籍者,按父系血统主义原则确定其国籍。换言之,他们的父亲是哪国人就取得哪国国籍。但如果父亲的国籍不明或没有国籍,则取得其

---

① 2000年12月12日联合国大会通过,A/RES/55/153。该决议的其他规定也有利于消除双重国籍,例如,第9条规定把放弃另一国国籍作为赋予国籍的条件。
② 参见周鲠生著:《国际法》(上册),商务印书馆1976年版,第261页。
③ 同上书,第263—264页。
④ 中华人民共和国驻印度尼西亚大使馆编:《中华人民共和国和印度尼西亚共和国关于双重国籍问题的条约、换文及实施办法》,中华人民共和国驻印度尼西亚大使馆,1961年。

母亲的国籍。此外,该《条约》还作出了避免将来出现双重国籍的规定。此后,中国又先后与尼泊尔(1956年)、蒙古(1957年)、马来西亚(1974年)、菲律宾(1975年)和泰国(1975年)等国家签订类似条约,有效解决了历史遗留下来的中国与其他国家,特别是东南亚国家之间的双重国籍问题。①

第三,制定国内立法。上述两种方式是否能够达到有效的结果,在很大程度上取决于缔约国的国内立法。因为缔约国如果只是在国际上承担了解决双重国籍问题的义务,然而其国内立法却与这些义务相冲突或没有相应的国内立法,国际多边条约或双边条约的宗旨和目的就难以实现。此外,即使国家在国际上没有承担任何相关义务,也可以通过国内立法的方式消除或减少双重国籍现象。例如,我国1980年《国籍法》的基本原则之一就是不承认中国人的双重国籍。②

(二)无国籍

1. 无国籍产生的原因

无国籍,也即"消极国籍抵触"在以下几种情况下产生:

第一,由于出生。例如,一对无国籍的夫妇,在采取血统主义原则的国家所生的子女,一出生就没有任何国籍。此外,一对来自采取出生地主义国家的夫妇,在采取血统主义国家所生的子女,一出生也不能取得任何国籍。

第二,由于婚姻或被收养。例如,甲国的法律规定本国女子与外国男子结婚自动丧失本国国籍,乙国的法律规定与本国男子结婚的外国女子并不自动取得本国国籍,甲国的女子与乙国的男子结婚,该女子由于婚姻而成为无国籍人。又如,甲国的法律规定本国人被外国人收养即丧失本国国籍,乙国的法律规定外国人被本国人收养并不因此自动取得本国国籍,甲国人被乙国人收养即成为无国籍人。

第三,由于国籍被剥夺。个别国家将剥夺国籍作为严重刑罚的情况是无国籍产生的原因之一。一个人的国籍被剥夺后未取得新的国籍前,他或她就成为无国籍人。

---

① 1955年4月22日,中国国务院总理周恩来在印度尼西亚参加万隆会议期间与印度尼西亚签署了《中华人民共和国和印度尼西亚共和国关于双重国籍问题的条约》;1974年5月31日由中国国务院总理周恩来和马来西亚总理敦·阿卜杜勒·拉扎克在北京联合发表的《中国政府与马来西亚政府建交联合公报》;1975年6月9日,由中国国务院总理周恩来与菲律宾总统马科斯在北京联合发表的《中国和菲律宾建交联合公报》;1975年7月1日,由中国国务院总理周恩来与泰国总理巴莫在北京联合发表的《中泰关于建立外交关系的联合公报》。在这些条约和联合公报中,中国与这些相关国家宣布,它们都不承认双重国籍。根据这一原则,中国政府认为,凡已自愿加入或已取得其他相关国家国籍的中国血统的人,都自动失去了中国国籍。

② 不过关于这样的原则是否合理,在中国学者之间尚存有一些争议。关于这个问题在后面讲到中国国籍法时将专门讨论。

2. 无国籍带来的问题

无国籍现象主要对无国籍人带来很多困难。首先,无国籍人与任何国家都没有由国籍带来的法律联系。他们不能享有任何特定国家的公民应该享有的专属权利。例如,选举权和被选举权。其次,无国籍人不可能得到本国的保护。如上所述,国家对侨居国外的本国人可以实行外交保护,而证明某人属于本国人的依据就是国籍。因此无国籍人的处境是很不利的。

应当特别指出的是,享有国籍已经是一项被普遍接受的人权。除了1948年《世界人权宣言》外,1989年《儿童权利公约》也包含关于享有国籍权利的规定。该《公约》第7条第1款规定,儿童出生后有获得国籍的权利。因此,消除或减少无国籍现象是尊重人权的需要。

3. 消除或减少无国籍的方法

主要有两种方法:

第一,多边国际公约。1961年《减少无国籍状态公约》第1条规定:"缔约国对在其领土出生,非取得该国国籍即无国籍者,应给予该国国籍。"该条规定缔约国给予无国籍人以国籍可以在出生时,也可以通过审批的方式给予。该《公约》的这种规定对于减少无国籍现象应该是非常有利的。但是由于参加该《公约》的国家并不多,它的作用受到很大限制。此外国际上还有一些保护无国籍人的国际公约,虽然参加国也不是很多,但其中的一些原则,例如,将无国籍人视为外国人对待的原则,已经属于各国的普遍做法,构成习惯国际法的一部分。1930年《关于无国籍的特别议定书》和1954年《关于无国籍人地位的公约》就属于这样的国际公约。《关于无国籍人地位的公约》第7条规定:"缔约国应给予无国籍人以一般外国人所获得的待遇。"该《公约》第12条规定:"无国籍人的个人身份,应受其住所地国家的法律支配,如无住所,则受其居所地国家的法律支配。"2000年联合国大会通过的《国家继承涉及的自然人国籍问题决议》第4条规定:"有关国家应采取一切适当措施防止在国家继承之日具有先前国国籍的人由于国家继承而成为无国籍人。"①

第二,国内立法。一是因为上述国际公约的有效履行依赖缔约国的国内立法,二是因为上述公约的缔约国都比较少,所以要减少无国籍现象,要改善无国籍人待遇,国家在国内法中作出规定是解决问题的关键。如果各国的法律都规定无国籍人在本国领土所生的子女因出生而自动取得本国国籍,或者规定,无国籍人在符合本国入籍条件的情况下可以获得本国国籍,无国籍的现象就比较容

---

① 2000年12月12日联合国大会通过,A/RES/55/153。该《决议》中还有一些利于消除无国籍的规定,例如,第11条第4款规定,有权选择国籍的人在选择放弃某国籍后,被放弃国籍国应取消其国籍,除非这些人会因而变成无国籍人。

易避免或消除了。我国 1980 年《国籍法》第 6 条规定:"父母无国籍或国籍不明,定居在中国,本人出生在中国,具有中国国籍。"

五、关于《中华人民共和国国籍法》

在中华人民共和国中央人民政府成立之前,中国曾经制定过三部单行国籍法。第一部,1909 年清政府颁布的《大清国籍条例》;第二部,辛亥革命后袁世凯政府于 1914 年颁布的《民国三年修正国籍法》;第三部,南京国民政府于 1929 年颁布的《民国十八年修订国籍法》。中华人民共和国中央人民政府成立后,旧的国籍法不再施行。但是一直到 20 世纪 80 年代前,没有制定新的国籍法。中国在国籍方面的事务主要是依照政府制定的一系列方针政策来处理。1980 年《国籍法》是新政府建立后颁布的第一部关于国籍的法律。① 该法是在新政府几十年的国籍实践基础上制定的,其中包括几项重要原则。

(一)血统主义与出生地主义的混合原则

在赋予原始国籍方面,1980 年《国籍法》采取双系血统主义与出生地主义相结合的原则。例如该法第 4 条规定,父母双方或一方为中国公民,本人出生在中国,具有中国国籍。第 5 条规定,父母双方或一方为中国公民,本人出生在外国,具有中国国籍。这些规定体现了血统主义原则。第 6 条规定,父母无国籍或国籍不明,定居在中国,本人出生在中国,具有中国国籍。这项规定采取了出生地主义原则。

应该指出的是,在上述混合原则中,中国采取的是双系血统主义。双系血统主义主要体现男女平等,使妇女在子女国籍问题上具有独立人格。此外,双系血统主义还可以有效地减少无国籍现象,当父亲是无国籍人而且出生地所属国采取血统主义赋予原始国籍时或非婚生情况下,子女可以取得母亲的国籍从而避免成为无国籍人。

(二)避免双重国籍原则

在由于出生赋予国籍方面,1980 年《国籍法》通过采取上述混合原则比较有效地避免了因出生产生双重国籍的现象。例如,该法第 5 条规定定居在外国的中国公民所生的并因出生取得外国国籍的子女不具有中国国籍,就是为了避免中国公民因出生而成为双重国籍人。

在赋予继有国籍方面,1980 年《国籍法》的许多规定都体现了避免双重国籍

---

① 关于中国国籍法研究可以参见,刘国福:"华侨华人国籍法律问题新论",载于《东南亚研究》2010 年第 4 期,第 67—74 页;李安山:"华侨华人国籍问题刍议",载于《国际政治研究》2005 年第 2 期,第 101—114 页;刘华著:《华侨国籍问题与中国国籍立法》,广东人民出版社 2004 年版;北京大学华侨华人研究中心丛书:《境外华人国籍问题讨论辑》,香港社会科学出版社 2005 年版;金默生、柴发邦:《中华人民共和国国籍法讲话》,群众出版社 1981 年版;以及由王可菊、盛愉等学者在《中国国际法年刊》(1983 年)上发表的专题论文。

现象的原则。例如,该法第 9 条规定,定居在外国,自愿加入或取得外国国籍的,即自动丧失中国国籍。第 8 条规定,外国人申请加入中国国籍获得批准的,即取得中国国籍,但不得再保留外国国籍。这些规定的目的是为了避免已经具有中国原始国籍的人因加入另一个国籍,即中国公民在外国归化或具有外国国籍的人在中国归化后,而成为双重国籍人。这些规定与该法第 3 条关于不承认中国公民双重国籍的规定是一致的。总之,中国 1980 年《国籍法》严格地采取一人一籍原则,从法律上不承认中国人的双重国籍。

但是,根据 1996 年 5 月 15 日第八届全国人民代表大会常务委员会第十九次会议通过的《关于〈中华人民共和国国籍法〉在香港特别行政区实施的几个问题的解释》和 1998 年第九届全国人民代表大会常务委员会第六次会议通过的《关于〈中华人民共和国国籍法〉在澳门特别行政区实施的几个问题的解释》,不承认中国人的双重国籍的原则对香港和澳门特别行政区的中国人采取了灵活的政策:允许这两个特别行政区的中国国民继续适用英国或葡萄牙签发的有效旅行证件,但是在这两个行政区和中国其他地区不得因持有这种旅行证件而享有英国或葡萄牙领事保护权。

此外,近年来一些华侨华人受到各种因素的影响通过各种途径对中国国籍法不承认双重国籍原则提出质疑。[①] 这个问题引起中国学术界的广泛讨论[②]并得到中国立法和其他相关部门的重视。[③] 2004 年开始实行的向长期居留在中国的外国人发放"绿卡"(即外国人永久居留证)的策略,是中国为解决这个问题采取的实质措施之一。[④] 2012 年 9 月 25 日由中共中央组织部、人力资源社会保障部、公安部等 25 部门发布关于印发《外国人在中国永久居留享有相关待遇的办法》的通知。该《办法》由 20 条构成,其中包括持有外国人永久居留证的外籍人员在就业、投资、办理保险、缴存和使用住房公积金、随迁子女受教育等方面的待遇。[⑤]

[①] 在全国政协第九届和第十届会议上,都有政协委员提出关于建议修改 1980 年《国籍法》中不承认中国公民双重国籍原则相关条款的提案。

[②] 关于恢复承认双重国籍的利与弊的各种意见,参见李安山:"华侨华人国籍问题刍议",载于《国际政治研究》2005 年第 2 期,第 101—114 页。

[③] 中国公安部在 1999 年 6 月 25 日答复政协委员的提案时指出:"《国籍法》实施近二十年来的实践证明,我国不承认双重国籍的原则在处理国籍问题上发挥了重要作用,这一原则符合我国目前的国情和国家的根本利益。"答复进一步说明了中国政府考虑到外籍华人来访、探亲、工作、访问等实际需要,重申了在他们入出境、居留、旅行等方面提供的各种便利条件。转引自同上注,第 102 页。

[④] 2004 年 8 月 15 日,中国公安部部长和外交部部长联合签署第 74 号令,正式发布施行《外国人在中国永久居留审批管理办法》,标志着中国"绿卡"制度的正式实施。该《办法》共 29 条,分别对外国人申请在中国永久居留的资格条件、申请材料、审批程序、审批权限、取消资格等方面作出了明确规定。

[⑤] 参见中华人民共和国公安部网站:http://www.mps.gov.cn/n16/n1282/n3508/n2173912/3445263.html,2015 年 5 月 26 日访问。

(三) 减少或消除无国籍现象

1980年《国籍法》第6条关于定居在中国的无国籍或国籍不明的人所生的子女可以取得中国国籍的规定,是为了避免因出生而产生无国籍现象。这项规定改变了中国过去在实践中采取的无国籍侨民的子女也是无国籍人的做法。此外,中国公民与外国人通婚并不由于婚姻而自动取得或丧失中国国籍,而是采取自愿申请和审批的原则。该法第14条规定,中国国籍的取得、丧失和恢复必须办理申请手续。该法第16条规定,加入、退出和恢复中国国籍的申请,由中华人民共和国公安部审批,经批准的,由公安部发给证书。

第三节 外国人的法律地位

一、国家对外国人的管辖

外国人是指居住或处于一国境内,不具有所在国国籍而具有其他国籍的人。此外,为了管理的方便,国家通常也把无国籍人作为外国人来对待,尽管他们没有自己的本国。除非在第三国,双重国籍人在其享有国籍的任何一个国家,都不会作为外国人对待。此外,外国人的概念中包括自然人和法人。

应该强调的是,在外国人的概念里我们应该注意那些根据国际法享有外交特权和豁免的人,这些个人虽然也是外国人,但是根据外交关系法,他们享有特殊的地位,不把他们作为一般的外国人来对待。因此,在我们后面讨论外国人的法律地位和外国人的待遇时,一般都是把他们排除在外的。

由于国家的属地和属人管辖权,外国人实际处于双重管辖之下。首先,根据国家的属地管辖权,外国人处于所在国的管辖之下,因为属地管辖权意味着国家对本国境内的一切人和一切事务享有管辖权。其次,根据国家的属人管辖权,外国人处于其本国的管辖之下,因为属人管辖权意味着国家对本国国民享有管辖权,无论他们身在何处。当这两种管辖权发生冲突时,属地优越权优先,这是由国家领土主权的排他性决定的。①

外国人一旦进入了一个国家的领土范围内就立即处于这个国家的属地管辖之下,受到该国立法、司法和行政的管辖。外国人在一个国家居留期间,他的权利和义务由所在国通过法律加以规定。外国人的权利,例如,人身权、财产权、劳动权、受教育权、知识产权、婚姻家庭权、继承权和诉讼权等,与本国人一样受到居留国的保护。同时,外国人也必须遵守所在国的法律,依法交纳各种捐税、

---

① 参见国际常设仲裁法院"帕尔马斯岛仲裁"案(1928年),陈致中主编:《国际法案例》,法律出版社1998年版,第119页。

关税。

　　国家可以通过国内立法对外国人的入境、出境和居留期间的管理等方面作出规定。由于主权国家之间平等的关系,任何国家都无权干涉,更不能对一国在外国人待遇方面的事务指手画脚。不过,正是由于国家之间的平等关系,在外国人的待遇方面国家之间的对等关系是非常明显的。只要不违反国际人权法、国际法的基本原则和国际强行法,甲国如何对待乙国在甲国的侨民,乙国可以同样方式对待甲国在乙国的侨民。因此,虽然不存在任何关于外国人法律地位和外国人待遇标准的国际公约,但是世界各国在实践中形成了一些习惯国际法规则以及一些一般接受的标准。在国家制定有关外国人待遇的国内法时,一般应该符合这些习惯国际法规则。

二、外国人的入、出境

（一）外国人的入境

　　入境就是外国人进入一个国家的国境或领土范围。入境可以通过各种不同的途径,入境口岸可以是飞机场,也可以是港口,还可以是陆地的关卡。但是在国际法上我们所讨论的入境问题不是入境的具体行为如何进行,而是在国家之间的关系中所涉及的与入境有关的法律问题。

　　一般情况下,根据国家领土主权原则,是否允许外国人进入自己的国境是国家主权范围内的事,国家可以自由决定。[①] 因此,理论上国家可以敞开国门,欢迎外国人入境;也可以紧闭国门,拒绝外国人入境。换言之,国家没有允许外国人入境的义务,外国人也没有入境的权利。但是在国际实践中,各个国家都不是闭关自守的,几乎没有任何国家绝对禁止外国人入境。只有非常个别的国家在非常个别的情况下才可能那样做,大多数国家都要与其他国家进行交往,包括政治、经济、贸易、文化等各方面的交往。因为国民与国民之间的这种交往和交流是经常发生的,所以一般情况下国家都允许外国人入境。

　　关于外国人的入境,国家可以通过制定国内法作出具体规定。首先,国家对于打算长期居住或就业的外国人与短期经商或旅游的外国人入境一般都加以区别。对于打算长期定居或就业的外国人,国家通常都进行比较严格的控制;对于仅仅进行短期商务或旅游的外国人,一般都允许入境。[②] 其次,根据习惯国际法,国家从国家安全和良好秩序考虑,还可以拒绝某些人入境。对于那些入境之后可能对国家的和平与安全造成威胁的人,比如那些涉嫌从事颠覆政府活动、煽

---

　　① 参见〔英〕詹宁斯、瓦茨修订:《奥本海国际法》（第一卷第二分册）,王铁崖等译,中国大百科全书出版社1998年版,第318页。

　　② 同上。

动分裂或其他类似政治活动的人,国家可以拒绝其入境。另外,从国民的健康考虑,国家还可以拒绝那些患有传染病的人入境。这正是为什么国家一般都会要求外国人进行体检的原因。另外,从社会治安考虑,患有精神病的人也是不能入境的。但是国家在规定不许入境的这些限制条件时,要符合国际法上禁止歧视的习惯法原则,即不能纯粹以民族、种族、肤色、性别等理由拒绝外国人入境。[①]

国家控制外国人入境的途径是颁发入境签证。任何进入一国国境的外国人都必须持有有效证件,一般为护照。只有在护照上加盖所要进入的国家有关当局颁发的签证,入境口岸才能允许外国人入境。[②] 因此,要求入境的外国人必须事先办理入境签证,一般是在要求进入的国家驻在外国人所在国的领事馆办理。总之,除非国家之间订有协议,否则没有入境签证是不能随便进入一个国家的国境的。为此,国家的边境都有国防部队把守,对于非法入境或"偷渡"的外国人,国家有权将其遣送回国。在一些友好国家之间,特别是那些相邻友好国家之间常常订有互免签证的协定。在这种情况下,相关国家的国民的入境就不需要办理签证了。

此外,还有一些区域,例如,在欧洲,国与国之间相距很近,加上欧洲经济一体化的迅速发展,不同国家之间国民的往来由于方便而极为频繁,所以互免签证是十分必要的。于是,德国、法国、荷兰、比利时和卢森堡五国于1985年在卢森堡的申根签署了协调欧共体国家安全及难民事务的协定,即所谓《申根协定》(Schengen Agreement),该协定于1995年3月26日生效。后来西班牙、葡萄牙、意大利以及后加入欧共体的奥地利也先后在该协定上签字。这样欧共体就有9个国家成为申根协议国,简称"申根国家"。目前参加《申根协定》的国家已经有二十多个。[③]

《申根协定》的主要内容是:取消了这些国家间的边境检查,但加强与非申

[①] 2004年1月5日,美国以保护国土安全为由,开始在美115个机场和14个主要海港口岸实施"美国访客和移民身份显示技术"(US-VISIT)系统。该系统借助数字扫描仪提取需申请签证入境美国者的左右手食指指纹,以确认来访者是否符合美入境条件。只有14岁以下儿童,79岁以上老人和获取美外交、公务类入境或过境签证的外交人员和政府官员及其眷属,持常驻国际组织签证的官员及其眷属,以及加拿大等28个享有入境美国免签待遇国家的公民可免留指纹及拍照。美驻华使馆于2004年3月22日开始对中国赴美申请签证人员提取指纹信息,此举已引起中国民众和社会各界的强烈不满。中国外交部就此向美方提出强烈抗议,认为这是对中国公民的歧视,侵害了中国公民的人格尊严和个人隐私权,是不讲人权的做法,要求美方免除对中国公民提取指纹的做法。3月30日,中国政府决定对美国公民采取对等措施:一、对美方持外交、公务护照因私来华者,一律按其来华目的颁发相应的普通签证,并收取签证费;二、中国驻美使领馆将对申办来华签证的部分美国公民进行面谈;三、今后凡美国公民来华,不得申办口岸签证,必须事先在境外办妥来华签证。

[②] 随着科学技术的发展,电子签证应该说是一个即快捷又环保的签证形式,有些国家已经开始使用,例如澳大利亚。但是持有电子签证的人必须注意在出境和入境时能够有证明展示给相关部门,例如航空公司、海关等。

[③] 除上述9国外,还有希腊、瑞典、芬兰、丹麦、挪威、冰岛、爱沙尼亚、匈牙利、拉脱维亚、立陶宛、波兰、斯洛伐克、斯洛文尼亚、捷克、马耳他、瑞士、列支敦士登顿等。参见:https://www.eurovisa.info,2015年7月22日访问。

根国家间的边境检查,同时加强了各申根国家警察机关的全面合作。对于各申根国家给予非欧共体成员国公民的有效签证,则给予承认及通行之便利。因此,非欧盟成员国的国民在一个"申根国家"申请获得申根签证后,可以在其他所有"申根国家"有效。

(二) 外国人的出境

外国人的出境是指外国人离开其居住或居留的国家。在国际法上任何国家都没有权力拒绝外国人出境,只要是合法的,就不能拒绝。在国际人权法当中,个人的迁徙自由受到国际法的保护。[①] 1948年《世界人权宣言》第13条和1966年《公民权利和政治权利国际公约》第12条都规定,人人有权或有自由离开任何国家,外国人当然享有这种权利。所以几乎没有国家拒绝外国人离境。

但是在某些情况下,国家可以暂时拒绝一些外国人出境。在拒绝外国人出境的理由中可能包括该外国人有尚未偿还的债务,或者该外国人没有交纳关税、捐税,或者该外国人有尚未解决的民事纠纷,或是该外国人是正在审理过程中的某刑事案件中所涉及的人员。在这些情况下,国家都可以拒绝这些人出境,暂时把他扣留下来,解决问题之后才允许他出境。

虽然国家没有拒绝外国人出境的权力,但是任何国家都可以驱逐外国人出境,或者"限期出境",这是得到一般承认的。[②] 在外国人作出了严重危害所在国国家安全的行为之后,作为一种刑罚或行政处罚,国家可能作出将其驱逐出境或"限期出境"的处理。比如有的外国人在所在国进行间谍活动或煽动叛乱等,就可能面临这样的处理。驱逐出境比"限期出境"[③]严重,前者需要武装押解,后者则不用,但必须在所限定的期限内离开。在国家驱逐外国人出境的问题上必须强调的是,不能违反国际法上的禁止歧视原则。驱逐出境的理由不能仅仅是国籍、种族、肤色、性别等等。在过去的实践中,有些国家曾经以国籍或种族为由大规模驱逐外国人出境,引起国际社会的强烈反响,受到许多国家的强烈谴责。[④] 应当指出,国家之间的关系是错综复杂的,即使符合国际法,驱逐外国人出境有

---

① 关于个人的迁徙自由,参见 Guy S. Goodwin-Gill, *International Law and the Movement of Persons between States* (Clarendon Press, Oxford, 1978); Hurst Hunnum, *The Right to Leave in International Law and Practice* (Martinus Nijhoff Publishers, Dordrecht, 1981); 326; Rosalyn Higgins, "The Right in International Law of an Individual to Enter, Stay and Leave a Country", 3 *International Affairs* (1973), 341; Zhu Lijiang, "The Hukou System of the People's Republic of China: A Critical Appraisal under International Standards of Internal Movement and Residence", 2 *Chinese Journal of International Law* (2003), pp. 519—565.

② 〔英〕詹宁斯、瓦茨修订:《奥本海国际法》(第一卷第二分册),王铁崖等译,中国大百科全书出版社1998年版,第335页。

③ 根据1986年《中华人民共和国外国人入境出境管理法实施细则》第47条,"限期出境"是重于罚款但轻于刑事处罚的处理。

④ 例如,在阿明统治下的乌干达(1971—1979)曾经大规模集体驱逐在乌干达的外国人,主要是南亚人(大约有二万八千人)和东南亚人(大约有二万二千人),遭到国际社会的谴责。

时也会影响相关国家之间的正常关系,因此应该谨慎从事。

此外,与驱逐外国人相关的一个问题是难民的待遇问题,如果被驱逐者是国际公约定义范围内的难民,而且是将其驱逐到其害怕受到迫害的国家,驱逐就是被禁止的,因为它违背国际难民法中的"不推回原则"。

三、外国人待遇的一般原则

在国家的长期实践中形成了一些关于外国人待遇的习惯国际法规则,主要包括国民待遇原则,最惠国待遇原则和差别待遇原则。这些外国人待遇的一般原则在国家的国内法、国际双边条约或协定以及多边国际公约中都有所体现。

(一) 国民待遇

国民待遇是指在同等条件下外国人与本国国民享有同等的待遇。作为外国人待遇的一种标准,国民待遇包含两方面的含义:第一,在同等条件下外国人的权利和义务与本国人相同,不能给予外国人以低于本国人的待遇;第二,在同等条件下外国人只能享有与本国人相同的权利,不能要求任何特权。

国民待遇原则的确立经历了漫长的历史发展过程。过去发达国家的外国人为了在经济发展落后的国家要求享受远远高于所在国国民待遇的特权,提出所谓"国际最低标准"。这种主张盛行于19世纪和20世纪初殖民主义和帝国主义侵略扩张时期[①],当时得到一些西方学者的支持。根据这种"标准",即使外国人与本国人享受同等待遇也不能避免国际责任。[②] 其实"国际最低标准"还是一把双刃剑,因为一些西方学者还主张,即使国家"给外国人以比国民待遇标准较差的待遇,但只要它对待他们的方式能够满足最低限度的国际标准,它仍然可以避免担负国际责任"[③]。但是这种"国际最低标准"不仅没有确定的具体内容,更没有国际法的基础、没有习惯国际法和国际公约的支持。所谓"国际最低标准"实际上就是西方发达国家为了使其侨民享受与所在国国民相比更高的待遇或者特权,而强加给经济不发达国家的主张。历史上西方列强曾经在亚洲和非洲地

---

① 关于这个问题可以参见:League of Nations, *Improvements in Penal Administration: Standard Minimum Rules for the Treatment of Prisoners Drawn up by the International Prison Commission* (League of Nations, Geneva, 1930); Andreas Hans Roth, *The Minimum Standard of International Law Applied to Aliens* (A. Sijthoff, La Haye, 1949)。

② 值得注意的是,詹宁斯、瓦茨修订的《奥本海国际法》(1992年版)居然在20世纪末还在强调所谓的"国际最低标准"说,这是难以接受的。该书认为"国际法庭在这个问题上已经一再确定,存在着一个最低限度的国际标准;一个国家如果不能达到这个标准,则应负国际责任"。参见〔英〕詹宁斯、瓦茨修订:《奥本海国际法》(第一卷第二分册),王铁崖等译,中国大百科全书出版社1998年版,第330页。

③ 参见〔英〕詹宁斯、瓦茨修订:《奥本海国际法》(第一卷第二分册),王铁崖等译,中国大百科全书出版社1998年版,第330页。

区单方面实行的领事裁判权制度是外国人享受特权的典型例子。① 这种制度严重地违反了国家主权平等原则，是对国家属地优越权的侵犯，现已成为历史陈迹。②

由于"国际最低标准"不符合国家主权平等原则，并且容易成为西方大国干涉弱小国家内政的借口③，因此，弱小国家主张外国人只能享有与本国人相同的待遇。为了与所谓"国际最低标准"抗衡，拉丁美洲国家在主张国民待遇原则方面作出了很大努力，结果1933年《关于国家权利和义务的蒙得维的亚公约》第9条的规定体现了这项原则。该条款规定："国家的管辖权在领土范围内适用于所有居民。本国人和外国人受到该国法律和国家当局的平等保护，外国人不得主张本国人所享有的权利以外的其他的或更广的权利。"著名的"卡尔沃"条款也是在这种情况下产生的。这个由阿根廷国际法学家卡尔沃提出的主张强调外国人仅享有与本国人同样的权利，因此在受到损害后只能在国内谋求救济。④ 现在国民待遇已经被确立为国际法上外国人待遇的一般原则。

（二）最惠国待遇

最惠国待遇是指国家给予外国人以不低于或者不少于现时或将来给予任何第三国的国民或者法人的待遇。最惠国待遇一般是在双边条约或国际公约中作出规定，一般只适用于某些具体的领域，例如，经济或贸易等。

1994年的《关税与贸易总协定》第1条规定了最惠国待遇原则，即："每一成员对来自或运往其他国家的产品所给予的利益、优待、特权或豁免，应当立即无条件地给予来自或运往其他成员的相同产品。"在世界贸易组织体制下，这一原则扩大适用到服务贸易和与贸易有关的知识产权方面。但是，在世界贸易组织体制中，这一原则是有例外的，在下列情况下，不适用最惠国待遇原则。

（1）给予邻国的利益和特惠，例如，邻国之间互免签证或边境贸易方面的特殊待遇；

（2）关税同盟内的优惠；

（3）自由贸易区和优惠贸易区内部的优惠；

---

① 关于领事裁判权，随着要求废除领事裁判权的呼声的高涨，国人在20世纪二三十年代有过研究的高潮，例如，吴颂皋著：《治外法权》，商务印书馆1929年版；郝立舆著：《领事裁判权问题》，商务印书馆1930年版；李治民著：《中国领事裁判权问题》，开智公司1934年版；孙晓楼、赵颐年编著：《领事裁判权问题》，商务印书馆1936年版；钱实甫主编：《领事裁判权》，民团周刊社1939年版。

② 关于领事裁判权制度可以参见：赵晓耕："试析治外法权与领事裁判权"，载于《郑州大学学报》（哲学社会科学版）2005年第5期，第70—74页；李启成："领事裁判权制度与晚清司法改革之肇端"，载于《比较法研究》2003年第4期，第16—28页；李育民："近代中国的领事裁判权制度"，载于《湖南师范大学社会科学学报》1995年第4期，第85—91页；等等。

③ 参见：Ram Prakash Anand, *New States and International Law*, Vikas Publishing House Pvt Ltd, Delhi, 1972.

④ 关于"卡尔沃条款"详细情况在后面与外交保护一并讨论。

(4) 经济共同体内的优惠。

换言之,只要各成员按照《关税与贸易总协定》第 24 条的有关要求建立的关税同盟和自由贸易区,该同盟和自由贸易区内的贸易优惠可不受最惠国待遇原则的约束。非成员不得据以享受该同盟内部或自由贸易区内部成员之间的优惠待遇。例如,1992 年的《北美自由贸易协定》第 302 条规定各缔约国应当根据附录第 302.2 减让表的规定,从 1994 年起至 2008 年止的 15 年过渡期内,分阶段在美国、加拿大和墨西哥之间所进行的贸易中逐步取消所有原产于该三国的货物的进出口关税,直至最终实现零关税。这种特殊的优惠只能由《北美自由贸易协定》的成员国享有。受到该协定的影响,原本在美国纺织品市场份额中占据第一的中国在 1998 年被墨西哥超过。

从上面这些不适用最惠国待遇原则的情形可以看出,该原则仅适用于在所有外国人当中广泛平等享有的待遇。由于历史和地理因素决定的或通过国际公约确立的,给予特定范围内的外国人的差别待遇,一般不能适用这个原则。

应该特别强调的是,最惠国待遇一般都是在平等的基础上,具有对等的性质。历史上西方列强曾经强迫中国接受单方面的最惠国待遇条款①,由于违反国家平等原则,属于不平等条约,已被废弃。

(三) **差别待遇**

差别待遇有两个方面:第一是外国人与本国公民之间的差别待遇,第二是不同国籍的外国人之间的差别待遇。在某些民事权利方面,国家可以给予外国人以少于本国人的待遇。例如,有些国家的法律规定某些职业,如医生或律师,只保留给本国人,外国人不得经营。② 在某些政治权利方面,国家一般也不允许外国人享有。例如,选举权和被选举权。此外,还有一些其他的专门保留给本国国民的权利,例如,"沿海航运权"和"国内载运权"等。③

由于历史和地理上的原因,国家与不同外国之间的关系在密切程度上可能有所差别,因此国家可以给予不同国籍的外国人以不同的待遇。例如,友好邻国

---

① 例如,1843 年 10 月 8 日,清政府与英国签订的《五口通商附粘善后条款》第 8 条规定:如蒙大皇帝恩准西洋各外国商人赴五口贸易,"英国毫无靳惜,但各国既与英人无异,设将来大皇帝有新恩施及各国,亦应准英人一体均沾,用示平允"。这是中国近代史上第一个与外国签订的片面最惠国待遇条款。第一次世界大战之前,西方国家几乎都与中国签订有此类片面最惠国待遇条款的条约。

② 例如,2002 年 1 月 11 日由国务院通过的《中华人民共和国外国律师事务所驻华代表机构管理条例》第 15 条对外国律师事务所在中国的代表机构及其代表在中国大陆的业务范围作出明确的规定,代表机构及其代表,只能从事不包括中国法律事务的下列活动:(1) 向当事人提供该外国律师事务所律师已获准从事律师执业业务的国家法律的咨询,以及有关国际条约、国际惯例的咨询;(2) 接受当事人或者中国律师事务所的委托,办理在该外国律师事务所律师已获准从事律师执业业务的国家的法律事务;(3) 代表外国当事人,委托中国律师事务所办理中国法律事务;(4) 通过订立合同与中国律师事务所保持长期的委托关系办理法律事务;(5) 提供有关中国法律环境影响的信息。

③ "沿海航运权"是海洋法的内容;"国内载运权"是航空法中的概念,相关的内容在后面分别详述。

之间的互免签证、自由贸易区国家之间的互惠或其他国家集团之间的优惠等等，不可能在所有外国人中广泛平等地适用。上述不适用最惠国待遇的几种情况就是很好的例子。

四、外国人在华待遇[①]

关于外国人在中国的待遇，中华人民共和国较早的法律规定是1964年《外国人的入境、出境、过境、居留、旅行管理条例》。但是中华人民共和国第一部关于外国人待遇、外国人管理的法律是在1985年才颁布的，即《中华人民共和国外国人入境出境管理法》，后者于2013年7月1日废止，同时开始实施新制定的2012年《中华人民共和国出境入境管理法》。[②] 根据该法第4条第1款的规定："公安部、外交部按照各自职责负责有关出境入境事务的管理。"进入中华人民共和国境内的外国人，无论是长期居留还是短期访问，都在中国的属地管辖之下，他们的权利和利益受到中国法律的保护，同时他们也必须遵守中国的一切法律和规章。外国人出境也必须遵守中国的相关法律。

（一）外国人的入境

根据2012年《中华人民共和国出境入境管理法》第16条第1款，中国发放签的种类是：外交签证、礼遇签证、公务签证和普通签证。

根据2012年《中华人民共和国出境入境管理法》第21条，下列外国人不予签发签证并可以不说明理由：

（1）被处驱逐出境或者被决定遣送出境，未满不准入境规定年限的；

（2）患有严重精神障碍、传染性肺结核病或者有可能对公共卫生造成重大危害的其他传染病的；

（3）可能危害中国国家安全和利益、破坏社会公共秩序或者从事其他违法犯罪活动的；

（4）在申请签证过程中弄虚作假或者不能保障在中国境内期间所需费用的；

（5）不能提交签证机关要求提交的相关材料的；

（6）签证机关认为不宜签发签证的其他情形。

---

① 关于外国人在华待遇，参见梁淑英主编：《外国人在华待遇》，中国政法大学出版社1997年版；德勤华永会计师事务所编著：《外籍人士在华纳税筹划》，法律出版社2004年版；《外国人在华之地位》，外交部图书处民国十四（1925）年版。

② 该法于1985年1月22日在第六届全国人大常委会上通过，1985年11月22日公布，1986年2月1日开始实施。1986年经国务院批准了一个执行细则，1994年又修订了这个细则。新制定的《出境入境管理法》经2012年6月30日中华人民共和国十一届全国人大常委会第27次会议通过，2012年6月30日中华人民共和国主席令第57号公布。该法自2013年7月1日起施行。《中华人民共和国外国人入境出境管理法》和《中华人民共和国公民出境入境管理法》同时废止。

根据该法第 22 条，下列外国人可以免办签证：

（1）根据中国政府与其他国家政府签订的互免签证协议，属于免办签证人员的；

（2）持有效的外国人居留证件的；

（3）持联程客票搭乘国际航行的航空器、船舶、列车从中国过境前往第三国或者地区，在中国境内停留不超过 24 小时且不离开口岸，或者在国务院批准的特定区域内停留不超过规定时限的；

（4）国务院规定的可以免办签证的其他情形。

（二）外国人的居留及其在华地位

2012 年《中华人民共和国出境入境管理法》第四章对于外国人在华停留居留如何办理证件、登记、就业等事项进行了具体规定。关于外国人的永久居留，第 47 条第 1 款规定："对中国经济社会发展作出突出贡献或者符合其他在中国境内永久居留条件的外国人，经本人申请和公安部批准，取得永久居留资格。"无论长期居留还是短期访问，凡是进入中国领土的外国人，从其入境到离境，处于中国的属地管辖之下。

《中华人民共和国宪法》第 32 条第 1 款规定："中华人民共和国保护在中国境内的外国人的合法权利和利益，在中国境内的外国人必须遵守中华人民共和国的法律。"根据这条规定，外国人在中国的权利是受到保护的，同时外国人也要遵守中国的法律，要履行一定的义务。但是宪法的这条规定只是一般的原则，外国人在中国受到的具体待遇，在中华人民共和国的部门法律，比如在民法、民事诉讼法、刑法和刑事诉讼法、行政法、著作权法、商标法、专利法等法律中，都作出了一些具体规定。

我国根据不同领域中的不同权利内容，适用国民待遇、最惠国待遇或差别待遇等不同的原则。例如，在货物贸易方面，中国在世界贸易组织的框架之内给予外国人以国民待遇，即外国人在同等的条件下与中国人享有同等的待遇。此外，我国和其他国家签订了一系列双边条约，在这些双边条约中具体规定在哪些具体领域给予外国人最惠国待遇。在某些民事权利方面我国也适用差别待遇原则，具体分为"超国民"差别待遇和"次国民"差别待遇。前者是指给予外国人以比中国人更加优惠的待遇，例如，在外资企业的交纳税收方面，以前曾给予外国人以超国民的差别待遇。后者指的是外国人享有少于或小于中国人享有的权利，例如，在政府采购方面，我国就采取这种次国民的差别待遇。

需要说明的一点是，我们对外国人采取这些不同待遇的原则不是一成不变的，根据我们国家社会经济的发展，可能会视具体情况作出适当调整。

（三）外国人的出境

外国人出境，应当向出入境边防检查机关交验本人的护照或者其他国际旅

行证件等出境入境证件,履行规定的手续,经查验准许,方可出境。① 但是,下列情况下的外国人不准出境②:

(1) 被判处刑罚尚未执行完毕或者属于刑事案件被告人、犯罪嫌疑人的,但是按照中国与外国签订的有关协议,移管被判刑人的除外;

(2) 有未了结的民事案件,人民法院决定不准出境的;

(3) 拖欠劳动者的劳动报酬,经国务院有关部门或者省、自治区、直辖市人民政府决定不准出境的;

(4) 法律、行政法规规定不准出境的其他情形。

值得注意的是,在国际恐怖活动日益频繁的形势下,2012 年《中华人民共和国出境入境管理法》增加了相应规定,例如,第 7 条第 1 款规定:经国务院批准,公安部、外交部根据出境入境管理的需要,可以对留存出境入境人员的指纹等人体生物识别信息作出规定。该条第 2 款规定:外国政府对中国公民签发签证、出境入境管理有特别规定的,中国政府可以根据情况采取相应的对等措施。

第四节 外交保护

根据联合国国际法委员会二读通过的《关于外交保护的条款草案》第 1 条:"外交保护是指一国对于另一国国际不法行为给属于本国国民的自然人或法人造成损害,通过外交行动或其他和平解决手段援引另一国的责任,以期使该国责任得到履行。"③ 如前所述,外交保护是以属人优越权为基础的一项国家权利。依据此项权利国家对于其因外国的国际不法行为而受到权利和利益侵害的本国国民通过外交或司法途径向该外国要求适当救济。国家依据此项权利对其国民的保护称为外交保护。

一、外交保护的条件

由于外国人处于其本国的属人优越权和所在国的属地优越权双重管辖之下,当这两种管辖发生冲突时,后者优先。因此,外国人的本国在行使外交保护权时,必须尊重所在国的属地优越权。这正是为什么国家在行使外交保护权时必须具备下列条件。

(一) 国际不法行为引起的伤害

本国国民(包括自然人和法人)因另一国的国际不法行为而受到伤害是外

---

① 2012 年《中华人民共和国出境入境管理法》第 27 条。
② 同上法,第 28 条。
③ 《联合国国际法委员会报告》,第 58 届会议,第 4 章外交保护,第 12 页,参见联合国网站:http://untreaty.un.org/ilc/reports/2006/2006report.htm, 2009 年 5 月 12 日访问。

交保护的前提之一。行使外交保护的场合一般是在外国的本国国民遭到非法拘捕或拘禁、受到"拒绝司法",例如,拒绝受理诉讼,不充分的程序和不公正的裁决等。

(二) 证明受害者具有本国国籍

如前所述,国籍是个人与其本国之间的固定法律联系。一般情况下国家只能对其本国国民实行外交保护,因此在主张实行外交保护时,国家必须证明受保护者属于本国国民,具有本国国籍。《关于外交保护的条款草案》第 5 条要求受害人具有主张行使外交保护国"持续国籍"。该条第 1 款规定:"一国有权对从发生损害之日到正式提出求偿之日持续为其国民的人实行外交保护。如果在上述两个日期该人都持有该国籍,则推定该国籍是持续的。"但是对于受损害时不是本国国民的人,如符合下述条件,国家也可以对其实行外交保护:"该人曾具有被继承国的国籍,或者已丧失国籍,并基于与提出求偿无关的原因、以不违反国际法的方式已获得该国的国籍。"(第 5 条第 2 款)①

然而,并不排除对非本国国民主张外交保护的情况。例如,当受损害的人是无国籍人或难民而且是在该国的合法居民时,国家可以对其主张外交保护。但是主张对难民实行外交保护时,涉及能不能针对难民的国籍国提出的问题。国际法委员会的委员在这个问题上存有争议,有的认为在确定了难民地位之后发生的权利主张可以针对难民国籍国提出外交保护;有的认为这种情况不会经常发生,实际上只有在难民持居住国发给的旅行证件到国籍国以外的第三国旅行并受到损害时,才需要对其进行外交保护(第 8 条)。②

(三) 用尽当地补救办法

这是国际法上的一个重要规则,根据这项规则,在国家代表个人在国际上提出国际求偿或个人直接诉诸国际机构之前必须事先穷尽使其权利受到侵害的国家国内的一切司法或行政补救措施。这也是国家主张行使外交保护权的前提条件。设立这个条件"是为了允许一个国家首先在国内层面对其错误进行补救,以避免这类错误转化为国际层面的争端,从而有可能不必要地扰乱国家间的关系"③。设立这个条件对于减少国际争端从而减轻国际司法机构的负担是非常必要的。用尽当地补救办法已经成为一项习惯国际法规则。但是在某些情况下,可能不必用尽当地补救办法。《关于外交保护的条款草案》(第 15 条)列举了几种

---

① 《联合国国际法委员会报告》,第 58 届会议,第 4 章外交保护,第 14 页,参见联合国网站:http://untreaty.un.org/ilc/reports/2006/2006report.htm, 2009 年 5 月 12 日访问。

② 同上。

③ 〔美〕托马斯·伯根索尔、肖恩·墨菲著:《国际公法》(第 3 版),黎作恒译,法律出版社 2005 年版,第 111 页。

例外①：

1. 不存在合理地可得到的能提供有效补救的当地救济，当地救济不具有提供此种救济的合理可能性；

2. 救济过程受到不适当的拖延，且这种不当拖延是由被指称应负责的国家造成的；

3. 受害人与被指称应对损害负责的国家之间在发生损害之日没有相关联系；

4. 被指称应负责的国家放弃了用尽当地救济办法的要求。

二、双重国籍人的外交保护问题

这是与上述外交保护的第二个条件相关的问题。

首先，双重或多重国籍人的一个国籍国是否可以对另一个或其他任何国籍国主张外交保护呢？依据传统的观点，答案应该是否定的，因为双重国籍人对于其中的任何一个国家都不是外国人，所以当然不存在针对外国提出外交保护的问题。1930 年《关于国籍冲突的若干问题的公约》第 4 条规定，一个国家不得对它的一个国民给予外交保护以反对该人同时具有其国籍的另一个国家。但是，目前的一些国际司法实践使人们对这种传统的观点提出质疑，认为个人与之具有较密切联系的国籍国可以针对另一国籍国而行使外交保护权。例如，《关于外交保护的条款草案》第 7 条规定："一国籍国不得为同属另一国国民的人针对另一国籍国行使外交保护，除非在发生损害之日和正式提出求偿之日，该国的国籍均为该人的主要国籍。"②委员会认为，允许主要国籍国或有效国籍国针对另一国籍国提出求偿的规定体现了习惯国际法当前的立场，这一结论体现在第 7 条。

其次，当双重国籍人的两个国籍国同时对第三国主张外交保护权时，应该由哪个国家行使外交保护权呢？第三国可以根据"实际联系原则"，允许与双重国籍人有实际联系的国家（双重国籍人的长期住所地国或主要营业地国，或称"主要国籍国"）行使外交保护。国际法院 1955 年"诺特鲍姆"案确认并强调了这项原则。③"实际联系原则"早已形成习惯国际法规则，在 1930 年《关于国籍冲突的若干问题的公约》第 5 条中也早有体现，该条规定："具有一个以上国籍的人，在第三国境内，应被视为只有一个国籍。第三国在不妨碍适用关于个人身份事

---

① 《联合国国际法委员会报告》，第 58 届会议，第 4 章外交保护，第 16 页，参见联合国网站：http://untreaty.un.org/ilc/reports/2006/2006report.htm，2009 年 5 月 12 日访问。此外，"用尽当地补救办法"已经成为国际人权保护机制中普遍适用的规则，在启动国际人权保护程序之前，所有国际人权机构都要求必须用尽当地补救办法。

② 《联合国国际法委员会报告》，第 58 届会议，第 4 章外交保护，第 14 页，参见联合国网站：http://untreaty.un.org/ilc/reports/2006/2006report.htm，2009 年 5 月 12 日访问。

③ *Nottebohm* (*Liechtenstein v. Guatemala*) (1951—1955), Preliminary Objection, Judgment of 18 November 1953; Second Phase, Judgment of 6 April 1955. ICJ Reports. (1955) 4.

件的法律以及在任何有效条约的情况下,就该人所有的各国籍中,应在其领土内只承认该人经常及主要居所所在地国家的国籍,或者只承认在各种情况下似与该人实际上关系最密切的国家的国籍"。但是,《关于外交保护的条款草案》第6条规定:"1. 双重国籍或多重国籍国民的任一国籍国,可针对该人不属于其国民的国家,为该国民行使外交保护。2. 两个或多个国籍国可为双重或多重国籍国民共同行使外交保护。"①

三、卡尔沃条款

历史上西方列强常常依据所谓"国际最低标准"以行使外交保护为由,干涉弱小国家的内政甚至侵犯它们的领土主权。为了与这种滥用外交保护权的行为抗衡,阿根廷国际法学家卡尔沃提出反对外国人享有特殊待遇的学说。根据这种学说,外国人与本国人受到的保护应该是同样的,因此当外国人的权益受到侵害时不应受到更多的保护。后来拉丁美洲国家要求将卡尔沃提出的学说作为一个条款写入它们与外国人的投资或其他类似的合同中。根据该条款,与这种合同相关的任何权利主张或争端,由外国人所在国当地法院解决,不得要求其本国行使外交保护权,即所谓卡尔沃条款。卡尔沃条款的实质内容是要求外国人作出放弃要求本国进行外交保护的承诺。对于接受此条款的外国人来说,"卡尔沃条款是一项契约行为,即一个人自愿地与他不是国民的国家发生关系时同意放弃寻求他的国籍国给予外交保护的权利,并约束自己仅要求在履行契约方面行使当地补救措施"②。

卡尔沃条款的主要目的是阻止外国人本国的干涉。但是这个目的是否能够达到,实际上仍然取决于外国人的本国,因为外交保护权是国家的权利,而国家的权利是不能由其本国国民随意放弃的。③ 但是,卡尔沃条款对于限制滥用外交保护权具有积极意义,并且得到国际社会的接受④,因为卡尔沃条款的目的毕竟不是绝对禁止外国人的本国行使外交保护权。如果出现"拒绝司法",国家的外交保护还是允许的。

---

① 联合国国际法委员会报告,第58届会议,第4章外交保护,第14页,参见联合国网站:http://untreaty.un.org/ilc/reports/2006/2006report.htm, 2009年5月12日访问。

② 特别报告员的报告,《大会正式记录,第五十七届会议,补编第十号》(A/51/10),第253段。

③ 参见[美]托马斯·伯根索尔、肖恩·墨菲合著:《国际公法》(第3版),黎作恒译,法律出版社2005年版,第112—113页。

④ 卡尔沃条款影响了非洲和亚洲发展中国家的态度,因为它们也害怕强大的国家干涉它们的国内事务。此外,一些联合国大会的决议,如《各国经济权利和义务宪章》和某些国际公约,如《安第斯公约》第24号议定书,也包含受到卡尔沃条款影响的规定。参见特别报告员的报告,《大会正式记录,第五十七届会议,补编第十号》(A/51/10),第257段和第258段。

进一步阅读推荐书目

1. 李浩培著:《国籍问题的比较研究》,商务印书馆 1979 年版。
2. 李双元、蒋新苗主编:《现代国籍法》,湖南人民出版社 1999 年版。
3. 梁淑英主编:《外国人在华待遇》,中国政法大学出版社 1997 年版。
4. Ruth Donner, *The Regulation of Nationality in International Law*, Transnational Publishers, New York, 1994.
5. Swan Sik Ko, *Nationality and International Law in Asian Perspective*, Martinus Nijhoff Publishers, Dordrecht, 1990.
6. Satish Chandra, *Civil and Political Rights of the Aliens: A Study in National and International Laws*, New Delhi, Deep and Deep, 1982.

第十章 国际法上的人权

"我们的时代是权利的时代。人权是我们时代的观念,是已经得到普遍接受的唯一的政治与道德观念。"①这是美国著名国际法学者亨金教授在他的《权利的时代》一书前言中的一段话。从1948年联合国大会通过《世界人权宣言》至现在,人权在国际法上的重要性已经无须重申,国际人权法早已成为国际法独立的分支,其发展速度之快可能是该宣言的起草者们无法预料的。国际法上的人权主要是指人权在国际法上的保护,也包括难民的保护以及在非常时期,如战争或武装冲突中的人权保护,其主要内容包括人权保护的国际标准和国际人权保护机制两个方面。这两个方面都存在普遍的国际人权保护和区域的国际人权保护的区别。本章将从这几个方面讨论国际法上的人权问题。

第一节 概 述

一、人权的概念

什么是人权?顾名思义,人权就是人作为人享有或应该享有的权利。美国著名的国际法和人权法专家亨金教授曾经指出,人权是固有的或天然的权利,在国际人权公约还不存在的时候,人权就已经存在了。人权的这一概念有下面的一些含义:

首先,人权不是法律创造出来的权利。人权既然是天然的权利,它们就不是任何后天的法律创造的。无论国内法还是国际法都不能创造人权。将来国际人权公约可能不存在了,但是人权依然存在。② 这就说明一个非常简单的道理,即人权不是国际人权公约创造的。

其次,人权是人人都享有或应该享有的权利。既然人权是人生来就有的权利,每一个人都平等地享有或应该享有人权。只要作为人就够了,不需要任何其他的条件、身份或任何其他的努力。不管是男人或女人、是当官的人还是平民百姓、是正常的人还是在某些方面有障碍的人、是自由的人还是根据法律被监禁的人、是白种人还是有色人种的人,所有的人平等地享有人权。禁止歧视是国际人

---

① 参见〔美〕路易斯·亨金著:《权利的时代》,吴玉章等译,知识出版社1997年版,第1页。
② 同上书,第39页。

权法的基本原则。①

再次，人权是不能任意剥夺的权利。既然人权是天然的权利，是人生来就有的权利，人权就不能被任意加以剥夺或限制。对人权的限制只能是法律明确规定的，而且是为了适应民主社会的道德、公共秩序和普遍福利的正当需要。②

最后，人权是世界各地的人普遍享有或应该享有的权利。既然人权是人固有的权利，无论生于何处都享有或应该享有人权。虽然世界各个地区的社会在文化、历史、宗教等方面存有很大差异，但人的基本权利应该得到普遍的尊重。③

总之，人权具有天然性、平等性、不可剥夺性和普遍性。但是人权不是绝对的权利。人是社会的动物，人不能离开社会，组成国家的社会。人权与社会的秩序，人权与国家，人权与宗教，甚至人权与国际和平与安全，人权与所有其他社会现象，如何协调与平衡，这是人类一直努力解决的问题。

二、国际人权法的概念及其主要内容

什么是国际人权法？从字面上看，可能引起一些误会。因为人们可能想到"国际的人权"，甚至有人会认为，可能还有相应的"国内的人权"。正如上面已经谈到的，人权不是国际法创造的，没有任何国际文件是创造人权的，因此不会有国际人权。当然也没有所谓"国内人权"那样的相应说法。

国际人权法实际上是保护人权的国际法，在国际法上那些关于人权的原则、规则和制度的总和就是国际人权法。国际人权法主要有两方面的内容：第一是实体法，即人权保护的具体内容，是人权保护的国际标准；第二是程序法，即人权保护的程序或实施机制，简称国际人权保护机制。目前国际人权法实体法这部分已经比较完善，大致可以分为三个部分：国际人权宪章、专门性国际人权公约和区域性人权公约。程序法的那部分，即国际人权保护机制，主要有两个体系，一个是以《联合国宪章》为基础的保护人权的体系，换言之，这些保护人权的机制是根据《联合国宪章》或者根据联合国的主要机关的决议建立起来的，其中主要包括联合国人权委员会（现在是人权理事会）、联合国妇女署④、联合国儿童基金会等。另外一个体系就是以国际人权公约为基础建立的那些保护人权的机

---

① 几乎所有的国际人权公约中都包括禁止歧视条款，此外国际法上还有消除和防止歧视的专门性国际公约，例如，1966年《消除一切形式种族歧视国际公约》、1979年《消除对妇女一切形式歧视公约》等。
② 参见《世界人权宣言》第9条第2款。
③ 关于人权的普遍性与特殊性在人权学界一直存在激烈辩论。反映这种辩论的著述很多，参见刘楠来等编：《人权的普遍性和特殊性》，社会科学文献出版社1996年版；〔美〕杰克·唐纳利著：《普遍人权的理论与实践》，王浦劬译，中国社会科学出版社2001年版。
④ 根据2010年7月联合国大会决议成立的新机构，由联合国原妇女地位委员会和联合国妇女基金会等4个部门整合而成，即"联合国促进两性平等和增加妇女权能署"，简称"联合国妇女署"。

制。现在主要有 9 个①这样的保护人权的专门机构,例如,《公民权利和政治权利国际公约》建立的人权事务委员会、《儿童权利公约》建立的儿童权利委员会、《消除对妇女一切形式歧视公约》建立的消除对妇女歧视委员会等等。除了普遍的国际人权保护机制外,还有区域性机制,其中欧洲人权保护机制最为发达。但是从整体来看,目前国际人权保护机制还相对薄弱,有待进一步完善。联合国人权保护机制是正在进行中的联合国改革方案的重要组成部分。

三、国际人权法的历史发展

(一) 人权问题进入国际法领域

国际人权法的形成和发展是从第二次世界大战以后开始的。② 确切地说,人权这个问题全面进入国际法的领域是在第二次世界大战以后才发生的。为什么是这样一种情况呢? 主要是由于下面两个原因。

首先,在第二次世界大战之前,人权问题被普遍认为是国家主权管辖范围内的事。或者说,一个国家如何对待其本国国民或者其本国国民究竟享有哪些权利和自由以及如何保护这些权利和自由,都是国家的内政,由一国的国内法加以规定,国际法很少涉及这些问题。不干涉内政是国际法基本原则之一,人权被人们普遍地认为纯属于一国内政的问题。③

其次,第二次世界大战之后的反思,使人们认识到国际人权保护的重要性。在第二次世界大战期间,发生了最为严重地侵犯人权的事件,种族灭绝、大屠杀、德国法西斯对犹太人以及一些少数民族的残酷迫害、日本法西斯对亚洲人民犯下的反人道罪,特别是惨绝人寰的南京大屠杀,这些严重的大规模侵犯人权的残酷事实震撼了世界人民的心灵,促使人们对人权与国家、人权与世界和平的关系等问题进行深刻反思。④ 各国人民认识到,当国家当权者利用国家机器推行法西斯政策,利用国家的公权力来侵犯人权时,因人权是国家内政而国际社会不得干涉的原则,就成为侵犯人权的挡箭牌。纵观世界历史,凡是侵犯人权的行为规模最大、程度最严重的,几乎都是通过行使国家权力作出的,包括行使国家的立法、司法和行政权力。如果还是坚持人权问题纯属国家内政的传统观点,国际社

---

① 如果加上"防止酷刑小组委员会"共 10 个,该机构是根据《禁止酷刑公约》的任择议定书建立的。
② 参见龚刃韧:"关于人权与国际法若干问题的初步思考",载于《中外法学》1997 年第 5 期,第 25 页。
③ 形成这种观点的主要原因是传统的国际法把个人作为国际法的客体,只有国家才是国际法的主体。参见 Thomas Buergenthal, *International Human Rights in a Nutshell*, 2nd Ed. West Group, 1995。
④ 在联合国建立前夕的一系列历史文件中均反映了人们的共同认识:对人的尊严的尊重与和平有着密切的联系。参见 Boutros Boutros-Ghali, " Establishing the System: Towards the Adoption of the International Covenants on Human Rights(1949—1966)", in *The United Nations and Human Rights, 1945—1995*, The United Nations Blue Books Series Volume VII, 1995, p.6。

会不闻不问,人权是不能够得到保障的。在这种情况下,必须使人权问题国际化才能达到保护人权的目的。此外,历史的教训还告诉人们,当国家成为侵犯人权的罪魁祸首时,侵犯人权的行为就会与侵略战争联系在一起,结果是对世界和平与安全的破坏,而且在世界和平与安全遭到严重破坏时,对人权的侵犯往往是最为惨烈的。因此,为了尊重人权并维护世界和平与安全,在第二次世界大战结束后起草《联合国宪章》的时候,就把对人权和基本自由的尊重写了进去。《联合国宪章》中规定促进人权的尊重,这是人权进入国际法领域的一个开端。①

(二) 第二次世界大战前的人权保护活动

说人权的问题在第二次世界大战之后才进入国际法领域,并不是说在此之前国际社会根本不关注人权问题。国际社会过去在保护人权方面也有一些活动,但是一般集中在一些具体的、比较狭窄的范围。② 主要涉及下面几个方面:

第一,禁止奴隶贩运和废除奴隶制。免于奴役的自由如果不是第一个也是首先成为国际法上的问题的人权之一。③ 在 19 世纪末,国际社会就开始了禁止奴隶贩运和废除奴隶制的活动。最初是从一个国家内部开始的,像美国和英国这些国家,通过它们的国内立法,或者通过与一些国家签订双边条约展开禁止奴隶贩运和废除奴隶制的活动。此外还有一些多边公约,例如,1889 年至 1890 年布鲁塞尔会议通过的总决议书和 1919 年的《圣日耳曼公约》,也表达了国际社会废除奴隶制的决心。但是比较重大的一次活动是 1926 年国际联盟通过的《禁奴公约》,该《公约》第 3 条规定"缔约各国承允采取一切适当的措施,以便制止和惩罚在其领水内,以及一般而言,在悬挂各自国旗的船舶上,装运、卸载和运送奴隶";第 4 条规定"缔约各国应相互支援,以便实现消灭奴隶制和奴隶的贩卖"。禁止奴隶贩运和废除奴隶制度已经成为国际法上的强行法规则。

第二,对少数者的保护。对少数者的国际保护是在第一次世界大战之后出现的。第一次世界大战结束后,在签订凡尔赛和约的时候,一些双边条约里规定了保护少数者的条款。这些条约涉及许多国家特定的少数人群体的权利,例如,犹太人、穆斯林人等。④ 此外,虽然《国际联盟盟约》中没有包括任何关于保护少数者的条款,但是国际联盟却建立了允许少数者通过国家向临时建立的"少数

---

① 《联合国宪章》是第一个将人权的普遍尊重明确地作为其宗旨的国际条约。参见 Boutros Boutros-Ghali, "Establishing the System: Towards the Adoption of the International Covenants on Human Rights(1949—1966)", in *The United Nations and Human Rights, 1945—1995*, The United Nations Blue Books Series Volume VII, 1995, p.5。

② 参见王铁崖主编:《国际法》,法律出版社 1995 年版,第 193—199 页。

③ 参见 Nina Lassen, "Article 4", in *The Universal Declaration of Human Rights: A Common Standard of Achievement*, Edited by Gudmundur Alfredsson and Asbjorn Eide, Martinus Nijhoff Publishers, 1999, p.103。

④ 参见周勇著:《少数人权利的法理》,社会科学文献出版社 2002 年版,第 60 页。

人委员会"申诉的程序。①

第三，国际劳工的保护。从20世纪初国际劳工组织建立之后，国际上通过了很多保护劳工的国际公约。这些公约包括了一些保护劳工权利的规则和制度。国际劳工组织还建立了一系列监督机制，为促进和监督国际劳工标准的遵行作出了巨大贡献。②

第四，国际人道法对人权的保护。国际人道法是战争法中关于人权保护的那部分。它的历史可以追溯到19世纪瑞士人发起的一系列制定国际公约以便将人道规则适用到战争行为规范中的活动。国际人道法在第二次世界大战以前已经有了很大的发展。关于在战争期间保护人权的公约主要包括保护战俘、战争当中的伤病员以及对平民的保护。一些西方学者的著述将人道主义干涉也视为早期国际人权保护的一部分③，这是难以接受的。因为所谓的"人道主义干涉"多数情况下都是强大国家占领或侵略弱小国家的借口。

以上这些领域是在第二次世界大战之前国际人权保护的一些活动。在第二次世界大战之后，从《联合国宪章》的制定，一直到后来的《世界人权宣言》和两个国际人权公约的通过，国际人权法有了很大的发展。《世界人权宣言》是在1948年通过的，它奠定了两个人权公约的基础。两个人权公约，即《公民权利和政治权利国际公约》以及《经济、社会、文化权利国际公约》是在1966年通过的。这两个人权公约加上《世界人权宣言》被人们称为"国际人权宪章"或"国际人权法案"。以后又制定了一些专门性的国际人权保护公约，例如，《消除一切形式种族歧视国际公约》《消除对妇女一切形式歧视公约》《儿童权利公约》《残疾人权利公约》《保护所有人免遭强迫失踪国际公约》等等。此外，从1948年以来，一些区域性国际人权法也逐渐得到发展。

四、国际人权法的特点

国际人权法是国际法上比较重要的和新出现的分支之一，与其他国际法的分支有很大不同。相比之下国际人权法有以下一些特点：

---

① 参见周勇著：《少数人权利的法理》，社会科学文献出版社2002年版，第61页；沈宗灵等主编：《西方人权学说》（下），四川人民出版社1994年版，第455页。

② 关于国际劳工组织及劳工权利与人权可参阅：George Alexander Johnston, *The International Labour Organisation: in Its Work for Social and Economic Progress*, London: Europe Publications Limited, 1970; Lammy Betten, *International Labour Law: Selected Issues*, Deventer: Kluwer Law and Taxation Publishers, 1993; Wilfred Janks, *Human Rights and International Labour Standards*, London: Stevens, 1960; Philip Alston (ed)., *Labour Rights as Human Rights*, Oxford / New York: Oxford University Press, 2005; Bob Hepple, *Labour Laws and Global Trade*, Oxford: Hart Publihser, 2005; 杨松才著：《国际贸易中的劳工权利保障研究》，法律出版社2013年版；王辉著：《国际劳务合同中的劳工权利保障研究》，浙江大学出版社2013年版。

③ 参见 Thomas Buergenthal et al, *International Human Rights in a Nutshell*, 3rd ed. West Group, 2002, p.3。

首先，国际人权法有更强的政治性。国际法与国际政治之间的密切关系是不言而喻的，国际法所调整的许多问题，例如，国家领土完整与政治独立、国家之间的领土划界等等，这些涉及国家重大利益的问题，具有较强的政治性。但是，国际法的多数领域存在许多技术性或比较中立的规范，政治性相对弱一些。与这些国际法领域相比，国际人权法的政治性较强。主要原因是人权问题总是与各个国家的政治体制联系在一起。国际法上没有任何问题像人权问题那样与国家的内政联系得如此直接而全面。加上一些国家的人权外交，使人权问题的政治化对国际人权法的发展产生了不容忽视的影响。①

其次，个人是国际人权公约的直接受益者。如上所述，国际人权公约的目的不是调整国家之间的对等关系，而是保护国家管辖范围内的个人的人权和自由。国家在其他国际法领域的国际公约中享受的权利与其承担的相应义务是基本平衡的，但是在国际人权公约中，不仅这种平衡根本不存在，而且国家几乎仅仅承担义务。"国家参加国际人权文件有两种不同的角色：缔约国是共同的立法者，制定法律。立法的结果，是每一个缔约国都成为一个'义务人'，有责任和义务去尊重并保证已被承认的作为其本国居民的'人权'。协议生效之后，作为立法者的国家消失了（通过解释和适用继续立法的情况除外），仅保留了作为义务人的国家。"②但是，无论缔约国根据国际人权公约享有的权利与承担的义务之间有多么不平衡，国际人权公约仍然是由国家参与制定出来的，国家是条约的主体。个人并不是国际人权公约的主体，个人的人权和基本自由也不是国际人权公约创造出来的。人权和基本自由是国际人权公约保护的对象，或者可以说人权是国际人权公约的"标的物"，个人是国际人权公约的直接受益者。亨金教授认为个人不仅是国际人权公约的缔约国之间权利和义务的"附带受益人"，也是缔约国之间有效救济的附带受益人。③

最后，由于作为人权公约的缔约国，缔约国之间的关系不是权利和义务的对等关系，即甲国违背公约义务侵犯的不是乙国的权利而是甲国自己国家国民或在甲国管辖范围内的个人的权利，因此在其他国际法领域存在的国家之间相互制衡的力量在国际人权法中是不存在的。国际人权法更多的是靠国际舆论、国家自觉遵守和国际人权保护机制的监督得以实施的。

---

① 关于美国的人权外交，参见刘杰著：《美国与国际人权法》，上海社会科学出版社1996年版；刘杰著：《人权与国家主权》，上海人民出版社2004年版；关于人权的政治化，参见陈弘毅和陈文敏著：《人权与法治：香港过渡期的挑战》，广角镜出版社1987年版。
② 参见〔美〕路易斯·亨金著：《权利的时代》，吴玉章等译，知识出版社1997年版，第43页。
③ 参见同上书，第44页。

五、国际人权法的渊源

国际人权法的渊源和国际法其他分支的渊源基本上是相似的。国际人权法的主要渊源是国际人权公约和习惯国际法。与其他国际法领域不同,作为国际人权法的主要渊源,关于人权的国际条约几乎都是多边的公约而且都是造法性的,包括全球性的和区域性的,大概内容已如上述。此外,联合国大会以及其他全球性和区域性国际组织通过的宣言和决议,虽然对国家没有法律的拘束力,但对国际人权法的发展发挥着重要作用。类似的国际文件还有国际人权保护机构通过的关于解释和补充国际人权公约内容的"一般性意见"和"一般性建议",它们对于国际人权公约的贯彻实施都是非常重要的辅助资料,无论是做人权实务工作还是搞人权研究的人都不能忽视这些资料。[①]

在国际条约这种渊源里,国际人权法的两个重要领域值得特别加以强调:国际劳工保护和国际难民法。这两个领域各有特色,人权的研究者应该予以关注。国际劳工组织自从1920年建立以来制定了大量的国际劳工公约,并且形成了自己的一套执行体系,对于后来发展起来的国际人权法的其他领域具有重要的参考价值。[②]

国际难民法可以说是国际人权法中另一个发展比较完善的领域。与国际劳工保护形成鲜明的对比,这个领域没有很多的国际公约。但是国际难民保护机制却非常发达,是国际人权法的任何领域都不能比的。联合国难民署在世界各个地区的许多国家内都设有代表处,有联合国专职难民保护官员,从事监督难民公约的执行和保护难民的具体工作。联合国难民署为难民公约的实施制定了许多配套的手册和类似文件,这些都是非常重要的辅助资料。

除国际人权公约外,国际人权法上还有一些习惯国际法的规则,这些习惯法的规则主要体现在像《世界人权宣言》那样的国际文件当中。这些在联合国大会和其他国际组织通过的文件对国家没有法律拘束力,但里边包含了一些各国普遍接受的保护人权的规则,许多国际法学者都认为这些规则已经形成了习惯国际法的一部分。在这些习惯法规则中,有些已经具有国际强行法的性质。构成国际强行法一部分的国际人权法规则主要有以下一些内容:禁止种族灭绝、禁止奴隶贩卖和废除奴隶制、禁止种族隔离、禁止种族歧视、禁止酷刑等。

此外,适用于战争或武装冲突期间的国际人道法与国际人权法也有密切的

[①] 关于各国际人权公约机构通过的一般性意见(general comments),可以访问北京大学法学院人权研究中心网站 www.hrol.org。

[②] 关于国际劳工组织通过的各种公约,可以访问 http://www.ilo.org/ilolex/chinese/docs/convdisp1. htm,2009年11月11日访问;关于国际难民法方面的国际公约,可以访问 http://www.unhcr.org.cn/aboutshow.asp?id=5,2009年11月11日访问。

联系,甚至可以认为前者就是战时国际人权法。但是,不得不承认,国际人道法在许多方面均与国际人权法存在很大差别,因此有必要在后面专章讲解。

最后,与国际人权法的渊源相关的一个问题是,人权是否存在等级？这基本属于理论问题,在国际法学者之间存在激烈争论。① 一些人权,例如,构成国际强行法的人权或者"不可克减的人权",是否由于其与人类共同利益的紧密关系而享有比其他人权更高的地位？一些人权是否由于其本身所具有的某种特性而成为享有其他人权的先决条件并因此而更高级或更重要？实际上,正如1993年《维也纳宣言和行动纲领》第5段所指出的,一切人权均为普遍、不可分割、相互依存、相互联系。国际社会必须站在同等地位上、用同等重视的眼光、以公平、平等的态度全面看待人权。② 任何试图以某种借口厚此薄彼甚至抬高此人权忽略彼人权的做法都是不能容忍的。③

第二节 国际人权宪章

国际人权宪章由三个文件构成:《世界人权宣言》《经济、社会和文化权利国际公约》以及《公民权利和政治权利国际公约》(包括后两个公约的议定书,目前后者已有两个任择议定书,前一个公约的任择议定书已于2008年12月12日在联合国大会通过)。在《联合国宪章》起草的过程当中,提出了许多关于在宪章中包括一个人权法案或者人的基本权利宣言等建议,但是在旧金山制宪会议上没有采纳这些建议,宪章在人权方面只是作出了原则性的规定。《联合国宪章》在第1条第3款中规定联合国之宗旨为:"促成国际合作,以解决国际间属于经济、社会、文化及人类福利性质之国际问题,且不分种族、性别、语言或宗教,增进并激励对于全体人类之人权及基本自由之尊重。"此外,《联合国宪章》的其他条款也有类似这样原则性的规定。

由于《联合国宪章》没有列举应当尊重哪些人权和基本自由,因此在联合国大会第一届大会后不久,就开始了在新建立的人权委员会的领导下起草国际人权法案的工作。但是,人权委员会很快就发现,由于国家之间在历史、哲学、文化和意识形态方面的差异,要想在短期内签订一个从法律上拘束缔约国的国际公约是相当艰难的事,先起草一个没有法律拘束力的宣言可能相对容易一些。因

---

① 参见 Prosper Weil, "Towards Relative Normativity in International Law?" 77 *AJIL*, pp. 413—442 (1983); Thoedor Meron, "Observations on a Hierarchy of Norms", in his *Human Rights Law-Making in the United Nations: A Critique of Instruments and Process*, Clarendon Press, 1986, pp. 173—202.
② 北京大学法学院人权研究中心编:《国际人权文件选编》,北京大学出版社2002年版,第43页。
③ 参见白桂梅:"国际法中的人权分等级吗?",载于刘楠来等编:《人权的普遍性和特殊性》,社会科学出版社1996年版,第147—158页。

此,人权委员会决定先起草一个人权宣言,然后再起草有法律拘束力的国际人权公约。① 按照这样的安排,1948 年 12 月 10 日,联合国大会通过了《世界人权宣言》,1966 年通过了两个国际人权公约和一个任择议定书。

一、《世界人权宣言》

联合国人权委员会负责起草《世界人权宣言》。起草工作经过几年时间,召开过 81 期会议,先后对 168 项建议草案进行讨论。在起草的过程中,各国政府对于在《世界人权宣言》里应该包括哪些权利存有严重分歧。西方国家希望有更多的公民和政治权利,社会主义国家希望写进更多的经济、社会和文化权利。特别是在是否写进民族自决权、少数民族或少数者权利、私有财产权等问题上,东西方两大阵营之间争论十分激烈。最后《世界人权宣言》在联合国大会通过的时候,它的内容是这些争论妥协的产物。但是由于宣言是以英语国家提出的建议草案为蓝本的,它最终还是更多地反映了西方国家的观点。所以苏联等一些国家投了弃权票,结果宣言于 1948 年 12 月 10 日以 48 票赞成,0 票反对,8 票弃权通过。②

《世界人权宣言》共有 30 条,其中大部分是公民和政治权利,其他是经济、社会和文化权利。自决权和少数民族的权利在宣言中没有作出规定。③ 公民和政治权利中包括生命权、人身自由、人身安全、禁止奴隶制、禁止酷刑和残酷及有辱人格的待遇、免受任意逮捕、拘禁或放逐、受到公平和公开审讯的权利、无罪推定、刑法和刑罚不得溯及既往。该《宣言》承认隐私权和拥有私有财产的权利。④ 该《宣言》还规定了言论自由、宗教自由、集会自由和迁徙自由。该《宣言》保障人人在任何国家寻求庇护免受迫害的权利,规定人人都有享有国籍的权利。关

---

① Jakob Th. Moller, "The Universal Declaration of Human Rights: How the Process Started", in G. Alfredsson and A. Eide (eds.), *The Universal Declaration of Human Rights: A Common Standard of Achievement*, Martinus Nijhoff Publishers, 1999, pp. 23—25. 人权委员会于 1947 年 12 月在其第 2 期会议上决定,同时进行三项工作:宣言、公约和执行措施。参见同上书中 Ashild Samnoy 的文章:"The Origins of the Universal Declaration of Human Rights",第 10 页。

② 投弃权票的国家是:苏联、南斯拉夫、波兰、乌克兰、白俄罗斯、捷克斯洛伐克、沙特阿拉伯和南非。关于《宣言》的详细情况,参见白桂梅:"《世界人权宣言》在国际人权法上的地位和作用",载于《中外法学》1998 年第 6 期,第 43—48 页。

③ 在起草过程中有几个分别由秘书处、丹麦、南斯拉夫和苏联提交的关于少数者权利的建议草案,但是都是由于没有得到多数票支持而未被采纳。关于少数者权利没有包括在宣言中的原因及分析,参见 Asbjorn Eide, "The Non-inclusion of Minority Rights: Resolution 217C(III)", in G. Alfredsson and A. Eide (eds.), *The Universal Declaration of Human Rights: A Common Standard of Achievement*, Martinus Nijhoff Publishers, 1999, pp. 701—723.

④ 财产权在人权的国际保护中是有争议的,在《世界人权宣言》第 17 条中作出了规定,但在两个国际人权公约中都没有关于财产权的规定。参见 Catarina Krause and Gudmundur Alfredsson, "Article 17", in G. Alfredsson and A. Eide (eds.), *The Universal Declaration of Human Rights: A Common Standard of Achievement*, Martinus Nijhoff Publishers, 1999, p. 359.

于政治权利,该《宣言》规定人人有直接或通过自由选择的代表参与治理本国的权利,并规定人民的意志是政府权力的基础;这一意志应以定期的和真正的选举予以表现。

在经济、社会和文化权利方面,该《宣言》在第 22 条规定:"每个人,作为社会的一员,有权享受社会保障,并有权享受他的个人尊严和人格自由发展所必需的经济、社会和文化方面各种权利的实现,这种实现是通过国家努力和国际社会合作并依照各国的组织和资源情况。"接着该《宣言》在后面几个条款中规定人人有工作权、自由选择职业权、享受公正和合适的工作条件权和免于失业的保障;人人有同工同酬的权利,不受任何歧视;人人有享受休息和闲暇的权利,包括工作时间有合理限制和定期给薪休假的权利;人人有权享受为维持他本人和家属的健康和福利的生活水准,包括食物、衣着、住房、医疗和必要的社会服务;在遭到失业、疾病、残废、守寡、衰老或在其他不能控制的情况下丧失谋生能力时,有权享受保障。该《宣言》第 26 条对教育权作出规定:人人都有受教育的权利,教育应当免费,至少在初级和基本阶段应如此。教育的目的在于充分发展人的个性并加强对人权和基本自由的尊重。教育应促进各国、各种族或各宗教集团间的了解、容忍和友谊,并应促进联合国维护和平的各项活动。第 27 条是与文化权利有关的,规定人人有权参加社会的文化生活,享受艺术,并分享科学进步及其产生的福利。

《世界人权宣言》第 29 条承认该《宣言》所规定的人权和自由不是绝对的,不过在人人行使这些权利和自由时仅受法律所确定的限制。而且限制的唯一目的在于保证对旁人的权利和自由给予应有的承认和尊重,并在一个民主的社会中适应道德、公共秩序和普遍福利的正当需要。从第 29 条的规定可以看出,国家可以通过制定法律对这些权利和自由的行使施加限制。但是这绝不是第 29 条的目的。应该特别强调的是,第 29 条的规定是为了限制国家在限制人权和自由的行使方面的权力。[①] 首先,规定国家限制人权和自由的行使必须是通过制定法律来进行的,要有法律的明确规定;其次,规定限制的目的只能局限于保证他人的权利和自由能够得到应有的尊重;最后,限制必须是正当需要,即在民主社会中是为了适应道德、公共秩序和普遍福利。为了强调对国家这种权力的限制,该《宣言》在最后一条又明确规定:"本宣言的任何条文,不得解释为默许任何国家、集团或个人有权进行任何旨在破坏本宣言所载的任何权利和自由的活

---

① 参见 Torkel Opsabl and Vojin Dimitrijevic, "Articles 29 and 30", in G. Alfredsson and A. Eide (eds.), *The Universal Declaration of Human Rights: A Common Standard of Achievement*, Martinus Nijhoff Publishers, 1999, pp. 636, 643。

动或行为"①。

《世界人权宣言》是没有法律约束力的文件,因为联合国大会不是专门立法的机构,根据《联合国宪章》的规定,联合国大会通过的决议只具有建议和讨论的性质。《世界人权宣言》就是这样的一个决议。然而正如《宣言》在序言中所宣示的,半个多世纪以来,《宣言》已经在很大程度上成为"所有人民和所有国家努力实现的共同标准"。尽管《宣言》中规定的权利并没有在所有国家实现,但世界各地的人民正在提出越来越多的要求,他们的权利和自由也得到越来越多的尊重。②

《世界人权宣言》虽然没有法律的约束力,但是它在国际人权法中起着非常重要的作用,主要有下面几个方面:

第一,它是国际人权公约的基础,1966 年联合国大会通过的两个人权公约以及其他国际人权公约和宣言都以《世界人权宣言》为基础。此外,其他建立人权标准的实践均参考了《世界人权宣言》的规定,例如,《关于人权卫士的宣言》和《关于土著人权利的宣言》等。③

第二,《世界人权宣言》起到解释《联合国宪章》的作用。因为《联合国宪章》只是原则上规定了尊重人权和人的基本自由,却没有列举哪些人权和基本自由,《世界人权宣言》就把这些人权和基本自由列举出来。在 1948 年《世界人权宣言》通过到 1976 年两个人权公约生效,在这么长的时间之内,联合国组织在尊重人权和保护人权的所有活动,都是以《世界人权宣言》作为标准的。在这近三十年的时间里,《世界人权宣言》为联合国促进和保护人权的活动起着指导作用。④

第三,虽然《世界人权宣言》本身不是对国家具有法律约束力的文件,但这个文件里所包含的很多规则已经成为了习惯国际法的一部分,比如禁止歧视、禁止酷刑等等。许多国家在其宪法和其他立法行为中已经将《世界人权宣言》作为范本。国际法院和许多国内法院在其判决中都依赖《世界人权宣言》,将其作为解释的工具或者作为习惯法。⑤

---

① 这项规定实际上是一把双刃剑,它既是为了限制国家,因为国家可能利用第 29 条达到毁掉政治反对派的目的;它也是为了限制个人和团体,因为个人或团体可能滥用人权,例如,表达自由,破坏民主程序。参见同上书,第 949 页。

② Asbjorn Eide and Gudmundur Alfredsson,"Introduction", in G. Alfredsson and A. Eide (eds.), *The Universal Declaration of Human Rights: A Common Standard of Achievement*, Martinus Nijhoff Publishers, 1999, p. xxv.

③ 同上, p. xxx.

④ 同上, pp. xxx—xxxi.

⑤ Asbjorn Eide and Gudmundur Alfredsson,"Introduction", in G. Alfredsson and A. Eide (eds.), *The Universal Declaration of Human Rights: A Common Standard of Achievement*, Martinus Nijhoff Publishers, 1999, p. xxxi.

二、两个国际人权公约

《经济、社会、文化权利国际公约》和《公民权利和政治权利国际公约》均于 1966 年 12 月 16 日在联合国大会通过,开放给各国签字,并分别于 1976 年 1 月 3 日和同年 3 月 23 日生效。目前这两个公约已经分别有 164 个和 168 个参加国。① 中国分别于 1997 年 10 月 27 日和 1998 年 10 月 5 日签署了这两个公约,并于 2001 年 3 月 27 日批准了《经济、社会、文化权利国际公约》。

在《世界人权宣言》通过之后,开始起草《国际人权公约》。起草工作由联合国人权委员会负责,该委员会专门成立了一个起草机构。按计划是要起草一个单一的国际人权公约,但在西方国家和以前苏联为首的社会主义国家之间存在着非常大的争议,不得不改变计划。西方国家认为只有公民和政治权利才是人权,而与经济、社会和文化有关的权利,只是国家的政策,是社会追求的目标,不是人的基本权利,因此不是人权。以苏联为首的社会主义国家和发展中国家则强调经济、社会和文化权利和集体人权,如自决权和发展权。争论的激烈程度达到令人担忧最后可能根本不能起草任何公约的地步。为了最终能够通过人权公约,联合国终于决定起草两个人权公约,一个专门规定经济、社会和文化权利,另一个专门规定公民和政治权利。②

这两个人权公约是在《世界人权宣言》的基础之上起草的,宣言中规定的公民和政治权利以及经济、社会和文化权利基本上都包括在两个人权公约中了。但是《世界人权宣言》中没有的自决权,在这两个公约中都作出了规定。另外,《世界人权宣言》中没有的关于少数者权利的规定,在《公民权利和政治权利国际公约》第 27 条中作出了规定。《世界人权宣言》中规定的拥有私有财产的权利,在两个人权公约中都没有规定。

(一) 两个人权公约的共同规定

由于在最初公约起草时计划制订一个公约,因此最终的两个公约中有一些基本相同的规定。首先是关于自决权的规定。两个人权公约的第 1 条都用完全相同的措辞规定了自决权:所有人民都享有自决权,他们凭着这种权利自由决定他们的政治地位,并自由谋求他们的经济、社会和文化的发展。

另一项共同规定是关于防止歧视的原则。两个人权公约分别规定,缔约各国承担保证公约中规定的权利和自由得到普遍尊重,"不分种族、肤色、性别、语言、宗教、政治或其他见解、国籍或社会出身、财产、出生或其他身份等任何区别"。

---

① 截至 2015 年 4 月 15 日,参见联合国人权高专网站:http://indicators.ohchr.org,2015 年 4 月 18 日访问。

② 参见联合国经社大会 1952 年 2 月 5 日通过的 543(Ⅵ)号决议。

在防止歧视方面,两个人权公约都在第 3 条中对防止性别歧视作出了专门规定。《经济、社会、文化权利国际公约》第 3 条规定:"本公约缔约各国承担保证男子和妇女在本公约所载一切经济、社会及文化权利方面享有平等的权利。"《公民权利和政治权利国际公约》第 3 条也规定:"本公约缔约各国承担保证男子和妇女在享有本公约所载一切公民和政治权利方面有平等的权利。"

(二) 两个人权公约规定的两种不同权利的主要区别

如上所述,人权委员会在起草《世界人权宣言》时已经对两类不同的权利的性质进行了激烈的争论,争论一直延续到起草人权公约并最终导致从原来计划制订一个公约不得不改为分别制订两个公约。公民权利和政治权利,即所谓"第一代人权",经济、社会和文化权利,即"第二代人权"[①],被人们分别称为"消极权利"和"积极权利"。所谓"消极"和"积极"都是针对国家为尊重这些权利所承担的条约义务而言的:国家作出行为才能履行尊重这些权利的义务,相关的这些权利就称为"积极权利";反之,就是"消极权利"。《公民权利和政治权利国际公约》中规定的权利多数都属于这样的"消极权利"。例如,人的生命权、人的宗教自由、表达自由等等,只要国家不去干涉人们的这些自由,不去侵犯个人的这些权利,权利和自由就能够实现。因此,缔约国应该立即,而不是"逐渐"履行公约义务。

《经济、社会、文化权利国际公约》中规定的多数权利均属于"积极权利"。它们的充分实现需要国家采取积极措施、利用国家的资源,有时还需要国际的援助和合作。因此《公约》允许缔约国"尽最大能力"利用现有资源,"逐渐达到"《公约》中规定的权利的"充分实现"。该《公约》第 2 条第 1 款规定:"每一缔约国家承担尽最大能力个别<u>采取步骤</u>或经由国际援助和合作,特别是经济和技术方面的援助和合作,<u>采取步骤</u>,以便用一切适当方法,尤其包括用立法方法,<u>逐渐达到</u>本公约所承认的权利的充分实现。"(着重号为引者所加)然而,《公民权利和政治权利国际公约》中的相应规定与其形成鲜明对比,该《公约》第 2 条第 2 款规定:"凡未经现行立法或其他措施予以规定者,本公约每一缔约国承担按照其宪法程序和本公约的规定采取必要步骤,以采纳为实施本公约所承认的权利所需要的立法或其他措施。"

应当指出,"消极权利"与"积极权利"的区分仅仅是对两个人权公约中的多数权利而言,两个公约都有一些具有这两种特性的权利,例如,《公民权利和政治权利国际公约》中一些权利的实现需要国家的经济投入。例如,要使普通警

[①] "第一代人权"是 18 世纪法国资产阶级革命时期提出的权利;"第二代权利"是 20 世纪初俄国十月革命时提出来的。此外还有"第三代人权",即集体人权,包括自决权、发展权等。参见白桂梅:"论新一代人权",载于《法学研究》1991 年第 5 期,第 1—6 页。

察或监狱官们了解受羁押或监禁的人们享有哪些人权以及如何尊重他们的权利,要进行一定的教育和培训。国家在这方面需要积极地采取措施,需要耗费一定的经济和技术资源。同样,《经济、社会、文化权利国际公约》中某些权利的实现可能不需要国家的经济投入即可立即实现。例如,与工会相关的权利,即参加和组织工会的自由,可能仅仅需要国家的消极不作为就可以得到保障。① 总之,上述那样的两分法在某些方面可能会显得过于简单。

三、《公民权利和政治权利国际公约》的主要内容

（一）受公约保护的权利

《公民权利和政治权利国际公约》在第三部分中规定了大约 25 项人权和基本自由,主要包括生命权,免受酷刑和其他有辱人格待遇的权利,免于奴役和强迫劳动的权利,人身自由和安全权,被剥夺自由的人享有人道待遇的权利,免于因无力偿还债务而受监禁的权利,迁徙的自由,免受任意驱逐的权利,公正公开的审判权,无罪推定,刑事被告最低限度保障权,禁止刑法的溯及效力,法律面前的人格权,私生活、家庭、住宅和通信不受干涉权,思想、良心和宗教自由,表达自由,和平集会自由,结社自由,婚姻和家庭权,儿童权利,选举权和被选举权,法律面前平等权和少数者的权利。

与《公约》所保护的生命权相关的废除死刑问题,在《公约》第 6 条中是这样规定的:在未废除死刑的国家,判处死刑只能是作为对最严重的罪行的惩罚。此外公约还对判处死刑作了许多限制,例如,对 18 岁以下的人不得判处死刑,对孕妇不得执行死刑等等。1989 年 12 月 15 日联合国大会通过了《旨在废除死刑的公民权利和政治权利国际公约第二项任择议定书》,该《议定书》已于 1991 年 7 月 11 日生效。《议定书》第 1 条规定:在本议定书缔约国管辖范围内,任何人不得被处死刑。每一缔约国应采取一切必要措施在其管辖范围内废除死刑。该《议定书》规定,除在批准或加入时作出在战时可对在战时犯下最严重军事性罪行被判罪的人适用死刑的保留外,不得对《议定书》作出任何其他保留。

（二）关于国家的"克减权"

《公民权利和政治权利国际公约》在第 4 条中专门规定关于国家在紧急状

---

① 还有一种分类方法,即把缔约国的义务分为"行为义务"和"结果义务"。所谓行为义务是指缔约国的机关为履行义务需要从事一种行为,可以是作为或不作为。该作为或不作为本身是条约义务所要求的。结果义务是指缔约国为履行义务需要达到一种结果,也要采取措施,可以是作为或不作为。只要达到条约规定的结果,采取什么措施由国家自由决定。《经济、社会、文化权利国际公约》中规定的义务多数属于结果义务,《公民权利和政治权利国际公约》中规定的义务多数是行为义务。参见 Matthew C. R. Craven, *The International Covenant on Economic, Social and Cultural Rights: A Perspective on Its Development*, Clarendon Press, 1995, pp.107—108。

态下克减公约义务的问题,为此这一条被人们称为"克减条款"。第 4 条规定[①]:

一、在社会紧急状态威胁到国家的生命并经正式宣布时,本公约缔约国得采取措施克减在本公约下所承担的义务,但克减的程度以紧急情势所严格需要者为限,此等措施并不得与它根据国际法所负有的其他义务相矛盾,且不得包含纯粹基于种族、肤色、性别、语言、宗教或社会出身的理由的歧视。

二、不得根据本规定而克减第 6 条、第 7 条、第 8 条(第 1 款和第 2 款)、第 11 条、第 15 条、第 16 条和第 18 条。

三、任何援用克减权的本公约缔约国应立即经由联合国秘书长将它已克减的各项规定、实行克减的理由和终止这种克减的日期通知本公约的其他缔约国家。

可以看出,该《公约》的克减条款比《世界人权宣言》第 29 条第 2 款的规定要详细得多。第 4 条对国家的克减权施加了更多的限制:

第一,克减权只能在紧急状态威胁到国家的生命时才可以行使;

第二,紧急状态必须是经过正式宣布的;

第三,克减的程度必须以紧急情势的严格需要为限;

第四,克减不得违背其他国际法上的义务;

第五,不得有任何歧视;

第六,公约中的七项权利不得克减,即所谓"不可克减的权利",它们是:生命权、免受酷刑和其他有辱人格待遇的权利、免于奴役的权利、免于因无力偿还债务而受监禁的权利、禁止刑法的溯及效力、法律面前的人格权以及思想、良心和宗教自由;

第七,通知其他缔约国家。

(三) 人权事务委员会

根据《公民权利和政治权利国际公约》第四部分从第 28 条至第 45 条的规定建立了专门执行公约的机构——人权事务委员会(Human Rights Committee)。[②] 委员会由 18 名具有高尚道义地位和在人权方面有公认专长的人组成,这些专家

---

① 在紧急状态下克减条约义务是习惯国际法规则,在许多国际人权公约中都包括这样的克减条款。例如:《欧洲人权公约》第 15 条和《美洲人权公约》第 27 条。

② 关于人权事务委员会,参见: Civil and Political Rights: The Human Rights Committee, UN Fact Sheet No. 15 (Rev. 1), Geneva: United Nations, 2005, see www.ohchr.org/english/about/publications/docs/fs15.pdf; Alex Acoute et al, *Defining Civil and Political Rights: the Jurisprudence of the United Nations Human Rights Committee*, 2004; Sara Josoph et al, *The International Covenant on Civil and Political Rights: Cases, Materials and Commentary*, Oxford: Oxford University Press, 2000.

委员均以个人身份选出并进行工作,目的是为了保证他们的公正。[①] 委员会中不得有一个以上的委员同为一个国家的国民。

委员会负责执行公约和任择议定书规定的任务,其中包括审议缔约国提交的报告,接受并审理一缔约国对另一缔约国的指控通知,接受并审查个人来文等等。

(四)《公民权利和政治权利国际公约》的执行机制

《公民权利和政治权利国际公约》规定的公约执行机制包括缔约国报告制度、国家对国家指控制度和个人来文制度。

1. 缔约国报告制度

《公民权利和政治权利国际公约》第40条第1款规定:公约各缔约国在公约对其生效后1年内及此后每逢委员会要求这样做时,提出关于它们已经采取使公约所承认的各项权利得以实施的措施和关于享受这些权利方面所作出的进展的报告。与其他国际人权公约一样,报告制度是强制性的,缔约国没有选择的余地。缔约国报告制度是由国际劳工组织首先建立的。实践证明,通过公约建立的国际机构审议缔约国的报告,以便监督并促进缔约国履行公约义务,是行之有效的方法。[②]

2. 国家对国家的指控制度

《公民权利和政治权利国际公约》第41条规定,公约某缔约国认为另一缔约国未执行公约的规定,它可以书面通知提请该国注意此事项,收到通知的国家应在收到后3个月内对发出通知的国家提供一项有关澄清此事项的书面解释或任何其他的书面声明,其中应可能地和恰当地引证在此事上已经采取的、或即将采取的、或现有适用的国内办法或补救措施。如果被控告的国家在收到第一次通知后的6个月内不能将此事项处理得使双方满意,任何一方都可以用通知对方和人权事务委员会的方式,将此事项提交人权事务委员会。

但是,国家对国家的控告制度是任择性的,即缔约国可以自由决定是否接受这一制度。《公民权利和政治权利国际公约》第41条规定,公约缔约国可以随时作出声明承认委员会有权接受和审议一缔约国指控另一缔约国不履行它在本

[①] 但是亨金教授批评说:"正如其他国际专家机构一样,有些专家事实上不是独立的,要受到他们政府的实际控制。"参见〔美〕路易斯·亨金著:《权利的时代》,吴玉章等译,知识出版社1997年版,第28页。

[②] 关于缔约国报告制度,参见 Vojin Dimitrijevic, "State Reports", in Gudmundur Alfredsson et al (eds.), *International Human Rights Monitoring Mechanisms*: *Essays in Honour of Jakob Th. Moller*, Martinus Nijhoff Publishers, 2001, pp. 185—200; James Connors, "An Analysis and Evaluation of the System of State Reporting", in Anne F. Bayefsky, *The UN Human Rights Treaty System in the 21st Century*, The Hague/London/Boston: Kluwer Law International, 2000, pp. 3—23; Henry J. Steiner and Philip Alston (eds.), *International Human Rights in Context*: *Law, Politics and Morals*, 2nd., Oxford: Oxford University Press, 2000, pp. 710—731。

公约下的义务的通知。只有针对作出此种声明的缔约国,委员会才可以接受和审议。

国家对国家的指控制度在条约机构比较普遍,多数是任择性质。遗憾的是,目前为止此制度尚未适用过。

3. 《公民权利和政治权利国际公约任择议定书》与个人来文制度

最后一个执行公约的制度是通过制定任择议定书的方式规定的。该议定书是公约的附属性文件,它与公约同时在联合国大会通过并与公约同时生效。但是公约可以独立地存在,而议定书则不能。换言之,国家可以只参加公约不参加议定书,却不能反其道而行之。议定书是任择性的,公约缔约国可以根据本国的具体情况自由决定是否参加议定书。对于不参加议定书的国家,议定书中规定的执行机制就不能对该国适用。①

《公民权利和政治权利国际公约任择议定书》第 1 条规定,成为本议定书缔约国的公约缔约国承认委员会有权接受并审查该国管辖下的个人声称为缔约国侵害公约所载任何权利的受害人的来文。② 来文所涉及的如果不是本议定书的缔约国,委员会不得予以接受。

个人来文制度是指公约建立的个人作为侵害人权的受害人向公约建立的人权事务委员会控告其本国的制度。关于个人来文制度的具体情况将在后面具体讨论。

四、《经济、社会、文化权利国际公约》的主要内容

（一）受公约保护的权利

《经济、社会、文化权利国际公约》在第三部分中规定了经济、社会和文化权利的具体内容,这些权利包括:工作权、享有适当的工作条件的权利、组织和参加工会的权利、为自己和家庭获得相当的生活水准包括足够的食物、衣着和住房的权利、享有能达到的最高的体质和心理健康的标准权、带薪的休假权、受教育权、社会保障权、保护家庭权利、参加文化生活和享受科学进步等文化权利。内容比《世界人权宣言》中包含的这方面的权利多了许多。

《公约》不仅列举了上述权利,还对权利的内容作了详细规定,有的还规定了实现权利的具体步骤。后者使该《公约》与《公民权利和政治权利国际公约》形成鲜明的对比。例如,第 13 条第 2 款关于受教育权的规定:

---

① 截至 2015 年 4 月 15 日,已经有 115 个国家参加了该议定书。参见联合国人权高专办网站: http://indicators.ohchr.org,2015 年 4 月 18 日访问。

② 其他人权条约机构还接受个人受害人之外的来文,例如,1965 年《消除一切形式种族歧视国际公约》第 14 条规定,委员会有权受理个人或个人联名提出的来文。2000 年《消除对妇女一切形式歧视公约的任择议定书》第 2 条也有类似的规定。

本公约缔约各国认为,为了充分实现这一权利起见:

(甲)初等教育应属义务性质并一律免费;

(乙)各种形式的中等教育,包括中等技术和职业教育,应以一切适当方法,普遍设立,并对一切人开放,特别要逐渐做到免费;

(丙)高等教育应根据成绩,以一切适当方法,对一切人开放,特别要逐渐做到免费;

(丁)对那些未受到或未完成初等教育的人的基础教育,应尽可能加以鼓励或推进;

(戊)各级学校的制度,应积极加以发展;适当的奖学金制度,应予设置;教员的物质条件,应不断加以改善。

上述各项规定中,除(甲)项外,其他都允许缔约国可以"逐渐做到"或"不断改善"。这是因为多数经济、社会和文化权利的充分实现,没有经济和技术资源,没有社会体制的调整,在某些发展中国家甚至没有国际援助,是很难达到的。

(二)缔约国的义务

如上所述,与《公约权利和政治权利国际公约》和其他国际人权公约不同,《经济、社会、文化权利国际公约》并不要求缔约国立即履行保障公约规定的权利的实现,而允许缔约国"尽最大能力"采取步骤以便"用一切适当方法""逐渐达到"公约中规定的权利的"充分实现"。这些措辞都表明,就该《公约》整体而言,缔约国承担的是结果义务,即缔约国为履行义务需要达到一种结果,只要达到条约规定的结果,采取什么措施由国家自由决定。但是如上所述,不能绝对地将缔约国在该《公约》下的所有义务都视为结果义务。关于缔约国在两个国际人权公约下的义务性质,学者们在他们的著述中表达了各种不同的观点。[①]

为了避免缔约国对其义务性质的错误理解,经济、社会和文化权利委员会于1990年第五届会议上专门通过了第3号一般性意见。委员会在该意见中指出,有时人们只注重两个国际人权公约在形式上的区别,看不到这两者之间也有着重大相同之处。"具体而言,《公约》规定逐步实现权利并确认因资源有限而产生的局限,但它同时也规定了立刻生效的各种义务,其中有两项对于理解缔约国

---

① 参见:E. Vierdag, "The Legal Nature of the Rights Granted by International Covenent on Economic, Social, and Cultural Rights", in *Netherlands Yearbook of International Law*, Vol. 9, 1978, pp. 69—105; A. Eide et al, *Economic, Social, and Cultural Rights: a Textbook*, Dordrecht/Boston/London: Martinus Nijhoff Publishers, 1995; F. Coomans & M. Galenkamp, *Economic, Social and Cultural Rights and Collective Rights*, Utrecht: SIM, 1975; 柳华文著:《论国家在〈经济、社会和文化权利国际公约〉下义务的不对称性》,北京大学出版社2005年版。

义务的准确性质特别重要。"① 委员会所指的这两项义务是:第一,"保障""在无歧视的条件下行使"有关权利的义务(《经济、社会、文化权利国际公约》第2条第2款)。不加歧视地保障其管辖下的个人在同等条件下平等地享受公约规定的权利,缔约国的这种义务应该属于"立即生效的义务"。② 实际上,国家有能力消除大部分法律上的歧视。因为没有任何理由在新的立法或行政实践中引进歧视的内容。而且消除法律上的歧视并不需要巨大的经济投入。③ 第二,"采取步骤"的义务。委员会认为,"虽然可以逐步争取完全实现有关的权利,但是,在《经济、社会、文化权利国际公约》对有关缔约国生效之后的合理较短时间之内就必须采取争取这一目标的步骤"④。

(三) 公约的执行机制与经济、社会和文化权利委员会

与《公民权利和政治权利国际公约》和其他国际人权公约相同,《经济、社会、文化权利国际公约》也建立了缔约国报告制度,但是仅此而已。与《公民权利和政治权利国际公约》和其他国际人权公约不同,《经济、社会、文化权利国际公约》没有规定建立相应的委员会。经济、社会和文化权利委员会(CESCR)不是依据《经济、社会、文化权利国际公约》而是依据1985年5月22日联合国经济及社会理事会通过的1985/17号决议建立的。⑤ 在《经济、社会、文化权利国际公约》生效之后到该委员会建立之前的期间内,缔约国的报告直接提交到联合国秘书长并由其转交经济及社会理事会和有关的联合国专门机构审议。⑥

根据《经济、社会、文化权利国际公约》第17条,缔约国在公约对其生效后1年内,与经济及社会理事会和有关专门机构进行咨商后按规定的计划分期提交报告。该《公约》对审议报告的程序作出了具体规定(第18—23条)。经济及社会理事会审议缔约国报告的工作实际上由执行《经济、社会、文化权利国际公

---

① 联合国人权文书:《各人权条约机构通过的一般性意见和一般性建议汇编》,HRI/GEN/1/Rev.5, 26 April 2001,第15页。

② 《经济、社会、文化权利国际公约》在第2条第2款专门规定并用了"保障"一词,可以得出的结论是,缔约国有立即消除歧视的义务。参见 Matthew C. R. Craven, *The International Covenant on Economic, Social and Cultural Rights: A Perspective on Its Development*, Clarendon Press, 1995, p.181.

③ 同上。

④ 联合国人权文书:《各人权条约机构通过的一般性意见和一般性建议汇编》,HRI/GEN/1/Rev.5, 26 April 2001,第13页。

⑤ ECOSOC Res. 1985/17, ESCOR, Supp. (No.1). 该委员会于1987年3月举行了第一次会议。参见 P. Alston and B. Simma, "First Session of the UN Committee on Economic, Social and Cultural Rights", 81 *AJIL*, (1987)。

⑥ 根据《经济、社会、文化权利国际公约》第16条,联合国专门机构得到的是缔约国报告中与其"职司范围的事项有关"的部分。但是这些专门机构审议报告的特定部分的条件是,提交报告的缔约国是该专门机构的成员。联合国目前有15个专门机构(其中世界银行集团包括5个组成部分,IBRD、IDA、IFC、MIGA和ICSID,所以也可以认为联合国有19个专门机构)。这就意味着,缔约国如果同时是所有这些专门机构的成员的话,它的报告的不同部分就可能送交这些不同的联合国专门机构审议。

约》会议工作组承担。该工作组将其审议的情况向经济及社会理事会、人权委员会和各有关专门机构报告。这种工作方法的效率并不理想。①

常设的经济、社会和文化权利委员会在很大程度上改善了审议缔约国报告的效率,同时还为更准确地理解和执行该公约作出许多一般性建议。迄今为止,委员会已经通过了 21 个一般性意见,其中最新的第 21 号一般性意见是关于"人人有权参加文化生活(《经济、社会、文化权利公约》第 15 条第 1 款(甲)项)"。②先后对缔约国义务的性质、国际技术援助措施、适当住房的权利、残疾人、老龄人的经济、社会和文化权利等问题提出解释、建议和指导。但是必须再次强调的是,与其他国际人权条约机构不同,该委员会是联合国经济及社会理事会的下设机构,接受该理事会的指示并对其负责。

第三节 联合国核心国际人权公约

目前联合国大会已经通过了包括上述两个国际人权公约在内的 9 个"核心公约"(the core international human rights instruments)按时间顺序分别为:

1. 1965 年《消除一切形式种族歧视国际公约》(ICERD)
2. 1966 年《经济、社会、文化权利国际公约》(ICESCR)
3. 1966 年《公民权利和政治权利国际公约》(ICCPR)
4. 1979 年《消除对妇女一切形式歧视公约》(CEDAW)
5. 1984 年《禁止酷刑和其他残忍、不人道或有辱人格的待遇或处罚公约》(CAT)
6. 1989 年《儿童权利公约》(CRC)
7. 1990 年《保护所有移徙工人及其家庭成员权利国际公约》(ICRMW)
8. 2006 年《保护所有人免遭强迫失踪国际公约》(Convention on Enforced Disappearances)
9. 2006 年《残疾人权利公约》(CRPD)

这些公约基本上都有一个以上的任择议定书,它们与相关公约构成一个整体,但由于是任择性的,它们分别又可以与相关公约独立地存在。下面对除第 2、3 外的这些公约逐一进行介绍。

---

① 参见 Thomas Buergenthal, *International Human Rights in a Nutshell*, West Group, 2nd ed., 1995, p.57。
② 参见联合国人权高专网站:http://tbinternet.ohchr.org/_layouts/treatybodyexternal/TBSearch.aspx?Lang = en&TreatyID = 9&DocTypeID = 11,2015 年 5 月 11 日访问。

一、消除歧视

(一)《消除一切形式种族歧视国际公约》

1965年12月21日在联合国大会通过并于1969年1月4日生效的《消除一切形式种族歧视国际公约》是在消除种族歧视方面最全面且最精确的法典。[①] 根据该《公约》的规定,种族歧视是指,"基于种族、肤色、世系或民族或人种的任何区别、排斥、限制或优惠,其目的或效果为取消或损害政治、经济、社会、文化或公共生活任何其他方面人权及基本自由在平等地位上的承认、享受或行使"。

该《公约》第2条第1款要求缔约各国以一切适当方法实行消除一切种族歧视与促进所有种族间的谅解的政策,并为此目的承诺:

(子)不对人、人群或机关实施种族歧视行为或习例,并确保所有全国性及地方性的公共当局及公共机关均遵守此项义务;

(丑)对任何人或组织所施行的种族歧视不予提倡、维护或赞助;

(寅)采取有效措施对政府及全国性与地方性的政策加以检查,并对任何法律规章足以造成或持续不论存在于何地的种族歧视者,予以修正、废止或宣告无效;

(卯)以一切适当方法,包括依情况需要制定法律,禁止并终止任何人、任何团体或任何组织所施行的种族歧视;

(辰)于适当情形下鼓励种族混合主义的多种族组织与运动,以及其他消除种族壁垒的方法,并劝阻有加深种族分野趋向的任何事物。

在种族歧视里有一个非常严重的形式,就是种族隔离制度。因此该《公约》第3条规定:"缔约国特别谴责种族分隔及'种族隔离'并承诺在其所辖领土内防止、禁止并根除具有此种性质的一切习例。"

该《公约》的执行机构是《公约》建立的消除种族歧视委员会(CERD)。该委员会由18名专家委员组成,他们均以个人身份工作。该委员会的职责包括:审查缔约国递交的关于执行《公约》情况的报告,受理一缔约国指控另一缔约国以及个人指控缔约国的来文。

与其他国际人权公约不同,所有参加了该《公约》的国家都自动地接受了消除种族歧视委员会接受缔约国对缔约国的指控制度,换言之,该《公约》建立的这种制度不是任择性的。但是个人来文制度是任择性的,因为该《公约》第14条第1款规定:缔约国得随时声明承认委员会有权接受并审查在管辖下自称为

[①] 截止到2015年4月15日,该《公约》已经有177个参加国。参见联合国人权高专办网站:http://indicators.ohchr.org,2015年4月18日访问。中国于1981年12月29日交存加入书,1982年1月28日,该公约开始对中国生效。

该缔约国侵犯本公约所载任何权利行为受害者的个人或个人联名提出的来文。因此，只有在缔约国作出接受该委员会有权受理个人来文的声明后，该委员会才可以受理关于该缔约国的个人来文。

该《公约》还规定，凡是声明接受该委员会受理个人来文制度的缔约国，"得在其本国法律制度内设立或指定一主管机关，负责接受并审查在其管辖下自称为侵犯本公约所载任何权利行为受害者并已用尽其他可用之地方补救办法的个人或个人联名提出之请愿书（《消除一切形式种族歧视国际公约》第14条第2款）"。缔约国国内专门设立或指定的这种主管机关在《消除一切形式种族歧视国际公约》建立的个人来文制度中似乎应该发挥非常重要的作用，至少在程序上是不可或缺的环节。因为该《公约》第14条第5款规定："遇未能从依本条第2款所设立或指定的机关取得补偿时，请愿人有权于6个月内将此事通知委员会。"[1]该《公约》的许多缔约国已经在其国内设立或指定了此类主管机关，这些机关一般称为"平等机会委员会""消除歧视委员会"或"国家人权委员会"。[2]

（二）《消除对妇女一切形式歧视公约》

1979年12月18日在联合国大会通过并于1981年9月3日生效的《消除对妇女一切形式歧视公约》是世界上第一个普遍性专门禁止对妇女歧视的国际公约，也是目前最重要的消除对妇女的歧视并保护妇女权利的国际人权公约。[3]随着世界人权运动迅速发展，与消除对妇女的歧视和对妇女人权的保护相关的著述越来越多。[4]

根据该《公约》所下的定义，对妇女的歧视是指，"基于性别而作的任何区别、排斥和限制，其作用或目的是要妨碍或破坏对在政治、经济、社会、文化、公民或任何其他方面的人权和基本自由的承认以及妇女不论已婚未婚在男女平等的基础上享有或行使这些人权和基本自由"[5]。该定义借鉴了1965年《消除一切

---

[1] Theodor Meron 教授对这项规定的不严谨提出了尖锐的批评。他指出，该《公约》对于缔约国没有设立也没有指定这种主管机关的情况没有作出相应的规定。相反，从《公约》的规定看不出缔约国如果违反了第14条第2款应承担的责任。

[2] 比如，在罗马尼亚，该国内主管机关为"National Council for Combating Discrimination"；葡萄牙的主管机关为"High Commissioner for Immigration and Ethnic Minorities"，南非为"South African Human Rights Commission"。

[3] 截止到2015年4月15日，该《公约》已经有188个参加国。参见联合国人权高专办网站：http://indicators.ohchr.org，2015年4月18日访问。在国际人权公约中，该《公约》是参加国最多的公约之一，仅次于《儿童权利公约》。中国于1980年7月17日签署，1980年11月4日交存批准书，1980年12月4日，该《公约》开始对中国生效。

[4] Rebecca J. Cook (ed.), *Human Rights of Women: National and International Perspectives*, University of Pennsylvania Press, 1994; Christine Chinkin, *The Boundaries of International Law: A Feminist Analysis*, Manchester University Press, 2000；[加]凯瑟琳·马奥尼："作为人权的妇女权利：各种理论观点的分析及其实施战略"，载于白桂梅主编：《国际人权与发展：中国和加拿大的视角》，法律出版社1998年版，第309—349页。

[5] 王铁崖、田如萱编：《国际法资料选编》（第2版），法律出版社1986年版，第226页。

形式种族歧视国际公约》为种族歧视所下的定义。但是删去了后者所含的"公共生活"的限定,使该《公约》不仅适用于公共生活也适用于私人领域中的歧视行为。① 然而,该定义也存在一些问题。例如,对妇女的暴力以及类似行为没有包括在该定义中。为此,消除对妇女歧视委员会于1991年在其第十届会议上通过了关于对妇女的暴力行为的第19号一般性建议。在该建议中,该委员会强调:"基于性别的暴力是严重阻碍妇女与男子平等享受权利和自由的一种歧视形式。"②

该《公约》要求缔约各国谴责对妇女一切形式的歧视,协议立即用一切适当办法,推行消除对妇女歧视的政策。此外还要求尚未将男女平等原则列入宪法的缔约各国将其列入并以法律或其他方法,保证实现这项原则。该《公约》还要求缔约各国在所有领域,特别是在政治、经济、社会、文化领域,采取一切适当措施,包括制定法律,保证妇女得到充分的发展和进步,以确保妇女在与男子平等的基础上,行使和享有人权和基本自由。

这个《公约》全面地规定了防止对妇女歧视和对妇女的保护,涉及政治、公民、经济、社会、文化各方面的权利。在公共和政治生活方面主要包括:禁止一切形式贩卖妇女及意图营利使妇女卖淫的行为;消除公共政治生活中对妇女的歧视,特别应保证妇女在与男子平等的条件下的选举权和被选举权、参与治理政府、担任公职的权利,在国际上代表本国参加国际组织的工作以及妇女有与男子同等的取得、改变或保留国籍的权利。

在经济、社会和文化方面,《公约》要求缔约各国采取一切适当措施消除对妇女在教育领域的歧视,保证城市和农村妇女的各种教育机会与男子平等,包括学前教育、普通教育、技术、专业和高等技术教育等等。《公约》规定缔约各国应保证减少女生退学率,并为离校过早的少女和妇女安排种种方案。

《公约》要求缔约各国采取一切适当措施消除在就业方面对妇女的歧视,其中包括自由选择专业和职业、同工同酬、禁止以怀孕或产假为由的解雇。《公约》要求缔约各国采取一切适当措施,消除在健康方面对妇女的歧视,保证她们在男女平等基础上取得包括有关计划生育的保健服务。

《公约》特别规定了农村妇女权利保障的问题,要求缔约各国采取一切适当措施消除对农村妇女的歧视,保证她们参与各级发展计划的拟订和执行工作,利用充分的保健设施,从社会保障方案中受益,接受各种正式和非正式的培训和教育等等。

---

① Thoedor Meron, "Observations on a Hierarchy of Norms", in his *Human Rights Law-Making in the United Nations: A Critique of Instruments and Process*, Clarendon Press, 1986, pp.59—60. 在起草过程中,菲律宾和瑞典的代表提出参照《消除一切形式种族歧视国际公约》关于歧视的定义。参见 Lars Adan Rehof (ed.), *Guide to the Travaux Préparatoires of the United Nations Convention on the Elimination of All Forms of Discrimination against Women*, Martinus Nijhoff Publishers, 1993, p.46。

② 联合国人权文书:《各人权条约机构通过的一般性意见和一般性建议汇编》,HRI/GEN/1/Rev.5, 26 April 2001,第208—209页。

在公民事务上,缔约各国应给予妇女与男子同等的法律行为能力,以及行使这种能力的机会,特别应给予妇女签订合同和管理财产的平等权利,并在法庭和法庭诉讼的各个阶段给予平等待遇。

最后,《公约》要求缔约各国采取一切适当措施消除在有关婚姻和家庭关系的一切事务上对妇女的歧视,并特别保证她们在缔结婚约、选择配偶、培养子女、选择姓氏等方面与男子有相同的权利。

应当承认,由于保留的缔约国以及所保留的条款数量都很多,致使《消除对妇女一切形式歧视公约》的效力受到很大影响。① 此外,该《公约》的执行机制也比较弱。从1981年《公约》开始生效一直到20世纪末,执行机制只是一个报告制度。1999年10月15日,终于通过了一个建立个人申诉制度的任择议定书,即《消除对妇女一切形式歧视公约的任择议定书》。根据这个议定书,消除对妇女歧视委员会可以受理个人提出的关于缔约国违反《公约》规定的权利的来文,但是被控告的缔约国必须已经参加了该任择议定书。该任择议定书已于2000年12月22日生效。②

二、保护弱势群体

(一)《儿童权利公约》

儿童权利的保护,也是国际社会非常关注的一个领域。③ 儿童在各个国家都是受到保护的,但是儿童权利受到侵害的情况也是相当普遍的。1989年11月20日联合国大会通过并于1990年9月2日生效的《儿童权利公约》是目前在国际上保护儿童权利的国际公约,该《公约》是所有人权公约当中参加国最多的。④

根据该《公约》第1条的定义,儿童是指18岁以下的任何人,但法律规定成

---

① Liesbeth Lijnzaad 对该公约保留的情况作了非常细致的比较和分析,包括保留的内容、其他公约当事国的反应以及后来撤除保留的情况。详见 Liesbeth Lijnzaad, *Reservations to UN-Human Rights Treaties: Ratify and Ruin*? Martinus Nijhoff Publishers, 1995, pp. 304—370。

② 截至2015年4月15日,已经有105个国家参加该议定书。参见联合国人权高专办网站:http://indicators.ohchr.org,2015年4月18日访问。

③ 关于儿童权利的中英文著述,可以参见 P. Alston (ed.), *Ten Best Interests of the Child: Reconciling Culture and Human Rights*, UNICEF Internatinoal Child Development Center, Clarendon Press, 1994; James Himes (ed.), *Implementing the Convention on the Rights of the Child: Resource Mobilization in Low-Income Countries*, Martinus Nijhoff Publishers, 1995; Alfhild Petren and James Himes (eds.), *Children's Rights: Turning Principles into Practice*, Falth & Hassler, 2000; 王雪梅著:《儿童权利论:一个初步的比较研究》,社会科学文献出版社2005年版;王雪梅著:《儿童福利论》,社会科学文献出版社2014年版。

④ 截至2015年4月15日,该《公约》的参加国共194个。参见联合国人权高专办网站:http://indicators.ohchr.org,2015年4月18日访问。中国于1990年8月29日签署该《公约》,1992年3月2日交存批准书,同年4月2日该《公约》对中国生效。

年人的年龄低于18岁的除外。①《公约》规定了保护儿童权利的一般原则,其中包括不歧视原则和"儿童最大利益原则"。《公约》还规定了儿童的具体权利的保护、缔约国的义务和实施公约的机制。

1. 不歧视原则

《公约》第2条规定,缔约各国应尊重该公约中规定的儿童的权利,并确保在其管辖范围内的所有儿童在平等不歧视的基础上享受这些权利。值得注意的是,该条列举的不得歧视理由中不仅包括儿童本人还包括其父母或法定监护人的地位或身份,此外还在其他国际人权公约所包括的不得歧视理由中增加了"残疾"这一项。缔约国应该采取保护性措施以避免或制止儿童的这些平等权利受到威胁或遭到侵犯。该《公约》在第22条(关于难民儿童)、第23条(关于残疾儿童)和第30条(关于族裔、宗教或语言的少数人或原为土著居民的儿童)中规定了缔约国在消除歧视方面的具体义务。

2. 儿童最大利益原则

该《公约》确立了一项非常重要的原则,即为了儿童的最大利益原则。在起草《儿童权利公约》初期,波兰政府提出将儿童最大利益原则写入公约的建议。该建议得到积极响应并明确了该原则在公约中的优先地位。② 儿童最大利益原则在1959年《儿童权利宣言》中已经有所体现。该《宣言》指出,制定关于儿童的法律应首先考虑儿童最大利益原则,该原则也是对儿童的教育和辅导负责的人应遵循的指导原则。③ 后来的一些国际公约包含该《宣言》中的此项规定。④ 在国内法中,儿童最大利益原则早已规定在一些国家的法律中,不过一般限于婚姻法中的离婚和监护以及民法中的收养等领域。⑤《儿童权利公约》所确立的儿童最大利益原则的适用范围及于所有影响儿童的决定。该《公约》第3条第1款规定:"关于儿童的一切行动,不论是由公私社会福利机构、法院、行政当局或立法机构执行,均应以儿童的最大利益为一种首要考虑。"该《公约》在其他条款中也提到这项原则,例如,第9条(关于儿童与父母的分离)、第18条(关于父母

---

① 关于儿童的定义,在该《公约》起草过程中有很大争议。主要集中在儿童起点的问题上,即儿童的生命是从出生还是从受孕开始。如果从受孕开始,儿童的权利就与堕胎联系起来从而引起无休止的争论。参见 Nigel Cantwell, "the Origins, Development and Significance of the United Nations Convention on the Rights of the Child", in S. Detrick (ed.), *The United Nations Convention on the Rights of the Child: A Guide to the "Travaux Préparatoires"*, Dordrecht/Boston: Martinus Nijhoff Publishers, 1992, p.19.

② 参见 Alfhild Petren and James Himes (eds.), *Children's Rights: Turning Principles into Practice*, Falth & Hassler, 2000, p.31.

③ 《儿童权利宣言》第2项和第7项原则,参见联合国大会1959年11月20日通过的1386(XIV)号决议。

④ 例如,1979年《消除对妇女一切形式歧视公约》第5条(b)、第16条第1款(d)和(f)。

⑤ 参见 Alfhild Petren and James Himes (eds.), *Children's Rights: Turning Principles into Practice*, Falth & Hassler, 2000, p.31.

对儿童的责任)、第20条(关于儿童的抚养环境)等。

3. 缔约国的义务

该《公约》第3条第2款规定:"缔约国承担确保儿童享有幸福所必需的保护和照料,考虑到其父母、法定监护人、或任何对其负有法律责任的个人的权利和义务,并为此采取一切适当的立法和行政措施。"第4条规定:"缔约各国应采取一切适当的立法、行政和其他措施以实现本公约所确认的权利。关于经济、社会及文化权利,缔约国应根据其现有资源所允许的最大限度并视需要在国际合作范围内采取此类措施。"

该《公约》的这些规定表明:首先,缔约国承担直接保护和照料儿童的义务,为了履行这项义务必须采取一切适当的立法和行政措施。其次,缔约国在该《公约》下的义务在所谓"积极权利"和"消极权利"之间没有特别加以区分。这体现了各种权利之间的不可分性。但是,唯一的一个例外是在上述第4条中提到了儿童的经济、社会和文化权利,目的是允许缔约国根据其现有的资源"最大限度"地采取措施以实现这些权利,必要时可以通过国际合作来实现。最后,该《公约》要求缔约国在履行其义务时要考虑儿童的父母、法定监护人或其他对儿童负有法律责任的个人的权利和义务。这项规定是《儿童权利公约》所特有的,也是缔约国必须按照该《公约》的规定妥善处理的问题。

4. 儿童的具体权利

该《公约》确认的儿童权利包括生命权、出生登记权和姓名权、身份、法律所承认的国籍、姓名及家庭关系不受非法干扰的权利,还包括保护儿童的表达自由、使其免受经济剥削、毒品伤害、性剥削或性虐待等。

其中有些权利是以前与儿童权利相关的国际文件所没有的。例如,关于维护儿童的身份,该《公约》第8条的规定是在阿根廷的建议基础上制订的。由于许多失踪的儿童得到的是故意伪造的身份证件,他们与其家庭的联系因此而中断,因此维护儿童的身份,包括他们的国籍、姓名及家庭关系是非常重要的。又如,第12条规定:"缔约国应确保有主见能力的儿童有权对影响到其本人的一切事项自由发表自己的意见,对于儿童的意见应按照年龄和成熟程度给以适当的看待。"再如关于儿童健康权的第24条,首次在具有法律拘束力的国际文件中规定缔约国有义务采取一切有效和适当的措施废除对儿童健康有害的传统习俗,例如,女性的割礼和偏爱男孩等。最后,关于《儿童权利公约》的原则和规定的普及和宣传,该《公约》在第42条中的规定也是第一次专门明确地承认儿童自己知晓他们的权利是非常必要的。[①] 这项规定在所有国际人权公约中如果不是唯一的也是很少见的。

---

① 参见 Nigel Cantwell, "the Origins, Development and Significance of the United Nations Convention on the Rights of the Child", in S. Detrick (ed.), *The United Nations Convention on the Rights of the Child: A Guide to the "Travaux Préparatoires"*, Dordrecht/Boston: Martinus Nijhoff Publishers, 1992, pp. 28—29。

作为普遍性国际人权文件,该《公约》所确认的权利应该是国际标准。但是不能不承认,世界各国的发展程度不同,特别是世界南北方国家之间存在的巨大差距。因此有学者认为"对于发展中国家的大多数人口来说,童年是一种难以实现的奢侈。发展中国家的儿童通常在比工业国家的儿童更早的年龄就不得不开始发挥成人的作用"。"因为不符合西方国家关于童年的标准,南方社会成为外来干涉的永久目标。"①实际上,与其他国际公约一样,《儿童权利公约》也是缔约国之间妥协的产物。在起草过程中存在的分歧很多,例如,上述关于儿童的定义,还有关于宗教自由(第14条)、关于儿童加入武装部队(第38条)等等问题,都是争论非常激烈的问题。有些问题涉及人权的普遍性与文化相对性或特殊性的复杂问题,不能一概而论。

5. 公约的执行机制

2011年12月19日联合国大会决议通过了《儿童权利公约》关于执行机制的议定书,即《儿童权利公约关于设定来文程序的任择议定书》。② 该《议定书》第2条规定,儿童权利委员会"在行使本议定书赋予的职能时,应奉行儿童最大利益原则"。因此,委员会的议事规则要保证采取体恤儿童的程序(第3条第1款);为防止代表儿童行事者操纵儿童,委员会可以拒绝审查它认为不符合儿童最大利益的任何来文(第3条第2款)。③

目前《儿童权利公约》还有两个关于权利内容的议定书,即《儿童权利公约关于儿童卷入武装冲突的任择议定书》④和《儿童权利公约关于买卖儿童、儿童卖淫和儿童色情制品问题的任择议定书》。⑤ 此外,关于儿童权利保护的国际公约还有国际劳工组织1999年6月17日通过并于2000年11月19日生效的第182号《禁止和立即行动消除最有害的童工形式公约》。⑥

---

① Vanessa Pupavac,"The Infantilization of the South and the UN Convention on the Rights of the Child", *Human Rights Law Review* (1998), Vol. 3, No. 2, p. 3.
② 截至2015年5月26日,该《议定书》有参加国17个,参见:https://treaties. un. org/Pages/ViewDetails. aspx? src = TREATY&mtdsg_no = IV-11-d&chapter = 4&lang = en,2015年5月26日访问。
③ 参见大会决议文件(A/RES/66/138):http://daccess-dds-ny. un. org/doc/UNDOC/GEN/N11/467/09/PDF/N1146709. pdf? OpenElement, 2015年5月26日访问。
④ 2000年5月25日通过,2002年2月12日生效。截至2015年4月15日,该《议定书》已有159个参加国。参见联合国人权高专办网站:http://indicators. ohchr. org,2015年4月18日访问。中国于2001年3月15日在该议定书上签字,并于2008年2月20日交存批准书。
⑤ 2000年5月25日通过,2002年1月18日生效。截至2015年4月15日已有169个参加国。参见联合国人权高专办网站:http://indicators. ohchr. org,2015年4月18日访问。中国于2000年9月26日签署了该《议定书》并于2002年12月3日交存批准书,该《议定书》于2003年1月3日对中国生效。
⑥ 截至2015年5月10日,该《公约》已有179个参加国。参见国际劳工组织网站的数据库:http://www. ilo. org/dyn/normlex/en/f? p = 1000:11300:2240495984272248::::P11300_INSTRUMENT_SORT:1, 2015年5月10日访问。中国于2002年8月8日交存批准书,2003年8月8日,该《公约》对中国生效。

(二)《保护所有迁徙工人及其家庭成员权利国际公约》

在经济全球化的进程中,迁徙现象的重要性和规模日益增长,所涉及的人和国家也在成正比地增长。迁徙工人及其家庭成员遇到的因迁徙造成的重重困难,特别是他们的基本人权遭到侵犯的问题得到了国际社会的关注。1990年12月18日在联合国大会通过并于2003年7月1日生效的《保护所有迁徙工人及其家庭成员权利国际公约》①是一项全面并普遍适用的、为迁徙工人及其家庭成员提供国际保护的国际人权公约。

1. 迁徙工人及其家庭成员的定义

根据《公约》第2条第1款和第4条,"迁徙工人"是指在其非国民的国家将要、正在或已经从事有报酬的活动的人。"家庭成员"是指迁徙工人的已婚配偶或依照适用法律与其保持具有婚姻同等效力关系的人,以及他们的受抚养子女和经适用法律或有关国家间适用的双边或多边协定所确认为家庭成员的其他受养人。上述意义的"迁徙工人"包括每天或每星期返回邻国惯常住所的"边境工人"、一年内仅在部分期间工作的"季节性工人"、在外国注册的船舶上工作的"船员"或渔民、在外国管辖范围内的近海装置(如石油平台)上工作的"近海装置上的工人"、经常为工作所需到一个或一些其他国家逗留的"行旅工人"、受雇在特定时间内在就业国完成项目的"项目工人"、从事特定工作、高端技术或技能的"特定聘用工人"和为谋生而从事自由职业的"自营职业工人"(第2条第2款)。这些均属于《公约》第五部分所指的"特殊类别"的迁徙工人。此外,《公约》还以有无证件或身份是否正常为标准将所有迁徙工人及其家庭成员分为两类,有证件或身份正常的迁徙工人享有更加广泛的权利(《公约》第四部分)②,但是,"特殊类别"的迁徙工人,由于他们的特殊性质,在有限的范围内享有第四部分所列的权利(第57—63条)。然而,那些无证件或身份不正常的(包括特殊类别的)迁徙工人只享有《公约》第三部分所列的权利,也即适用于所有迁徙工人的权利。因此,只有那些有证件或身份正常的迁徙工人才享有《公约》第三和第四部分所列全部权利。

从上述关于迁徙工人的定义来看,《公约》仅适用于跨国的迁徙工人及其家庭成员。此外,《公约》还不适用于国际组织和机构或者国家派遣或雇用的从事公务的人员、从事发展方案和其他合作的国家外派或在境外雇用或代表一国的人、难民和无国籍人、学生和受训人员等等(第3条)。

---

① 截至2015年4月15日,该《公约》已经有47个参加国。参见联合国人权高专办网站:http://indicators.ohchr.org,2015年4月18日访问。目前中国尚未参加该《公约》。

② 按照《公约》第5条,如在就业国内依照该国法律和该国为缔约国的国际协定,获准入境、逗留和从事有报酬活动,就被视为有证件或身份正常,否则就被视为没有证件或身份不正常。

2. 公约所列迁徙工人的人权内容

与其他国际人权公约相同,《公约》在第二部分规定了不歧视原则("权利方面不歧视"是这个部分的标题),所不同的是增加了几种反歧视的理由,即年龄、经济地位、财产和婚姻状况(第7条)。《公约》规定缔约国承担不加任何区别地"尊重并确保在其境内或受其管辖的迁徙工人及其家庭成员,享有本公约所规定的权利……"根据公约的规定,缔约国可能是"原籍国",即当事人为其国民的国家;或者是"就业国",即迁徙工人将要、正在或已经从事有报酬活动的所在国家;或者是"过境国",即当事人往返就业国与原籍国或惯常居住国时经过的任何国家。

《公约》第三部分所列权利除了与迁徙工人及其家庭成员的身份相关的权利内容外,大部分权利内容均与1966年两个国际人权公约类似,例如,生命权、免受酷刑、不得使为奴隶或受奴役或强迫劳动、思想、良心和宗教自由、隐私权、人身自由等等,此外还有工作权、参与工会的权利、子女的受教育权利、社会保障权利等等。《公约》所列与迁徙工人及其家庭成员的身份相关的权利内容主要包括:自由离开任何国家和随时进入原籍国并在原籍国停留的权利(第8条);在被捕的情况下享有"领事通知权",即"如当事人有此要求,应毫无拖延地将其逮捕或拘禁情事及其理由告知其原籍国的领事或外交当局或代表该国利益的领事或外交当局"(第16条第7(a)款);在《公约》所列权利受到损害时应有权寻求其原籍国领事或外交机关或代表该国利益的国家的领事或外交机关的保护和协助(第23条)等等。

如上所述,《公约》第四部分所列权利仅全部和部分地适用于有证件或身份正常的迁徙工人及其家庭成员和"特殊类别"的迁徙工人及其家庭成员。这些权利主要包括:与就业相关的信息知情权(第37条);在就业国领土内的迁徙和选择住所的自由(第39条);成立社团和工会的权利(第40条);参加原籍国的公共事务,并在原籍国有选举和被选举权(第41条);在教育、住房、社会服务和文化生活各方面享有国民待遇(第43条和第45条);有条件地享有在就业国内自由选择有报酬活动的权利(第52条)等等。《公约》对于各种"特殊类别"的迁徙工人及其家庭成员享有第四部分所列权利的具体限定逐一作了规定。

《公约》的第六部分是关于增进迁徙工人及其家庭成员国际迁徙的合理、公平、人道和合法条件;第七部分是关于《公约》执行机制,包括设立保护所有迁徙工人及其家庭成员权利委员会(委员会)、建立缔约国报告制度(第73条和第74条)以及国家对国家和个人对国家的申诉制度(第76条和第77条,均为任择性条款);第八部分是关于一般规定;第九部分是最后条款。

(三)《残疾人权利公约》

残疾人是在国家社会中最易受侵害的弱势群体,促进和保护他们的人权是国际人权法的重要任务之一。联合国大会于 1982 年通过了《关于残疾人的世界行动纲领》①，并于 1994 年通过了《残疾人机会均等标准规则》。② 但是这两个文件都是没有法律拘束力的联合国大会决议。2006 年联合国大会通过了《残疾人权利公约》并于 2008 年 5 月 3 日开始生效。③ 中国于 2008 年 8 月 1 日交存批准书，《公约》于同年 8 月 31 日开始对中国生效。④

1. 残疾人定义和相关概念

《公约》没有给残疾人下任何定义，只是在关于公约宗旨的第 1 条中有一个简单描述："残疾人包括肢体、精神、智力、或感官有长期损伤的人，这些损伤与各种障碍相互作用，可能阻碍残疾人在与他人平等的基础上充分和切实地参与社会。"这个简单描述包含三层意思：残疾人的种类主要是肢体、精神、智力或感官方面的；残疾人在上述某个方面或多个方面有长期损伤，从而排除了因事故或疾病带来的短期损伤的人；由于在某个或多个方面的长期损伤在与他人平等、充分和切实参与社会中受到障碍。应该特别指出的是，这个描述比较强调"损伤"与"各种障碍的相互作用"造成了残疾人不能充分参与社会。在汉语中"残疾人"似乎有贬义，因此有人建议用"残障人"，但是仍然没有去掉那个"残"字。实际上中国过去使用过"残废人"，后来认识到"残而不废"的道理才改为现在通用的"残疾人"，例如，"中国残疾人联合会"、《中华人民共和国残疾人保障法》。我国《残疾人保障法》第 2 条规定：残疾人是指在心理、生理、人体结构上，某种组织、功能丧失或者不正常，全部或者部分丧失以正常方式从事某种活动能力的人。

《公约》给"基于残疾的歧视"所下的定义是："基于残疾而作出的任何区别、排斥或限制，其目的或效果是在政治、经济、社会、文化、公民或任何其他领域，损害或取消在与其他人平等的基础上，对一切人权和基本自由的认可、享有或行使。基于残疾的歧视包括一切形式的歧视，包括拒绝提供合理便利。"《公约》界定的"合理便利"是指"根据具体需要，在不造成过度或不当负担的情况下，进行必要和适当的修改和调整，以确保残疾人在与其他人平等的基础上享有或行使一切人权和基本自由"。由于《公约》的宗旨是"促进、保护和确保所有残疾人充

---

① 参见中国残疾人联合会网站：http://cl.qqhr.gov.cn/news_view.asp? newsid = 258，2009 年 5 月 15 日访问。
② 参见联合国网站：http://daccessdds.un.org/doc/UNDOC/GEN/N94/119/95/IMG/N9411995.pdf? OpenElement，2009 年 5 月 15 日访问。
③ 截至 2015 年 4 月 15 日，《公约》已经有 106 个参加国。参见联合国人权高专办网站：http://indicators.ohchr.org，2015 年 4 月 18 日访问。
④ 依据《公约》第 45 条第 2 款，在《公约》生效后交存批准书的国家，《公约》于交存批准书后的第 30 天对该国家生效。我国在交存批准书时作出了关于香港和澳门特别行政区的声明，意思是依据香港和澳门基本法的规定，中国政府决定《公约》适用于这两个特别行政区。中国没有对公约作任何保留。

分和平等地享有一切人权和基本自由,并促进对残疾人固有尊严的尊重",上述基于残疾的歧视定义是十分必要的。

2. 一般原则和一般义务

《公约》规定了8项一般原则:尊重固有尊严和个人自主,包括自由作出自己的选择,以及个人的自立;不歧视;充分和切实地参与和融入社会;尊重差异,接受残疾人是人的多样性的一部分和人类的一分子;机会均等;无障碍;男女平等;尊重残疾儿童逐渐发展的能力并尊重残疾儿童保持其身份特性的权利(第3条)。这些原则均为普遍接受的价值观念,它们注重尊严、平等和自主自立,贯穿《公约》的所有规定中,是《公约》的核心指导原则。

在这些一般原则的基础上,缔约国承诺履行9项一般义务,其中除了国际人权公约惯常规定的关于采取立法、司法和行政措施的一般义务外还包括:确保公共当局和机构遵循本公约的规定行事;采取一切适当措施消除任何个人、组织或私营企业基于残疾的歧视;从事或促进研究和开发适合残疾人的新技术;向残疾人提供无障碍信息;促进培训协助残疾人的专业人员和工作人员等。

3. 残疾人权利的主要内容

残疾人享有与其他人同样的人权和基本自由,包括法律面前的平等权、生命权、在法律面前的人格权、获得司法保护的权利、自由和人身安全权、免于酷刑、剥削、暴力和凌辱、保护人身完整性、迁徙自由、享有、获得和变更国籍的权利、表达自由和获得信息的机会、隐私权、家庭权利、受教育权、健康权、工作和就业权、适足的生活水平和社会保护权、参与政治和公共生活权、文化权等等。

与社会中的其他弱势群体相比,残疾人应该是最弱的、最易受伤害和最易被歧视的。在这个人群中的妇女和儿童可能更为脆弱。因此,《公约》专门就残疾妇女和残疾儿童作出规定(第6条、第7条)。

实际上对残疾人的歧视在很大程度上是由于人们的无知、忽视、迷信和恐惧。因此《公约》专门就整个社会对残疾人的态度作出规定,使缔约国承诺立即采取有效和适当的措施以便提高整个社会,包括家庭,对残疾人和残疾人的能力和贡献的认识,消除对他们的定见、偏见和有害做法(第8条)。

为履行《公约》,《公约》设立了由12名专家组成的残疾人权利委员会(待《公约》参加国达到60个时专家数将增至18名),其主要职能是审议缔约国的首次报告和每四年提交的定期报告,对逾期不交的缔约国,委员会予以提醒,仍然不交的,委员会必须在没有缔约国报告的情况下,依据手头上的可靠资料对缔约国实施《公约》的情况进行审议;审议因违反《公约》成为受害人的申诉(个人来文),申诉可以个人自行或联名或以其名义提出。但是,委员会的后一项职能规定在《残疾人权利公约任择议定书》中,对于仅参加了《公约》没有参加该议定书的缔约国,委员会无权行使此职能。①

三、禁止酷刑、免遭强迫失踪

(一)《禁止酷刑公约》

1.《禁止酷刑公约》的主要内容

1984年12月10日在联合国大会通过并于1987年6月26日生效的《禁止酷刑和其他残忍、不人道或有辱人格的待遇或处罚公约》②对酷刑和不人道或有辱人格待遇的行为所下的定义是:"为了向某人或第三者取得情报或供状,为了他或第三者所作或涉嫌的行为对他加以处罚,或为了恐吓或威胁他或第三者,或为了基于任何一种歧视的任何理由,蓄意使某人在肉体或精神上遭受剧烈疼痛或痛苦的任何行为,而这种疼痛或痛苦是由公职人员或以官方身份行使职权的其他人所造成或在其唆使、同意或默许下造成的。纯因法律制裁而引起或法律制裁所固有或附带的疼痛或痛苦则不包括在内。"根据这个定义,公约所禁止和惩治的酷刑是由公职人员或官方人员唆使或默许的人所为。③ 酷刑是国际法上的一种罪行。

该《公约》规定:每一缔约国应采取有效的立法、行政、司法或其他措施,防止在其管辖的任何领土内出现施行酷刑的行为。任何特殊情况,不论战争状态、战争威胁、国内政局动荡或任何其他社会紧急状态,均不得援引为施行酷刑的理由。上级官员或政府当局的命令不得援引为施行酷刑的理由。④

该《公约》规定:每一缔约国应保证,将一切酷刑行为定为刑事罪行。该项规定也应适用于施行酷刑的企图以及任何人合谋或参与酷刑的行为。这项规定对于惩罚策划和发布命令的上级官员特别是国家和政府首脑是具有重要意义的。在"皮诺切特"案中,智利前总统皮诺切特被西班牙法官加尔松指控他所犯的罪行中包括酷刑罪,而作为当时智利的总统,他可能不会直接实施酷刑。但

---

① 中国没有参加该议定书。关于条约机构的个人(来文)申诉制度,在后面将集中专门讨论。
② 截至2015年4月19日,该《公约》已经有157个参加国;参见联合国网站:https://treaties.un.org/Pages/ViewDetails.aspx？src＝TREATY&mtdsg_no＝IV-9&chapter＝4&lang＝en,2015年4月20日访问。中国于1986年12月12日签署、1988年10月4日批准了该《公约》。
③ 对此定义,女权主义国际法学者提出了严厉批评。他们认为,在私人生活领域中对妇女的暴力行为有些是非常残忍的,不应该排除在酷刑定义之外。参见 H. Charlesworth, "Feminist Methods in International Law", 93 *American Journal of International Law*, (1999) 397; C. Chinkin, "Rape and Sexual Abuse of Women in International Law", 5 *European Journal of International Law*, (1994) 326。
④ 上级官员的命令不得作为犯国际罪行的理由,这是在第二次世界大战后审判战犯的"纽伦堡规则"中的一项重要规则,现已成为习惯国际法的一部分。关于"纽伦堡规则",参见本书第18章。

是,他作为策划者或发布命令者也是犯有罪行的。①

2. 禁止酷刑公约的执行机制

该《公约》建立了由10名专家委员组成的禁止酷刑委员会(第17—24条)。该委员会负责审议缔约各国提交的报告。另外《公约》还建立了国家对国家以及个人对国家的来文制度,与其他多数人权公约一样,这些制度都是任择性的(第21条和第22条)。

关于执行机制,值得特别注意的是该《公约》建立的秘密调查制度。该《公约》第20条第2款规定:"委员会考虑到有关缔约国可能提出的任何说明以及可能得到的其他有关情报,如果认为有正当理由,可以指派一名或一名以上成员进行秘密调查并立即向委员会提出报告。"不过秘密调查是在相关缔约国境外进行的。委员会一般要求相关缔约国在调查中予以合作。因此,委员会可能要求相关缔约国指派一名代表与进行调查的委员会成员见面,当面回答问题并提供必要的信息。如果相关缔约国同意,进行调查的委员会成员还可以到相关缔约国国内访问并举行听证会(第20条第3款)。委员会在对秘密调查的报告结果进行审查后,连同该委员会提出的意见或建议转交给相关缔约国。

所有程序均秘密进行并在各个阶段均应寻求缔约国的合作。唯一公开的阶段是,在与相关缔约国协商后将秘密调查结果的摘要载入委员会每年向本《公约》缔约国和联合国大会提交的报告中(第20条第5款、第24条)。

3. 禁止酷刑公约议定书及预防酷刑小组委员会

为了执行《公约》第2条和第16条关于预防出现酷刑行为的规定并为了补充这些条款的规定,联合国大会于2002年12月18日通过了《禁止酷刑和其他残忍、不人道或有辱人格的待遇或处罚公约任择议定书》。② 该《议定书》的目标是"建立一个由独立国际机构和国家机构对存在被剥夺自由者的地点进行定期查看的制度,以预防酷刑和其他残忍、不人道或有辱人格待遇或处罚(第1条)"。该《议定书》规定在原来的禁止酷刑委员会之下设立一个"预防酷刑、或其他残忍、不人道或有辱人格待遇或处罚小组委员会(简称预防小组委员会)"。该《议定书》还要求缔约国在国内设立、指定或保持一个或多个国家级预防酷刑

---

① 关于"皮诺切特"案详见,Henry J. Steiner and Philip Alston (eds.), *International Human Rights in Context: Law, Politics and Morals*, 2nd. Oxford, 2000, pp. 1198—1212;梁淑英主编:《国际法教学案例》,中国政法大学出版社1999年版,第160—163页;周忠海主编:《皮诺切特案析》,中国政法大学出版社1999年版。

② 该《议定书》已于2006年6月22日生效。截至2015年5月10日,已有78个国家批准或加入(75个签字国),中国既未在该议定书上签字,也未加入。参见 United Nations Treaty Collection 的信息: https://treaties.un.org/pages/ViewDetails.aspx? src = TREATY&mtdsg_no = IV-9-b&chapter = 4&lang = en, 2015年5月10日访问。

的查访机构(简称国家预防机构),并规定了此种机构的最低限度的权力(第3条、第18—23条)。

该预防小组委员会执行该《议定书》规定的职责,其中包括:

1. 查访并提出建议

直接查访缔约国"管辖和控制下任何确实或可能按照公共机关的命令或怂恿或在其同意或默许下剥夺人的自由的地方(下称拘留地点)"(第4条第1款)并就保护被剥夺自由的人免于酷刑向缔约国提出建议(第11条(a))。

2. 帮助加强国家预防机制

向缔约国提供建立国家预防机制的建议和援助;与国家预防机制保持直接联系并在必要时为其提供培训和技术援助;在评估需要和必要措施方面向其提供咨询和援助等(第11条(b))。

3. 合作

从总的方面预防酷刑,与有关的联合国机关和机制合作,并与致力于加强保护所有人使其免遭酷刑的国际、区域和国家机构或组织合作(第11条(c))。

(二)《所有人免遭强迫失踪国际公约》

强迫失踪是在许多国家都存在的现象,只是严重程度有所不同。严重的情况是得到政府直接或间接支持的大规模秘密逮捕、拘留或绑架或剥夺自由并且事后拒绝透露被害人的下落或拒绝承认所发生的行为,使受害人置于法律保护之外。联合国大会曾于1993年通过《保护所有人不遭受强迫失踪宣言》,在《宣言》中联大认为"强迫失踪损害了一切尊重法治、人权和基本自由的社会的最重要价值观念,而且此类有计划有组织的行为是一种危害人类的罪行"。《宣言》号召"各国应采取国家和区域级别的行动,并与联合国合作,尽一切努力防止和根除被强迫失踪事件"。《所有人免遭强迫失踪国际公约》是在《宣言》的基础上制定的。《公约》于2006年12月20日在联合国大会上通过,《公约》已于2010年12月23日生效,现有30个参加国。

1. 强迫失踪的定义

《公约》第2条给强迫失踪所下的定义是:"由国家代理人,或得到国家授权、支持或默许的个人或组织,实施逮捕、羁押、绑架,或以任何其他刑事剥夺自由的行为,并拒绝承认剥夺自由之实情,隐瞒失踪者的命运或下落,致使失踪者不能得到法律的保护。"该定义中有几个值得注意的因素:首先,《公约》所指的强迫失踪属于国家行为,因此完全由黑社会或其他私人实施的行为不在《公约》适用的范围;其次,该行为可能由代表国家行事的人直接实施,也可能是国家支持或默许其他人或组织间接实施的行为;最后,《公约》的定义不考虑强迫失踪的主观因素,换言之,该定义只强调实际上实施了该行为而对实施该行为的目的或动机在所不问。

2. 缔约国的义务

首先,立法和司法上的义务。例如,"确保在本国的刑法中将强迫失踪行为列为犯罪(第4条)",在缔约国之间的引渡条约中将强迫失踪罪列为可引渡的罪行(第13条)。又如,追究所有制造、指令、唆使或诱导制造或企图制造强迫失踪的人以及同谋或参与制造强迫失踪的人及其上级官员的刑事责任(第6条第1款)。

其次,"或引渡或起诉"义务。"缔约国在其管辖的领土上发现据称犯有强迫失踪罪的人,如果不按其国际义务将该人引渡或移交给另一国家,或移交该缔约国承认其司法权的某一国际刑事法庭,则该国应将案件提交本国的主管机关起诉"。为此,《公约》还规定:"就缔约国之间的引渡而言,不应将强迫失踪罪视为政治犯罪、与政治犯罪有联系的普通犯罪,或带有政治动机的犯罪。因此,不得仅以这些理由拒绝对此种犯罪提出的引渡要求"(第13条)。

再次,防止的义务。为防止强迫失踪的犯罪行为,缔约国承担禁止秘密监禁、保证被剥夺自由者的亲属知悉其相关信息、确保被剥夺自由者获释能得到可靠核实以及培训执法人员等义务(第17—23条)。

最后,对受害人实施救济的义务。在发生强迫失踪犯罪行为后,缔约各国应采取措施使受害人了解真相、调查的进展和结果以及失踪人的下落;查寻、找到和解救失踪者;确保强迫失踪的受害人有权取得补救和及时、公正和充分的赔偿,包括恢复原状、康复、平反等。

与大多数国际人权公约一样,《公约》规定设立强迫失踪问题委员会。委员会的职能包括审议缔约国的报告,接受并审议国家对国家的和个人对国家的申诉(来文),但后两者均为任择性的。

第四节 区域国际人权保护

一、欧洲人权保护机制

欧洲是区域性国际人权保护发展最早,也是最发达的地区。《欧洲人权公约》,全称为《欧洲人权与基本自由公约》,是在《世界人权宣言》的基础上起草通过的。《欧洲人权公约》主要规定了公民和政治权利,例如,生命权、禁止酷刑、人身安全权、公正审判权、罪刑法定原则、私人生活不受干扰的权利、思想、良心和宗教自由、言论自由、集会自由、结社自由等等。《欧洲人权公约》从它通过到现在,已经有几十年的时间。这个公约的内容通过议定书的方式进行了多方面的修正,主要是补充一些公约的内容。其中包括财产权、受教育权、迁徙自由以及禁止集体驱逐外国人等多种权利。

欧洲国际人权保护的机制也是最为发达的。《欧洲人权公约》建立了保护人权的机构。① 1998年以前，主要是欧洲人权委员会、欧洲人权法院和欧洲部长理事会。根据1998年修订以前的《欧洲人权公约》的规定，欧洲人权法院不能直接受理由个人提出的申诉。个人必须首先到欧洲人权委员会提出申诉，然后由欧洲人权委员会根据具体情况决定是否将案件提交欧洲人权法院。在这样的情况下，处理侵犯人权案件的效率就受到很大影响。许多案件在最终提交到欧洲人权法院前需要等待3—5年的时间。1998年随着《欧洲人权公约》第11项议定书的生效，欧洲人权保护机制有了很大的调整。调整之后，欧洲人权委员会被取消。新的欧洲人权法院可以直接受理个人、非政府组织或者由个人组成的团体作为侵犯人权的受害人提交的案件。因此，欧洲人权国际保护在效率上有了很大提高。

如上所述，《欧洲人权公约》仅规定了公民和政治权利。为此，1961年欧洲理事会通过了《欧洲社会宪章》，在这个宪章当中，主要规定了个人所享有的经济、社会和文化方面的权利。但除报告制度外，《欧洲社会宪章》没有设立任何其他的执行机制。

此外，与欧洲人权保护机制相关的《欧盟基本权利宪章》由欧洲议会、欧洲联盟理事会和欧洲委员会于2007年12月12日颁布。《宪章》是在《欧洲人权公约》《欧洲社会宪章》《欧共体工人基本社会权利宪章》和《欧共体条约》中的人权条款的基础上起草的。《宪章》由54个条款组成，是欧洲历史上第一个将公民、政治、经济、社会和文化等所有人权和基本自由都包括在内的人权文件。为使《宪章》生效，欧盟27国领导人于2007年12月13日签署《里斯本条约》。②

二、美洲人权保护机制

《美洲人权公约》的通过比《欧洲人权公约》要晚一些，但是早在《美洲人权公约》通过之前，美洲国家组织通过了一个《美洲人的权利和义务宣言》，该《宣

---

① 关于欧洲人权保护机构详见，万鄂湘主编：《欧洲人权法院判例评述》，湖北人民出版社1999年版；朱晓青著：《欧洲人权法律保护机制研究》，法律出版社2003年版；Robert Blackburn and Jorg Polakiewicz, *Fundamental Rights in Europe: The European Convention on Human Rights and Its Member States, 1950—2000*, Oxford: Oxford University Press, 2001; Thomas Buergenthal et al, *International Human Rights in a Nutshell*, 3rd edition, West Publishing Company, 2002; Peter Kempees, *A Systematic Guide to the Case-Law of the European Court of Human Rights: 1997—1998*, The Hague/Boston: Kluwer Law International, 2000; Philip Alston ed., *The EU and Human Rights*, Oxford/New York: Oxford Unversity Press, 1999; Clare Ovey et al, *The European Convention on Human Rights*, 3rd Edition, Oxford: Oxford University Press, 2002.

② 《宪章》于2000年12月9日在欧洲理事会上宣布，7年后在欧洲议会总部所在地斯特拉斯堡郑重颁布，在2007年12月13日通过的《里斯本条约》生效时《宪章》才能生效，而《里斯本条约》的生效需要得到欧盟所有成员国的批准。关于《宪章》英文全文及不具法律拘束力的《宪章》诠释，参见欧洲议会网站：http://www.europarl.europa.eu/charter/convent49_en.htm, 2009年5月17日访问。

言》的通过比《世界人权宣言》还要早几个月。该《宣言》的特点是除人的各种权利和自由外,还规定了人的各种义务。在《宣言》通过之后,美洲国家组织还建立了一个美洲国家人权委员会,专门负责监督美洲国家组织成员履行《宣言》的情况。《美洲人权公约》是在1969年才通过的,而且在10年之后才开始生效。《美洲人权公约》与《欧洲人权公约》同样,也是仅局限于公民和政治权利。后来美洲国家组织又在1988年通过了一个补充议定书把经济、社会和文化权利的内容补充进去。

美洲的国际人权保护机构主要是美洲人权委员会和美洲人权法院。应当指出,美洲人权委员会不是公约设立的,而是在《美洲人的权利和义务宣言》通过之后,由美洲国家组织建立的。《美洲人权公约》规定这两个机构的职责都是监督美洲的国家、《美洲人权公约》的参加国和美洲人权组织的成员国,在尊重和保护人权方面所履行的义务。美洲人权保护机制的特点是美洲人权委员会发挥着比较大的作用,很多案件都是在人权委员会这个机构中解决的,而且很多情况下都是采取友好协商这样的方式来解决。现在美洲国家组织也在讨论怎样加强美洲人权法院的作用。[①]

三、《非洲人权和民族权宪章》

《非洲人权和民族权宪章》是最新的一个区域性国际人权保护公约。与其他国际人权公约相比较,《非洲人权和民族权宪章》有一些自己的特点。

首先,它是规定了最多集体权利的国际人权公约。如前所述,两个国际人权公约都在第1条中规定了自决权,这是一个集体的权利,而且是两个国际人权公约规定的唯一集体人权。但在《非洲人权和民族权宪章》中,除自决权外,还有许多其他的集体权利,其中包括人民的平等权、和平和安全权、环境权等等,并对这些权利作了界定和具体规定。从宪章的名称可以看出,民族权或集体权利在宪章中占了很大比重。

其次,《非洲人权和民族权宪章》既规定人的权利,也规定人的义务。该《宪章》从第27条到第29条,专门规定了个人对于家庭、社会、依法组成的共同体以及国际社会承担的义务。如前所述,《美洲人的权利和义务宣言》也规定了个人的相应义务,但它是没有法律约束力的文件。因此,可以说《非洲人权和民族权宪章》是唯一的一个既规定了个人的权利,也规定了个人的义务的国际人权公约。

---

① 关于美洲人权保护机制详见: Thomas Buergenthal et al, *International Human Rights in a Nutshell*, 3rd edition, West Publishing Company, 2002; David J. Harris and Stephen Livingston ed., *The Inter-American System of Human Rights*, Oxford: Clarendon Press, 1998; J. M. Pasqualucci, *The Practice and Procedure of the Inter-American Court of Human Rigths*, Cambridge: Cambridge University Press, 2003。

《非洲人权和民族权宪章》还建立了一个机构,就是非洲人权和民族权委员会,这个委员会负责受理由于违反了《宪章》而成为受害人的申诉,除个人的申诉外,非政府组织和由个人组成的团体也可以向该委员会提出申诉。[1]

　　非洲统一组织从 1994 年开始筹备建立人权法院,[2]终于在 1998 年 6 月 9 日通过了《非洲人权和民族权宪章关于建立非洲人权与民族权法院的议定书》(简称《议定书》)。该《议定书》于 2004 年 1 月 25 日生效,非洲人权与民族权法院随之成立。该法院由 11 名法官组成,除院长外,其他法官均为兼职。法官由非洲联盟的成员国选举产生,任期 6 年。该法院的职能主要有三个方面:审判、调解和咨询。该法院的对事诉讼管辖权与其他区域人权法院有很大不同:除了审理关于解释《非洲人权和民族权宪章》及其《议定书》的争议外,它还有权受理缔约国提交的关于任何其他人权文件的解释方面的争议。该法院对人的诉讼管辖是任择性的,即只有在缔约国声明接受法院审理这种案件的管辖权,该法院才能受理控诉该缔约国的案件。[3]

四、亚洲人权保护问题

　　在国际人权保护方面,亚洲地区是比较特殊的。主要表现是,在亚洲不存在国家间的保护人权公约,也不存在国家和政府间保护人权的机构。从这个角度来看,亚洲的发展是比较落后的。这个问题也受到国际社会以及国际法学界的重视。在亚洲为什么不存在保护人权的公约,也没有任何的机构?有人分析主要有这样两个原因:一个是亚洲地区太大了,不容易就人权这种复杂问题达成协议;另外一个原因是亚洲的情况太复杂了,不论在宗教、政治和经济,还是在历史和风俗习惯等各方面都太复杂,在整个亚洲地区要通过一个多数国家都能够接受的国际人权保护的文件是比较困难的。因此,有些人权学者和一些人权非政府组织正在研究在亚洲建立次地区的国际人权保护机制的可能性。但

---

[1] 关于非洲人权和民族权委员会,详见 Rachel Murry, *The African Commission on Human and Peoples' Rights*, Hart Publishing, 2000; Evelyn A. Ankumah, *The African Commission on Human and Peoples' Rights: Practices and Procedures*, Dordrecht: Martinus Nijhoff Publishers, 1996; Fatsah Ouguergouz, *The African Charter of Human and Peoples' Rights: a Comprehensive Agenda for Human Dignity and Sustainable Democracy in Africa*, New York: Kluwer Law International, 2003; George William Mugwanya, *Human Rights in Africa: Enhancing Human Rights through the African Regional Human Rights System*, Ardsley, N.Y.: Transnational Publishers, 2003。

[2] 关于筹建该法院的情况详见,朱利江:"简评即将成立的非洲人权和民族权法院",载于《人权》2005 年第 4 期,第 53—56 页;聂文娟:"非洲人权机制建设的成就与挑战",载于《亚非纵横》2012 年第 2 期,第 23—28 页。

[3] 关于非洲人权与民族权法院的详细情况,参见李晶珠、王伟、赵海峰:"非洲人权与民族权法院",载于《法律适用》2005 年第 6 期,第 90—93 页;Association of the Prevention of Torture's Occasional Paper: "African Court on Human and Peoples' Rights: Presentation, Analysis and Commentary: The Protocol to the African Charter on Human and Peoples' Rights, Establishing the Court", Geneva, January 2000。

是这不是学者或非政府组织能够决定的问题,最终还是要看相关主权国家是否同意。

值得注意的是,东盟各国领导人于2007年11月20日签署的《东盟宪章》于2008年12月15日正式生效。第14条规定:"1. 按照《东盟宪章》的宗旨和原则,东盟将设立一个东盟人权机构。2. 该东盟人权机构将按照东盟外交部长会议确定的任务书运作。"①根据该项规定,东盟政府间人权委员会于2009年10月23日在第15届东盟峰会期间宣布成立。该委员会由9名成员国指定的代表组成,任期3年,可连任一次。委员会的宗旨是促进和保护东盟地区人民的权利,提高民众的公共意识,促进教育,向政府和东盟团体提供咨询服务。此外,值得注意的是,东盟于2012年11月18日通过了《东盟人权宣言》,尽管该《宣言》的起草过程或方式引起争议而且其内容也存在一些漏洞。②

虽然与欧洲相比,亚洲像是一盘散沙,但亚洲国家还是有一些共同点的。例如,亚洲的多数国家都有被殖民、被外国侵占的历史。因此,它们对国家主权的重视以及对国家领土完整和不干涉内政等国际法原则的重视是一致的。这些国家主张不应该以保护人权作为借口,来干涉国家的内政。在1993年维也纳世界人权大会之前,亚洲国家在曼谷通过了一个关于人权的宣言,称为《曼谷宣言》。在《曼谷宣言》里不仅规定了一些国家应该尊重的人权内容,还特别强调国家主权、领土完整和不干涉内政这些国际法基本原则的重要性。它们特别强调不能把实施人权作为一种政治的手段,来干涉别国的内政。从这种情况来看,在亚洲地区要形成一个类似于《欧洲人权公约》《美洲人权公约》那样的国家政府间的国际人权公约是不太现实的。因此在亚洲地区,非政府组织发挥着非常重要的作用。

第五节 难民的国际保护

一、难民的概念③

难民的概念有广义和狭义之分。广义的难民是指因政治、宗教和其他原因

---

① 参见:http://www.aseansec.org/ASEAN-Charter.pdf, 2009年5月17日访问。
② 据说该《宣言》的起草过程由于采取了封闭的方式并且直到《宣言》最后颁布都不让相关的民众知晓其内容而遭到联合国人权高专的批评。关于该《宣言》的起草过程、主要内容及其评价,参见徐鹏:"《东盟人权宣言》及其评价",载于《法学论坛》2013年第5期。
③ 关于难民的定义和国际难民法,参见 Guy S. Goodwin-Gill, *The Refugee in International Law*, 2nd Edition (Clarendon Press, 1996); B. S. Chimni (ed.), *International Refugee Law: A Reader* (Sage Publications, 2000); Niklaus Steiner, Mark Gibney and Gil Loescher (eds.), *Problems of Protection: The UNHCR, Refugees, and Human Rights* (Routledge, 2003)。

遭到迫害或者由于战争和自然灾害的影响而被迫离开本国或经常居住的国家到别国避难的人,其中包括政治难民和战争难民。狭义的难民是《关于难民地位的公约》界定的难民,故又称"公约难民"。

难民是一个国家内特殊类型的外国人。他们有的可能拥有国籍,但是其国籍国不可能对他们提供任何保护,也不可能享受因国籍而应该享受的待遇。在这个意义上,难民与无国籍人的处境基本相同。

难民问题从20世纪初开始得到国际社会的关注。国际联盟于1921年设立了难民事务高级专员(难民高专)专门负责救援并保护第一次世界大战期间造成的难民,当时担任难民高专的人是来自挪威的弗里德约夫·南森。国际联盟难民高专保护难民的一个重要举措是向他们颁发旅行证件,称为"南森护照",以及与一些国家签订承认"南森护照"并支持难民高专工作的特别协定。

在上述这些协定中包含难民的定义,但是较为明确的难民定义是1951年联合国通过的《关于难民地位的公约》作出的。该《公约》第1条将难民界定为:"由于1951年1月1日以前发生的事情并因有正当理由畏惧由于种族、宗教、国籍、属于某一社会团体或具有某种政治见解的原因在其本国之外,并且由于此项畏惧而不能或不愿受该国保护的人;或者不具有国籍并由于上述事情留在他以前经常居住国家以外而现在不能或者由于上述畏惧不愿返回该国的人。"可以看出该定义具有时间上的限制。鉴于1951年后又出现了新的难民情形,而且新难民与1951年以前的难民在地位上应该是相同的,联合国于1967年通过了《关于难民地位的议定书》,该《议定书》将"1951年1月1日以前"这个时间限制删除了。

随着难民在非洲地区的大规模出现,非洲统一组织于1969年通过了《非统组织关于非洲难民某些特定方面的公约》。该《公约》扩大了上述联合国《关于难民地位的公约》和议定书的定义,使难民一词还包括由于居住国和国籍国部分或全部遭到外来侵略、占领、外国统治或出现严重危害公共秩序事件而被迫离开自己的习惯居住地而在其居住国或国籍国以外地方寻求避难的任何人。根据这个补充的定义,战争难民或经济难民都可以包括在内。此外,拉丁美洲国家也于1984年通过了《卡塔西拿宣言》建议扩大解释难民定义,扩大后的难民范围与上述非洲的补充定义基本相同。①

实际上联合国难民署在最近几十年的工作实践中也把难民概念的范围扩大了,因此形成了"公约难民"和"非公约难民"之分。前者是《关于难民地位的公约》及其议定书意义上的难民,后者是公约意义以外的难民,即"国际社会关注

---

① 应该注意的是,上述这些补充定义仅适用于相关公约的缔约国或该文件所涉及的国家。

的难民"①,其中包括政治、经济、战争难民和国内流离失所者(Internal Displaced Persons,IDPs)等。

二、难民的甄别

难民身份的甄别是联合国难民署的一项重要工作,因为只有确定了难民的身份,联合国才能给予相关的个人以适当的国际保护,获得难民地位的人才能在所在国受到难民的待遇。甄别工作一般由申请获得难民地位的个人所在国和联合国难民署驻在该国的机构来完成。联合国难民署甄别难民的标准是《难民地位公约》及其议定书给难民所下的定义。

(一)鉴别难民的要素

根据《关于难民地位的公约》及其议定书关于难民的定义,要成为《公约》定义下的难民必须具备两个要素:第一,客观要素,即申请难民地位的人必须身处本国或经常居住国之外并且不能或不愿受到其本国或经常居住国的保护。第二,主观要素,即申请人主观上畏惧遭到迫害。需要强调的是,畏惧遭受迫害是心理上的一种反应,只要理由是正当的,不需要申请人证明客观上已经遭受迫害。

根据《公约》的规定,畏惧遭受迫害的理由可以是下列任何一个或多个:种族、宗教、国籍、属于某一社会团体或具有某种政治见解。

在这些理由中较令人费解的是"国籍"。难民一般是本国人。他国国民,即外国人,应该有权受到一国的保护,因此不应在难民的范围。根据古德温吉尔(Guy Goodwin-Gill)教授的分析,国籍这个理由可以在下述情况下加以理解:居留在甲国的乙国国民,由于具有乙国国籍惧怕遭受迫害而被迫逃到邻国,但是又拒绝受到其本国乙国的保护。②

(二)拒绝给予难民地位的情况

某些情况下不能给予某些人以难民地位。这些特定的情况有的由习惯国际法决定,有的规定在相关国际公约当中。但是,拒绝给予难民地位的人一般都是犯了国际罪行或其他严重非政治性罪行的人。

1. 1951年《关于难民地位的公约》规定的情况

根据该《公约》第1条第6款,下列情况下的任何人不能作为难民:

第一,该人犯了国际文件中已作出规定的破坏和平罪、战争罪或危害人类罪;

---

① 参见 Guy S. Goodwin-Gill, *The Refugee in International Law*, 2nd Edition, Clarendon Press, 1996, p.9。

② Ibid., p.45。

第二,该人在以难民身份进入避难国以前,曾在避难国以外犯过严重的非政治性罪行;

第三,该人曾有违反联合国宗旨和原则的行为并被认为有罪。

2. "或引渡或起诉"义务所涉及的情况

国际上制定了一系列制止和惩治国际恐怖主义罪行的专门性国际公约,在这些公约中无例外地包括一个关于"或引渡或起诉"的条款,要求在其境内发现被指称的罪犯的缔约国如不将此人引渡,应无例外地将此案件提交其主管当局以便起诉。迄今,"或引渡或起诉"义务所涉及的罪行包括空中劫持罪、劫持人质罪、恐怖主义爆炸罪、资助恐怖主义罪等罪行。凡是参加制止并惩治上述这些罪行的国际公约的缔约国,为履行"或引渡或起诉"义务,均不能把犯了这些罪行的人作为难民对待。

3. 其他排除政治性罪行的情况

另有一些国际公约虽然没有规定"或引渡或起诉"义务,但却明确地将相关罪行从政治罪中排除。例如,《防止及惩治灭绝种族罪公约》第7条规定:"灭绝种族罪……不得视为政治罪行,俾便引渡。"这些国际公约所涉及的罪行包括贩运奴隶罪、灭绝种族罪、种族隔离罪等。① 在这种情况下,缔约国当然不能将罪犯作为难民对待。

三、难民的法律地位和难民的待遇

(一) 不推回规则

根据1951年《关于难民地位的公约》和1967年《关于难民地位的议定书》,缔约国没有主动接受难民的义务。但是对于已经进入其国境的难民,是否有权将其驱逐出境的问题,公约作出了严格的规定。首先,1951年《关于难民地位的公约》第31条规定,对于未经许可而进入或逗留于缔约国领土的难民,不得因该难民的非法入境或逗留而加以刑罚。第33条特别规定了禁止驱逐出境或送回的义务,即所谓不推回规则:"任何缔约国不得以任何方式将难民驱逐或送回('推回')至其生命或自由因为他的种族、宗教、国籍、参加某一社会团体或具有某种政治见解而受威胁的领土边界。"这是难民待遇的重要规则,因为如果难民随时面临被迫遣送到其可能遭受迫害的国家,难民的保护将不能得到保障。但是在国际实践中,不推回原则的适用由于理解上的不同常常出现问题。例如,当难民乘船进入某国领海并要求申请难民地位但尚未进行难民甄别时,该国将这些人驱逐是否违反不推回原则? 又如,一国与邻国达成协议,当该国面临难民涌

---

① 参见1956年《废止奴隶制、奴隶贩卖及类似奴隶制的制度与习俗补充公约》第3条、《防止及惩治灭绝种族罪公约》第7条和《禁止并惩治种族隔离罪行国际公约》第11条。

入时该邻国同意接受这些难民。这种通过协议将难民转给另一国的行为是否违反不推回原则呢？这里似乎有两个问题需要澄清：第一，在"难民"尚未进入一国领土范围（包括领海）时，拒绝其进入的行为是否构成违反；第二，"难民"已经进入一国领土范围，但尚未进行难民的甄别就将其驱逐的行为是否构成违反。

（二）难民享有的权利

难民享有获得安全庇护的权利。但是国际社会对难民的保护不仅仅是人身安全的保护，他们至少应该享有与合法居留的外国人相同的权利，包括思想自由、迁徙自由、免受酷刑和虐待的自由的权利。难民还应该享受各种经济、社会和文化的权利，其中包括医疗保障、受教育权和工作权。

在缔约国的资源不能满足应急需求时，例如，当大量难民突然涌入时，联合国难民署以及其他国际机构将提供财政支持、食物、工具、避难所、学校和诊所，以保证难民的上述权利能够得到保障。

应当指出的是，难民的地位并非永久性的。一般情况下，难民可以通过自愿遣返、长期留在避难国或在第三国再次安置来结束难民地位。所谓自愿遣返是在遭受迫害的畏惧消失后，难民自愿返回自己的本国或原来长期居住的国家。难民还可以在避难国允许的情况下长期留下来成为永久居民或加入该国国籍。如果上述两种途径都不可能，难民还可以到第三国进行再安置，当然前提是第三国愿意接受。目前，在联合国的所有成员国中仅有二十几个国家愿意每年接受定额的难民再安置，这些国家包括阿根廷、澳大利亚、巴西、加拿大、智利、丹麦、芬兰、法国、爱尔兰、冰岛、挪威、新西兰、巴拉圭、荷兰、葡萄牙、捷克、罗马尼亚、英国、瑞典、乌拉圭、美国、日本和瑞士。① 还有一些国家仅根据具体情况临时决定是否从联合国难民署接受难民的再安置。

第六节 国际人权保护机制

一、以《联合国宪章》为基础的机构

（一）人权理事会

1. 历史背景

联合国人权理事会是联合国大会下设机构，其前身是联合国人权委员会。人权委员会是联合国经济及社会理事会的下属职司机构，1946年依据经社理事会第5(1)号决议建立。其主要职权包括起草国际人权法案或国际人权宪章以及其他国际人权公约和宣言，就保护少数、防止歧视和其他人权问题向经社理事

---

① 此信息由联合国难民署驻华代表处提供。

会提交相关提案、建议和报告。委员会建立初期对于个人或团体控告联合国会员国侵犯人权的来文坚持奉行"不采取行动"政策，即根据《联合国宪章》关于不干涉内政的原则，对于任何涉及人权侵犯的申诉，仅制定机密一览表并附上内容摘要，不在会议上提出，更不采取任何行动。随着反对种族歧视和废除南非种族隔离制度的呼声越来越强烈，经社理事会先后通过决议建立 1235 程序和 1503 程序，授权委员会及其下属防止歧视保护少数小组委员会（1999 年后改名为"促进和保护人权小组委员会"）公开审查（依据 1235 程序）或秘密审理（依据 1503 程序）连续不断大规模侵犯人权的情势并提出解决问题的意见。

委员会在自建立到解散的近六十年的工作中为推动国际人权保护所作出的贡献无论如何都是抹杀不了的。但是，正如联合国改革问题高级别名人小组在他们的报告中所指出的，由于委员会受到人权政治化的严重影响，导致其信誉降低、专业精神减退，因此削弱了它履行其职能的能力。[①] 在审议人权问题时委员会存在选择性和双重标准的问题。对委员会的改革已是大势所趋。委员会终于依据经社理事会 2006 年 3 月 22 日通过的决议于 2006 年 6 月 16 日正式解散。

2. 建立、组成和职能

人权理事会于 2006 年 3 月 15 日根据联合国大会通过的第 60/251 号决议而建立。理事会是联合国大会的附属机构，直接向联合国所有会员国负责。与过去作为工作机构的人权委员会相比，理事会是权力机构，地位得到提升，增加了阻止暴力、保护受害者和加强国家间的合作的可能性。

理事会由 47 个成员国组成，经联合国大会所有会员国投票产生，当选者必须获得联大成员的半数以上支持。对于理事会中严重并有计划侵犯人权的成员，大会经出席并投票的 2/3 多数成员投票，可决定暂时停止其在理事会的成员资格。与过去的人权委员会不同，理事会成员国只能连任一次，这一机制有利于理事会的普遍性。此外，暂停成员资格的机制也是人权委员会没有的。

理事会每年应定期开会，每年举行的会议不得少于三次，包括一次主要会议，总会期不少于 10 周。在需要时，经成员国要求并经 1/3 成员国同意可举行特别会议。包括非政府组织、其他政府间组织、国家人权机构和专门机构在内的观察员均可获得参与理事会活动的机会。

理事会的主要职责包括：向联合国大会提出进一步发展人权领域国际法的建议；负责处理各种侵犯人权的情况，包括严重和系统的侵犯行为，并就此提出建议；承担普遍定期审查的责任，普遍定期审查每个联合国会员国履行人权义务和承诺的情况（补充条约机构的作用）；促进人权问题主流化，包括人权教育；与

[①] 参见联合国网站：http://daccessdds.un.org/doc/UNDOC/GEN/N05/502/65/PDF/N0550265.pdf? OpenElement，2009 年 5 月 17 日访问。

各国政府、区域组织、国家人权机构和民间社会密切协作;充当人权对话的论坛;每年向联合国大会提交年度报告。普遍定期审查制度是为了克服过去人权委员会在审查时存在的选择性和双重标准而建立的新制度,下面将专门讨论。

3. 普遍定期审查制度

人权理事会负责对所有联合国会员国履行人权义务和承诺的情况进行普遍定期审查。审查的原则是:范围普遍,平等对待;被审查国家的充分参与;补充其他人权机制;客观、透明、非选择性、建设性、非对抗、非政治化;充分的社会性别视角;所有利益相关者,包括非政府组织和国家人权机构的参与。

普遍定期审查以下述文件和法律为基础:《联合国宪章》《世界人权宣言》和会员国参加的人权公约;国家的自愿承诺;可适用的国际人道法。

被审查会员国的挑选标准是:人权理事会成员在任期间都要受审查,因此任期一年或两年的应先被审查;联合国的所有会员国和观察员国都应被审查;均衡的地域分配也是挑选时要考虑的因素。每审查一轮的间隔时间没有确定,只是规定了间隔要合理的原则。第一轮的定期审查时间为4年,即每年审查48个国家,4年审查完毕。中国作为理事会会员国已经于2009年2月9日第一次被审查,第二次被审查是在2013年10月22日。[①]

普遍定期审查的工作方法是:建立工作组,理事会主席担任工作组主席,工作组由47个会员国组成。此外还选派三个报告员,被审查国可以要求其中一个报告员与其来自同一个地域。每个国家被审查的时间是3个小时,此外还有1小时在理事会大会上考虑审议的结果。工作组用半小时通过每个受审查国的报告。但在审查与通过报告之间要留有合理的时间。最终结果将在理事会大会上通过。为资助发展中国家特别是最不发达国家参与审查,专门建立普遍定期审查志愿信托基金。

审查的最终结果包括下述主要内容:客观透明的评价;最好的实践;强调促进和保护人权方面的合作;在与相关国家商议并取得其同意的情况下,建议提供技术援助和能力建设;被审查国的自愿承诺。结果通过之前需要征求各方意见,特别是被审查国的意见。

虽然根据《联合国宪章》的规定联合国大会及其下属机构作出的决议或意见均没有法律拘束力,但是被审查国仍应实施审查结果,以后的普遍定期审查将着重于被审查国是否和如何实施上一次审查结果。理事会的日程将长期设有普遍审查后续行动的事项。如果被审查国拒不实施审查结果,理事会将在用尽与

---

① 关于第一次审查中国的详细情况,包括中国提交的报告、联合国和利益攸关者的信息以及审议的结果,见联合国人权理事会网站:http://www.un.org/webcast/unhrc/archive.asp?go=090209,2009年11月27日访问。中国第二次被审查是在2013年,详情参见:联合国人权理事会网站:http://www.ohchr.org/EN/HRBodies/UPR/Pages/CNSession17.aspx,2015年3月29日访问。

国家进行合作的一切努力后把一贯不合作的情况予以公开。

4. 特别程序

特别程序是人权委员会建立的人权保护机制,该程序分为两种:国别的特别程序和专题的特别程序。理事会在建立后的一年之内对于对该程序审议后决定继续保留并予以接管。目前的专题任务有 41 个①;国别任务有 14 个②;均由联合国人权高级专员办公署选派特别报告员或工作组并提供后勤和研究方面的支持。专题任务主要包括:任意羁押、拐卖儿童或儿童卖淫及儿童色情制品、教育权、强迫或非自愿失踪、极度贫困、食物权、表达自由、宗教或信仰自由、促进民主和公平的国际秩序、在法律和实践中歧视妇女问题、人权与跨国公司和其他工商业企业问题、和平集会和结社自由权利问题、享有安全、洁净、健康和可持续环境相关的人权义务问题、白化病人享受人权问题、残疾人权利问题、老年人权利问题、隐私权问题等等。国别任务中的 14 个国家是:白俄罗斯、中非共和国、科特迪瓦、厄立特里亚、伊朗、马里、叙利亚、柬埔寨、海地、缅甸、巴勒斯坦被占领土、索马里、苏丹和朝鲜民主主义人民共和国。

5. 人权理事会咨询委员会

这是人权理事会新建立的机构。咨询委员会由 18 名以个人身份任职的专家组成,他们拥有人权领域公认的才干,德高望重并具有独立性和公正性。他们是理事会的智囊团,并在理事会的指导下开展工作。他们从亚洲、非洲、东欧国家、拉丁美洲和加勒比国家以及西欧和其他国家这五个区域组推荐或认可的候选人中由理事会以无记名方式选出,任期 3 年,可连任一次。

咨询委员会的职能是在理事会要求的情况下,按照理事会所要求的方式和形式,并在理事会的指导下向理事会提供专家意见。咨询委员会可以在理事会规定的工作范围内向理事会提出进一步提高程序效率和进一步开展调查的建议;在提供实质性意见时,需要得到理事会的请求,并且要遵循理事会发出的具体指导方针。理事会对咨询委员会的限制还是很严格的,例如,"不得通过决议或决定""非经理事会授权不得设立附属机构"。③

6. 申诉程序

根据 2007 年 6 月 18 日人权理事会通过的主席案文:"联合国人权理事会:体制建设",理事会建立了新的申诉程序。申诉程序是在改进人权委员会 1503

---

① 其中最早立项的是 1980 年关于被强迫或非自愿失踪问题,经过多次延续,项目的负责人也已经换过五位。

② 其中有四个国家是 1992 年或 1993 年建立的特别程序项目,例如柬埔寨、缅甸等。参见联合国网站:http://spinternet.ohchr.org/_Layouts/SpecialProceduresInternet/ViewAllCountryMandates.aspx,2015 年 7 月 22 日访问。

③ 参见:A/HRC/5/1,第 77、81 段。

程序的基础上建立的。① 为了该程序的公正和高效，理事会下设两个工作组，即来文工作组和情势（或情况）工作组。

来文工作组由5名成员组成，他们来自上述5个区域组，每组1名，由咨询委员会指定，在指定时要适当顾及性别平衡。来文工作组负责对指控某国家一贯严重侵犯人权和基本自由的来文作出是否受理的决定，对侵权案情的实质进行评估并提出建议。然后来文工作组将载有可受理来文和提出的建议提交给情势工作组。如需对其中的案件作进一步审议，来文工作组可在会议结束后继续保持对该案件的审议并请所涉国家提供补充资料。

来文的可受理性标准是：来文是由声称自己是侵犯人权和基本自由行为的一个或一群受害人或是由对侵犯人权的情况直接并可靠了解的人或非政府组织提交的；无明显政治意图并且其宗旨符合《联合国宪章》《世界人权宣言》和其他人权文件；所述案件似乎显示存在一贯严重侵犯人权并已得到可靠证实的情况；目前尚未被一个特别程序、条约机构、联合国其他人权申诉程序或类似的区域申诉程序处理的；已用尽国内补救办法等。这些标准基本上与人权委员会1503程序类似，只是对案件的要求删掉了"大规模"，只要求案件属于"一贯严重"侵犯人权。

情势工作组由5名成员组成，由每个区域组各指定1名。他们以个人身份任职。情势工作组负责在来文工作组提供的资料和建议基础上，向理事会提出关于一贯侵犯人权和基本自由并已得到可靠证实的报告，并负责向理事会提出应采取行动的建议。采取行动的建议包括：停止对有关情势的审议；继续保持审议，并请所涉国家在合理时间内进一步提供资料；继续保持审议并任命一位独立高级专家检测该情势并向理事会提出报告；停止以秘密方式审议，改为公开审议；建议联合国人权高专办向所涉国家提供技术合作、能力建设援助或咨询服务。

理事会至少每年一次审议情势工作组向其提出一贯严重侵犯人权和基本自由的情势，审议以秘密方式进行，但另有规定的除外。如果情势工作组建议理事会公开审议某一情势，理事会要在下一次会议优先考虑此建议。

申诉程序所涉国家要与两个工作组和理事会合作，用联合国六种正式语文之一对工作组或理事会的任何要求，在要求提出后不迟于3个月的时间内尽力作出实质性答复。但必要时，所涉国家可要求延长该时限。为确保申诉程序的高效和及时，从申诉转呈所涉国家到理事会开始审议，间隔的时间不得超过24个月。

理事会的申诉程序沿用了人权委员会1503程序的秘密审议方法，但是审议

---

① 参见：A/HRC/5/1，第86段。

的结果之一可能是停止秘密申诉程序,开始公开审议。

(二) 联合国人权高级专员

设立联合国人权高级专员(人权高专)的想法首次提出是在 1947 年起草《世界人权宣言》时,当时联合国秘书处人权司司长卡赞(Rene Cassin)先生提出在联合国设立专门负责人权事务的高级官员职位(称为 attorney general)。之后又有过多次类似的提议,特别是 1965 年哥斯达黎加向联合国大会提交的一个决议草案:"联合国人权高级专员的选举",首次在《联合国宪章》的框架下提出设立高级专员的职位并在人权委员会和经济及社会理事会得到通过。[①] 但是,此事后来被搁置起来。在筹备 1992 年世界人权大会时设立联合国人权高级专员的建议又一次提出并终于在 1993 年建立起来。

联合国人权高级专员是联合国秘书长的下属。联合国人权高级专员的选派由联合国秘书长提名,经联合国大会批准。任期为 4 年,可以连任一次。目前联合国人权高级专员办公室雇用 1085 名工作人员。[②]

根据联合国大会第 48/141(1993)号决议的规定,人权高专的主要职责包括促进和保护各种人权;对要求援助的国家提供人权领域的咨询和技术和财政支持;在人权领域的联合国教育和公共信息计划方面进行协调;消除全面实现人权的障碍;在保障对人权的尊重方面与政府对话;为促进和保护人权增强国际合作。

二、国际人权条约机构

(一) 条约机构概述

前述 9 个核心国际人权公约,现已建立 9 个国际人权条约机构,如果加上防止酷刑小组委员会应该有 10 个,它们是:(1) 经社文权利委员会(CESCR);(2) 人权事务委员会(HRC);(3) 消除对妇女一切形式歧视委员会(CEDAW);(4) 儿童权利委员会(CRC);(5) 消除种族歧视委员会(CERD);(6) 禁止酷刑委员会(CAT);(7) 迁徙工人委员会(CMW);(8) 残疾人权利委员会(CRPD);(9) 关于强迫失踪委员会(CED);和(10) 防止酷刑小组委员会(SPT)。上述条约机构均从位于日内瓦的联合国人权高专办公室的条约和委员会部门获得相关的秘书服务。

这些国际人权条约机构的主要任务是监督缔约国履行公约义务。它们与以

[①] 参见 Bhaswati Mukherjee, "United Nations High Commissioner for Human Rights: Challenges and Opportunities", in Gudmundur Alfredsson et al (eds.), *International Human Rights Monitoring Mechanisms: Essays in Honour of Jakob Th. Moller*, Martinus Nijhoff Publishers, 2001, pp. 391—402.

[②] 参见联合国人权高专办事处网站:http://www.ohchr.org/EN/AboutUs/Pages/WhoWeAre.aspx, 2015 年 4 月 20 日访问。

《联合国宪章》为基础的人权机构的主要异同是：

(1) 条约机构是根据相关人权条约建立的为监督缔约国在国际和国内（主要是在国内）执行该公约从而保护人权的机构。以《联合国宪章》为基础的人权机构是根据《联合国宪章》和联合国主要机关的决议建立的促进和保护人权的机构，并不以任何人权条约为基础。这一区别的意义在于：条约机构的职权范围仅局限于参加了该条约或任择议定书的缔约国，对第三国没有管辖权。而联合国的人权机构职责所涉及的范围及于所有联合国会员国。①

(2) 条约机构是由以个人身份工作的人权专家组成的，他们不代表任何国家或组织。而联合国的人权机构主要是由联合国会员国指派的代表组成的，是政府间官方机构。

(3) 条约机构与联合国人权机构相同之处是：它们都不是司法机构，它们对审理的案件作出的决定或提出的意见，不具有法律的拘束力。

概括起来条约机构有如下一些特点：

第一，独立性。由人权专家组成的条约机构有相对的独立性，有利于个人人权的保护。

第二，专业性。由于人权公约具有一定的专门领域，人权机构处理的人权问题也具有一定的专业性，除两个国际人权公约外，其他都是涉及人权某一领域的内容，例如，妇女、儿童、种族歧视、酷刑、移民工人和残疾人。

第三，规范性。由于人权机构是在相关人权条约的基础上建立的，它的职权、活动的范围等都必须以条约为基础，因此比较规范。

(二) 条约机构保护人权的机制

1. 报告制度

这是所有人权条约机构普遍实行的一种比较有效的制度。一般是在相关人权条约对个别缔约国生效后一或两年内，缔约国向相关人权条约机构提交首次报告，以后定期提交，间隔时间从两年到五年不等，依相关人权条约的具体规定而定。② 但是，人权事务委员会于 2002 年以后废除了四年一次报告的惯例，采取了一个新的做法，即在审议报告之后作出的总结性意见中说明该缔约国下一次提交报告的最后限期。③ 有的国际人权条约要求缔约国除了提交定期报告外还要随时按条约机构的要求提交报告，一般称为"特别报告"。④

---

① 这使联合国人权理事会按照申诉程序受理个人来文的权力范围不受任何国际人权公约的限制，因此与条约机构相比占有很大优势。
② 报告周期具体为，每两年：ICERD；每四年：ICCPR、CEDAW、CAT、CRPD；每五年：ICESCR、CRC、ICRMW。
③ 该调整是根据 2002 年 7 月 16 日通过的第 30 号一般性建议作出的。
④ 参见《公民权利和政治权利国际公约》第 40 条第 1 款；《消除对妇女一切形式歧视公约》第 18 条第 1 款(b)；《保护所有迁徙工人及其家庭成员权利国际公约》第 73 条第 1 款(b)。

报告制度是国际人权条约执行机制中唯一的具有强制性的机制,即国家没有任何选择的余地,只要参加了任何一个上述国际人权公约,就必须提交报告并接受人权条约机构审议报告的权力。

虽然在效力方面常常受到批评,但是报告制度的作用还是不能低估的。

首先,报告制度迫使缔约国彻底地反映它是否以及如何在国内法律制度中履行根据公约承担的义务。报告制度之所以重要是因为国际人权条约的执行主要取决于缔约国政府在国内履行其条约义务。一些国家认真对待报告制度,报告的内容比较全面,不仅有法律上的,也包括事实上的人权状况,同时还包括执行公约中存在的困难和问题。还有一些政府在准备报告时还吸收一些非政府组织和研究机构参与,以便增强报告的确切性和客观性。为了便于缔约国履行报告义务,人权事务委员会通过了编写初期和定期报告内容和方式的指南。但是,有一些国家的报告很不认真。报告的内容局限于引用本国法律的相关规定。其次,报告制度是国际人权条约机构与缔约各国建立对话联系的渠道。所有的报告都由委员会公开审议,一般有相关国家的代表在场。人权条约机构审议报告一直坚持以建设性对话为基础的原则。在审议报告的过程中,人权条约机构充分听取相关国家代表的陈述。在审议之后作出的结论性意见中,人权条约机构尽量采取温和的措辞,以便维持良好的对话关系。①

除上述关于个别国家的意见外,人权条约机构还针对所有缔约国提出一般性意见或建议。这些意见是人权条约机构成员对相关人权公约规定的实体和程序内容的解释或说明以及实施公约或任择议定书的一般性指引。除两个较新的人权条约机构(即迁徙工人权利委员会和残疾人权利委员会)外,所有人权条约机构都作出了一般性意见,其中最多的是人权事务委员会,迄今已经作出 35 个一般性意见。第 35 号是在 2014 年作出的关于《公民权利和政治权利国际公约》第 9 条(人身自由和安全)的一般性意见。

2. 国家对国家的指控制度

这也是人权条约机构一般都作出规定的制度。一般为任择性质,即在相关人权条约中有一个条款规定这一制度,但缔约国可以随时作出声明予以接受。该制度仅对已经作出声明的缔约国发生效力。只有一个公约中的国家对国家指控制度不是任择性质的,即《消除一切形式种族歧视国际公约》(《公约》第 11 条)。这就意味着所有批准了该《公约》的缔约国都自动地接受了这一制度。而且原则上这一条是不能保留的(《公约》第 20 条第 2 款)。由于在各个国际人权

---

① 各个人权机构的总结性意见都十分注意这个问题,以避免与缔约各国发生不必要的对抗。总结性意见首先表扬报告的积极方面,然后用婉转的措辞指出存在的问题。通常使用的词汇根据问题的严重程度分别是:"注意到""关切地注意到""严重关切地注意到"等等。

公约之下的国家对国家指控制度都是类似的,下面以《公民权利和政治权利国际公约》为例,简单予以介绍:

《公民权利和政治权利国际公约》第 41 条规定:缔约国可以随时声明承认委员会有权接受和审议一缔约国指控另一缔约国不履行条约义务。根据这条规定,委员会在提出指控和被指控国都已声明承认委员会有权接受指控的情况下,才可以受理该项指控。

但是遗憾的是,声明接受这一制度的国家不多,而且到目前为止,这项制度从来没有被适用过。①

即使国家适用该程序,委员会的作用也仅限于谋求有关国家之间的友好解决,如果不能得到友好解决,就成立一个由 5 个人组成的和解委员会,和解委员会的成立要得到相关国家的同意,它的作用仍然是提出友好解决的意见,而且该意见没有法律拘束力。

3. 个人来文制度

个人来文制度是《消除一切形式种族歧视国际公约》首先建立起来的,现已基本在所有主要人权公约中普及。

在起草《公民权利和政治权利国际公约》时,是否建立个人来文制度是一个争议很大的问题,最后采取了折中的办法,即在单独的任择议定书中对个人来文制度作出规定。这是一个比较有效的准司法程序。②

根据《公民权利和政治权利国际公约任择议定书》第 1 条和第 2 条的规定,只有个人可以向人权事务委员会提出申诉,团体或非政府组织以及其他实体均不得向委员会提出申诉。因此,关于自决权的申诉不能适用个人来文程序。

个人来文的可受理性标准是比较严格的,要求不能是匿名的,不能滥用申诉权或违反任择议定书的规定。没有时间的限制,但是要求用尽当地救济。此外,议定书还要求,不能同时向不同的国际机构提出申诉。

根据《公民权利和政治权利国际公约任择议定书》第 4 条,一旦委员会决定

---

① 其他建立了此程序的国际人权机构也没有适用过。但是,与普遍性国际人权条约机构不同,欧洲人权法院的国家对国家指控制度不仅多次被适用,而且还有一定效果。参见 Soren C. Prebensen, "Inter—State Complaints Under Treaty Provisions—The Experience Under the European Convention on Human Rights", in Gudmundur Alfredsson et al(eds.), *International Human Rights Monitoring Mechanisms*: *Essays in Honour of Jakob Th. Moller*, Martinus Nijhoff Publishers, 2001, pp. 533—559。

② 关于个人来文制度,详见 Alfred de Zayas, "The Examination of Individual Complaints by the United Nations Human Rights Committee under the Optional Protocol to the International Covenant on Civil and Political Rights", in Gudmundur Alfredsson et al(eds.), *International Human Rights Monitoring Mechanisms*: *Essays in Honour of Jakob Th. Moller*, Martinus Nijhoff Publishers, 2001, pp.67—121;关于消除种族歧视公约的个人来文制度,详见 Theo van Boven, "CERD and Article 14: The Unfulfilled Promise", 载于同上书, 第 153—166 页;关于酷刑公约的个人来文制度,详见 "CAT and Articles 20 and 22", 载于同上书, 第 167—183 页。

申诉是可以接受的,来文的情况将通知给被控告的国家,要求国家在接到通知后的6个月内书面向委员会提出解释或声明,说明原委。如果该国已经采取了救济办法,也一起作出说明。

委员会要根据个人和国家提供的一切书面材料对来文进行审查,审查是秘密进行的。并仅仅在双方书面材料的基础上进行。审查之后向个人和有关国家提出解决的意见。因此,整个过程,没有口头答辩,没有证人证据的审查,没有事件调查程序。

关于案件的处理意见,将作为"最后的意见"包括在委员会的年度报告中,向世人公布,而且是全文公布,其中包括委员会成员的反对意见和个别意见。如果委员会认为《公民权利和政治权利国际公约》的规定被违反了,它会建议有关国家对受害人提供救济,例如,释放被关押的人,给予适当金钱赔偿或者采取适当措施以免类似事件再发生等等。委员会的建议没有法律的拘束力,不执行也没有任何制裁的办法,这是个人来文制度的最大缺陷。因此,许多国家不遵守这些意见。为此,1990年委员会委派了一个最后意见的后续行动特别报告员,专门对监督国家遵守委员会提出的"最后意见"的问题进行研究。① 此外,上面提到过的人权事务委员会2008年第33号一般性意见中特别强调:"委员会的意见所具有的性质根据缔约国下述义务得到进一步确定,即忠实地参与任择议定书中的程序和与公约本身相关的程序。""无论如何,缔约各国必须采取在其权力范围内一切措施以便执行委员会提出的意见。"②

进一步阅读推荐书目

1. 〔美〕杰克·唐纳利著:《普遍人权的理论与实践》,王浦劬译,中国社会科学出版社2001年版。
2. 〔美〕路易斯·亨金著:《权利的时代》,吴玉章等译,知识出版社1997年版。
3. 〔奥〕曼弗雷德·诺瓦克著:《〈公民权利和政治权利国际公约〉评注》(第二版),孙世彦、毕小青译,生活·读书·新知三联书店2008年版。
4. 梁淑英著:《国际难民法》,知识产权出版社2009年版。
5. 龚刃韧:"比较视野下的中国与人权条约",载于2014年《中国国际法年刊》,法律出版社2015年版,第314—348页。

---

① 该特别报告员的研究结果见人权事务委员会1990年度报告,A/45/40, Vol. I, pp.44—45, Vol II, Appendix XI. 关于国际人权条约机构审议意见的后续程序,参见 Markus G. Schmidt, "Follow-up Procedures to Individual Complaints and Periodic State Reporting Mechanisms", in Gudmundur Alfredsson et al (eds.), *International Human Rights Monitoring Mechanisms: Essays in Honour of Jakob Th. Moller*, Martinus Nijhoff Publishers, 2001, pp.201—216。

② 第15段、第20段,见 http://www2.ohchr.org/english/bodies/hrc/docs/CCPR.C.GC.33.pdf, 2009年5月20日访问。

6. 龚刃韧:"论人权条约的保留兼论中国对《公民权利和政治权利国际公约》的保留问题",载于《中外法学》2011年第6期。
7. Manfred Nowak, *U. N. Covenant on Civil and Political Rights*: *CCPR Commentary*, 2nd revised edition, N. P. Engel, Publisher, 2005.
8. Thomas Buergenthal, *International Human Rights in a Nutshell*, 3rd ed. West Group, 2002.
9. Manfred Nowak, *Introduction to the International Human Rights Regime*, Martinus Nijhoff Publishers, 2003.
10. Scott Sheeran and Sir Nigel Rodley (eds.), *Routleledge Handbook of International Human Rights Law*, Routledge, 2013.
11. Michael Haas, *International Human Rights*: *A Comprehensive Introduction*, 2nd ed., Routledge, 2014.
12. Guy S. Goodwin-Gill, *The Refugee in International Law*, 3rd Edition, Oxford University Press, 2007.
13. James C. Hathaway, *The Rights of Refugees Under International Law*, Cambridge University Press, 2005.
14. James C. Simeon (ed.), *Critical Issues in International Refugee Law*: *Strategies toward Interpretative Harmony*, Cambridge University Press, 2010.
15. James C. Simeon (ed.), *The UNHCR and the Supervision of International Refugee Law*, Cambridge University Press, 2013.

第十一章 国家领土

作为国家的构成要素之一，领土是国家行使权力的对象和范围，也是国家及其人民赖以生存的物质基础。本章主要涉及领土的各个组成部分及其法律地位、领土的取得和变更方式、国家领土边界和边境制度和南北极地区法律制度。但是，领海和领空将在后面的相关章节中详述。

第一节 领土的概念和领土主权

一、国家领土的概念和组成部分

国家领土是指在国家主权支配之下的地球的特定部分。① 这个定义不仅强调了领土与国家主权的关系，还包含领土在地理上的概念。根据这个定义，领土是一个立体的概念，它不仅由土地，还由空气和水所组成。因此国家领土实际上由四个部分所组成，即陆地领土（领陆）、水域领土（领水）、陆地和水域上面的空中领土（领空）和陆地及水域下面的领土（地下层）。

（一）领陆

陆地领土是国家领土的基本组成部分，其他部分都是陆地领土的附属物。没有陆地领土，其他部分都不可能独立存在。因此，没有领陆的国家是难以想象的。陆地领土包括大陆和岛屿。世界上一些国家的陆地领土完全由大陆构成，例如，非洲和欧洲一些内陆国家；另有一些国家的陆地领土完全由岛屿所组成，称为群岛国，例如印度尼西亚和菲律宾；多数国家是沿海国，后者的陆地领土包括大陆和沿海岛屿，例如，中国的领土包括中国大陆、台湾地区、香港特别行政区和澳门特别行政区以及其他大大小小的岛屿，其中包括西沙群岛、南沙群岛和钓鱼岛列屿等等。

（二）领水

国家的领水由两个部分组成：一部分是国家陆地疆界包围的所有水域，称为内水，包括江河、湖泊、湾或运河等；另一部分是国家陆地疆界之外，但与之相邻

---

① 参见〔英〕詹宁斯、瓦茨修订：《奥本海国际法》（第一卷第二分册），王铁崖等译，中国大百科全书出版社1998年版，第3页。

接的一带海域,称为领海。① 领海制度是海洋法的重要组成部分,因此将在本书第十二章中详述。由于各种不同因素,由国家陆地疆界包围的部分内水可能在国际法上有不同的法律地位,有必要在后面专门加以解释。

(三) 地下层

作为国家领土的组成部分,领陆和领水下面的地下层包括地下水和其他一切自然资源,受国家主权的完全和排他的管辖,非经允许任何他国不得进行勘探、开发和利用。国家领土主权及于地下层,有史以来没有产生过任何疑问。由于科学技术的限制,国家的地下层领土是否到达地球无限深度的问题尚未受到各国的重视。这种情况与领空形成鲜明对比。

(四) 领空

领陆和领水的上层空间是国家的领空。国家领土主权是否及于国家领陆和领水的上空以及领空是否到达无限的高度,这些都是20世纪初以后产生的问题。虽然第一个问题已经在第一次世界大战后得到解决,但是,第二个问题目前仍然存有争议。由于领空问题属于航空法的内容,将在本书第十三章中详述。

一些学者提出所谓"虚拟领土说",即在上述国家领土的各个部分之外,将国家在外国设立的使馆、国家在公海上或在外国领海内和内水的飞机、军舰和其他国家运输工具等都视为国家的"虚拟领土"或"国家领土的浮动部分"。② 由于"虚拟领土说"在理论和实践上都有欠妥之处并容易引起概念上的混乱,遭到许多批评。周鲠生先生指出:"其实这种说法十分牵强附会,不是一般所能接受的。领土的一个特点是它本身的固定性,说有什么浮动的领土,观念上就是有矛盾的。并且船舶如果作为所挂国旗国的领土,它的周围的一定宽度的海面就要称为该国的领海,而这也是不可能的。"③ 国家在其领土之外的上述一些地方的确享有一定的管辖权,国家在外国设立的使馆、国家在公海上和在外国领海和内水的军舰、军用飞机甚至享有不可侵犯权,但是这些都与国家领土主权不是一回事,因为它们毕竟不是国家领土的组成部分。

此外,国家领土之外还有相当广泛的区域或空间。这些区域或空间可以分为两个部分:一部分虽然不是国家领土的组成部分,但是国家对其享有一定的主权权利或管辖权,例如,毗连区、大陆架和专属经济区。这些部分在国际法上的地位将在第十二章海洋法中详述。另一部分是不属于任何国家管辖的区域或空

---

① 有些学者曾经将领海称为"领水"(territorial waters),参见〔英〕劳特派特修订:《奥本海国际法》(第8版,上卷平时法第二分册),王铁崖、陈体强译,商务印书馆1989年版,第8页。

② 参见〔英〕劳特派特修订:《奥本海国际法》(第8版,上卷平时法第二分册),王铁崖、陈体强译,商务印书馆1989年版,第8—9页。但是在詹宁斯和瓦茨修订的该书第9版就不再提国家的"虚拟领土"了。

③ 周鲠生著:《国际法》(上册),商务印书馆1976年版,第324页。

间,例如,公海及其上空、国际海底区域和外层空间及包括月球在内的天体。根据它们在国际法上的地位,不属于任何国家管辖的区域或空间又分成两个部分:一部分是向世界各国自由开放的,即公海及其上空;另一部分已经成为"人类共同继承遗产",即国际海底区域和外层空间及包括月球在内的天体。关于它们的法律地位,将在后面的相关章节分别加以说明。

二、国家领土的意义

国家领土对国际法、国家及其人民在政治、经济和社会各个方面都具有重要意义。

(一)国家领土对国际法的意义

国际法主要是主权国家之间的法律。主权国家以领土为单位,国际法承认国家在其领土范围内的最高权和独立权。国际法的许多内容都与国家领土联系在一起,例如,国家领土主权、国家属地管辖权或属地优越权等等。国际法的基本原则之一是不干涉本质上属于任何国家国内管辖之事项,即不干涉内政原则。然而绝大部分的内政是发生在国家领土范围内的事项。因此,国际法与"国家""主权""领土"和"管辖"等概念有着密切的联系。"从狭义的法律角度来看,'领土'是国际法关注的核心事项。"[①]换言之,国际法的许多核心内容都与国家领土密切相关。

(二)国家领土对国家及其人民的意义

领土对所有国家及其人民都是至关重要的,概括起来主要包括下述几个方面:

1. 国家主权行使的对象

作为国家主权行使的对象,领土是国际法的客体。国家领土的各个组成部分处于国家完全的、排他的主权统治之下。未经国家同意,任何他国不得对国家领土的任何部分行使任何权力,包括对领土的统治和管辖、领土资源的勘探、开发和利用等。

2. 国家主权行使的范围

领土同时也为国家行使主权限定了空间范围。世界上没有任何国家可以不受国际法限制地行使其主权,更不能到其他国家的领土范围内行使主权。国际法对国家主权行使的限制首先是空间的,即限定在国家自己的领土范围之内。传统国际法曾经允许治外法权制度的存在,但那种制度已经被废弃。当代国际法虽然允许国家在其领土范围之外,例如,专属经济区和大陆架,行使一定的主权权利和管辖权,但是那些都不是完全的、排他的国家领土主权的行使。国际法

[①] John O'Brien, *International Law*, Cavendish Publishing Limited, 2001, p.201.

虽然还允许国家在不属于任何国家的地方,如公海及其上空,行使一定的主权,但是随着国际法的发展,这样的空间越来越小了。①

3. 国家及其人民赖以生存和发展的基础

没有领土的国家是无法想象的,因为领土是国家及其人民生存和发展的基础和空间。周鲠生先生指出:"国家领土的一个特征在于它的固定性。定居在领土上的人民可以利用和保有生产资料和生活资料的永久资源。这样,领土也就成为民族的生存和发展的自然基础。"②这正是为什么国家都对自己的领土无比珍惜的主要原因。国家在领土问题上寸土不让、寸土必争,是历史上国家间无数战争和武装冲突的起因。当前为争夺领土引起的国家间冲突仍然屡见不鲜。"人类历史的一个发人深省的事实是,因领土争端引起的冲突最多,在领土争端中丧失的生命之多也是任何其他原因导致的争端所不能比的。"③正是这些原因,国际法上关于国家领土的原则和规则,例如,国家领土不可侵犯原则、国家边界和边境制度、国家领土的取得和变更方式等,显得非常重要。

三、国家领土主权

国家领土主权是国家主权的重要内容,是一项公认的国际法原则。国家领土主权是指国家对其领土享有的权利。④ 从国际法的角度看,领土主权原则主要涉及国家领土在国际法上的法律地位问题。帕尔马斯岛仲裁案独任仲裁员胡伯法官(Judge Huber)在该案裁决中对领土主权的一段描述,在国际法学界讨论领土主权的定义时得到广泛援引。胡伯法官指出:"在国际关系中,主权就意味着独立。独立,对地球的特定部分来说,就是国家行使排他的权力。国际法的发展已经确立了国家对其领土行使排他权力的原则,此原则应成为解决国际关系的出发点……领土主权,是获得承认和由自然边界或条约划定的空间。"⑤胡伯法官还指出:"领土主权涉及展示国家活动的排他权利。此项权利的相应义务是:保护他国在其领土范围内的权利,特别是在平时和战时领土完整和不可侵犯的权利,以及每个国家为其在外国的国民提出申诉的权利。"⑥

领土主权原则是现代国际法的重要原则,主要内容至少包括以下几个方面。

(一)领土主权不可侵犯

国家领土不可侵犯源于国家主权原则。《联合国宪章》第 2 条第 4 款规定:

---

① 例如,国家在两极地区、国际海底区域、外层空间等区域的活动都已经在国际公约体系的管辖之下。关于这些区域的法律地位详见本书相关章节。
② 周鲠生著:《国际法》(上册),商务印书馆 1976 年版,第 325 页。
③ John O'Brien, *International Law*, Cavendish Publishing Limited, 2001, p.201.
④ 同上书,第 203 页。
⑤ 陈致中编著:《国际法案例》,法律出版社 1998 年版,第 119 页。
⑥ 转引自 John O'Brien, *International Law*, Cavendish Publishing Limited, 2001, p.203.

"各会员国在其国际关系上不得使用威胁或武力……侵害任何会员国或国家之领土完整或政治独立。"1974年联合国大会通过的《关于侵略定义的决议》在序言中重申:"一国的领土,不应成为别国违反宪章实行——即使是暂时的——军事占领或以其他武力措施侵犯的对象,亦不应成为别国以这些措施或这些措施的威胁而加以夺取的对象。"领土主权不可侵犯是公认的国际法原则,该原则包括两个方面:第一,国家领土不能作为外国军事占领或以其他武力措施侵犯或征服的对象。第二,国家主权及于国家领土的上述各个部分,除领海受到"无害通过制度"的限制外,任何外国人、外国的部队、船舶或飞机等其他交通工具,未经国家允许不得进入。

应该特别指出的是,不以夺取或占领为目标的侵入同样构成对国家领土主权的侵犯。例如,1961年比利时部队在刚果(金)登陆,据称目的是为了在刚果(金)内乱中保护和解救比利时国民。但刚果(金)认为这种行为是对刚果(金)领土主权的侵犯,比利时的目的是把加丹加州从刚果(金)分离出去,是侵略行为。之后,安理会在一项决议中要求比利时立即从刚果(金)撤军。①

(二) 领土主权包含领土所有权

国家对领土的主权包含对领土的所有权,这是不争的现实。那种否认国家与领土之间存在所有权关系的观点主要是基于国家关于土地归私人所有的国内法。根据这种国内法,国家的绝大部分土地不在国家的所有权之下。周鲠生先生认为这种观点是不正确的,因为它混同了国内法上国家对私人土地的关系与国际法上国家对领土的关系的性质。他指出:"国家尽管在国内法上不是全部土地的所有者,但在国际关系上国家具有完全支配和处理领土的权利。因此,绝不能仅因为国家在国内法上不是土地的所有主,而就认为在国际关系上,在国际法眼中,国家对领土不具有所有权。"②其实土地私有制和公有制只是国内法上的不同,私人是否可以进行土地的交易只是在国内法中才有实际意义。在国际关系中,任何私人都无权处置他们所有的土地,领土的交换、转让或割让只有对领土享有主权的国家才有权决定。因此,国家领土主权包含领土所有权。

(三) 领土自然资源的永久主权

国家领土主权不仅及于领土上的居民以及在领土范围内发生的一切事件,还及于领土本身的所有自然资源,包括一切生物和非生物资源,包括水、空气、陆地和山脉、森林以及地下层等一切形式的领土本身以及其中的所有资源。国家对这些资源的勘探、开发、利用和管理享有完全排他的控制权、支配权、管辖权等权利,非经允许任何外国、外国个人或公司不得从事任何相关活动。

---

① U. N. Doc. S/INF15(1960).
② 参见周鲠生著:《国际法》(上册),商务印书馆1976年版,第321页。

四、对领土主权的限制

(一) 一般限制

国家领土主权不是绝对的,而是受到国际法的种种限制。一些限制源于以平等主权国家之间的对等关系为基础的国际法原则和规则,例如,国家领土上的活动不能对他国的权利和利益造成损害的习惯国际法规则。又如领海的无害通过制度、外交代表的特权和豁免制度、国家及其财产的豁免制度等等,由这些制度带来的对国家领土主权的限制都属于一般限制。国际法对国家领土的这类限制还有很多,在此不可能一一列举,否则"简直就是收集国际法大部分领域的各种不同的广泛问题"[1]。还有一些限制是基于国际环境保护的国际公约的规定,随着国际环境法的发展,国家对本国领土及其资源的利用受到越来越多的限制。

另有一些限制是承担国际责任的结果,例如,第二次世界大战后,作为对侵略者的惩罚,盟军对德国和日本领土的占领。直到1951年的《旧金山对日和约》签订后,盟国才结束对日本的占领。德国直到1955年才结束被占领的状态。[2]

(二) 特殊限制

对领土主权的特殊限制是指国家通过给予他国以某些特许或特权而使本国领土主权受到的限制。这些限制从另一个角度来看就是外国在一国领土内享受的特权,在我国国际法教科书中常见的包括共管、租借、势力范围和国际地役。在国外的教科书中包括的内容更多,例如,布朗利的《国际公法原理》一书中列举了9种。[3] 下面介绍的几种情况不是这些特殊限制的概括,因为每一种情况都比较独特,所以很难将所有情况描述详尽,只能选择一些典型例子。但是它们的共同之处是,给予和接受特许或特权均以条约或协定为基础,只有少数情况依据特殊国际习惯。

1. 共管(condominium)

在国内法上共管是指共同的所有权,共管的概念源于神圣罗马帝国末期,意思是两个以上的君主对某城镇或土地共同享有所有权。在国际法上,共管是指两个或更多国家对某一特定领土共同行使领土主权,例如,原来的太平洋新赫布里底岛(现在的瓦努阿图),在从1887年到1980年获得独立之前一直处于英国

---

[1] Ian Brownlie, *Principles of Public International Law*, 6th edition, Oxford University Press, 2003, p.369.

[2] The Convention on the Relations between the Three Powers and the Federal Republic of Germany Bonn, 26 May 1954, http://www.ena.lu/, 2009年11月11日访问。

[3] Ian Brownlie, *Principles of Public International Law*, 6th edition, Oxford University Press, 2003, pp.360—368.

和法国的共管之下。目前共管的概念在国际法上的领土争端解决中仍然适用,例如,对被德国、瑞士和奥地利所包围的博登湖(Bodensee)的主权分割的争端。①

2. 租借(leases)

国家有时可能自愿或被迫通过签订条约或协定的方式将自己的部分领土租给他国。这种租借构成了领土主权的暂时转让,在租借期间内承租国可以对租借领土行使几乎完全的领土主权。租借一般都是有期限的,例如,中国清政府与英国政府1898年6月9日签订的《中英展拓香港界址专条》规定:"按照黏附地图,展扩英界,作为新租之地。其所定详细界线,应俟两国派员勘明后,再行划定。以99年为限期。"也有永久租借的情况,例如,1903年巴拿马将巴拿马运河地区永租给美国。但是永租并不妨碍出租国家要求收回的权利,根据1977年《巴拿马运河条约》,美国已于1999年12月31日中午将巴拿马运河地区的主权移交给巴拿马。被租借的领土一般不可以转租。

历史上的殖民主义国家利用租借推行殖民主义扩张政策,因此许多租借是在枪炮威逼之下达成的。例如,19世纪末,中国清政府被迫与德国、法国、英国等列强签订不平等条约,将中国的大片土地租借给他国。截止到1999年12月20日,所有租借地,包括香港和澳门,均已被中国政府收回。

3. 国际地役(international servitudes)

国际地役是指一国的领土以某种方式用来为他国的利益服务。② 国际地役通常以条约或协定方式加以确立,也有少数以特殊国际习惯的方式确立国际地役的情况。国际地役的主体是国家,客体是国家的领土。一国领土被他国使用的情况主要包括:一国的通洋河流或运河允许他国享有通过权;一国的火车站或港口设施允许他国使用;一国的无线电站、海关或军事基地允许他国来维护等等。③ 这些都是积极的国际地役。如果为了邻国的利益,一国在自己的领土上不能作出某些行为,例如,不能设防或不能进行建筑;又如一国使自己的部分领土中立化或非军事化等等。这些属于消极国际地役。

地役本是国内法上的概念,源于罗马法中的物权制度。一些学者反对将地役的概念适用于国际法,因为与地役相关的罗马法规则在国际法上不一定都能适用。但是,"事实上,国际地役这一概念包含的内容在现代国际实践中依然是

---

① 参见 P. Malanczuk, *Akehurst's Modern Introduction to International Law*, seventh revised edition, Routledge, London and New York, 1997, p.158。

② 同上。

③ 参见 Ian Brownlie, *Principles of Public International Law*, 6th edition, Oxford University Press, 2003, p.366。

大量存在的"①。实际上,国际法庭在实践中也不否定存在国际地役的可能性。例如,在1910年北大西洋海岸渔业仲裁案中,常设仲裁法院在裁决中将存在国际地役的可能性作为一个悬而未决的问题。常设仲裁法院在该案中的经济权利与可能构成国际法中的地役之间还特别作了区分。② 又如,在1960年印度领土通行权案中,国际法院在判决中也肯定了国际地役的存在。

从国际实践看,国际地役的形成需要下面几个要件:

第一,国际地役多数通过签订条约或协议加以确立,以特殊国际习惯的方式形成国际地役只是少数情况。例如,1960年国际法院审理的"印度领土通过权"案中所涉及的葡萄牙根据长期以来形成的特殊国际习惯在印度部分领土享有的通过权,即属于国际地役。③

第二,国家是国际地役的主体,即有权将国家的部分领土供他国使用的主体只能是国家,任何私人或公司企业无权处置国家领土。同样,享受国际地役的主体也必须是国家,国家通过签订条约或协定允许他国的私人或公司企业在该国领土上活动不是国际地役。

第三,国家领土是国际地役的客体。国家之间因国际地役而产生的权利和义务的客体必须是国家领土,可以是领土各个组成部分,如陆地、河流等等,与国家领土无关的事项不是国际地役。

国际地役关系通常发生在两个国家之间,即一国的领土被另一个国家所使用。国际实践中也有一国领土被所有其他国家使用的情况,国际运河就是一个典型的例子。

4. 其他限制

对领土主权的其他限制实际上多数都与外国的军用飞机或军舰(或称外国公共船舶)和外国武装部队在一国领土内享有的特权和豁免有关。经允许合法进入一国领海或内水的外国公共船舶享有广泛的特权和豁免。船上的所有人员,享有民事和刑事管辖豁免,即使他们在沿岸所作出的行为违反了当地国家的刑法,也不受当地国家的管辖。但是,他们必须遵守当地国家的关于航行和卫生检疫方面的法规。在战争时期,进入中立国港口的交战国船舶还承担一些特殊义务。

在一国领土内的外国军舰享有的特权和豁免与外国使馆馆舍类似,它们都享有不可侵犯权。派遣国可以在军舰上行使政府权力并可以采取司法行动。请假离舰时犯了罪又返回军舰的船员不受当地国家当局的追捕。在岸上值勤或执

---

① 梁淑英主编:《国际法》,中央广播电视大学出版社2002年版,第83页。
② 参见 Malcolm Shaw, *International Law*, Cambridge University Press, 2003, pp.461—462。
③ 关于"印度领土通过权"案,详见梁淑英主编:《国际法教学案例》,政法大学出版社1999年版,第79—83页。

行公务的船员违反了当地国家法律也不受当地法院的管辖。"外国军舰享有的内部独立,导致一些人提出了在军舰上允许政治避难的观点,但是在实在法中没有任何效力。"①这种观点没有得到普遍接受。

第二节 国家领土在国际法上的地位

上面讲到国家领土主权时虽然已经多次提到国家领土各个部分的法律地位,但是由于领土的一些部分完全与其他国家没有联系;而另一些部分则与其他国家的领土邻接,例如,分隔两个国家的河流或湖泊或者流经几个国家的河流;还有一些部分直接与公海相连,例如,通洋的河流或运河,因此它们在国际法上的地位并不完全相同,有必要专门分别加以说明。

一、陆地领土及其地下层的地位

这部分领土是国家领土的基本部分,处于国家主权的完全统治、支配和管辖之下,外国人和外国飞机、船舶等其他交通工具,在没有得到一国允许的情况下不得进入,更不能对陆地领土的资源进行任何勘探、开发和利用活动。陆地领土的地下层在国际法上的地位与陆地领土完全相同。

二、内水

内水是指完全处于国家疆界之内并且不与任何其他国家的水域邻接的水域。例如,从源头到入海口都在一国境内的河流,即国内河流,如我国的长江和黄河。又如完全被一国的陆地所包围的湖泊和运河,世界上这样的湖泊和运河非常多。此外,沿海国的内水还包括在领海基线以内的所有水域,其中包括港口、海湾和历史性海湾等。但是这部分属于海洋法的内容,在此不予赘述。内水在国际法上的地位与陆地领土完全相同。但是,如果河流、运河或海峡是通洋的并形成国际海上交通要道,它们的法律地位可能由于国际公约的规定而与一般的内水完全不同。此外,群岛国的内水与非群岛国的内水在概念上是不同的,相关情况连同"用于国际航行的海峡",将在第十二章海洋法中分别说明。

三、国际运河

因为是人工挖掘的,所以运河的沿岸一般都是同一个国家的陆地领土,因此运河都是国家的内水。国家对运河行使完全排他的主权,除非受条约规定的约

---

① Ian Brownlie, *Principles of Public International Law*, 6th edition, Oxford University Press, 2003, p. 362.

束,运河是否对其他国家开放,由国家自由决定。但是,由于有些运河的两端连接海洋,即所谓"通洋运河",并构成国际海上交通要道,因此成为国际运河并向世界各国开放,例如,基尔运河、苏伊士运河和巴拿马运河。这些国际运河的法律地位均由国际公约加以规定。由于它们的起源、发展和现状各不相同,有必要说明如下。

1. 基尔运河

于1896年开通的基尔运河位于德国境内,连接波罗的海和北海,全长98公里。基尔运河建造之初是为战略目的,但同时也供外国通商之用。一直到第一次世界大战之前,基尔运河是否向各国开放完全由德国自由决定。因此,除非有条约作出相反规定,德国可以随时关闭基尔运河。1919年的《凡尔赛和约》和1921年国际常设法院对"温勃尔登号"案的判决确定并进一步明确了基尔运河的国际性,德国从此失去了对它的控制权。《凡尔赛和约》第380条至第386条规定,在完全平等的条件下,基尔运河及其入口应对所有与德国保持和平关系的各国商船及军舰开放;德国只有为维护和改善运河的航运征收捐税的权利。[1]

由法国公司租用的英国船舶"温勃尔登号"于1921年3月21日出现在基尔运河入口处。但因船上装有运往但泽波兰海军基地的军火、大炮等军需品,运河交通总监禁止该船通过基尔运河。理由是,如允许其通过就违反了1920年6月25日关于俄国和波兰战争的《德国中立法》。但是,作为《凡尔赛和约》缔约国的英国、法国、意大利和日本则以该和约的上述规定为依据,认为德国违反了《凡尔赛和约》,并向国际常设法院提出控诉。国际常设法院于1923年6月28日作出的判决指出,德国当局拒绝"温勃尔登号"进入基尔运河是错误的,因为《凡尔赛和约》第380条已经阻止德国将1920年6月25日的《德国中立法》适用于基尔运河。法院还指出,作为国际水道,基尔运河应向所有的船舶开放,不管是商船还是军舰。[2]

但是希特勒政权下的德国单方面废弃了《凡尔赛和约》第380条至第386条,于1936年11月完全解除了基尔运河所受的条约限制,重新恢复了德国对运河完全的控制。第二次世界大战后,基尔运河重新向世界各国的船只开放。[3]

2. 苏伊士运河

于1869年开通的苏伊士运河位于埃及境内,连接地中海与红海,全长173公里。苏伊士运河是欧洲通印度洋和远东的最便利的海上交通要道,具有重要

---

[1] 参见周鲠生著:《国际法》(上册),商务印书馆1976年版,第343—344页。
[2] 参见陈致中选编:《国际法案例选》,法律出版社1986年版,第119—121页。
[3] Alexander Böhmer, "One Hundred Years: the Kiel Canal in International Law", 38 *German Yearbook of International Law* (1995), pp.325—346.

的军事战略和国际商务交通意义。因此,从这条运河的开凿到后来的控制和管理一直受到西方列强的干预。法国首先从当时埃及的宗主国土耳其派遣的总督那里取得了开凿苏伊士运河的特许权,因此该运河是利用法国的资本和技术,经过10年的工程开凿成功的。虽然埃及的苏伊士运河公司是经营管理运河的机关,但是实际上运河是在法国的垄断和控制之下。为了与法国争夺运河的控制权,英国趁埃及的苏伊士运河公司财政困难之机,于1875年从埃及总督处买下运河公司的大量股份。从此,英国开始取代法国,逐渐取得了对苏伊士运河的控制权。除了通过派部队侵入埃及外,英国还倡议召开国际会议确定苏伊士运河的法律地位,以便进一步巩固其对运河的实际控制。

1888年《君士坦丁堡公约》就是在这种情况下签订的。根据该《公约》的规定,苏伊士运河实行中立化。具体规定主要包括:第一,无论平时、战时对一切国家的商船和军舰一律开放,绝不受封锁的限制;第二,在战时,不得在距离运河或港口3英里以内从事战争或敌对行为,即使土耳其是交战国也不例外;第三,在运河内不得驻扎军舰,也不得设立任何永久性防御工事。

由于苏伊士运河对于英国与印度之间的联系具有重要战略意义,英国一直不肯放弃对它的控制权。为此,英国于1914年将埃及宣布为自己的被保护国并利用一切机会在国际上重申它的权利。一直到1954年,英国才从埃及撤回了军队,1956年埃及才将苏伊士运河公司收归国有。1957年埃及通过单方宣言的方式宣布苏伊士运河实行自由航行制度,并承担义务尊重《君士坦丁堡公约》的规定和精神以及由此产生的权利和义务。[①] 从此,苏伊士运河不再受任何外国的控制而从法律上真正成为埃及的内水,由埃及行使领土主权并保证开放给世界各国自由航行。

3. 巴拿马运河

于1914年开放使用的巴拿马运河位于巴拿马境内,连接大西洋和太平洋,全长83.13公里,构成重要的国际航行水道。与苏伊士运河类似,巴拿马运河也是从开凿到后来的利用和管理都受到大国的干预和控制。一个不同是,前者由法国私人组成的公司从事开凿及运河的管理,后者则直接由美国政府在巴拿马租借部分领土,从事开凿并控制运河的利用和管理。另外一个不同之处是,使巴拿马运河中立化的条约不是由多国参加的国际多边条约,而是英国和美国两国之间的双边条约,巴拿马作为运河的所属国被排除在条约之外。

英美两国早在1850年就通过签约方式拟订在中美洲地峡开凿一条连接大

---

① 关于苏伊士运河的详细情况,参见 R. Lapidoth, "The Reopened Suez Canal in International Law", 4 *Syracuse Journal of International Law and Commerce* (1976/1977), pp.1—49; Joseph A. Obieta, S. J., *The International Status of the Suez Canal* (Martinus Nijhoff Publishers, The Hague, 1960)。

西洋和太平洋的运河。但是,由于所拟订的计划不可行,两国又于1901年签订《海-庞斯福条约》(the Hay-Pauncefote Treaty),双方同意美国对于运河的开凿和管理享有排他的权利,并规定以《君士坦丁堡条约》为基础确定运河的中立化。为了实现开凿这条运河的目的,美国采取了政治和外交等各种手段。1903年11月3日,哥伦比亚的巴拿马省宣布脱离该国,成为独立的巴拿马共和国。美国在3天之后就对巴拿马予以承认,并在两个星期之内就与其签订了《海-瓦里拉条约》。根据该《条约》,巴拿马将开凿运河所需大约一千四百多平方公里的土地永租给美国,供其占有、使用和控制以便建造、管理和保护运河(第2条)。①

巴拿马运河于1914年由美国开凿成功并根据《海-庞斯福条约》第3条的规定保持永久中立化,向一切国家的船舶开放。此后,美国一直对巴拿马运河实行完全排他的管辖权和控制权。第二次世界大战之后,巴拿马人民坚决反对美国对运河的非法统治,要求美国退出运河地带并收回运河的管理权和控制权。经过长达十几年的谈判协商,巴拿马与美国终于在1977年签订了取代所有过去的相关条约和文件的新的《巴拿马运河条约》和《关于巴拿马运河永久中立和营运条约》。前一个条约规定,美国将在今后23年里逐步移交运河的营运以及运河区的司法和防务,在1999年12月31日中午把运河区主权归还巴拿马共和国。《关于巴拿马运河永久中立和营运条约》第1条规定:"巴拿马共和国宣布,作为国际运输水道,巴拿马运河应当根据本条约确立的体制保持永久中立……"第2条规定:"巴拿马共和国宣布,巴拿马运河永久中立的目的是为了在平时和战时它能够在平等的基础上向所有国家船只开放,并保证它们和平而安全地通过,不得对任何国家或其公民或其他标的在有关通过条件或收费方面或以任何其他理由施加歧视性做法,巴拿马运河不应当在世界其他国家之间的武装冲突中成为报复的对象。"该《条约》还规定了一些限制条件。② 美国在1999年12月31日中午将其所有的军队从巴拿马运河区撤出。巴拿马于2000年1月1日正式收回了对巴拿马运河的管理、经营和防务等一切权利。③ 但是,根据《关于巴拿马运河永久中立和运河运营条约》的规定,巴拿马运河的中立化制度不变,它仍然是永远向世界各国开放的国际运河。

---

① 又称1903年《美巴运河条约》,1903年由美国国务卿约翰·海和巴拿马共和国政府全权代表瓦里拉在华盛顿签署,Isthmian Canal Convention Between the United States of America and the Republic of Banama, http://teachingamericanhistory.org/library/index.asp?document=675,2009年11月27日访问。

② Panama Canal Treaty of 1977; Treaty Concerning the Permanent Neutrality and Operation of the Panama Canal, http://www.pancanal.com/eng/legal/neutrality-treaty.pdf,2009年11月11日访问。

③ 关于巴拿马收回运河相关情况,参见翟晓敏:"美国为何归还巴拿马运河?——1977年美巴运河条约评析",载于《世界历史》2005年第4期,第67—77页;吴德明:"美国星条旗将从'飞地'降下——巴拿马收回运河和运河区主权",载于《拉丁美洲研究》1999年第6期,第13—19页。

四、界河

界河是分隔两个国家的河流,即两个国家以该河流为界。中国与俄罗斯之间的黑龙江和乌苏里江、中国与朝鲜之间的鸭绿江都是界河。界河分属于沿岸国家的内水,界线两边的水域分别属于各沿岸国,各沿岸国对于属于自己一边的界河水域行使管辖权。但是在船舶航行方面,各沿岸国的船舶都可以在航道上自由航行,而第三国的船舶则不享有这种自由航行的权利。对界河的使用、在界河捕鱼、界河的维护和管理以及界河污染的防治等等,一般由各沿岸国根据它们之间的协议共同采取措施。①

五、多国河流

多国河流是指流经两个以上国家的河流,分别属于各沿岸国的内水,各沿岸国对于流经自己国家的那段水域享有领土主权。

理论上,因为是本国的内水,所以各沿岸国对属于自己国家的那段水域享有完全排他的主权。如果是可航的多国河流,各沿岸国有权拒绝任何其他国家(包括其他沿岸国)的船舶在属于自己国家的那段水域航行。但是在实践中这似乎是不太可行的,因为河水的流动性特点以及分别属于不同沿岸国的事实使多国河流与国内河流的法律地位不可能完全相同。

因此在实践中,多国河流的法律地位一般通过各沿岸国之间的协定加以确定。关于河流的利用、航行、维护和管理等事项,也是通过协议解决。例如,2000年4月20日,中国、老挝、缅甸和泰国四国交通部长在缅甸大其力签署的《澜沧江—湄公河商船通航协定》第2条规定,缔约各方同意,自本协定签署一年后,在缔约方四国之间实现澜沧江—湄公河商船通航。缔约任何一方的船舶均可按照本协定的规定和缔约各方共同接受的有关规则在中华人民共和国思茅港和老挝人民民主共和国琅勃拉邦港之间自由航行。第4条规定,四国相互开放港口、码头共14个,中国为思茅港、景洪港、勐罕码头及关累码头4个;老挝为班赛、班相果、孟莫、万巴伦、会晒及琅勃拉邦6个;缅甸为万景及万崩2个;泰国为清盛

---

① 例如,1989年的《中华人民共和国政府和蒙古人民共和国政府关于中蒙边界制度和处理边境问题的条约》第8条规定:"一、双方应尽可能保持界河水流正常,不得用堵塞界河水流、将水引入或故意排水的办法破坏界河的正常水位或改变水流方向。必要时,双方可就保持界河水流正常、消除妨碍界河水自然流动的障碍问题进行协商。二、双方应尽可能防止界河的干流改道,如果一方在必要地段加固河岸,应在工程开始前三个月通知另一方。该工程不得影响界河的干流和另一方的河岸。如果界河的干流由于自然原因改道,除双方另有协议外,原界线维持不变。三、在界河上建造桥梁、堤坝、水闸和其他水利工程及其利用、改装、修理、拆除问题,须根据双方达成的协议解决。"

及清孔2个。①

根据多国河流属于国家内水的法律性质及其流经多国的特性,它在国际法上的地位可以归纳如下:

1. 多国河流经过的沿岸国各段分属各沿岸国所有,各沿岸国对于属于本国的那段河流享有领土主权,包括对水域的控制权和管辖权。

2. 在航行上,多国河流对所有沿岸国家开放,各沿岸国的船舶在河流的全线享有通航的权利。

3. 多国河流不向非沿岸国开放,任何非沿岸国的船舶非经允许不得在河流上航行。

4. 基于所有沿岸国对多国河流的共同利益,各沿岸国对流经本国的那段河流的使用须考虑其他沿岸国的权利和利益,不得滥用权利。

六、国际河流

国际河流是指由于其通洋的性质而向所有国家的商船开放航行,从而被国际化的多国河流或国内河流。除了所有国家的商船可以自由航行外,国际河流的各沿岸国对国际河流流经本国的各段所享有的权利与上述多国河流完全相同。

国际河流的概念起源于19世纪欧洲的河流自由通航原则,该原则的产生与法国资产阶级革命的影响有关。最终导致1814年的《巴黎和约》和1815年的《维也纳公约》都接受了河流自由航行原则,分别宣布莱茵河及欧洲某些河流实行自由航行制度。如果说这两个公约只是原则上宣布了这些河流的自由航行并没有付诸实施(因为实际上欧洲的河流仅对各沿岸国而不对非沿岸国开放),那么几十年之后,即1856年的《巴黎和约》和1868年的《曼汉条约》则进一步规定了多瑙河和莱茵河向一切国家开放,从而实现了1814年的《巴黎和约》和1815年的《维也纳公约》宣布的自由航行原则。②

实际上,河流自由航行原则一直是西方列强推行殖民主义政策的工具。它们的主要手段是通过管理河流的所谓"国际委员会"制度掌握对河流的控制权。1856年的《巴黎和约》为了管理多瑙河可从海上通航部分,设立了专门机构——欧洲多瑙河委员会。该委员会由英国和法国等非沿岸国组成,负责制定必要的管理规章并保障多瑙河的自由航行。后来该委员会的职权逐渐扩大,除管理权

---

① 参见《中华人民共和国政府、老挝人民民主共和国政府、缅甸联邦政府和泰王国政府澜沧江—湄公河商船通航协定》,http://www.livingriversiam.org/mk/MekRapid_agmt.pdf,2009年11月27日访问。

② 参见周鲠生著:《国际法》(上册),商务印书馆1976年版,第338—339页。

外,甚至包括立法、司法和行政各项权利。① 西方列强为了将其殖民主义势力渗透到非洲,1885 年由十几个西方国家签订的《柏林总规约》、1890 年《布鲁塞尔总规约》和宣言、1919 年《圣日尔曼条约》都确定尼日尔河实行国际化,并成立了管理河流的"国际委员会"。②

第二次世界大战之后,根据 1946 年巴黎四国外长会议的决定,于 1948 年 8 月 18 日专门召开了四大国和多瑙河沿岸国参加的贝尔格莱德会议。会议上通过的《多瑙河航行制度公约》建立了仅由沿岸国代表组成的多瑙河委员会。随着 20 世纪 60 年代非殖民化运动的开展,非洲的尼日尔河沿岸国也签订了《尼日尔河流域国家关于航行和经济合作条约》③,建立了完全由沿岸国组成的管理河流委员会,即由 9 个沿岸国的代表组成尼日尔河委员会,从而结束了西方列强的统治。④

虽然上述国际河流的沿岸国先后收回了它们对河流的控制权和管理权,但是这些国际河流继续向世界各国开放,1921 年《巴塞罗那公约》(即《国际性可航水道制度公约及规约》)中关于国际河流法律地位的规定仍然有效。这些规定的主要内容是:

1. 国际河流的沿岸国对流经本国的那段河流享有主权和管辖权;
2. 国际河流对所有缔约国的船舶实行航行自由,但是军舰、执行警备或行政职务以及一切执行公务的船舶除外;
3. 在实行自由航行时,各缔约国的国民、财产和船旗在各方面均享受完全平等的待遇;
4. 国际河流的"沿岸航运"保留给本国船舶,即外国船舶不得从事同一沿岸国的各口岸之间的航运。

从 1921 年《巴塞罗那公约》的措辞可以看出,上述关于国际河流法律地位的规定在当时均未形成习惯国际法规则。直至目前,关于国际河流的法律地位仍然还是要依据国际公约、与特定国际河流相关的多边或双边条约。随着国际环境法的发展,关于国际河流的国际公约已经不再局限于仅在自由航行方面作

---

① 《巴黎和约》实际上设立了两个委员会,另一个是多瑙河沿岸国委员会,负责制定航行制度并修建河道工程。但是,实际上这个委员会未能正式成立,而由欧洲委员会取而代之。参见盛愉、周岗著:《现代国际水法概论》,法律出版社 1987 年版,第 84—85 页。
② 参见盛愉、周岗著:《现代国际水法概论》,法律出版社 1987 年版,第 116 页。
③ 《尼日尔河流域国家关于航行和经济合作条约》规定取代 1885 年由十几个西方国家签订的《柏林总规约》、1890 年《布鲁塞尔总规约》和宣言、1919 年《圣日尔曼条约》,见盛愉、周岗著:《现代国际水法概论》,法律出版社 1987 年版,第 404—412 页。
④ 关于新的多瑙河委员会的情况,参见〔苏联〕Ф. И. 科热夫尼科夫主编:《国际法》,刘莎等译,商务印书馆 1985 年版,第 184 页以及盛愉、周岗著:《现代国际水法概论》,法律出版社 1987 年版,第 89 页;关于尼日尔河委员会的情况,参见周鲠生著:《国际法》(上册),商务印书馆 1976 年版,第 339 页。

出规定。迄今,国际上已经出现了一些保护国际河流环境的国际公约。例如,1976年《保护莱茵河不受化学污染公约》和《保护莱茵河免受氯化物污染公约》,关于后者于1991年又制定了《保护莱茵河免受氯化物污染公约的议定书》。

此外,1997年5月21日,联合国大会通过了国际法委员会起草的《国际水道非航行使用法公约》。该公约于2014年8月17日生效,截至2015年5月26日,已有36个国家批准了该《公约》。① 该《公约》的主要内容包括:公约适用于国际水道及其水为航行以外目的的使用,并适用于同这些水道及其水的使用有关的保护保全和管理措施(第1条)。《公约》规定了一般原则。第5条规定了公平、合理地利用和参与的原则,即:水道国应在各自领土内公平合理地利用国际水道,特别是,水道国在使用和开发国际水道时,应着眼于与充分保护该水道相一致,并考虑到有关水道国的利益,使该水道实现最佳和可持续的利用和受益,水道国应公平合理地参与国际水道的使用开发和保护。第6条规定了公平、合理地利用的判断因素,包括:地理水道测量水文气候生态和其他属于自然性质的因素;有关的水道国的社会和经济需要;每一水道国内依赖水道的人口;一个水道国对水道的一种或多种使用对其他水道国的影响;对水道的现有和潜在使用;水道水资源的养护保护开发和节约使用,以及为此而采取的措施的费用;对某一特定计划或现有使用的其他价值相当的替代办法的可能性。第7条规定了不造成重大损害的义务,即:水道国在自己领土内利用国际水道时,应采取一切适当措施,防止对其他水道国造成重大损害。第8条规定了一般的合作义务,即:水道国应在主权平等、领土完整、互利和善意的基础上进行合作,使国际水道得到最佳利用和充分保护。第9条规定了水道国应当经常地交换有关的数据和资料。《公约》还规定了水道国应当计划采取的措施、保护和保全生态系统、水道国应当单独或集体采取措施对付有害状况和紧急情况、武装冲突期间的国际水道和设施等内容。

七、湖泊

湖泊是四周被陆地所环绕的水域。湖泊有淡水和咸水之分,后者一般称为"内海"。这些都是地理学上的概念。国际法上的湖泊分为完全由一个国家的陆地环绕的湖泊与由两个以上国家的陆地所包围的湖泊。前者属于相关国家的内水,例如,中国的洞庭湖、青海湖等,除非有相反的条约规定,它们的法律地位与陆地领土完全相同。后者一般称为"界湖"或国际湖泊,例如,中国和俄罗斯

---

① 参见联合国条约数据库:https://treaties.un.org/pages/ViewDetails.aspx?src=TREATY&mtdsg_no=XXVII-12&chapter=27&lang=en#top,2015年5月27日访问。中国不是该《公约》的参加国。

的兴凯湖,肯尼亚、乌干达和坦桑尼亚的维多利亚湖,美国与加拿大的安大略湖等,它们的法律地位、水域利用和管理比较复杂。

由于湖泊的形状各异以及沿岸国各种不同的情况,目前尚不存在解决这些问题的国际习惯规则。因此,一般都是由界湖的沿岸国通过签订条约的方式作出规定。例如,位于美国和加拿大之间的五大湖区就是根据1909年《英国(加拿大)—美国的边界水域条约》解决其法律地位、利用和管理等问题的。

第三节 传统国际法上领土的取得和变更方式

鉴于领土对国家及其人民的重要意义,领土的取得和变更对所有国家都是至关重要的问题,这是永恒不变的。但是在方式上,因为受到国际法的限制,传统国际法上领土的取得和变更方式在很大程度上已经过时。在这里讲解这些方式的意义有两个方面:第一,为了更好地理解现在国家领土的状况,必须了解过去国家取得和变更它们的方式;第二,根据国际法上的时际法,为解决历史遗留下来的领土争端也必须对这些传统方式有清楚的了解。

一、先占

先占(occupation)是指对无主地的占领。无主地(terra nullius)是指在占领前不属于任何国家领土的地方。无主地有两种情况:一种是从来就没有被任何国家占领过的地方;另一种是曾经属于某国但后来又放弃的领土。不能仅仅由于客观上一国不能对某领土行使权力,就认为该国放弃该领土,还必须证明该国有放弃该领土的意图。因此,确定被占的对象是否是无主地,包括证明某国确已放弃相关领土,是非常关键的问题。换一个角度讲,为了避免已经占领的领土被他国视为放弃的领土,国际法对占领也是有要求的。

因此,用先占取得领土必须具备两个条件:第一,先占的对象必须是无主地;第二,占领必须是有效的。但是,后一个条件的产生在传统国际法上经历了一定的发展过程。16世纪时有很多尚未被占领的地方,对有效占领的要求并不十分严格,发现即可产生初步权利或不完全权利(inchoate title)。所谓初步权利是指"在一定合理的期间内选择是否占领该领土的权利,在此期间内不允许其他国家占领该领土"[①]。传统国际法对先占的这一要求及其发展在常设仲裁法院受理的1928年"帕尔马斯岛"案中得到详细解释。在该案中,独任仲裁人胡伯法官考虑到18世纪中叶业已存在和发展起来的倾向,指出19世纪的国际法已经

[①] 见 P. Malanczuk, *Akehurst's Modern Introduction to International Law*, Seventh Revised Edition, Routledge, London and New York, 1997, p.149。

形成了这样的规则:"占领必须是有效的,有效占领才能产生领土主权……因此,仅仅发现,没有后来的实际行动,在现在是不足以产生主权的。"①

什么构成有效占领?这是先占涉及的另一个必须澄清的问题。随着无主地的逐渐减少,这个问题显得越来越重要,当代的国际法对有效占领的要求也越来越严格。但是,由于被占领的对象不尽相同,有效占领实际上是一个相对的概念。例如,对于无人居住的荒岛和已经有土著部落生活的地方,不可能适用完全相同的有效占领标准。对于前者的占领相对容易一些,而对于后者可能需要动用军事力量,甚至需要驻扎军队才能实行有效占领。

应当指出,目前的整个地球已经几乎不存在任何可以作为先占对象的空间了。地球的绝大多数部分都是国家的领土;还有些地方,例如,公海及其上空、国际海底区域、南极和北极,则是国家不能通过先占而据为己有的。公海及其上空是公有物,向所有国家自由开放;国际海底区域是"人类共同继承遗产",也不能作为先占的对象;国家对南极和北极的领土要求以及国家在这些地区的活动也已经在国际公约的约束之下。其实,即使是外层空间、月球及其他天体也不能作为先占的对象,因为它们与国际海底一样,都是"人类共同继承遗产"。除两极地区外,上述其他不能作为先占对象的各部分在国际法上的地位,将在后面的相关章节中分别讨论。

二、割让

割让(cession)通常是指根据条约将一国的领土转移给他国。领土的割让多数发生在战后,通过签订和平条约(包括双边和多边条约)的方式达成,带有强制性。历史上战败国被迫签订条约割让领土给战胜国的情况是经常发生的事。例如,1871年法国依《法兰克福和约》将阿尔萨斯-洛林割让给德国;又如,1895年中国依《马关条约》将台湾地区割让给日本。也有和平时期割让领土的情况,但是比较少见,而且多数是有代价的,即根据一定的交换条件割让领土。例如,1803年法国出价6000万法郎将路易斯安那卖给美国;1867年俄罗斯以720万美元将阿拉斯加卖给美国;1890年英国以获得东非洲桑给巴尔(Zanzibar)保护地为条件将赫尔戈兰岛让给德国。②

在现代国际法上,除了国家之间以平等协商的交换条件进行的割让外,领土的强制性割让不符合国际法。因为国家的战争权早已被废弃,《联合国宪章》第2条第4款明确禁止使用武力或武力威胁破坏国家政治独立和领土完整,所以强制割让这一传统的取得领土的方式也随之失去其合法性,成为历史的陈迹。

---

① 关于"帕尔马斯岛"案,详见陈致中编著:《国际法案例》,法律出版社1998年版,第118—124页。
② 参见周鲠生著:《国际法》(下册),商务印书馆1976年版,第451页。

三、征服

征服（conquest）是指一国用武力的方式强占他国领土。征服发生的情景与割让类似，也是战胜国取得战败国的领土。所不同的是，割让需要签订和约，征服则不需要。但是，传统国际法要求征服必须发生在战争结束之后。"如果战事尚在进行中合并敌国领土（例如，英国在 1900 年宣布合并南非共和国）是不合法的行为，不能赋予征服的权利，因为战事尚在继续进行那个事实已足够证明征服并未确定。"①

实际上，历史上有太多的用武力强占他国领土的例子。传统国际法上所谓合法性要求，包括"占有的意思"和"保持的能力"等征服所应满足的条件，都是为帝国主义或殖民主义扩张服务的。其实无论割让或征服，都是西方列强在强占别国的领土后，还想披上合法的外衣。目的是巩固侵略扩张的结果，避免落入其他列强手中。对于弱小国家来讲，不是被这个强国兼并就是被那个大国消灭，无论征服合法或非法，结果都是一样的。

与强制性割让一样，作为领土取得或变更的方式，征服在现代国际法上已经不可能有任何合法性。

四、时效

时效（prescription）是指一国占领他国领土，经过长时期持续和安稳地占有而取得对该领土的主权。时效是国内私法上的概念。为了侵略扩张的需要，西方学者将时效适用于国际法时作了两个重要改变：第一，根据时效对他国领土的占有不一定必须是善意的。然而国内私法上的取得时效，善意占有是必要前提。第二，通过时效占有他国领土没有确定的年限。但是国内私法上的取得时效是有年限的，少则十年，多则几十年不等。

既没有善意的前提，也没有确定的年限，只有持续和安稳地占有算是时效取得领土的要求。换言之，一国通过非法使用武力强占他国领土，只要该他国长期没有抗议或提出主张，占领国就以时效取得了该领土。实际上，除了给被占领国以提出抗议或提出主张的机会和不确定的时间外，时效与征服没有多大区别。它们都是传统国际法上西方列强霸占他国领土的法律依据，在现代国际法上已经没有存在的空间。

五、添附

添附（accretion）是指由于天然或人为的原因使陆地增长而引起的国家领土

---

① 周鲠生著：《国际法》（下册），商务印书馆 1976 年版，第 450 页。

的扩大。例如,由于自然的作用力,一国的河口出现三角洲、河岸出现涨滩或者领海中出现新生岛屿等,国家的领土就会自然地扩大。这些都是自然的添附。人为的添附是指国家通过在海岸筑堤或围海造田,使领海基线向外扩展而引起的国家领土的扩大。

无论自然或人为添附,只要涉及与相邻或相向国家的划界问题,一般应与相关国家协商解决。特别是人为添附,国家不能无视他国的权利和利益,通过人工扩大本国领土的活动必须受国际法约束。例如,国家改变本国领土自然状态的活动不能对他国的权利和利益造成损害,更不能为了增加本国领土而引起他国领土的减少。其次,根据1982年《联合国海洋法公约》的相关规定,沿海国在其专属经济区、大陆架或任何国家在公海上建造的人工设施或人工岛屿不构成国家领土的人为添附,周围不能形成领海,也不改变沿海国的领海基线。

第四节 领土边界和边境制度

世界上不存在没有领土的国家,也不存在没有边界的领土。领土边界是指一国领土与他国领土之间或者一国领土与公海之间的界线。边界的作用主要有两个:第一,边界向其他国家宣示国家领土的范围,除非国际条约或国际习惯有相反的规定,任何他国和他国国民非经允许不得跨越;第二,边界分隔一个国家与另一国家的领土。因此边界的划分常常是两个国家之间的事情,国家之间的边界争端也常常由此引起。边境则是领土边界两边一定距离范围内的区域。为了维护领土边界和边境的安全以及促进和维护与另外一个国家之间的边境经济和贸易往来或文化交流,国家可以与另一国签订条约,也可以制定相应的国内法律制度。

一、边界的概念及其划分

(一)边界的概念

边界是"一条划分一国领土与他国领土或国家管辖范围之外区域的界线"[①]。但是,由于国家领土是包括领陆、领水、领陆及领水的上空和地下层在内的立体空间,因此国家领土的边界也是立体的概念。此外,由于领土有各种不同的形式,边界的形式也不可能完全相同,包括陆地边界、水域边界和空中边界。然而,由于水域和空气都是附着于陆地的国家领土,因此陆地边界是最重要的界

---

① 王铁崖主编:《国际法》,法律出版社1995年版,第243页。

线,"所有这些其他疆界和界限最终都取决于陆地疆界线的位置"①。

此外还有"自然边界"和"人为边界"的区别。"自然边界"是依据国家领土的地理特征,如河流或山脉,确定领土的边界,因此才有了"界水"(包括界河、界湖等)或"界山"的概念。"人为边界"是不考虑国家领土的地理特征,而按照国家之间的协议人为划定的。从地图上看,非洲大陆类似棋盘式的国界就是西方列强人为地按地球的经、纬度划分边界造成的。②

(二)边界的划分

边界的划分对于任何国家的任何领土都是非常重要的。即使不与任何他国相邻或相向的国家领土,为了避免不必要的争端,划分出确定的边界线并设立明显标志,也是有益无害的。至于与他国领土相连接的国家领土,与相关国家进行领土边界的划分往往是避免不了的事。边界的划分包括"划界"、签订边界条约和"标界"等步骤。

1. 划界

划界有两种情况:一种是不涉及与他国划分疆界的情况,例如,本国疆界以外属于公海或其他不属于任何国家管辖的区域。这种情况下的划界是一国的内政,只要符合相关的国际法,例如,国际公约关于领海宽度及其他相关规定,划界是国家根据本国法律自行完成的国家单方面行为,经过各种必要程序公布后,应该得到其他国家的尊重。另一种情况是国家的领陆或领水与他国的领土相连接,即使存在自然的界河或界山或长期形成的"传统习惯线",但"通常需要进一步界定,以形成一条精确的疆界线"③。国际法上的划界,一般是指在后一种情况下发生在两个国家之间的双边行为。也有多个国家通过签订条约的方式划界的情况,但是一般发生在战后,划界协议是和约的一部分。④

2. 边界条约

通过签订条约界定领土边界是现代国际关系中国家之间通常采用的做法。如前所述,由于各国都本着寸土必争的立场,边界条约的签订一般都要经历比较漫长的谈判过程。经常会因为双方的意见分歧而谈谈停停、反反复复,短则几

---

① 〔英〕詹宁斯、瓦茨修订:《奥本海国际法》(第一卷第二分册),王铁崖等译,中国大百科全书出版社1998年版,第61页。

② 必须指出,非洲国家的边界完全是殖民主义掠夺的结果。关于非洲大陆的边界划分及其历史背景,详见〔埃及〕布特罗斯·加利著:《非洲边界争端》,仓友衡译,商务印书馆1979年版,第3—5页。

③ 〔英〕詹宁斯、瓦茨修订:《奥本海国际法》(第一卷第二分册),王铁崖等译,中国大百科全书出版社1998年版,第61页。

④ 例如,1919年的《凡尔赛和约》第27条至第30条对战后德国的边界作出了规定。第27条规定了战后德国与比利时、卢森堡、法国、瑞士、奥地利、捷克斯洛伐克和波兰的边界线。第28条规定了东普鲁士的边界线。

年,长则十几年甚至几十年,才能完成所有的缔约程序。① 各国对边界条约的签订如此重视,除了"寸土必争"的因素外,还有一个重要因素,即边界条约与其他条约相比,在国际法上具有特殊的地位。

边界条约的特殊地位在许多国际公约中都有专门规定。例如,1969年《维也纳条约法公约》第62条规定,情势变迁不能作为终止或退出边界条约的理由;1978年《关于国家在条约方面继承的公约》第11条规定,国家继承本身不影响条约划定的边界或条约规定的同边界制度有关的义务和权利。② 1986年《关于国家和国际组织或国际组织相互间的条约法公约》第62条也有类似的规定。虽然边界条约并非绝对不能提出任何异议,但从上述国际公约的规定可以看出,边界条约具有相对的永久性。

必须强调的是,西方列强签订的"殖民主义"条约因违反了人民自决原则而不具有永久性。"领土权利,无论其渊源如何,必须符合自决权,才有资格为《联合国宪章》的时代所接受。"③ 理论上,根据1978年《关于国家在条约方面继承的公约》第16条的规定,"新独立国家"可以拒绝继承任何条约,其中当然包括"殖民主义"的边界条约。但是,从新独立国家的实践来看,为了避免因重新划分边界而引起不必要的冲突,它们多数都遵循了"保持占有原则"(uti possidetis)或"边界不变原则"。

3. 划界的方法

在划界过程中遇到界河、界山或界湖时,除非历史传统习惯或条约有相反规定,一般按照下列原则划界。

第一,以河流为界,即界河。可航的界河以主航道中间线为界;不可航的则以河道中间线为界。例如,2004年的《中华人民共和国和俄罗斯联邦关于中俄国界东段的补充协定》第3条规定:"缔约双方同意,本补充协定第1条所述中俄国界线,通航河流沿主航道中心线行,非通航河流沿河流中心线或主流中心线行。主航道和作为国界线的主航道中心线、河流中心线或主流中心线的确切位置和据此划分河流的岛屿归属,待中俄勘界时具体确定。"1999年的《中华人民共和国和越南社会主义共和国陆地边界条约》第3条规定:"缔约双方同意,除非本条约已作明确规定,第2条所述中越边界线,以河流为界地段,非通航河流沿水流或主流中心线而行,通航河流沿主航道中心线而行。水流或主流中心线或主航道中心线的准确位置,界河中岛屿、沙洲的归属,待缔约双方勘界时具体确定。"如果随着自然缓慢变化,河流逐渐改道,中间线也应随之改变。界河上

---

① 关于条约的缔结程序,详见第三章条约法。
② 意思是说,边界条约以及相关的权利和义务是属于国家继承之列。
③ D. W. Bowett, "Self-Determination and Political Rights in the Developing Countries", *Proceedings of the American Society of International Law*, 60th Session, 1966, p. 132.

的桥梁一般以桥梁的中间线为界。

第二，以湖泊或内海为界，即界湖。由于湖泊的构造各异，除了以中间线为界外，可能还需要适用"等距离"原则。但是，具体如何划分，一般通过相关国家之间协商解决。国际法上尚无统一的规则。

第三，以山脉为界，即界山。界山的分水岭是通常采用的陆地领土边界线。1999 年的《中华人民共和国和塔吉克斯坦共和国关于中塔国界的协定》第 5 条规定："缔约双方同意，本协定第 2 条所述中塔国界线，以山脉为界地段沿分水岭行，其确切位置待中塔勘界时具体确定。"1994 年的《中华人民共和国和俄罗斯联邦关于中俄国界西段的协定》第 4 条规定："缔约双方同意，本协定第 2 条所述中俄国界线沿分水岭行。该分水岭的确切位置等中俄勘界时具体确定。"由于山脉的构造比较复杂，分水岭不是绝对必须采用的划界方法。例如，也有采取山麓或最高峰为界线的情况。

4. 标界

一旦签订了边界条约，接着就应该进行标界。标界是指在地面上实际标明边界的走向，必要时以界桩或类似的物体标明。标界一般由缔约双方指派的划界委员会进行，以边界条约和边界地图（如果有的话）为依据。

有时可能出现边界地图与边界条约的约文不一致的情况。例如，在 1962 年国际法院受理的"隆端寺"案[①]中，出现了泰国认为的"地图绘制错误"的情况。有人认为，如果边界地图与边界条约的约文不一致，以约文为准。但是也有学者不以为然，理由有两个：第一，不存在以约文为准的规则；第二，文字和地图一样容易出错。[②] 实际上，尽管确实很难证明存在着以约文为准的规则，但是与绘制地图相比，把握文字的确切性毕竟要比绘制地图容易得多，因为后者必须由技术人员来完成。无论如何，起草和认证边界条约与绘制和认证边界地图具有同等的重要性，为了避免"隆端寺"案中的错误，国家应该保有同样的谨慎态度。

除边界地图外，规定详细的边界走向的议定书、记载界标的议定书或备忘录，对于确定国家领土边界都是具有法律效力的依据。

二、与领土边界相关的其他国际法问题

（一）保持占有原则

保持占有原则（uti possidetis）或边界不变原则，原来是 19 世纪初适用于拉

---

① 参见国际法院网站：http://www.icj-cij.org/docket/files/45/9249.pdf，2015 年 6 月 6 日访问。由于柬埔寨和泰国边境再次发生争端，2011 年柬埔寨将泰国告上国际法院，要求国际法院对其 1962 年关于隆端寺案的判决进行解释，参见国际法院网站：http://www.icj-cij.org/docket/files/151/16470.pdf，2015 年 6 月 6 日访问。

② 参见〔英〕詹宁斯、瓦茨修订：《奥本海国际法》（第一卷第二分册），王铁崖等译，中国大百科全书出版社 1998 年版，第 61 页。

丁美洲国家间的一项原则,与西班牙在中美洲和南美洲的殖民统治有关。根据这项原则,西班牙的继承国保持殖民统治下划定的边界,因为从西班牙帝国独立出来的共和国普遍的愿望是避免用武力解决边界争端。[①] 虽然由于种种复杂的原因该原则对于解决拉丁美洲的边界争端没有发挥多大作用,但是后来亚洲和非洲国家在解决它们之间的边界争端时,特别是新独立国家在处理殖民地边界问题时,接受了这项原则。"隆端寺"案中的柬埔寨和泰国就是一个例子,柬埔寨原是法国的殖民地,在独立后接受了法国与泰国签订的边界协定。正如前联合国秘书长加利所指出的,在1964年于开罗举行第一届非洲统一组织国家元首会议上,"几乎是全部非洲国家都承认这一原则,因为它可以限制非洲大陆边界冲突的次数和规模"[②]。在这次会议上通过的《关于非洲边界不得改变的决议》"郑重声明所有成员国保证尊重非洲国家独立时业已存在的边界"[③]。此外,20世纪90年代初前南斯拉夫解体后产生的新国家,在处理它们之间的边界问题时也适用了保持占有原则。[④]

国际法庭在解决边界争端的案例中也对这项原则持肯定态度。国际法院1962年"隆端寺"案[⑤]、1968年"卡奇沼泽地国际仲裁"案[⑥]、国际法院1986年"边界争端"案[⑦]和1992年"陆地、岛屿和海上边界争端"案中都肯定或适用了保持占有原则。在后面的两个案子里,国际法院都认为该原则应是法院适用的国际法原则。

在1986年"边界争端"案中,国际法院分庭认为"本争端的解决必须适用'保持占有'原则……'保持占有'原则虽然是西班牙美洲首先提出的,但这项原则不仅是国际法特别领域适用的规则,而(且)是与取得独立相联系的一般领域都能适用的原则。此原则的目的是免得新独立国家在殖民当局撤出后由于边界问题而自相残杀,以致影响它们的独立和稳定。非洲新国家尊重独立时的领土原状这个事实,不应认为这个原则仅是一种实践,而应认为这是非殖民运动确定

---

① 参见 Ian Brownlie, *Principles of Public International Law*, 6th edition, Oxford University Press, 2003, pp. 129—130。
② 〔埃及〕布特罗斯·加利著:《非洲边界争端》,仓友衡译,商务印书馆1979年版,第8页。
③ 参见1964年7月21日非洲统一组织开罗首脑会议通过的 AGH/RES.16(1)号决议,载于〔埃及〕布特罗斯·加利著:《非洲边界争端》,仓友衡译,商务印书馆1979年版,第103页。
④ Opinion No 2 and No 3, Conference on Yugoslavia, Arbitration Commission, in Matthew C. R. Craven, "The European Community Arbitration Commission on Yugoslavia", 66 *British Yearbook of International Law* (1995), pp. 385—390.
⑤ Temple of Prean Vihear (*Cambodia v. Thailand*), Merits-Judgment of 15 June 1962, ICJ Reports, 1962, p. 6; 33 ILR, p. 48.
⑥ The *Rann of Kutch* case, 7 ILM, 1968, p. 633; 50 ILR, p. 2.
⑦ *Frontier Dispute* (*Burkina Faso/Republic of Mali*), Judgment of 22 December 1986, ICJ Reports, 1986, p. 557.

下来的一个普遍适用的规则……主要目的就是尊重取得独立时的领土边界。那些边界只不过是隶属于同一个殖民者统治之下的不同地区或殖民地之间的行政区域边界,但随着这些行政区域变成独立国家,此边界就成了国际边界了……'保持占有'原则似乎与民族自决不相符,但事实上,维持领土原状,对非洲国家来说,这是最聪明的做法"①。

在 1992 年"陆地、岛屿和海上边界争端"案中,"国际法院分庭认为本案适用的法律主要是美洲国际法中的'保持占有'原则。双方同意以'保持占有'原则作为确定边界的基本原则。这个原则的主要目的就是尊重独立时的领土边界,承认殖民地时期的行政边界就是独立后的国际边界"②。

从新独立国家和国际法庭的实践看,保持占有原则已经成为解决新独立国家之间边界争端比较普遍适用的原则。尽管该原则与人民自决原则不符,但毕竟是新独立国家自愿接受的避免边界冲突和维护地区稳定的国际法原则。至于是否像国际法院在上述 1986 年"边界争端"案中所说的,该原则已经成为"与取得独立相联系的一般领域都能适用的原则",还需要更多国际实践的支持。

(二) 时际法

时际法(intertemporal law)是指在由于时间的演变而产生的不同法律规则中,对于某一情形应适用该情形当时有效的法律。③ 有的学者认为时际法只不过是一般法律原则"法律不溯及既往"的一个实例而已。④ 从判定领土取得的合法性的角度来看,这种说法不无道理。因为关于领土取得方式的国际法规则随着时间的推移已经发生了巨大变化,按照 20 世纪的法律属于违法的领土取得方式,如征服,在 19 世纪却是合法的。但是,如果换一个角度,我们还可以看到时际法的另一种而且是更重要的含义:随着时间的推移国际法发生了巨大变化,在 19 世纪取得对某领土的权利时是合法的,该权利在 20 世纪的继续存在可能就失去了合法性。后一种含义正是胡伯法官首次提出时际法概念时所包含的意思。

在 1928 年常设仲裁法院的"帕尔马斯岛仲裁"案中,由于 16 世纪与 19 世纪关于先占的领土取得规则是不同的,胡伯法官提出了时际法的概念,并依据时际法原则在"权利的产生"和"权利的存在"之间作出区分。西班牙在 16 世纪发现帕尔马斯岛时,根据当时的国际法,发现就产生权利。但是,根据 19 世纪的国际法,占领必须是有效的,有效占领才能产生领土主权。因此,在 19 世纪末,由于

---

① 见陈致中编著:《国际法案例》,法律出版社 1998 年版,第 158—159 页。
② 同上书,第 166 页。
③ 参见王铁崖主编:《中华法学大辞典国际法卷》,中国检察出版社 1996 年版,第 516 页。
④ 参见 P. Malanczuk, *Akehurst's Modern Introduction to International Law*, Seventh Revised Edition, Routledge, London and New York, 1997, p. 155。

西班牙对帕尔马斯岛除了发现没有后来的实际行动,不足以产生主权。胡伯法官对这些不同的法律适用了时际法原则,结果是:西班牙在16世纪依发现而产生的权利在1898年与美国签订割让条约时已经不存在了,因为"权利的存在"已经不具有合法性。① 由于西班牙不能将自己没有的权利转让给美国,美国也不能以该割让条约为依据主张其对帕尔马斯岛的主权,因此胡伯法官裁定帕尔马斯岛属于荷兰。

时际法原则是解决国家领土和边界争端的重要原则。但是有些学者对这项原则提出批评,因为它可能挑战许多领土权利继续存在的合法性并因此带来不稳定因素。② 尽管时际法原则的适用确实需要一定的谨慎,但是正如布朗利所指出的,该原则并非在真空中运作,默认、承认和禁止反言等,都是普遍适用的解决领土争端的国际法规则。③

(三) 默认、承认和禁止反言

当国家的领土边界发生变化或领土主权发生转移时,利益相关国家以及国际社会的其他国家对此所作出的反应或态度是十分重要的。因此而失去国家领土的利益相关国家,在失去领土后不提出反抗或抗议,即被视为"默认"(acquiescence)。国际社会的其他国家,即第三国,对此表示接受的态度即为"承认"(recognition)。默认和承认在正常的领土边界变化或领土变更时没有什么意义。但是在相关领土存有争议的情况下,默认和承认都可能起到使对有争议领土的实际控制合法化的作用。例如,在1962年"隆端寺"案中,国际法院判决柬埔寨对隆端寺享有领土主权,主要理由就是泰国对于上面标明该寺属于柬埔寨的地图没有提出异议从而构成默认。

但是默认和承认都是以另一国对某领土的实际控制为基础的,如果仅仅对某种口头上领土权利主张没有提出抗议,不构成默认。④

作为一般法律原则,禁止反言(esttopel)在国际法中具有相当重要的地位。特别是在解决领土争端方面,禁止反言起着非常重要的作用。禁止反言源于英国证据法上的一项技术规则。根据这个规则,一方如果对事实作出一项声明,另一方依赖该声明采取了某种行动,并因此而蒙受损害,英国法院不允许作出声明的一方反悔。在国际法上,"默认、承认、对主权构成部分证据的接受和禁止反

---

① 见陈致中编著:《国际法案例》,法律出版社1998年版,第121—122页。
② R. Y. Jennings, *General Course on Principles of International Law*, Recueil des Cours, Volume 121 (1967-II), pp. 323—605.
③ 参见 Ian Brownlie, *Principles of Public International Law*, Sixth Edition, Oxford University Press, 2003, p. 125。
④ 参见 P. Malanczuk, *Akehurst's Modern Introduction to International Law*, Seventh Revised Edition, Routledge, London and New York, 1997, p. 154。

言,是相互联系的概念,不容易在它们之间作出区分"①。通过国家实际行为的默认和通过声明等方式明示表达承认都可能产生禁止反言的效果。

三、边境制度

边境制度是国内法的一部分。国家可以根据需要制定维护边境安全和良好秩序的法律和规章。但是,由于边境制度对相邻或相向国家及其国民可能产生不同程度的影响,边境制度也可能规定在与邻国签订的条约或协定中。边境制度涉及的内容主要包括:

(一) 界标的维护

因边界地理形式的不同,边界的标志可以分为陆地界标和水上界标。前者有界桩、界碑、界牌或其他标记;后者可能有浮标(如中国和蒙古的界湖贝尔湖上两国的边界就存在浮标)等。边界两边的国家一般会在两国签订的边界条约或协议中规定双方均负有维护界标的责任,有义务保证界标不得被损毁或移动。例如,1989年的《中华人民共和国政府和蒙古人民共和国政府关于中蒙边界制度和处理边境问题的条约》第4条规定:"对于界标、附标和界线标志、界路、边界林间通视道的维护,双方分担责任如下:一、单立界标和同号双立或三立界标的界桩,位于一方境内的由其所在的一方负责;界线上的界标,单号由中方负责,双号由蒙方负责。二、同号双立附标的附桩,位于一方境内的由其所在的一方负责;界线上的单立附标,属于单号界标的,由中方负责,属于双号界标的,由蒙方负责。界线标志也按本条规定负责。三、界标、附标的方位物位于一方境内的,由其所在的一方负责;位于边界线上的,由双方共同负责。四、带有国徽的界标的界桩,由双方共同负责。五、界路和边界线上的林间通视道由双方共同负责。"

(二) 边境居民往来的管理

考虑到边境居民在民族、宗教、文化和风俗习惯方面有许多共同点,对于边界两边的居民相互往来,相关国家一般都会在对等的基础上为他们提供一定的便利。例如,互免出入境签证或其他证件和许可证等。1993年的《中华人民共和国政府和老挝人民民主共和国政府边界制度条约》第13条规定:"一、为发展两国边民之间的友好往来和合法贸易,双方允许两国边民在边境地区出入国境探亲访友、求医治病和从事商品交易,以及参加传统的民族节日联谊活动。本条约所称边民,系指两国各自边界线一侧县的居民。二、双方边民和边贸人员出入国境时,必须持有护照或本国主管机关签发的出入境通行证,通过双方规定的

---

① 参见 Ian Brownlie, *Principles of Public International Law*, Sixth Edition, Oxford University Press, 2003, p.152。

出入境口岸或临时通道出入国境。出入境通行证应注明出入国境的事由、时间、前往和居住地点。出入境通行证只限于双方边民和边贸人员在规定的边境地区活动时使用。未满16周岁者,可作为持有出入境通行证人员的随行人员出入国境,但出入境通行证上需注明随行人数、姓名与年龄。"根据这条规定,中国和老挝的边民为探亲访友、求医治病和从事商品交易,以及参加传统的民族节日联谊活动的目的在边境地区出入国境,无需办理签证手续,只要持有护照或者本国主管机关签发的出入境通行证即可。

（三）边境争端的处理

引起边境争端的情况很多,比较常见的有：损害界标、单方面移动界桩、未经允许跨越边界线、跨界污染包括对界河或界湖造成污染等等。边界两边的国家一般在相关条约或协议中对如何处理边境争端作出规定。1960年的《中华人民共和国和缅甸联邦边界条约》第11条规定："缔约双方同意,在两国边界正式划定后,如果发生任何边界争议,应由双方友好协商解决。"1961年的《中华人民共和国和尼泊尔王国边界条约》第4条规定："缔约双方同意,在两国边界正式划定后,如果发生任何边界争议,应该由双方友好协商解决。"

第五节　两极地区的法律地位

在国家领土之外,地球尚有一些区域。在这些区域中,有的是国家不可能占有的,例如,公海及其上空；有的是国家有能力占有但国际法暂时冻结任何占有要求的,例如,南极；还有的是严格禁止任何国家占有的,例如,"国际海底区域"、外层空间、月球及其他天体。关于北极的国际法尚未发展成熟,本节将主要讨论两极的国际法地位及相关制度。国家领土之外的其他区域将在后面的相关章节中详述。

一、南极地区概述

根据《南极条约》第6条,南极地区是南纬60度以南的地区,包括一切冰架。南极地区的总面积约为1400万平方公里,约占世界陆地总面积的9.4%。南极地区约95%的土地终年被冰川所覆盖,冰层平均厚度为1600米,年平均气温为零下25摄氏度,最低时曾经达到零下89摄氏度,是世界平均气温最低的地区。南极出产鲸和磷虾,还蕴藏着两百多种矿物资源。除了极为丰富的生物和非生物资源外,南极地区在军事和战略上也具有重要意义。

随着人类在南极的探险活动逐渐展开,一些国家从20世纪初开始对南极提出领土要求。英国于1908年根据扇形理论将南极的大片地区划为自己的领土,并于1923年颁布枢密院令,宣布对南极地区的东经160度到西经150度之间的扇形区域享有领土主权。所谓扇形理论是指以国家领土的东西两经线为腰,以南极点为圆心划出的扇形空间,以此为基础对南极提出领土要求。随后一些其他国家也以各种不同的理论对南极部分地区提出领土要求,包括法国、新西兰、澳大利亚、巴西、秘鲁、乌拉圭、南非等国家,其中有些国家的领土要求发生了重叠。

在美国的倡导下,12个国家于1959年12月1日在华盛顿签订了《南极条约》,这12个国家是:美国、英国、苏联、法国、澳大利亚、新西兰、挪威、日本、比利时、阿根廷、智利和南非。中国于1983年5月9日加入《南极条约》。缔结《南极条约》的主要目的是确定南极地区的法律地位。

二、南极地区的法律地位

根据《南极条约》,南极地区的法律地位是:

1. 为和平的目的而使用

《南极条约》在序言中宣布:缔约国"承认为了人类的利益,南极应永远专为和平目的而使用,不应成为国际纷争的场所和对象"。该条约在第1条中规定:"南极应只用于和平目的。一切具有军事性质的措施,例如,建立军事基地、建筑要塞、进行军事演习以及任何类型武器的试验等等,均予禁止。"

2. 禁止在南极进行核试验

根据《南极条约》第5条,除非在所有缔约国之间另订协议,禁止在南极进行任何核爆炸和在该区域处置放射性尘埃。

3. 科学调查自由和国际合作

根据《南极条约》第2条和第3条的规定,在国际地球物理年内所实行的南极科学调查自由和为此目的而进行的合作,应按《南极条约》的规定予以继续。国际合作的内容包括交换南极科学规划的情报、在各考察队和考察站之间交换科学人员、交换和自由得到南极科学报告和成果。

4. 冻结对南极的领土要求

根据《南极条约》第4条,在《南极条约》有效期间,不得对南极地区提出新的领土主权要求或扩大现有的要求。

5. 公海的法律地位不受影响

《南极条约》第6条规定,该条约的规定不应损害或在任何方面影响任何一个国家在该地区内根据国际法所享有的对公海的权利或行使这些权利。

此外,《南极条约》还建立了观察员制度和缔约国协商会议制度。在《南极条约》之后,该《条约》的缔约国又签订了关于南极地区的生物资源和矿物资源的保护、开发和管理等方面的一系列国际公约,形成了"南极条约体系"。

三、南极条约体系

南极条约体系是指以《南极条约》为主的与南极相关的所有国际条约和制度,包括《南极条约》建立的观察员制度和缔约国协商会议制度。除《南极条约》外,南极条约体系所包括的国际条约主要有:1964 年《南极动植物保护议定措施》、1972 年《南极海豹保护公约》、1980 年《南极海洋生物资源保护公约》、1991 年《南极条约环境保护议定书》等。另外,从 1994 年以来,在每年一次的《南极条约》缔约国协商会议上已经通过了数以百计的措施和决定。

(一) 观察员制度

《南极条约》第 7 条规定,为保证缔约国遵守该条约的规定,各缔约国可以指派本国国民作为观察员,在任何时候自由进出南极的一切地区。观察员的职责是:

1. 视察南极的一切驻所、装置和设备以及在南极装卸货物和人员的船只和飞机,包括在南极地区的空中进行视察;

2. 向缔约国协商会议提交视察报告。

为了方便观察员执行视察职责,该条还规定:第一,上述一切驻所、装置和设备、船只和飞机,应随时对观察员开放;第二,缔约国应将一切相关的情况通知给其他缔约国,包括缔约国本国的船只和国民前往南极和在南极进行的一切考察以及从缔约国领土上组织或从其领土上出发并赴南极的考察队的一切情况。观察员只有发言权,没有表决权。

(二) 缔约国协商会议制度

《南极条约》第 9 条规定,为便利缔约国之间交换情报、共同协商有关南极的共同利益问题,并为了阐述、考虑以及向本国政府建议旨在促进本条约的原则和宗旨的措施,在合适的期间和地点召开缔约国协商会议。自从 1961 年《南极条约》生效以来,《南极条约》缔约国协商会议都定期举行。从 1961 年至 2014 年,已经举行了 37 届会议。在 1993 年以前是每两年举行一次,以后改为每年举行一次。2014 年的缔约国协商会议在巴西召开,会议期间,与会各国代表呼吁南极海洋生物资源保护委员会继续就建立两个世界上最大海洋保护区的提案进行讨论并努力达成共识。① 《南极条约》还规定,《南极条约》协商国根据需要可临时召开"南极条约特别协商会议"。

根据《南极条约》第 9 条第 2 款的规定,任何根据《南极条约》第 13 条加入条约的缔约国当其在南极进行诸如建立科学站或派遣科学队的实质性的科学研

---

① 参见中国海洋在线:http://www.oceanol.com/gjhy/ptsy/yaowen/2014-05-15/33845.html,2015 年 5 月 27 日访问。

究活动而对南极表示兴趣时,有权委派代表参加上述会议。因此,只有那些在南极建立科学考察站或虽未建立科学考察站但已向南极地区派遣考察队开展实质性科学研究的国家才有权参加缔约国协商会议。这些国家称为"南极条约协商国"。目前,《南极条约》的 52 个缔约国中,其中有 29 个国家成为"南极条约协商国"。①《南极条约》缔约国协商会议对南极事务发生了重大影响,主要体现在:(1) 推动《南极条约》体系不断扩展和深入;(2) 促使各个协商国采取措施加强对本国南极活动的管理;(3) 促进了协商国积极开展南极科学考察活动。② 2003 年,在西班牙马德里举行的第 26 届《南极条约》缔约国协商会议上,各国冲破各种政治因素的干扰,终于决定在阿根廷首都布宜诺斯艾利斯设立一个《南极条约》秘书处,该秘书处已经于 2004 年 9 月正式运作。

1985 年 2 月 10 日,中国在南极建立了长城科学考察站,在 1985 年 10 月 7 日成为《南极条约》协商国。1989 年 1 月 26 日,中国在南极建立了第二个科学考察站——中山站。2009 年 1 月 27 日,中国在南极内陆建立了第三个科学考察站——昆仑站。2014 年 2 月 8 日,中国在南极位于中山站与昆仑站之间的伊丽莎白公主地建立第四个科学考察站——泰山站。据报道,第五个科学考察站——维多利亚站正在建设中。③

(三) 南极的资源与环境保护

南极拥有非常丰富的生物和非生物资源。不可否认的是,一些国家在南极活动的主要目的就是为了开发南极的这些资源。但是,南极的生态环境是很脆弱的。受到人类活动的影响,南极上空的臭氧层空洞正在迅速扩大,将对世界气候造成巨大的负面影响。南极拥有世界上最大的冰川,这些冰川一旦融化,将使世界海平面上升。由于世界上大量的人口都聚集在沿海地区,海平面的上升将给人类带来灾难。

因此,《南极条约》缔约国非常重视南极的资源和环境保护。1988 年,《南极条约》缔约国协商会议在新西兰惠灵顿签订了《南极矿物资源活动管理公约》,但是在该公约生效之前,《南极条约》缔约国协商会议决定改变通常的进程,扩大已有的对南极环境的保护措施,决心制定一个综合性的对南极环境进行保护的体系。1991 年 10 月 4 日,在西班牙马德里举行的《南极条约》缔约国协商会议上,终于通过了《南极条约环境保护议定书》。该《议定书》共 27 条,规定南极

---

① 参见南极条约秘书处官网:http://www.ats.aq/devAS/ats_parties.aspx?lang=e,2015 年 7 月 23 日访问。

② 参见徐世杰:"浅析南极条约协商会议工作机制及其影响",载于《海洋开发与管理》2004 年第 3 期,第 41—44 页。

③ 参见新浪网国内新闻:http://news.sina.com.cn/c/2015-01-08/013731372913.shtml,2015 年 4 月 22 日访问。

应当成为"致力于和平和科学的自然保护区"(第2条),并且规定了在南极进行人类活动必须遵守的基本原则(第3条)以及各项具体的规则,包括科学研究优先的义务。该项议定书禁止所有有关南极矿物资源的活动,除非是为了科学研究的需要(第7条),还规定,从该项《议定书》生效之日起至少15年,在没有取得一致同意的情况下不得修改该项禁令,还规定缔约国必须每年就该《议定书》的执行提交年度报告(第17条)。该项《议定书》目前共有6个附件:附件一关于环境影响评估;附件二关于南极动物和植物保护;附件三关于废物处理和废物管理;附件四关于矿物污染的预防。这4个附件是和该项议定书同时通过的,它们在1998年1月14日生效。附件五关于地区保护和管理,是在1991年10月17日在德国波恩举行的第16届《南极条约》缔约国协商会议上通过的,于2002年5月24日生效。2005年6月14日,在瑞典斯德哥尔摩举行的第28届南极条约协商会议上通过了附件六关于环境紧急状况下所产生的责任问题,现正等待协商会议协商方的批准。① 该项《议定书》还决定设立一个环境保护委员会,作为为《南极条约》缔约国协商会议执行该项《议定书》方面提供建议和意见的专家咨询机构(第11条)。1998年1月14日,在该项《议定书》生效之时,该委员会开始设立并运作。在《南极条约》缔约国协商会议期间,该委员会同时举行年会。中国在1991年10月4日的马德里会议上签署了该项《议定书》,在1994年8月2日批准该项《议定书》。②

四、北极地区

北极地区是指北纬围绕65.5度形成的北极圈以北的区域,总面积约为2000万平方公里。与南极地区相比,北极地区没有得到国际法的更多关注。这与北极地区的自然环境有关。北极地区除了少数岛屿,主要是被冰雪覆盖的海域,90%的洋面终年封冻。即使在那些少数不封冻的区域,也都是漂流的冰山或浮冰。北极地区周围的陆地区域属于加拿大、美国(阿拉斯加)、俄罗斯、挪威和丹麦(格陵兰)。

北极地区具有重要的战略意义。由于阿拉斯加和科拉半岛地区适合潜水艇在水下行使,美国和苏联都在北极地区建立了它们的海上基地。北极地区也有丰富的生物和非生物资源,特别是丰富的石油和天然气资源。一些国家从20世纪80年代初开始对这些资源进行开发。特别是在普拉德霍湾、巴伦支海、喀拉海区域,为勘探和开发石油和天然气,相关国家已经建立了许多人工岛屿和

---

① 参见南极条约体系网站:http://www.ats.aq/e/ep.htm,2009年11月27日访问。
② 看来该议定书已经取代了《南极矿物资源活动管理公约》。参见新西兰外交与贸易部网站:http://www.mfat.govt.nz/Treaties-and-International-Law/01-Treaties-for-which-NZ-is-Depositary/0-Antarctic-Mineral-Resource.php, 2015年5月29日访问。

设施。

正是由于北极地区在军事和经济上的重要意义,北极地区周围的所有国家都对北冰洋的组成部分提出主权要求。① 尽管它们的主张在国际法上的合法性受到质疑②,但是在这些北极国家之间,似乎已经通过默认、承认和禁止反言解决了领土划分问题。在它们相互之间存在的划界问题也已经通过签订双边协议、提交国际法庭等方式基本得到解决。因此,北极地区的法律地位并没有普遍接受的国际法来加以确定。

北极地区的生态弱势、对世界气候变化的影响,需要清楚的国际法对国家在北极地区的经济活动加以规范。一般的国际海洋法不能解决北极地区的特殊问题。目前只有一些多边条约和国际文件对北极地区的某些具体事项作出规定,例如,1973 年的《保护北极熊协定》以及 1991 年北冰洋国家首脑会议上通过的《保护北极环境宣言》和《北极环境保护战略》。

进一步阅读推荐书目

1. 〔埃及〕布特罗斯·加利著:《非洲边界争端》,仓友衡译,商务印书馆 1979 年版。
2. 周鲠生著:《国际法》(上、下册),第 6、7 章,商务印书馆 1976 年版。
3. Ian Brownlie, *Principles of Public International Law*, Sixth Edition, Oxford University Press, 2003, Chapters 6—8, pp. 105—172.
4. P. Malanczuk, *Akehurst's Modern Introduction to International Law*, Seventh Revised Edition, Routledge, London and New York, 1997, pp. 147—160.
5. John O'Brien, *International Law*, Cavendish Publishing Limited, 2001, Chapter 7, pp. 201—226.
6. Malcolm N. Shaw (ed.), *Title to Territory*, Dartmouth Publishing Company, Ashgate Publishing Limited, 2005,
7. James Crawford, *Brownlie's Principles of Public International Law*, 8th edition, Oxford University Press, 2012, pp. 203—252.
8. Donald R. Rothwell, *The Polar Regions and the Development of International Law*, Cambridge University Press, 1996.

---

① 参见 Philip Kunig, "Arctic", in: R. Bernhardt (ed.), *Encyclopedia of Public International Law*, Installment 12 (1990), North-Holland, pp. 25—26。
② 参见〔英〕詹宁斯、瓦茨修订:《奥本海国际法》(第一卷第二分册),王铁崖等译,中国大百科全书出版社 1998 年版,第 78 页。

第十二章 海 洋 法

海洋法是历史最悠久也是发展最为完善的国际法分支之一。① 经过几个世纪的演变,它的内涵和外延都与17世纪海洋法开始萌芽时完全不同了。特别是第二次世界大战后,随着海洋科学技术的迅速发展,新的制度不断产生,过去海洋法上"内水、领海和公海"的传统海域分类方法不断受到挑战。目前,海洋法上的海域包括内水、领海及毗连区、专属经济区、大陆架、公海、国际海底区域等。本章将讨论这些海域的法律地位以及与其相关的其他海洋法规则和制度。

第一节 海洋法的概念和历史发展

一、海洋法的概念

海洋法是指关于各种海域的法律地位以及调整国际法主体在各种海域从事各种行为的原则、规则和制度的总和。② 按照这种描述,可以把海洋法分为两个方面:其一,关于各种海域的法律地位的国际法规则和制度;其二,国际法主体在

---

① 一般性论著,参见:Yoshifumi Tanaka, *The International Law of the Sea*, Cambridge University Press, 2015; U. N. Gupta, *The Law of the Sea* (Atlantic, New Delhi, 2005); Louis B. Sohn, John E. Noyes (eds.), *Cases and Materials on the Law of the Sea*, Transnational, Ardsley, New York, 2004; Budislav Vukas, *The Law of the Sea: Selected Writings*, Martinus Nijhoff Publishers, Leiden, 2004; Shigeru Oda, *Fifty Years of the Law of the Sea: With a Special Section on the International Court of Justice: Selected Writings of Shigeru Oda*, Judge of the International Court of Justice, Kluwer Law International, The Hague, 2003; Satya N. Nandan (ed.), *United Nations Convention on the Law of the Sea*, 1982: *A Commentary*, Martinus Nijhoff Publishers, The Hague, 2002; Hugo Caminos, *Law of the Sea*, Ashgate, Aldershot, 2001; Gudmundur Eiriksson, *The International Tribunal for the Law of the Sea*, Martinus Nijhoff Publishers, The Hague, 2000; Harry N. Scheiber (ed.), *Law of the Sea: The Common Heritage and Emerging Challenges*, Martinus Nijhoff Publishers, The Hague, 2000; R. R. Churchill and A. V. Lowe, *The Law of the Sea*, 3rd ed., Manchester University Press, Manchester, 1999; E. D. Brown, *The International Law of the Sea*, Dartmouth, Arldershot, 1994;赵理海著:《海洋法问题研究》,北京大学出版社1996年版;赵理海主编:《当代海洋法的理论与实践》,法律出版社1987年版;魏敏主编:《海洋法》,法律出版社1987年版;刘楠来等著:《国际海洋法》,海洋出版社1986年版;赵理海著:《海洋法的新发展》,北京大学出版社1984年版;高健军著:《中国与国际海洋法:纪念〈联合国海洋法公约〉生效10周年》,海洋出版社2004年版,等等。

② 请参考魏敏教授的定义:"海洋法,顾名思义,是指在国际上形成的有关海洋的各种法规的总和。换言之,海洋法是关于各种海域的法律地位以及调整各国在各种不同海域中从事航行、资源开发、科学研究并对海洋进行保护等方面的原则、规则和规章、制度的总称。"见魏敏主编:《海洋法》,法律出版社1987年版,第4页。再如:"海洋法是关于海域的法律地位以及指导国家利用不同海域的原则、规则和制度的总和",参见王铁崖主编:《国际法》,法律出版社1995年版,第256页。

各种海域应遵守的国际法规则和制度。

地球表面的大约71%都被海洋所覆盖。海洋是洋和海的总称,海洋的中心部分是洋(占海洋的89%),边缘部分是海(占海洋的11%)。海洋对人类是一个巨大的宝库,含有丰富的生物和矿物资源,是人类生存必不可少的物质基础。此外,海洋还是人类相互交往的重要途径。因此,人类开发和利用海洋的活动始于远古并且从来没有停止过。首先,是开发和利用海洋的生物和非生物资源,特别是海上渔业活动;其次,是利用海洋作为重要的交通要道,郑和下西洋是人所共知的早期中国航海活动;最后,人类在军事上对海洋的利用和争夺也已经有几百年的历史。①

随着人类在经济、科学和军事等方面对海洋的利用活动不断发展,调整国家在海洋方面活动的国际法规则和制度也逐渐增多,涉及的领域也日益扩展,形成了相当完整和独立的国际法分支——海洋法。

二、海洋法的历史发展

虽然人类开发和利用海洋的活动始于远古,海洋法的某些萌芽或对海洋的某些主张可以追溯到中世纪甚至更早,但是,海洋法形成一个比较系统的法律部门是近代以后的事情。

中世纪封建君主对土地的领有权主张逐渐扩展到海上,结果欧洲诸海几乎完全处于某种权力主张之下。英国以"诸海的主权者"或"海洋之王"自居,从10世纪开始对大片海洋提出主权要求。后来地中海、波罗的海、北海、印度洋和摩洛哥以南的大西洋和太平洋都成为其他一些欧洲国家争夺的对象。15世纪,葡萄牙和西班牙的地理大发现,引起西方对海洋的再次争夺。1493年,教皇亚历山大六世颁布两道谕旨将大西洋分给葡萄牙和西班牙,并于1494年签订条约确认了这种安排。后来教皇优利乌二世又于1506年再次确认了这个条约。但是与此同时,由于十字军东征促进了海洋商业的发展,形成了以商人的习惯或海事法院的判决为基础的法典,比较著名的是所谓"奥里朗法典"和"威斯比海上法"。②

17世纪的远洋航海和航海贸易事业使海洋法进入了一个新的发展阶段。为了对抗葡萄牙和西班牙对海洋的控制,被人们称为国际法始祖的荷兰学者格老秀斯于1609年发表了《海洋自由论》。他主张凡是不能拿起来和圈起来的东西都不能作为财产权的客体。海洋是流荡无定的东西,因此必然是自由的。格老秀斯的观点一时遭到了反对甚至抗议,也导致一些与其相对抗的著作的出版,

---

① 参见魏敏主编:《海洋法》,法律出版社1987年版,第1—3页。
② 同上书,第9页。

例如,英国威尔伍德的《海洋主权论》(1613年)、意大利真提利斯的《西班牙辩护论》(1613年),特别是英国塞尔登的《闭海论》(1635年)。这些著作与格老秀斯的《海洋自由论》形成鲜明的对比,表达了维护主权占有海洋的传统观点。总之,海洋自由论和海洋主权论是整个17世纪国家之间在海上争斗的主要分歧。

随着海上贸易的日益扩大,国家完全控制海洋的观点已经不能反映国家之间海上国际关系的现实。一种既可以维护国家对海洋的一定控制,也拥护海洋自由的观点得到了普遍支持。荷兰著名法学家宾刻舒克于1702年发表了《海洋领有论》。在该著作中,宾刻舒克将海洋分为领海和公海,前者在沿海国的主权控制之下,后者不属于任何国家。在该书中他还进一步提出了在沿海国主权控制下的领海宽度以陆地上的武器控制力量所及的范围为限,即以大炮的射程为限。因此,到18世纪末,由于当时的大炮射程一般不超过3海里①,所以,3海里以内为沿海国领海,领海以外是公海的观念也得到了包括英、美、法等海洋大国的接受。海洋自由论也被公海自由论所取代。从此海洋在海洋法上的相当长的一段时期都是由两个部分组成,即领海和公海,领海在沿海国的主权控制之下,公海自由开放给所有国家。

到了20世纪,特别是第二次世界大战之后,海洋法发生了很大变化。科学技术的迅速发展使人类对海洋的开发和利用从渔业资源逐渐扩展到矿物资源以及包括热能、潮汐能等能源。值得一提的是美国总统杜鲁门于1945年发表的《关于大陆架的底土和海床的自然资源的政策的总统公告》(简称《杜鲁门公告》)。②《杜鲁门公告》宣称:"鉴于保全和慎重利用自然资源的迫切需求,美利坚合众国政府认为,处于公海下但毗连美国海岸的大陆架的底土和海床的自然资源属于美国,受美国的管辖和控制。"③随后又有一些国家效仿美国纷纷对大陆架提出了类似的主张。海洋法上逐渐形成了一个新的制度——大陆架制度,并从而打破了领海之外即是公海的局面。那以后,随着国际关系和国际政治以及海洋科学技术的不断变化和发展,其他新的海洋法规则和制度也随之产生。目前的海洋法,通过联合国三次海洋法会议的编纂,已经成为最完善的国际法分支之一。

---

① 1海里=1.852公里。

② "Policy of the United States with Respect to the Natural Resources of the Subsoil and Sea Bed of the Continental Shelf" (Truman Proclamation on the Continental Shelf), Presidential Proclamation No. 2667, *U. S. Department of State*, Bulletin, vol. 13, no. 327 (September 30, 1945), p.485.

③ 同上。

三、海洋法的编纂

海洋法的编纂活动可以追溯到 19 世纪中叶,但是那时的编纂工作一般集中在海战法法规方面。关于平时海洋法的编纂始于 20 世纪 30 年代。1930 年,国际联盟在海牙召开的国际法编纂会议上通过了《关于领海法律地位的草案》。大规模的编纂工作从联合国建立之后开始,重要的是在联合国主持下召开的三次海洋法会议。

(一) 1958 年第一次海洋法会议

联合国第一次海洋法会议于 1958 年 2 月 24 日至 4 月 27 日在日内瓦召开,86 个国家参加了会议。[①] 会议就国际法委员会拟定的海洋法草案进行讨论,于 1958 年 4 月 29 日通过了四个海洋法公约:《领海及毗连区公约》、《公海公约》、《捕鱼与养护公海生物资源公约》和《大陆架公约》。

由于与会各国在经济、政治和军事各方面的利益存在很大差异,在领海的宽度和渔业区范围的问题上存在严重分歧,这些问题在第一次海洋法会议上没有达成协议。为此,1958 年联合国大会通过决议决定召开第二次海洋法会议。

(二) 1960 年第二次海洋法会议

第二次海洋法会议于 1960 年 3 月 17 日至 4 月 26 日在日内瓦举行,88 个国家参加了会议。在该会议上与会各国就领海宽度和渔业区界限问题展开了激烈争论,发表了各种不同的意见并提出了一些解决问题的方案,但是,与第一次会议一样,与会国之间分歧仍然很大。主要分歧存在于西方发达国家与发展中国家之间,前者坚持过去的 3 海里领海宽度,认为任何对领海宽度的扩大都将破坏海洋自由原则,危及国际航运事业。后者为了维护国家主权和渔业利益坚决主张扩大领海宽度至 12 海里并建立相应宽度的渔区。正像迪普伊(R. J. Dupuy)所比喻的那样,海上一直刮着两股大风,一股来自公海,即公海自由风;另一股来自陆岸,即主权风。[②] 最后,终因这两股风都太强劲或者任何一股风的强度都没有达到压倒对方的程度,使第二次海洋法会议以失败而告终。[③]

(三) 第三次海洋法会议

从第二次海洋法会议结束到第三次海洋法会议召开的十几年里,国际形势发生了很大变化。第三世界国家在联合国成员中所占比例迅速增加,从而改变

---

① 关于第一次海洋法会议的情况,详见:"The Law of the Sea: the Final Act and Annexes of the United Nations Conference on the Law of the Sea, Geneva, 1958, Together with a Synoptical Table of Claims to Jurisdiction over the Territorial Sea, the Contiguous Zone and the Continental Shelf", 7 *International and Comparative Law Quarterly*, 1958。

② 参见 R. J. Dupuy, *The Law of the Sea: Current Problems*, Aspen Publishers Inc., Dobbs Ferry, 1974, p.14。

③ 关于第二次海洋法会议的情况,详见魏敏主编:《海洋法》,法律出版社 1987 年版,第 18—19 页。

了以美国为首的西方发达国家控制联合国大会表决机器的局面。特别值得一提的是 1967 年以后联合国大会通过的一系列关于海洋法的决议,其中一些决议由 1967 年马耳他向联合国大会提出的《关于各国管辖范围以外海床洋底和平利用及其资源用于人类福利问题》的提案所引起。该提案主张各国管辖范围以外的海床洋底及其底土以及处于该区域内的资源应为人类的共同继承财产,其开发和利用应专为和平目的,并应受到国际监督与管制。① 实际上,马耳他的提案仅仅反映了第三世界国家在一个方面提出的主张。此外,第三世界国家还利用联合国组织等多边外交场合在专属经济区或承袭海、群岛水域等其他方面提出了它们的主张或要求。与此同时,许多国家纷纷通过制定国内法或发表声明等方式宣布 200 海里管辖范围或 200 海里领海权。第三次海洋法会议就是在这样的情况下决定召开的。②

在联合国主持下召开的第三次海洋法会议于 1973 年 12 月 3 日在纽约开幕,1982 年 12 月 10 日在牙买加的蒙特哥湾结束。为期 9 年的第三次海洋法会议共举行了 11 期 14 次会议,全世界大多数国家和国际组织参加了会议。这次会议是联合国成立以来,也是整个国际法历史上,规模最大、时间最长、影响最广泛的国际海洋法编纂活动。九年漫长的会议期间,发展中国家与发达国家之间就包括上述问题在内的所有海洋法新老问题展开了激烈辩论。最终不仅解决了领海宽度问题,还确立了一些新的海洋法制度,包括群岛国水域制度、专属经济区制度、用于国际航行的海峡的过境通行制度和国际海底区域制度等。会议的主要成果是 1982 年 4 月 30 日在纽约通过的《联合国海洋法公约》(以下称 1982 年《联合国海洋法公约》)③,公约于 1982 年 12 月在牙买加的蒙特哥最后会议上开放签字④,1994 年 11 月 16 日开始生效。

1982 年《联合国海洋法公约》是当代国际关系中最重要的国际法律文件之一,共计 320 条、9 个附件和包括 4 项决议书在内的会议最后文件,还包括《关于执行 1982 年联合国海洋法公约第十一部分的协定》。公约规定了各种海域的法律地位以及国家在各种海域的开发和利用活动所应遵守的规则和制度,是海洋

---

① 参见:《审议各国现有管辖范围以外公海之海洋底床与下层土壤专供和平用途,及其资源用以谋人类福利之问题》,A/RES/2340(XXII),1967 年。

② 1970 年,联合国大会通过决议决定于 1973 年召开第三次海洋法会议。参见:《各国现有管辖范围以外公海之海洋底床与下层土壤专供和平用途及其资源用谋人类福利以及召开海洋法会议之问题》,A/RES/2750(XXV),1970 年。

③ 投票表决的情况是,130 票赞成、4 票反对、17 票弃权。投反对票的国家是以色列、土耳其、委内瑞拉和美国。

④ 当时,包括中国在内的 117 个国家在该公约上签了字。但是,美国、英国、德国、法国和日本等国家因为公约中的第 11 部分关于国际海底区域的规定不符合它们的利益而拒绝签字。关于它们拒绝签字的具体理由在后面详说。

法的重要法典。

第二节 基 线

基线是指计算包括领海和领海以外的各种国家管辖海域宽度的起算线,例如,测算领海宽度的起算线称为"领海基线"。① 但是,按照1982年《联合国海洋法公约》的规定,所有领海以外的海域宽度都是从领海基线算起。② 因此,基本上所有海域的基线都是一条重合的基线,即领海基线。基线的重要性不仅在于它是测算包括领海在内的所有国家管辖海域宽度的起算线,还在于它是内水与领海的分界线,界线两边的法律地位完全不同。③ 领海基线有两种:正常基线和直线基线。

一、正常基线

正常基线(normal baselines),就是海岸低潮线,是指在海水退潮时距离海岸最远的那条线。1982年《联合国海洋法公约》第5条规定:"除本公约另有规定外,测算领海宽度的正常基线是沿海国官方承认的大比例尺海图所标明的沿岸低潮线。"用低潮线作为测算领海宽度的方法适合海岸线比较平直的地区。至于如何确定低潮线以及如何测算出这条线,则是一个技术问题。④

二、直线基线

直线基线(straight baselines)是指在大陆海岸向外突出的地方或沿岸岛屿上适当地方确定一定的基点,再把各基点之间用直线连接起来而划出的一条线。所谓"直线"是指连接各个基点之间的那条线,而不是指连接之后形成的那条整体的折线。直线基线适用于海岸线比较弯曲或者沿岸岛屿或石垒较多的地方。中国有18000公里的海岸线。1958年《关于领海的声明》和1992年《中华人民共和国领海及毗连区法》都规定,中国的领海基线采用直线基线法划定,由各相

---

① 关于领海基线的示意图,参见图表1。
② 不过有一个例外,即群岛国水域宽度的测算以"群岛基线"为起算线。详细情况在群岛国水域一节专门讨论。
③ 外国船舶在内水不享有"无害通过权"。关于"无害通过权"的详细情况在领海的法律地位中讨论;关于内水的法律地位,详见本书本章第三节。
④ 参见〔英〕詹宁斯、瓦茨修订:《奥本海国际法》(第一卷第二分册),王铁崖等译,中国大百科全书出版社1998年版,注释95,第110—111页。

邻基点之间的直线连线组成。①

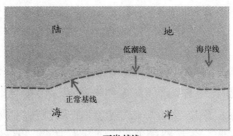

正常基线

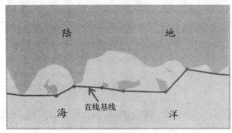

直线基线

图表1　领海基线示意图②

从上述"正常基线"可以得知直线基线并非"正常"的基线。这是因为一直到1951年国际法院对"英挪渔业"案③作出判决之前，通常都把低潮线作为领海基线。在该案中，英国政府主张本案应适用的原则是，领海基线必须是最低潮线，挪威政府1935年诏令所划出的确定其渔区宽度的基线是违反国际法的。挪威政府虽然并不否认这个原则，但却主张它不适用于挪威，因为挪威的海岸线地貌异常特殊，沿岸群山环抱、断断续续而且还有无数岛屿和干礁，形成"石垒"。④国际法院在判决中指出，领海在某些地方可以循着海岸的一般方向，而不一定循着海岸的所有曲折。国际法院同意采取连接在最低落潮线上选定的适当基点的直线基线法，这些基点可以是岩石、海角或岛屿。因此，法院判决1935年挪威国王诏令划定渔区的方法没有违反国际法。⑤

---

①　1992年《中华人民共和国领海及毗连区法》第3条，见白桂梅、李红云编:《国际法参考资料》，北京大学出版社2002年版，第396页。1958年中国领海声明规定得更为详细："中国大陆及其沿海岛屿的领海以连接大陆上和沿海岸外缘岛屿上各基点之间的各直线为基线……"参见《中华人民共和国政府关于领海的声明》(1958年9月4日全国人民代表大会常务委员会第一百次会议批准，1958年9月4日全国人民代表大会常务委员会公布)。

②　示意图来源:张海文等著/绘制:《〈联合国海洋法公约〉图解》，法律出版社2010年版，第16页。

③　参见陈致中编著:《国际法案例》，法律出版社1998年版，第191—198页。

④　参见同上书，第192—193页。

⑤　该案是支持前面提到的"一贯反对者规则"的国际法院司法判例。

1951年国际法院对"英挪渔业"案的判决对于直线基线在国际法上的合法性具有重要意义。从此一直到1958年签订《领海及毗连区公约》，许多海岸线弯曲或沿岸有许多岛屿的沿海国陆续采用直线基线来测算它们的领海宽度。该公约以及1982年《联合国海洋法公约》都确认了直线基线的合法性。后者在第7条第1款中规定："在海岸线极为曲折的地方，或者如果紧接海岸有一系列岛屿，测算领海宽度的基线的划定可采用连接各适当点的直线基线法。"

如上所述，由于领海基线也是沿海国内水与领海的分界线，将基线划在何处是关系到沿海国内水范围大小的根本问题。为此，1982年《联合国海洋法公约》就领海基线的划分对河口、海湾、港口和低潮高地作出规定。

三、河口、港口、低潮高地等与基线

（一）横越河口的直线

河口问题在国际法上没有很长的历史，因为多数河流都在沿海处汇入了海湾，从而作为海湾问题解决。从绘图法的角度，河口与海湾没有区别，都作为海湾对待。但是考虑到水的物理、生态和其他科学和社会学的因素对法律产生日益增长的影响，河口实际上与海湾是不同的。[①] 然而，区分河口与海湾并不是一件容易的事。在第一次海洋法会议上，国际法委员会的专家通过分析各种不同的鉴别方法以及国家在这方面的实践，最终经过修改接受了体现在1958年《领海及毗连区公约》第13条的解决方法，该条规定，如果河流直接流入海洋，基线应是一条在两岸低潮线上两点之间横越河口的直线。1982年《联合国海洋法公约》第9条完全接受了《领海及毗连区公约》的这项规定。

（二）海湾的封口线

为了划定领海基线，海湾湾口的宽度以及湾口封口线的划定是十分重要的。[②] 根据1982年《联合国海洋法公约》第10条第4款，如果海湾湾口不超过24海里，也即不超过领海宽度的两倍，沿海国即可在海湾湾口划一条封口线，该线向陆地的一面为沿海国的内水；该线向海的一面为沿海国的领海，该线即作为领海基线。如果海湾湾口超过24海里，封口线应该划在海湾内。具体划在何处，由沿海国依海湾的具体情况而定，以"划入该长度的线所可能划入的最大水域"（第10条第5款）为原则，而且封口线的长度不能超过24海里。如图表2所示。

[①] 参见 D. P. O'Connell, *The International Law of the Sea*, Vol. I, edited by I. A. Shearer, Clarendon Press, 1982, pp. 221—222。

[②] 海湾的概念及其与一般水曲的区别详见后面内水一节。

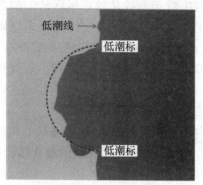
不属于《公约》规定的海湾

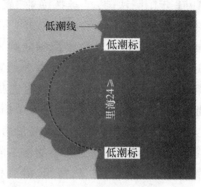
《公约》规定的海湾（1）

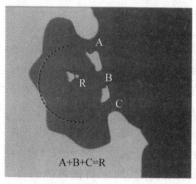
《公约》规定的海湾（2）

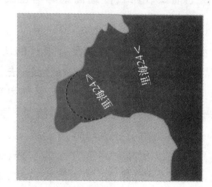
《公约》规定的海湾（3）

图表 2　海湾及其封口线示意图①

但是根据 1982 年《联合国海洋法公约》第 10 条第 6 款的规定，上述关于划定封口线的规定不适用于"历史性海湾"和采用直线基线法所涉及的任何情况。这就意味着历史性海湾湾口的封口线可以超过 24 海里②，用直线基线划定领海基线时涉及海湾湾口封口线时也不受 24 海里长度的限制。

（三）港口最外部为基点的基线

1982 年《联合国海洋法公约》第 11 条规定："为了划定领海的目的，构成海港体系组成部分的最外部永久海港工程视为海岸的一部分。"因此，沿海国可以将这样的海港工程视为"海岸"并将其最外部的各点作为领海基线的基点。但是该条又规定："近岸设施和人工岛屿不应视为永久性海港工程。"这是对沿海国的限制，即沿海国不能依据近岸设施和人工岛屿的位置来划定领海基线。

---

① 示意图来源：张海文等著/绘制：《〈联合国海洋法公约〉图解》，法律出版社 2010 年版，第 18 页。
② 关于历史性海湾，见本书第 365 页。

(四) 低潮高地作为划定基线的起点

低潮高地是指在低潮时四面环水并高于水面但在高潮时没入水中的自然形成的陆地。低潮高地上如果有永久高于海平面的灯塔或类似设施,或以这种高地作为划定基线的起点已经获得国际一般承认,可以将这种高地作为划定直线基线的起点(1982 年《联合国海洋法公约》第 7 条第 4 款)。如果低潮高地全部或一部与大陆或岛屿的距离不超过领海的宽度,该高地的低潮线可以作为测算领海宽度的基线(1982 年《联合国海洋法公约》第 13 条第 1 款)。如果低潮高地全部与大陆或岛屿的距离超过领海的宽度,则该高地没有其自己的领海(1982 年《联合国海洋法公约》第 13 条第 2 款)。

四、确定基线的混合方法及对沿海国的限制

为了适应沿海国各种不同情况,1982 年《联合国海洋法公约》允许缔约国交替采用正常基线和直线基线的方法来确定领海基线(第 14 条)。①

为了避免沿海国滥用权利或因采用直线基线损害其他国家的权利和利益,1982 年《联合国海洋法公约》规定:"直线基线的划定不应在任何明显的程度上偏离海岸的一般方向,而且基线内的海域必须充分接近陆地领土,使其受内水制度的支配(第 7 条第 3 款)。"公约还规定:"一国不得采用直线基线制度,致使另一国的领海同公海或专属经济区割断(第 7 条第 6 款)。"

第三节 内 水

一、内水的概念和法律地位

(一) 内水与内海

广义的内水是指国家领水的一部分,包括国家领陆所包围的江、河、湖泊等以及领海基线以内的海域,例如,港口、海湾等;国家领水的另一部分是领海。狭义的内水是指领海基线向陆地一面的海水水域,包括港口、海湾和领海基线以内与海岸之间的其他海域,有时称为内海。② 本节所涉及的是狭义的内水,但是在谈到内水的法律地位时,特别是在与领海及其他海域比较其法律地位时,广义与狭义的内水基本上没有区别。1982 年《联合国海洋法公约》第 8 条规定,除了群岛国的内水有不同规定外,"领海基线向陆一面的水域构成国家内水的一部分"。

---

① 例如,澳大利亚、新西兰等国家采取混合基线的划法。
② 例如,"内海是指一国领海基线内的海域"。见王铁崖主编:《国际法》,法律出版社 1981 年版,第 168 页。又如,"内海是指领海基线内侧的全部海水"。见魏敏主编:《海洋法》第二章内海,法律出版社 1987 年版,第 34—35 页。

（二）内水的法律地位

1958 年《领海及毗连区公约》和 1982 年《联合国海洋法公约》都仅对内水作了轻描淡写的规定。关于内水的法律地位主要依据习惯国际法。

与领陆的法律地位相同,内水作为领水的一部分是国家领土的组成部分,国家对其内水享有完全排他的主权。除非遇到危难(如遇到海上风暴或者船舶严重受损)或国际条约或协议另有规定,未经沿海国同意任何外国的船舶或飞机不得进入内水。

沿海国对内水的一切人、物和事享有属地管辖权。除了享有特权和豁免的船舶(如军舰和从事非商业服务的国家船舶)外,沿海国的法律完全适用于经允许进入其内水的外国船舶。理论上,一切人、物和事当然包括外国船舶上的一切人、物和事。但是在实践中,沿海国对于船长对其船员执行纪律并不进行干预;在经允许进入内水中的外国船舶上发生的刑事案件,只要不涉及沿海国的和平与安全或沿海国的利益,一般允许船旗国处理;即使沿海国的法院行使管辖权,该管辖也不是排他的,船旗国也有管辖权。此外,对于因危难而进入内水的外国船舶,沿海国不能像正常进入的外国船舶一样向其征收港口税或类似税收而从中获利。① 最后,考虑到采取直线基线可能使原来属于领海的海域变成了沿海国的内水,1982 年《联合国海洋法公约》第 8 条第 2 款规定,按照直线基线法确定领海基线使原来不属于内水的区域成为内水,这样的内水应允许外国船舶享有无害通过权。

享有特权和豁免的外国船舶,包括军舰及国家或政府船舶,也应遵守沿海国的法律和规章。但是,除了要求其离开内水外,沿海国对外国军舰及其他这类船舶不能采取任何执行行动。②

二、港口

（一）港口的概念

港口是指用于装卸货物、上下乘客和船舶停泊并具有各种工程设施的海域。港口的外部界限范围或外部界限是"连接港口最外缘各海港建筑、工程最外各点而将整个港口包围在内的线。当港口外缘设有如同防波堤一样的深入大海最深处的永久性建筑时,则该界限便是与这类永久性建筑最外部边缘重合的一条线"③。

（二）港口的法律地位

港口是沿海国的内水,沿海国有权完全禁止外国船舶进入。但是,鉴于政治、

---

① 参见 P. Malanczuk, *Akehurst's Modern Introduction to International Law*, Seventh Revised Edition, Routledge, London and New York, 1997, p.176。
② 关于外国军舰及其船员的特权和豁免可以参照外交特权和豁免的规则。见本书第十五章。
③ 参见魏敏主编:《海洋法》,法律出版社 1987 年版,第 47 页。

经济等方面的利益以及国际贸易的需要,沿海国一般会指定某些对外国开放的港口。在符合沿海国规定的条件和要求的前提下,外国船舶可以进入沿海国港口。

（三）沿海国港口制度

进入沿海国港口的外国船舶要遵守沿海国的港口制度。沿海国一般都根据本国情况并参照国际习惯或依据其参加的国际公约制定自己的港口制度。① 沿海国港口制度的主要内容包括:进出港口需要办理的手续(卫生、海关和边防检查等)、船舶在港口的航行(强制引航、航道、时速、悬挂旗帜和鸣放声号等)、港内秩序(港内禁止的行为等)和港内水域的环境保护(禁止港内排放油类、油性混合物和其他污染物等)等。

根据1979年我国交通部发布的《中华人民共和国对外国籍船舶管理规则》第3条的规定,外国船舶进入中国港口必须酌情提前通过外轮代理公司向中国港务监督办理申请批准手续,并按规定提前将预计进入港口的时间、前、后吃水等情况向中国港务监督报告。该规则还规定,外国船舶在中国港口的进出、停泊、信号和通讯、危险物品管制、航道保护和防止污染等事项,必须遵守《中华人民共和国对外国籍船舶管理规则》。②

三、海湾

（一）海湾的概念

1982年《联合国海洋法公约》将一般的水曲与公约所称的海湾加以区分。1982年《联合国海洋法公约》所称的海湾是明显的水曲,而且水曲的面积必须等于或大于以横越曲口所划的直线作为直径所划的半圆的面积,否则是一般的水曲,不是海湾,如图表3所示:

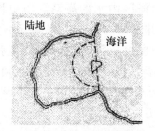
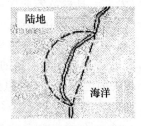

大于或等于半圆面积的是海湾　　　　小于半圆面积的是水曲

图表3　海湾和水曲示意图③

---

① 比较重要的国际公约有1923年《国际海港制度公约》和公约所附的《国际海港制度规则》Convention and Statute on the International Régime of Maritime Ports, Geneva, 9 December 1923, 58 UNTS 285。

② 《中华人民共和国对外国籍船舶管理规则》于1979年8月25日经国务院批准,1979年9月18日由交通部发布。

③ Source: Churchill and Lowe, The Law of the Sea, 2nd ed., Manchester University Press, Manchester U.K., 1988。参见:http://dsp-psd.tpsgc.gc.ca/Collection-R/LoPBdP/BP/bp322-e.htm。

（二）海湾的法律地位

如图表 2 所示，根据 1982 年《联合国海洋法公约》第 10 条第 4 款和第 5 款，海湾湾口的宽度小于 24 海里的海湾，海湾湾口封口线以内的水域为沿海国的内水。内水的法律地位已如上述，在此不予赘述。

但是上述规定仅适用于海湾沿岸属于一个沿海国的海湾。1958 年《领海及毗连区公约》和 1982 年《联合国海洋法公约》都没有就多国海湾，即海湾沿岸属于两个或多个沿海国的海湾，作出任何规定。劳特派特修订第 8 版《奥本海国际法》认为这样的海湾，无论其宽度如何，都不能加以占取，除湾内的领海外，其他都是公海的一部分。[①] 但是，詹宁斯和瓦茨修订第 9 版《奥本海国际法》则认为，只是由于海湾被多个国家所包围，相关的各沿海国就不能享有单一沿岸国海湾沿海国所享有的权利，似乎是反常的事情。[②] 比较合理的解决办法应该是由多国海湾的各沿海国通过协商根据海湾的具体情况来解决。

四、历史性海湾

根据 1982 年《联合国海洋法公约》第 10 条第 6 款的规定，海湾封口线 24 海里长度的限制对于历史性海湾不适用。这就意味着历史性海湾的湾口即使超过 24 海里，也可以在湾口划一条封口线，该线以内为沿海国内水。但是，1982 年《联合国海洋法公约》以及 1958 年《领海及毗连区公约》除了间接地表明国际社会对历史性海湾法律地位的承认外，都没有对历史性海湾作出任何进一步规定，更没有给历史性海湾下任何定义。

从国际实践来看，历史性海湾是指沿岸属于一个沿海国，湾口超出领海宽度的两倍，历史上一直被认为属于该沿海国内水的海湾。历史性海湾必须具备至少两个条件：首先，沿海国明确主张并长期有效地对海湾行使主权；其次，国际社会，特别是利益直接相关的国家必须已经默认该沿海国的主张。还有学者认为所主张的水域必须与该沿海国的海岸邻接以及相关情事必须广为人知，至少被利益直接相关的国家所了解，也是历史性海湾存在的条件。[③] 加拿大和俄罗斯分别主张哈德逊湾和大彼得湾属于历史性海湾。

---

① 参见〔英〕劳特派特修订:《奥本海国际法》(上卷平时法第二分册)，王铁崖、陈体强译，商务印书馆 1989 年版，第 41 页。

② 参见〔英〕詹宁斯、瓦茨修订:《奥本海国际法》(第一卷第二分册)，王铁崖等译，中国大百科全书出版社 1998 年版，第 43—44 页。

③ 参见 L. J. Bouchez, *The Regime of Bays in International Law*, Martinus Nijhoff, 1964, p. 281, 转引自 Gary Knight and Hungdah Chiu (eds.), *The International Law of the Sea: Cases, Documents and Readings*, Elsevier Applied Science UNIFO Publishers, Inc., 1991, pp. 117—118。

第四节 领海、海峡及毗连区

领海是指沿海国陆地领土及其内水以外并邻接陆地和内水的一定宽度的海域。领海在沿海国的主权控制之下,是沿海国领土的组成部分。除了受到一般国际法公认的外国船舶无害通过制度的限制外,沿海国对其领海享有完全排他的主权。1982年《联合国海洋法公约》第2条第1款规定:"沿海国的主权及于其陆地领土及其内水以外邻接的一带海域,在群岛国的情形下则及于群岛水域以外邻接的一带海域,称为领海。"①

一、领海的宽度

如前所述,领海宽度一方面涉及国家领土主权和国家的和平与安全以及其他经济和军事利益;另一方面还涉及公海自由。这是因为领海越宽越有利于沿海国主权的维护,反之则越有利于公海自由的享受。因此领海宽度一直以来都是有争议的问题,第一次和第二次联合国海洋法会议都是因为分歧太大不能在缔约国之间达成协议而未能解决这个问题。

关于确定领海宽度的方法历史上曾经有过各种不同的理论学说。18 世纪荷兰法学家宾刻舒克提出的"大炮射程"说受到欢迎。根据这种学说,当时大炮射程平均 3 海里的长度即是领海的宽度。但是,3 海里大炮射程规则并没有得到一致接受。例如,斯堪的纳维亚国家一贯坚持它们的领海是 4 海里。② 另外,"航程"说和"视野"说也是划定领海宽度的主张,但是都没有像"大炮射程"说那样得到普遍赞同。③

然而虽然随着军事科技的发展大炮射程早已超过了平均 3 海里,但是 3 海里后来成为美、英等海上大国一直坚持的窄领海的宽度,并认为 3 海里是国际法公认的规则。因为这样的窄领海更符合海洋自由原则。④ 与海上大国相反,第三世界国家从维护国家主权和沿海经济利益的角度出发,主张较宽的领海,分别主张 10 海里、12 海里、30 海里、50 海里甚至 200 海里的领海宽度。关于 200 海里领海权的主张主要是由拉丁美洲国家提出的,它们的主张与建立 200 海里经济区有关。经过从 1958 年到 1982 年在三次联合国海洋法会议上的长期争论,领海宽度问题终于得到解决。实际上,在 1982 年《联合国海洋法公约》生效之

---

① 群岛水域以及群岛国领海的法律地位将在后面专门讨论。
② 参见〔美〕托马斯·伯根索尔、肖恩·墨菲合著:《国际公法》(第 3 版),黎作恒译,法律出版社 2005 年版,第 182 页。
③ 关于这两种学说,参见魏敏主编:《海洋法》,法律出版社 1987 年版,第 60 页。
④ 参见同上书,第 61 页。

前,世界上大多数国家,包括过去坚持窄领海的国家美国①,已经接受了12海里的领海宽度。

1982年《联合国海洋法公约》第3条规定:"每一国家有权确定其领海的宽度,直至从按照本公约确定的基线量起不超过12海里的界限为止。"目前,世界上已经有一百多个国家确定其领海宽度为12海里。中国1958年《关于领海的声明》和1992年《领海及毗连区法》都确定中国的领海宽度从领海基线量起12海里。

二、领海的法律地位

领海是国家领土的组成部分,除了受到外国船舶无害通过权的限制,沿海国或群岛国对领海享有完全和排他的主权。领海的法律地位主要包括以下几个方面:

(一)国家领土的组成部分

领海,包括领海的水域、海床和底土以及领海水域的上空都是沿海国或群岛国的领土。国家主权及于包括上述各个部分的领海,除国家之间另有协议外,外国的飞机未经允许不得进入或飞越领海上空。

由于国家主权及于领海,沿海国或群岛国可以制定关于领海中的航行、贸易、海关、移民、卫生和安全等方面的法律和规章。在一国领海内的一切外国船舶或飞机都应遵守这些法律和规章。

(二)领海内的资源

沿海国或群岛国对于领海内的一切生物和非生物资源享有永久主权,未经允许任何其他国家不得进行任何勘探、开发和利用活动。例如,领海内的渔业资源,未经许可外国船舶不得捕捞。

(三)沿海航运权

沿海国或群岛国在其领海内保留"沿海航运权",即领海内从这一港口到另一港口以营利为目的的航运权利保留给本国和本国国民,任何其他国家不得从事沿海航运。

(四)外国船舶的无害通过权

依据国际法上的无害通过制度,外国船舶在领海享有无须事先申请或通知而无害通过领海的权利。领海的这种法律地位与沿海国的内水完全不同。外国船舶的无害通过权是对沿海国领海主权的一种限制。鉴于无害通过制度的重要

---

① 美国总统里根于1988年根据1982年《联合国海洋法公约》第3条宣布了美国的领海宽度。参见〔美〕托马斯·伯根索尔、肖恩·墨菲合著:《国际公法》(第3版),黎作恒译,法律出版社2005年版,第182—183页。

性有必要在下面专门详述。

三、无害通过制度

无害通过制度是关于外国船舶在领海享有的无害通过权以及沿海国的相应义务的制度。无害通过制度是习惯国际法,在1958年《领海及毗连区公约》和1982年《联合国海洋法公约》中都得到确认。

(一) 无害通过权的含义

"无害通过权"是指外国船舶在不妨碍沿海国的和平、良好秩序或安全的条件下无须事先经过准许而通过其领海的权利。这是长期以来在国家实践中形成的习惯国际法上的权利。只要是无害通过就不需要事先征得沿海国的同意,沿海国也不应因没有事先征得其同意而予以阻止。但是,为了避免无害通过权的滥用,该公约对"通过"和"无害"都作出了规定。

(二) 通过的含义

1982年《联合国海洋法公约》对行使无害通过权的外国船舶规定了一些通过时应遵守的规则(第18条第2款及第20条):

1. 通过必须继续不断地迅速进行,不能停靠,不能抛锚,但通常航行所附带发生的或由于不可抗力或遇难的情况则不在此限;

2. 潜水艇或其他潜水器在通过时必须在海面上航行并展示其旗帜。

此外,1982年《联合国海洋法公约》第23条规定,外国核动力船舶和载运核物质或其他本质上危险或有毒物质的船舶,在行使无害通过权时,应持有国际协定为这种船舶所规定的证书,并遵守国际协定所规定的特别预防措施。由于核动力船舶在通过领海时容易对沿海国的安全带来威胁,因此这类船舶的船旗国一般都比较谨慎从事。国家实践表明,在此类船舶通过之前,船旗国一般都会与沿海国预先签订专门协定,作出具体规定和安排。

(三) 无害的含义

1982年《联合国海洋法公约》仅对"无害"作了原则性规定:"通过只要不损害沿海国的和平、良好秩序或安全,就是无害的。这种通过的进行应符合本公约和其他国际法规则。"(第19条第1款)公约虽然没有就无害作出具体规定,但却列举了12项应视为有害的通过行为(第19条第2款),即:

1. 对沿海国使用武力或武力威胁;
2. 进行任何种类的武器操练或演习;
3. 任何目的在于收集情报使沿海国的防务或安全受损害的行为;
4. 任何影响沿海国的防务或安全的宣传行为;
5. 在船上起落或接载任何飞机;
6. 在船上发射、降落或接载任何军事装备;

7. 违反海关、财政、移民或卫生的法律和规章;
8. 故意造成严重污染;
9. 任何捕鱼活动;
10. 进行研究或测量活动;
11. 干扰沿海国的任何通讯系统或任何其他设备或设施的行为;
12. 与通过没有直接关系的任何其他活动。

(四) 沿海国的权利和义务

1. 制定关于无害通过的法律和规章

1982年《联合国海洋法公约》规定,沿海国有权对无害通过领海的外国船舶制定关于下列事项的法律和规章:航行安全和海上交通管理、保护助航等设施和设备、保护电缆和管道、养护资源和防止污染、海洋科学研究和测量、防止违反沿海国的海关、财政、移民或卫生等法律和规章等(第21条第1款)。应该注意的是,沿海国制定上述法律和规章必须符合1982年《联合国海洋法公约》以及其他国际法规则,沿海国有义务将所制定的法律和规章妥善公布。

2. 领海内的海道和分道通航制

1982年《联合国海洋法公约》规定,沿海国有权在必要时要求无害通过其领海的外国船舶在指定的海道行驶或实行分道通航制(第22条第1款)。特别是那些油轮、核动力船舶和载运核物质和危险或有毒物质或材料的船舶,更要实行指定海道或分道通航制(第22条第2款)。同时,沿海国有义务在指定海道和规定分道通航制时,考虑主管国际组织的建议;习惯上用于国际航行的水道;特定船舶和水道的特殊性质和船舶来往的频繁程度(第22条第3款)。沿海国还有义务在海图上清楚地标出这种海道和分道通航制并应将海图妥善公布(第22条第4款)。

3. 不妨碍无害通过的义务

除了按照1982年《联合国海洋法公约》的规定,沿海国不应妨碍外国船舶无害通过领海。沿海国尤其不能向外国船舶强加实际上等于否定或损害其无害通过权的要求,也不能对任何国家的船舶有任何歧视(第24条第1款)。此外,沿海国有义务将其所知的在其领海内对航行有危险的任何情况妥善公布(第24条第2款)。这是一项基于人道的规定。在1949年"科孚海峡"案中,国际法院在判决中指出,如果阿尔巴尼亚知道在其领海内有水雷而又不对外国过往船舶公布和提出警告,就要为此承担责任。[①]

4. 沿海国的保护权

为了防止非无害通过,沿海国有权采取必要步骤,包括暂时停止外国船舶在

---

① 参见陈致中编著:《国际法案例》,法律出版社1998年版,第188页。

其领海的特定区域内无害通过。但是这种停止只能在暂停措施正式公布后发生效力,并且对外国船舶不能有任何歧视(第 25 条第 3 款)。

(五)军舰的无害通过问题

外国军舰在领海是否享有无害通过权的问题,一直以来存在激烈争论。① 在第三次海洋法会议上,海洋大国为了使其军舰取得更大自由,竭力主张一切船舶,包括商船和军舰,均享有无害通过权;另一些国家从国家的安全利益出发,反对海洋大国的观点,认为无害通过制度不适用于军舰,外国军舰在领海通过必须事先通知或取得沿海国的同意。中国和其他二十多个发展中国家一再提出联合提案,建议增加有关要求外国军舰通过领海时应事先获得批准或予以通知的规定。但是,这些建议未被接受。② 结果写在 1982 年《联合国海洋法公约》中的规定又采取了使用模糊语言的做法:"所有国家,不论沿海国或内陆国,其船舶均享有无害通过领海的权利(第 17 条)。"

公约的上述规定在解释上容易引起分歧并因此产生国际争端。在签署和批准 1982 年《联合国海洋法公约》时,20 个国家就领海无害通过问题发表声明。其中一些国家要求军舰通过领海要事先通知,另一些则要求事先批准,中国属于后者。

中国在 1996 年批准 1982 年《联合国海洋法公约》时声明:"公约有关领海内无害通过的规定,不妨碍沿海国按其法律规章要求外国军舰通过领海必须事先得到该国许可或通知该国的权利。"中国的声明反映了中国在 1958 年《关于领海的声明》和 1992 年《中华人民共和国领海及毗连区法》中的一贯立场。③

四、沿海国在领海的管辖权

(一)刑事管辖权

根据 1982 年《联合国海洋法公约》第 27 条,原则上沿海国不应在通过领海的外国商船上行使管辖权,"以逮捕与在该船舶通过期间船上所犯任何罪行有关的任何人或进行与该罪行有关的任何调查"。但是,在下列情况下沿海国可以行使管辖权:

1. 罪行的后果及于沿海国;

---

① 关于军舰无害通过权的讨论,参见赵理海著:《海洋法的新发展》,北京大学出版社 1984 年版,第 92—95 页;刘楠来:"关于我国领海法的几个问题",载于赵理海主编:《当代海洋法的理论与实践》,法律出版社 1987 年版,第 43—56 页;李红云:"也谈外国军舰在领海的无害通过权",载于《中外法学》1998 年第 4 期,第 88—92 页;高健军著:《中国与国际海洋法——纪念〈联合国海洋法公约〉生效 10 周年》,海洋出版社 2004 年版,第 46—57 页。

② 见高健军著:《中国与国际海洋法——纪念〈联合国海洋法公约〉生效 10 周年》,海洋出版社 2004 年版,第 47 页。

③ 1992 年《中华人民共和国领海及毗连区法》第 6 条规定:外国非军用船舶,享有依法无害通过中华人民共和国领海的权利。外国军用船舶进入中华人民共和国领海,须经中华人民共和国政府批准。

2. 罪行属于扰乱当地安宁或领海的良好秩序的性质；
3. 经船长或船旗国外交代表或领事官员请求地方当局予以协助；或
4. 这些措施是取缔违法贩运麻醉药品或精神调理物质所必要的。

但是，上述规定不适用于从沿海国内水离开后通过领海的外国船舶（第27条第2款）。这意味着沿海国在领海对此类船舶行使刑事管辖权不受上述规定的限制。

（二）沿海国在领海的民事管辖权

根据1982年《联合国海洋法公约》第28条，沿海国不应为对通过领海的外国船舶上某人行使民事管辖权的目的而停止其航行或改变其航向。除船舶本身在通过沿海国水域航行过程中或为此种航行目的而承担的义务或发生的债务诉讼外，沿海国也不得为任何民事诉讼的目的而对船舶从事执行或加以逮捕。但是，此项规定不适用于在领海内停泊的船舶和从沿海国内水离开后通过领海的外国船舶。

（三）沿海国对军舰和用于非商业目的的政府船舶的管辖

与商船和用于商业目的的政府船舶不同，外国的军舰和用于非商业目的的政府船舶在领海享有管辖豁免。但它们也要遵守沿海国关于领海的法律和规章。如果不遵守，而且不顾沿海国向其提出遵守法律和规章的任何要求，沿海国有权要求它们立即离开领海（第30条）。对于由此而使沿海国蒙受的任何损失或损害，船旗国应承担国际责任（第31条）。

五、群岛国的领海

群岛国是指全部由一个或多个群岛构成的国家。在国际海洋法上，群岛国的问题主要是如何划定其基线、基线以内水域的法律地位以及外国船舶的通过权等问题。群岛国问题在第一次海洋法会议上争论得很激烈。菲律宾、南斯拉夫、丹麦等国家要求比照沿海群岛用直线基线测算领海的方法，将群岛国的全部水域视为一个整体，用直线基线连成的圈将群岛内的水域包围起来，基线以内的水域为群岛国的内水，以外一定宽度为领海。这些国家的主张遭到海洋大国的反对，最终未被接受。在第二次海洋法会议上，菲律宾和印度尼西亚又一次提出关于群岛国的问题，由于种种原因这个问题还是没有得到解决。① 在第三次海洋法会议上，经过几期会议的协商，由斐济、印度尼西亚、毛里求斯和菲律宾提出的"群岛条款草案"基本得到接受。② 1982年《联合国海洋法公约》对群岛基线、群岛水域的法律地位以及外国船舶的通过都作了规定。

---

① 参见 D. P. O'Connell, *The International Law of the Sea*, Vol. I, edited by I. A. Shearer, Clarendon Press, 1982, pp.245—246。

② 参见魏敏主编：《海洋法》，法律出版社1987年版，第88页。

（一）群岛基线

1982年《联合国海洋法公约》第47条规定,群岛国可以划定连接群岛最外缘各岛和各干礁最外缘各点的直线群岛基线,以此线作为领海宽度的起算线。其他海域,如毗连区、专属经济区和大陆架的宽度也从群岛基线算起。基线以内的水域为"群岛水域"。公约还对划定这种群岛基线的具体方法作了规定。

（二）群岛水域的法律地位

群岛水域的法律地位涉及水域本身、水域的上空、海床和底土。根据1982年《联合国海洋法公约》第49条,群岛国的主权及于群岛水域、群岛水域的上空、海床和底土以及其中所包含的资源,不论其深度或距离海岸的远近如何。

公约中关于群岛海道通过制度对于群岛国在包括海道在内的群岛水域所享有的主权不发生影响。

（三）外国船舶的通过权

1. 群岛水域内的封口线

群岛国可以在群岛水域内的河口、海湾和港口,比照公约中的相关规定划出封口线,线内的水域是群岛国的内水,外国船舶或飞机非经允许不得进入。

2. 无害通过权

1982年《联合国海洋法公约》关于领海无害通过制度的所有规定同样适用于群岛水域。所有国家的船舶根据这些规定在群岛水域享有无害通过权（第52条第1款）。为保护国家安全,群岛国在必要时可以暂停无害通过,但只有在正式公布后停止才能有效（第52条第2款）。

3. 群岛海道通过权

群岛国可指定适当的海道和空中航道,以便让外国船舶和飞机继续不断地和迅速地通过或飞越其群岛水域和邻接的领海。外国船舶和飞机在这种海道和空中航道通过的权利,称为"群岛海道通过权"。外国船舶和飞机在群岛国水域的通过制度与"用于国际航行的海峡"的通过制度类似,这里不予赘述。

六、海峡

（一）海峡的概念

海峡是指连接两个较大水域、自然的狭长水道或通道。据不完全统计,世界上有大大小小的海峡几千个。海峡在经济和军事上都具有十分重要的意义,那些处于海上主要通道的海峡更是如此,例如,连接大西洋和地中海的直布罗陀海峡、位于东南亚的马六甲海峡、位于亚洲和非洲之间的曼德海峡和位于亚洲和北美洲之间的白令海峡等。由于海峡的重要性以及海峡对沿岸国的安全和利益至关重要,确定海峡的法律地位是国际法上的重要问题。

海峡的法律地位因海峡的宽度及其所处的地理位置和经济与军事价值的不

同而有很大区别。在领海基线以内的海峡是沿海国的内海峡,法律地位与内水相同;宽度不超过领海宽度2倍的海峡属于领峡,法律地位与领海相同;海峡的宽度超过领海宽度2倍的是非领峡,在领海范围以外的部分,外国船舶和飞机享有航行和飞越的自由。

(二) 用于国际航行的海峡

用于国际航行的海峡,是指两端连接公海或专属经济区、构成国际海上交通要道的狭窄海峡,如图表4所示。

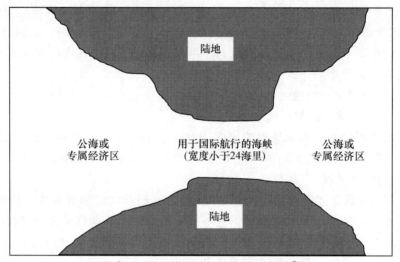

图表 4 用于国际航行的海峡示意图①

1. 过境通行制度

用于国际航行的海峡的通过制度是国际海洋法上的重要问题,历来存在严重分歧。② 自从领海宽度规定为不超过12海里从而使更多的用于国际航行的海峡被划入沿海国领海范围以来,这个问题变得越来越尖锐起来。海洋大国主张在这类海峡应实行自由航行制度,他们特别强调潜水艇和飞机在这类海峡的行驶和飞越自由。一些海峡沿岸国则出于军事安全和防止污染等各种角度竭力反对,坚持实行领海的无害通过制度。③ 在第三次海洋法会议上,争论双方经过激烈讨论后终于达成妥协,结果产生了介于无害通过和自由航行之间的"过境通行"制度。④

---

① 此示意图由政法大学国际法教授朱利江绘制。
② 参见魏敏主编:《海洋法》,法律出版社1987年版,第97—103页。
③ 参见 Jeffrey L. Dunoff et al (eds.), *International Law Norms, Actions, Process: A Problem-Oriented Approach*, Aspen Law & Business, 2002, p.658。
④ 参见李钢:"新的国际海峡制度的确立",载于赵理海主编:《当代海洋法的理论与实践》,法律出版社1987年版,第102—109页。

根据1982年《联合国海洋法公约》第38条第2款的规定,过境通行是指在两端连接公海或专属经济区的用于国际航行的海峡,为继续不断和迅速过境的目的而行使航行和飞越的自由。所有船舶和飞机均享有这种过境通行权。过境通行不应受阻碍。

应该指出的是,根据1982年《联合国海洋法公约》的规定,上述过境通行制度对于海峡的水域的性质和法律地位,无论是内水、领海、专属经济区,还是公海,都不发生任何影响。海峡沿岸国根据这种水域的性质和法律地位行使其主权或管辖权(第34条第1款)。

2."过境通行"与"无害通过"、"公海自由"的比较

过境通行制度是介于领海的无害通过和公海的航行和飞越自由之间的一种特殊制度。依据过境通行制度,一方面海峡沿岸国的主权和管辖权使海峡的水域部分得到维护,另一方面又考虑到了外国船舶和飞机通过的自由。

"过境通行"与"无害通过"之间的主要区别是:

第一,"无害通过"要求在领海通过的外国潜水艇浮在水面上行驶并展示旗帜;"过境通行"无此要求,潜水艇可以在下潜状态下行驶。

第二,"无害通过"不适用于外国飞机;"过境通行"允许外国飞机在遵守航空规则以及其他有关国际法规则的条件下,在海峡过境飞越。

第三,与"无害通过"相比,"过境通行"为外国船舶和飞机规定的义务要少并且松得多。例如,公约规定,沿海国可以采取必要措施以防止非无害通过行为的发生。"过境通行"中不仅没有这种规定,而且还明确指出,过境通行不应予以停止。

第四,从沿海国的管辖权看,为保障安全和其他利益,沿海国对进行无害通过的船舶可以进行较全面的管辖;而海峡沿岸国对过境通行的船舶和飞机仅在某些方面进行管理,如为海峡航行指定海道和规定分道通航制,防止、减少和控制海峡环境污染等。

"过境通行"与"公海自由"之间的主要区别是:

第一,"过境通行"仅限于船舶和飞机的航行和飞越,任何非行使海峡过境通行权的活动,仍受公约其他适用的规定的限制(第38条第3款);"公海自由"还包括捕鱼、铺设海底电缆和管道等其他自由。

第二,"过境通行"受到1982年《联合国海洋法公约》第39条规定的限制,特别是关于"继续不停和迅速过境的目的"的限制,过境时不能从事任何公约不允许的活动;船舶和飞机在公海的航行和飞越自由不受这些限制。

七、毗连区

(一)毗连区的概念

毗连区是邻接领海并从领海基线量起不超过24海里,沿海国为了行使若干

必要的管制而建立的海域。如果沿海国的领海为 12 海里,毗连区的实际宽度是 12 海里。沿海国在毗连区行使一定事项的管制权。

(二) 毗连区的法律地位及沿海国的权利

毗连区不是沿海国领土的组成部分,主权不能及于毗连区。沿海国仅在某些方面有行使必要管制的权利。根据 1982 年《联合国海洋法公约》第 33 条第 1 款,沿海国对毗连区行使的必要管制包括:

1. 防止在其领土或领海内违反其海关、财政、移民或卫生的法律和规章;
2. 惩治在其领土或领海内违反上述法律和规章的行为。

总之,毗连区是沿海国邻接其领海的水域,它不是沿海国领土的组成部分。沿海国在毗连区可以为执行四种法律和规章享有管制权。

第五节　大陆架和专属经济区

一、大陆架的概念

(一) 地理学上的大陆架概念

地理学上的大陆架是指邻接和围绕陆地比较平缓的浅海地带,它是陆地在海水下面的自然延伸部分,它从海岸起逐渐向深海倾斜,平均坡度为 0°07′。从大陆架起再向下倾斜,坡度变得相当陡峭,直到坡度明显变小处,称为大陆坡;从此再向外是大陆基;再往外就是深海海底。如图表 5 所示:

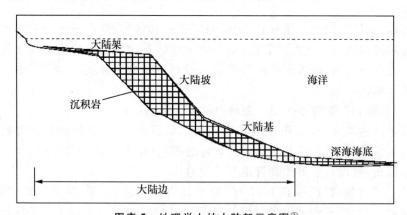

图表 5　地理学上的大陆架示意图①

---

① Hungdah Chiu, *The International Law of the Sea: Cases, Documents and Readings* (Four Courts Press and UNIFO Publishers, INC., Dublin, 1997), p.186.

(二) 1982 年《联合国海洋法公约》上的大陆架概念

国际法上的大陆架与地理学上的概念既有联系也有区别。根据 1982 年《联合国海洋法公约》第 76 条的规定,沿海国的大陆架包括其领海以外依其陆地领土的全部自然延伸,扩展到大陆边外缘的海底区域的海床和底土;大陆边包括沿海国大陆块没入水中的延伸部分,由陆架、陆坡、陆基的海床和底土构成。沿海国大陆边的宽度从领海基线量起如果不到 200 海里,可以扩展到 200 海里处;如果超过 200 海里,可以延伸到不超过 350 海里处,或不超过 2500 米等深线以外 100 海里处。如图表 6 所示。

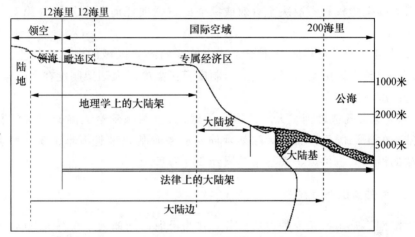

图表 6　1982 年《联合国海洋法公约》意义上的大陆架示意图①

大陆架的法律概念是 20 世纪 40 年代末产生的。当时,随着科学技术的发展,人类发现大陆架蕴藏着丰富的矿物资源,接着沿海国便纷纷提出对大陆架享有主权或管辖权的各种主张。美国总统杜鲁门于 1945 年 9 月 28 日发表的关于大陆架的《杜鲁门公告》宣布,美国政府认为,处于公海下,但毗连美国海岸的大陆架的底土和海床的自然资源属于美国,并受美国的管辖和控制。美国总统杜鲁门的公告在世界上发生较大影响,随后有许多国家提出类似主张,例如,墨西哥、巴拿马、阿根廷、智利、秘鲁、哥斯达黎加、沙特阿拉伯、科威特、菲律宾、巴基斯坦等等。它们有的主张对大陆架的资源享有管辖权和控制权,有的主张对大陆架享有主权,还有的把它们的主张扩展到大陆架的上覆水域和上面的空间。②

---

① Hungdah Chiu, *The International Law of the Sea*: *Cases*, *Documents and Readings* (Four Courts Press and UNIFO Publishers, INC., Dublin, 1997), p.161.

② 参见赵理海著:《海洋法的新发展》,北京大学出版社 1984 年版,第 8—10 页。

与1958年《大陆架公约》给大陆架所下的定义相比①,1982年《联合国海洋法公约》的大陆架概念取消了仅有利于发达国家的以实际开发能力确定大陆架外部界限的因素②,但是确定大陆架概念的基本原则和基本要素没有改变。③ 1982年《联合国海洋法公约》第76条给大陆架所下的定义包括下面的主要原则和要素。

1. 大陆架是沿海国陆地领土在海水下面的自然延伸。这是在1958年《大陆架公约》中就已经确定的原则。国际法院在1969年"北海大陆架"案中也确认并阐释了自然延伸原则。根据这项原则,作为自己陆地领土的自然延伸,"沿海国对大陆架的权利不取决于有效或象征的占领或任何明文公告"(第77条第3款)。

2. 大陆架的外部界限终止于大陆边外缘的海底区域的海床和底土。这项原则的确定是在国际海底区域建立新制度所必需的。大陆架制度在大陆架以外的深海海底不适用。

3. 该定义既考虑到宽大陆架国家的情况,也照顾到窄大陆架国家的利益。宽大陆架的沿海国可以将其大陆架延伸到从领海基线量起不超过350海里;窄大陆架的沿海国也可以将大陆架扩展到200海里。

二、大陆架的法律地位

大陆架不是国家领土的组成部分。作为沿海国陆地领土在海水下面的自然延伸部分,大陆架的法律地位包括下述几个方面:

(一)沿海国对大陆架的主权权利

为勘探和开发大陆架的自然资源,沿海国对大陆架行使主权权利。这种权利是专属性的,任何国家或个人未经沿海国同意,均不得从事对大陆架的勘探和开发活动。

(二)无须占领或宣告

如上所述,沿海国对大陆架的专属权利无须有效或象征性占领或任何明文宣告。任何国家不能因为某大陆架的沿海国没有作出明文宣布或没有进行实际的勘探和开发,推定该沿海国放弃其对该大陆架的主权权利。

---

① 1958年《大陆架公约》第1条规定:"为了本公约各条款的目的,'大陆架'一词是用以指:(1)邻接海岸但在领海范围以外、深度达二百公尺或超过此限度而上覆水域的深度容许开采其自然资源的海底区域的海床和底土;(2)邻近岛屿海岸的类似的海底区域的海床和底土。"见国家海洋局政策研究室和中国社会科学院法学研究所国际法研究室编:《各国专属经济区和大陆架法规选编》,法律出版社1988年版,第29页。
② 参见赵理海著:《海洋法的新发展》,北京大学出版社1984年版,第14—17页。
③ 参见魏敏主编:《海洋法》,法律出版社1987年版,第141页。

(三) 沿海国对在大陆架上的建筑的管辖权

沿海国对在大陆架上建筑的人工岛屿、其他设施和设备及结构具有专属的批准权和管辖权。但人工岛屿周围不能形成领海。[①]

(四) 外大陆架的开发和利用

宽大陆架的沿海国对 200 海里以外区域(外大陆架)非生物资源的开发,应向 1982 年《联合国海洋法公约》建立的相关机构缴付一定的费用或实物。根据 1982 年《联合国海洋法公约》第 82 条第 2 款,具体办法是:在某一矿址投入生产的第 6 年开始缴付,第 6 年缴付该矿址全部产值或产量的 1%,以后逐年递增 1%,直到第 12 年为止,其后比率应保持每年缴付 7%。但产品不包括供开发用途的资源。

目前,外大陆架的划界问题越来越受到国际社会的重视,成为国际海洋法领域又一个新的热点问题。《联合国海洋法公约》缔约国大会第十一次会议通过决议,要求 1999 年 5 月 6 日之前成为《联合国海洋法公约》缔约国的国家必须在 2009 年 5 月 6 日之前完成 200 海里以外大陆架的外部界限以及有关的法律程序工作。俄罗斯于 2001 年率先向联合国大陆架界限委员会提交了大陆架外部界限的申请。随后,巴西、澳大利亚和爱尔兰也提交了申请。[②] 2009 年 5 月 11 日,中国常驻联合国代表团向联合国秘书长提交了关于 200 海里以外大陆架外部界限的初步信息。[③] 2012 年 12 月 14 日,中国政府向联合国秘书处提交了东海部分海域 200 海里以外大陆架外部界限划界案。中国在划界案中指出,地貌与地质特征表明东海大陆架是中国陆地领土的自然延伸,冲绳海槽是具有显著隔断特点的重要地理单元,是中国东海大陆架延伸的终止。中国东海大陆架宽度从测算中国领海宽度的基线量起超过 200 海里。中国还指出,提交该划界案不影响中国政府以后在东海或其他海域提交外大陆架划界案。[④]

(五) 大陆架上覆水域及其上空

大陆架上覆水域及水域上空的法律地位不受大陆架制度的影响。由于大陆架的内部界限是领海的外部界限,因此其上覆水域及水域上空可能属于毗连区、专属经济区或公海。无论属于哪个海域,都不受大陆架制度的影响。

[①] 根据 1982 年《联合国海洋法公约》第 80 条,沿海国在这方面的管辖权可比照适用关于专属经济区的相关规定,即《联合国海洋法公约》第 60 条。

[②] 国家海洋局海洋发展战略研究所贾宇、焦永科、吴继陆:"2004 年我国周边海上形势综述",载于 http://www.soa.gov.cn/zhanlue/13943a.htm,2006 年 3 月 11 日访问。

[③] 参见中国外交部网站:http://www.fmprc.gov.cn/chn/gxh/tyb/fyrbt/dhdw/t561647.htm,2009 年 11 月 28 日访问。

[④] 参见凤凰网:http://news.ifeng.com/mil/2/detail_2012_12/14/20188252_0.shtml,2015 年 5 月 29 日访问。

三、专属经济区的概念

专属经济区是指领海以外并邻接领海,从领海基线量起宽度不超过200海里的海域。在此区域内,沿海国对其自然资源享有一定的主权权利和管辖权。

专属经济区的概念产生于20世纪40年代末,与大陆架概念的提出有着密切联系。1945年《杜鲁门公告》发表之后,一些拉丁美洲国家提出对其沿岸200海里海域内的自然资源享有管辖权。特别是那些没有大陆架的沿海国,它们能够提出的与大陆架的主张相对应的要求就是扩大其渔业区。[①] 20世纪70年代初,即第三次海洋法会议即将召开之际,一些加勒比海国家发表《圣多明各宣言》,宣布建立"承袭海"(Patrimonial Sea)制度。在这个制度下,沿海国对200海里海域的一切资源拥有主权,但是其他国家在此区域内享有船舶航行、飞机飞越等公海自由。

专属经济区的概念首次由肯尼亚于1971年向亚非法律协商委员会提出。[②] 次年8月肯尼亚又在向联合国海底委员会提交的一份草案中,正式提出专属经济区的概念,到第三次海洋法会议结束时,世界多数国家接受了200海里专属经济区的概念。1982年《联合国海洋法公约》在第五部分专门对专属经济区制度作了规定。目前,绝大多数沿海国都宣布了200海里专属经济区或专属渔区。实际上,从专属经济区制度受益的不仅是发展中国家。例如,美国、澳大利亚的专属经济区都超过了200万平方海里;加拿大、新西兰的专属经济区面积也接近150万平方海里。[③] 事实上,沿海国对专属经济区的开发和利用变得越来越重要,而国际法学界对该问题的研究也逐渐成为海洋法领域的重点。[④]

四、专属经济区的法律地位

专属经济区既不同于领海,也不同于公海,是自成一类的海域,法律地位包括以下几个方面:

[①] 例如,智利、厄瓜多尔和秘鲁于1947年提出200海里渔业区的要求。参见 Jeffrey L. Dunoff et al (eds.), *International Law Norms, Actors, Process: A Problem-Oriented Approach*, Aspen Law & Business, 2002, p.683。

[②] Working Paper Presented by Kenya on "The Exclusive Economic Zone Concept",参见:*Report of The Thirteenth Session of the Asian-African Consultative Committee*, Lagos, 18—25 January 1972.

[③] 参见周忠海:"专属经济区的监测、监视和控制",载于赵理海主编:《当代海洋法的理论与实践》,法律出版社1987年版,第204页。

[④] 参见高健军:《中国与国际海洋法——纪念〈联合国海洋法公约〉生效10周年》,海洋出版社2004年版;赵理海著:《海洋法问题研究》,北京大学出版社1996年版;周忠海:"论海洋法中的剩余权利",载于《政法论坛》2004年第5期,第174—186页;国家海洋局国际合作司:"专属经济区军事与情报搜集活动:意见一致的方面与分歧",载于《海洋权益信息》2002年第6期等等。

（一）沿海国的主权权利

沿海国对于专属经济区内的一切自然资源，包括生物和非生物资源，享有主权权利；对于在该区域内从事经济性勘探和开发，如利用海水、海流和海风风力生产能源等其他活动享有主权权利（《联合国海洋法公约》第56条第1款第1项）。

（二）沿海国的管辖权

沿海国对专属经济区内人工岛屿、设施和结构的建造和使用、海洋科学研究、海洋环境保护和保全等事项享有管辖权（《联合国海洋法公约》第60条第2款）。

（三）其他国家的权利和义务

其他国家在专属经济区内享有船舶航行、飞机飞越、铺设海底电缆和管道的自由。1982年《联合国海洋法公约》中有关公海自由方面的规定，只要与专属经济区制度不相抵触者，均可适用（《联合国海洋法公约》第58条第1、2款）。但是，其他国家在专属经济区行使其权利和义务时，应遵守沿海国按照本公约的规定和其他国际法规则所制定的与本部分不相抵触的法律和规章（《联合国海洋法公约》第58条第3款）。

1998年《中华人民共和国专属经济区和大陆架法》第5条规定，任何国际组织、外国的组织或个人进入中国的专属经济区从事渔业活动，必须经中国主管机关批准，并遵守中国的法律、法规及中国与有关国家签订的条约、协定。中国主管机关有权采取各种必要的养护和管理措施，确保专属经济区的生物资源不受过度开发的危害。在该法中，中国还就其专属经济区内的自然资源、跨界种群、高度洄游鱼种、海洋哺乳动物等生物资源的开发、养护和管理、对人工岛屿、设施和结构的管辖权等作了规定。这些规定符合1982年《联合国海洋法公约》中的相关规定。

五、大陆架与专属经济区的关系及划界问题

（一）大陆架与专属经济区的关系

大陆架与专属经济区在200海里的范围内是重叠在一起的区域。由于沿海国在专属经济区享有的权利也包括了对海床和底土（即大陆架）的权利，在第三次海洋法会议期间一些国家提出了取消大陆架概念的主张。然而，大多数国家认为即使有了专属经济区，保留大陆架概念还是必要的。它们提出许多理由，其中一个重要理由是，一些1958年《大陆架公约》的缔约国已经建立了各种不同的以大陆架制度为基础的法律关系，例如，一些国家已经给予外国公司或企业以

勘探和开发大陆架资源的长期特许权。① 1982年《联合国海洋法公约》最终在两个部分分别对这两个区域作出规定。通过分析沿海国在这两个区域内享有的权利以及各自的特性,将它们的联系和区别概括如下。

1. 沿海国权利的重叠部分

沿海国对大陆架享有的所有权利在其专属经济区内均可以享有。这种权利的重叠仅限于大陆架与专属经济区在200海里范围内的重叠部分。

2. 沿海国对大陆架和专属经济区的权利性质

沿海国对大陆架享有的权利在性质上与其对专属经济区享有的权利有着很大区别。对于大陆架,沿海国的权利是固有的,"并不取决于有效或象征性的占领或任何明文公告"②。然而,沿海国对专属经济区的权利并不具有这种性质,必须经过宣告。

3. 大陆架和专属经济区的范围

大陆架的范围最宽可以达到从领海基线量起的350海里处。然而,专属经济区的范围最宽不能超过从领海基线量起的200海里。对于享有宽大陆架的沿海国,在专属经济区之外还可以享有大陆架。

4. 沿海国对大陆架和专属经济区的权利范围

沿海国对专属经济区的权利及于该区域内的所有自然资源,包括生物资源和非生物资源。然而,沿海国对大陆架的权利仅限于海床和底土的非生物资源以及定居种的生物资源。

(二) 大陆架与专属经济区的划界问题

相邻和相向国家之间的专属经济区和大陆架划界问题一直以来都是非常重要的。由于国家之间对某些区域的权利要求发生重叠,难免发生划界争端。世界上有大约152个沿海国家,海岸相邻或相向的国家之间约有380处海洋边界需要划定。③

为了解决划界问题,1958年《大陆架公约》和1982年《联合国海洋法公约》都作出了相关规定。但是1982年《联合国海洋法公约》第83条(关于大陆架划界)和第74条(关于专属经济区划界)用完全相同的措辞仅作了非常原则性的规定:"海岸相向或相邻国家间大陆架的界限,应在《国际法院规约》第38条所指国际法的基础上以协议划定,以便得到公平解决。"(第1款)该条的其他规定也都是关于划界争端应按照哪些程序解决的内容,没有规定划界的原则和具体方法。但是,这条共包括4款的规定中有三个要素需要特别注意:第一,划界要

---

① 参见赵理海著:《海洋法的新发展》,北京大学出版社1984年版,第127—128页。
② 1982年《联合国海洋法公约》第77条第3款。
③ 参见贾宇:"海洋划界:大陆架具排他性固有权",载于《环球时报》2004年7月23日。

以国际法为基础,不能依据任何国家的国内法来划界;第二,要以协议划定,任何单方面的划界对另一方没有拘束力;第三,如相关国家不能达成协议应按照1982年《海洋法公约》第15部分规定的和平解决争端的方法加以解决。

1958年《大陆架公约》第6条虽然规定了所谓的"等距离"原则,但是由于该原则没有考虑到各国大陆架地理情况的不同因素而受到一些国家的反对。1969年"北海大陆架"案就是很好的说明。

自1969年"北海大陆架"案之后,国际法院先后受理了多起海洋划界争端的案件,包括1982年"突尼斯/利比亚"案、1985年"利比亚/马耳他"案等。从国际实践来看,国家所主张的划界原则主要包括公平原则、自然延伸原则和等距离/特殊情况规则等。

六、中国的专属经济区和大陆架

(一)概述

中国大陆周围有渤海、黄海、东海和南海4个海区,有宽广的大陆架。渤海是中国的内海,其全部大陆架完全在中国主权支配之下。黄海和东海是世界最大的大陆架浅海之一。黄海地形平坦,平均水深44米,总面积为38万平方公里,全部都是大陆架;东海总面积为77万平方公里,其中2/3是大陆架,大陆架平均水深77米。中国在南海有4个群岛,即西沙、南沙、中沙和东沙群岛。这些都是中国的领土,这些群岛周围有广阔的大陆架。[①]

1998年《中华人民共和国专属经济区和大陆架法》第2条第3款规定:"中华人民共和国与海岸相邻或者相向国家关于专属经济区和大陆架的主张重叠的,在国际法的基础上按照公平原则以协议划定界限。"这项规定与1982年《联合国海洋法公约》第74条和第83条关于专属经济区和大陆架划界的规定基本一致。

时任中国外交部部长唐家璇代表中国政府在2000年12月25日与越南在北京签署了《中华人民共和国和越南社会主义共和国关于两国在北部湾领海、专属经济区和大陆架的划界协定》。2004年6月25日,第十届全国人民代表大会常务委员会第十次会议决定批准该《协定》。这是中国与相关国家签订的第一个关于海上划界的协定。[②]

但是,除属于中国内水的渤海湾外,中国在上述其他三个海区都存在复杂的划界问题:在黄海与朝鲜和韩国,在东海与日本,在南海与越南、菲律宾、马来西

---

① 参见魏敏主编:《海洋法》,法律出版社1987年版,第181页。
② 参见《中华人民共和国和越南社会主义共和国关于两国在北部湾领海、专属经济区和大陆架的划界协定》,2004年6月25日,第十届全国人民代表大会常务委员会第十次会议批准。

亚、印度尼西亚、文莱等。特别是东海大陆架划界问题,自从在该海区发现石油和天然气自然资源后,划界问题更加复杂了。

(二) 中国在海洋划界问题上的一贯立场

在第三次海洋法会议上,与会沿海国在专属经济区和大陆架划界问题上分歧很大,分为两大阵营:主张等距离/中间线原则阵营和主张公平原则阵营。虽然没有加入任何阵营,但是中国的一贯立场正像中国学者所归纳的:"第一,协议划界,即划界应当由有关国家通过协议加以解决,反对单方面将自己的划界立场强加于对方;第二,公平原则是一项公认的国际法原则,划界应当根据公平原则,并考虑各种因素;第三,等距离方法只是一种划界方法,只有在能够达到公平结果时才能够被使用,而且必须由有关国家通过协议加以使用"[1]。中国的立场与1982年《联合国海洋法公约》第74条和第83条的规定基本一致,并体现在上述1998年《中华人民共和国专属经济区和大陆架法》第2条中。

此外,中国还一贯坚持大陆架是沿海国陆地领土在海水下面的自然延伸原则。中国参加第三次海洋法会议的代表于1973年3月20日在海底委员会上第一次表达了中国对自然延伸原则的支持。中国代表指出:"从地理条件来看,临近沿海国的浅海区域是这些国家大陆领土的自然延伸。"[2]后来中国代表又在不同场合多次重申这一立场。1982年《联合国海洋法公约》第76条关于大陆架的定义体现了自然延伸原则。1998年《中华人民共和国专属经济区和大陆架法》第2条第2款从法律上确定:中国的大陆架为中华人民共和国领海以外依本国陆地领土的全部自然延伸,扩展到大陆边缘的海底区域的海床和底土。

(三) 中国在黄海、东海和南海的划界问题

1. 中国在黄海与朝鲜和韩国的划界问题

黄海全部位于大陆架上,有6万平方海里的沉积盆地,其中含有良好的油气前景。此外,黄海还有12个一年四季均可捕鱼的海水渔场,为世界所少有。[3]中国与朝鲜的划界相对比较容易解决。在与韩国正式划界之前,中国与韩国于2000年8月3日正式签署《中华人民共和国和大韩民国政府渔业协定》,以便在

---

[1] 高健军著:《中国与国际海洋法——纪念〈联合国海洋法公约〉生效10周年》,海洋出版社2004年版,第91页。

[2] 1973年7月,中国代表团向联合国海底委员会第二小组委员会递交的《关于国家管辖范围内海域的工作文件》,对领海、专属经济区或专属渔区、大陆架的法律制度提出了具体建议。其中关于大陆架的范围,该文件规定:"根据大陆架就是大陆领土自然延伸的原则,沿海国可依照它特殊的地理情况,合理地划定其领海及专属经济区之外的大陆架",*Seabed Committee Report*, Vol. 3, 1973, p. 74; *International Legal Materials*, Vol. 12, 1973, p. 1233. 转引自马英九著:《从新海洋法论钓鱼台列岛与东海划界问题》,台湾正中书局1986年版,第62—63页。

[3] 参见高健军著:《中国与国际海洋法——纪念〈联合国海洋法公约〉生效10周年》,海洋出版社2004年版,第92页。

渔业问题上达成临时安排。为解决划界问题,两国从1995年开始进行磋商。中国主张适用公平原则,韩国主张以中间线作为划界的出发点。但是双方的争议并不是很大。①

2. 中国在东海与日本的划界问题

东海是中、韩、日三国领土环绕的半闭海,大陆架面积约占东海总面积的70%。东海的油气资源丰富。此外,东海还有14个渔场。正是由于东海的资源丰富,划界问题才引起相关国家的重视。

关于东海专属经济区和大陆架划界,应该注意下面几个问题:

(1) 通过协议划界。在东海北部存在确定中、韩、日三国划界交叉点问题,在三方没有达成协议之前,任何未经相关国家同意的行为或做法对该国都是无效的。应该特别指出的是,1978年日本与韩国签订的《日韩共同开发大陆架协定》擅自侵入中国在东海的大陆架;1998年11月28日日本和韩国签订的《渔业协定》中,在中、韩、日三国交界水域划定了日本和韩国的专属经济区,这些行为都是违反国际法的。对此,中国重申其"协议划界"的一贯立场,指出:"在三国交界水域应由三方协商解决划界问题,排除任何一方擅自划界的做法是违反国际法的"②。"协议划界"是中国的一贯立场,也是1982年《联合国海洋法公约》第74条和第83条规定的关于专属经济区和大陆架划界的基本原则。

(2) 钓鱼岛等岛屿的主权归属及其在划界中的效力问题。这是中日东海大陆架划界面临的重要的也是相当复杂的问题。中日之间存在很大分歧。中国从20世纪70年代开始有很多民间活动,学者们在这方面也有不少的著述。③ 关于钓鱼岛的法律地位,中国政府的立场是:钓鱼岛等岛屿历来属于中国领土的组成部分。这一立场在1992年《中华人民共和国领海及毗连区法》中明确予以宣布:中国的陆地领土包括中国的大陆及其沿海岛屿、台湾及其包括钓鱼岛在内的附属各岛……关于钓鱼岛等岛屿在划界中的效力问题可以通过与日本政府的谈判和协商加以解决。

(3) 冲绳海槽在划界中的作用问题。在中日东海大陆架划界中存在的另一

---

① 参见高健军著:《中国与国际海洋法——纪念〈联合国海洋法公约〉生效10周年》,海洋出版社2004年版,第95页。

② 参见中国外交部发言人孙玉玺就日本政府和韩国政府签署《日本国和大韩民国渔业协定》发表中国政府的立场,载于《人民日报》1999年1月23日,第2版。

③ 关于中国民间保钓运动的介绍,可以参见东方鸣:"民间保钓运动连绵不绝",载于《侨园》2004年第2期,第13页;"民间'保钓'在行动",载于《当代学生》2004年第9期,第9—11页。关于钓鱼岛在划界中的地位,参见高健军著:《中国与国际海洋法——纪念〈联合国海洋法公约〉生效10周年》,海洋出版社2004年版,第97—115页;马英九著:《从新海洋法论钓鱼台列屿与东海划界问题》,正中书局1986年版,第87—156页(该书在第三章和第四章中专门从国际法论述了钓鱼岛等岛屿在东海大陆架划界中的效力和地位)。

个重要问题是,如何看待冲绳海槽在划界中的作用问题。中国主张东海大陆架是中国陆地领土的自然延伸,而且一直延伸到冲绳海槽,因此不与日本共享一块大陆架,中国的大陆架外部界限按照自然延伸原则一直延伸到冲绳海槽为止。但是日本方面则反对中国的观点,认为冲绳海槽只是两国大陆架的一个偶然凹陷,不足以中断两国大陆架的连续性,因此中日共享一块大陆架,应按照中间线原则划界。看来,用科学的证据证明冲绳海槽起到把中国和日本的大陆架分隔开的作用,是问题的关键。但是,从1985年"利比亚/马耳他大陆架划界"案国际法院的判决来看,问题并不是那样简单。中国的陆地领土自然延伸到冲绳海槽,日本的大陆架从其领海基线量起扩展到200海里处,结果造成了一定的"权利重叠区域"。如何在这个重叠区域划界并且在划界时考虑冲绳海槽的存在是应该进一步考虑的问题。①

3. 中国在南海的划界问题

由于包括岛屿在内的陆地领土与海洋之间的密切联系,中国在南海有四个群岛是中国在南海海洋划界的关键问题。1992年《中华人民共和国领海及毗连区法》明确宣布:"中华人民共和国的陆地领土包括中华人民共和国大陆及其沿海岛屿、台湾及其包括钓鱼岛在内的附属各岛、澎湖列岛、东沙群岛、西沙群岛、中沙群岛、南沙群岛以及其他一切属于中华人民共和国的岛屿。"中国对南海诸岛的主权以最早发现并命名、最早开发经营以及由中国政府最早行使管辖权为基础。"所有这一切都是有史可考,有案可查,且有大量出土文物可证的。"②

但是,中国对南海诸岛,特别是西沙群岛和南沙群岛的主权从20世纪50年代末开始面临挑战,挑战主要来自越南、菲律宾、马来西亚和文莱。了解到南沙群岛及其附近海域的丰富自然资源并考虑到该群岛的战略意义,这些国家纷纷对其提出各种主权要求并从20世纪70年代开始擅自进行占领或开发资源等活动。③ 中国政府坚持对南海诸岛享有主权的一贯立场,在对任何违反国际法并侵犯中国主权和损害中国主权权利的主张或行为予以明确抗议的同时,谋求用和平的方法解决与这些国家之间的岛屿争端。在相关岛屿争端尚未解决的情况下,解决南海海洋划界问题所面临的困难可想而知。

中国在南海的划界保留了1947年国民政府内政部方域司编绘、国防部测量

---

① 参见高健军著:《中国与国际海洋法——纪念〈联合国海洋法公约〉生效10周年》,海洋出版社2004年版,第124页。

② 高健军著:《中国与国际海洋法——纪念〈联合国海洋法公约〉生效10周年》,海洋出版社2004年版,第134页。关于南海诸岛属于中国领土的论证,参见林金枝:"西沙群岛和南沙群岛自古以来就是中国的领土",载于1980年4月7日《人民日报》;《中国对西沙群岛和南沙群岛的主权无可争辩——中华人民共和国外交部文件(1980年1月31日)》。

③ 参见高健军著:《中国与国际海洋法——纪念〈联合国海洋法公约〉生效10周年》,海洋出版社2004年版,第134—136页。

局代印的《南海诸岛位置略图》中标明的"九段线"(当时为 11 条,后演变为 9 条),即在南海诸岛东、西、南三个方向上标明的九条断续的界线。① 这条"岛屿归属线"表明中国的南海诸岛所包括的岛屿。中国学者主张,鉴于 1947 年中国国民政府绘制该图时国际海洋法上尚不存在专属经济区的概念且大陆架概念也只是刚刚出现,要求"九段线"考虑大陆架和专属经济区的界限是不符合实际的。因此,中国可以根据 1982 年《联合国海洋法公约》的相关规定,以"九段线"所划定的南海诸岛范围为基础,依群岛制度来主张中国在南海的管辖海域。②

第六节　公海和国际海底区域

一、公海的概念

公海(the high seas),又称"国际海域",不是任何国家的领土,不受任何国家的管辖,是供所有国家,包括沿海国和内陆国,为和平的目的自由使用的海域。

随着海洋法的发展以及一些新制度的逐步建立,公海的范围不断发生变化。在公海和领海制度刚刚建立的 19 世纪初叶,领海的范围只有大约 3 海里,领海之外就是公海。因此,公海的面积与现在相比要宽广得多。第二次世界大战以后,特别是第一次海洋法会议确立了大陆架制度之后,公海的海水部分与海床和底土部分开始分离,公海的范围开始缩小。第三次海洋法会议又建立了专属经济区、群岛水域和国际海底区域制度,再加上领海的范围扩展到 12 海里,公海的范围又一次大大缩减:首先,公海永远与其海床和底土分隔开,后者要么属于沿海国的大陆架,要么属于国际海底区域,结果公海制度不再适用于公海海水下面的海床和底土;其次,公海的海水部分也由于群岛水域制度和专属经济区制度的建立而相应缩小。总之,现在的公海概念已经与 19 世纪初完全不同了。根据 1982 年《联合国海洋法公约》的规定,公海是指不包括在国家的专属经济区、领海或内水或群岛国的群岛水域和国际海底区域内的全部海域(第 86 条)。③

---

① 参见高健军著:《中国与国际海洋法——纪念〈联合国海洋法公约〉生效 10 周年》,海洋出版社 2004 年版,第 136—137 页。
② 同上书,第 138—139 页。
③ 关于公海制度的一般介绍,参见周子亚、范涌著:《公海》,海洋出版社 1990 年版;Olav Schram Stokke (ed.), *Governing High-Seas Fisheries: The Interplay of Global and Regional Regimes*, Oxford University Press, Oxford, 2001; Robert C. Reuland, The Customary Right of Hot Pursuit onto the High Seas: Annotations to Article 111 of the Law of the Sea Convention, *Virginia Journal of International Law*, Vol. 33, Issue 3, pp. 557—589; United Nations Office for Ocean Affairs and the Law of the Sea, *The Law of the Sea: Navigation on the High Seas: Legislative History of Part VII, Section I (articles 87, 89, 90—94, 96—98) of the United Nations Convention on the Law of the Sea*, United Nations Publications, New York, 1989.

二、公海的法律地位

(一) 公海供世界各国为和平目的而使用

公海是供世界各国共同使用的海域,任何国家不得对公海的任何部分主张权利,更不能据为己有。1982年《联合国海洋法公约》第89条规定:"任何国家不得有效地声称将公海的任何部分置于其主权之下。"换言之,任何国家提出的对公海行使主权的主张和要求都是无效的。

公海法律地位的重要方面是公海自由,但是公海自由并不意味着国家可以在公海为所欲为。1982年《联合国海洋法公约》第88条规定:"公海应只用于和平目的。"任何国家不得在公海上从事威胁甚至破坏和平的行为。

(二) 公海自由

1958年《公海公约》第2条规定,除其他外,沿海国和非沿海国在公海上享有:

1. 航行自由;
2. 捕鱼自由;
3. 铺设海底电缆和管道的自由;
4. 飞越自由。

1982年《联合国海洋法公约》第87条的规定增加了两项自由,该条第1款规定的公海自由除了上述四项自由外还包括:

1. 建造国际法所容许的人工岛屿和其他设施的自由,但受该公约关于大陆架制度的限制;
2. 科学研究的自由,但受该公约关于大陆架制度和关于海洋科学研究规定的限制。

与1958年《公海公约》相比,1982年《联合国海洋法公约》的规定除了增加了两项自由外,还对公海自由施加了一些限制。这些限制多数都反映了1958年以后海洋法的新发展。此外,联合国于1995年在跨界和高度洄游鱼类会议上通过了《执行1982年12月10日〈联合国海洋法公约〉有关养护和管理跨界鱼类种群和高度洄游鱼类种群的规定的协定》。[①] 该协定对公海捕鱼作出的规定加强了捕鱼国与沿海国在养护和管理跨界和洄游鱼类种群方面的合作义务,增强了区域或次区域渔业管理组织在这方面进行合作的国际机制。

---

① 中国政府在签署该协议时作出两点声明,内容是关于第21条第7款和第22条第1款(f)中国政府的理解。参见:http://www.lawxp.com/wl/statuteInfo/Provision.aspx? iid=30264266,2015年4月25日访问。

三、公海航行制度

(一) 船舶的国籍

根据习惯国际法规则,任何在公海上航行的船舶都应有其国籍。船舶的国籍标志之一是其悬挂的旗帜。在正常情况下,船舶的国籍是船舶与其所属国在法律上的联系,这种法律联系对于维护公海法律秩序、保障公海航行安全非常重要。

在公海上航行的船舶都应该具有国籍,而且每艘船只能有一个国籍。1982年《联合国海洋法公约》第92条第2款规定:"悬挂两国或两国以上旗帜航行并视方便而换用旗帜的船舶,对任何其他国家不得主张其中的任一国籍,并可视同无国籍的船舶。"但是,公约关于船舶国籍的规定对于悬挂联合国及其专门机构和国际原子能机构旗帜的船舶不适用。

(二) 公海航行权

1982年《联合国海洋法公约》是把授予船舶以国籍作为一项权利加以规定的。"每个国家,不论是沿海国或内陆国,均有权在公海上行驶悬挂其旗帜的船舶。"(第90条)这就是所谓的公海航行权。内陆国是否享有此项权利,在第一次世界大战之前还是有争议的问题。那时的内陆国船舶只能在沿海国登记注册并取得沿海国的国籍,在公海上航行时悬挂沿海国的旗帜。这种情况一直到1921年签订《巴塞罗那公约》才有所改变。① 内陆国的公海航行权在1958年《公海公约》和1982年《联合国海洋法公约》中都得到确认并作出了保障其权利行使的专门规定。②

根据1982年《联合国海洋法公约》第91条,每个国家有权决定什么样的船舶可以在其领土内登记并取得其国籍。在国际实践中,国家一般仅允许本国公民所有的船舶在该国登记注册,但是,也有"方便旗"的现象。

(三) "方便旗"现象

所谓"方便旗"现象是指某些国家允许属于他国公民所有的船舶在其领土内登记注册从而赋予此种船舶以国籍的现象。这种船舶所悬挂的旗帜之所以被人们称为"方便"是由于两方面的原因:一方面,对赋予"方便旗"的国家来讲,

---

① 参见魏敏主编:《海洋法》,法律出版社1987年版,第198页。在1921年《过境自由公约与规约》(《巴塞罗那公约》)规约部分第2条规定:"除本规约另有规定外,缔约国为调整和促进穿越处于其主权或权力之下的领土的运输所采取的措施,应当为在便于国际过境所用的路线上经铁路或水路自由过境提供便利。不得以人员的国籍、船旗、产地、出发地、进口地、出口地或目的地,或者以有关货物或船舶、车辆或货盘或其他运输工具的所有权的任何情况为依据,区别对待。"

② 《巴塞罗那公约》第4条的规定与1982年《联合国海洋法公约》第90条完全相同。关于内陆国出入海洋的权利和过境自由,1982年《联合国海洋法公约》在第10部分作了专门规定,主要内容包括内陆国与沿海国的相关权利和义务。

可以通过大量外国船舶登记注册获得适当的经济利益;另一方面,对船东来讲,船舶在别国登记,一是费用低,二是可以逃避其本国的税收,三是可以通过延长船员的工作时间以谋取更高的利润。方便旗是公海船舶国籍制度的不正常现象,由于船旗国对船舶的管辖不感兴趣,船旗国与船舶之间没有真正的联系,更不能对船舶在公海上的行为承担实际的责任。这对维护公海法律秩序极为不利。① 因此,1982年《联合国海洋法公约》第94条第1款规定:"每个国家应对悬挂该国旗帜的船舶有效地行使行政、技术及社会事项上的管辖和控制。"

（四）海上救助义务

根据1982年《联合国海洋法公约》第98条,每个船旗国应责成悬挂该国旗帜航行的船舶的船长,在不严重危及其船舶、船员或乘客的情况下,救助在海上遇到的任何有生命危险的人;如果有遇难者求救,在可以合理地期待其采取救助行动时,尽速前往拯救。海上救助义务还包括船舶之间在发生碰撞之后的相互救助。"在碰撞后,对另一船舶、其船员和乘客给予救助,并在可能情况下,将自己船舶的名称、船籍和将停泊的最近港口通知另一船舶(第98条第1款(c))。"

四、公海上的管辖权

（一）船旗国的管辖权

船旗国对其在公海上航行的船舶及船舶上的人和事物享有排他的管辖权。1982年《联合国海洋法公约》第92条规定,除国际条约或本公约明文规定的例外,在公海上航行的船舶受船旗国专属管辖。因此,除国际条约或协定另有规定外,公海上的船舶只服从国际法和船旗国的国内法。船旗国根据国际法有权对船舶实施保护。船舶的国籍是船旗国对船舶实行法律保护的依据,无国籍的船舶不受任何国家的保护。

除了对船舶的管辖权,船旗国还承担对船舶实行管辖和控制的义务,具体义务包括:保持一本船舶登记册;就每艘船舶的行政、技术和社会事项对该船及其船长、高级船员和船员行使管辖权;为了保证船舶海上安全采取必要措施等(《联合国海洋法公约》第94条)。

（二）公海上国际法禁止的行为

如上所述,公海自由并不意味着国家和个人可以在公海上为所欲为。国际法禁止在公海上从事下列行为:

1. 贩运奴隶

在国际人权法一章中已经讨论过国际法上废除奴隶制的问题,禁止在公海

---

① 关于"方便旗"及其危害,参见周子亚、范涌著:《公海》,海洋出版社1990年版,第102—110页;又参见孙叶平:"21世纪方便旗船制度的新反思",载于《中国海商法年刊》2010年第2期,第65—72页。

上贩运奴隶是习惯国际法规则。1982年《联合国海洋法公约》第99条规定："每个国家应采取有效措施,防止和惩罚准予悬挂该国旗帜的船舶贩运奴隶,并防止为此目的而非法使用其旗帜。在任何船舶上避难的任何奴隶,不论该船舶悬挂何旗帜,均当然获得自由。"

2. 海盗

根据1982年《联合国海洋法公约》第101条,海盗行为是指私人船舶或私人飞机的船员、机组人员或乘客为私人目的,在公海上或不属于任何国家管辖的地方对另一船舶或飞机或其上面的人和财物从事任何非法暴力或扣留行为。军舰或国家公务船舶或政府飞机上面的人员,如发生政变后从事上述行为,也视为海盗行为(第102条)。

海盗是人类的公敌,任何国家在公海上或在不属于任何国家管辖的地方均可扣押海盗船舶或飞机或者被海盗所夺取并予以控制的船舶或飞机,逮捕上面的人员,扣押其财物,并处以刑罚。

3. 非法贩运毒品

国际法禁止在公海上从事贩运毒品的行为。1982年《联合国海洋法公约》第108条规定,所有国家应进行合作以制止船舶违反国际法在海上从事非法贩运麻醉药品和精神调理物质。

4. 非法广播

所谓非法广播,也即"未经许可的广播",是指船舶或设施违反国际规章在公海上播送旨在使公众收听或收看的无线电传音或电视广播。但是,在危难时发出的求救信号或呼号不能视为非法广播。

(三) 公海上军舰的权力

1. 紧追权

沿海国对于违反该国法律和规章的外国船舶有权派军舰、军用飞机或其他经授权的船舶或飞机对该外国船舶进行追逐以便将其捕获。这种权力称为"紧追权"(hot pursuit)。根据1982年《联合国海洋法公约》第111条,紧追权的行使应注意以下几个问题:

(1) 行使紧追权的主体。紧追权只能由军舰、军用飞机或其他有清楚标志可以识别的为政府服务并经授权紧追的船舶或飞机来行使。

(2) 开始紧追的地点。当外国船舶或其小艇之一在追逐国的内水、群岛水域、领海或毗连区内时可以开始追逐。但是,如果外国船舶在毗连区内,只有该船舶侵犯了设立毗连区所保护的权利时才可以进行紧追。此外,对于在专属经济区内或大陆架上(包括大陆架上的设施周围的安全地带内)违反适用于这些区域内的法律和规章的外国船舶,沿海国也可以从这些区域内开始紧追。

(3) 紧追必须连续不断地进行。紧追一旦从上述区域内开始,必须连续不断地进行。如果中断,则不能在紧追开始时所在区域以外继续进行。例如,从领海或毗连区内开始,如果中断了,就不能在领海或毗连区以外继续进行。这是一项习惯国际法规则。历史上曾有过因违反这项规定而承担国际责任的案例,比较著名的是1935年"孤独号"案。①

(4) 紧追的终止。除了上述中断了的紧追不能再继续之外,在被追逐的船舶进入其本国或第三国领海时必须立即终止。这项规定是为了维护船舶本国或第三国的主权,因为领海是国家领土的组成部分,沿海国对其领海享有主权。

2. 登临权

登临权是指各国军舰和经授权的国家公务船舶在公海上代表国家靠近和登上被合理地认为犯有国际法所禁止的非法行为嫌疑的船舶并进行检查的权力。根据1982年《联合国海洋法公约》第110条,行使登临权应注意:

(1) 登临权的主体。登临权由军舰、军用飞机和经正式授权并有清楚标志为政府服务的其他船舶或飞机来行使。

(2) 被登临的船舶。军舰可以登临犯有国际法所禁止的非法行为嫌疑的船舶和虽然悬挂外国旗帜或拒不展示其旗帜,但实际上具有与军舰同样国籍的船舶。但是,被登临的船舶只能是商船,军舰和国家公务船舶享有豁免权。

(3) 登临的目的。登临的目的是为了核查该船被怀疑的行为。为此,军舰可派一艘由一名军官指挥的小艇到该嫌疑船舶并检查其文件。如果检验船舶文件后仍有疑问,军舰可以进一步在该船上进行检查。

(4) 损害赔偿。如果嫌疑经证明是无根据的,而且被登临的船舶并未从事涉嫌的任何行为,对该船舶可能遭受的任何损失或损害应予以赔偿。

五、国际海底区域

(一) 概述

国际海底区域,在1982年《联合国海洋法公约》中简称为"区域",是指国家管辖范围以外的海床洋底及其底土。②

国际海底区域制度的建立与该区域内蕴藏的丰富的矿物资源和科学技术的发展密不可分。人类在19世纪末发现了大洋底的锰结核矿,但是直到20世纪60年代才开始引起世界的重视。世界主要工业发达国家开始对深海海底的锰

---

① 关于"孤独号"案的详细情况,详见 American Journal of International Law, Vol. 29, 1935, pp. 296—301;陈致中编著:《国际法案例》,法律出版社1998年版,第180—182页。

② 关于国际海底区域的论著可以参见,李红云著:《国际海底与国际法》,现代出版社1997年版;陈德恭著:《国际海底资源与海洋法》,海洋出版社1986年版;吴云琪著:《现代国际海洋法:世界海洋的水域和海底制度》,天津人民出版社1981年版。

结核资源进行科学调查和分析,发现锰结核主要包括锰、铜、钴、镍,具有重要经济价值。为了防止发达国家利用其先进技术和资金的优势霸占和掠夺国际海底及其资源,马耳他常驻联合国代表帕多博士在1967年第22届联合国大会上提出了宣布国际海底是人类共同继承财产的建议。① 此建议得到广大发展中国家的积极响应。结果联合国大会在此届会议上通过了2340号决议,决定建立由35个会员国组成的"研究国家管辖范围以外海床洋底和平利用特设委员会"(简称"海底特设委员会")。该委员会又被根据1968年12月21日联合国大会2467A号决议建立的由42个会员国组成的"和平利用国家管辖范围以外海床洋底委员会"(简称"海底委员会")所取代。② 海底委员会为建立国际海底区域制度做了大量工作。在海底委员会讨论的基础上,联合国大会于1970年12月17日以108票对0票、14票弃权的表决结果,通过了《关于各国管辖范围以外海洋底床下层土壤之原则宣言》。③ 该宣言宣布,国际海底区域及其资源是人类共同继承的财产。

在第三次海洋法会议召开之前,国际海底及其资源是人类共同继承财产的概念得到了联合国绝大多数成员的接受,成为习惯国际法的一部分。④ 1982年《联合国海洋法公约》第11部分对国际海底区域作了专门规定。

(二)"区域"的法律地位

1982年《联合国海洋法公约》第136条规定:"'区域'及其资源是人类共同继承财产。"

任何国家不应对"区域"的任何部分或其资源主张或行使主权或主权权利;任何国家或自然人或法人,也不应将"区域"或其资源的任何部分据为己有。任何这种主权和主权权利的主张或行使,或这种据为己有的行为,均应不予承认(第137条第1款)。

《联合国海洋法公约》规定,对"区域"内的资源的一切权利属于全人类,由即将成立的"国际海底管理局"(简称"管理局")代表全人类行使(第137条第2款)。公约的这项规定是对"人类共同继承财产"原则的具体解释,重点在于"区域"的法律地位与公海不同。公海内的资源各国可以自由开发和利用;"区域"内的资源则属于全人类,与"区域"内的资源有关的一切权利属于全人类,权利

---

① 参见赵理海著:《海洋法问题研究》,北京大学出版社1996年版,第103—105页。
② 海底委员会的成员国于1973年扩大为86个,并决定其主要工作是为第三次海洋法会议作筹备工作。中国于1971年参加了该委员会。
③ 《关于各国管辖范围以外海洋底床下层土壤之原则宣言》,A/RES/2749(XXV)。
④ 参见赵理海著:《海洋法问题研究》,北京大学出版社1996年版,第105页。

的行使由代表全人类的管理局进行。① 总之,"区域"是人类共同继承财产,这是"区域"制度的基本原则,也是"区域"法律地位的关键点。

(三) 平行开发制

在第三次海洋法会议上,关于"区域"内资源的开发方法,国家之间存在很大分歧。广大发展中国家主张由管理局的机构代表全人类开发和利用"区域"内的资源。少数工业发达国家反对这种单一开发制,主张由管理局颁发执照,缔约国的公私营企业在符合某些条件下与管理局缔结关于开发资源的协议,进行开发。根据这种主张,管理局仅具有颁发执照的职能,不能进行开发活动。

1982年《联合国海洋法公约》的规定是上述两种分歧意见的妥协。公约建立了"平行开发制"。所谓"平行开发制"是指以管理局为一方,以缔约国公私营企业为另一方的共同开发制度。《联合国海洋法公约》第153条规定:"区域"的活动由企业部(管理局的下设业务部门)②和缔约国或国家实体、或在缔约国担保下的具有缔约国国籍或这类国家或其国民有效控制的自然人或法人,与管理局以协作方式进行。

按照平行开发制,"区域"内的活动由管理局安排、进行和控制。在"区域"进行勘探和开发的主体是管理局的企业部、缔约国和具备该公约及其附件三规定的条件的自然人和法人。具体程序是:首先由企业部、申请开发的缔约国和合格的自然人和法人向管理局提出勘探和开发的申请和工作计划,由管理局的法律和技术委员会对申请进行审核(附件三第3条)。企业部以外的申请者,即缔约国及其国民或其他合格的自然人和法人在申请时必须向管理局同时提出两块具有同等估计商业价值的矿区,由管理局从中选择一块作为保留区,留给企业部或者以与发展中国家协作的方式进行开发;另一块矿区则作为合同区,由申请者在与管理局签订合同后进行开发(附件三第8条)。

(四) 关于执行《联合国海洋法公约》第十一部分的协定

1. 国际海底问题的磋商

如前所述,包括美国、英国、法国、日本等工业发达国家拒绝签署或批准1982年《联合国海洋法公约》的主要原因是对公约第十一部分的一些规定持反对态度。③ 因此,直到1991年10月24日,在51个批准了公约的缔约国中,只有

---

① 管理局是1982年《联合国海洋法公约》建立的、按照该公约的规定组织和控制"区域"内的活动,尤其是管理"区域"内的资源的组织机构。该公约赋予该机构以管理国际海底矿物资源勘探和开发活动的专属权力。管理局的主要机关是大会、理事会和秘书处。

② 企业部直接进行"区域"内的活动,从事运输、加工和销售从"区域"回收的矿物;具有1982年《联合国海洋法公约》附件四赋予的法律行为能力(第170条)。

③ 参见刘高龙:"美国为什么拒绝签署《联合国海洋法公约》",载于赵理海主编:《当代海洋法的理论与实践》,法律出版社1987年版,第334—354页。

冰岛是工业发达国家。① 根据《联合国海洋法公约》第308条的规定,公约应自第60份批准书或加入书交存之日起12个月后生效。考虑到即使公约生效,公约第十一部分的实施也将面临巨大障碍。② 为了防止工业发达国家凭着它们在政治、经济和技术上的优势在公约之外另搞一套,在联合国秘书长的主持下,于20世纪90年代初开始了关于国际海底问题的非正式磋商。

非正式磋商于1990年7月开始,进行了两轮,共15次,先后对缔约国费用、企业部、决策程序、审查会议、技术转让、生产限额、补偿基金、合同的财政条款和深海采矿的环境保护共九个问题进行了广泛讨论,终于解决了所有问题,于1994年7月28日通过了《关于执行1982年联合国海洋法公约第十一部分的协定》(简称《执行协定》)。③

2. 《执行协定》与1982年《联合国海洋法公约》第十一部分的关系

首先,《执行协定》并没有取代公约第十一部分,而是与其一起成为同一国际文件来加以适用。《执行协定》第2条规定:"本协定和第十一部分的规定应作为单一文书来解释和适用。本协定和第十一部分如有任何不一致的情况,应以本协定的规定为准。"《联合国海洋法公约》第309条至第319条关于公约保留和公约的修正等最后条款同样适用于《执行协定》。

此外,《执行协定》与公约成为一个不可分割的整体。《执行协定》第4条第1款规定:本协定通过后,任何批准、正式确认或加入公约的文书应亦即表示同意接受本协定的拘束。该协定还规定,只有同意接受公约拘束的国家才能成为《执行协定》的缔约国(第4条第2款)。④

3. 《执行协定》的主要内容

《执行协定》包括十个条文和一个附件,前者是关于协定与公约和公约第十一部分的关系、生效和临时适用等程序性规定;后者是协定的实体内容,包括上述九个关于国际海底的问题,共九节。

由于《执行协定》的目的是为了解决公约第十一部分未解决的问题,以便促

---

① United Nations Convention on the Law of the Sea, Montego Bay, 10 December 1982, 1833 UNTS 3,截至2009年11月27日,共有167个国家成为该公约的参加国。参见联合国网站:https://treaties.un.org/pages/ViewDetailsIII.aspx?src=TREATY&mtdsg_no=XXI-6&chapter=21&Temp=mtdsg3&lang=en, 2015年7月23日访问。

② 仅维持国际海洋法法庭、管理局和企业部这些机构和部门的运作所需的必要开支就是发展中国家承担不起的。

③ 参见赵理海:"评联合国秘书长关于国际海底问题的磋商——《联合国海洋法公约》第十一部分及其《执行协定》的比较研究",载于赵理海著:《海洋法问题研究》,北京大学出版社1996年版,第158—189页。

④ 《执行协定》还包括"简化程序"和"临时适用"的规定,从而使在《执行协定》通过之前已经接受公约拘束的缔约国无须经过批准程序,在签字之日的12个月后接受该协定的拘束(《执行协定》第5条);也可以在该协定生效之前适用该协定(《执行协定》第7条)。

使公约得到普遍参加,该协定的主要内容实际上构成了对公约第十一部分的修改。例如,原来规定缔约国有义务以长期无息贷款的方式向企业部提供必要资金一半的款项,《执行协定》将此项义务免除;原来规定申请者需要交付的生产费被《执行协定》取消,并改变了规费和固定年费的交付办法以便减轻缔约国的负担;原来规定的承包者无偿地向企业部和发展中国家转让技术的义务,被《执行协定》改为"企业部和希望获得深海采矿技术的发展中国家应设法按公平合理的商业条件,从公开市场或通过联合企业安排获取这种技术(《执行协定》第5节第1条(a))"。所有这些都有利于减轻缔约国、申请者或承包者的义务,从而解决了第十一部分的未决问题。

第七节 争端解决机制与国际海洋法法庭

1982年《联合国海洋法公约》对和平解决争端作出了详细而复杂的规定,其中包括和平解决争端的政治方法和法律方法、相关的程序和《国际海洋法法庭规约》以及关于国际海洋法法庭海底争端分庭的规定。这些内容分别规定在公约的第十五部分、第十一部分第五节以及公约的附件五至附件八中。这里仅对1982年《联合国海洋法公约》的争端解决机制以及国际海洋法法庭的情况进行简要介绍。

一、争端解决机制

(一)自行选择的程序

1982年《联合国海洋法公约》的争端解决机制相当复杂。公约在第十五部分的第一节中作出了一般性规定以及由争端各方自行选择的程序。首先,缔约国承担用和平的方法解决它们相互间有关公约的解释或适用的任何争端的基本义务。其次,公约要求缔约国用《联合国宪章》第33条第1款规定的各种方法和平解决争端,但并不排除缔约国采取自行选择的方法和平解决争端(第280条),例如,通过一般性、区域性或双边协定或其他方式协议,可以将争端提交仲裁或司法解决。[①] 最后,公约对解决争端所适用的程序作了规定,其中包括争端各方有义务就解决争端所要采取的具体方法交换意见;即"交换意见的义务"(第283条)。《联合国海洋法公约》第284条规定,如果缔约国愿意,可以将争端提交调解。该公约附件五对调解程序作了具体规定。

---

① 因此,缔约国可以采用区域的和平解决争端方法。例如,欧盟成员国已经选择将成员国之间关于渔业的争端提交欧洲法院解决。参见 Malcolm N. Shaw, *International Law*, Fifth Edition, Cambridge University Press, 2003, p.268。

（二）强制性程序

通过上述自由选择的方法如果不能解决争端,就会启动公约第十五部分第二节规定的强制性程序。《联合国海洋法公约》第287条规定,缔约国在签署、批准或加入该公约时,或在其后的任何时间,可以自由地以书面声明的方式选择下列一个或多个争端解决程序：

(a) 按照附件六设立的国际海洋法法庭；

(b) 国际法院；

(c) 按照附件七设立的仲裁法庭；

(d) 按照附件八设立的处理其中所列的一类或一类以上争端的特别仲裁法庭。

关于第287条的规定有下面两个问题应当注意：首先,尽管公约规定的是强制性解决争端的程序,但是仍然为缔约国提供了从上述四种处于同等地位的机构进行自由选择的机会。其次,如果争端发生在没有作出上述声明的缔约国之间或者发生在选择了不同的争端解决程序的国家之间,除非争端各方另有协议,则该争端应提交附件七所规定的仲裁（第287条第3款、第5款）。因此,附件七所规定的仲裁程序成为1982年《联合国海洋法公约》争端解决强制程序的保底程序,或称"剩余备用"程序。[①]

（三）强制性程序的限制和例外

《联合国海洋法公约》第297条第1款规定,沿海国因在专属经济区行使主权权利或管辖权而发生的对本公约的解释或适用的争端,只有在特定情形下适用强制争端解决程序。第297条第2款规定,本公约关于海洋科学研究的规定在解释或适用上的争端,应按照强制程序解决。但是沿海国因在专属经济区或大陆架行使权利或斟酌决定权而引起的争端,没有义务接受强制程序。第297条第3款规定,对于本公约关于渔业的规定在解释或适用上的争端,应按照强制程序解决,但沿海国因对专属经济区内生物资源的主权权利或此项权利的行使引起的争端,包括关于其对可捕量、捕捞能力、分配剩余量给其他国家等问题的争端,无义务同意接受强制程序。

而《联合国海洋法公约》第298条规定,一国在签署、批准或加入公约时,或在其后任何时间,可以书面声明对于下列各类争端的一类或一类以上,不接受第二节规定强制程序,包括：海洋边界或涉及历史性海湾或所有权的争端,关于军事活动的争端以及正由联合国安理会执行《联合国宪章》所赋予的职务的争端。

---

① 关于《联合国海洋法公约》第287条规定的评析,参见吴慧著：《国际海洋法法庭研究》,海洋出版社2002年版,第18—22页。

二、国际海洋法法庭

(一) 国际海洋法法庭的建立和组成

国际海洋法法庭是根据1982年《联合国海洋法公约》第十五部分和附件六(《国际海洋法法庭规约》)于1996年建立的。根据《国际海洋法法庭规约》,该法庭由21名法官组成,从享有公平和正直的最高声誉,在海洋法领域内具有公认资格的人士中选出。联合国大会所确定的每一地理区域集团应有法官至少3人。[①] 法官的任期为9年,连选可连任。法官以其个人身份任职,不得执行任何政治或行政职务或对任何与勘探和开发海洋或海底资源或与其他商业用途有关的任何企业的任何业务有积极联系或有财务利益。

根据《联合国海洋法公约》第十一部分第五节和《国际海洋法法庭规约》第14条的规定,在建立国际海洋法法庭的同时,建立了一个海底争端分庭。该分庭由11名法官组成,负责审理与国际海底区域活动有关的争端。此外,法庭可以在其认为必要时设立由3名或3名以上的法官组成的特别分庭,以处理特定种类的争端。

(二) 国际海洋法法庭的管辖权

国际海洋法法庭的诉讼当事方主要是《联合国海洋法公约》的缔约国。不过,根据《联合国海洋法公约》第十一部分第五节的规定,管理局或企业部、缔约国国营企业以及自然人或法人为解决关于国际海底的活动的某些争端也可以成为该法庭的诉讼当事方。

根据《国际海洋法法庭规约》第288条,该法庭对于下列争端享有管辖权:

1. 关于《联合国海洋法公约》的解释或适用的任何争端;

2. 关于与《联合国海洋法公约》的目的有关的国际协定的解释或适用产生的任何争端;

3. 国际海洋法法庭海底争端分庭以及任何其他分庭或仲裁庭向其提交的任何事项。

如果就国际海洋法法庭是否享有管辖权的问题发生争端,这个问题也由国际海洋法法庭以裁定解决。

国际海洋法法庭适用《联合国海洋法公约》的规定以及与公约不相抵触的国际法规则。但海底争端分庭及特别分庭还应适用管理局的规则、规章和程序,对有关"区域"内活动的合同事项,适用这种合同的条款。

根据《联合国海洋法公约》第290条,国际海洋法法庭及其海底争端分庭均

[①] 中国第一个在该法庭担任法官的是北京大学法学院国际海洋法专家赵理海教授,目前是原中国国家海洋局海洋发展战略研究所所长高之国。

可以在最后裁判前,规定其根据情况认为适当的任何临时措施,以保全争端各方的各自权利或防止对海洋环境的严重损害。

（三）国际海洋法法庭受理案件的情况

国际海洋法法庭于 1997 年受理了第一个案件。[①] 目前该法庭已经受理了 23 个案件,其中多数都与《联合国海洋法公约》第 292 条有关。第 292 条第 1 款规定:"如果缔约国当局扣留了一艘悬挂另一缔约国旗帜的船只,而且据指控,扣留在合理的保证书或其他财政担保经提供后仍然没有遵从本公约的规定,将该船只或其船员迅速释放,释放问题可向争端各方协议的任何法院或法庭提出……或向国际海洋法法庭提出。"

进一步阅读推荐书目

1. 赵理海著:《海洋法问题研究》,北京大学出版社 1996 年版。
2. 赵理海主编:《当代海洋法的理论与实践》,法律出版社 1987 年版。
3. 赵理海著:《海洋法的新发展》,北京大学出版社 1984 年版。
4. 高健军著:《国际海洋划界论——有关等距离/特殊情况规则的研究》,北京大学出版社 2005 年版。
5. 高健军译:《200 海里外大陆架外部界限的划定——划界案的执行摘要和大陆架界限委员会的建议摘要》,海洋出版社 2014 年版。
6. U. N. Gupta, *The Law of the Sea*, Atlantic, New Delhi, 2005.
7. Alex G. Oude Elferink (ed.), *Stability and Change in the Law of the Sea: the Role of the LOS Convention*, Martinus Nijhoff Publishers, Leiden, 2005.
8. Louis B. Sohn, John E. Noyes (eds.), *Cases and Materials on the Law of the Sea*, Transnational, Ardsley, New York, 2004.
9. David H. Anderson, *Modern Law of the Sea: Selected Essays*, Martinus Nijhoff Publishers, 2008.
10. Donald R Rothwell and Tim Stephens, *The International Law of the Sea*, Hart Publishing, 2010.
11. Yoshifumi Tanaka, *The International Law of the Sea*, 2nd edition, Cambridge University Press, 2015.
12. Igor V. Karaman, *Dispute Resolution in the Law of the Sea*, Martinus Nijhoff Publishers, 2012.
13. Donald R Rothwell (ed.), *Law of the Sea*, Edward Elgar Publishing Limited, 2013.

[①] 关于该法庭审理案件清单,可以参见 https://www.itlos.org/cases/,2015 年 7 月 23 日访问。

第十三章　国际空间法

国际空间法,包括空气空间法和外层空间法,是第二次世界大战之后才发展起来的国际法新领域。随着科学技术的迅速发展,人类的活动范围逐渐从陆地扩展到海洋,又从海洋扩展到空间。人类最早的空间活动是从19世纪70年代气球发明之后开始的,气球是轻于空气的航空器;到了20世纪初,人类发明了重于空气的航空器——飞机,迄今飞机仍然是人类在空气空间使用的最先进的交通工具。飞机的发明为人类的文化交流、贸易往来和经济发展带来不少便利,同时也给国际法带来许多新问题。例如,空气空间的范围及其法律地位、航空器的国籍及其管辖、国际民用航空安全等等。

20世纪50年代末,人类发明了人造卫星,从而使人类征服宇宙的梦想变成现实。从此,超级大国之间在外层空间的竞争也在"冷战"的伴随下激烈地开展起来。由于国家在外层空间的活动不断增多,引发了一系列国际法的新问题。例如,外层空间的法律地位怎样？国家是否可以占领月球或其他天体？人造卫星的发射和返回地面要穿过许多国家的领土上空,是否需要在通过前征求相关国家的同意？卫星发射或返回时对地面国造成损害应由谁承担什么责任？本章将结合这两个领域的相关国际公约和国家实践对这些问题进行探讨。

第一节　空气空间与国际航空制度

一、空气空间法的概念

国际法上的空气空间法或航空法是调整国家之间在空气空间的各种活动的行为规则、原则和制度的总称。空气空间法涉及的主要问题包括,国家领土上空的法律地位、国家空中主权原则及其内容、国际民用航空运输、国际民用航空安全等等。

虽然人类在19世纪70年代就已经开始将其活动的范围扩展到了空气空间,但是在飞机发明之前国家之间的关系涉及空间活动的还不是很多。[①] 欧洲国家之间从维护安全的角度对跨越国家的氢气球飞行进行过磋商,但国际社会

[①] 18世纪末,战时将氢气球用于通信或侦察,19世纪末,在普法战争中,法国政治家甘必大利用氢气球从巴黎围墙中飞过普军战线赴外省征调援军,是将氢气球用于军事的有名事件。参见周鲠生著:《国际法》(上册),商务印书馆1981年版,第395—396页。

对空间的广泛关注始于20世纪初飞机的发明。特别是在第一次世界大战中飞机在军事上的巨大威力以及飞机的这种军事用途给国家及其国民的安全带来的严重威胁,促使国家纷纷对其领土上空提出主权要求。[①] 到第一次世界大战后签订国际民用航空公约时,国家对其领空享有完全和排他的主权已经成为习惯国际法的一部分。由于国家之间的航空活动迅速发展,关于国际航空的公约应运而生。

二、空气空间的法律地位

(一) 空气空间的区域划分

从国家领土主权的角度,可以把空气空间分为两个部分:第一,公海和其他不属于任何国家管辖区域的上空,即国际空域或"公空";第二,国家陆地领土和领海的上空,即领空部分。国际空域或"公空"不在任何国家的主权控制之下,对所有国家开放,各国的飞机和其他航空器在此区域内可以自由飞越。领空是国家领土的组成部分,应该在国家主权的控制之下。然而,国家的空中主权在20世纪初才得以确立。

(二) 关于空气空间法律地位的学说

自从20世纪初发明了飞机,领空的法律地位在学者们之间展开激烈争论,产生一些不同的学说。

1. 空中自由说

空中自由说的主要代表是法国的福希叶(Paul Fauchille 1858—1926),他认为空气和海水一样,既不能衡量也不能占有,因此它是人类的共有物,各国可以自由利用。福希叶的学说在第一次世界大战以前得到一些学者的拥护。但是,随着航空技术的迅速发展,他的学说由于脱离实际而被人们所抛弃。

2. 海洋和空间比拟说

这种学说把空间比拟为海洋,并将国家领土向上的垂直空间分为毗连空域和国际空域几个部分,法律地位也类比领海、毗连区和公海的法律地位。这种学说在理论上似乎还说得过去,但在实践中显然是荒谬的。海洋的不同区域之间是横向水平的关系,而空气空间的所谓领空、毗连空和国际空域则是纵向垂直的关系。从国家及其国民的安全考虑,这种比拟是不能成立的,因为一旦在垂直向上的所谓"国际空域"自由飞越的外国飞机对空下国采取行动或者有任何物体从该空域坠落,空下国的国家安全会受到直接威胁。

[①] 参见〔英〕詹宁斯、瓦茨修订:《奥本海国际法》(第一卷第二分册),王铁崖等译,中国大百科全书出版社1998年版,第54页。

3. 空中主权说

空中主权说认为国家对其领空享有主权,任何他国不得侵犯。空中主权说已经成为普遍接受的国际法原则,关于这一原则的形成过程以及该原则的内容有专门论述的必要。

(三) 空中主权原则

1. 空中主权原则的形成

空中主权原则源于空中主权说。空中主权说与空中自由说相对立,是在20世纪初飞机发明之后提出来的。该说认为国家对其领空享有主权,国家的领空不容侵犯。但是空中主权说承认外国的飞机在领空有非侵略性通过权,即国家的空中主权受到所谓"无害通过权"的限制。后来这种有限主权说的支持者迅速减少,到了第二次世界大战以后,各国不再满足于对自己的领空只享有不完全的主权,不能接受任何无害通过权。① 由于航空技术的迅速发展以及地球空间与地球表面的紧密联系,完全的空中主权理论得到普遍支持,特别是得到许多国际会议和国际公约的确认。

1910年在意大利的维罗纳召开的空间会议上,与会者一致赞同空中主权理论。1913年在西班牙首都马德里召开的空间法会议也是以空中主权为基础的。最值得注意的是,1919年在巴黎签订的第一个国际多边航空公约明确承认各国的空中主权。《巴黎航空公约》第1条规定,各缔约国承认每一国家对其领土上空享有完全的和排他的主权。此后,1944年《国际民用航空公约》也在第1条作了同样的规定。这两个重要的国际航空公约公开承认每一国家的空中主权,证明空中主权已经成为习惯国际法的一部分。

2. 空中主权原则的含义

根据国家主权原则,国家对其领土享有排他的管辖权和统治权,称为领土主权。领土主权包括领空主权,因为领空是国家领土的组成部分。根据1944年《国际民用航空公约》,空中主权原则主要包括下列内容:

(1) 各国可以就包括外国航空器在内的所有航空器对其领土上空的利用作出规定;

(2) 各国有权宣布其领土的全部或部分上空为禁区,也可以指定固定航线,这种权利仅受国际法的限制;

(3) 各国对于任何侵犯本国领空或违反本国法律规章的外国航空器,可以令其降落;

(4) 无人驾驶飞机通过他国领空,必须事先征得同意;

---

① 参见 P. Malanczuk, *Akehurst's Modern Introduction to International Law*, Seventh Revised Edition, Routledge, London and New York, 1997, p. 198。

(5) 任何从事国际航班飞行的飞机必须接受机场的海关和其他检验；

(6) 各国有权将"国内载运权"保留给本国及本国国民。①

三、国际航空公约

空气空间法的主要特点是，主要渊源是国际航空公约。主要原因是，国际航空事业发展速度很快，习惯国际法不能应付这种飞速变化，只有通过召开国际会议迅速制定国际公约的方式才能使国际法跟上时代的步伐。目前最重要的国际航空公约是1944年《国际民用航空公约》（或称1944年《芝加哥公约》）。该公约的前身是1919年《巴黎航空公约》。

（一）1919年《巴黎航空公约》

1919年10月13日签订于巴黎的《关于管理空中航行的公约》（简称《巴黎航空公约》）是第一个普遍性国际航空公约，它首次明确承认各国的空中主权。它的签订大大推动了国际空间法的发展。《巴黎航空公约》对国际航空作了比较详细的规定，其中包括关于航空器的国籍、关于一国的航空器飞越他国领空以及其他技术性规定。此外，公约还设立了一个直辖于国际联盟之下的国际委员会，即国际航空委员会。

（二）1944年《芝加哥公约》

1944年12月7日在芝加哥签订的《国际民用航空公约》是目前最重要的关于国际航空的普遍性国际公约。公约于1947年生效，迄今已有191个参加国。② 中国于1974年2月15日通知加入该公约。

1944年《芝加哥公约》重申每一国家对其领土上空享有完全和排他的主权。《芝加哥公约》由序言和96条条文构成，其中包括4个部分：第一部分，空中航行；第二部分，国际民用航空组织；第三部分，国际航空运输；第四部分，最后条款。公约确认或建立了关于国际航空的一般原则和规章，并建立了一个永久性普遍国际组织，即国际民用航空组织（ICAO）。以下是《芝加哥公约》的主要内容：

1. 对空中主权原则的确认

《芝加哥公约》第1条规定："缔约各国承认每一国家对其领土上空具有完全的和排他的主权。"从该条的措辞可以看出，公约并不是创设国家空中主权原则，而是对这项当时现存的习惯国际法规则的确认。因此，空中主权原则不仅约束该公约的缔约国，对非缔约国也有拘束力。

---

① 即为取酬或出租的目的在本国领土内装载前往其领土内另一地点的乘客、邮件和货物的航空业务。参见本书第十二章海洋法中的"沿海航运权"。

② 参见：http://www.icao.int/secretariat/legal/List%20of%20Parties/Chicago_EN.pdf，2015年6月1日访问。

2. 对民用航空器与国家航空器的区分

《芝加哥公约》将民用航空器与国家航空器加以区别。两者的区别以其用途为标准,而不论其所有权为何。换言之,不能因为航空器为国家所有就将其视为国家航空器,关键是看航空器的用途。凡是从事商业性活动的航空器都是民用航空器;凡是用来执行国家权力的航空器都是国家航空器,例如,从事军事、海关、警察、邮政等业务的航空器。

1944年《芝加哥公约》不适用于国家航空器。尽管如此,《芝加哥公约》第3条第3款仍然规定:"一缔约国的国家航空器,未经特别协定或其他方式的许可并遵照其规定,不得在另一缔约国领土上空飞行或在此领土上降落。"侵入一国领空的行为是严重违反国际法的。但是,对于违反规定侵入一国领空的国家航空器应如何处理,公约没有作出规定。

3. 关于外国民用航空器在缔约国领空的飞行

根据《芝加哥公约》第5条至第16条,缔约国从事航班飞行与非航班飞行的航空器在另一缔约国的上空享有不同的权利。第5条第1款规定:"缔约各国同意其他缔约国一切不从事定期国际航班飞行的航空器,在遵守本公约规定的条件下,不需事先获准,有权飞入或飞经其领土而不降停,或作非运输性降停,但飞经国有权令其降落……"这就是说,缔约国从事非航班飞行的航空器享有在另一缔约国领空飞入、飞经或作非运输性(如为了加油的目的)降停的自由,但这种自由要受到公约规定的限制,如为了安全或其他原因,飞经国有权命令飞经其领土的航空器降落,也有权令其遵照其规定的航线或在获准后方可飞行。

第6条规定:"除非经一缔约国特准或其他许可并遵照此项特准或许可的条件,任何定期国际航班不得在该国领土上空飞行或进入该国领土。"这样,公约把国际航班飞行和非航班飞行的航空器区别开来,即未经另一缔约国预先同意,从事国际航班飞行的航空器不得进入其领空。

4. 国内载运权

根据《芝加哥公约》第7条,各缔约国有权将国内载运权保留给本国和本国国民。这项规定沿用了海洋法上沿海航运权保留给沿海国的规则。

5. 关于禁区的规定

根据国家空中主权原则,各缔约国出于军事需要或公共安全的理由,可以划定其部分领空为禁区,限制或禁止其他国家的航空器在该区域飞行。但是,有两个条件:第一,对任何其他国家的限制应当平等,不能有任何歧视;第二,禁区的范围和位置应当合理,不得使空中飞行受到不必要的阻碍。另外,缔约各国有义务将禁区及其随后变化的情况尽快通知其他缔约国及国际民用航空组织。

在非常情况下,缔约各国有权禁止或限制航空器在其全部或部分领空飞行。对于违反规定进入禁区的航空器,缔约各国有权令其尽速在该国领土内指定地点降落。①

6. 关于航空器的国籍

与《巴黎航空公约》相同,《芝加哥公约》规定航空器具有其登记国的国籍(第 17 条);如果一航空器在两个国家登记具有双重国籍,则视为无国籍(第 18 条);从事国际航班飞行的每一航空器应带有适当的国籍标志和登记标志(第 20 条)。关于航空器的国籍,《芝加哥公约》基本沿用了海洋法上的船舶国籍制度。航空器的国籍表明该航空器与其登记国的一种法律联系,受该国的法律管辖。

7. 建立国际民用航空组织

根据《芝加哥公约》第 43 条至第 60 条,国际民用航空组织于 1947 年正式建立。该组织由大会、理事会和其他必要机构组成,宗旨和目的是"发展国际航行的原则和技术,并促进国际航空的计划和发展"(第 44 条)。中国于 1974 年通知加入《芝加哥公约》时,同时加入了该组织。

四、国际民用航空安全

国际航空法上关于国际民用航空安全的主要内容是防止和惩治空中劫持罪行。从 20 世纪 60 年代开始,空中劫持事件不断发生,严重地危及国际民用航空安全,引起国际社会的严重关切。② 由于空中劫持行为直接威胁人的生命并对国际航空事业造成很大损害,国际社会从 20 世纪 60 年代开始努力解决这个问题。迄今已经签订了一系列国际公约,主要有 1963 年在东京签订的《关于在航空器内的犯罪和其他某些行为的公约》(简称《东京公约》)、1970 年在海牙签订的《关于制止非法劫持航空器的公约》(简称《海牙公约》)、1971 年在蒙特利尔签订的《关于制止危害民用航空安全的非法行为的公约》(简称《蒙特利尔公约》)③、1988 年的《补充蒙特利尔公约议定书》④;此外,1991 年签订的《关于注标塑性炸药以便探测的公约》⑤也是与国际航空安全相关的国际公约。这些国际公约主要涉及危害民用航空安全罪的定义、管辖、起诉和引渡等问题。

---

① 自从 1983 年前苏联击落一架韩国民用航空器后,引起国际社会的广泛关注,并导致国际民用航空组织对《芝加哥公约》进行了修订。

② 关于空中劫持的著述,参见 Kathleen M. Sweet, *Aviation and Airport Security*: *Terrorism and Safety Concerns*, Prentice Hall Publishers, 2004; J. Paul de B. Taillon, *Hijacking and Hostages*: *Government Responses to Terrorism*, Westport, Conn.: Praeger, 2002; Edward McWhinney, *Aerial Piracy and International Terrorism*: *The Illegal Diversion of Aircraft and International Law*, Dordrecht, Boston: M. Nijhoff, 1987; 赵维田著:《论三个反劫机公约》,群众出版社 1985 年版。

③ 目前这三个公约的参加国分别为 186、185 和 188,参见国际民航组织网站:http://www.icao.int/secretariat/legal/Lists/Current%20lists%20of%20parties/AllItems.aspx,2015 年 5 月 13 日访问。

④ 该公约于 1989 年 8 月 6 日生效,目前有 173 个参加国,参见:http://www.icao.int/secretariat/legal/Lists/Current%20lists%20of%20parties/AllItems.aspx,2015 年 5 月 13 日访问。

⑤ 该公约于 1998 年 6 月 21 日生效,目前有 152 个参加国。数据来源同上。

(一) 危害民用航空安全罪的定义

《东京公约》的重点是处理在航空器内犯罪的相关事项,其中包括管辖权、机长的权力、国家的权力和责任等。其中也包括空中劫持问题,但是仅仅从"恢复和维护合法机长对航空器的控制"角度规定了缔约国的相应义务,没有给危害民用航空安全或空中劫持罪下定义。

《海牙公约》给空中劫持罪行作了界定。根据《海牙公约》第1条,凡在飞行中的航空器内的任何人用暴力或用暴力威胁,或用任何其他恐吓方式,非法劫持或控制该航空器,或企图从事任何这种行为,或者是从事或企图从事此种行为的人的同犯,即是犯有罪行。关于《海牙公约》给空中劫持罪行所下的定义,应该注意以下三个问题:

第一,"飞行中"的航空器。

《海牙公约》将空中劫持罪行限定在处于"飞行中"的航空器内的人所犯的罪行。根据《海牙公约》第3条,航空器从装载完毕、机舱外部各门均已关闭时起,直至打开任一机舱门以便卸载时为止,应该认为是在"飞行中"。航空器迫降时,在主管当局接管对该航空器及其所载人员和财产的责任前,应该认为仍在"飞行中"(第3条第1款)。

第二,航空器的用途。

《海牙公约》不适用于供军事、海关或警察用的航空器。

第三,被劫持的航空器的起飞或降落地点。

《海牙公约》仅适用于发生空中劫持罪行的航空器的起飞或实际降落地点是在该航空器登记国领土以外的情况。不论该航空器是在从事国际飞行或国内飞行。换言之,如果正在从事国际或国内航班飞行的航空器被劫持了,但是其起飞和实际降落地点都在该航空器的登记国领土范围内,不是《海牙公约》意义上的空中劫持。

然而,危及国际航空安全的行为并不是仅仅发生在飞行中的航空器内,也不仅仅限于空中劫持行为,在航空器内放置定时炸弹或对地面的航空器进行武装袭击,破坏地面航行设施等行为也是经常发生的。为了弥补《海牙公约》的不足,《蒙特利尔公约》应运而生。

根据《蒙特利尔公约》第1条的规定,任何人如果非法地和故意地从事下述行为,即是犯有罪行:(1)对飞行中的航空器内的人从事暴力行为,如该行为将会危及该航空器的安全;或(2)用任何方法在使用中的航空器内放置或使别人放置一种将会破坏航空器或对其造成损害使其不能飞行或对其造成损害而将会危及其飞行安全的装置或物质;或(3)迫害或损害航行设备或妨碍其工作,如任何此种行为将会危及飞行中航空器的安全;或(4)传送他明知是虚假的情报,从而危及飞行中的航空器的安全。

与《海牙公约》相比，《蒙特利尔公约》的主要特点是它将所有破坏、损害和其他一切危及民用航空安全的非法行为都包括在空中劫持罪行之中。特别应该注意的是：

第一，对"使用中"的航空器所犯的罪行。

《蒙特利尔公约》将对"使用中"的航空器所犯的罪行也包括在公约制止的非法行为之中。依据《蒙特利尔公约》第2条，从地面人员或机组为某一特定飞行而对航空器进行飞行前的准备时起，直至降落后24小时为止，该航空器应被认为是在使用中。

第二，航空器外的行为。

《海牙公约》的适用范围仅限于航空器内的人所作出的行为。《蒙特利尔公约》的适用范围扩展到在航空器外的人所作出的行为，例如，破坏航行设备或递送虚假情报等。

（二）对危害民用航空安全罪犯的管辖

对罪犯行使有效管辖以避免其逍遥法外是维护国际民用航空安全的重要步骤之一。上述三个国际公约都就管辖问题作了规定。

1.《东京公约》的规定

《东京公约》确定了登记国管辖原则，即"航空器登记国对在该航空器内所犯的罪行和行为有权行使管辖"（第3条第1款）。公约还规定："每一缔约国应采取必要的措施，以实施其作为登记国的航空器内所犯的罪行的管辖权（第3条第2款）。"这两项规定的前一项确认了登记国的权利；后一项规定了登记国的义务。① 在确定登记国管辖原则的同时，《东京公约》还规定在下列情况下非登记国也可以行使刑事管辖权：罪行在该国领土上具有后果；罪犯或被害人是该国国民或在该国有永久居所的人；罪行危及该国安全；罪行违反该国现行的有关航空器飞行或操作的规定；依多边公约承担了行使管辖权的国际义务（第4条）。此项规定说明登记国的管辖不是专属性的，其他缔约国均与航空器登记国有并行管辖权。但是，从该公约的措辞可以看出，非登记国的管辖权是有限的，因为除上述例外情况，非登记国的缔约国，不得为了对航空器内所犯的罪行行使其刑事管辖权而干预飞行中的航空器（第4条）。

2.《海牙公约》的规定

与《东京公约》不同，《海牙公约》是专门针对非法劫持航空器的犯罪而制定的。为了有效地对空中劫持的罪犯实行管辖，《海牙公约》没有坚持登记国管辖原则，而采取了主要管辖和辅助性管辖相结合的原则。根据《海牙公约》第4条第1款的规定，在下列情况下各缔约国有义务采取必要措施对罪行和其他相关

---

① 参见赵维田著：《论三个反劫机公约》，群众出版社1985年版，第88页。

暴力行为实施管辖权：罪行在该国登记的航空器内发生；在其内发生罪行的航空器在该国降落时被指称的罪犯仍在该航空器内；罪行在租来时不带机组的航空器内发生，而承租人的主要营业地，或如承租人没有这种营业地，则其永久居所是在该国。根据第4条第2款，当被指称的罪犯在缔约国领土内，而该国未将此人引渡给上述任何国家时，该缔约国同样有义务采取必要措施，对罪行实施管辖权。

第4条第1款规定的是主要管辖，即主要由登记国、航空器降落地国和承租人主要营业地或永久居所国这三种国家实施管辖；第4条第2款规定的是辅助性管辖，即在上述三种情况以外，例如，罪犯在飞机降落后逃离到第三国，尽管该第三国与劫机事件没有任何关联，但是，作为罪犯的所在地国，该国如果不将罪犯引渡给上述三种国家，也有义务对其行使管辖权。① 第三国的这种管辖是辅助性的，因为只有在罪犯逃离并且不愿意将其引渡给上述三种国家的例外情况下它们才实施管辖权。

在《海牙公约》起草过程中曾有国家提出航空器登记国享有优先审判权的建议，但是因为《海牙公约》没有规定强制引渡义务以及其他复杂因素，此项建议没有被接受，公约没有规定管辖权的优先次序。②

3.《蒙特利尔公约》的规定

由于《蒙特利尔公约》界定的犯罪行为与《海牙公约》不同，关于管辖权的规定也有所区别。根据《蒙特利尔公约》第5条，各缔约国在下列情况下有义务采取必要措施对罪行实施管辖权：罪行在该国领土内发生；罪行针对在该国登记的航空器发生或者在该航空器内发生；在其内发生犯罪行为的航空器在该国降落时被指称的罪犯仍在该航空器内；罪行针对或在该航空器内发生而该承租人的主要营业地或永久居所是在该国。其中"罪行在该国领土内发生""罪行针对在该国登记的航空器发生"和"罪行针对该航空器而其承租人的主要营业地是在该国"，都是由于《蒙特利尔公约》界定的犯罪行为的扩大而在管辖权方面所作的调整。

在不规定管辖权的优先次序和其他方面，《蒙特利尔公约》与《海牙公约》基本相同。

（三）对危害民用航空安全罪犯的引渡与起诉

1. 引渡

引渡是对罪犯实施管辖的一个具体问题。《东京公约》没有就引渡问题作

---

① 这项规定与《海牙公约》第7条规定的"或引渡或起诉"义务有关，参见赵维田著：《论三个反劫机公约》，群众出版社1985年版，第189页。

② 参见〔日〕栗林忠男著：《航空犯罪与国际法》，袁晓利译，法律出版社1988年版，第57页。

出具体规定。① 《海牙公约》和《蒙特利尔公约》均在第 8 条中对引渡作出了相同的规定。根据《海牙公约》第 8 条第 4 款的规定,为引渡的目的,空中劫持应被视为不仅发生在所发生的地点,而且发生在于其内发生犯罪行为的航空器登记国、降落地国和承租国的领土内。这样,根据《海牙公约》第 4 条可要求行使管辖权的缔约国都可以要求引渡。但是,被要求引渡的缔约国是否有引渡的义务呢?

关于引渡的义务,《海牙公约》作出的规定是:(1)空中劫持罪应看作是包括在缔约国间现有引渡条约中的一种可引渡的罪行,而且各缔约国在今后缔结引渡条约时也应当将此种罪行包括在可引渡罪行之列。(2)如果缔约国规定只有在订有引渡条约的条件下才可以引渡,而当该缔约国接到未与其订有引渡条约的另一缔约国的引渡要求时,可以自行决定认为本公约是对该罪行进行引渡的法律依据,引渡应遵照被要求国法律规定的其他条件进行。(3)如果缔约各国没有规定只有在订有引渡条约时才可以引渡,则在遵守被要求国法律规定的条件下,承认此种罪行是它们之间可引渡的罪行。

《海牙公约》和《蒙特利尔公约》都没有为缔约国创设强制引渡义务。两个公约针对缔约国引渡罪犯是否以引渡条约为前提的不同情况分别作出了不同的规定。如果缔约国引渡罪犯不以引渡条约为前提,该缔约国就应该把公约所指的罪行视为与请求引渡的另一缔约国之间可以引渡的罪行。反之,在缔约国接到了与其没有引渡条约的另一缔约国的引渡请求时,可以自行决定是否以公约的规定为依据引渡罪犯。如果缔约国以没有引渡条约为由拒绝引渡,那么它就要承担"或引渡或起诉"的义务。

2. 或引渡或起诉的义务

《海牙公约》和《蒙特利尔公约》都在第 7 条中用完全相同的措辞规定了"或引渡或起诉"(aut dedere aut judicare)义务:"在其境内发现被指称的罪犯的缔约国,如不将此人引渡,则不论罪行是否在其境内发生,应无例外地将此案件提交其主管当局以便起诉。该当局应按照本国法律以对待任何严重性质的普通罪行案件的同样方式作出决定。"

"或引渡或起诉"义务在其他惩治国际罪行或反对国际恐怖主义行为的国际公约中也有规定,例如,1961 年《麻醉品单一公约》(第 36 条第 2 款)、1979 年《反对劫持人质国际公约》(第 8 条第 1 款)、1984 年《禁止酷刑和其他残忍、不人道或有辱人格的待遇或处罚公约》(第 7 条第 1 款)、1997 年《关于制止恐怖主

---

① 《东京公约》唯一与引渡有关的规定是第 16 条,该条第 1 款规定:"在某一缔约国登记的航空器内所犯的罪行,为引渡的目的,应看作不仅发生在所发生的地点,而且也是发生在航空器登记国领土上"。该条第 2 款规定:"在不妨碍前款规定的情况下,本公约的任何规定不得解释为同意给予引渡的义务。"

义分子爆炸的国际公约》(第 6 条第 4 款、第 7 条第 2 款)和 2005 年《制止核恐怖行为国际公约》(第 11 条第 1 款),尽管还不能说该义务已经构成习惯国际法的一部分,但众多国际公约都作出同样的规定,证明它对于惩治国际罪行的重要意义已经得到普遍的认同。

公约创设"或引渡或起诉"义务的目的是保障罪犯受到惩治,而创设此项义务的前提是相关罪行的"非政治罪化"。缔约国承担"或引渡或起诉"义务就意味着它们不能将此种罪犯作为政治犯对待。

"或引渡或起诉"的另一个重要意义是使缔约国承担对罪犯实施管辖的义务。无论缔约国是不是劫机事件的利害关系国,只要罪犯在其领土内发现,只要不愿意将罪犯引渡给其他缔约国,就必须对其提起诉讼,而且必须"按照本国法律以对待任何严重性质的普通罪行案件的同样方式作出决定"。

3. 起诉

对罪犯的起诉是管辖中的一个重要问题。为避免罪犯逃避惩罚,《海牙公约》和《蒙特利尔公约》都规定决定不引渡罪犯的缔约国有义务"无例外地将此案件提交其主管当局以便起诉"。然而,是否起诉的决定权掌握在有关国家的主管当局手中,因为公约把作出决定的权力交给了"主管当局",并规定按"本国法律"作出此项决定。

在海牙外交会议上,各国对起诉问题的意见存在很大分歧。包括美国和英国在内的一些国家主张各国应在任何情况下严格遵守"或引渡或起诉"的原则。美国等 26 个国家提交的联合提案中坚持把空中劫持罪非政治罪化。许多国家反对这种观点,认为可能会发生例外情况。《海牙公约》第 7 条的规定是这两种分歧意见折中的结果。①

第二节 外层空间法

一、外层空间法的概念

随着科学技术的迅速发展,原来人类征服宇宙的幻想已经逐步变成现实。人类探索和利用外层空间的活动是从 20 世纪中叶开始的。1957 年 10 月 4 日,苏联发射了第一颗人造卫星。接着,同年 11 月 3 日,苏联又成功地将一条狗送入轨道。世界上第一颗载人卫星是 1961 年由苏联发射的,宇航员加加林成为第一个驾驶宇宙飞船进入太空的人。1969 年 7 月 20 日,美国的宇航员阿姆斯特

---

① 参见赵维田著:《国际航空法》,社会科学文献出版社 2000 年版,第 458—462 页;〔日〕栗林忠男著:《航空犯罪与国际法》,袁晓利译,法律出版社 1988 年版,第 65—67 页。

朗和奥尔德林又成功地登上月球,实现了早先人类的幻想。又过了十年,美国的航天飞机于1981年4月14日成功地完成了预期的航天飞行,为人类探索和利用外层空间翻开了新的一页。

目前,世界各国发射人造卫星的种类繁多,用途极广,对于经济、科研和军事均具有很大价值。由于国家的外层空间活动不断增多,引起许多新的国际法问题。例如,人造卫星的发射和返回到地面要穿过其他国家的领土上空,是否需要预先征得有关国家的同意?国家主权是否及于外层空间?空气空间与外层空间的界限应在何处?又如,由于人类向外层空间发射的人造卫星和宇宙飞船的数目越来越多,难免出现发射或返回地面时失败或卫星碎片坠入其他国家领土范围的现象。特别是那些核动力人造卫星,一旦掉到地面上难免会造成放射性污染,危及人的生命安全。世界各国对这些问题十分关注。此外,宇宙飞船和宇航员遇难的例子也不是没有的。如果宇宙飞船或宇航员落在其他国家或公海上,怎么办?在这种情况下,宇宙物体和宇航员的法律地位如何?这些问题都与国际法有关。国际社会为解决这些问题制定了一些国际公约,对各国在外层空间的活动制定了一些原则、规则和制度。这些原则、规则和制度构成国际法的一个新的分支——外层空间法。

二、外层空间的法律地位

这个问题与国家领空主权有着密切联系。换言之,外层空间的法律地位问题与国家主权是否及于外层空间紧密相关。国家对领空享有完全排他的主权。这是当代国际法公认的习惯国际法原则,是《巴黎航空公约》和《芝加哥公约》都确认的规则。但是,国家的领空主权是否及于外层空间?有些国家曾经以罗马法上"谁有土地,谁就有土地的上空"的格言为依据,主张国家主权及于其领土的无限上空。但是从国际实践和国际公约的有关规定来看,国家主权并不及于外层空间。[①]

自1957年第一颗人造卫星发射以后,有不少人造卫星进入外层空间,并有许多一直在轨道上运行。但是,至今任何国家尚未因其主权受到危及而提出抗议。这说明各国已经默认外层空间的自由探索和利用,国家主权并不及于外层空间。"所有国家可在平等、不受任何歧视的基础上,根据国际法自由探索和利用外层空间……"这是1967年《关于各国探索和利用包括月球和其他天体在内外层空间活动的原则条约》第1条确认的国际法原则。该《条约》还规定:"各国不得通过主权要求……把外层空间(包括月球及其他天体)据为己有。"

总之,外层空间(包括月球及其他天体)不是国家主权所及的范围,任何国

---

① 参见贺其治著:《外层空间法》,法律出版社1992年版,第42—43页。

家不得通过主权要求、使用或占领等方式把它据为己有。这就是外层空间的法律地位。

三、空气空间与外层空间的划界问题

如上所述,国家对其领空享有完全的和排他的主权,但是国家主权并不及于其领土的无限上空,任何国家不能对外层空间提出主权要求。很明显,空气空间和外层空间在法律上是两个截然不同的领域,应适用不同的国际法原则、规则和制度。那么,这两个领域之间的界限在何处?即空气空间在哪里结束?外层空间从哪里开始?这是一个争论很大且至今尚未解决的问题。联合国和平利用外层空间委员会(简称外空委员会)围绕划界问题曾经进行过激烈讨论,但因为分歧太大难以作出结论。

首先,在是否有必要给空气空间和外层空间划界的问题上就存在分歧。例如,包括哥伦比亚、刚果、厄瓜多尔、印度尼西亚、肯尼亚和巴西等8个赤道国家在内的许多国家要求外空委员会法律小组委员会尽快解决划界问题,它们认为"对于外层空间下一个定义,是非常必要的"[①]。然而以美国为首的空间大国则反对过早地讨论划界问题,或主张不宜把空气空间的上层界限定得过高。美国认为规定人为的界限并不现实,而且还会产生限制外层空间活动的消极作用。

其次,界限应划在何处?关于这个问题有许多理论。

(一) 地心引力理论

有些学者认为国家领空主权应限定在地球引力的终点(大约距地球50万公里)。他们认为这个高度从国家主权和国家安全的角度看是最合理的。有人则认为应把界限划在地球引力被其他天体的引力所均衡的那一点(地球和月亮之间这一点在大约32.7万公里的地方,对太阳而言,为这个数字的6倍)[②]。实际上,这种遥远的分界线是很不现实的,同时由于天体的运动以地球引力作为划界的标准也是不可能的。

(二) 空气空间理论

这种理论根据地质学的标准把地球大气层的最外缘作为外层空间的起点。换言之,国家领空到达地球大气层的最高限度。这种理论也是不切实际的,因为"物理学家认为,从严格的科学意义来说,地球大气层和外层空间没有明确的界限,随着高度的增加,空气变得越来越稀薄,大气层逐渐融合到外层空间中去"[③]。从科学的角度,划定这样一种界线是不可能的。

[①] 1976年《赤道国家波哥达宣言》,见王铁崖、田如萱编:《国际法资料选编》,法律出版社1982年版,第569页。
[②] 参见贺其治著:《外层空间法》,法律出版社1992年版,第47页。
[③] 贺其治:"外层空间的定义和定界问题",载于1982年《中国国际法年刊》,第86页。

(三) 卫星轨道理论

与空气空间理论相似,这种理论主张国家主权所及的范围应限定在卫星能够进入轨道的最低高度(目前大约为 140 公里),从这个高度以外属于外层空间。但是,由于外空技术的发展,卫星能够在更低的高度运行,这一界线将随之变化。因此,根据这种理论划定界线是不稳定的。

(四) "卡曼管辖线"理论

这种理论主张以离心力开始取代空气成为飞行动力的地方为空气空间与外层空间的界线。由于该分界线是由匈牙利科学家希奥多·冯·卡曼计算出来的,因此称为"卡曼管辖线"。但是,由于各地大气层的条件有较大差异,卡曼管辖线也是不稳定的。

(五) 有效控制理论

有效控制是指禁止非法侵入的航空力量,国家主权的行使范围以国家的这种有效控制所及的高度为界限。这种理论是荷兰国际法学家宾刻舒克的"大炮射程说"的演变。这种理论以防御武器的技术能力作为衡量国家有效控制力的尺度。因为这种技术的发展是不断变化的,而且各国的发展也有很大悬殊,结果可能引起空气空间和外层空间概念上的混乱。

(六) 功能理论

这种理论力求解决包括空气空间和外层空间在内的整个空间法律的适用问题,而不注意划定一个确切的界线,主张根据飞行器的功能来确定其所应适用的法律。如果是航天器,活动范围在外层空间,应该适用外层空间法;如果是航空器,活动范围在空气空间,应适用航空法。

目前,关于空气空间与外层空间的划界——是否有必要划界和如何划界的问题仍在讨论中。从联合国外空委员会收到对关于航天物体的调查表的答复以及法律小组委员会就该项目进行的审议来看,上述理论中,空气空间理论和功能理论是主导性的。①

四、关于外层空间的国际公约

(一) 五个外层空间国际公约

如果说空气空间法或航空法由于沿用了一些海洋法上的原则和规则,还有一些习惯国际法规则的话,可以说外层空间法基本是由国际公约构成的。目前在联合国外空委员会主持下签订的国际公约有:

---

① 参见联合国文件:法律小组委员会第四十四届会议报告(2005 年 4 月 4 日至 15 日在维也纳举行),A/AC.105/850,第 22 页。

1. 1967 年《关于各国探索和利用包括月球和其他天体在内外层空间活动的原则条约》(简称《外层空间条约》);

2. 1968 年《营救宇宙航行员、送回宇宙航行员和归还发射到外层空间的实体的协定》(简称《营救协定》);

3. 1971 年《关于空间实体造成损失的国际责任公约》(简称《国际责任公约》);

4. 1974 年《关于登记射入外层空间物体的公约》(简称《登记公约》);

5. 1979 年《指导各国在月球和其他天体上活动的协定》(简称《月球协定》)。①

此外,一些包含了与外层空间活动有关内容的国际公约,例如,2001 年《移动设备国际利益公约》,也适用于外层空间。目前,联合国外层空间委员会正在讨论制定一项普遍、综合性国际空间法公约的适宜性和可取性问题。②

(二)《外层空间条约》的主要内容

《外层空间条约》是第一个关于外层空间的多边国际公约。由于该条约中包含一些指导国家外空活动的一般原则并涉及几乎所有外层空间的国际法问题,许多学者将其称为"外空宪章"。中国于 1983 年 12 月 8 日通知加入。

《外层空间条约》规定的外空一般原则主要包括:

1. 为全人类谋福利和利益

"探索和利用外层空间(包括月球和其他天体),应为所有国家谋福利和利益,而不论其经济或科学发展程度如何,并应为全人类的开发范围(第 1 条第 1 款)。"根据此项规定,包括月球和其他天体在内的外层空间是全人类的开发范围,各国均有权探索和利用外层空间以便为所有国家谋福利和利益。

2. 自由探索和利用

《外层空间条约》第 1 条第 2 款规定:"所有国家可在平等、不受任何歧视的基础上,根据国际法自由探索和利用外层空间(包括月球和其他天体),自由进入天体的一切区域。"根据此项规定,各国均有探索和利用外层空间的自由,不

---

① 截至 2014 年 4 月 28 日,上述与外层空间活动有关的五个国际文件的参加国(或组织)依次为 103、92、89、62 和 16 个,参见联合国条约数据库:http//:treaties.un.org/,2015 年 7 月 23 日访问。

② 中国、希腊、俄罗斯联邦和乌克兰在外空委员会第 44 届会议上提出将草拟这样一项公约作为第 45 届会议的新项目的建议。参见联合国文件:法律小组委员会第 44 届会议报告(2005 年 4 月 4 日至 15 日在维也纳举行),A/AC.105/850,第 17 页。参见:http://www.un.org/en/ga/search/view_doc.asp?symbol=A/AC.%20105/850&referer=http://www.un.org/en/documents/index.shtml&Lang=C,2015 年 6 月 1 日访问。此提案在法律小组委员会 2009 年第 48 届会议报告中仍然保留在该委员会以后讨论的项目名单中。但是,目前尚无任何新的公约出台。参见和平利用外层空间委员会法律小组委员会 2014 年 3 月 24 日至 4 月 4 日在维也纳举行的第 53 届会议报告(A/AC.105/1067):http://www.un.org/en/ga/search/view_doc.asp?symbol=A/AC.105/1067,2015 年 5 月 8 日访问。

能有任何歧视。

3. 不得据为己有

《外层空间条约》第 2 条规定:"各国不得通过主权要求、使用或占领等方法,以及其他任何措施,把外层空间(包括月球和其他天体)据为己有。"这项原则进一步表明外层空间是"人类共同继承财产"这一法律地位。

4. 遵守国际法

各国在外层空间的各种活动应遵守国际法和《联合国宪章》,以便维护国际和平与安全,促进国际合作和了解(第 3 条)。这项原则包含两层意思:第一,各国在包括月球和其他天体在内的外层空间进行的所有活动受国际法的约束,而不是受其本国国内法或任何其他法律的约束。第二,除了外层空间法外,一般的国际法和国际法基本原则,例如,禁止使用武力或武力威胁、和平解决争端等以及联合国宪章都是制约国家在外层空间活动的原则和法律。

5. 非军事化

《外层空间条约》第 4 条第 1 款规定:"各缔约国保证:不在绕地球轨道放置任何携带核武器或任何其他类型大规模毁灭性武器的实体,不在天体配置这种武器,也不以任何其他方式在外层空间布置此种武器。"为了强调外层空间的非军事化,该条进一步规定:各缔约国必须把月球和其他天体绝对用于和平目的。禁止在天体建立军事基地、设施和工业,禁止在天体实验任何类型的武器以及进行军事演习。

此外,《外层空间条约》还对援救宇航员(第 5 条)、承担国际责任(第 6、7 条)、保护外层空间环境(第 9 条)和国际合作(第 10、11 条)等问题作了原则性规定。

(三) 其他公约的主要内容

1.《营救协定》

《营救协定》是专门解决援助宇航员及送回宇航员和外空物体的国际协定。协定包括序言和 10 条条文,前 5 条规定通知发射当局、营救和送回宇航员;第 6 条解释发射当局的含义;其他为最后条款。根据《营救协定》,各缔约国有义务将宇航员发生意外处于灾难的状态通知发射当局和联合国秘书长;对于因意外事故而遇难的宇航员,降落地国应立即采取一切可能的措施营救并给他们一切必要的帮助(第 2 条),必要时应协助发射当局寻找和营救这些人员(第 3 条)。

《营救协定》是在《外层空间条约》第 5 条的基础上制定的,第 5 条规定:"各缔约国应把宇宙航行员视为人类派往外层空间的使节。在宇宙航行员发生意外、遇难或在另一缔约国境内、公海紧急降落等情况下,各缔约国应向他们提供一切可能的援助。"作为"人类的使者",无论是哪个国家的宇航员在任何地方遇难,都应得到各个缔约国的营救。这项基于人道的规定对于非缔约国应该也是有效的,但是它们所尽的不是公约义务。

2.《责任公约》

《责任公约》规定发射国对其空间物体在地面或对飞行中的飞机造成损害应承担绝对责任;在发射当局是两个或两个以上国家时,它们将共同承担责任。公约对赔偿要求的提出、赔偿的程序等事项作了具体规定。《责任公约》第9条规定:"赔偿损失的要求,应通过外交途径向发射国提出。要求赔偿国若与发射国无外交关系,可请另一国代表向发射国提出赔偿要求……"第14条规定:"若在要求赔偿国通知发射国已提出赔偿要求文件之日起1年内,赔偿要求据第9条规定,通过外交谈判仍未获得解决,有关各方应于任一方提出要求时,成立要求赔偿委员会。"关于赔偿的限额,《责任公约》仅作出了原则性规定:发射国承担的损失赔偿额,应按国际法、公正合理的原则来确定。联合国五项外层空间条约的现状和运用情况工作组指出,虽然《责任公约》规定了一套独特的无限赔偿制度,但是一些国家制定了对运营人的追究方法并在必要时对空间运营活动实行一套国家关于赔偿责任的制度。工作组注意到,国家实践中存在着关于赔偿责任、赔偿程序和保险要求的多种解决办法。

3.《登记公约》

《登记公约》专门规定关于发射到外层空间物体的登记规则。公约对于避免身份不明的外空物体以便有效地履行《责任公约》具有重要意义。根据《登记公约》第2条第1款,发射国在发射一个外空物体进入或越出地球轨道时,应以登入其所保持的适当登记册的方式登记该外空物体,每一发射国应将其设置此种登记册的情事通知联合国秘书长。《登记公约》对于登记的方法以及登记时应提供的关于发射物体的具体事项,包括发射物体的标志、发射日期、基本轨道参数、一般功能等,都作了具体规定。《登记公约》同样适用于政府间国际组织,但以该组织声明接受本公约的权利和义务,并且以该组织的多数会员国为本公约和《外层空间条约》的参加国为条件。

4.《月球协定》

《月球协定》是专门规定国家在月球和其他天体上活动应遵守的原则和规则的国际公约。在《月球协定》未签订之前,其他国际公约中也包含了一些关于月球的国际规则,但是从1969年人类成功地登上月球以后,现有的国际法规则已经不能满足实际需要,制定一项专门的国际公约是非常必要的。

《月球协定》包括序言和21条条文。第1条第1款规定:"本协定内关于月球的条款也适用于太阳系内地球以外的其他天体。"关于月球及其他天体的法律地位,《月球协定》规定:"月球及其自然资源均为全体人类的共同财产"(第10条第1款);"所有缔约国应公平分享这些资源所带来的惠益,而且应当对发展中国家的利益和要求以及各个直接或间接对探索月球作出贡献的国家的努力,给予特别的照顾"(第 11 条第 7 款)。

《月球协定》的这些规定比《外层空间条约》前进了一步,因为它明确规定月球及其他天体是全体人类的共同继承财产,并规定在分享月球及其他天体的自然资源方面应特别照顾发展中国家的利益。特别应当指出的是,《月球协定》宣布缔约各国承诺要在适当时候建立开发月球自然资源的国际制度。这不难让人们联想到国际海底区域制度以及相应的国际机构。

《月球协定》对于月球及其他天体的和平利用及非军事化问题以及月球上的人员的生命和健康问题都作了具体规定。这些规定与《外层空间条约》、《登记公约》和《营救协定》中的相关内容基本相同。《月球协定》还规定,各缔约国对于本国在月球上的各种活动要承担国际责任,并规定一旦产生在月球上引起的赔偿问题时,可以按《月球协定》第 18 条的规定对该协定进行修改,即增加关于损害赔偿方面的规定。

应该注意的是,《月球协定》是上述五个外层空间条约中参加国最少的。《联合国五项外层空间条约的现状和运用情况工作组主席报告》注意到这个问题并提出了应对的具体方案。①

五、关于外层空间的其他国际法问题

(一)关于外层空间的其他国际文件

除上述国际公约外,联合国大会还通过了一些有关外层空间的宣言和决议,其中比较重要的是:1963 年 12 月 13 日通过的《关于各国探索和利用外层空间活动法律原则宣言》。虽然该宣言是不具法律拘束力的国际文件,但是它宣布了一些外层空间活动的主要原则,这些原则得到世界各国的普遍认同并被上述几个国际公约所采纳。

此外,联合国大会还在其他方面通过了一些类似的决议:

1. 1982 年 12 月 10 日的《各国利用人造地球卫星进行国际直接电视广播所应遵守的原则》②;

2. 1986 年 12 月 3 日的《关于从外层空间遥感地球的原则》③;

3. 1992 年《关于在外层空间使用核动力源的原则》④;

---

① 根据 2014 年法律小组委员会第 53 届会议报告(第 9 页),这五个外层空间条约的参加国数目分别是《外空条约》103、《营救协定》94、《责任公约》91、《登记公约》60 和《月球协定》15,后者仍是参加国最少的。参见:http://www.unoosa.org/pdf/reports/ac105/AC105_1067C.pdf, 2015 年 6 月 1 日访问。

② 联合国大会第 37/92 号决议。

③ 联合国大会第 41/65 号决议。

④ 联合国大会第 47/68 号决议。

4. 1996年《关于开展探索和利用外层空间的国际合作,促进所有国家的福利和利益,并特别要考虑发展中国家的需要的宣言》。①

(二) 几个有争议的国际法问题

1. 国际直接卫星电视广播

所谓"国际直接卫星电视广播"(简称国际直播)是通过卫星将地面电视台的电视节目直接传送给世界不同国家的普通家庭电视机,不需经过任何地面接收站。② 国际直播是电视广播技术的一个飞跃发展,只需三颗卫星即可接收整个世界发出的电视信号。国际直播技术有助于各国人民之间相互了解,对国家之间文化交流可以起到促进作用。但是,国际直播技术的滥用可能阻碍国际交流,还可能影响国家之间的正常关系,例如,利用国际直播干涉别国内政。

自从20世纪60年代初有些国家提出禁止利用卫星通讯煽动民族、种族动乱以后,国际直播问题引起联合国组织的关注。1968年联合国大会通过了外层空间委员会关于成立一个国际直播小组的建议。从此联合国外空委员会关于卫星直接广播工作组开始进行专门研究。1982年第37届联合国大会以107票赞成,13票反对,通过了巴西等20个国家提出的《各国利用人造地球卫星进行国际直接电视广播所应遵守的原则》。③

至今尚未制定关于国际直播的任何国际公约的主要原因是在广大发展中国家与一些西方国家之间在下列问题上存在争议:

首先,国家主权与自由传播信息的争议。第三世界国家主张国际直播必须在尊重国家主权的原则基础上进行。但是西方一些国家则坚持各国可以自由地通过国际直播传播信息,这种自由不应受到限制。这两种意见都反映在《各国利用人造地球卫星进行国际直接电视广播所应遵守的原则》A项关于宗旨和目标的规定中。

其次,关于事先同意的争议。坚持以国家主权原则为基础的国家要求利用卫星向另一国进行直接电视广播事先征得该国的同意。一些西方国家则认为应鼓励和扩大自由和公开信息和思想,不应经过接受信息国的同意。为了协调这两种分歧意见,一些国家提出了"由同意直播的国家参与直播活动计划"的折中方案。④

最后,关于国家责任问题。关于国家责任问题的争论焦点是,国家对于国家

---

① 联合国大会第51/122号决议。
② 参见贺其治:"卫星国际直接电视广播的法律问题",载于1983年《中国国际法年刊》,第118页。
③ 关于制定该文件的谈判过程,详见贺其治著:《外层空间法》,法律出版社1992年版,第140—143页。
④ 参见1982年12月10日《各国利用人造地球卫星进行国际直接电视广播所应遵守的原则》G. 协商的义务和权利。载于贺其治著:《外层空间法》,法律出版社1992年版,附件一(八),第347页。

管辖范围内的私人机构从事的直播活动是否应该承担国际责任。一些西方国家强调,依据它们的国内法,国家不对私人机构的电视广播活动承担国际责任。但是他们的意见没有得到第三世界国家的接受。在《各国利用人造地球卫星进行国际直接电视广播所应遵守的原则》F项关于国家责任的规定中主要反映了第三世界国家的观点:"各国对其本身或其管辖范围内所从事的关于利用卫星进行国际直接电视广播活动,以及对这种活动是否符合本文件所载原则,都应承担国际责任。"

2. 卫星遥感地球

从空中遥感地球表面的实践远早于外空技术。从19世纪后半叶人类发明了气球就有在气球上装上照相机拍摄地球表面的实践,20世纪初发明飞机之后,人类从空中观察地球的技术发生了巨大变化。但是,飞机作为遥感工具有许多缺陷。例如,飞机在空中的飞行时间有限,又如飞机飞行还受到气候的影响,这些都为反复、大面积、清晰观察地球带来困难。外空技术的发明开始了遥感地球技术的新纪元。

卫星遥感地球"是利用红外微波以及电子遥感器和光谱析像器,从外层空间探测地球表层上下的形状和现象,通过人造卫星上的装备转到地面站,经过光学和电子计算机的处理和分析,达到认识物体本来面目的目的"[1]。

现在的外空遥感技术起源于20世纪60年代的气象卫星,虽然这种卫星并非为遥感而设计,但可以通过它获得地面的情报。专为观察地球和环境的卫星遥感活动是从20世纪70年代开始的。由于卫星"运行较高,而且视野较广,在其重复旋转中拍摄的照片次数较多,角度多样化,因此资料的准确性远远超过飞机上拍摄的资料"[2]。虽然目前拥有卫星遥感技术的国家还很少,但是卫星遥感地球的面积以及获得的资料却是普遍性的和超越国界的,因此产生了一系列国际法问题。

从事卫星遥感是否必须取得被感国同意?这是争论的焦点问题之一。关于这个问题在第三世界国家和包括美国在内的西方国家之间存在很大争议。多数第三世界国家主张进行卫星遥感活动必须得到被感国的预先同意。他们以联合国大会通过的关于各国对其自然资源的永久主权的一系列文件为依据,认为任何未经许可从事外空遥感其自然资源的活动都是对其主权的侵犯。美国和其他一些西方国家极力反对这种"事先同意"的主张,他们认为各国自由探索和利用外层空间是《外层空间条约》确定的国际法原则,"事先同意"的主张违背了外空自由的原则。

---

[1] 倪征噢:"关于外层空间的国际法问题",载于1982年《中国国际法年刊》,第78页。
[2] 同上,第79页。

苏联和法国在这个问题上似乎采取了折中的态度。他们并不认为取得被感国的预先同意是进行卫星遥感活动的前提,但他们主张对于散发卫星遥感的数据和资料应给予一定的控制。联合国外空委员会法律小组委员会拟定的原则草案也采取了折中的方法。尽管"事先同意"的问题没有得到解决,但多数国家的注意力已转移到遥感所获资料的处理问题上。

遥感所获资料能否公开发表或自由转让给第三国的问题是遥感国与被感国之间另一个敏感问题。第三世界国家对这个问题的态度是:未经被感国同意不得将遥感所获得的资料散发给其他国家,被感国有权"充分和无限制地"取得有关其自然资源的遥感数据,并有权参加对该领土的遥感活动。反对的意见主要来自美国和其他一些西方国家。美国主张建立遥感数据情报自由制度,认为:首先,卫星遥感地球包括无限制地传播有关自然资源情报的制度是国际法认可的;其次,严格控制数据的传播从技术和经济上都是不能实现的,因为"卫星遥感范围必然要跨越各国国界,要求将成百万张图片按照国界截成小块在技术上和经济上都是不可取的和不必要的"①。

和平利用外层空间委员会法律小组委员会在其2005年第44届会议期间于4月4日举行了题为"遥感的近期动态和对1986年联合国《关于从外层空间遥感地球的原则》进行审查的可取性"的专题讨论会。与会的专家就"2005年遥感方面国际法律框架:条件的变化和需求的变化""1986年联合国原则:关于重新审查的必要性"等问题作了专题介绍。②

3. 外空使用核动力源问题

自从1978年苏联的核动力源卫星"宇宙-954号"在返回大气层时失事以后③,国际社会对在外空使用核动力源问题十分关注。联合国外空委员会法律小组委员会于1979年首次有机会对这个问题进行了详细考虑,在四次会议上对相关的讨论加以分析,为有效地解决这个问题迈出了成功的一步。在1980年第19届会议上,法律小组委员会的一些代表团的领导成员认为现存关于使用核动力源的国际法规则不够充分,应该加以补充。他们指的是现有的五个外层空间条约,例如,1967年《外层空间条约》第9条,相关的规定都不够具体,仅仅要求在外层空间的活动不应伤害其他国家。因此,法律小组委员会将在外层空间使用核动力源涉及的法律问题概括为五个方面:第一,关于使用核动力源的情报;第二,在返回大气层之前的通知;第三,对遇难国的援助;第四,防止扩散的保护

---

① 参见贺其治:"卫星遥感地球的法律问题",载于1984年《中国国际法年刊》,第57页。
② 关于此次讨论会的纪录,参见 A/AC.105/C.2/2005/CRP.8。
③ 1978年1月24日,苏联核动力间谍卫星宇宙954号在发射升空一年多之后因故坠落在加拿大境内。成千上万枚放射性碎片和数以亿计的放射性颗粒从加拿大不列颠哥伦比亚省夏洛特群岛上空撒向地面。

性措施;第五,对因使用核动力源造成损害承担赔偿责任。① 经过反复讨论和深入研究,终于在 1992 年 12 月 14 日第 47 届联合国大会第 85 次全体会议上通过了《关于在外层空间使用核动力源的原则》。② 该《原则》共宣布了 11 项原则,主要内容包括:安全使用核动力准则和标准、返回大气层的通知、发射国与其他国家在了解进一步信息方面的协商、对各国提供的协助、国际责任(包括国家和国际组织)和争端解决等。③

联合国外空委员会法律小组委员会在 2009 年第 48 届会议上将审议并视可能修订《关于在外层空间使用核动力源的原则》的议程作为一个单项讨论议题进行了审议。各国代表团对此发表了各种不同的意见,有的认为没有正当理由进行任何修改;有的则认为应该考虑在《安全框架》的基础上制定有拘束力的文件以便规范在外层空间使用核动力源的行为;有的认为应该以务实的态度对这些原则进行审查和修改以适应新的要求。总之,由于一些代表团对于外空碎片与携带核动力源的空间物体有发生碰撞的可能及其对人类声明和环境造成影响表示关注,小组委员会一致认为有必要继续研究这个问题。④

4. 外空非军事化问题

"冷战"的结束并不是外空军备竞赛的停止,外空非军事化仍然是国际社会共同关注的重要问题。

美国和苏联的外空军备竞赛始于 20 世纪 50 年代,到 1983 年,这两个国家共发射了 2114 颗军事卫星,约占发射卫星总数的 75%。⑤ 到 20 世纪 80 年代,外空军备竞赛已经从过去的发射各种用途的军事卫星转变为研制各种太空武器的竞争,目的在于:第一,摧毁对方的军事卫星系统,使它的指挥、控制和通讯能力失灵;第二,摧毁对方的战略导弹,使它在尚未到达打击目标之前在太空就遭拦截。⑥

目前,国际上尚无任何禁止一切外空武器的国际条约。现行的载有防止外空军事化条款的国际外层空间公约有 1967 年的《外层空间条约》(第 4 条)和 1979 年的《月球协定》(第 2 条)。此外,1963 年《禁止在大气层、外层空间和水

---

① 参见 Damodar Wadegaonkar, *The Orbit of Space Law*, Steven & Sons, 1984, pp.97—98。
② 联合国大会第 47/68 号决议。
③ 关于联合国大会第 47/68 号决议的具体内容,详见联合国网站:http://www.un.org/documents/ga/res/47/a47r068.htm, 2006 年 4 月 5 日访问。
④ 参见外空委员会《法律小组委员会 2009 年 3 月 23 日至 4 月 3 日在维也纳举行的第四十八届会议的报告》(http://www.oosa.unvienna.org/pdf/reports/ac105/AC105_935C.pdf, 2009 年 5 月 22 日访问)(A/AC.105/935),第 12—13 页。
⑤ 贺其治:"加强制止外空军备竞赛的法律措施",载于《国际问题研究》1984 年第 4 期,第 32 页。
⑥ 参见庄去病:"美国'星球大战'计划分析",载于《国际问题研究》1984 年第 4 期,第 25 页。

下进行核武器试验条约》也有一些相关规定。①

  另外,美国和苏联于 1972 年签订的《反弹道导弹系统条约》也涉及限制在外空进行军备竞赛的问题。第 5 条规定:"每一方承允不发展、试验或部署以海洋、大气层、宇宙空间为基地的或陆基可移动式的反弹道导弹系统或组成部门。"②但是遗憾的是,美国于 2001 年 12 月 13 日宣布单方面退出该条约。

  近年来外空非军事化一直是联合国外空委员会关注的问题。在 2014 年 3 月 24 日至 4 月 4 日第 711 次会议上,一些代表团重申现行外层空间条约的重要性,并强调了以下原则:"不将外层空间军事化,外层空间探索严格限于和平目的;开展区域合作以促进空间活动的发展"。一些代表团对外层空间的军备竞赛表示关切,并指出,目前在外层空间法律制度中存在一些空白,需要有更全面的法律制度来防止外层空间军事化。③

进一步阅读推荐书目

1. 赵维田著:《国际航空法》,社会科学文献出版社 2000 年版。
2. 贺其治著:《外层空间法》,法律出版社 1992 年版。
3. 〔日〕栗林忠男著:《航空犯罪与国际法》,袁晓利译,法律出版社 1988 年版。
4. Kathleen M. Sweet, *Aviation and Airport Security*: *Terrorism and Safety Concerns*, Prentice Hall Publishers, 2004.
5. 王瀚著:《国际航空运输责任法》,法律出版社 2012 年版。
6. 李寿平、赵云著:《外层空间法专论》,光明日报出版社 2009 年版。
7. 高国柱著:《外层空间法前沿问题研究》,法律出版社 2011 年版。
8. Malcom N. Shaw, *International Law*, Seventh Edition, Cambridge University Press, 2014 Chapter 10.
9. Colloquium on the Law of Outer Space (46th: 2003: Bremem, Germany), *Proceedings of the Forty-Sixth Colloquium on the Law of Outer Space*: 29 *September—*3 *October*, AIAA, Washington, D. C., 2004.
10. Peter P. Haanappel, *The Law and Policy of Air Space and Outer Space*: *A Comparative Approach*, Kluwer Law International, the Hague, 2003.
11. I. H. Philepina Diederiks-Verschoor, *An Introduction to Space Law*, 3rd. rev. ed, Kluwer Law International, 2008.
12. Berenc J. H. Crans, Peter van Fenema et al (eds.), *Air & Space Law Online*, Kluwer Law International, 2010.

---

  ① 《禁止在大气层、外层空间和水下进行核武器试验条约》第 1 条规定,各缔约国保证在其管辖或控制下的大气层、外层空间或水下,禁止、防止并且不进行任何核武器试验爆炸或任何其他核爆炸。
  ② Treaty between the United States of America and the Union of Soviet Socialist Republics on the Limitation of Anti-Ballistic Missle Systems, May 26, 1972, http://www.yale.edu/lawweb/avalon/diplomacy/soviet/sov006.htm, 2006 年 4 月 6 日访问。
  ③ 参见法律小组委员会 2014 年第 53 届会议报告(A/AC.105/1067,第 6 页):http://www.unoosa.org/pdf/reports/ac105/AC105_1067C.pdf,2015 年 6 月 1 日访问。

第十四章 国际环境法

　　尽管人类早已开始关注自己生活的环境并伴随着一些保护环境的国内立法活动,但是作为国际法最新的一个分支,国际环境法①是从20世纪70年代初,即1972年联合国人类环境大会(斯德哥尔摩大会)在斯德哥尔摩召开后,才开始发展的。时至四十多年后的现在,它仍然是一个尚在发展并需要完善的领域。大量的关于国际环境保护的国际规则和标准来源于对国家没有法律拘束力的国际会议或国际组织的宣言或决议,而且究竟哪些规则已经形成国际习惯尚存有争议。然而,随着国际社会对人类面临的环境问题的认识逐渐提高,制定并完善国际环境法律规则的重要性得到越来越普遍的承认。国际环境法成为国际人权法之外21世纪另一个最为重要和最有发展空间的国际法领域。

第一节　国际环境法的概念和渊源

一、国际环境法的概念

　　亚历山大·基斯对国际环境法的简单描述是,国际环境法"是国际法的特殊领域,目的是防止生物圈严重恶化和失去平衡以致不能发挥正常作用"②。因此,保护"生物圈"是国际环境法的"终极目的"。根据他的进一步解释,所谓"生物圈"包括岩石圈、水圈和气圈三个组成部分。③ 菲利浦·桑兹认为国际环境法是由其基本目的在于保护环境的国际法的实体、程序和组织规则构成的。桑兹没有用"生物圈"而是用"环境"这个概念作为国际环境法保护的对象。根据桑兹教授的解释,所谓"环境"是指包括字典里界定的"自然"但比"自然"更广泛。不过他承认"环境"在国际法上没有一般接受的用法。④

　　早先的一些条约中用"植物和动物"(flora and fauna)而不用"环境"一词,目

---

① 关于国际环境法的教科书,英文版可以参考 Philippe Sands, *Principles of International Environmental Law*, Second Edition, Cambridge University Press, 2003;中文版可以参考蔡守秋、常纪文主编:《国际环境法学》,法律出版社2004年版;王曦编著:《国际环境法》(第2版),法律出版社2005年版;马骧聪主编:《国际环境法导论》,社会科学文献出版社1994年版。
② 〔法〕亚历山大·基斯著:《国际环境法》,张若思编译,法律出版社2000年版,第9页。
③ 同上书,第10页。
④ Philippe Sands, *Principles of International Environmental Law*, Second Edition, Cambridge University Press, 2003, pp.15—16.

的是限制条约的规定所适用的范围。① 在《关税与贸易总协定》中用"人、动物和植物的生命和健康"而不用"环境"。② 1972 年斯德哥尔摩大会上通过的《斯德哥尔摩人类环境宣言》(1972 年《斯德哥尔摩宣言》)也没有给"环境"下定义,只是在原则 2 中规定"地球上的自然资源,其中包括空气、水、土地、植物和动物、特别自然生态类中具有代表性的标本"应加以保护。由于国际法上尚不存在包括所有环境问题的综合性国际公约而且在分散的不同领域的国际环境公约中给环境赋予不同的含义③,目前给"环境"下一个法律定义尚不合时宜。但是有一点是普遍接受的,即在国际环境法中,环境一词是指自然的不同组成部分,不是指人造的生活或工作环境。国际环境法的保护对象——环境涉及的范围相当广泛,包括植物和动物、海洋和淡水、陆地、大气和外层空间等等。国际环境法是保护环境的原则、规则和制度的总和。

二、国际环境法的渊源

(一) 国际条约

国际环境法的主要渊源首先是国际条约,包括全球性、区域性和双边条约。有些条约,特别是那些参加国数量比较多的国际公约,具有造法的性质。④ 例如,1963 年《禁止在大气层、外层空间和水下进行核武器试验条约》、1972 年《保护世界文化遗产公约》、1992 年《气候变化框架公约》和《生物多样性公约》、1998 年《关于在国际贸易中对某些危险化学品和农药采用事先知情同意程序的鹿特丹公约》、2001 年《关于持久性有机污染物的斯德哥尔摩公约》(以下简称《POPs 公约》)等等,都是规定一般行为规则的造法性国际公约。一些区域性国际公约也具有造法性,例如,联合国环境规划署的一系列区域海洋框架公约和议定书⑤、1992 年《东北大西洋海洋环境保护公约》等。许多全球性或区域性国际环境公约都有一个共同的特点,即首先制定框架性公约,规定一些一般性义务和组织性安排,然后通过签订议定书的方式作出详细规定。

---

① Philippe Sands, *Principles of International Environmental Law*, Second Edition, Cambridge University Press, 2003, p.16.
② 《关税与贸易总协定》第 20 条第(b)和(g)。
③ 关于这些国际公约给环境赋予的含义,参考 Sands 教授书中按时间顺序对相关国际公约的分析,具体见 Philippe Sands et al (eds.), *Principles of International Environmental Law*, 3rd Edition, Cambridge University Press, 2012, pp.14—15。
④ 关于国际环境条约及其他相关国际文件汇编可以参考: *Documents in International Environment Law*, edited by Philippe Sands, Richard Tarasofsky, and Mary Weiss, Manchester University Press, 1994. 或者王曦主编:《国际环境法资料选编》,民主与建设出版社 1999 年版。
⑤ 参见环境规划署网站的简介:http://www.unep.org/regionalseas/programmes/conventions/default.asp,2015 年 5 月 7 日访问;朱建庚著:《海洋环境保护的国际法》,中国政法大学出版社 2013 年版,第 152—156 页。

除了专门规定特定环境问题的国际条约或公约外,国际法其他领域的一些国际公约,例如,1982 年《联合国海洋法公约》、1959 年《南极条约》和 1967 年《外层空间条约》等,也包括保护环境的内容。这些关于某个特定领域的国际环境保护的内容也是国际环境法中相当重要的组成部分。此外还有众多关于环境的双边条约。

(二) 国际习惯

虽然作为较新的国际法分支,国际环境法的主要渊源是国际条约,但是也不能忽视国际习惯在这个新领域中的作用。其中的一个重要习惯国际法规则是,任何国家在使用自己的领土时不能对其他国家或其领土带来损害。1941 年美国与加拿大之间的"特雷尔冶炼厂仲裁"案的裁决中就曾指出国际法上存在这样的习惯规则。该规则后来在国际法院的判决中得到确认。例如,在"科孚海峡"案中,国际法院认为"每个国家均有义务不故意地允许其领土用来作出损害其他国家权利的行为"[①]。目前该规则不仅得到普遍接受并已经被公认为是国际环境法的一项基本原则。1972 年《斯德哥尔摩宣言》关于鼓励和指导世界各国人民保持和改善人类环境的原则 21 规定:"按照《联合国宪章》和国际法原则,各国有按自己的环境政策开发自己资源的主权;并且有责任保证在他们管辖或控制之内的活动,不致损害其他国家的或在国家管辖范围以外地区的环境。"[②]1978 年联合国环境规划署理事会通过的《关于共有自然资源的环境行为之原则》原则 3 和 1992 年《里约环境与发展宣言》原则 2 以基本相同的措辞宣布了该原则。[③]

尽管"利用本国领土不能对他国领土造成损害"的规则已经得到各国的普遍接受,但是作为国际环境法这一特殊国际法领域的习惯法规则,它的内在局限性是显而易见的:这个规则所保护的仅仅是国家领土范围内的"环境"。它之所以得到各国的普遍接受,主要因为它是建立在国家之间的对等关系基础上,即一国对自己领土的利用不能妨碍其他国家享有的同等权利。至于国家领土主权或管辖范围以外地区的环境也应受到保护,是否同样成为普遍接受的国际习惯规则,仍然是有疑问的。

除上述"利用本国领土不能对他国领土造成损害"的规则外,还有一些国际环境大会或国际组织通过的决议或文件宣布的原则以及国际公约中体现的条约

[①] The Corfu Channel Case(1949) ICJ Reports 4 at 22. (《国际法院判决集》,1949 年版,第 22 页)。转引自 Philippe Sands, *Principles of International Environmental Law*, Second Edition, Cambridge University Press, 2003, p.243。

[②] 国家环境保护总局政策法规司编:《中国缔结和签署的国际环境条约集》,学苑出版社 1999 年版,第 387 页。

[③] 同上书,第 397、411 页。

规则,它们在不同的国际文件中被称为"原则"或"守则"。至于这些原则或规则是否全部已经成为习惯国际法的一部分,尚没有统一的看法。即便不是,说它们正在形成习惯国际法,并不为过。这些原则或规则包括①:

1. 全人类共同遗产原则

这项原则是指全人类与各国领土以外的资源之间存在利害关系,这些资源包括公海、深海海底、南极和外层空间等。因此,任何一个国家都有义务在管理这些资源问题上开展友好合作。② 在这种意义上,"环境保护问题是全球性的,关系到全人类的利益,全人类都有责任保护环境"③。在不同的国际文件中,这项原则得到不断重申。上述 1972 年《斯德哥尔摩宣言》原则 21 和 1992 年《里约环境与发展宣言》原则 2,在规定国家在管辖范围内或控制下的活动不对其他国家的环境造成损害的同时,也规定此等活动不对任何国家管辖范围以外的地区造成损害。"国家管辖范围以外的地区"正是全人类共同遗产原则所适用的范围。

托马斯·伯根索尔和肖恩·墨菲还提到一个与该原则有关的原则,即全人类共同关切原则。所谓共同关切原则是指全人类与各国领土范围内的资源之间也存在利害关系。但他们认为这项原则并没有得到许多条约的接受。④ 与国际人权法相比,国际环境法尚未发展到国际社会对一个国家领土范围内的资源如何利用以及由于这种利用带来的环境问题予以关注的程度。目前,关于各国领土范围内的资源及相关环境问题,只是在产生了影响其他国家的领土和国民的后果或潜在后果时才会得到相关国家的关注。

2. 国际合作原则

国际合作本是国家的一般义务,许多国际公约和双边条约,没有国际合作难以实施。但是,国际合作在国际环境法领域更为重要。这是因为许多环境问题都是跨越国界的,还有许多是区域性和全球性的,解决这些问题的重要方法和途径是国际合作。1972 年《斯德哥尔摩宣言》原则 24 规定:"有关保护和改善环境的国际问题应当由所有国家,不论其大小,在平等的基础上本着合作精神来加以

---

① 参见 John O'Brien, *International Law*, Cavendish Publishing Limited, 2001, pp. 557—559,此书列举了 4 项原则;〔美〕托马斯·伯根索尔、肖恩·墨菲合著:《国际公法》,黎作恒译,法律出版社 2005 年版,第 209—212 页,此书列举了 7 项原则;〔法〕亚历山大·基斯著:《国际环境法》,张若思编译,法律出版社 2000 年版,第 83—108 页,此书列举了 9 项原则,除数量多外,在该书中这些原则被称为"国际环境法的基本原则"。
② 参见〔美〕托马斯·伯根索尔、肖恩·墨菲合著:《国际公法》,黎作恒译,法律出版社 2005 年版,第 209 页。
③ 〔法〕亚历山大·基斯著:《国际环境法》,张若思编译,法律出版社 2000 年版,第 109 页。
④ 〔美〕托马斯·伯根索尔、肖恩·墨菲合著:《国际公法》,黎作恒译,法律出版社 2005 年版,第 210 页。

处理,必须通过多边或双边的安排或其他合适途径的合作。在正常地考虑所有国家的主权和利益的情况下,防止、消灭或减少和有效地控制各方面的行动所造成的对环境的有害影响。"①1992年《里约环境与发展宣言》原则7规定:"各国应本着全球伙伴精神,为保存、保护和恢复地球生态系统的健康和完整进行合作。"原则14规定:"各国应有效合作阻碍或防止任何造成环境严重退化或证实有害人类健康的活动和物质迁移和转让到他国。"原则19进一步规定国际合作的具体方法:"各国应该将可能具有重大不利跨国界的环境影响的活动向可能受到影响的国家预先和及时地提供通知和有关资料,并应在早期阶段诚意地同这些国家进行磋商。"②

根据国际合作原则,国家承担一些具体义务。例如,1992年《里约环境与发展宣言》原则18中规定的各国应将可能对他国环境产生突发的有害影响的任何自然灾害或其他紧急情况立即通知这些国家的义务;原则19中规定的将可能具有重大不利跨国环境影响的活动通知可能受到影响的国家并提供相关资料的义务以及进行早期磋商的义务等等。

3. 预防原则

预防原则(或"风险预防原则"或"预防行动原则")是指:"当有可能造成严重或不可挽回的损害之威胁出现时,不能将此威胁的发生缺乏科学肯定性作为理由而推迟采取防止潜在环境退化的低成本措施。"③1992年《里约环境与发展宣言》原则15规定:"为了保护环境,各国应按照本国的能力,广泛适用预防措施。遇有严重或不可逆转损害的威胁时,不得以缺乏科学充分确实证据为理由,延迟采取符合成本效益的措施防止环境恶化。"④较早规定预防原则的文件是1987年国际北海大会通过的宣言,即1987年《北海宣言》。此后的许多国际环境文件中都用类似的措辞规定了这项原则。⑤

预防原则的提出与环境问题的特点有关。某些环境恶化的后果具有滞后性和不可逆转性。环境问题的这些特点迫使国际社会不得不强调,不以科学上的不确定性为不行动或迟延行动的理由。因此,在科学尚未得到最终确定的证据说明存在不可逆转的环境风险的情况下,应该采取防范措施。预防原则要求在

---

① 国家环境保护总局政策法规司编:《中国缔结和签署的国际环境条约集》,学苑出版社1999年版,第387页。
② 同上书,第411、412页。
③ 〔美〕托马斯·伯根索尔、肖恩·墨菲合著:《国际公法》,黎作恒译,法律出版社2005年版,第211页。
④ 国家环境保护总局政策法规司编:《中国缔结和签署的国际环境条约集》,学苑出版社1999年版,第412页。
⑤ 例如,1992年《气候变化框架公约》第3条第3款、1992年《东北大西洋海洋环境保护公约》第2条第2a款等等。

环境问题尚未严重到不可逆转的程度之前采取预防行动。

4. 污染者承担费用原则

一些国家或地区普遍接受的另一个原则是污染者承担费用原则。根据该原则,造成环境损害的污染者有责任支付赔偿并承担弥补损害的费用。① 1992年《里约环境与发展宣言》原则16规定:"考虑到污染者原则上应承担污染费用的观点,国家当局应该努力促使内部负担环境费用,并且适当地照顾到公众利益,而不歪曲国际贸易和投资。"②1990年《国际油污防备、反应和合作公约》以及1992年《工业事故跨界影响公约》都把污染者承担费用原则作为国际环境法的一般原则。

但是,该原则在实践中究竟在何种程度上得到适用是不确定的。是否所有清除污染的费用全部由污染者承担的问题并不是很明确。实践表明,在这种情况下,费用在相关国家之间按比例分别承担。③ 此外,学者们对这项原则是国际环境法上的法律原则还是自由贸易的经济目标缺乏肯定的意见,并且对这项原则是否与向发展中国家提供经济援助以帮助它们控制污染的规则构成冲突表示怀疑。④

5. 共同但有区别的责任原则

在1992年《里约环境与发展宣言》原则7规定:"鉴于导致全球环境退化的各种不同因素,各国负有共同的但是又有差别的责任。发达国家承认,鉴于他们的社会给全球环境带来的压力,以及他们所掌握的技术和财力资源,他们在追求可持续发展的国际努力中负有责任。"⑤遗憾的是,从原则7的表述方式上看不出发达国家与发展中国家之间承担"共同但有区别的责任",因为发达国家仅承认"他们在追求可持续发展的国际努力中负有责任(着重号为引者所加)",而不是负有"主要责任"或"更大的责任"。但是1991年发展中国家环境与发展部长级会议通过的《北京宣言》的第7段至第9段,比较明确地指出"发达国家对全球环境退化负有主要责任"。这是因为"工业革命以来,发达国家以不能持久的生产和消耗方式过度消耗世界的自然资源,对全球环境造成损害,发展中国家受害更为严重"(第7段)。"鉴于发达国家对环境恶化负有主要责任,并考虑到他们拥有较雄厚的资金和技术能力,他们必须率先采取行动保护全球环境,并帮助发展中国家解决其面临的问题。"(第8段)因此,发达国家"应以优惠或非商业

---

① 〔法〕亚历山大·基斯著:《国际环境法》,张若思编译,法律出版社2000年版,第95页。
② 国家环境保护总局政策法规司编:《中国缔结和签署的国际环境条约集》,学苑出版社1999年版,第412页。
③ Malcolm N. Shaw, *International Law*, Fifth Edition, Cambridge University Press, 2003, p.779.
④ 〔法〕亚历山大·基斯著:《国际环境法》,张若思编译,法律出版社2000年版,第97页。
⑤ 国家环境保护总局政策法规司编:《中国缔结和签署的国际环境条约集》,学苑出版社1999年版,第411页。

性条件向发展中国家转让环境无害技术"(第9段)。① 共同但有区别的责任原则在20世纪90年代之后通过的许多国际环境文件中都有所反映。

应当指出的是,共同但有区别的责任原则有两个方面:第一,共同责任;第二,有区别的责任。由于保护全球环境是人类的共同利益,因此每个国家,不论大小、强弱,都对保护全球环境负有责任。实际上,上述全人类共同遗产原则中隐含了共同责任的意思。但是,由于发展中国家与发达国家之间在对全球环境所施加的压力以及对全球自然资源的消耗存在着实际差别,因此发展中国家与发达国家不能平均地分担保护全球环境的责任,而是与它们共同承担有区别的责任。这种责任至少"要与它们的社会在历史上和当前对地球造成的破坏和压力成正比"②。1992年《气候变化框架公约》及其1997年《京都议定书》均体现了这项原则。在该公约及其议定书中,发达国家承担了有确定目标和比例地减少温室气体排放量的具体义务;发展中国家仅承担一般性义务。

6. 可持续发展原则

自1987年《布伦特兰报告》首次提出可持续发展的概念之后,"既满足当代人的需要,又不对后代人满足其需要的能力构成危害的发展"先后被许多国际环境文件所接受,已经成为一项重要原则。按照菲利浦·桑兹的分析,可持续发展原则包含四个原则:代际间衡平原则、可持续利用原则、衡平利用(或代内衡平)原则和一体化原则。这四项原则构成可持续发展原则的核心要素。③

可持续发展原则是否已经成为习惯国际法的一部分,学者们对此没有一致的看法。一般认为该原则的概念过于模糊,不能构成法律规则,不过作为一项指导原则还是有用的。④ 许多国际环境文件都以不同的方式强调可持续发展的概念。在国际实践中这个概念也在不同的场合常常被引用:有的用它来强调国际环境法的法理基础是自然权利(rights of nature);有的用它解释环境友好经济活动的某种形式;有的用它来表示经济发展与环境保护之间的一般平衡。⑤ 总之,除非体现可持续发展原则的具体规则在国际条约中作出规定,否则很难将如此模糊不清的概念视为具有法律拘束力的规则。

(三) 国际组织与国际会议的决议与国际环境法的渊源

在国际法的所有分支中,国际环境法这个分支中的国际组织和国际会议的宣言或决议是最多的。其中一些著名的宣言,例如,1972年《斯德哥尔摩宣言》、

---

① 国家环境保护总局政策法规司编:《中国缔结和签署的国际环境条约集》,学苑出版社1999年版,第408页。

② 王曦编著:《国际环境法》,法律出版社2005年第2版,第108页。

③ 参见 Philippe Sands, *Principles of International Environmental Law*, Second Edition, Cambridge University Press, 2003, pp. 253—266。

④ 参见 John O'Brien, *International Law*, Cavendish Publishing Limited, 2001, p. 558。

⑤ Ibid., pp. 558—559。

1982年《世界自然宪章》、1992年《里约宣言》和《21世纪议程》,都是对国际环境法产生重大影响并仍然发挥重要作用的国际文件。除了这些普遍性宣言或决议外,国际环境法的各个具体领域都有许多类似文件,例如,1984年《关于核事故或辐射紧急情况时相互援助安排的指南》、1985年《关于放射性材料跨界处置时进行通知、统一规则和交换信息的指南》、1987年《关于化学品国际贸易资料交流的准则》等等,这些指导性国际文件对于保护人类健康和环境都非常重要。它们有的后来成为国际公约的基础,有的继续作为非法律文件得到相关国家的遵守。

第二节　大气、海洋和淡水环境保护

一、大气环境保护与臭氧层和全球气候变化问题

空气污染是人类最早关注的也是最复杂的国际环境问题。大气污染的主要特点是大气既是被污染的对象也是污染传播的载体。"一方面,大气首先是一个过渡地带:气体或颗粒物只是暂时在空气中存在。另一方面,又正是在大气中,污染物传播最快,蔓延的距离最远,大大超过在水中或海洋中。同时,污染物还会改变空气中的成分,即使是暂时的。空气污染的某些形式会对臭氧层和全球气候造成严重的后果。"①因此,大气污染还带来其他严重的环境问题:臭氧层和全球气候变化问题。

(一) 大气环境保护

人类较早专注的环境问题是大气污染。"特雷尔冶炼厂仲裁"案(Trail Smelter Case)是大气污染进入国际法领域的重要标志之一。该案是美国和加拿大之间的大气污染纠纷案件,由位于加拿大不列颠哥伦比亚省的特雷尔冶炼厂排放的大量二氧化硫造成美国华盛顿州大面积环境损害而引起。两国最终通过协议将争端提交仲裁解决。仲裁庭于1938年和1941年两次作出裁决,在第一次裁决中要求加拿大向美国赔偿7.8万美元;在第二次裁决中宣布:"根据国际法原则,任何国家无权使用或允许使用其领土,以致其烟雾在他国领土内或对他国领土或其财产及国民造成损害,如果其造成严重后果并有明白可信的证据证明这种情况。"②

---

① 〔法〕亚历山大·基斯著:《国际环境法》,张若思编译,法律出版社2000年版,第208页。
② 3 RIAA 1907(1941)(联合国《仲裁裁决集》第三卷,第1907页)。转引自 Philippe Sands, *Principles of International Environmental Law*, Second Edition, Cambridge University Press, 2003, p.318。在"特雷尔冶炼厂仲裁"案的1941年裁决中的这段话后来被国际法庭和国际法学者广泛引用并因此使"特雷尔冶炼厂仲裁"案成为国际环境法中最著名的案例之一。

尽管这个关于酸雨案件的裁决在不同意义（特别是国际赔偿责任）上影响深远，但是它毕竟是在美国和加拿大两国之间发生效力的裁决。解决类似酸雨这样的跨国大气污染问题，更重要的是通过制定双边或多边条约的方法建立国际规则。迄今，关于防治大气污染的多边国际条约只有1979年《长程越界空气污染公约》。

该公约是在联合国欧洲经济委员会主持下制定的国际环境区域多边条约。这是一个框架性国际公约，缔约国的具体义务主要是通过后来签订的补充性议定书加以规定的，目前已经签订了8项议定书，即关于监测和评估项目的1984年《日内瓦议定书》、规定缔约国减少至少30%的硫排放量和跨界流量的1985年《赫尔辛基议定书》、规定氮氧化合物的排放量和跨界流量的1988年《索非亚议定书》、关于挥发性有机化合物排放和跨界流量的1991年《日内瓦议定书》、关于进一步减少硫排放量的1994年《奥斯陆议定书》、关于减少重金属（铅、镉和汞）排放量的1998年《奥胡斯议定书》、1998年《关于持久有机污染物奥胡斯议定书》和1999年《戈森堡议定书》。此外还有4项修正案，即2009年《关于1998年〈关于持久有机污染物议定书〉附件一至六和八的修正案》、2009年《关于1998年〈关于持久有机污染物议定书〉附件一和二的修正案》、2012年《关于1979年〈远程越界空气污染公约〉减轻酸化、富营养化及地面臭氧议定书正文及附件二至九的修正案及新增加附件十和十一》和2012年《关于〈关于重金属议定书〉除附件三和七之外所有附件的修正案》。这些议定书和修正案使1979年《远距离跨界大气污染公约》逐渐得到完善。①

（二）臭氧层问题

在离地面10至50公里的大气平流中，集中了大气中约90%的臭氧，其中离地面22至25公里处的臭氧浓度最高，称为臭氧层。臭氧层是地球生物不可缺少的保护层，主要作用是吸收太阳光中的波长300 nm以下的紫外线，使地球生物免受短波紫外线的伤害。此外，臭氧层吸收太阳光中的紫外线并将其转换为热能加热大气，具有影响大气温度结构的作用。臭氧层受到破坏，即变薄或出现空洞，是大气环境的严重问题。首先，对人类健康造成影响。过多的紫外线辐射引起细胞内的DBA改变，细胞的自身修复能力减弱，免疫机能减退，皮肤发生弹性组织变性、角质化以及皮肤癌变，诱发眼球晶体发生白内障等。其次，对陆地和海洋动植物以及对城市环境和建筑材料都有一定影响。② 臭氧层的破坏主要是由于人类大量生产和使用氟氯烃等消耗臭氧层的化学物质而人为造

---

① 参见 https://treaties.un.org/pages/Treaties.aspx?id=27&subid=A&lang=en, 2015年7月23日访问。

② 参见"臭氧层破坏产生的危害"，国家环保总局网站 http://www.sepa.gov.cn/eic/649083508253261824/20040830/1141.shtml, 2006年1月22日访问。

成的。

人类从20世纪70年代后开始关注臭氧层问题。1974年6月,美国加州大学罗兰德(Sherwood Rowland)教授和莫利纳(Mario Molina)博士在《自然》杂志上发表论文指出氟氯碳化合物(CFCs)对臭氧层的破坏。[①] 1977年3月,联合国环境规划署设立"臭氧层问题协调委员会"。此后一些欧洲和北美国家开始限制或禁止CFCs产品的生产,联合国环境规划署也通过了CFCs管制提案。1980年联合国环境规划署臭氧层问题协调委员会通过关于制定保护臭氧层公约的提案。1985年3月在维也纳通过《保护臭氧层公约》。目前该公约已经有一个议定书和该议定书的四项修正文件。

1985年《保护臭氧层公约》是一个框架性公约,由前言、21个条款和两个附件组成。《保护臭氧层公约》没有为缔约国设定任何行动目标或时间表,但规定缔约国在以下四个方面有采取适当措施的一般义务:第一,通过观察、研究和资料交换从事合作以便更好地了解人类活动对臭氧层的影响以及臭氧层的变化对人类健康的环境的影响;第二,采取适当立法和行政措施对人类某些活动加以控制、限制削减或禁止;第三,从事合作,制定执行该公约的措施、程序和标准,以期通过议定书和附件;第四,与相关的国际组织合作,有效地执行公约和已参加的议定书。《保护臭氧层公约》还规定了缔约国在研究、系统监测以及在法律、科学和技术方面进行合作的一般原则。附件一是关于研究和有系统地观察的详细规定,附件二是关于交换资料方面的具体规定。《保护臭氧层公约》第6条规定建立缔约国会议。作为公约建立的机构,该会议的主要职责是"继续不断地审查本公约的执行情况",其他职责包括通过议定书和补充附件、修订议定书和附件以及考虑采取实现公约的目标所需的任何其他行动。

迄今为止,1987年《关于消耗臭氧层物质的蒙特利尔议定书》是1985年《保护臭氧层公约》的唯一议定书。此后该议定书得到5次调整和4次修正,即1990年、1992年、1995年、1997年和1999年调整,1990年伦敦修正、1992年哥本哈根修正、1997年蒙特利尔修正和1999年北京修正。[②] 在1987年蒙特利尔议定书中规定了限制消耗臭氧层物质目标和时间表,要求缔约国在1993年7月

[①] 他们于1995年11月因发现CFC对臭氧层的破坏而获得诺贝尔化学奖。

[②] 《蒙特利尔议定书》的五次调整分别于1991年3月7日、1993年9月23日、1996年8月5日、1998年6月4日和2000年7月28日生效,四次修正分别于1992年8月10日、1994年6月14日、1999年11月10日和2002年2月25日生效。中国于1989年9月11日加入《维也纳公约》,1988年6月14日签署了《蒙特利尔议定书》,1991年6月13日加入伦敦修正,2003年4月22日加入哥本哈根修正。之后尚无新的修正,参见 United Nationas Treaty Collection 数据库:https://treaties.un.org/pages/Treaties.aspx? id=27&subid=A&lang=en,2015年6月2日访问。

1 日之前限制 5 种氟氯化碳（CFC）和 3 种哈龙（halon）①的生产量到不得超过 1986 年的水平，以后逐年递减，从 1998 年 7 月 1 日起不得超过 1986 年的 50%。根据"共同但有区别的责任"原则，该议定书规定发展中国家可以延迟 10 年履行上述义务。

（三）气候变化问题

1. 1992 年《气候变化框架公约》

地球上的气候在很大程度上是由在大气中自然形成的温室气体决定的，其中包括水蒸气、二氧化碳、甲烷、氟氯碳化合物、一氧化二氮和对流层的臭氧（tropospheric ozone）。这些透明的气体可透过太阳短波辐射，但能够吸收并存住从地球释放的长波辐射。这种温室效应使地表的温度不断上升，引起地球气温升高，成为关系到人类生存的全球气候变化问题，并因此得到国际社会的广泛关注。

国际社会自 20 世纪 80 年代末开始努力防止对气候变化产生不利影响。1988 年联合国大会通过 43/53 号决议宣布，为当代及后代人类维护全球气候是人类共同利益。同年，在联合国环境规划署和世界气象组织合作建立了专门研究气候变化问题的"政府间气候变化专家组"。1990 年联合国大会设立了关于气候变化框架公约的政府间谈判委员会，专门负责公约的起草工作。经过几年的艰苦谈判，终于在 1992 年通过了《联合国气候变化框架公约》（1992 年《气候变化框架公约》）。②

1992 年《气候变化框架公约》包括序言和 25 个条文。根据第 1 条第 2 款，气候变化是指除在类似时期内所观测的气候的自然变异之外，由于直接或间接的人类活动改变了地球大气的组成而造成的气候变化。第 2 条为公约以及缔约各方会议可能通过的相关法律文书确定了最终目标："根据本公约的各项有关规定，将大气中温室气体的浓度稳定在防止气候系统受到危险的人为干扰的水平上。这一水平应当在足以使生态系统能够自然地适应气候变化、确保粮食生产免受威胁并使经济发展能够可持续地进行的时间范围内实现。"③第 3 条为实现公约的目标和履行各项规定为缔约各方规定了 5 个指导原则：即共同但有区别的保护气候系统的责任，发达国家缔约方应当率先对付气候变化及其不利影

---

① 哈龙为全溴氟烃，含溴氯氟烃的命名是它的编码方式按碳、氟、氯、溴、碘的次序排成五位数，如无碘则第五位不作表示，成为 4 位数。数字前面冠以 Halon（哈龙）为字头。参见国家环保总局网站，http://www.zhb.gov.cn/eic/650504072981381120/20010330/1024944.shtml，2006 年 1 月 22 日访问。

② 《气候变化框架公约》于 1994 年 3 月 21 日生效，目前已有 196 个成员国。参见联合国网站：https://treaties.un.org/pages/ViewDetails.aspx?src=TREATY&mtdsg_no=XXVII-7&chapter=27&Temp=mtdsg3&lang=en，2015 年 7 月 23 日访问。

③ 国家环境保护总局政策法规司编：《中国缔结和签署的国际环境条约集》，学苑出版社 1999 年版，第 77 页。

响;充分考虑发展中国家缔约方的具体需要和特殊情况;采取预防措施,预测、防止或尽量减少引起气候变化的原因并缓解其不利影响;各缔约方有权并应当促进可持续的发展;合作促进有利的和开放的国际经济体系从而更好地应付气候变化的问题。

第4条第1款规定了所有缔约方在下述10个方面作出的一般承诺:编制、定期更新并公布所有温室气体的各种源的人为排放和各种汇的清除的国家清单;制订、执行、公布和经常更新国家的以及在适当情况下区域的计划;在所有有关部门促进和合作发展、应用和传播各种用来控制、减少或防止温室气体人为排放的技术、做法和过程;促进可持续的管理;合作为适应气候变化的影响做好准备;在有关的社会、经济和环境政策及行动中将气候变化考虑进去;促进和合作进行关于气候系统的科学、技术、工艺、社会经济和其他研究;促进和合作进行关于气候系统和气候变化以及关于各种应对战略所带来的经济和社会后果的科学、技术、工艺、社会经济和法律方面的有关信息的交流;促进和合作进行与气候有关的教育、培训和提高公众意识的工作;向缔约方会议提供有关履行的信息。

不同的发达国家和发展中国家在第4条第2款至第10款根据共同但有区别的责任原则作出了各种不同的承诺。其中发达国家缔约方分为两类:一类是该公约附件一所列的国家,即经济合作与发展组织的成员国、11个正在向市场经济转换的(独联体国家和原苏联的东欧盟国)国家和土耳其,共36个国家;另一类是附件二所列的国家,即经济合作与发展组织的成员国和土耳其,共25个国家。没有让发展中国家作出具体承诺,仅规定各缔约方在履行各项承诺时,应充分考虑按照本公约需要采取包括提供资金、保险和技术转让的有关行动,以便满足它们的具体需求和关注,它们的这些需求和关注是由于气候变化的不利影响和/或执行应对措施对它们(特别是对小岛屿国家、易遭自然灾害地区的国家等9种类型的国家)所造成的影响而产生的(第4条第8款)。并要求各缔约方在采取有关提供资金和技术转让的行动时,应充分考虑到最不发达国家的具体需要和特殊情况。总之,发展中国家在该公约之下不仅只承担一般性义务,而且在其他国家履行公约时还要充分考虑它们的需要和关注或特殊情况,在资金、保险和技术方面还要对它们提供帮助。

该公约让附件一和附件二中所列的两种发达国家作出不同的具体承诺。附件一所列的发达国家承诺制定国家政策和采取措施将温室气体的排放回复到1990年的水平;附件二所列的发达国家承诺:为发展中国家缔约方提供新的和额外的资金,以支付它们为履行第12条第1款规定的义务而招致的全部费用以及其他资金和费用;帮助特别易受气候变化不利影响的发展中国家缔约方支付为适应这些不利影响而需要的费用;采取一切实际可行的步骤,酌情促进便利和资助向其他缔约方特别是发展中国家缔约方转让或使他们有机会得到无害环境技术和专用技术,以便它们能够履行公约的各项规定。

为了更好地实现公约确定的目标,该公约还建立了一些必要机构:缔约方会议(第 7 条)①、秘书处(第 8 条)、附属科技咨询机构(第 9 条)和附属履行机构(第 10 条)。此外,公约还建立了资金机制(第 11 条)。

2. 1997 年《京都议定书》

认定 1992 年《气候变化框架公约》缔约方会议于 1995 年在柏林召开第一次会议时认定第 4 条第 2 款(a)和(b)规定的承诺是不恰当的,决定通过制定议定书或新公约的方式予以修正。这些需要修正的规定涉及该公约附件一所列国家在限制人为温室气体排放以及将这种排放回复到 1990 年的水平等承诺。1996 年在日内瓦召开的第二次缔约方会议上通过的《部长宣言》中,缔约方国家的部长敦促各方代表进行谈判以制定一个具有法律拘束力的议定书或新的国际文件。《气候框架公约京都议定书》(《京都议定书》)于 1997 年 12 月在京都召开的第三次缔约方会议上通过并于 1998 年 3 月 16 日开放签字。依据该议定书的规定,需要在占全球温室气体排放量 55% 以上的至少 55 个国家批准,才能使其生效。由于占总排放量 36.1% 的美国于 2001 年宣布拒绝批准该议定书,一度使人们对议定书的生效丧失信心。② 多亏俄罗斯 2004 年的加入,才使该议定书已于 2005 年 2 月 16 日生效。③ 但是好景不长,随着加拿大于 2011 年 12 月宣布退出后,俄罗斯也于 2013 年 1 月正式退出了该议定书。这不能不使人们对《京都议定书》的前景表示怀疑甚至失望。

《京都议定书》的主要内容是为缔约方设定了削减温室气体排放的目标和时间表。第 3 条第 1 款规定:1992 年气候变化公约附件一所列缔约方在 2008 年至 2012 年期间应个别地或共同地确保将附件 A 所列的 6 种温室气体排放量在 1990 年水平的基础上至少再削减 5%。1990 年是这些缔约方确定削减排放目标的基准年。但是对于正在向市场经济过渡的附件一所列缔约方来说,依具体情况其基准年可以是根据公约缔约方会议第二届会议第 9/CP.2 号决定确定的年份,也可以是 1990 年以外的某一历史基准年。在附件 B 中列出了公约附件一

---

① 缔约方会议是该公约建立的最高机构,行使定期审评该公约规定的缔约方义务和机构安排等 13 项职能。迄今,缔约方会议已经召开过 14 届会议。

② 参见:Philippe Sands, *Principles of International Environmental Law*, Second Edition, Cambridge University Press, 2003, p.370,根据《京都议定书》附件 B,美国承诺在 2008 至 2012 年期间将议定书附件 A 列举的温室气体的排放量在 1990 年的基础上削减 7%。关于美国及其他国家对《京都议定书》的态度,参见庄贵阳:"可持续发展世界首脑会议与《京都议定书》的前途",载于中国网:http://www.china.org.cn/chinese/zhuanti/263837.htm,2006 年 1 月 23 日访问。

③ 中国是 1992 年《气候变化框架公约》和《京都议定书》的参加国。1992 年,中国签署《联合国气候变化框架公约》,1993 年批准了这一公约。1998 年,中国签署《京都议定书》,2002 年核准了这一议定书。

所列缔约方在2008年至2012年期间分别承诺减少温室气体排放的不同目标。[①]如果在承诺期间内的排放少于分配的数量,这一差额,经缔约方的要求应记入以后承诺期内的分配数量[②],但不允许借用以后承诺期的分配数量。以后的承诺期将根据《京都议定书》第20条第7款的规定以有关的缔约方书面同意的方式修订附件B来加以确定。

《京都议定书》中可以称得上是一种创新的规定是,附件一所列缔约方之间可以相互转让或从他方获得"由旨在任何经济部门削减温室气体的各种源[③]的人为排放或增强各种汇[④]的人为清除的项目生产的任何排放削减单位"[⑤]。尽管《京都议定书》对这种"排放贸易"作出了一些限制,仍然引起许多缔约方,包括77国集团和中国的强烈反对。

二、海洋和淡水环境保护

(一)海洋环境保护

海洋环境保护是国际环境法的重要领域。海洋污染是海洋环境保护的首要问题。1996年《防止倾倒废物及其他物质污染海洋公约的1996年议定书》第1条第10款为污染所下的定义是:污染是指"人类活动直接或间接把废物或其他物质引入海洋,以致造成或可能造成损害生物资源和海洋生态系统、危害人类健康、妨碍包括捕鱼和海洋的其他合法利用在内的各种海洋活动、损坏海水使用质量和减损环境优美等有害影响"[⑥]。海洋环境的污染源可能是船舶、海上事故、海洋倾倒、海床的开发和利用以及来自陆地的活动。海洋的这4个大的污染源是近30年来国际社会试图通过国际合作努力解决的主要问题。

1. 船舶源污染

船舶源污染是指在海上航行的船舶蓄意或由于疏忽而向海洋排放油污或其他有害物质造成的污染。船舶源污染有不同的形式或种类,并且具有直接污染海洋并引起复杂管辖问题等特点。

船舶源污染可能来自船舶的生活污水、船舶的垃圾、散装有毒液体物体、油

---

① 国家环境保护总局政策法规司编:《中国缔结和签署的国际环境条约集》,学苑出版社1999年版,第94页。
② 《京都议定书》第3条第13款。
③ 按照《联合国气候变化框架公约》第1条的规定,"源"是指向大气排放温室气体、气溶胶或温室气体前体的任何过程、活动或机制。
④ 按照《联合国气候变化框架公约》第1条的规定,"汇"是指从大气中清除温室气体、气溶胶或温室气体前体的任何过程、活动或机制。
⑤ 《京都议定书》第6条第1款。
⑥ 国家环境保护总局政策法规司编:《中国缔结和签署的国际环境条约集》,学苑出版社1999年版,第215页。

轮压舱水和清舱水。为了防止船舶源污染,自1954年在伦敦签订的第一个《国际防止海上油污公约》以来,在联合国"海协"组织的直接参与或主持下陆续制定了一系列防止船舶污染的国际公约。1973年《国际防止船舶造成污染公约》及其5个附则分别对上述各种船舶源污染作了具体规定。1978年"国际油轮安全和防污会议"对1973年《国际防止船舶造成污染公约》进行了修订和补充,通过了《1973年国际防止船舶造成污染公约的1978年议定书》。由于1973年公约取代了1954年《国际防止海上油污公约》,1973年公约及其1978年议定书成为1982年《联合国海洋法公约》以外的防止船舶源污染的主要国际公约,一般称为73/78年防污公约(MARPOL73/78)。[1]

1982年《联合国海洋法公约》第211条规定,各国应通过主管国际组织或一般外交会议采取行动,制定国际规则和标准,以防止、减少和控制船只对海洋环境的污染,并于适当情形下,以同样方式促进对划定航线制度的采用,以期尽量减少可能对海洋环境,包括对海岸造成污染和对沿海国的有关利益可能造成污染损害的意外事故事件的威胁。该条还规定,各国应制定法律和规章,以防止、减少和控制悬挂其旗帜或在其国内登记的船只对海洋环境的污染。这种法律和规章至少应与一般接受的国际规则和标准具有相同的效力。该条的这种规定实际上要求各国保证其国内法符合国际法上一般接受的标准。第211条还对防止在领海内包括行使无害通过权的外国船只以及在专属经济区内的外国船只造成污染的问题作出了规定。根据这些规定,沿海国可以制定法律和规章,以防止、减少和控制外国船只对海洋的污染。[2]

2. 海上事故源污染

海上事故污染源是指由海上航行或在海洋勘探开发过程中发生的事故引发对海洋环境造成的污染。海上航行事故主要指油轮搁浅、触礁、船舶碰撞等。海洋勘探开发事故包括石油井喷和石油管道破裂等。与船舶源污染相同,海上事故污染源的物质主要是石油。海上事故污染源的首要特点是造成局部海域灾难性污染。其次是污染事故多发生在港湾、海峡和沿海水域,因此直接造成对沿岸国及其国民的重大危害。1967年3月18日"托里·坎荣号"(Torrey Canyon)油轮在英吉利海峡触礁,从破裂的油轮向海洋泄入约11万吨原油,造成英吉利海峡大片水域重大污染,被称为海洋污染历史上的"第一次黑潮"。[3] 虽然从整个

---

[1] 关于73/78年防污公约和船舶管理的有关问题,参见劳辉"对73/78年防污公约和船舶管理有关问题的探讨"以及"73/78年防污公约的现状及其防止油污规则的实施问题",这两篇文章均载于赵理海主编:《当代海洋法的理论与实践》,法律出版社1987年版,第355—384页。

[2] 1982年《联合国海洋法公约》第211条第4、5款。

[3] 关于"托里·坎荣号"(Torrey Canyon)油轮事故,详见Report of the Home Office, The Torrey Canyon, Cmnd, 3246(1967)。

海洋污染的状况看,事故源污染所占的比例与船舶源污染相比不算大,但是因为这种事故对局部海域造成重大污染并且事故发生地点多在沿海国的沿岸或接近沿岸的海域,因而引起沿海国的极大关注。它们特别关心的问题之一是沿海国对于其管辖范围以外的区域内(即公海上)发生的污染事故是否可以进行干预。1969年《国际干预公海油污事件的国际公约》就是在这种背景下出台的。

《国际干预公海油污事件的国际公约》(1969年《干预公约》)主要是针对海上事故造成海洋污染于1969年11月在布鲁塞尔签订的。1969年《干预公约》第1条规定,在发生海上事故以后,如果缔约国能够有根据地预计到会造成很大的有害后果,它就可以在公海上采取必要措施,以防止、减缓或消除对其沿岸或有关利益产生的油污危险或威胁。但是,这些措施只能针对商船,对军舰和从事非商业服务的国营船舶不得采取措施。此外,1969年《干预公约》第3条要求沿海国在采取任何措施之前,应与受到海上事故影响的其他国家特别是与船旗国进行协商;尽快通知受到这些措施影响的任何自然人和法人,但是在情况特别紧急时,可以先采取措施,然后尽快通知有关方面。1969年《干预公约》第5条还要求沿海国为防止、减缓或消除污染所采取的措施必须与实际损害和损害威胁相称。第6条规定,如果沿海国违反公约的规定使他方遭受损失,必须承担赔偿责任。①

1973年《干预公海非油类物质污染议定书》(1973年《干预议定书》)对1969年《干预公约》作了补充。议定书允许缔约国对于国际海事组织指定的适当机构所制订的名单中的物质以及其他易于危害人类健康、伤害生物资源和海生物、损害休憩环境或妨害对海洋的其他合法利用的物质,采取与1969年《干预公约》允许的类似干预措施。但是,每当进行干预的缔约国就议定书规定的物质采取行动时,有责任确证该物质会产生类似于上述名单中列举的任何物质所产生的严重而紧迫的危险。②

此外,1989年《国际救助公约》、1990年《伦敦国际油污防备、反应和合作公约》以及2000年《国际油污防备、反应和合作公约议定书》都是防止和处理海上事故污染的国际文件。除全球性公约外,还有一些区域性处理海上油类或其他有害物质污染事故的国际协议,例如,1969年和1983年波恩《北海油污合作协定》(《波恩协定》)以及联合国环境规划署区域海洋公约的8个议定书。③

---

① 国家环境保护总局政策法规司编:《中国缔结和签署的国际环境条约集》,学苑出版社1999年版,第187—188页。

② 1973年《干预议定书》第1条第3款,参见同上书,第192页。

③ 参见 Philippe Sands, *Principles of International Environmental Law*, Second Edition, Cambridge University Press, 2003, p.415。

3. 海洋倾倒源污染

根据 1982 年《联合国海洋法公约》,倾倒是指从船只、飞机、平台或其他人造海上结构故意处置废物或其他物质的行为以及故意处置船只、飞机、平台或其他人造海上结构的行为。但是倾倒不包括在上述海上结构或装置上进行的正常操作所附带发生或产生的废物或物质或其他物质的处置。

海洋倾倒的主要特点是故意地将陆地的污染物质处置于海洋之中。虽然海洋倾倒的污染物质与陆地污染源相同,但是陆地污染源的污染物质是通过天然的河流或空气带到海洋中的,污染海洋的行为多数属于非蓄意的。然而海洋倾倒则是通过有选择的运载工具将污染物质故意置于海洋中。

随着现代工业的飞速发展,人们把越来越多的工业化学废物倾入海洋,超过了海洋的自净能力,使海洋遭到污染。来自海洋倾倒的污染约占海洋污染的10%。[1] 为了控制海洋倾倒对海洋造成的污染,1972 年签订了《防止倾倒废物及其他废弃物质污染海洋公约》(1972 年《伦敦倾倒公约》)。这是第一个专门控制海洋倾倒的国际公约,适用于沿海国内水以外的所有海域。1972 年《伦敦倾倒公约》将"废物及其他物质"分为三类,通过两个清单列在公约的两个附件中。不同的物质按不同手续有区别地进行控制。附件 I 内所列物质(黑名单)完全禁止倾倒;附件 II 所列物质(灰名单)需要特别留心控制,没有有关当局颁发的"特别许可"不得倾倒;未列入名单的属于第三类物质,只需一般许可便可倾倒。

1996 年《防止倾倒废物及其他物质污染海洋公约的 1996 年议定书》对 1972 年《伦敦倾倒公约》进行了全面修订,根据第 23 条,该议定书一旦生效将在同为公约和议定书的缔约国之间取代 1972 年《伦敦倾倒公约》。[2] 与 1972 年《伦敦倾倒公约》相比,该议定书增加了一些内容,因此从原公约的 22 条增加到 29 条。增加的内容包括,前面提到的污染定义、缔约国的一般义务、禁止海上焚烧、关于内水、遵守程序、区域合作、国际合作、技术合作和援助、技术和科学研究、争端解决等等。该议定书的宗旨和目的与 1972 年《伦敦倾倒公约》相同,但是比公约更加严格。在一般义务中采取了预防原则,该《议定书》第 3 条第 1 款规定:"在执行本议定书时,缔约各国应适用预防方法以保护环境不受倾倒废物或其他物质的危害,即有理由认为进入海洋环境中的废物或其他物质可能造成损害时采取适当防范措施,即使在没有确定的证据证明这些物质的输入物与其影响间有

---

[1] Philippe Sands, *Principles of International Environmental Law*, Second Edition, Cambridge University Press, 2003, p.394.
[2] 包括中国在内的 80 个国家签署了议定书,该议定书已于 2006 年 3 月 24 日生效。截至 2015 年 7 月 23 日,已有 45 个国家批准了该议定书。http://www.imo.org/en/OurWork/Environment/LCLP/Pages/default.aspx,2015 年 7 月 23 日访问。

因果关系时亦然"①。此外,该议定书改变了通过附件列举禁止倾倒的"黑名单"和"灰名单"的方式,而采取在附件中列举可考虑倾倒的废物和其他物质名单的方式,禁止倾倒名单中没有的任何物质。可考虑倾倒的废物和其他物质必须在得到许可后才能倾倒。

4. 陆地源污染

陆地源是海洋污染的主要污染源之一。陆地来源的污染物质通过河流间接或直接地注入海洋。直接注入海洋的污染物质来自沿海陆地;间接注入的来自内陆,河流是媒介之一。将陆地污染物质带入海洋的媒介除河流外,流动的大气也是一个重要途径。陆地上的多种有害气体或粉尘通过大气飘到海洋上空,再以酸雨的形式注入海洋。"千条江河归大海",归入大海的江河将污泥浊水、废渣和废物同时带入海洋并不被认为是违反常规的事。但是,由于20世纪50年代以后发达国家发生污染公害,大量有害物质排入海洋,大大超过了海洋的自净能力,使海洋环境遭到越来越严重的破坏,同时也使人们逐渐认识到陆地污染源是不可忽视的海洋环境污染源。

陆地污染源的主要特点是:污染物质种类繁多;造成污染的行为发生在国家领土范围内;控制陆地污染源直接关系到沿海国的切身利益。

1974年《防止陆源物质污染海洋的公约》(1974年《巴黎公约》)对控制陆地源污染海洋作出专门规定。该公约包括29条和两个附件。公约仅适用于大西洋部分海域、北冰洋和北冰洋附属海域的部分海域,地中海和波罗的海不包括在内。该公约采取在公约附件中制定"黑名单"和"灰名单"的方式将污染物质按不同种类分别加以控制。1974年《巴黎公约》第4条规定,各缔约国保证消除本公约附件一第一部分所列的陆源物质对海域的污染,并保证严格限制公约附件一第二部分所列的陆源物质对海域的污染。

此外,该公约还规定各缔约国应共同地或单独地实施各种方案和措施,以便消除"黑名单"中列举的陆源物质对海洋环境的污染。为了监督公约的实施,公约还建立了一个委员会以便检查公约所适用的区域的海况、所采取的控制措施的效力以及采取任何补充措施等。

《联合国海洋法公约》第207条和第213条对控制陆地来源的污染及其执行作出了规定。根据第207条,各国应制定法律和规章,以防止、减少和控制陆地来源,包括河流、河口湾、管道和排水口结构对海洋环境的污染,同时考虑到国际上议定的规则、标准和建议的办法及程序。同时还要考虑区域的特点、发展中

---

① 国家环境保护总局政策法规司编:《中国缔结和签署的国际环境条约集》,学苑出版社1999年版,第215页。

国家的经济能力及其经济发展的需要。各国制定的法律和规章应包括目的在于在最大可能范围内尽量减少有毒、有害或有碍健康的物质、特别是持久不变的物质排放到海洋环境的各种规定。

此外,一些区域性国际公约也对控制陆源污染作出规定。例如,1992年《东北大西洋海洋环境保护公约》和联合国环境规划署的系列区域海洋议定书都有与上述1974年《巴黎公约》类似的规定。

5. 海底开发活动造成的污染

海底开发活动分为两种:国家管辖范围以内的海底开发活动和国家管辖范围以外的海底(即"区域")开发活动。根据1982年《联合国海洋法公约》第208条对于国家管辖的海底开发活动造成海洋环境污染作出的规定,沿海国应制定法律和规章,以防止、减少和控制来自受其管辖的海底活动或与此种活动有关的对海洋环境的污染以及来自在其管辖下的人工岛屿、设施和结构所造成的海洋环境的污染。这些法律、规章和措施的效力不得低于国际规则、标准和建议的办法及程序。缔约各国还应该制定全球性和区域性规则、标准和建议的办法及程序,以防止、减少和控制国家管辖的海底活动对海洋环境的污染。

根据1982年《联合国海洋法公约》第145条和第209条,为了防止、减少和控制"区域"内活动对海洋环境的污染,管理局应制定适当的规则、规章和程序,以便:第一,防止、减少和控制对包括海岸在内的海洋环境的污染和其他危害,并防止干扰海洋环境的生态平衡,特别注意使其不受诸如钻探、挖泥、挖凿、废物处置活动以及建造和操作或维修与这种活动有关的设施、管道和其他装置所产生的有害影响。第二,保护和养护"区域"的自然资源,并防止对海洋环境中动植物的损害。此外,按照船旗国管辖原则,第209条要求各国应制定法律和规章,以防止、减少和控制由于悬挂旗帜或在其国内登记或在其权力下经营的船只、设施、结构和其他装置进行的"区域"内活动所造成的海洋环境的污染。这种法律和规章的效力不应低于管理局制定的国际规则、规章和程序。

(二)淡水环境保护

淡水环境包括江河、湖泊、地下水和水库等。国际上对淡水环境的保护主要是通过制定区域和双边条约进行的。此外还有联合国环境规划署、经济与发展合作组织等国际机构通过的一些没有法律拘束力的政策性文件。1997年联合国大会以51/229号决议通过了联合国国际法委员会起草的《国际水道非航行使用法公约》(以下简称1997年《国际水道公约》)。这是一个全球性框架公约。该公约的许多内容已经被广泛接受为习惯国际法的一部分。在起草和政府间谈判过程中,上游水域沿岸国与下游水域沿岸国之间的利益冲突是最实际的问题。1997年通过的公约是这两种利益妥协的产物。该公约的主要内容是关于国际水道及其水域除航行之外的各种利用的问题。公约由一个导言部分和五个实质部分所组成。第二部分关于一般原则;第三部分关于计划采取的措施;第四部分专门规定对生态的保护、养护和管理;第五部分关于有害条件与紧急情事;第六部分关于武装冲突、水道国之间的间接接触、特定数据的保密性等杂项以及争端解决条款。

根据该公约,"国际水道"是指其组成部分位于不同国家的水道。公约第二部分规定了该公约的一般原则。其中第5条规定了"公平合理的利用和参与"原则,该原则要求:"(1)水道国[①]应在各自领土内公平合理地利用国际水道。特别是,水道国在使用和开发国际水道时,应着眼于与充分保护该水道相一致,并考虑到有关水道国的利益,使该水道实现最佳和可持续的利用和受益。(2)水道国应公平合理地参与国际水道的使用、开发和保护。这种参与包括本公约所规定的利用水道的权利和合作保护及开发水道的义务"。该原则对国际淡水环境的保护具有重要意义。它特别强调了水道国的权利与义务以及其他水道国的利益。为了平衡不同水道国间权利和义务关系,1997年《国际水道公约》第7条规定了"不造成重大损害义务"原则,该原则要求:"(1)水道国在自己领土内利用国际水道时,应采取一切适当措施,防止对其他水道国造成重大损失。(2)如对另一个水道国造成重大损害,而又没有关于这种使用的协定,其使用造成损害的国家应同受到影响的国家协商,适当顾及第5条和第6条规定,采取一切适当措施,消除或减轻这种损害,并在适当的情况下,讨论补偿的问题"。此外,公约还规定了合作、定期交换数据和资料、处理各种使用之间的关系等原则。

公约第三部分规定了计划采取的措施。第11条规定:"各水道国应就计划采取的措施对国际水道状况可能产生的影响交换资料和互相协商,并在必要时进行谈判。"公约要求水道国在执行可能对其他水道国造成重大不利影响的措施之前应及时发出通知(第12条),并允许其他水道国在6个月内作出反应(第13条(a))[②],未经被通知国同意,不执行或不允许执行计划采取的措施(第14条(b))。公约还对没有通知或没有对通知作出回应以及紧急情况下采取特别措施的程序等作出了具体规定。

公约第四部分规定了国际水道生态系统的保护和保全。第21条规定:"水道国应单独地和在适当情况下共同地预防、减少和控制可能对其他水道国或其环境造成重大损害——包括对人的健康或安全、对水的任何有益目的的使用或对水道的生物资源造成损害的国际水道污染。水道国应采取步骤协调它们在这

---

① "水道国"是指部分国际水道位于其领土内的本公约缔约国,或本身是区域经济一体化组织而部分国际水道位于其一个或多个成员国领土内的缔约方(《国际水道公约》第2条(c)款)。

② 在被通知国评价计划采取的措施遇到特殊困难时,经其提出请求,这一期限将延长6个月(第13条(b))。

方面的政策。经任何水道国请求,各水道国应进行协商,以期商定彼此同意的预防、减少和控制国际水道污染的措施和方法……"。公约要求水道国采取一切必要措施,防止把可能对水道生态系统有不利影响从而对其他水道国造成重大损害的外来或新的物种引进国际水道(第 22 条)。公约还对国际水道的管理、调节和设施作出规定。要求水道国应在任何其他水道国的请求下,就国际水道的管理问题进行协商,其中包括可以建立联合管理机制(第 24 条第 1 款)。水道国应在适当情况下进行合作,对调节国际水道水的流动的需要或机会作出反应(第 25 条第 1 款)。除非另有协议,水道国应公平参与它们同意进行的调节工程的兴建和维修,或支付费用(第 25 条第 2 款)。水道国应在各自领土内,尽力维修和保护与国际水道有关的设施、装置和其他工程(第 26 条第 1 款)。

公约第五部分是关于预防和减轻有害状况以及应对紧急情况。第六部分是关于争端解决的条款。

1997 年《国际水道公约》是第一个具有普遍性的、保护国际水道环境的国际公约。公约中的原则和规定反映了国际最低标准。[①] 在此基础上,缔约各国可以与其邻国协商共同制定具体的合作安排以便公平合理地利用它们的淡水资源。迄今为止,欧洲、美洲、非洲和亚洲都签订了一些关于利用保护和保全淡水资源的区域性多边或双边条约。其中亚洲的此等条约有泰国、老挝、越南和柬埔寨四国间签订的 1995 年《关于湄公河盆地可持续性发展的合作协定》、印度与孟加拉之间 1996 年关于分享恒河(Ganges River)水域的条约、印度与尼泊尔 1996 年关于分享马哈卡里河(Mahakali River)水域的条约。

第三节 国际环境保护的其他主要领域

一、土壤和森林的保护

水土流失和荒漠化是人类滥伐森林、过度放牧等活动对自然环境破坏的结果。水土流失和荒漠化直接威胁人类的居住环境甚至破坏人类的生存条件。例如,山体滑坡,常常造成许多居民失去居所;荒漠化直接导致可耕地的减少。总之,土壤的和森林的保护是保护人类居住和生存环境的重要问题。

国际社会从 20 世纪 80 年代已经开始对治理水土流失、防治荒漠化和保护森林等问题予以关注。国际粮农组织于 1981 年制定的《世界土地宪章》、1992 年联合国环境与发展大会通过的《关于森林问题的原则声明》等国际文件都在

---

① Philippe Sands et al (eds.), *Principles of International Environmental Law*, 3rd Edition, Cambridge University Press, 2012, pp.311—312.

不同程度上强调了保护土壤和森林的重要性。

但是,水土流失和荒漠化问题"主要是一个国家的国内政策问题,涉及土地整治、根据地理和气候因素选择耕作方式,以及对坡地、森林、湿地等的保护。国际法只能促进国家之间的合作、组织信息交流和资助土地整治项目"①。实际上,土壤和森林环境都是完全处于一国主权管辖之下的自然资源,而且对其破坏所造成损害的直接受害者是国家自身及其国民,这是直至今日仍然没有制定具有法律拘束力的相关国际文件的主要原因。②

二、生物多样性保护

根据 1992 年《生物多样性公约》第 2 条,生物多样性是指"所有来源的形形色色生物体,这些来源包括陆地、海洋和其他水生生态系统及其所构成的生态综合体;这包括物种内部、物种之间和生态系统的多样性"。

许多学者指出,当代生物多样性的丧失是过去正常损失的 1 万倍。③ 生物多样性的破坏对人类究竟有多大危害虽然尚没有确切的科学证据,但是"这种生物多样性的重大损失向人类提出了一个道德问题:人类在驯服了一部分自然后,不能对自然界中对人类不是直接有用的另一部分漠不关心,因为人类能否为了其生存或者仅仅是为了其舒适而消灭地球尚存的其他生命形式? 这是今世和后代人类直接要面对的道德责任"④。

人类利用法律保护生物多样性的历史可以追溯到在加利福尼亚建立的世界上第一个被保护区——约塞米蒂国家公园(Yosemite National Park)。从那以后,国家立法、区域性以及普遍性国际文件逐渐开始关注这个问题。⑤ 但是,目前具有法律拘束力的全面对生物多样性进行保护的国际文件只有上述 1992 年《生物多样性公约》。

与许多国际环境公约类似,1992 年《生物多样性公约》也是一个框架性文件。⑥ 根据第 4 条,该公约的适用范围限于生物多样性组成部分位于缔约国管辖范围的地区内以及在缔约国控制下开展的过程和活动,不论其影响发生在何

---

① 〔法〕亚历山大·基斯著:《国际环境法》,张若思编译,法律出版社 2000 年版,第 227—228 页。
② 实际上,只有从人权的视角对待这些问题或者将它们与人权或与全人类的共同利益联系在一起才可能引起国际社会的更多关注。
③ 〔法〕亚历山大·基斯著:《国际环境法》,张若思编译,法律出版社 2000 年版,第 300 页。
④ 同上。
⑤ Philippe Sands, *Principles of International Environmental Law*, Second Edition, Cambridge University Press, 2003, p.499.
⑥ 《生物多样性公约》于 1993 年 12 月 29 日生效,目前已经有 196 个参加国。参见联合国网站:https://treaties.un.org/pages/ViewDetails.aspx? src = TREATY&mtdsg_no = XXVII-8&chapter = 27&lang = en, 2015 年 7 月 23 日访问。

处,此种过程和活动可位于该国管辖区内也可以在国家管辖区以外。该公约为缔约国设定的目标是:"按照本公约有关条款从事保护生物多样性、持久使用其组成部分以及公平合理分享利用遗传而产生的惠益;实现手段包括遗传资源的适当取得及有关技术的适当转让,但需顾及这些资源和技术的一切权利,以及提供适当资金"(第1条)。公约为缔约国规定的原则是:"依照《联合国宪章》和国际法原则,各国具有按照其环境政策开发资源的主权权利,同时亦负有责任,确保在其管辖或控制范围内的活动,不致对其他国家的环境或国家管辖范围以外地区的环境造成损害"(第3条)。

公约要求缔约国在其管辖范围以外地区的生物多样性的保护和持久使用方面直接与其他缔约国或通过国际组织进行合作(第5条);制定新的或变通现有国家战略、计划或方案以便保护和持久使用生物多样性(第6条);为了"就地保护"、"移地保护"[1]生物多样性并为了生物多样性组成部分的持久使用,缔约国应尽可能并酌情对生物多样性组成部分以及对保护和持久使用生物多样性产生或可能产生重大影响的过程和活动种类,予以查明并进行监测(第7条);通过建立和管理保护区以及促进保护区邻接地区无害环境等方式[2]对生物多样性进行"就地保护"(第8条);作为辅助性措施,最好在生物多样性组成部分的原产国或遗传资源的原产国进行"移地保护"(第9条);在国家决策过程中考虑到生物资源的保护和持久使用,采取措施以尽量减少对生物多样性的不利影响(第10条)。此外,该公约还对研究和培训、公众教育和认识、影响评价、遗传资源的取得和技术的取得和转让、信息交流、科学和技术合作、资金、财务机制等作出了规定。最后,为了执行该公约,公约还建立了缔约国会议和秘书处。缔约国会议定期召开会议,不断审查本公约实施情形,其中包括审查关于生物多样性的科学技术和工艺咨询事务附属机构提供的咨询意见;审议并通过本公约的议定书;必要时审议并通过对本公约附件的修正等等。秘书处的职责包括:为缔约国会议提供服务;执行公约议定书可能指派给它的职责;编制关于它执行职责情况的报告并提交缔约国会议等。

应该特别指出的是,国际上还有许多保护一般或特定野生动物、植物和其他自然资源的国际公约。例如,1946年《国际捕鲸管制公约》、1950年《国际鸟类保护公约》、1957年《保护北太平洋海豹公约》、1972年《关于特别是作为水禽栖息地的国际重要湿地公约》、1972年《南极海豹保护公约》、1973年《濒危野生动植物物种国际贸易公约》、1973年加拿大、丹麦、美国、挪威和前苏联之间的《保

---

[1] 根据《生物多样性公约》第2条,所谓移地保护是指将生物多样性的组成部分移到它们的自然环境之外进行保护。从这个定义也可以推断"就地保护"的含义,因此该公约并没有给后者下定义。

[2] 第8条规定了就地保护的13项由缔约国尽可能并酌情采取的措施。见国家环境保护总局政策法规司编:《中国缔结和签署的国际环境条约集》,学苑出版社1999年版,第98页。

护北极熊协定》、1978年《国际植物新品种保护公约》、1979年《保护野生迁徙动物物种公约》、1980年《南极海洋生物资源保护公约》、1983年和1994年《国际热带木材协定》等。此外,有许多区域性国际公约。例如,1940年《美洲国家动植物和自然美景保护公约》、1968年《非洲自然界和自然资源保护公约》、1979年《欧洲野生生物和自然界保护公约》、1976年《南太平洋自然保护公约》、1985年《东南亚自然界和自然资源保护公约》等,还可以列举很多。这些国际公约和协定对于生物多样性的保护都具有不同程度的重要意义。

三、危险物质和活动的控制

国际环境法上关于危险物质和活动的控制主要涉及造成跨界环境危害的物质和活动,其中核活动与核材料、有毒或危险废弃物质的处理以及重大技术风险是比较重要的问题。

（一）核活动与核材料

1986年切尔诺贝利核电站发生的溢漏事故对欧洲许多国家造成重大影响。为了应付核事故带来的巨大危害,当年就通过了两个相关公约:《及早通报核事故公约》和《核事故或辐射紧急情况援助公约》。实际上,在该事故发生以前,国际原子能机构就已经制定了关于发生核事故时应遵循的指导原则并不断公布和修正。这些原则包括1984年《关于核事故或辐射紧急情况时相互援助安排的指南》和1985年《关于放射性材料跨界处置时进行通知、统一规则和交换信息的指南》。但是这些文件并未得到各国足够的重视。1986年切尔诺贝利核电站事故发生之后通过的上述两个国际公约都是在国际原子能机构通过的上述两个指南的基础上制定的。

1986年《及早通报核事故公约》[①]适用于已经造成或可能造成对另一国具有辐射安全影响的跨国界的国际性释放事故,包括核反应堆、核材料循环设施、放射性废物管理设施、核材料和放射性废物的运输和储存等活动发生的核事故。公约要求在发生放射事故后,缔约国应立即直接或通过国际原子能机构将该核事故及其性质、发生时间和确切地点通知实际受影响或可能会实际受影响的国家和机构;迅速地直接或通过国际原子能机构向这些国家和机构提供有关尽量减少辐射后果的可获得的情报(第2条)。这些情报包括:核事故的时间、在适当情况下确切地点及其性质;涉及的设施或活动;推测的或已确定的有关放射性物质超越国界释放的核事故的起因和可预见的发展;放射性释放的一般特点、按

[①] 1986年9月26日,中国政府代表作了有待核准的签署,并同时声明:不接受《及早通报核事故公约》第11条第2款所规定的两种争端解决程序的约束;在《及早通报核事故公约》对其生效前,中国接受第13条临时适用条款。《及早通报核事故公约》于1988年12月29日对中国生效。

实际可能和适当情况,包括放射性释放的性质、可能的物理和化学形态及数量、组成和有效高度等等,共 8 项内容。为了减少辐射后果,《及早通报核事故公约》还要求发生核事故的缔约国在其他缔约国请求时与其进行协商,并鼓励缔约国之间签订与《及早通报核事故公约》主题事项相关的双边或多边协定。

1986 年《核事故或辐射紧急情况援助公约》[①]要求缔约各国为了在发生核事故或辐射紧急情况时迅速提供援助以便尽量减少其后果并保护生命、财产和环境免受放射性释放的影响,相互并与国际原子能机构进行合作。为此,缔约各国可以或酌情达成双边或多边安排。关于紧急援助的提供,第 2 条规定,缔约国可以在核事故发生后向其他缔约国或国际原子能机构或其他国际组织提出紧急援助的请求。[②] 该条进一步规定了接到请求后的具体程序,包括接受国向请求国发出的是否能够提供援助及其范围和条件的通知、国际原子能机构对请求国作出响应的方式等。第 3 条规定请求国有责任对援助进行全面的指导、管理、协调和监督;有义务尽其所能为援助的妥善和有效管理提供当地的设施和劳务并对进入其领土的人员、设备和物资予以适当保护等。该公约还规定了国际原子能机构所应履行的职责(第 5 条)、费用的偿还(第 7 条)、特权、豁免和便利(第 8 条)以及索赔和补偿(第 10 条)等事项。

其中第 10 条关于索赔和补偿的规定受到许多发展中国家的反对,特别是该条第 2 款,中国对此提出了保留。根据该款的规定,除另有协议外,对于在提供所要求的援助过程中在其领土内或其管辖或控制下的其他地区内所造成的人员死亡或受伤、财产毁坏或损失或环境破坏,请求国不得对援助方或代表其行事的人员或其他法律实体提出任何法律诉讼;第三方对援助方的诉讼和索赔由请求国承担责任;避免援助方在上述诉讼和索赔中受到损害以及受到损害后予以补偿等。总之,请求援助国不仅不能对援助方提出任何法律诉讼,而且第三方对其提出诉讼和索赔的一切后果都由求助方负责。

1980 年《核材料实物保护公约》和 1994 年《核安全公约》都是国际原子能机构通过的关于核活动与核材料的国际文件。1980 年《核材料实物保护公约》适用于国际核运输中的用于和平目的的核材料。该公约对"核材料"和"国际核运输"都下了公约范围内的定义(第 1 条)。公约要求缔约国在进行国际核运输时要按照公约附件一的级别予以保护(第 3 条)。如果不能保证此等保护,不应输出或批准输出核材料(第 4 条第 1 款),也不能从非缔约国输入或批准输入核材

[①] 1986 年 9 月 26 日,中国政府代表作了有待核准的签署,并同时声明:不接受《核事故或辐射紧急情况援助公约》第 13 条第 2 款所规定的两种争端解决程序的约束;在由于个人重大过失而造成死亡、受伤、损失或毁坏的情况下,中国不适用《核事故或辐射紧急情况援助公约》第 10 条第 2 款。该公约于 1987 年 10 月 14 日对中国生效。

[②] 根据《核事故或辐射紧急情况援助公约》第 2 条第 1 款,请求国不一定是核事故发生地国家。

料(第4条第2款)以及其他方式的核运输。

1994年《核安全公约》强调对"核设施"享有管辖权的国家对核安全承担责任。按照第2条第1款的定义,"核设施"是指在缔约国管辖下的任何陆基民用核动力厂,包括设在同一场址并与该核动力厂的运行直接有关的设施。该公约要求缔约国采取立法、监管和行政措施以便通过缔约国按公约规定建立的监管机构履行公约义务并向公约建立的缔约方会议的审议会议提交履行公约的报告。该公约要求缔约国对核设施实行许可证制度,禁止没有许可证的核设施运行(第7条第2款(ii))。

(二) 有毒或危险废物

有毒或危险废物的处置是发展中国家最关心的问题,因为这些废物常常从发达国家转移到发展中国家。作为主要受害国,它们对此深恶痛绝。[①] 1988年非洲统一组织通过的一个决议宣称:向非洲倾倒核废物和工业废物是对非洲及其人民的犯罪行为。1991年,在发展中国家环境与发展部长级会议上通过的《北京宣言》第16段呼吁所有国家采取行动建立责任和赔偿制度,建立向发展中国家转让低废技术的机制,提高鉴别、分析和处理废物的能力,以便建立一个在全球禁止向缺乏此类能力的发展中国家出口危险废物的机制。同时《北京宣言》对于继续非法贩运有毒有害物品和废弃物,特别是把它们从发达国家运至发展中国家表示关切并敦促发达国家采取适当措施制止此类贩运。[②]

随着这种现象日趋严重,国际社会开始关注这个问题。1972年《斯德哥尔摩宣言》原则6和1992年《里约宣言》原则14都作出了相关规定。特别是后者宣布:"各国应有效合作阻碍或防止任何造成环境退化或证实有害人类健康的活动和物质迁移或转让到他国。"[③]

目前在这方面比较重要的国际公约是1989年3月在巴塞尔通过的《控制危险废物越境转移及其处理巴塞尔公约》(简称1989年《巴塞尔公约》)。[④] 根据该公约,"废物"是指处置的或打算予以处置的或按照国家法律规定必须加以处

[①] 一些发达国家将生活垃圾运到中国,其中包括危险的医疗垃圾,有的甚至以捐赠物资的名义完成这种转移。关于这方面的情况,请参考《世界财经报道》,http://finance.icxo.com/htmlnews/2005/12/10/736594.htm,2006年1月30日访问;太原新闻网,http://www.tynews.com.cn/dibu_content/2005-03/29/content_840370.htm,2006年1月30日访问;新华网转载《新京报》的一篇题为"50集装箱'洋垃圾'返回英国老家原准备运往中国"的文章,http://news.xinhuanet.com/st/2005-04/05/content_2786886.htm,2006年1月30日访问。

[②] 国家环境保护总局政策法规司编:《中国缔结和签署的国际环境条约集》,学苑出版社1999年版,第409页。

[③] 同上书,第412页。

[④] 该公约于1992年5月5日生效,中国于1991年批准,1992年8月20日对中国生效。

理的物质或物品。① 该公约在附件一和附件二中分别列出了"应加控制的废物类别"和"须加特别考虑的废物类别"。此外,《巴塞尔公约》第 3 条要求每一缔约国在成为本公约缔约国的 6 个月内将附件一和附件二之外的,但其国家立法视为或确定为危险废物的废物名单连同有关适用于这类废物的越境转移程序的任何规定通知本公约秘书处。因此,在该公约范围内,"废物"既指附件一和附件二所列举的,也包括缔约国按照其国内法的规定确定的物质。

《巴塞尔公约》第 4 条为缔约国规定了一些一般义务,其中包括缔约国有权禁止危险废物或其他废物进口并将禁止的决定通知其他缔约国;接到此等通知后应禁止或不许可向禁止这类废物进口的缔约国出口危险废物或其他废物;在可能的范围内,将处置废物的设施设在本国领土内;禁止向经济和(或)政治一体化组织且在法律上完全禁止危险废物或其他废物进口的某一缔约国或一组缔约国,特别是发展中国家,出口此类废物;不许可与非缔约国之间进行危险废物或其他废物的出口或进口的活动;不许可将危险废物或其他废物出口到南纬 60°以南的区域进行处置等。

应当提起注意的是,《巴塞尔公约》并没有绝对禁止危险废物或其他废物的出口或进口,而是为此类废物的出口和进口规定了条件。首先,出口国应书面通知②出口的废物,进口国应以书面方式表示是否接受或者是否有条件接受。其次,公约规定只有在下列情况下才可以允许危险废物或其他废物的越境转移:出口国没有技术能力和必要的设施、设备能力或适当的处置场所以无害环境而且有效的方式处置有关废物;或进口国需要有关废物作为再循环或回收工业的原材料;或有关的越境转移符合由缔约国决定的其他标准,但这些标准不得背离本公约的目标。

《巴塞尔公约》对于危险废物或其他废物越境转移的程序作了具体规定,其中包括在特定情况下出口国应确保将已经出口但在进口国不能作出环境无害安排的危险废物或其他废物运回出口国(第 8 条)。

1989 年《巴塞尔公约》于 1995 年通过了修正案。

(三) 化学品

对化学品的管理,特别是化学品的登记和分类及化学品的国际贸易,是国际环境法的重要领域。

1. 登记和分类

国际上关于化学品登记和分类的规则主要是联合国环境规划署、国际劳工

---

① 国家环境保护总局政策法规司编:《中国缔结和签署的国际环境条约集》,学苑出版社 1999 年版,第 7 页。

② 为了执行该公约的规定,公约要求缔约国指定或设立一个或一个以上的主管当局以及一个联络点负责接收上述通知(第 5 条)。中国指定国家环境保护总局为该主管当局。

组织、世界卫生组织等国际组织和机构通过的指导性文件和公约。例如,1989年联合国环境规划署制定的《国际潜在有毒化学品登记册》和世界卫生组织2000年制定的《按危险性分类的农药建议分类:分类指南》;另外1990年国际劳工组织主持制定的《关于工作中应用化学品的安全的公约》(第170号公约)[①]还要求缔约方根据国际或国内体系建立按照其危险性将化学品分类的制度和分类标准。

2. 国际贸易

化学品国际贸易与国际环境法相关的主要问题是发达国家与发展中国家之间存在非法销售化学品的问题。这是一个在政治和法律上都比较复杂的问题,常常引起发达国家与发展中国家之间国际关系的紧张化。为了解决这个问题,联合国粮农组织于1985年通过《关于农药使用和分销的国际行为准则》,联合国环境规划署于1987年通过《关于化学品国际贸易资料交流的准则》(简称《伦敦准则》)。[②] 这两个文件都号召化学品的进口国和出口国在化学品的国际贸易中互相交流信息以保护人类健康和环境并建立了通知制度。但是,这两个文件都没有法律拘束力。在联合国环境规划署和粮农组织的主持下于1998年通过了《关于在国际贸易中对某些危险化学品和农药采用事先知情同意程序的鹿特丹公约》。[③] 该公约的目标是"通过便利就国际贸易中的某些危险化学品的特性进行资料交流、为此类化学品的进出口规定一套国家决策程序并将这些决定通知缔约方,以促进缔约方在此类化学品的国际贸易中分担责任和开展合作,保护人类健康和环境免受此类化学品可能造成的危害,并推动以无害环境的方式加以使用"(第1条)。

该公约适用于"禁用或严格限用的化学品"[④]和"极为危险的农药制剂"[⑤],不适用于放射性材料、废物、化学武器等。

该公约对禁用或严格限用化学品的程序作了具体规定(第5条),包括采取

[①] 1990年6月25日签订于日内瓦,1993年11月4日生效,目前有18个国家批准了该公约。中国于1995年1月11日批准。参见国际劳工组织网站:http://www.ilo.org/dyn/normlex/en/f?p=1000:11300:1748204989792276::::P11300_INSTRUMENT_SORT:3,2015年7月23日访问。

[②] 《伦敦准则》于1989年经过修正。

[③] 该公约于2004年2月24日生效,中国于同年12月29日批准了该公约。

[④] "禁用化学品"是指为保护人类健康或环境而采取最后管制行动禁止其在一种或多种类别中的所有用途的化学品,它包括首次使用即未能获得批准或者已由工业界从国内市场上撤回或在国内审批过程中撤销对其作进一步审议、且有明确证据表明采取此种行动是为了保护人类健康或环境的化学品(第2条(b))。"严格限用化学品"是指为保护人类健康或环境而采取最后管制行动禁止其在一种或多种类别中的所有用途、但其某些特定用途仍获批准的化学品(第2条(c))。

[⑤] "极为危险的农药制剂"是指作农药用途的、在使用条件下一次或多次暴露后即可在短时期内观察到对健康或环境产生严重影响的化学品(第2条(d))。

"最后管制行动"①的各缔约方应将此类行动书面通知秘书处②,再由秘书处通知其他缔约方。该公约照顾到发展中国家缔约方或经济转型国家缔约方的利益,规定在它们境内遇到极为危险的农药制剂在使用条件下造成问题时,可以建议秘书处将此极为危险的农药制剂列入附件三。③ 秘书处负责将这种建议提案转交"化学品审查委员会"④,该委员会对该提案进行审议并就所提出的化学品是否应视为适用事先知情同意程序的化学品向缔约方会议提出建议(第 6 条)。第 10 条和第 11 条对附件三所列化学品的进口和出口的事先知情同意程序作了具体规定。

该公约要求各缔约方应指定一个或数个国家主管部门,授权它代表国家行使行政职能,确保它具有足够的资源以便有效地履行其职责(第 4 条)。

进一步阅读推荐书目

1. 〔法〕亚历山大·基斯著:《国际环境法》,张若思编译,法律出版社 2000 年版。
2. 蔡守秋、常纪文主编:《国际环境法学》,法律出版社 2004 年版。
3. 王曦编著:《国际环境法》,法律出版社 2005 年第 2 版。
4. 马骧聪主编:《国际环境法导论》,社会科学文献出版社 1994 年版。
5. Philippe Sands, *Principles of International Environmental Law*, Second Edition, Cambridge University Press, 2003.
6. Alexandre Kiss and Dinah Shelton, *Guide to International Environmental Law*, Martinus Nijhoff Publishers, 2007.
7. Alexandre Kiss and Dinah Shelton, *International Environmental Law*, Transnational Publishers, 2004.
8. Philippe Sands and Jacqueline, with Adriana Fabra and Ruth MacKenzie, *Principles of International Environmental Law*, 3rd Edition, Cambridge University Press, 2012.
9. Pierre-Marie Dupuy, *International Environmental Law: A Modern Introduction*, Cambridge University Press, 2015.

---

① "最后管制行动"是指一缔约方为禁用或严格限用某一化学品而采取的、且其后无需该缔约方再采取管制行动的行动(第 2 条(e))。

② 秘书处是根据《关于在国际贸易中对某些危险化学品和农药采用事先知情同意程序的鹿特丹公约》第 19 条建立的,负责为缔约方大会及其附属机构的会议作出安排并提供服务,协助缔约方实施公约等职责。

③ 该公约附件三是适用事先知情程序的化学品名单,包括滴滴涕、六六六等 25 种化学品。

④ "化学品审查委员会"是根据第 18 条第 6 款建立的缔约方会议的附属机构。

第十五章 外交和领事关系法

外交和领事关系法是历史比较悠久的国际法分支之一。由于其多数原则和规则都是在国家实践中形成的,因此外交和领事关系法的大部分渊源都是国际习惯。由于这些习惯国际法规则目前都已经编纂在1961年《维也纳外交关系公约》和1963年《维也纳领事关系公约》中,因此本章讨论的内容主要以这两个国际公约为基础。本章主要涉及外交和领事关系法概述、国家对外关系机关、外交使节、外交使节的派遣、接受及其职务、外交特权和豁免、特别使团、领事制度概述以及领事的特权和豁免。

第一节 概　　述

一、外交和领事关系的概念和性质

外交关系有广义和狭义之分。广义的外交关系是指国家之间通过国家对外关系机关在国际上进行的各种官方的双边和多边关系,包括国家元首和政府首脑的相互访问、参加国际组织和国际会议、谈判、缔约等等;狭义的外交关系是指国家之间通过协议相互在对方的首都通过建立使馆并派遣常驻使节而形成的官方双边关系。① 本章所讨论的外交关系法主要涉及后者。与多边外交不同,双边外交关系的建立需要得到两个国家的同意,并以平等和互惠为基础。对等是国与国之间外交关系的重要特征。1961年《维也纳外交关系公约》第2条规定:"国与国间外交关系及常设使馆之建立,以协议为之。"

领事关系是指国与国之间根据相互间的协议通过在对方设立领事馆并派遣执行领事职务的常驻官员而形成的官方双边关系。与外交关系相同,国家之间的领事关系也需要得到两个国家的同意。1963年《维也纳领事关系公约》第2条第1款规定:"国与国间领事关系之建立,以协议为之。"

外交关系与领事关系有着密切的联系。二者的共同点是:都是国家之间的双边官方关系,建立均以相关国家的协议为基础。二者的不同在于:外交关系是国与国间包括政治、经济、文化等全面的关系;领事关系则是主要涉及国与国间限于领事辖区内商业、贸易以及与本国侨民相关的权利和利益的保护等具体事

---

① 通常所说的"建立外交关系"就是指这种意义上的外交关系。

项方面的关系。二者的联系是：一般情况下两国之间建立外交关系就意味着同时建立领事关系，除了个别例外，不需要在建立外交关系之后再单独协商建立领事关系。1963年《维也纳领事关系公约》第2条第2款规定："除另有声明外，两国同意建立外交关系亦即谓同意建立领事关系。"

二、外交和领事关系法的概念

外交关系法主要是指调整国家之间外交关系的国际法原则、规则和制度，涉及外交代表的派遣和接受、外交使节的职务、接受国的义务、使馆和外交代表的特权和豁免等问题。领事关系法是指调整国家之间领事关系的国际法原则、规则和制度，涉及领事馆及其职务、领事的特权和豁免等问题。由于外交和领事关系法是在国家之间的外交和领事关系实践中形成的，因此它与外交和领事关系具有相同的特点，即平等和互惠，确切地说，对等性是外交和领事关系法的重要特征。[①]

此外，虽然国际组织或国际机构与国家的相互关系不属于严格意义上的外交关系，但是国际组织的机构及其代表在相关国家的地位、特权和豁免也在某种程度上构成外交关系法的一部分。不过，这部分内容在性质上与严格意义上的外交关系法有着明显的不同：它不具有外交关系法的对等性。[②] 鲍伊特在讨论外交豁免与国际组织的豁免（他称其为"国际豁免"）时指出，外交特权与豁免是通过实行对等原则来保障的，而国际组织则没有这种有效的保障。[③]

随着国际关系和国际法的发展，关于外交和领事关系的习惯国际法规则均已在第二次世界大战之后编纂为系统的法典，除了上述两个主要的国际公约以外，还有1969年《特别使团公约》和1973年《关于防止和惩处侵害外交代表及其他应受保护人员的罪行公约》。此外还有关于国际组织与国家之间关系的一些国际公约，例如，1946年《联合国特权与豁免公约》、1947年《联合国专门机构特权与豁免公约》和1975年《维也纳关于国家在其对普遍性国际组织关系上的代表权公约》。

---

① 尽管国际法的其他许多规则都有一定的对等性，但外交和领事关系法的这种性质较为突出。正是因为这个特征，外交和领事关系法的实施相对容易一些。因为一国如果违反某项规则，另一个相关国家可以作出同样的行为，所以一般都能够自觉遵守。

② 假如驻在东道国的国际组织的代表被宣布为驱逐，该国际组织如果反对这种驱逐，不能将该东道国派驻在该国际组织的代表驱逐。被驱逐的代表的本国更没有理由采取类似的反措施。

③ 参见 D. W. Bowett, *The Law of International Institutions*, Fourth Edition, Sweet & Maxwell, 1982, p. 345。

三、使节制度与外交及其发展

(一) 使节制度(legation)与使节权

互派使节的现象产生于古代,在两河流域和古埃及、古希腊和古罗马、古印度,早已存在相互派遣使节的现象。① 当然,当时的使节并非现在人们所了解的外交使节,使节们所享有的特权也不是出于法律上的考虑,而是宗教的缘故。② 最初的使节都是临时处理专项事务的特使或使团,一直到15世纪才出现常驻使节,即意大利各个共和国,特别是威尼斯共和国派驻在西班牙、德国、法国和英国的常驻代表。不过在17世纪后半叶以前,常驻使节并非普遍的实践。③ 使节制度发展到现在已经与几百年前完全不同了,除了主权国家之间,国际组织与国家之间、国际组织相互间、争取解放的民族与国家之间以及它们相互间,都有派遣和接受使节的问题。

使节权是指接受和派遣使节的权利。派遣使节的权利称为"积极使节权";接受使节的权利称为"消极使节权"。但是从国际法律权利和义务的角度来分析,这两方面的使节权是否是严格意义上的国际法律权利是有疑问的。由于任何国家都没有接受使节的义务,也没有任何国家承担必须派遣使节的义务,结果从理论上,如果没有另一个国家的相应义务,无论是"积极使节权"还是"消极使节权"似乎都没有法律意义。但是,按照萨道义(Sir Ernest Satow)的描述,每一个被承认的独立国家都有派遣在另一个国家代表其利益的使节并接受这种使节的权利。"一般认为使节权是国家主权的一部分。"④

由于在国际法上是否存在使节权的问题是有争议的,在起草1961年《维也纳外交关系公约》第2条(关于国与国间建立外交关系及常设使馆以协议为基础的规定)时最大的分歧就是该条款应否包括使节权的内容。当时特别报告员提出的条款草案是包括使节权的。但是,在联合国国际法委员会成员中有两种反对意见。一种认为如果不对使节权作出界定,即使包括此项权利也没有什么用。另一种反对意见认为,规定所谓的"使节权"没有什么意义或者不能执行,因为接受国没有相应的义务。最后终因不能达成一致而删去了关于使节权的规定。⑤

---

① 关于古代国际法上的使节制度,参见杨泽伟著:《宏观国际法史》,武汉大学出版社2001年版,第1—65页。
② 参见[英]詹宁斯、瓦茨修订:《奥本海国际法》(第一卷第二分册),王铁崖等译,中国大百科全书出版社1998年版,第478页。
③ 同上。
④ Lord Gore-Booth(ed.), *Satow's Guide to Diplomatic Practice*, 5th ed. Longman, 1979, p. 67.
⑤ 参见 Eileen Denza, *Diplomatic Law: Commentary on the Vienna Convention on Diplomatic Relations*, 2nd ed., Clarendon Press, 1998, pp. 22—23。

实际上，国家在国际法上有许多权利都是找不到对应义务的。例如，每个国家都有与其他国家缔约的权利。然而，同时任何"其他国家"都没有必须与其缔约的义务。我们不能因为存在这样的实际情况就否定国家的缔约权。因此，我们应该承认使节权是存在的，但是使节权的实现需要一定的条件，即另一个国家的同意，而该另一国的这种同意也是国家的权利，即接受使节的权利。从这种意义上讲，使节权有两个方面：派遣使节权和接受使节权。使节权的这两个方面均以另一国的相应行为（派遣和接受使节的行为）为其实现的条件，但是另一国是否作出这种行为不是它们的义务，而是它们的权利。

（二）外交

外交使节制度的兴起促使外交和外交官职业的产生，但是"外交"和"外交官"的概念出现得较晚，根据萨道义所述，"外交"（diplomacy）一词在英语中第一次使用是在1787年。①

根据萨道义的描述，"外交是运用智力和机智处理各种独立国家的政府之间的官方关系，有时也推广到独立国家和附庸国之间的关系；或者更简单地说，是指以和平手段处理国与国之间的事务"。因此，"外交是文明的产物，是避免国际关系被武力单独控制的最好手段"②。从这个意义上讲，外交与和平解决国际争端有着必然的联系，因为谈判与协商、斡旋与调停等，都是通过外交途径和平解决国与国之间争端的手段或方法。

（三）使节制度的主要内容

无论是临时的还是常驻的使节，也不论是在古代还是现代，他们在接受国处于什么地位和受到何种待遇，都是普遍的重要问题。因此，使节的法律地位以及使节的特权和豁免是使节制度的主要内容。例如，在古希腊各城邦国家之间，"使节们在执行其使命时享有不可侵犯权。这是一条公认的准则。违反这一准则被认为是极端敌对行动。使节如果受到攻击或侮辱，派遣国有权要求引渡肇事者"③。经过几个世纪的发展，在国际实践中形成了各种关于外交使节和领事官员的地位、待遇、特权和豁免等方面的国际礼节和国际习惯规则。这些规则有的基于国家主权和平等原则，有的属于国际秩序的需要，还有的出于为执行职务便利的考虑。总之，使节制度是关于派遣和接受使节、使节在外国的法律地位和待遇的制度，它并不涉及所从事的外交和领事活动（例如，谈判或为侨民提供各种服务等）本身的行为，而仅涉及与外交和领事活动相关的法律问题。④

---

① 参见 G. E. Do Nascimento e Silva, *Diplomacy in International Law*, A. W. Sijthoff, 1972, p.4.
② 〔英〕戈尔-布思勋爵修订：《萨道义外交实践指南》（第5版），杨立义等译，上海译文出版社1984年版，第3、4页。
③ 杨泽伟著：《宏观国际法史》，武汉大学出版社2001年版，第8页。
④ 例如，如何进行谈判、谈判的技巧等等，均属于外交学的范畴。

第二节　国家对外关系机关

一、国家元首和政府首脑

国家元首(The heads of state)是国家的最高对外关系机关。国家元首可以是个人,例如,英国的女王、美国或法国的总统;也可以是集体,例如,瑞士的联邦委员会。国家元首是个人还是集体或是个人与集体的结合,国际法上没有统一的标准或规则,完全由各国通过国内法加以规定。国家元首在国内和国外代表其本国,在国际法上享有一定的地位和权利。自从19世纪以来,越来越多的国家元首只是在宪法上具有象征性权力,实质的国家权力掌握在政府手中。政府首脑一般称为总理;也有的国家称为首相,例如,英国和日本。①

在国际法上,国家元首有权在国际关系中代表国家行事,而且国家元首在法律上有意义的所有行为都被视为其所代表的国家的行为。国家元首的职权主要包括派遣和接受外交使节和领事、缔结条约、参加国际会议等等。

政府首脑作为国家最高行政机关的首长,有权代表政府与外国政府进行谈判、出席会议、签订条约或协定等。

作为国家的代表,国家元首和政府首脑在外国享有某些尊荣、特权和豁免。第一,是礼仪性的尊敬,如在正式通讯中的公认称谓;第二,是人身安全的特别保护,如果发生了侵犯其人身安全的行为,必须严厉惩罚肇事者②;第三,他们的寓所包括其旅行时的旅馆房间、个人行李、交通工具以及他们携带的财产不可侵犯;第四,国家元首和政府首脑还享有免除外国的民事和刑事管辖的权利,即所谓司法豁免;第五,国家元首在外国访问时的随从人员及其家属也享有基本相同的尊荣、特权和豁免。③

至于国家元首以私人身份在外国访问时所享有的地位和待遇,国际法上没有确定的规则。国家实践表明,为了保证不受干扰地处理国家事务,他们享有与官方访问时同样的不可侵犯、特权和豁免。

当然国家元首和政府首脑在外国享受特权和豁免的同时还必须尊重接受国的领土主权。如果他们滥用其特权从而作出侵犯外国主权或干涉其内政的行

---

① 但是,也有的国家是合二为一的。例如,美国的总统,既是国家元首也是政府首脑。因此,美国没有总理这个职位。

② 1973年《关于防止和惩处侵害应受国际保护人员包括外交代表的罪行的公约》第1条规定,应受国际保护的人员中包括国家元首,包括依宪法行使国家元首职责的一个集体机构的任何成员或政府首长。

③ 豁免的具体事项与后面将详细讨论的外交豁免基本相同。关于国家元首、政府首脑和外交部长的豁免问题,详细情况已经在本书第七章中讨论过。

为,该外国有权终止其访问。例如,1967年法国总统戴高乐在访问加拿大期间进行演讲。由于其演讲中包含了给人造成他支持魁北克分离主义运动印象的内容,而且他并没有努力消除这种印象,结果对其演讲作出的强烈反应迫使戴高乐不得不终止他的访问。①

二、外交部长

外交部长是国家政府内专门负责外交事务的外交部门的首长,是代表政府与外国政府交往的负责人。各国外交部门及其负责人的职权和称呼都是由本国国内法和传统规定的。美国的外交部门称为"国务院",首长称为"国务卿";英国的外交部门称为"外交和联邦事务部",负责人称为"外交和联邦事务大臣",简称为"外交大臣";多数国家的外交部门一般都称为"外交部",首脑称为"外交部长"。外交部的职权主要包括领导和监督临时和常驻使节的各种工作和活动,与驻本国的外国使馆保持联系、进行必要的交涉,以政府的名义与外国政府和外交部联系等等。此外,本国政府各部门与外国政府各相应部门的联系也通过外交部进行。

由于外交部在国家对外关系上的特殊职权,外交部长也具有特殊的法律地位。首先,外交部长在代表本国与外国进行谈判或签署条约时无须出示"全权证书"。② 其次,外交部长享有完全的外交特权和豁免,随行人员和家属同样受到特别的保护。最后,外交部长作出的声明在适当情形下具有法律拘束力,因此,国家要为外交部长的行为负责。③

三、驻外外交机关

国家驻外外交机关是指国家向外国或国际组织派出的长期驻在该国或该组织的代表机关。派往外国的外交机关一般称为"使馆";派往国际组织的外交机关一般称为"外交使团",例如,中国派驻在纽约的联合国外交使团。

欧洲联盟作为一个超越了区域性国际组织特征的"自成一类"的实体,在它

---

① 参见〔英〕詹宁斯、瓦茨修订:《奥本海国际法》(第一卷第二分册),王铁崖等译,中国大百科全书出版社1998年版,第470页。

② 根据1969年《维也纳条约法公约》第7条第2款的规定,外交部长无须出具全权证书,视为代表其国家。

③ 例如,在国际常设法院1933年(丹麦诉挪威)"东格陵兰"案中,法院认为挪威外交大臣艾赫伦在1919年给丹麦公使的信中承诺不反对丹麦对整个格陵兰的主权要求。外交大臣是代表国家的,他的信应视同挪威政府的保证。参见陈致中编著:《国际法案例》,法律出版社1998年版,第131—132页。法院注重他作出此声明的情形,即他是在应丹麦外交代表的请求答复一个属于外交部长职权范围内的问题的情形下作出此声明的。参见〔英〕詹宁斯、瓦茨修订:《奥本海国际法》(第一卷第二分册),王铁崖等译,中国大百科全书出版社1998年版,第475页。

的总部布鲁塞尔也有许多国家派驻的外交代表机关。

国家驻外外交机关的主要特点是它的固定性、稳定性和长期性。首先,无论是派驻在各国的使馆还是在国际组织的外交使团,它们都是有固定派驻对象和固定馆舍的机关;其次,它们有稳定的职务,在国际法允许的范围内由不同等级的外交代表执行各种外交使命;最后,除非两个国家的外交关系发生变化,例如,因战争或其他原因而断交,驻外外交机关具有长期性,不会无故撤销。

在这种意义上,"特别使团"称不上国家驻外外交机关。但是,作为国家临时派往国外执行外交使命的机关,也属于国家外交使团的一种重要形式。

第三节 外交使节

一、外交使节的种类

国家向外国、国际组织或国际会议派遣各种不同的使节。如上所述,外交使节有常驻和临时之分。常驻外交使节就是使馆的馆长或外交使团的团长,临时外交使节就是"特别使团"的团长。

根据1961年《维也纳外交关系公约》,外交使节还可以分为国家派遣的使节和教廷派遣的使节。[①]

此外,在法兰西共同体成员国之间以及英联邦国家之间互相派遣的外交代表与一般的外交使节有所不同,前者称为国家高级代表,后者称为高级专员。1964年《外交豁免(英国联邦国家和爱尔兰共和国)法》,并没有区分英联邦外交代表和外国外交代表。[②] 在以英女王为元首的联邦成员国之间的高级专员由总理向总理派遣,如澳大利亚、斐济;英联邦成员国本身另有元首,如印度和坦桑尼亚等,则高级专员为元首之间派出。[③]

二、外交使节的等级

外交使节的等级主要是指使馆馆长的级别,使馆馆长的级别同时标志着国家之间外交关系的级别。1961年《维也纳外交关系公约》第14条将使馆馆长分为三个等级:大使、公使和代办。教廷使节只有两个等级:教廷大使和教廷公使。

外交使节的等级制度始于16世纪,当时只有两个等级:特命使节和普通使

[①] 但是,中国不接受也不派遣教廷使节。因此,在中国加入1961年《维也纳外交关系公约》时对第14条关于教廷使节的规定作了保留。

[②] 参见〔英〕詹宁斯、瓦茨修订:《奥本海国际法》(第一卷第二分册),王铁崖等译,中国大百科全书出版社1998年版,第523页注释19。

[③] 参见中国外交部网页:http://www.fmprc.gov.cn/chn/lbfw/lbdtnew/t9044.htm,2006年3月27日访问。

节,前者称为大使,后者称为驻使。① 1961年《维也纳外交关系公约》确定的三个等级在1815年《维也纳规则》(Vienna Regulation)第1条就已经作出了规定。1961年《维也纳外交关系公约》只是作了三处修改,基本确认了1815年《维也纳规则》中的规定。②

由于只有享有皇室尊荣的国家才有权派遣和接受大使的实践早已经成为历史,国家无论大小都有权派遣和接受大使③,因此是否有必要继续保留公使这个级别曾几次成为争论的焦点问题。在1961年《维也纳外交关系公约》起草过程中这个问题又一次引起缔约国之间的争论。一些国家提出将使馆馆长的等级减为两个,即大使级和代办级的建议。反对的国家认为,消除公使级可能时机还不够成熟,结果可能为一些国家参加该公约带来障碍。为了使该公约得到广泛接受,《维也纳外交关系公约》第14条仍然保留了公使这个级别,使馆馆长仍然为三个等级。④ 但是,在第2款中特别规定:"除关于优先地位及礼仪之事项外,各使馆馆长不应因其所属等级而有任何差别。"

如上所述,使馆馆长的等级标志着国家之间外交关系的级别。应当指出,当代国际实践表明,建立大使级外交关系是普遍现象。但是,在国家之间的外交关系发生问题时,权利和利益受到损害的国家可能作为反措施将外交关系降格为代办级,待违背国际义务的行为停止后可以恢复原来的等级。⑤

三、外交团

外交团有广义和狭义之分。狭义的外交团是指驻在一国首都的所有使馆馆长组成的团体;广义的外交团是指驻在一国首都的包括使馆馆长在内的所有外交人员及其家属组成的团体。外交团不是依法组成的组织,因此不具有任何法律职能。外交团只是在与驻在国的关系上发挥一些外交礼仪方面的作用。

---

① 参见〔英〕詹宁斯、瓦茨修订:《奥本海国际法》(第一卷第二分册),王铁崖等译,中国大百科全书出版社1998年版,第482页。

② 参见 Eileen Denza, *Diplomatic Law*: *Commentary on the Vienna Convention on Diplomatic Relations*, 2nd ed., Clarendon Press, 1998, p.91.

③ 特别是第二次世界大战之后,互派公使的实践日益减少,到20世纪90年代基本没有公使级使节。参见〔英〕詹宁斯、瓦茨修订:《奥本海国际法》(第一卷第二分册),王铁崖等译,中国大百科全书出版社1998年版,第482—483、523—524页(注释23)。

④ 参见 Eileen Denza, *Diplomatic Law*: *Commentary on the Vienna Convention on Diplomatic Relations*, 2nd ed., Clarendon Press, 1998, p.93.

⑤ 例如,中国与法国、荷兰等国的外交关系就是因为这些国家违背其国际义务向我国台湾地区出售潜水艇而一度受到严重影响,有的甚至被降为代办级,在他们停止了违法行为之后才又恢复到大使级。关于中荷关系,参见中国外交部相关主页:http://www.mfa.gov.cn/chn/wjb/zzjg/xos/gjlb/1852/default.htm,2006年3月26日访问;关于中法关系,除参见 http://www.mfa.gov.cn/chn/wjb/zzjg/xos/gjlb/1842/default.htm,2006年3月26日访问,另参见前驻法大使蔡方柏:"走出低谷 全面合作 1989—1997年的中法关系回顾",载于《人民日报》2004年1月16日第7版。

外交团的团长由资历最深的大使担当,而在天主教国家这个职位属于教廷大使,不论其到任日期的先后。① 外交团团长是驻在一国的所有外交使节的代表。他可以在驻在国举行的典礼或宴会上代表外交团致辞。正如周鲠生先生所指出的:"国际法不承认外交团有对驻在国政府进行政治交涉或采取联合抗议的权利。"但是历史上西方列强利用外交团在中国前清末期和北洋政府时期肆意干涉中国内政,形成北京的所谓"太上政府",并占有特定的"使馆区"(即人所共知的东交民巷),俨然成为"国中之国"。"那真是世界外交史上突出的恶例。"②

外交团中的使馆馆长在驻在国的优先地位按照他们的等级排列,即按照大使、公使和代办的顺序来安排。③ 同一个等级中,按照 1961 年《维也纳外交关系公约》第 16 条的规定,根据其开始执行职务的日期及时间先后来决定。但是该条第 3 款规定:"本条规定不妨碍接受国所采行关于教廷代表优先地位之任何办法。"

第四节 外交使节的派遣、接受及其职务

一、外交使节的派遣

(一) 互派使节中的国家平等

从主权国家平等原则出发,国家之间应该相互派遣同一个等级的使节。例如,甲国向乙国派遣大使,乙国也向甲国派遣大使,无论国家的大小、强弱。但是在 19 世纪以前,因为只有享有皇室尊荣的国家,也即英国、俄国、法国等西方列强才有派遣和接受大使的权利,所以互派使节中的所谓国家平等仅仅体现在同等地位或相同发展水平的国家之间。后来由于新的强国与大的共和国出现,虽然打破了只有几个国家有权派遣大使的状况,但是,这些新的大国、强国还是不向小国派遣大使。换言之,在互派使节的问题上,大国与小国之间无平等可言。小国、弱国不能向大国派遣大使并不可能接受由大国派遣的大使,这种局面一直到 20 世纪以后才被打破。在这方面,十月革命后的苏联为争取在互派使节中的国家平等作出了努力。④

目前所有国家之间,不分大小、强弱,一般都互派大使级使节。但是,国家有

---

① 参见 1961 年《维也纳外交关系公约》第 16 条第 3 款。
② 参见周鲠生著:《国际法》(下册),商务印书馆 1981 年版,第 538 页。
③ 参见 1961 年《维也纳外交关系公约》第 14 条第 2 款。
④ 苏联于 1924 年 7 月 15 日约定与中国互派大使级外交代表。它是第一个与中国互派大使级使节的国家。参见周鲠生著:《国际法》(下册),商务印书馆 1981 年版,第 531 页。

时会向一个国家派遣不止一个等级的外交代表,即在派遣大使的同时还派遣一个或多个公使等级的人。当然,这样的公使由于并不担任使馆馆长,不能与大使享有同等待遇,也不代表两国之间外交关系的级别。①

(二) 派遣使节的程序和证书

在互派使节的等级确定之后,派遣国应将派遣使节的人选以书面或口头方式征得接受国的同意。在接受国同意所确定人选后,应以国书的方式通知接受国。

国书(letters of credence 或 credentials)是国家元首为了向另一国派遣大使或公使而向接受国发出的正式文件。国书由国家元首签署,外交部长副署。下面是一位中国大使的国书②:

中华人民共和国主席刘少奇致书
赞比亚共和国总统肯尼思·卡翁达阁下

阁下:

  为了建立和发展中华人民共和国和赞比亚共和国之间的友好关系,我根据中华人民共和国全国人民代表大会常务委员会的决定,任命秦力真先生为中华人民共和国驻赞比亚共和国特命全权大使。

  我相信秦力真先生将尽力完成他所担负的使命。请阁下对他惠予接待。并且请对他代表中华人民共和国政府向阁下陈述的一切给予完全的信任。

中华人民共和国主席刘少奇(签字)

外交部长陈毅(签字)副署

一九六五年二月二十七日于北京

国字第 185 号

通常大使在赴任时要携带加封的国书一份和未加封的国书副本,到达后首先将副本递交到接受国的外交部,并通过拜会外交部长时口头请求或向其提出书面请求的方式,要求作出向接受国家元首呈递国书的安排。

---

① 〔英〕詹宁斯、瓦茨修订:《奥本海国际法》(第一卷第二分册),王铁崖等译,中国大百科全书出版社 1998 年版,第 485 页。

② 黄金祺编:《外交文书教程》(英汉对照,下册),世界知识出版社 1986 年版,第 148 页。

代办的派遣也需要递交国书,但是因为代办是一国外交部长向另一国外交部长派遣的,它的国书由外交部长签署,国书也仅向接受国外交部长递交。

(三) 使节的兼任

根据 1961 年《维也纳外交关系公约》第 5 条第 1 款的规定,派遣到另一国的使馆馆长可以在一个或更多的第三国兼任使馆馆长。例如,由于财政预算的限制,法国于 1987 年派遣一个大使兼驻前苏联和蒙古,并派一个大使兼驻在斯里兰卡和马尔代夫。比利时在这方面也许是一个特殊的例子,因为该国在 1989 年时派同一个大使在 69 个国家内代表该国,这个数字到 1993 年达到 92 个。[①] 中国也有派遣一个大使兼任其他国家使节的实践,比如,中国驻意大利大使同时兼任驻圣马力诺大使,驻斯里兰卡大使兼任驻马尔代夫大使,驻突尼斯大使兼驻巴勒斯坦大使等等。[②] 国家处于经济利益的考虑派一个使节兼任两个以上国家的大使,一直是比较普遍的实践。但是,有两个问题应该注意:首先,应将这种兼职的情况向有关接受国妥为通知,如果任何接受国表示反对,则不得兼任(第 5 条第 1 款)。其次,派遣国应在不长期驻在的国家内设立以临时代办为馆长的使馆(第 5 条第 2 款)。

此外,使馆馆长或使馆的任何外交职员还可以兼任派遣国驻国际组织的代表(第 5 条第 3 款)。例如,中国驻欧盟使团团长曾兼任驻比利时大使。[③]

使节兼任的另一个情况是两个以上的国家联合向一个国家派遣一个使馆馆长,但是以接受国的事先同意为条件。1961 年《维也纳外交关系公约》第 6 条规定:"两个以上国家得合派同一人为驻另一国之使馆馆长,但接受国表示反对者不在此限。"与一个人在几个国家当大使的情况相比,几个国家派同一个人在另一个国家当几个国家的大使的情况要复杂许多。有些问题不容易处理:例如,档案和文件的保密问题、馆舍的分配及所有权问题等等。要想很好地发挥使馆的作用,这些问题必须通过协商事先得到妥善处理。因此,联合派遣使节在实践中并不多见。

(四) 使馆外交代表的派遣

使馆外交代表是指使馆馆长和使馆中所有具有外交官职衔的职员,例如,政治、文化等各种参赞、陆、海、空军武官、各种秘书和随员等等。[④] 根据 1961 年

[①] 参见 Eileen Denza, *Diplomatic Law: Commentary on the Vienna Convention on Diplomatic Relations*, 2nd ed., Clarendon Press, 1998, p. 48。

[②] 参见中华人民共和国外交部政策研究室编:《中国:外交:2005 年版》,世界知识出版社 2005 年版,第 436 页注释 6,8,10,12,14。

[③] 同上书,第 436 页注释 7。中国从 2005 年开始中国向比利时派遣专职大使,从而结束了兼任比利时大使的历史。参见中国外交部网站:http://www.fmprc.gov.cn/chn/pds/wjdt/zwbd/t436819.htm, 2009 年 11 月 28 日访问。

[④] 参见 1961 年《维也纳外交关系公约》第 1 条(戊)。

《维也纳外交关系公约》第 7 条的规定,除陆、海、空军武官需要征得接受国事先同意外,均可以自由委派。

二、外交使节的接受

(一) 接受国的同意

由于任何国家都只有接受使节的权利没有此项义务,因此使节的接受是通过国家之间协议进行的,没有接受国的同意,任何国家不能强迫另一国接受其使节。接受国的同意是派遣使节的必要前提。1961 年《维也纳外交关系公约》第 4 条规定:"派遣国对于拟派驻接受国之使馆馆长人选务须查明其确已获得接受国之同意(第 1 款)。"接受国如果对派遣国提出的人选不同意,"无须向派遣国说明不予同意之理由(第 2 款)"。

在接受使节方面,《维也纳外交关系公约》第 5 条至第 9 条都有相应的关于征求接受国同意的规定,其中包括兼任使馆馆长、联合派遣使馆馆长、陆、海、空军武官的人选等事项。如果接受国不同意派遣国所提出的人选,可以拒绝接受并无须说明拒绝的理由。多数国家都拒绝接受本国国民担任外国的使节。

(二) 接受的程序

国际法上没有为接受使节规定固定的程序。在使节抵达接受国后,接受国就应该按照不同的等级以适当方式予以接受。在大使和公使的情况下,一般是外国使节携国书副本会见接受国外交部长并请求安排接受国国家元首接受国书事宜。接受国国家元首应按照通常的礼节接见外国大使或公使并接受其国书。接受国书一般都有隆重的仪式,并且仪式通常会在一定数量的外国使节抵达后一起举行。

三、使馆的职务

(一) 1961 年《维也纳外交关系公约》第 3 条的规定

使馆的职务在过去的几百年来几乎没有发生多大变化。传统国际法上外交使节的职务主要有三个方面:保护派遣国利益、交涉和观察。

1961 年《维也纳外交关系公约》第 3 条第 1 款规定:除其他事项外,使馆之职务如下:

(甲) 在接受国中代表派遣国;

(乙) 于国际法许可之限度内,在接受国中保护派遣国及其国民之利益;

(丙) 与接受国政府办理交涉;

(丁) 以一切合法手段调查接受国之状况及发展情形,向派遣国政府具报;

(戊) 促进派遣国与接受国间之友好关系,及发展两国间之经济、文化与科学关系。

使馆的职务主要包括上述五个方面：代表、保护、交涉、调查和促进。此外，由于使馆执行领事职务是普遍的国际实践，因此该条第2款规定："本公约任何规定不得解释为禁止使馆执行领事职务。"

(二) 使馆的五项职务

1. 代表

这是国际法委员会在传统的三项职务基础上增加的一个内容，因为代表派遣国是外交使节的全部特征。与领事职务形成鲜明的对比，使馆的职务首先是在接受国全国范围内代表派遣国。这是外交使节的基本职务，也是使馆及其职员享受特权和豁免的基础。

2. 保护

保护派遣国及其国民的利益是外交使节的传统职务之一。由于历史上西方列强以保护本国及本国侨民的利益为理由干涉接受国内政甚至对其使用武力的事情经常发生，在1961年《维也纳外交关系公约》第3条起草过程中，一些国家提出在规定保护职务时应包括不能违反该公约后面关于不干涉接受国内政的规定(第41条第1款)或者关于"用尽当地救济"的国际法规则。虽然第3条没有直接反映这些建议，但是在关于保护职务的(乙)项中加上了"于国际法许可之限度内"这个限定条件，其中已经暗含了这些国家要表达的意思。①

3. 交涉

交涉或谈判也是外交使节的传统职务。由于外交使节在接受国全面代表派遣国，他是派遣国国家元首和外交部长向接受国传达信息的喉舌，也是把接受国的信息转达给派遣国的途径。例如，派遣国有意与接受国签订某项条约或协定，可以通过外交使节将此意向传达给接受国。又如，派遣国对接受国政府的行为表示抗议也是通过其外交使节传达的。办理交涉的形式和内容是多种多样的，难以穷尽。

4. 调查

调查和了解接受国的情况并向派遣国汇报，这是外交使节的传统职务。在信息科学、交通和大众传媒都极为发达的当今时代，完成这项任务对外交人员并不艰难。但是，他们的调查手段受到国际法的限制。"以一切合法手段"，是1961年《维也纳外交关系公约》第3条第1款(丁)的明确规定。尽管该公约并未对何为"合法手段"作出界定，但从事间谍活动显然是不合法的。②

---

① 参见 Eileen Denza, *Diplomatic Law: Commentary on the Vienna Convention on Diplomatic Relations*, 2nd ed., Clarendon Press, 1998, p.31.

② 间谍在战争时期是了解敌人情报的合法手段，但是在和平时期则是破坏接受国国家安全的非法行为。参见 G. E. Do Nascimento e Silva, *Diplomacy in International Law*, A. W. Sijthoff, 1972, p.61.

5. 促进

作为1961年《维也纳外交关系公约》第3条规定的最后一项职务,促进两国友好关系完全可以与第一项代表职务合并。但是,随着联合国建立之后国际关系在各个方面的迅速发展,有必要将其作为一项单独的职务。在该公约起草过程中,国际法委员会接受了一些国家提出的建议,在第3条中加上了关于促进两国友好关系的这项职务。

(三)使馆的其他职务

国际法除了不禁止使馆从事领事职务以外,也不禁止受托保护第三国及其国民的利益,但须经过接受国的同意。根据1961年《维也纳外交关系公约》第45条(丙)的规定,在派遣国与接受国断绝外交关系或遇使馆长期或暂时撤退时,"派遣国得委托接受国认可之第三国代为保护派遣国及其国民之利益"。根据第46条,在接受国事先同意的情况下,使馆还可以应邀为"未在接受国内派有代表之第三国""负责暂时保护该第三国及其国民之利益"。

国际实践表明,在接受国同意的条件下,使馆受托执行保护第三国及其国民利益的任务是比较普遍的现象。接受国是否同意,完全由该国自由决定。中国政府曾经处理过许多关于驻中国的外国使馆受托代为保护第三国及其侨民在华利益的问题。①

四、不受欢迎的人

接受国对于一个成为其不能接受的外国使节或外交代表,一般称为"不受欢迎的人"(persona non grata),没有继续容忍他的义务。这是有史以来就存在的外交实践。早期权威学者们一致认为,接受国有权立即将"不受欢迎的人"驱逐出境,但是对于接受国是否有权对其所犯罪行进行审判存有争议。② 关于接受国如何处理"不受欢迎的人",1961年《维也纳外交关系公约》第9条第1款作出明确规定:"接受国得随时不具解释通知派遣国宣告使馆馆长或使馆任何外交职员为不受欢迎人员或使馆任何其他职员为不能接受。遇此情形,派遣国应斟酌情况召回该员或终止其在使馆中之职务。任何人得于其到达接受国国境前,被宣告为不受欢迎或不能接受。"

这项规定涉及两种情形:其一,外国使节未进入接受国国境之前,宣布其为不受欢迎或不能接受;其二,到达接受国就任之后,由于从事间谍、干涉接受国内政等行为,被接受国宣布为"不受欢迎的人"。在后一种情形下,派遣国有义务

---

① 参见周鲠生著:《国际法》(下册),商务印书馆1981年版,第537页。
② 参见 Eileen Denza, *Diplomatic Law: Commentary on the Vienna Convention on Diplomatic Relations*, 2nd ed., Clarendon Press, 1998, p.59。

酌情将该人召回或停止其职务。如果派遣国拒不履行或者"在相当期间内"拒不履行此项义务,"接受国得拒绝承认该员为使馆人员(第 9 条第 2 款)"。这意味着该人将失去外交人员的身份,法律地位将同于一般的外国人。

尽管接受国无须说明理由,但国际实践表明,宣布某外国使节为"不受欢迎的人"或"不能接受"一般是因为外交代表从事间谍行为、卷入恐怖主义或颠覆接受国政府的活动、从事其他刑事犯罪等行为。特别是在"冷战"期间,间谍行为是宣布外国使节为"不受欢迎的人"或被要求召回的最为普遍的原因。[①] 例如,2013 年 5 月俄罗斯外交部宣布美国外交官瑞安·福格尔为"不受欢迎的人"并要求其立即回国。原因是福格尔作为美国驻莫斯科大使馆政治处三等秘书,却执行美国中央情报局的间谍任务,当他试图招募俄罗斯特工部门一名工作人员时被抓获并从其身上查获了从事间谍活动的技术装备、大笔钱款和假发等用品。[②] 实践中还存在相互要求召回外交官的事情,即被宣布为"不受欢迎的人"的外交官的派遣国作为报复也宣布接受国在其境内的外交官为"不受欢迎人的人"。例如,2014 年德国驻在俄罗斯的一名女外交官被宣布为"不受欢迎的人",因为在此之前一名驻在德国的俄罗斯外交官因涉嫌从事间谍活动被德国反间谍机构跟踪数月后抓获并宣布为"不受欢迎的人"。[③]

第五节 外交特权和豁免

一、关于特权和豁免的学说

与一般的外国人不同,派遣国的外交代表在接受国享有一定的特权和豁免。由于给予外国的外交代表以一定的特权和豁免是各国的普遍实践,因此关于特权和豁免法律依据的学说已经不再像过去那样重要。但是对这些学说的了解仍然是有必要的。

(一)治外法权说

治外法权说(exterritorial theory)在历史上是外交特权和豁免的主要理论依

[①] 最耸人听闻的例子是 1971 年英国一次要求前苏联召回其驻英国伦敦的使馆官员 105 名,原因是前苏联驻伦敦的外交和贸易机构中的克格勃日益增多。英国政府要求前苏联召回名单中的所有官员并在两个星期内离开英国。在那段时期,其他西方国家也曾宣布大量前苏联外交人员为"不受欢迎的人"。例如,玻利维亚 1972 年驱逐了 119 名,加拿大 1978 年驱逐了 13 名,法国 1983 年驱逐了 47 名,又于 1985 年驱逐了 25 名。参见 Eileen Denza, *Diplomatic Law: Commentary on the Vienna Convention on Diplomatic Relations*, 2nd ed., Clarendon Press, 1998, p.63。

[②] 参见新华新闻:http://news.xinhuanet.com/world/2013-05/15/c_124711711.htm, 2015 年 4 月 28 日访问。

[③] 参见新华新闻:http://news.xinhuanet.com/world/2014-11/18/c_127220829.htm, 2015 年 4 月 28 日访问。

据。治外法权的观念首先由格老秀斯作为虚拟说法而提出并形成一种学说。后来治外法权说几乎得到所有国际法著作家的接受。该说认为，既然外交使节是代表派遣国的，那么他们在接受国领土上就被视为好像在派遣国自己的领土上一样，因此他们不受接受国民法的拘束。这种适用于17世纪的学说在20世纪彻底被人们所摒弃。①

（二）代表说

外交代表之所以在接受国享有一定的特权和豁免，是因为他们是派遣国的代表。一旦他们的代表职务终止，他们的特权和豁免也随之停止了。这是持代表说（representative character）的人对外交特权和豁免理论根据的解释。但是在实践中，没有外交职衔的外交代表家属和使馆人员也享有豁免，代表说在这方面似乎没有足够的说服力。

（三）职务需要说

职务需要说（functional necessity theory）认为，外交代表之所以享有特权和豁免是因为执行其职务所必需。如果把他们作为一般的外国人同样对待，外交工作就会由于各种干扰而不能顺利进行。这种学说更接近于当代国际关系的实践并因此被1961年《维也纳外交关系公约》所接受。其实职务说也不是完全令人满意的理论，因为外交代表的某些不代表国家的非公务行为也享有豁免。但是与代表说相比，职务说得到更加广泛的接受。可以肯定地说，关于区分外交代表公务和私人行为并不给后者以豁免的理论就是以职务说为基础的。②

（四）1961年《维也纳外交关系公约》的规定

既然代表说和职务说各自都不能完全解决实际问题，而且它们相互之间又可以互补，为什么不将两者适当地结合起来呢？在该公约起草阶段，国际法委员会于1957年讨论相关条款草案时曾对外交特权和豁免的依据问题进行过激烈争论。格兰德·费茨茅利斯爵士（Sir Gerald Fitzmaurice）本人表达了对职务需要说的支持，认为该理论是正确的。尽管也受到一些批评，但是它与现实贴得很近。总之，原因很简单，如果不给他们一定的特权和豁免，外交代表将无法执行其任务。③ 1961年《维也纳外交关系公约》在其序言中主要接受了上述职务说，同时也考虑到代表说，"确认此等特权和豁免之目的不在于给予个人以利益而在于确保代表国家之使馆能有效执行职务"。④

---

① 参见 G. E. Do Nascimento e Silva, *Diplomacy in International Law*, A. W. Sijthoff, 1972, p. 112。
② Ibid., p. 114。
③ 参见 Eileen Denza, *Diplomatic Law: Commentary on the Vienna Convention on Diplomatic Relations*, 2nd ed., Clarendon Press, 1998, pp. 10—11。
④ 原来的草案中只提出了职务需要说，但是前苏联的代表提醒各个代表团，国际法委员会并非只接受职务需要说作为外交特权和豁免的依据。该前苏联代表并成功地提出口头建议，将代表说写进序言中。参见同上书，第12页。

二、使馆的特权和豁免

外交特权和豁免是外交关系法的核心内容。由于特权和豁免的内容比较多,而且使馆与外交代表在不同的方面享有特权和豁免,本书将按照1961年《维也纳外交关系公约》的处理方式,先讨论使馆的特权和豁免,然后再讨论外交代表和使馆其他人员的特权和豁免。

(一) 使馆馆舍不可侵犯

使馆馆舍是指"供使馆使用及供使馆馆长寓邸之用之建筑物之各部分,以及其所附属之土地"①。1961年《维也纳外交关系公约》第22条第1款规定:使馆馆舍不得侵犯。使馆馆舍的不可侵犯权包括两个方面:首先,接受国官员非经使馆馆长许可,不得进入使馆馆舍。② 与这项权利相对应的是接受国自身的不作为义务。其次,接受国负有特殊责任,采取一切适当步骤保护使馆馆舍免受侵入或损害,并防止一切扰乱使馆安宁或有损使馆尊严之情事。③ 因此,为了保证外国使馆馆舍不受侵犯,接受国一方面要保证其官员,例如,警察、部队或其他国家公务员不得擅自进入属于使馆馆舍的任何部分;另一方面,接受国还要采取一切适当措施,例如,安排保安人员对使馆馆舍周围的值勤、使馆大门的保卫等等,以便保障使馆馆舍的安全并防止其他人员对使馆馆舍的任何侵入。

应当指出的是,使馆馆舍不可侵犯是绝对的,不允许有任何例外。④ 即使发生了火灾或瘟疫等紧急情况,没有使馆馆长的允许,仍然不能进入。在1961年《维也纳外交关系公约》起草阶段曾经提出过对在紧急状况允许个别例外作出规定的建议,但是遭到许多国家的反对。反对的理由是:首先,如果允许接受国对何为"例外情况"作出判断将是非常危险的;其次,越是在紧急情况下,使馆越需要享有不可侵犯权。结果该公约规定的使馆馆舍不可侵犯权是没有任何例外的。后来的国际实践表明,在发生火灾或动乱的紧急情况后,使馆宁愿自己尽力保护或者销毁其档案也不愿请接受国进行急救。之所以如此谨慎,是因为趁火打劫者时有发生。例如,在一次美国驻莫斯科使馆失火事件中,接受国的救火警员中被证明混有克格勃人员。⑤

(二) 使馆档案和文件不可侵犯

首先在其著作中提及大使的文件不可侵犯的学者是瑞士人瓦泰尔(Emerich

---

① 1961年《维也纳外交关系公约》第1条(壬)。
② 1961年《维也纳外交关系公约》第22条第1款。
③ 1961年《维也纳外交关系公约》第22条第2款。
④ 请对比1963年《维也纳领事关系公约》第31条第1、2款的规定。
⑤ 参见 Eileen Denza, *Diplomatic Law: Commentary on the Vienna Convention on Diplomatic Relations*, 2nd ed., Clarendon Press, 1998, p.121。

de Vattel)。他在《万国法》中指出,如果不对大使的文件进行保护,他就无法安全地执行任务。但是,如果大使对接受国搞阴谋活动,他本人都可能被逮捕并被审讯,为了揭露阴谋,他的文件也可能被接受国没收。[①] 在后来很长的时期内,瓦泰尔的理论得到国际实践的支持。不过这些实践表明,大使的档案和文件多数在两种情况下遭到接受国的没收:两国刚刚断绝外交关系;尚未断交但外交关系紧张,在大使的档案和文件被没收后,派遣国作出强烈反应,随即断绝外交关系。[②] 后来的国际实践似乎并不禁止接受国法院用使馆的文件作为法庭上的证据,但要以派遣国不干预或不提出抗议为条件。[③]

1961年《维也纳外交关系公约》第24条规定:"使馆档案及文件无论何时,亦不论位于何处,均不得侵犯。"但是,该公约没有为"档案和文件"下定义。各国在实践中一般都参考1963年《维也纳领事关系公约》第1条第1款(11)为"领事档案"所下的定义:"称'领事档案'者,谓领馆之一切文书、文件、函电、簿籍、胶片、胶带及登记册,以及明密电码,记录卡片及供保护或保管此等文卷之用之任何器具。"

1961年《维也纳外交关系公约》第24条的上述规定至少在三个方面与这方面的国际习惯不同[④]:

首先,"不得侵犯"一词是国际法委员会精心选择的,用来涵盖两个意思:第一,接受国当局本身不得干预使馆的档案和文件;第二,接受国有义务保护这些档案和文件免受他人的干预。

其次,在时间上,使馆的档案和文件不得侵犯没有任何例外,无论在两国关系正常情况下还是在断交之后,也无论在平时或在两国发生武装冲突的特殊时期,均不得侵犯。此外,第45条还规定,接受国有义务尊重并保护这些档案和文件,并授权派遣国委托第三国加以保管。

最后,在空间上,使馆的档案和文件的不得侵犯也没有任何例外,无论在使馆内或是在使馆外,也不论是否在使馆人员的监管之下,一律不得侵犯。

(三)使馆(人员)的行动自由

1961年《维也纳外交关系公约》第25条规定:"接受国应给予使馆执行职务之充分便利。"允许使馆外交代表在接受国整个领土范围内的行动自由,是他们执行使馆职务,尤其是保护派遣国国民利益和调查接受国情况向派遣国报告职

---

① See Emerich de Vattel, Le Droit des Gens IV. IX,转引自上书, p.157。
② 参见同上书,第157—158页。
③ 1946年加拿大"罗斯诉国王"一案就是其中的一个例子,参见〔英〕戈尔-布思勋爵修订:《萨道义外交实践指南》第5版,杨立义等译,上海译文出版社1984年版,第170页。
④ 参见 Eileen Denza, *Diplomatic Law*: *Commentary on the Vienna Convention on Diplomatic Relations*, 2nd ed., Clarendon Press, 1998, p.160。

务所必需的基本条件。因此,第 26 条规定:"除接受国为国家安全设定禁止或限制进入区域另订法律规章外,接受国应确保所有使馆人员在其境内行动及旅行之自由。"

历史上,外交使节在接受国的行动自由曾经受到不同程度的限制。例如,11 世纪时拜占庭是当时唯一进行系统外交的帝国。拜占庭接受使节的方式是,在边界有部队迎接并护送他们到首都,到达后将他们禁闭在一个专门的城堡内,他们的所有娱乐活动就是观看没完没了的阅兵式。一直到 16 世纪,这种对待使节的方式被其他帝国所效仿。中国从清代之后要求所有外国人在中国国内旅行必须经过允许,外交官也不例外。现代欧洲国家发展了允许外交使节享有行动自由的法律并得到普遍接受。①

但是在"冷战"期间,苏联将外国使馆人员的行动自由限制在首都莫斯科方圆 50 公里的范围内,超出这个范围的旅行必须得到批准。其他东欧国家也效仿苏联的做法。西方国家,例如,美国、英国、加拿大、比利时、法国、荷兰、希腊等国家,对苏联和东欧等国也施加完全对等的限制。随着"冷战"的结束,这种限制也在对等基础上逐渐被取消。②

1986 年《中华人民共和国外交特权与豁免条例》第 7 条规定:"使馆人员在中国境内有行动和旅行的自由,中国政府规定禁止或者限制进入的区域除外。"

（四）使馆的通讯自由

使馆与其派遣国自由和秘密地通讯是国际外交关系法上所有外交特权和豁免中最重要的内容。③ 没有通讯自由,使馆无法完成代表本国政府与接受国交涉以及调查和了解接受国的情报并向本国政府报告的任务。使馆的通讯自由包括以下几个方面:

首先,根据 1961 年《维也纳外交关系公约》第 27 条第 1 款,使馆可以用一切适当方法与派遣国政府以及派遣国在所有其他地方的使馆和领事馆通讯。通讯的方法包括使用外交信差以及明密电信。但是在使馆安装和使用无线电发报机,必须经过接受国同意。

其次,第 27 条第 2 款规定:"使馆之来往公文不得侵犯。来往公文指有关使馆及其职员的一切来往文件。"在该条起草阶段,特别报告员接受了巴拿马籍国际法委员会委员阿尔法罗（Alfaro）先生提出的关于"使馆的公文"（official correspondence）应理解为从使馆发出的邮件（mail emanating from the mission）的

---

① 参见 Eileen Denza, *Diplomatic Law: Commentary on the Vienna Convention on Diplomatic Relations*, 2nd ed., Clarendon Press, 1998, p.168。
② 同上书,第 169、172 页。
③ 同上书,第 173 页。

建议。① 在维也纳会议上,澳大利亚代表建议补充一个"公文"的定义并被接受,即上述第 27 条第 2 款的第 2 句话。② 不过这个补充定义并没有解决"公文"是仅指从使馆发出的文件还是也包括派遣国政府发给使馆的文件的问题。③ 值得注意的是,这个问题在公约的中文文本中似乎并不存在,因为"使馆来往之公文"中"来往"一词的意思已经非常清楚地表明公文应包括"来自"和"发往"使馆的文件。无论如何,各国使馆在实践中往往使用密封的外交邮袋发送和接收秘密文件,因此很少发生与第 27 条第 2 款相关的国际争端。

再次,外交邮袋不得予以开拆或扣留(第 27 条第 3 款)。使馆的这项特权没有任何例外。但是,外交邮袋必须要有可以识别的标记,并且外交邮袋只能装载外交文件或公务用品(第 27 条第 4 款)。该公约的这项规定发展了该公约起草时的习惯国际法。根据习惯国际法,如果接受国认为外交邮袋中含有不应装载的物品,有权要求对邮袋进行检查。在这种情况下,派遣国有两种选择:第一,把外交邮袋原封不动地退回;第二,在派遣国使馆人员在场的情况下拆开检查。④ 由于通过无线电通讯、电话和通过公共设施邮寄的信件都容易被截获,凸显出外交邮袋不可开拆的重要性,因此该公约没有规定任何例外。但是国际实践表明,如何既坚持外交邮袋绝对不可开拆,又避免外交邮袋被使馆或派遣国滥用,的确是一件困难的事。⑤ 此外,什么构成外交邮袋? 外交邮袋应该是什么形式的? 它的体积有没有限制? 这些在公约中均未作出规定,然而这些都是非常容易引起争端的问题。例如,中国外交部礼宾司于 2013 年专门照会驻华各大使馆,通知它们关于航空运输外交邮袋的免检具体办法。该办法要求免于安全检查的外交信使携运的外交邮袋和作为航空货物运输的外交邮袋须携带有效证件和齐全的证明信并且外部封志完好。⑥

最后,外交信差人身不可侵犯。根据《维也纳外交关系公约》第 27 条第 5、6、7 款的规定,外交信差应持有官方文件以证明其身份。在外交信差执行职务时,应受到接受国的保护。外交信差享有人身不可侵犯权,不受任何形式的逮捕

---

① 参见 ILC Yearbook, 1958, Vol. I, p.143。

② UN Doc. A/Conf.20/C1/L154 (para. 2) and A/Conf./20/14, p.179。

③ 参见 Eileen Denza, *Diplomatic Law*: *Commentary on the Vienna Convention on Diplomatic Relations*, 2nd ed., Clarendon Press, 1998, p.183。

④ 参见〔英〕戈尔-布思勋爵修订:《萨道义外交实践指南》(第 5 版),杨立义等译,上海译文出版社 1984 年版,第 172 页。请注意对比 1963 年《维也纳领事关系公约》的相关规定。

⑤ 实践中滥用外交邮袋的事情时有发生。一个非常典型的例子是,1964 年 11 月,罗马的海关发现一个运往开罗的大型外交邮袋内装着一位被绑架并被麻醉的以色列人。结果,意大利宣布埃及驻罗马大使馆的一些人员为"不受欢迎的人"。参见〔英〕戈尔-布思勋爵修订:《萨道义外交实践指南》(第 5 版),杨立义等译,上海译文出版社 1984 年版,第 173 页。

⑥ 参见中国外交部官网:http://www.fmprc.gov.cn/mfa_chn/fw_602278/lbfw_602290/qita_602304/t1099070.shtml, 2015 年 4 月 28 日访问。

或拘禁。外交信差有专职的,也有临时的,后者称为"特别外交信差"。特别外交信差享有的特权和豁免"在其将携带之外交邮袋送交收件人后,即不复享有"(第27条第6款)。此外,商业飞机的机长也可以代为负责送递外交邮袋,但机长不得视为外交信差。使馆有权派使馆人员自由向机长取得外交邮袋(第27条第7款)。

(五) 免纳一切捐税

1961年《维也纳外交关系公约》第28条规定:"使馆办理公务所收之规费及手续费免征一切捐税。"使馆享有的这项豁免是普遍的国际实践,而且使馆收受费用的业务一般都属于执行领事职务的范围,例如,办理签证、护照等。

三、外交代表的特权和豁免

外交代表是指包括使馆馆长和其他具有外交职衔的外交人员在内的所有使馆职员。有人试图在外交代表的"特权"与"豁免"之间加以严格区分,实际上由于人们对这两个概念的不同理解,将两者合二为一是比较常见的做法。外交代表的特权和豁免主要包括:人身不可侵犯、寓所和财产不可侵犯、管辖豁免、作证义务豁免、免纳一切捐税等。

(一) 人身不可侵犯

外交代表的人身不可侵犯是最古老的外交特权和豁免,根源可以追溯到古希腊人给予使者的宗教保护。作为当时交战国家的使者后来成为完成和平使命的使节。[1] 古印度和古代中国也给予外国使节以特权和豁免。"即使是利剑出鞘、骂声震天,也不该杀死使者"是古印度人对待外国使者的习惯。[2] "凡危害使节者,加以处罚;对非礼的国家,可以兴师问罪"是《周礼》中特别保护使节的法规。[3] 总之,尊重使节的人身不可侵犯权是具有悠久历史的国际实践。到16世纪末,大使的不可侵犯权已经成为毫无疑问的习惯国际法规则。[4]

1961年《维也纳外交关系公约》第29条规定:"外交代表人身不得侵犯。外交代表不受任何方式之逮捕或拘禁。接受国对外交代表应特示尊重,并应采取一切适当步骤以防止其人身、自由或尊严受有任何侵犯。"根据这条规定,接受国负有两个方面的义务:

首先,接受国本身应尊重外交代表的人身不可侵犯权,不能对他们实行任何

---

[1] 参见〔英〕戈尔-布思勋爵修订:《萨道义外交实践指南》(第5版),杨立义等译,上海译文出版社1984年版,第177页。
[2] 参见杨泽伟著:《宏观国际法史》,武汉大学出版社2001年版,第20页。
[3] 参见同上书,第408页。
[4] 参见 Eileen Denza, *Diplomatic Law: Commentary on the Vienna Convention on Diplomatic Relations*, 2nd ed., Clarendon Press, 1998, p.210。

形式的逮捕或拘禁。这是接受国的消极义务,即通过其不作为来保障外交代表的人身不可侵犯权。接受国有关当局不能为了行使主权,特别不能为了行使执行法律的权力而使外交代表受到任何人身侵犯。

其次,接受国还必须采取一切适当措施,防止其他人侵犯外交代表的人身、自由和尊严。这是接受国的积极义务,即通过主动采取适当措施,例如,在使馆周围设立值勤岗哨、在使馆大门安排警卫等,以便保障外交代表的人身不受其他人的侵犯。

由于为政治或经济目的绑架外交代表作人质的事件日益增多,除上述义务外,在外交代表的安全受到威胁的情况下,接受国还承担向其提供武装保卫的义务。但是经验证明这种特殊的武装保卫对于强硬的恐怖分子所起的作用是有限的。一旦外交代表被扣为人质,上述第 29 条中接受国"采取适当步骤"的规定是否包括向劫持者付赎金以便解救外交代表或者不惜违反本国法律为救出被劫持的外交代表而接受恐怖分子要求释放罪犯的交换条件呢? 1970 年在危地马拉发生了劫持联邦德国大使事件。事件发生后,由于两国对上述规定的不同理解导致联邦德国与危地马拉断绝了外交关系。劫持者要求危地马拉释放罪犯并交赎金,否则就杀死人质。危地马拉政府认为第 29 条并不要求它以违反本国宪法或威胁其国家安全的方式向劫持者投降。结果联邦德国大使被杀害。联邦德国政府谴责危地马拉违反了第 29 条的规定,联邦德国认为危地马拉应该尽一切努力以求释放人质。[1]

也有相反的实践,即接受国向劫持者屈服,答应他们释放囚犯的条件以换来被劫持的外交代表的安全。例如,1969 年美国驻巴西大使被巴西某革命组织劫持,在巴西当局答应释放被关押的 15 名罪犯并允许发表其政治宣言后,人质获得释放。1970 年该组织又劫持了联邦德国大使并以巴西当局释放他们的 40 名在押犯为交换条件;同年该组织又劫持了瑞士大使,交换条件是释放他们的 70 名在押犯。仅仅在 1970 年一年内连串发生了主要以西方国家外交代表为目标的劫持事件。这些事件使这些国家的政府认识到,向劫持者屈服的政策不是第 29 条固有的要求,不能再坚持这种政策了。[2] 1971 年美洲国家组织通过的《关于防止和惩治以针对个人的犯罪和具有国际意义的相关勒索的形式的恐怖主义行为公约》(the Convention to Prevent and Punish the Acts of Terrorism Taking the Form of Crimes against Persons and Related Extortion That Are of International Significance)和 1973 年联合国大会通过的《关于防止和惩处侵害应受国际保护

---

[1] 参见 Eileen Denza, *Diplomatic Law*: *Commentary on the Vienna Convention on Diplomatic Relations*, 2nd ed., Clarendon Press, 1998, p.213.

[2] 同上。

人员包括外交代表的罪行的公约》,就是在这种形势下制定的。

应当指出,与使馆的不可侵犯权相同,外交代表的人身不可侵犯权也是绝对的,没有任何例外。① 当然外交代表人身不可侵犯的绝对性也存在与避免滥用平衡的问题。一些国家的外交代表利用其特权长期从事间谍活动、干涉接受国内政甚至参与颠覆接受国政府的阴谋活动等等,是引起接受国与派遣国争端的重要起因。为此,1961年《维也纳外交关系公约》第41条第1款规定:"在不妨碍外交特权与豁免之情形下,凡享有此项特权与豁免之人员,均负有尊重接受国法律规章之义务。此等人员并负有不干涉该国内政之义务。"

(二) 管辖豁免

外交代表在接受国享有的管辖豁免包括刑事、民事和行政管辖豁免。刑事管辖豁免的历史最为悠久,可以追溯到16、17世纪。民事管辖豁免产生得晚一些,在17世纪时,由于派遣国无力资助,大使们常常背上债务或者通过经商来应付必需的排场,他们卷入民事案件的事也是经常发生的事。② 不过到18世纪初宾刻舒克撰写他的《论使节》(De Foro Legatorum, 1721)时③,民事管辖豁免也已经成为公认的习惯国际法规则。④ 1961年《维也纳外交关系公约》第31条对外交代表的刑事、民事和行政管辖豁免都作出了规定。

1. 刑事管辖豁免

由于外交代表的刑事管辖豁免与其人身不可侵犯权紧密地联系在一起,后者在第29条已经作出了规定,因此在第31条中只有一句话与刑事管辖豁免有关,而且非常简单:外交代表对接受国之刑事管辖享有豁免。外交代表如果犯了罪,接受国一般通过外交途径而不是通过司法程序加以解决,即由接受国外交部门出面与派遣国进行口头或书面的交涉,依据犯罪情节的严重程度予以处理,或者宣布相关的外交代表为"不受欢迎的人",或者将其驱逐出境。应当指出,与领事特权与豁免相比,外交代表的刑事管辖豁免是绝对的,没有任何例外。⑤

2. 民事和行政管辖豁免

1961年《维也纳外交关系公约》第31条规定,外交代表对接受国的民事和行政管辖也享有豁免,但是有下面三个例外:

第一,除非属于代表派遣国为使馆用途置有不动产,外交代表关于在接受国境内私有不动产的物权诉讼;

---

① 请对比1963年《维也纳领事关系公约》第41条的规定。
② 参见〔英〕戈尔-布思勋爵修订:《萨道义外交实践指南》(第5版),杨立义等译,上海译文出版社1984年版,第182—183页。
③ 英文名称为"On the Forum of Legates"。
④ 参见 Eileen Denza, *Diplomatic Law: Commentary on the Vienna Convention on Diplomatic Relations*, 2nd ed., Clarendon Press, 1998, pp.232—233。
⑤ 请对比1963年《维也纳领事关系公约》第43条第1款的规定。

第二,关于外交代表以私人身份并不代表派遣国而为遗嘱执行人、遗产管理人、继承人或受遗赠人的继承事件的诉讼;

第三,关于外交代表于接受国内在公务范围以外所从事的专业或商务活动的诉讼。

此外,如果外交代表主动提起诉讼,对于与主诉直接相关的反诉也不享受豁免(第32条第3款)。

在国际实践中,关于外交代表的民事和行政管辖豁免有一些第31条没有明确规定的实际问题。例如,当外交代表在接受国非自然死亡,接受国是否可以对其死亡原因展开调查?一般的实践是,除非派遣国同意,否则不得进行调查。① 又如,外交代表在接受国因驾驶汽车、船舶和飞机引起的事故,保险公司是否可以因他们享有的特权和豁免而拒绝理赔? 英国和美国的法律和实践表明,受害者可以直接向保险公司提起民事诉讼。保险公司不能将受保人的外交特权和豁免作为保护伞。加拿大对外事务部1966年规定,用行政措施保证外交代表遵守关于汽车保险的当地规章,保险公司在任何情况下都不得在因车祸引起的诉讼中将外交豁免作为考虑的因素。② 由于外交代表酒后开车发生交通事故而引起的诉讼相当多,在维也纳会议上,荷兰代表提出将其作为民事管辖豁免例外的建议,但是由于开车与上述三个例外所涉及的活动不同,是日常生活的一部分,建议最终被否决。③《中华人民共和国外交特权与豁免条例》第14条规定,外交代表在中国享有民事管辖豁免和行政管辖豁免,但下列各项除外:(1)外交代表以私人身份进行的遗产继承的诉讼;(2)外交代表在中国境内从事公务范围以外的职业或商业活动的诉讼。

3. 作证义务的豁免

外交代表无以证人身份作证的义务(第31条第2款)。外交代表没有义务在接受国的任何诉讼程序中出庭作证。但是这种作证义务的豁免一直到19世纪尚未在习惯国际法中确立,1856年发生在美国的要求荷兰驻华盛顿公使出庭作证的事件就是很好的例证。在该事件中,荷兰公使是一起杀人案的目击者,美国政府虽然承认依照国际惯例和美国法律该公使有权拒绝作证,但是要求他出于正义到庭作证。此要求被荷兰政府拒绝,但允许该公使提供书面证据。由于书面证词没有任何价值,遭到美国区检察长的拒绝。美国政府虽然没有继续坚

---

① Eileen Denza, *Diplomatic Law: Commentary on the Vienna Convention on Diplomatic Relations*, 2nd ed., Clarendon Press, 1998, p.231.
② Ibid., pp.233—235.
③ 同上书,第236页。

持要求该公使出庭作证,却宣布他为"不受欢迎的人"要求荷兰将其召回。①

1961年《维也纳外交关系公约》第31条第2款没有规定任何例外,外交代表作证义务的豁免包括没有义务在派往其寓所录取证言的人员面前作证。② 但这并不排除外交代表可能在其本国批准(即由派遣国放弃豁免)的情况下自愿以证人身份出庭作证或提供书面证言。

4. 各种税收的豁免

外交代表享有各种对人或对物课征的国家、区域或地方性捐税的豁免。但是这种豁免有6个方面的例外(第34条):第一,通常计入商品或劳务价格内的间接税;第二,对于在接受国境内的私有不动产课征的捐税;第三,接受国课征的遗产税、遗产取得税或继承税;第四;在接受国内获得的私人所得以及商业投资课征的捐税和资本税;第五,为供给特别服务所收的费用;第六,关于不动产的登记费、法院手续费或记录费、抵押税及印花税。

5. 关税、行李检验的豁免

外交代表免纳关税及其私人行李免受海关检验,是各国的普遍实践。但是,无论是国际法学者还是各国政府似乎并不认为给予外交代表以海关方面的特权和豁免是习惯国际法的要求。换言之,国家在免除外交代表的关税和行李检验时可能不认为自己有此法律义务而是出于某种礼节。造成这种状况的根本原因是,海关方面的豁免是外交代表的所有特权和豁免中最容易被滥用的。萨道义引用俾斯麦谈到的一个臭名昭著的例子,对于我们理解国家的谨慎态度大有帮助。1856年法国的一名立法议会长德·莫尔尼公爵被法国派往圣彼得堡作为特命大使出席沙皇亚历山大二世的加冕典礼。"他带了一长列华丽的车辆和一大批大大小小的箱笼,装满了花边、丝织品和女人服装,因为他是大使,无需缴纳关税……他在那里不过几天,就拍卖了这些东西——车辆、花边和衣服,赚了八十万卢布。"③

因此,各国都通过立法或行政措施对海关的特权和豁免施加限制,对免税物品的种类和数量作出详细规定。1961年《维也纳外交关系公约》第36条的规定原则上反映了各国实践,仅对使馆办公用品和外交代表或与其构成同一户口的家属的私人用品(其中包括供其定居之用的物品)给予关税豁免(第1款)。外交代表的私人行李免受检验,但是有重大理由推定其行李中装有不在免税之列

---

① 参见〔英〕戈尔-布思勋爵修订:《萨道义外交实践指南》(第5版),杨立义等译,上海译文出版社1984年版,第186页。
② 参见〔英〕詹宁斯、瓦茨修订:《奥本海国际法》(第一卷第二分册),王铁崖等译,中国大百科全书出版社1998年版,第502页。
③ 转引自〔英〕戈尔-布思勋爵修订:《萨道义外交实践指南》(第5版),杨立义等译,上海译文出版社1984年版,第202页。

的物品或接受国法律禁止进出口或有检疫条例加以管制的物品,可以在外交代表在场的情况下,对行李进行查验(第2款)。

1986年《中华人民共和国外交特权与豁免条例》第18条的规定与该公约的上述规定基本相同。但是在第19条中作出关于携运枪支的专门规定:"使馆和使馆人员携运自用的枪支、子弹入境,必须经中国政府批准,并且按中国政府的有关规定办理。"

四、非外交代表的特权和豁免

"非外交代表"或称"使馆其他人员",是指使馆的外交代表以外的所有人员,其中包括"与外交代表构成同一户口"的家属[①]、行政及技术职员、为使馆仆役的职员、使馆人员的私人仆役等。根据1961年《维也纳外交关系公约》第37条的规定,上述非外交代表只要不是接受国国民并不在接受国永久居留,也在不同程度上享有各项特权和豁免。应该注意的是,该公约在外交代表的家属、使馆行政和技术人员及家属、使馆私人仆役这三种人员之间作了区分。

(一) 外交代表的家属

外交代表的家属,包括与其共同生活的配偶和未成年子女,享有的特权和豁免与外交代表完全相同(第37条第1款)。这是长期以来形成的国际习惯,在理论和实践上都没有任何分歧。但是,究竟谁构成外交代表的家属?这个问题在公约起草阶段存在争议。学者们认为只有与外交代表非常亲密的家庭成员才属于他们的家属。国际法委员会用"与外交代表构成同一户口"(forming part of his household)来表述各国对这种亲密关系的一般理解。[②] 实际上多数国家都采用稍微灵活的用词以便在具体情况下与相关的派遣国处理较难或特殊的问题。

一些国家就谁构成外交代表的家属作出具体规定。例如,1986年《中华人民共和国外交特权与豁免条例》第20条明确规定:与外交代表共同生活的配偶及未成年子女,如果不是中国公民,享有与外交代表相同的特权和豁免。英国除了作出类似的明确规定外,还补充了其他情况:对外交代表履行女主人的社会责任的人,例如,寡妇外交代表的成年的女儿或未婚外交代表的姐妹;外交代表没有长期就业的父母亲;与外交代表共同生活但没有长期就业的成年子女,包括在假期时与其共同生活的在读大学生。加拿大、澳大利亚和新西兰与英国有类似的规定。美国的规定也与英国基本类似,但是对一些特殊情况的处理方式是,派

[①] 1986年《中华人民共和国外交特权与豁免条例》将其称为"与外交代表共同生活的配偶及未成年子女"(第20条)。

[②] 参见 Eileen Denza, *Diplomatic Law: Commentary on the Vienna Convention on Diplomatic Relations*, 2nd ed., Clarendon Press, 1998, p.323。

遣国向美国国务院提出请求,后者明示批准后才能享有特权和豁免。[1]

(二) 其他非外交代表

使馆行政和技术职员及其家属以及使馆事务职员和使馆人员的私人仆役是在使馆中所占比例最大的使馆人员。他们对于使馆的正常运作起着至关重要的作用,同时由于人数众多,他们在接受国更容易卷入各种事件或引起事端。历史上,这些使馆人员在何种程度上享有特权和豁免,各国的实践很不一致。有的国家给予所有的这类人员以完全的特权和豁免;有的则仅给行政和技术人员的公务行为以豁免,其他人员不享有任何特权和豁免。多数国家的做法是介于这两者之间。实际上,在 20 世纪以前,外交人员与行政和技术人员之间,行政技术人员与事务职员之间,都没有明显的分工。这可能是无法形成一般实践的重要原因。

1. 使馆行政和技术职员及其家属

根据 1961 年《维也纳外交关系公约》第 37 条第 2 款的规定,使馆行政和技术人员及其家属,如果不是接受国国民或永久居民,享有有限的特权和豁免。该款规定的限制是:第一,他们只有在最初定居时所携入的物品才享有关税豁免;第二,他们不享有海关检验的豁免;第三,仅就其执行职务的行为才享有刑事、民事和行政管辖豁免。

2. 使馆事务职员

根据 1961 年《维也纳外交关系公约》第 37 条第 3 款的规定,使馆事务职员如果不是接受国国民或永久居民,就其执行职务的行为享有豁免,受雇所得报酬免纳捐税。

3. 使馆人员的私人仆役

使馆人员的私人仆役如果不是接受国国民或永久居民,受雇所得报酬免纳捐税。其他方面,仅享有接受国许可的特权和豁免。但是,接受国对此等人员的管辖以不能对使馆职务的执行造成不当妨碍为条件。

(三) 作为接受国国民或永久居民的使馆人员

如果外交代表及其他使馆人员是接受国的国民或永久居民,他们是否也同样享有特权和豁免呢?17 和 18 世纪时,这个问题在理论和实践上都没有定论。按照宾刻舒克的推理,外交使节之所以享有特权与豁免是因为虽然身在国外但仍然应该接受其自己君主的管辖,而作为接受国国民的外交使节当然应受其国籍国管辖从而不应享有特权和豁免。但是瓦泰尔则认为任何使节作出的与其外交使命有关的行为均应享受接受国的管辖豁免;至于作为接受国本国国民的外

---

[1] 参见 Eileen Denza, *Diplomatic Law: Commentary on the Vienna Convention on Diplomatic Relations*, 2nd ed., Clarendon Press, 1998, 第 323—324 页。

交使节在其他事项上是否也享有特权和豁免,取决于接受国本国的法律规定:如果接受国并不反对给予其充任外国驻本国使节的本国国民特权与豁免,可以认为此等使节在其充任外国使节期间就取得了独立于接受国的地位。不过,在当时之所以可能发生接受国同意本国国民充任外国使节的现象,根本原因在于那时国籍的含义没有现在这样明确,改变对一个国家的效忠也不一定需要办理现在这样的正规手续。①

当代国际实践表明,一些国家完全拒绝接受本国国民作为代表另一国的外交官从而避免了此等人员的特权和豁免问题;在那些不拒绝的国家中,一些国家给予他们以完全的特权和豁免;一些则不给予任何特权和豁免;还有些国家仅给予其公务行为以特权和豁免。中国并不反对中国国民充任外国使节,但是,根据1986年《中华人民共和国外交特权与豁免条例》第21条,他们仅就其执行公务的行为享有管辖豁免和不可侵犯权。中国的规定与1961年《维也纳外交关系公约》第38条第1款的规定完全相同。

第38条第2款还规定,其他使馆人员及私人仆役如果是接受国国民或永久居民,仅可以在接受国许可的范围内享有特权与豁免。因此,接受国可以自由决定这类使馆人员所享有的待遇。但是该款为接受国的这种自由施加了限制,即"接受国对此等人员所施之管辖应妥为行使,以免对使馆职务之执行有不当之妨碍"。

总之,根据1961年《维也纳外交关系公约》第38条,接受国国民或永久居民作为外国使馆人员被划分为两类:外交代表和非外交代表。前者的执行职务的公务行为享有管辖豁免和不可侵犯权,后者是否以及在何种程度上享有特权和豁免取决于接受国的同意并且以不妨碍使馆职务的执行为条件。

五、特权和豁免的开始和终止

关于特权和豁免的开始,根据1961年《维也纳外交关系公约》第39条,享有外交特权和豁免的人,从其进入接受国国境前往就任之时开始享有其特权和豁免;如果在就任前已经在接受国境内,则在其委派通知到达接受国外交部门之时开始。

关于特权和豁免的终止,第39条规定,享有外交特权和豁免的人,如果其职务因到期或被召回等其他原因而终止,特权和豁免一般于其离境之时或听任其离境的时间终了之时而终止。即使两个国家断交或发生武装冲突,也没有例外。

但是,他们以使馆人员的资格执行职务的行为,豁免应该始终有效。这就意

---

① Eileen Denza, *Diplomatic Law: Commentary on the Vienna Convention on Diplomatic Relations*, 2nd ed., Clarendon Press, 1998, p.340.

味着,在他们失去了使馆人员资格以后的任何时候,接受国都不能对他们过去以使馆人员的资格执行公务的行为行使管辖权。

此外,在使馆人员死亡后,家属应该继续享有作为家属应该享有的特权和豁免,直到听任其离境的合理期间终止。

六、德黑兰的美国外交和领事人员案

1979年国际法院受理了美国诉伊朗"德黑兰的美国外交和领事人员"案。美国请求国际法院宣布伊朗政府违反对美国承担的条约义务,伊朗政府应立即释放在德黑兰大使馆以及在大不里士和设拉子的领事馆的全部美国人和拘留在伊朗外交部的三个人,并要求伊朗对此侵权行为承担赔偿责任,对肇事者予以惩处。[①]

这是有史以来国际法院受理的第一个严重侵犯使领馆舍及其人员的特大案件。事件发生在1979年11月4日。美国驻德黑兰大使馆被接受国群众示威队伍占领,使馆内五十多人被扣作人质,其中有使馆人员和领事人员,还有一些非美国籍工作人员;使馆内的档案和文件也被示威的群众捣毁。第二天,驻在伊朗的两个美国领事馆也发生了同类事件。事件发生后,美国使馆请求伊朗当局给予援助和保护,但伊朗当局没有采取适当步骤保护使领馆及其人员和制止事态的发展。伊朗政府不仅没有采取任何保护措施,其外交部长反而于11月5日在记者招待会上表示美国应该对此事件负责。伊朗总理也在同一天的记者招待会上宣称美国使馆是间谍中心,应该继续扣留人质,直到美国把前伊朗国王及其财产归还伊朗,并禁止与美国在这个问题上进行谈判。

美国于11月9日请求联合国安全理事会召开紧急会议以便解决这个问题,并于11月29日向国际法院起诉。但是伊朗政府于1980年2月16日向法院表示反对国际法院受理此案,并拒绝出庭。1980年5月24日,国际法院在伊朗缺席的情况下作出判决。判决认为伊朗政府在许多方面违反了它根据国际条约和长期确立的国际法规则所承担的义务;伊朗应该为其违反国际义务的行为承担国际责任;伊朗政府必须立即采取一切行动缓和由于1979年11月4日及其后发生的事情所引起的局势,为此目的,双方应达成协议。

由于伊朗拒不接受国际法院的管辖,国际法院的判决不能得到执行。美国与伊朗之间的人质争端最终在阿尔及利亚的斡旋之下通过协议得以解决。依据该协议,人质在被关押444天之后于1981年1月20日全部获得释放。

---

① 关于案情的简单情况,参见陈致中编著:《国际法案例》,法律出版社1998年版,第97—103页。关于该案的详细情况,参见国际法院网站:http://www.icj-cij.org/docket/index.php? p1 = 3&p2 = 3&code = usir&case = 64&k = c9,2009年11月28日访问。

七、外交使节在第三国的地位

外交使节的法律地位主要是派遣国与接受国之间的问题。但是,当外交使节前往就任或从接受国回国需要经过第三国时,必然产生他们在第三国的地位问题。外交使节在第三国的地位主要涉及两个方面的问题:第一,外交使节在第三国的过境;第二,外交使节在第三国的特权和豁免。

(一) 外交使节在第三国的旅行与过境

外交使节在第三国有两种情况:一种是外交使节到第三国进行私人旅行或度假;另一种是前往就任或从接受国回到派遣国途中经过一个或数个第三国。在前一种情况下,他们与处在第三国的其他外国人没有什么区别,除非第三国出于礼貌给他们以某种特殊的待遇。在后一种情况下,由于他们在第三国的过境与在接受国执行外交职务联系在一起,因此产生特权和豁免的问题。

(二) 外交使节在第三国的特权和豁免

根据1961年《维也纳外交关系公约》第40条的规定,外交代表前往就任或返任或返回本国时经过第三国或在第三国境内,而且该国"曾发给所需之护照签证"时,他们在第三国享有人身不可侵犯权及确保其过境或返回所需之其他豁免。这项规定同样适用于与外交代表同行或单独旅行前往会聚或返回本国的他们的家属。

一直到19世纪,外交使节在第三国的地位才形成比较清晰的习惯国际法规则。根据当时的规则,外交使节在第三国享有"无害过境权"(the right of innocent passage),但是以第三国与派遣国和接受国之间没有发生战争为条件。[①]当代国际实践并不承认外交使节有这种过境权,因为第三国有权拒绝他们入境。因此,上述第40条第1款中关于第三国"曾发给所需之护照签证时","应给予不得侵犯权及确保其过境或返回所必需之其他豁免"的规定,反映了起草该公约时的国际实践。换言之,第三国没有义务无例外地允许外交使节过境。但是,一旦它通过发给其签证允许其过境,就有义务给予其人身不可侵犯权和过境所必需的特权和豁免。[②] 至于有些第三国还给予他们其他特权和豁免,那完全是出于礼节,不是基于国际法律义务。

---

① 参见 Eileen Denza, *Diplomatic Law*: *Commentary on the Vienna Convention on Diplomatic Relations*, 2nd ed., Clarendon Press, 1998, p.367。

② 第40条并不要求第三国给予外交使节以完全的特权和豁免。例如,1972年一位阿尔及利亚的外交官从大马士革到巴西的途中经过荷兰Schiphol机场,行李过海关时被检验,因查出了信件炸弹和其他爆炸物品而将其行李没收。但是,经过问讯后允许其继续旅程。尽管当时荷兰还不是1961年《维也纳外交关系公约》的参加国,还是按照公约的规定没有将其逮捕也没有起诉他。参见 Eileen Denza, *Diplomatic Law*: *Commentary on the Vienna Convention on Diplomatic Relations*, 2nd ed., Clarendon Press, 1998, p.369。

(三) 外交使节在第三国的通讯自由

根据 1961 年《维也纳外交关系公约》第 40 条第 3 款的规定,外交使节在接受国享有的通讯自由,包括明密电码电信在内,同样适用于在第三国的情况。第 27 条规定的关于外交信差和外交邮袋的规定也同样适用于第三国。

最后,应当指出,1961 年《维也纳外交关系公约》第 40 条第 1—3 款规定的关于外交使节在第三国的地位的各项规定均以第三国的事先同意为基础,但是在不可抗力的情况下,例如,飞机迫降或被劫持等,第三国依据上述各项规定对外交使节承担的义务同样适用,而不以其事先同意为条件(第 40 条第 4 款)。

第六节 特别使团

一、特别使团的概念

如前所述,使节制度首先是从临时使节开始的。常驻使节从 16 世纪以后才开始出现,而且和临时使节并存,他们执行的使命几乎没有什么区分。随着常驻使节的逐渐普及,临时使节虽然没有消失,但其使命却自然地与常驻使节区别开来。前者专门处理特别事宜,后者则主要负责日常外交事务。"特别使团"与"临时使团"实际上是同一概念。

特别使团,顾名思义,"是指一个国家,经另一个国家的同意,为了就特别问题同该另一国进行交涉,或为了执行同该另一国有关的特别任务,而派往该国的、代表其本国的临时使团"[①]。在国际实践中,特别使团还应该包括国家和国际组织之间以及不同的国际组织之间相互派遣的这类临时使团。

特别使团与常驻使节主要有三个区别:首先,特别使团是临时性的,一旦特定的使命完成后回国,使团随之解散;而常驻使节则是长期驻在国外,除非发生意外,例如,在派遣国和接受国之间发生战争或者断绝外交关系,一般会持续存在。其次,特别使团是为了完成特殊使命而派往另一国的,因此它仅为了某个特殊目的,如参加王室婚丧大典、签署条约等,而在接受国代表派遣国;而常驻使节则是为了在接受国执行各种日常外交职务。最后,特别使团的派遣不以外交或领事关系为必要前提[②],而常驻使节则相反。

特别使团与常驻使节的共同点主要包括:第一,派遣和接受特别使团和常驻使节都是国家的权利。换言之,国家没有派遣和接受特别使团和常驻使节的义务。因此,"经另一个国家同意",是派遣和接受特别使团和常驻使节的前提。

[①] 1969 年《联合国特别使团公约》第 1 条第 1 款。
[②] 1969 年《联合国特别使团公约》第 7 条。

为了强调这一点,1969年《联合国特别使团公约》第2条规定:"一国事先通过外交途径或者其他双方同意或共同接受的途径取得另一国同意后,可以向另一国派遣特别使团"①。第二,特别使团和常驻使节都是代表国家的外交机关。特别使团不是议会代表、不是访问外国的乐队或足球队,而是代表国家发言的使者。第三,特别使团和常驻使馆都由外交代表和其他人员(行政和技术人员、服务人员等)组成。第四,他们的成员都按照等级和职务的不同而在接受国享有不同程度的特权和豁免。

二、特别使团的特权和豁免

是否给予特别使团的外交代表以完全的特权和豁免的问题在西方发达国家与发展中国家之间存在争议。前者认为已经有众多的常驻使节在它们的国家享有特权和豁免,如果给予各种不同的临时特别使团完全的特权和豁免,把不可侵犯权扩展到他们居住的旅馆房间,甚至把免纳关税捐税的特权给予那些大量的来来往往的外国官员,在行政上是有困难的。但是,大多数国家,特别是一些小国,则认为"特别使团在某种程度上是一些较穷的国家典型的外交方式。如果给予它们临时代表的地位低于富国的常驻大使,这无异于歧视他们"②。争论的结果是采取国际法委员会的建议,给予特别使团及其成员以同样的特权和豁免。

因此,通过比较两个公约的内容可以看出,特别使团的派遣和接受、机构和组成、团长及其成员的等级和分工,他们的特权和豁免等等,都与常驻外交使节基本相同。但是,由于特别使团的团长有时可能是一国的国家元首、政府首脑和外交部长或其他高级人员,不能完全比照1961年《维也纳外交关系公约》中关于特权和豁免的规定,适当的调整是必要的。例如,1969年《联合国特别使团公约》第21条规定:"派遣国国家元首率领特别使团时,在接受国或第三国内,应享受国际法赋予进行正式访问的国家元首的便利、特权和豁免。"

第七节 领事制度

一、领事制度的历史发展

领事制度的萌芽可以追溯到古希腊城邦实行的一种在外国人中选择代表充当他们与地方当局之间的中间人制度。③ 到中世纪后期,在意大利、西班牙和法

---

① 请对比1961年《维也纳外交关系公约》第2条的规定。
② 参见〔英〕戈尔-布思勋爵修订:《萨道义外交实践指南》(第5版),杨立义等译,上海译文出版社1984年版,第230页。
③ 同上书,第303页。

国的商业城镇出现了所谓"仲裁领事"或"商人领事",主要负责解决商务争执。① 各国派遣领事而不是仅仅从当地的本国商人中选任领事的实践始于16世纪,"但是作为国家级的代表,他们很快就退居外交使馆之后。两百年后,随着工业和海上贸易的发展,领事职能的作用被重新肯定下来"②。西方发达国家为了维护他们在海外的商业利益开始通过签订双边条约或制定国内法的方式对领事事务作出规定。③ 到19世纪中叶,领事职能随着西方列强将所谓"领事裁判权"强加于东方国家而得到进一步扩展:西方国家的领事不仅负责保护派遣国侨民的权利和利益,还享有对他们的民事和刑事管辖权。由于"领事裁判权"制度严重地违反了国家主权平等原则,在20世纪中叶被彻底废除。1963年《维也纳领事关系公约》的大部分内容都是对领事关系的习惯国际法的编纂。

二、领事和领事关系法的概念

领事是指国家主要为了商务利益和其他相关目的,经另一国同意而派驻在该国一定区域内执行职务的人员。

与外交代表不同,他们的主要职务不是在派遣国代表本国,而是在其所管辖的区域,一般称为"领事辖区",保护派遣国及其国民的利益。领事不是外交使节,因此不享有外交特权和豁免,而享有一定的便利、领事特权和豁免。

一般情况下国家建立外交关系就意味着同时建立了领事关系,但是断绝外交关系并不当然断绝领事关系。④ 不建立外交关系,单独建立领事关系的情况是比较罕见的。⑤ 领事关系法是调整国家之间领事关系,包括领事的派遣和接受、领事的特权和豁免等方面的国际法律、规章制度的总和。领事关系法的主要渊源是国际习惯和国际条约,其中有大量的国家之间的双边条约,称为领事条约或"领事专约"(consular convention)。

三、领事的种类和等级

(一) 领事的种类

领事可以分为两大类:职业领事和名誉领事。职业领事,也称专业领事,一

---

① 参见〔英〕詹宁斯、瓦茨修订:《奥本海国际法》(第一卷第二分册),王铁崖等译,中国大百科全书出版社1998年版,第559页。
② 参见〔英〕戈尔-布思勋爵修订:《萨道义外交实践指南》(第5版),杨立义等译,上海译文出版社1984年版,第304页。
③ 1769年,法国和西班牙两国的代表在西班牙普拉多宫签订了第一个现代的领事条约。参见同上书,第305页。
④ 参见1963年《维也纳领事关系公约》第2条第2、3款。
⑤ 有的小国,不派遣外交使节,仅派一个领事驻在另一个国家。经接受国同意,在履行领事职务的同时还履行外交职务。参见〔英〕詹宁斯、瓦茨修订:《奥本海国际法》(第一卷第二分册),王铁崖等译,中国大百科全书出版社1998年版,第560页。

般为派遣国的国民,从政府领取薪金。名誉领事,也称商人领事或非职业领事,通常是由派遣国在接受国的侨民担任,但也有一些国家允许接受国或第三国国民担任名誉领事,不过对这种名誉领事的委任必须得到接受国政府的同意。职业领事以领事为其本职工作,一般在接受国不能再受雇于私人企业或其他有收益的私人职业。名誉领事不从派遣国拿薪水,领事仅为其自己职业以外的兼职。职业领事和名誉领事享有不同的特权和豁免。1963年《维也纳领事关系公约》从第58条到第68条专门规定了适用于名誉领事的特权和豁免。中国过去不派遣也不接受名誉领事。① 这种实践直到1997年7月1日中国恢复对香港行使主权后发生了变化。如果说香港和澳门的情况是基于"一国两制"制度而延续了过去的实践的话,中国内地新的实践也表明中国政府至少已经开始接受名誉领事。②

(二) 领事的等级

职业领事和名誉领事都有不同的等级。职业领事分为总领事、领事、副领事和领事代理人4个等级。③ 1963年《维也纳领事关系公约》第9条规定领馆馆长分上述4个等级。但是该条第2款规定:"本条第1项之规定并不限制任何缔约国对馆长以外之领事官员设定衔名之权。"总领事可能是负责管理几个领事辖区的长官,也可能是负责一个较大领事辖区的领馆馆长。领事是一个较小辖区的领馆馆长。副领事是总领事或领事的助手,因其本人具有领事身份,所以可以代替领事执行一切领事职责。领事代理人是由总领事或领事任命并经派遣国批准,在该领事辖区代其执行部分领事职务的人。

四、领事的派遣和接受

1963年《维也纳领事关系公约》第2条第1款规定:"国与国间领事关系之建立,以协议为之。"如上所述,两个国家建立领事关系的协议一般称为领事条约或领事专约。协议签订后,随之而来的是相互设立领馆,并派遣领事。关于领馆设立的地点、类别和领事辖区的确定均由派遣国作出决定,但是必须得到接受国的同意。④

根据1963年《维也纳领事关系公约》第11条,领馆馆长一般是通过颁发委任文凭或类似文书来派遣的。派遣国通过外交途径将此等委任文凭或文书转送

---

① 参见丘日庆主编:《领事法论》,上海社会科学院出版社1996年版,第93页。
② 中国第一次接受名誉领事是1999年由瓦努阿图委派的名誉领事,参见《中国外交:2005年版》,世界知识出版社2005年版,第452页。
③ 实际上这就是领事馆的级别,即总领事馆、领事馆、副领事馆和领事代理处。参见丘日庆主编:《领事法论》,上海社会科学院出版社1996年版,第55页。
④ 副领事馆、领事代理处或领事办事处的设立都必须得到接受国的同意。参见1963年《维也纳领事关系公约》第4条。

到接受国政府,如果接受国同意并允许其执行职务,再由接受国向其颁发证书,称为"领事证书"。如果接受国拒绝向其颁发领事证书,说明接受国不同意该人员的委任。拒绝颁发领事证书,与宣布为"不受欢迎的人"一样,不需要说明理由。

一般情况下,在没有获得领事证书时,领馆馆长不得开始执行职务。但是,由于领事证书的颁发可能拖延,在未得到领事证书前,可以暂时承认领馆馆长并允许其执行职务。在这种情况下,关于领事特权和豁免等各种规定立即开始适用。[1]

领馆馆员的委派通过派遣国通知接受国其自由决定的人选名单来实现,名单包括领馆馆员的全名、职类和等级。接受国也是通过颁发领事证书的方式来接受。如果不接受,可以随时通知派遣国,宣告某一领馆官员为"不受欢迎之人员"或任何其他领馆馆员为不能接受。[2]

五、领事的职务

领事执行外交事务以外的各种职务。根据1963年《维也纳领事关系公约》第5—8条,领事的职务可以概括为:

(一) 保护

在国际法许可的限度内,在接受国内保护派遣国及其国民——个人和法人——的利益。为此目的,在接受国法律允许的范围内,领事负责办理民事登记(如结婚和离婚、出生和死亡等)、向派遣国国民发放护照和旅行证件、向赴派遣国的人员发放签证和其他文件、保护派遣国未成年人、在死亡事件中保护派遣国国民的利益、在派遣国国民不能为自己辩护时,在接受国法院担任其代表或为其安排辩护人。

(二) 增进

在商业、经济、文化和科学方面增进派遣国与接受国之间的发展,并在其他方面促进两国之间的友好关系。此外,领事还可以依据国际协定或以符合接受国法律的其他方式,转送司法书状以及其他文件或文书。

(三) 调查

以一切合法手段调查接受国内商业、经济、文化和科学活动的状况和发展情况,向派遣国政府报告,并向关心人士提供资料。

(四) 办理公证

领事可以担任公证或类似职务。[3] 虽然1963年《维也纳领事关系公约》并

---

[1] 参见1963年《维也纳领事关系公约》第12条、第13条、第15条。
[2] 1963年《维也纳领事关系公约》第23条。
[3] 参见1963年《维也纳领事关系公约》第5条(6)。

未明确规定可以负责公证的具体事项,但是实践表明各国相互间的领事专约或其他国际协定中都有具体规定。例如,中国与其他国家的领事条约中领事负责公证的文书范围很广,包括派遣国官方文件上的签字和印章、货物产地证明书、遗嘱和其他法律文书等等。①

此外,领事还可以在接受国同意或不反对的情况下执行派遣国责成办理的其他职务;在另一国国内执行领事职务或代替第三国执行领事职务。例如,捷克共和国驻华大使馆官网的"签证与领事信息"栏目下的一则通知说:"从2014年4月1日开始,户籍所在地为云南、广西、广东、福建以及海南的申请人或者ADS(Approved Destination Status, 作者注)团队可以在比利时驻广州总领事馆申请赴捷克共和国的短期签证。"该网站同样的一则通知是2013年4月24日发布的,意思是从同年5月1日起,四川、云南、贵州、甘肃以及陕西户籍的申请赴捷克共和国的人可以通过匈牙利驻重庆总领事馆递交签证申请。②

第八节　领事特权和豁免

一、领事的地位

领事不是派遣国的外交代表。但是,既然他们是派遣国委派并从接受国获得领事证书的派遣国官员,就确定了他们的官方身份:他们虽不是外交官,但也不是一般的外国人。但是,领事的官方地位并不包括可以同接受国政府直接交涉。③ 领事是派遣到接受国一定的区域执行某些特定职务的官员。因此,他们的地位明显地低于外交代表,在接受国仅享有有限的特权和豁免。

二、领事馆的特权和豁免

(一) 一定限度的不可侵犯权

非经同意,接受国官吏不得进入领馆馆舍中专供领馆工作所用的部分。但是,如果遇到火灾或其他灾害,可以推定领馆馆长已经表示同意。与使馆的不可侵犯权相比,领馆的这一特权有两种限制:第一,不可侵犯权的适用范围限制在领馆馆舍中专供领馆工作所用的部分;第二,遇到火灾或其他灾害,如地震、水灾或瘟疫,不用征得同意即可进入以帮助脱险。此外,接受国为国防或公用的目的的确需要征用领馆馆舍、设备和财产时,可以征用,但不得妨碍领馆执行职务并

---

① 参见丘日庆主编:《领事法论》,上海社会科学院出版社1996年版,第51—55页。
② 网站地址:http://www.mzv.cz/beijing/zh/x2001_12_12_5/index.html, 2015年6月2日访问。
③ 参见〔英〕詹宁斯、瓦茨修订:《奥本海国际法》(第一卷第二分册),王铁崖等译,中国大百科全书出版社1998年版,第565页。

应对派遣国给予迅速、充分及有效的赔偿。

（二）领馆档案和文件不可侵犯

领馆档案及文件无论何时何处不得侵犯。这方面与使馆的特权相同。

（三）行动和通讯自由

在行动和通讯自由方面，领馆的特权与使馆基本相同。但是，领馆邮袋不可开拆是有例外的。如果接受国主管当局有重大理由认为邮袋中装有公文及公用文件或物品以外的物品，可以在派遣国授权的代表面前开拆检查；如果派遣国拒绝开拆，邮袋应退回至原发地。[①]

（四）领事通知的权利/义务

根据1963年《维也纳领事关系公约》第36条和第37条，为了便于领馆执行其保护派遣国国民利益的职务，领事官员享有与派遣国国民通讯和会见的自由，派遣国国民同样享有与领事官员通讯和会见的自由。由此产生了所谓"领事通知的权利"。

相应地，接受国承担"领事通知义务"，即在领馆辖区内如果有派遣国国民受逮捕或监禁或羁押候审、或受任何其他方式拘禁的情况，经当事人本人请求，接受国当局有义务迅即通知派遣国领馆。此等当事人给领馆的信件也应迅速递交。特别应该注意的是，接受国当局有义务将"领事通知权利"通知此等当事人。[②] 国际法院受理过关于领事通知权利的案件，例如，1999年"拉格朗"案。1999年3月2日，德国就美国司法机关逮捕一对德国兄弟而没有及时通知他们享有请求领馆协助的权利等事宜，在国际法院对美国提起诉讼，认为美国违反了《维也纳领事关系公约》对德国承担的领事通知义务。国际法院最后作出了有利于德国的判决，判定由于美国在逮捕之后没有及时通知拉格朗两兄弟《维也纳领事关系公约》第36条第1款第2项规定的权利，因此造成德国不能及时提供领事保护，美国违反了对德国的国际法义务。[③]

为便于领事执行其保护派遣国国民利益的职务，如果当事人不明示反对，领事有权探访受监禁、羁押或拘禁的派遣国国民。但是，领事在行使上述各项权利时，应遵守接受国的相关法律和规章。不过，领事行使这些权利的前提是领事通知的有效履行。中国与一些国家签订的领事协定中明文规定双方的领事通知义务。例如，2002年中国与尼日利亚签署的《领事协定》第14条第1款规定："遇

---

① 参见1963年《维也纳领事关系公约》第35条第3款，并请比较1961年《维也纳外交关系公约》关于外交邮袋不可开拆的规定。

② 1963年《维也纳领事关系公约》第36条第1款(1)、(2)。

③ 参见国际法院相关网址：http://www.icj-cij.org/icjwww/idocket/igus/igusframe.htm，2006年4月3日访问；关于该案件的中文资料，参见白桂梅、朱利江编著：《国际法》，中国人民大学出版社2004年版，第265—268页。关于领事通知权利的其他案件还有Avena and Other Mexican Nationals Case等，参见国际法院网站http://www.icj-cij.org/icjwww/idecisions.htm，2006年4月3日访问。

有派遣国国民在领区内被拘留、逮捕或以任何其他方式剥夺自由时,接受国主管当局应尽速通知领馆。"① 又如,2015 年 4 月 12 日生效的《中华人民共和国和大韩民国领事协定》,也是中国与外国协定的第 49 个领事条约,也作出了类似规定。

(五) 其他特权和豁免

领馆馆舍和领馆馆长寓所免纳国家、区域或地方性一切捐税,但对于为此等馆舍和寓所提供的特别服务的收费则不在豁免之列。

三、领事官员的特权和豁免

(一) 人身不得侵犯

领事官员的人身不可侵犯表现在两个方面:第一,接受国对于领事官员应表示适当的尊重;第二,接受国还要采取一切适当步骤以防止其人身自由或尊严受到任何侵犯(《维也纳领事关系公约》第 40 条)。根据第 41 条并比较外交代表的人身不可侵犯权,领事官员的这项特权在以下几个方面受到限制:

1. 对领事官员一般不得逮捕或羁押候审,但如果他们犯了严重罪行则不享有此项豁免(《公约》第 41 条第 1 款)。

2. 对领事官员不得施以监禁或以任何方式限制其人身自由,但是如果为了执行有确定效力的司法判决,他们则不享有此项豁免(第 41 条第 2 款)。

3. 领事官员非为执行领事职务而实施的行为不享有刑事豁免。如果对其提起刑事诉讼,必须出庭受审。但是除非他们犯了严重罪行②,否则在进行诉讼程序时"应顾及其所任职位予以适当尊重……并应尽量避免妨碍领事职务之执行(第 41 条第 3 款)。"

(二) 管辖豁免

领事官员及领馆雇员仅就其为执行领事职务所实施的行为在接受国享受司法或行政机关的管辖豁免,但是下列民事诉讼除外:

1. 因领事官员或雇员并未明示或默示以派遣国代表身份而订立的契约引起的诉讼;

2. 第三者因车辆、船舶或航空机在接受国内所造成之意外事故而要求损害赔偿的诉讼。

(三) 作证的义务

领事官员不享受作证义务的豁免权。但是,就其执行职务所涉及的事项以

---

① 参见法律教育网:http://www.chinalawedu.com/falvfagui/fg23155/178054.shtml,2015 年 4 月 27 日访问。

② 根据《公约》的规定,即使在他们犯了严重罪行而接受审讯时,也"应尽速办理"(第 41 条第 3 款)。

及以鉴定人的身份就派遣国的法律的作证,领事人员有权拒绝。除上述例外,领馆官员或服务人员不得拒绝作证(第44条第1款)。但是该款又规定,如果领事官员拒绝作证,不得对其施行强制措施或处罚。

1963年《维也纳领事关系公约》第44条第2款规定,要求领事官员作证的机关应避免妨碍其执行职务。可能的话可以在其寓所或领馆录取证言,或接受其书面陈述。

(四) 免纳捐税、关税及免受查验

根据1963年《维也纳领事关系公约》第49条和第50条,领事官员在这方面享有的豁免与外交代表基本类似,故不予赘述。

四、名誉领事的特权和豁免

与领事相比,名誉领事享有的特权和豁免相当有限。为此,1963年《维也纳领事关系公约》对两者分别加以规定。关于名誉领事的特权和豁免规定在第三章中。

以名誉领事为馆长的领馆馆舍(名誉领馆)没有不可侵犯权。但是,第59条规定接受国应采取必要步骤保护此等馆舍不受侵入或损害,并防止任何扰乱领馆安宁或有损领馆尊严的情事。其他为了执行领事职务领馆享有的某些特权和豁免,例如,行动和通讯自由、与派遣国国民通讯及联络(即领事通知的权利)等,同样适用于名誉领馆(第58条)。

至于名誉领事官员的特权和豁免,1963年《维也纳领事关系公约》第64条仅规定,接受国有义务对名誉领事官员给予因其所任职位关系而需要的保护。他们因执行领事职务向派遣国领取的薪酬可免纳一切捐税。此外,名誉领事应免除一切个人劳务及所有公共服务,并免除类似征用、军事捐献及屯宿等军事义务。

由于中国在1997年之前并不接受名誉领事,故1990年通过的《中华人民共和国领事特权与豁免条例》中并未对名誉领事及其应享有的特权与豁免作出具体规定。但是,根据第27条的规定,中国缔结或者参加的国际条约对领事特权与豁免另有规定的,按照国际条约的规定办理,但中国声明保留的条款除外。因为中国是在无保留的条件下加入《维也纳领事关系公约》的,所以,名誉领事的特权和豁免应该按照《维也纳领事关系公约》执行。

进一步阅读推荐书目

1. 〔英〕戈尔-布思勋爵修订:《萨道义外交实践指南》(第5版),杨立义等译,上海译文出版社1984年版。

2. 〔英〕詹宁斯、瓦茨修订:《奥本海国际法》(第一卷第二分册),第十章"外交使节"和第十一章"领事",王铁崖等译,中国大百科全书出版社 1998 年版,第 560 页。
3. 周鲠生著:《国际法》(下册),第九章"外交关系",商务印书馆 1981 年版。
4. Eileen Denza, *Diplomatic Law*: *Commentary on the Vienna Convention on Diplomatic Relations*, 3rd ed., Oxford University Press, 2008.
5. G. E. Do Nascimento e Silva, *Diplomacy in International Law*, A. W. Sijthoff, 1972.
6. Wilfried Bolewski, *Diplomacy and International Law in Globalized Relations*, Springer, 2007.
7. Ivor Roberts (ed.), *Satow's Diplomatic Practice*, 6th ed., Oxford University Press, 2009.
8. James Crawford, *Brownlie's Principles of Public International Law*, 8th edition, Oxford University Press, 2012, pp. 395—414.

第十六章 国际组织

"人类,在其远古的'童年时代',在有文字记载的历史过程中,都是在群体中生存的。由原始集群发展到氏族,由氏族发展到部落,终于产生国家,这是一次飞跃;由于国家交往而形成国际社会,在国际活动中又产生国际组织,这又是一次飞跃。"①国际组织的产生改变了国家之间外交活动的形式,同时也促进了国际法的发展。联合国及其前身国际联盟在这一发展进程中起着举足轻重的作用。联合国作为当代最大、最普遍、最重要的国际组织,是每一个国际组织法专家研究的重点,也是本章的核心。下面将以联合国为核心探讨国际组织的概念、国际组织在国际法上的地位和作用以及国际组织的特权和豁免等问题。

第一节 概 述

一、国际组织的概念

国际组织有狭义和广义之分。狭义的国际组织(international organizations)是指国家间或政府间组织,即由若干国家或政府为了特定目的通过签订条约建立的常设机构。② 广义的国际组织除了包括上述国家间或政府间组织外,还包括民间团体或个人组成的跨国常设机构,例如,红十字国际委员会、绿色和平组织、大赦国际、国际奥林匹克委员会等等。本章所指的国际组织是狭义的,也即国家间或政府间国际组织。

应该特别指出的是,欧洲联盟(简称"欧盟")目前的发展状况既不是真正的国际组织也不是联邦国家,人们通常将其称为"自成一类"(sui generis)的实体。因此,一些国际法教科书在讨论国际组织时将欧盟作为一个特殊的实体处理,有的则避开不谈。③

二、国际组织的历史发展

多边外交和临时性多边国际会议为国际组织的形成奠定了基础。多边外交

---

① 梁西著:《国际组织法》(修订第4版),武汉大学出版社1998年版,第3页。
② 参见同上书,第4页。
③ 参见 Peter Malanczuk, *Akehurst's Modern Introduction to International Law*, seventh revised edition, Routledge, London and New York, p.96。

从双边外交发展而来。由于有些国际问题不是两个国家可以解决的,需要更多的国家共同协商或合作,多边外交因此而产生。多边外交更多地采取国际会议的形式。在整个国际法的发展历史上具有里程碑意义的 1648 年威斯特伐利亚会议,也是世界近代史上开创国家间通过大规模国际会议解决重大国际问题的重要会议。到 1815 年维也纳会议,国际会议日益频繁,国家参与的范围也逐渐扩大。用召开国际会议的方式处理国际问题已经成为一种常用的重要制度。[①]按照会议的宗旨和目的,可以把国际会议分为两大类:处理战后事宜的国际和平会议,例如,1648 年威斯特伐利亚会议、1815 年维也纳会议和 1919 年凡尔赛会议;为解决特定问题专门召开的国际会议,例如,为解决黑海问题召开的 1871 年柏林会议、为制定战争规则召开的 1899 年和 1907 年海牙会议等。[②] 后一种国际会议直至今日仍然是国际社会解决国家和政府间共同关注的国际问题的重要方式。

虽然召开国际会议的宗旨不同,规模和范围各异,但是会议的结构和程序以及行政管理和秘书服务等大致相同。在长期的国际会议实践中形成了一些常规做法和习惯程序,例如,会议的组织、参加国、参加国的权利与义务、表决程序、与会国代表的特权和豁免等。这些都为建立具有常设机构的国际组织奠定了基础。

国际会议的最大局限是其临时性,这一特点带来一些缺陷。首先,由于没有常设机构,每当出现一个新问题就可能在一个或数个国家的倡导下举行一次会议,每次会议都要重复那些召开会议所必须进行的复杂事项以至于拖延解决新问题的时间。其次,国际会议由资助国或东道国邀请其他国家参加,因为没有会员制,所以国家没有自动的代表权或参加会议的权利。[③] 只有建立具有常设机构的国际组织才能克服这些缺陷。

19 世纪中期开始形成的国家之间为解决行政和技术等非政治性问题而建立的国家或政府间联盟,即所谓"国际行政联盟",对于国际组织的建立起着开拓性作用。19 世纪以来,随着科学技术的迅速发展,国家间在行政和技术方面的联系日益增多,建立相应的国际常设机构以便应付和解决各国共同关注的日常问题,成为国际关系必然的发展趋势。这些国际行政联盟,例如,管理欧洲河流问题的各种委员会(包括莱茵河和多瑙河委员会)、1865 年建立的国际电报联盟、1874 年建立的万国邮政联盟、1890 年国际铁路货运联盟等,建立了比较完善的包括大会、执行机关和秘书处在内的常设机构并在实践中改进了议事程序规

---

① 参见梁西著:《国际组织法》(修订第 4 版),武汉大学出版社 1998 年版,第 25 页。
② 参见 Philippe Sands and Pierre Klein (eds.), *Bowett's Law of International Institutions*, fifth edition, Sweet & Maxsell, 2001, pp. 2—3。
③ Ibid., pp. 3—4.

则,为20世纪国际组织的建立奠定了坚实的基础。

第一次世界大战后,1919年建立的国际联盟是联合国的前身,也是世界上第一个普遍性政治组织。但是由于它自身的缺陷和其他种种原因,该组织于建立后的第10年就开始走向衰败,最后被联合国所取代。联合国是第二次世界大战后于1945年建立的、目前最大、也是最重要的普遍性政治组织,在国际关系和国际法上发挥着重要作用。

目前的国际组织数以千计,它们有的在一般政治领域,有的在国际环境和人权的保护领域,还有的在人道援助和经济发展援助方面以及商业、贸易、文化、教育和科学技术等国际合作方面,发挥着各种职能,对国际法的发展发挥着不同程度的积极影响。

三、国际组织的特征

(一) 国际组织是建立在国家或政府之间的实体

国际组织的这个特点使其与国家和超国家实体相区别。国际组织的规章及其决议不能直接对成员国国民产生效力。① 此外,这个特点还使其与个人或私人团体建立的非政府组织区别开来,后者是个人之间的组织。

(二) 国际组织依国家或政府之间的协议而建立

因此,国际组织的宗旨和目的、职能、权限等均以该协议(即该组织的约章)为依据,例如《联合国宪章》《美洲国家间组织宪章》《上海合作组织宪章》等。

(三) 国际组织是常设国家间实体

与临时性国际会议不同,国际组织具有常设机构,为实现其宗旨和目的而进行各种经常性的活动。例如,联合国组织的常设机构总部设在美国纽约、美洲国家间组织的总部在美国华盛顿、上海合作组织的常设行政机构秘书处设在北京。

四、国际组织的种类

根据不同的划分方法,国际组织可以分为各种不同的种类。首先,按照组织的性质和基本职能,可以分为综合性和专门性国际组织。前者如联合国、美洲国家组织、非洲统一组织等;后者如万国邮政联盟、石油输出国组织、国际货币基金组织等。其次,按照组织成员的地理范围,可以分为全球性或世界性与区域性国际组织。前者如国际民用航空组织、国际海事组织、世界贸易组织等;后者如北大西洋公约组织、阿拉伯国家联盟、东南亚国家联盟等。最后,按照组织活动的领域可以分为政治性、经济性、文化性或技术性国际组织,它们既有全球性的也

---

① 然而,欧盟法则可以直接对其成员国国民发生效力。这一特点使其与国际组织区别开来。

有区域性的,例子不胜枚举。①

五、国际组织法的概念

国际组织法是国际法中一个比较新的概念。它是关于国际组织的法律地位、结构和职能以及调整国际组织内部、不同的国际组织之间、国际组织与其成员国和第三国之间关系的各种法律规章、原则和规则的总和。②

国际组织法是国际法的新分支,它的产生是第二次世界大战后国际组织迅速发展的必然结果。虽然国际组织的宗旨和目的、所涉及的领域以及组织的性质各有不同,但它们在组织成员、结构和行政管理等方面遇到的问题基本相似。因此,国际组织在它们的长期实践中发展了许多相应的国际法律规则。本章将以联合国组织为主,讨论与国际组织相关的这些国际法问题。③ 近年来,一些国际组织法学者致力于从全球治理的角度进行研究,试图发展全球行政法或国际行政法④,正在形成一个新兴的研究和实践领域。⑤ 至于这个新兴领域是国际组织法的全球化还是国内行政法的国际化尚不甚明了。

第二节 联 合 国

一、联合国的前身——国际联盟及其历史教训

(一) 国际联盟的建立

国际联盟是人类历史上第一个全球性综合性国际组织,正式成立于第一次

---

① 近年来,一些学者开始把国际组织的概念扩大到包括一些国际条约机构,例如,《公民权利和政治权利国际公约》建立的"人权事务委员会"。因为这些机构一般由个人专家组成,将其归为国际法意义上的国际组织似乎有些牵强。至于那些由条约当事国组成的执行条约的机构,例如,《濒危野生动植物物种国际贸易公约》缔约方大会,是否可以称其为国际组织可以商榷。

② 参见梁西著:《国际组织法》(修订第 4 版),武汉大学出版社 1998 年版,第 3 页;Henry G. Schermers & Niels M. Blokker, *International Institutional Law: Unity within Diversity*, Fourth Edition, Maritnus Nijhoff Publishers, 2003, p.4。

③ 除了梁西所著的《国际组织法》外,目前中国关于国际组织法和联合国的教科书和专著还可以参考饶戈平主编:《国际组织法》,北京大学出版社 1996 年版;许光建主编:《联合国宪章诠释》,山西教育出版社 1999 年版;这方面的英文教科书和专著很多,主要可以参考 Henry G. Schermers & Niels M. Blokker, *International Institutional Law: Unity within Diversity*, Fourth Edition, Maritnus Nijhoff Publishers, 2003; Philippe Sands and Pierre Klein, *Bowett's Law of International Institutions*, Fifth Edition, Sweet & Maxwell, 2001; Thomas M. Frank, *Fairness in International Law and Institutions*, Clarendon Press, 1995。

④ 参见:Benedict Kingsbury, Nico Krisch and Richard B. Stewart, "The Emergence of Global Administrative Law", 68 *Law and Contemporary Problems* 15 (2005),此文已由范云鹏律师翻译成中文并分上下两部分在《环球法律评论》2008 年第 5 期和第 6 期上发表;Daniel C. ESTY, "Good Governance at the Supranational Scale: Globalizing Administrative Law", 115 *Yale Law Journal* 1490 (2006)。

⑤ 参见全球行政法项目中文网站:http://www.iilj.org/GAL/GAL_Chinese.asp, 2015 年 4 月 29 日访问。

世界大战后的1920年1月10日。① 该组织的建立背景主要有两个方面:第一次世界大战后战胜国争相瓜分战败国的殖民地;西方列强共同对付第一个社会主义国家——苏维埃俄罗斯。无论是作为战胜国的英国和法国,还是从战前的债务国变为战后债权国的美国,都迫切希望通过建立常设国际机构和制度的方式将战后的优势政治地位和从战败国瓜分到的殖民地等既得利益固定下来。此外,为了对抗社会主义国家对资本主义世界造成的巨大威胁,西方列强也需要建立某种政治同盟。当然,经历了战争摧残的各国人民反对战争渴望和平的情绪也为国际联盟的建立营造了不可缺少的大环境。国际联盟就是在这种情况下建立起来的。

(二)《国际联盟盟约》的主要内容及国际联盟的组织结构

《国际联盟盟约》共26条条文,主要规定了国际联盟的宗旨和目的、基本职能和任务、关于裁减军备的问题、关于防止战争和战争威胁的措施以及和平解决争端和建立委任统治制度等。尽管在序言中规定"促进国际合作"和"保持国际和平与安全"是国际联盟的宗旨,但是由于盟约仍然承认国家的战争权,它没有也不可能禁止战争。不过,为了防止战争的爆发,盟约对国家诉诸战争的权利作出了一些限制性规定。例如,在诉诸战争之前应先将争端提交到盟约建立的和平解决争端的程序,在根据该程序作出决议之后的3个月内不得诉诸战争。② 第22条是关于建立委任统治制度的规定。建立所谓委任统治制度的主要目的是为了处理德国的殖民地,即在战胜国之间重新瓜分过去属于战败国的殖民地并以"委任统治"为名,将这种瓜分所得到的利益法律化、制度化。

国际联盟有三个主要机关:大会、行政院和秘书处。大会由国际联盟的全体成员国组成,每年召开一次会议,负责处理属于联盟行动范围内或影响世界和平的任何事项。大会的决议除另有规定外,一律需要全体一致才能通过。行政院由5个常任委员国和4个非常任委员国组成,但经大会同意可以增加。行政院与大会在职权划分上不是很清楚。特别是在处理属于联盟行动范围内或影响世界和平的任何事项上,这两个机关的职权完全相同。除另有规定外,行政院的决议一律需要出席会议的常任委员国和非常任委员国一致同意才能通过,但弃权与争端当事国的票数不计算在内。秘书处是为整个国联服务的机关,秘书长由行政院经大会同意委任,负责领导秘书处的工作。尽管《国际联盟盟约》第14条规定建立国际常设法院,但它与国际法院不同,不是国际联盟的主要机关。

(三)国际联盟的地位和作用及其历史教训

国际联盟的建立标志着现代国际关系的发展已经进入了一个新的阶段。它

---

① 此日期为《国际联盟盟约》生效日,该盟约是《凡尔赛和约》的一部分,于1919年4月28日在巴黎和会全体会议上通过。

② 参见《国际联盟盟约》第12条至第15条。

的成功经验和失败教训都对第二次世界大战后建立的联合国具有重要意义。在它建立后的头10年,国际联盟在解决战争的遗留问题、限制国家的战争权以及和平解决争端方面都发挥了积极作用。从国际组织主要机关的设置来看,国联大会、行政院、秘书处这三个主要机关都是根据历史上多边外交和国际会议、"欧洲协作"和各种秘书工作的经验组织建立的,它们的实践为后来建立的联合国组织提供了宝贵经验。此外,国际联盟在其存续期间形成的各种议事规则和表决制度也为后来的国际组织提供了正反两方面的经验和教训。

国际联盟在其建立的10年以后,即20世纪30年代就开始走下坡路,直到第二次世界大战爆发,彻底变成名存实亡的躯壳。国联失败的教训可以概括为以下几点:第一,建立国联的目的主要是保证和维持战胜国的既得利益;第二,它由于排斥苏俄并且没有美国的参与而缺乏普遍性;第三,在组织机构的权限划分上,大会和行政院的职权没有明显的区分;第四,大会和行政院在重要决议的表决上都实行全体一致的规则;第五,国联没有一个其决议对国联全体成员都有拘束力的执行机关。这些都是该组织不能有效地在维持世界和平与安全等方面发挥作用的重要因素,也是后来建立的联合国应该吸取的教训。

二、联合国的建立

联合国是目前世界上最大和最重要的综合性国际组织,现有成员国193个,几乎包括世界上的所有国家,在国际事务中发挥着越来越大的作用。联合国是在第二次世界大战后建立的,它的建立是世界人民渴望永久和平和普遍安全的结果。

早在第二次世界大战尚未结束的1941年,美英两国首脑在他们发表的《大西洋宪章》中就表达了建立广泛和永久安全制度的希望。接着,包括中国、美国、英国和苏联在内的26个国家于1942年共同签署了《联合国家宣言》,赞成将《大西洋宪章》的宗旨和原则作为盟国的共同纲领。盟国第一次使用"联合国家"一词,在宣言中保证:相互合作,不与敌人缔结单独的停战协定或和约。[①] 但是由于打赢战争仍然是盟国当时的首要任务,战后建立国际组织的具体规划是在1943年下半年着手的。

1943年10月,苏联、美国和英国三国外交部长在莫斯科召开会议并最终由中国和上述三国共同签署了关于普遍安全的宣言,简称"四国宣言"或"莫斯科宣言"。在该宣言中,四国政府郑重宣布:"它们承认有必要在尽速可行的日期,根据一切爱好和平家主权平等的原则,建立一个普遍性的国际组织,所有这些

---

① 参见《国际条约集》(1934—1944),世界知识出版社1961年版,第403页。

国家无论大小,均得加入为会员国,以维护国际和平与安全"①。1944年,上述四国分两个阶段召开了敦巴顿橡树园会议。第一阶段的会议从8月21日至9月28日在美国、英国和苏联三个国家之间进行;第二阶段的会议在中国、美国和英国三国之间进行。会议主要讨论预期建立的国际组织的组织约章应包括的基本内容,但是在安全理事会的投票程序问题上没有达成一致的意见。因此,在1945年2月,美国、英国和苏联三个国家的首脑又召开了雅尔塔会议,专门解决安全理事会的投票程序问题,并确定了"五大国一致原则",或称"雅尔塔规则"。至此,建立联合国的筹备工作基本完成。

1945年4月25日,"关于国际组织的联合国家会议",即联合国的"制宪会议",在敦巴顿橡树园会议和雅尔塔会议的基础上并按照既定方案如期在旧金山开幕,共50个国家参加了会议。② 1945年6月25日,《联合国宪章》在旧金山会议上通过。6月26日,50个国家和领土单位(白俄罗斯和乌克兰)在《联合国宪章》上签字。③ 根据《联合国宪章》第110条的规定,该宪章于1945年10月24日正式生效。联合国于是日宣告正式成立,10月24日后来被确定为"联合国日"。

三、《联合国宪章》的主要内容及联合国的组织结构

《联合国宪章》(以下简称《宪章》)是联合国组织赖以建立的组织约章,常被称为联合国的"根本法"或"基本法"。《宪章》也是一个多边条约,对联合国会员国具有拘束力。《宪章》由19章构成,共110条。④ 主要内容包括宗旨和原则(第1条和第2条)、会员(第3—6条)、主要机关及其职权(第9—22条关于大会、第23—32条关于安全理事会、第61—72条关于经济及社会理事会、第86—91条关于托管理事会、第92—96条关于国际法院和第97—101条关于秘书处)、和平解决争端(第33—38条)、对威胁和平、破坏和平以及侵略行为的应付办法(第7章第39—51条)、区域办法(第8章第52—54条)和最后条款(即关于《宪章》的生效、修正、签字和批准等规定,第102—110条)。

联合国是国家间组织,只有国家才能成为其会员。联合国的会员国有创始会员国和纳入会员国之分。根据《宪章》第3条,凡是参加旧金山"关于国际组

---

① 参见《国际条约集》(1934—1944),世界知识出版社1961年版,第403页。
② 在《联合国家宣言》上签字的47个国家,除波兰因其临时政府尚未得到西方盟国的承认而未被邀请外,其他国家均参加了会议。此外,阿根廷、苏联的两个加盟共和国白俄罗斯和乌克兰、刚刚获得独立的丹麦也参加了会议。
③ 这50个国家和领土单位加上后来以同样的资格在宪章上签字的波兰,成为联合国创始会员,共51名。
④ 关于《宪章》的起草背景和每一条的诠释,详见许光建主编:《联合国宪章诠释》,山西教育出版社1999年版。

织的联合国家会议"或者在 1942 年《联合国家宣言》上签字并签署和批准了《宪章》的国家，均为联合国创始会员国。纳入会员国是经国家申请，经联合国安全理事会推荐并由联合国大会通过决议的方式接受的国家。根据《宪章》第 4 条，凡是爱好和平、接受《宪章》规定的义务并经联合国确认能够并愿意履行这些义务的国家均可以成为联合国会员国。然而，在联合国接纳会员国的实践中，由于《宪章》中并没有"爱好和平"和"能够履行宪章所载之义务"的确切定义，维持联合国内的力量对比成为"冷战"时期美国和苏联关注的焦点。① 此外，"微小国家"是否可以加入联合国的问题也曾经引起过广泛争论。处于政治和经济两方面的考虑，一些国家曾竭力反对接纳"微小国家"为联合国会员国或者建议这些国家作为没有投票权和任职权的"准会员国"。② 目前除个别国家（如梵蒂冈）外，多数小国均已被接纳到联合国中，"微小国家"问题已经成为历史。

非国家实体不能成为联合国的会员。③ 但是，历史上的苏联的两个加盟共和国，即白俄罗斯和乌克兰，不仅是联合国会员，而且是创始会员。这是由第二次世界大战的历史造成的特殊例外。④

联合国有六个主要机关。从成员的组成上可以把这些主要机关分为三类：由联合国全体会员组成的机关，即大会；由部分会员国组成的机关，即安全理事会、经济及社会理事会和托管理事会；由个人组成的机关，即秘书处和国际法院。联合国接受了国际联盟的教训，在这些主要机关之间有比较分明的权限划分。大会的职能相对广泛，但是权力有限；安理会的职能相对有限，但权力很大，是唯一可以在维护世界和平与安全方面采取行动的机关。经社理事会和托管理事会的职能明确，虽然同属于联合国主要机关，但却处于大会的权力之下。国际法院虽然是联合国的主要机关，但具有相对独立性。秘书处是联合国负责行政的机关，为联合国提供各种秘书服务。⑤ 由于联合国的主要机关是该组织的活动的核心，有必要在后面专门讨论。

此外，联合国还有一些专门机构。这些机构与联合国的主要机关完全不同。它们不是依据《联合国宪章》建立，但通过签订协议的方式与联合国组织形成法律联系。联合国专门机构在国际关系的各个不同方面与联合国保持着密切合作关系，对国际组织的发展发挥着重要作用。

---

① 参见赵理海著：《联合国宪章的修改问题》，北京大学出版社 1982 年版，第 66 页。
② 同上书，第 70—75 页。
③ 在联合国的实践中，一些非国家实体，例如，巴勒斯坦解放组织，虽然不能参加联合国，但可以作为"观察员"参与联合国大会或其他机构的一些活动。参见饶戈平主编：《国际组织法》，北京大学出版社 1996 年版，第 96 页。
④ 参见赵理海著：《联合国宪章的修改问题》，北京大学出版社 1982 年版，第 81—93 页。
⑤ 参见许光建主编：《联合国宪章诠释》，山西教育出版社 1999 年版，第 16 页。

第三节 联合国的主要机关与专门机构

一、联合国的主要机关

联合国的六个主要机关是:大会、安全理事会(简称安理会)、经济及社会理事会(简称经社理事会)、托管理事会、秘书处和国际法院。除国际法院将在后文"和平解决国际争端"一章中讨论外,下面将简要介绍一下联合国主要机关。

(一)大会

1. 大会的组成

联合国大会由联合国所有会员国组成,每个会员国有一个投票权,可以派5个代表。非会员国、国际组织和其他政治实体,可以经联合国大会的批准以观察员的身份出席联合国大会。观察员经大会的允许可以发言,但没有投票权。

大会每年从9月的第三个星期开始召开常会,一般持续到12月25日。如果会议的日程没有结束,可以在第二年春天继续进行。除了常会外,大会还可以在半数以上的会员国请求之下召开紧急会议或特别会议以便解决突然产生的问题。

除全体会议外,大会还设有6个主要委员会以便分担大会的工作:第一委员会,即裁军与国际安全委员会;第二委员会,即经济与金融委员会;第三委员会,即社会、人道主义和文化委员会;第四委员会,即特别政治和非殖民化委员会;第五委员会,即行政和预算委员会;第六委员会,即法律委员会。① 此外,每届常会还设立两个程序委员会,即总务委员会和全权证书委员会。为了有效地行使其职权,大会还设立了一些常设和临时机构。其中的一个最重要的常设附属机构是2006年建立的人权理事会。

2. 大会的职权

《宪章》第10条规定:"大会得讨论本宪章范围内之任何问题或事项,或关于本宪章所规定任何机关之职权;并除第12条规定外,得向联合国会员国或安全理事会或兼向两者,提出对各该问题或事项之建议。"《宪章》第12条规定,当安理会对于任何争端或情势正在执行本宪章所授予的职务时,大会非经安理会请求不得提出任何建议。可见大会享有广泛职权,概括起来可以分为两个方面:即一般权力和在维持国际和平与安全方面的权力。

大会的一般权力涉及《宪章》范围内的任何问题,包括负责整个联合国组织

---

① 1992年以前有7个委员会,但1992年决定将第七委员会,即特别政治委员会与非殖民化委员会合并,成为现在的政治和非殖民化委员会。

的运作和联合国各项职能的有效履行。经社理事会和托管理事会,作为联合国的两个主要机关,它们都要对大会负责,执行大会交给的工作并向大会报告它们的工作。应该特别指出的是,大会根据《宪章》第 13 条第 1 款,负责"提倡国际法之逐渐发展与编纂"。①

根据《宪章》第 11、12、14 和 35 条的规定,对于危及国际和平与安全的问题,只要安理会没有就该问题执行其职权,大会就有权进行讨论并提出解决问题的建议。如果安理会正在就某此类问题执行其职权,除非受到安理会请求,大会不得就该问题提出任何建议。② 在实践中,为了避免两个机关就同一个问题作出相互冲突的决议,安理会一般采取终止执行其职权的办法,而不是在讨论或审议一个问题的同时请求大会提出建议。③ 实际上,在安理会不是有意终止执行其职权而是由于五大国不能取得一致无法履行其权责的特别情况下,大会曾经就危及国际和平与安全的问题进行讨论并提出解决问题的建议。1950 年 11 月 3 日,联大通过的题为"团结一致共策和平"的决议,即著名的"377 号决议"提出了大会的这种主张。例如,大会依据该项决议于 1956 年的苏伊士运河事件、1958 年和 1960 年的南非、安哥拉、突尼斯等事件中,在安理会因否决权不能执行其职权时对这些问题的解决提出建议。但是,除 1956 年苏伊士运河事件外,大会依据"377 号决议"采取的行动并未取得明显效果。④

此外,根据《宪章》第 35 条,对于可能引起国际摩擦或威胁国际和平与安全的争端行使讨论和提出建议的权力。但是同样受到《宪章》第 12 条规定的上述限制。

总之,大会有广泛的职能,但是它的权力相当有限,大会的权力仅限于"讨论"和"建议"。此外,大会不是立法机关,除了关于联合国组织内部事项的决议,它通过的大部分决议对成员国都没有法律拘束力,仅具有"讨论"和"建议"的性质。

(二) 安全理事会

1. 安理会的组成

安理会由 5 个常任理事国和 10 个非常任理事国组成。⑤《宪章》第 23 条将

---

① 关于国际法的编纂以及大会的作用,见本书第二章,在此不予赘述。
② 即便如此,大会仍可以就该问题展开讨论,因为《宪章》第 12 条仅限制大会这方面的建议权。参见许光建主编:《联合国宪章诠释》,山西教育出版社 1999 年版,第 118 页。
③ 参见同上书,第 118—119 页。
④ 同上书,第 119—121 页。联合国大会根据 377 号决议已召集了 10 届特别紧急会议,包括 1958 年 8 月第 3 届关于中东问题;1960 年 9 月第 4 届关于刚果问题;1967 年 6 月第 5 届关于中东局势问题;1980 年 1 月第 6 届阿富汗局势问题;1980 年 7 月至 1982 年 10 月的第 7 届巴勒斯坦问题;1981 年 9 月的第 8 届纳米比亚问题;1982 年 1 月的第 9 届被占领的阿拉伯领土问题;1997 年以来的第 10 届被占领的东耶路撒冷和其他巴勒斯坦地区问题等。参见联合国网站:http://www.un.org/zh/ga/sessions/emergency.shtml,2015 年 5 月 12 日访问。
⑤ 根据 1965 年的联合国宪章修正案,非常任理事国从原来的 6 个,增加到 10 个。

常任理事国确定为:中国、法国、英国、美国和苏联(现在是俄罗斯)。非常任理事国由大会选举产生,任期两年,每年选举 5 个,不得连任。① 每个理事国可以派一名代表。安理会设有两个常设委员会:专家委员会和接纳新会员国委员会。

2. 安理会的职权

安理会主要负责维护国际和平与安全。根据《宪章》第 24 条,为了能够迅速有效地采取行动,联合国会员国将维持国际和平与安全的主要责任授予安理会,并同意安理会代表它们执行职务。为此《宪章》在第六—八章和第十二章中授予安理会以特定的权力。根据这些规定,安理会的权力可以归纳为以下几个方面:

(1) 断定威胁和平与安全行为之存在

根据《宪章》第 39 条,安理会有权断定是否存在任何对和平的威胁、破坏和平的行为和侵略行为。一旦断定存在任何此等行为,安理会为维持或恢复国际和平及安全应按照《宪章》第 41 和 42 条规定的办法作成建议或抉择。

(2) 采取强制性集体非武力制裁行动

根据《宪章》第 41 条,安理会应首先决定采取非武力的办法以便维持或恢复国际和平及安全,包括经济关系、铁路、海运、航空、邮电、无线电及其他交通工具的局部或全部停止,以及断绝外交关系。联合国建立以来,安理会曾多次适用第 41 条的规定,采取各种非武力的方法,维持或恢复国际和平与安全。特别应该提及的是 1966 年安理会对南罗得西亚实行的强制性集体制裁,这是联合国的历史上安理会第一次适用第 41 条。② 此外,安理会对伊拉克的制裁也是非常重要的实践。

(3) 采取强制性集体武力行动

如果非武力的方法仍不能达到目的,安理会可以根据《宪章》第 42 条采取武力行动。《宪章》第 42 条规定:"安全理事会如认为第 41 条所规定之办法为不足或已经证明为不足时,得采取必要之空海陆军行动,以维持或恢复国际和平及安全。此项行动得包括联合国会员国之空海陆军示威、封锁、及其他军事举动。"自《宪章》生效到 20 世纪 80 年代末,由于"冷战"的缘故,安理会适用第 42 条的规定,采取集体军事行动,只有一次:1950 年针对朝鲜的军事行动。然而,这唯一的一次还被认为是武力强制的非法适用,"因为这项决议是在安理会两

---

① 规定不得连任是为了避免产生"准常任理事国"。这种规定是吸取国联的教训,因为国联允许非常任理事国在一定条件下连任并由此引起国联内部的不和。

② 参见安理会 1966 年 2 月 16 日第 232 号和 1968 年 5 月 29 日第 253 号以及 S/RES/232 和 S/RES/253 等决议。

个常任理事国——中华人民共和国和苏联——不在场的情况下通过的"①。

后"冷战"时期安理会在适用第 42 条采取集体军事行动方面有了很大改变。首先是 1990—1991 年针对伊拉克的行动②,最近的例子是安理会 2011 年对利比亚采取的行动。③尽管"冷战"以后安理会在执行强制行动方面展现出新的希望,但是在制止有常任理事国参与的非法使用武力或武力威胁方面,仍然不能发挥有效作用。

（4）促使国际争端的和平解决

安理会在和平解决国际争端方面也负有重要责任。关于安理会此职能的详细情况将在第十七章中讨论,在此不予赘述。

3. 常任理事国的"否决权"

安理会有特殊的表决程序。根据《宪章》第 27 条,每一个理事国有一个投票权。表决程序依表决事项的不同遵循不同的规则。凡是程序性事项,例如,议题列入议程、推迟审议议程上的议题、暂停或终止会议等等,"应以九理事国之可决票表决之"。"安理会对于其他一切事项之决议。应以九理事国之可决票包括全体常任理事国之同意票表决之。"这就意味着任何一个安理会常任理事国对于所有非程序性事项,即所谓实质性事项,如果投了反对票,该项决议就不能通过。这就是常任理事国的"否决权"。安理会对实质性事项的表决所实行的规则通常称为"五大国一致"规则,或"雅尔塔规则"。此外,关于某事项是否实质性事项的问题如需表决,该事项本身也是实质性事项,常任理事国也可以使用"否决权",即所谓"双重否决权"。

否决权是吸取了国联的教训在 1945 年 2 月召开的雅尔塔会议上确定下来的。国联行政院关于实质性决议的表决实行出席会议的全体委员国一致同意的规则,即每个委员国都有否决权。由于不能迅速有效地作出反应,这种全体一致通过的规则严重地阻碍了行政院,使其很难在维持国际和平与安全的重要问题上通过决议。1945 年雅尔塔会议确定的"五大国一致"规则既吸取了国联的教训,因而没有采取安理会所有成员的全体一致通过规则;也反映了第二次世界大战期间大国同心协力赢得战争胜利的经验,因而坚持五个常任理事国一致的规则。

---

① 参见许光建主编：《联合国宪章诠释》,山西教育出版社 1999 年版,第 320 页。
② 参见 1990 年 11 月 29 日第 678(1990)号决议（S/RES/678：http://www.un.org/zh/documents/view_doc.asp? symbol = S/RES/678(1990)),2015 年 6 月 2 日访问；参见 Oscar Schachter, "United Nations Law in the Gulf Conflict", 85 *American Journal of International Law* (1991), pp.452—473。
③ 参见安理会 1970 号 (http://www.un.org/zh/documents/view_doc.asp? symbol = S/RES/1970 (2011)) 和 1973 号决议 (http://www.un.org/zh/documents/view_doc.asp? symbol = S/RES/1973 (2011)),2015 年 5 月 13 日访问。

但是,五大国的否决权遭到了许多中小国家的反对。① 特别是"冷战"期间两个超级大国滥用否决权的情况时有发生。一些国家曾经在联合国大会提出限制或取消否决权的主张。② 不过,因为任何直接地限制或取消否决权都会涉及修改《宪章》的问题,而修宪属于非程序性事项,除非五大国一致同意限制或取消否决权,否则"否决权"本身就是难以逾越的障碍。③

有两个与"否决权"的行使相关的问题需要特别提起注意,即弃权和缺席的问题。第一个问题是,常任理事国如果投弃权票可能产生什么效果的问题。《宪章》第 27 条第 3 款规定:"但对于第六章及第 52 条第 3 项内各事项之决议,争端当事国不得投票。"这就意味着作为争端当事国,常任理事国被迫或被强制弃权。由于这种强制性弃权的规定是以回避原则为基础的,构成了"五大国一致规则"的例外,因此,强制性弃权不应产生阻止安理会通过决议的后果。但是,常任理事国自愿的弃权是否产生否决的效果呢?从联合国建立以来的实践来看,回答是否定的。因为"常任理事国已把主动弃权不被视为否决的实践接受为是宪章法律的一部分"。④

与"否决权"相关的第二个问题是,常任理事国因故缺席不能参加投票是否影响安理会决议的通过?在常任理事国缺席的情况下安理会通过的决议是否有效?联合国建立六十几年来,实际上这种缺席的情况仅发生在苏联身上,而且显然与"冷战"联系在一起。特别是在 1950 年朝鲜战争期间,安理会在苏联缺席的情况下通过了一系列关于朝鲜问题的决议。从联合国的实践来看,缺席没有影响安理会通过决议。至于在这种情况下通过的决议是否有效的问题,各国的观点不尽相同。中国和苏联认为这些决议是"非法的"并因此是无效的。但其他理事国则认为,缺席相当于弃权,弃权不能使安理会的决议无效。另外,常任理事国有责任出席安理会,缺席属于不履行其责任,因此也失去了参与决定的权力。⑤

(三) 经济及社会理事会

1. 经社理事会的组成

经社理事会由经过联合国大会选举产生的 54 个成员国所组成,每年选举其中的三分之一,可连选连任。每个理事国应有一名代表,一个投票权。理事会的决议经出席及投票的理事国过半数表决通过。虽然《宪章》没有规定选举的标

---

① 规定否决权的第 27 条,在旧金山会议上是以三十票对两票、十五票弃权通过的。参见赵理海著:《联合国宪章的修改问题》,北京大学出版社 1982 年版,第 125—126 页。
② 同上书,第 126—132 页。
③ 在秘书长改革报告中没有直接涉及否决权,只是在成员构成上区分了有否决权的成员与无否决权的成员。
④ 参见许光建主编:《联合国宪章诠释》,山西教育出版社 1999 年版,第 199 页。
⑤ 同上。

准,但在实践中形成了关于地域分配的某种谅解。在54个理事国中有14个非洲国家、11个亚洲国家、10个拉丁美洲和加勒比地区国家、6个东欧国家、13个西欧和其他国家(即澳大利亚、新西兰、加拿大、美国等不属于西欧地区的发达国家)。①

为了便于履行其职权,经社理事会可以建立经济与社会部门,特别是建立以提倡人权为目的的各种委员会以及其他委员会(《宪章》第68条)。据此该理事会迄今设有8个职司委员会、5个区域委员会、3个常设委员会、4个由政府专家组成的专家机构、5个其成员以个人身份工作的专家机构和5个其他相关机构。②

2. 经社理事会的职权

根据《宪章》第62条的规定,经社理事会在国际经济、社会、文化、教育、卫生及其他相关方面享有广泛的权力。它可以就上述这些事项进行研究并提出报告;向联合国大会、联合国会员国和相关机构提出这些事项的建议案(第1款)。在人权方面,它可以提出建议案以便"增进全体人类之人权及基本自由之尊重及维护"(第2款)。此外,它还可以就其职权范围内的事项拟定公约草案和召集国际会议(第3、4款)。

根据《宪章》第57条、第63和第64条的规定,为了使联合国在国际经济及社会合作方面成为协调各国行动的中心,经社理事会可以通过与各种经济、社会、文化、教育、卫生及其他相关方面的专门性国际机构签订协议的方式与其建立法律联系并协调各机构的政策和活动。与经社理事会建立这种法律联系的国际机构称为"联合国的专门机构",目前已经有19个。③

虽然同样是联合国的主要机关,但是经社理事会应该在安理会邀请下向其提供情报并应向其提供协助(第65条);经社理事会还应该在其职权范围内执行大会的相关建议,在联合国会员国或联合国专门机构请求之下并经联合国大会同意向前者提供服务。

(四) 托管理事会

1. 托管理事会的组成

根据《宪章》第86条的规定,托管理事会由三部分成员组成:即管理托管领土的会员国、不属于管理托管领土会员国的安理会常任理事国和经联合国大会选举产生的必要数额的其他会员国。后者的任期为3年,前两者则不受任期限制。

---

① 资料来源见联合国网站:http://www.un.org/chinese/ecosoc/about/members.shtml,2009年5月26日访问。
② 参见 http://www.un.org/en/ecosoc/about/subsidiary.shtml, 2015年6月2日访问。
③ 关于联合国专门机构将在后面专门讨论,在此不予赘述。

2. 托管理事会的职权

托管理事会是联合国为执行监督国际托管制度的执行情况而建立的专门机关,在联合国大会的权力之下行使其职权。托管理事会的职权主要包括:审查托管当局提交的报告;审查来自托管领土的居民或其他各方提交的书面或口头请愿书;向托管领土派遣视察团对托管领土进行视察以及根据托管协定的规定行使上述其他职权(《宪章》第87条)。

托管制度是在国际联盟的委任统治制度基础上建立起来的,但是理论上其潜在适用范围比国联的委任统治制度要广泛得多。根据《宪章》第77条,托管制度适用于:前委任统治之下的领土、自敌国分离出去的领土和被自愿置于托管制度下的领土。不过在实践中联合国托管制度比国联的委任统治制度的适用范围要更小一些。原因是:第一,自敌国分离出去的领土只有一个,即已经获得独立的索马里;第二,在该制度存续期间没有任何领土被自愿置于其下。因此,托管制度实际上仅适用于前委任统治之下的领土,但有一个例外,即西南非洲领土。①

在非殖民化过程中,所有托管领土与非自治领土先后依据国际法上的自决原则摆脱了殖民统治或附属地位并建立独立国家。托管理事会的工作随着帕劳于1994年结束托管地位从而成为独立国家而告结束,至此所有的托管领土均获得自治或独立。因此,随着托管理事会历史使命的完成,其存在的必要性已经消失。1994年11月1日托管理事会暂停运行。②

(五) 秘书处

1. 秘书处的组成

秘书处由秘书长一人和办事人员若干人组成。办事人员中包括副秘书长、助理秘书长以及其他高级官员和工作人员。秘书处下设各个部门,分管各自领域内的事务,这些部门从1946年的8个增加到现在的30多个,其中包括秘书长办公厅、法律事务厅、维护和平部、政治事务部、经济发展部、难民事务高级专员办公室、人权事务高级专员办公室、环境署、人道事务部等等。秘书处办事人员的人数是按联合国组织的需要确定,截至2014年6月30日,秘书处有来自世界各地的41,426名工作人员。③

---

① 南非作为西南非洲(现在的纳米比亚)领土的管理当局,不仅拒绝将该前委任统治下的领土置于联合国托管制度之下,还坚持将其纳入自己的领土范围。对此国际法院曾四次在联合国大会和安理会的请求下提出咨询意见。随着非殖民化运动的深入发展,在联合国组织的努力下,西南非洲终于在1990年获得独立建立了纳米比亚共和国。参见 Philippe Sands and Pierre Klein, *Bowett's Law of International Institutions*, Fifth Edition, Sweet & Maxwell, 2001, p.66.

② 1994年4月25日,该理事会通过决议修改了其议事规则,取消了年会并同意在大会或安理会时召开会议。

③ 参见秘书处概况:https://www.un.org/zh/mainbodies/secretariat/,2015年6月3日访问。

秘书长经安理会推荐由联合国大会委派。只有获得安理会和大会共同支持的人才能当选。特别是安理会的推荐,由于属于非程序性的事项,还必须适用"五大国一致"规则,安理会常任理事国可以行使否决权。联合国建立以来,已经有8任秘书长。①

秘书长是联合国的行政首长(《宪章》第97条),以个人身份任职,不代表任何国家,仅对联合国组织负责。在秘书长及办事人员执行职务时,"不得请求或接受本组织以外任何政府或其他当局之训示,并应避免足以妨碍其国际官员地位之行动(《宪章》第100条)"。

2. 秘书长的职能

根据《宪章》第98条和第99条的规定,秘书长的职能可以归纳为:

首先,以秘书长的资格在联合国大会、安理会、经社理事会及托管理事会行使职务。这些职务包括为大会和各理事会的会议提供一切相关服务;传递信息;保存国际公约、条约或协定等。

其次,执行联合国大会及各理事会托付的其他职务。特别是在和平解决争端方面,联合国建立以来,联合国大会和安理会委托秘书长执行了许多政治职务。关于秘书长执行这类职务的情况将在后面"和平解决争端"的章节中详细讨论。

最后,向联合国大会提交报告。根据《宪章》第98条,秘书长应向大会提交关于联合国工作的常年报告。这是秘书长应尽的义务。②

二、联合国专门机构

(一)联合国专门机构的概念及特征

与联合国的主要机关不同,联合国专门机构是指根据《宪章》第57条和第63条的规定通过签订协议的方式与联合国建立了法律关系的专门性国家间经济、社会及其他组织与机关,《宪章》将其简称为"专门机关"。

联合国专门机构有三个特点:第一,它们是国家间国际组织,不是私人团体或学术研究机构,也不是非政府组织。第二,它们是在经济、社会、文化、教育、卫生及其他相关方面负有广泛国际责任的专门性国际机构,不是区域性组织,也不是仅负有有限责任的组织。这些机构有些在国际联盟建立前就已经存在,但多

---

① 第一任为特里格弗·赖伊(挪威),第二任为达格·哈马舍尔德(瑞典),第三任为吴丹(缅甸),第四任为库尔特·瓦尔德海姆(奥地利),第五任为哈维尔·佩雷斯·德奎利亚尔(秘鲁),第六任为布特罗斯·加利(埃及),第七任为科菲·安南(加纳),现任为潘基文(韩国)。联合国在实践中形成了不推荐安理会常任理事国的国民担任秘书长的惯例。

② 秘书长的报告主要内容是联合国在本年度工作的重大进展概况介绍,包括联合国大会一般性辩论的热点问题,是了解联合国最新发展的重要资料。要查看这些报告的内容,可以登录联合国网站:http://www.un.org/chinese/aboutun/unchart2007.pdf,2009年5月26日访问。

数是联合国建立后才成立的。联合国愿意与非政府组织和区域性国际组织建立联系,但它们不是《宪章》第 57 条所指的联合国专门机构。第三,它们通过与联合国经社理事会签订协议与联合国建立了法律联系。

(二) 联合国专门机构的现状

与联合国建立关系的协议一般先由经社理事会发起关于协议的谈判,谈判由该理事会的谈判委员会直接与相关的专门机构进行。然后将谈判达成的协议提交经社理事会,再提交联合国大会批准。协议得到批准后即宣布该专门机构与联合国建立关系。

迄今为止,联合国共有 19 个专门机构,它们是:(1) 1865 年成立的国际电信联盟;(2) 1875 年成立的万国邮政联盟;(3) 1919 年成立的国际劳工组织;(4) 1945 年成立的粮食及农业组织;(5) 1945 年建立的国际复兴开发银行;(6) 1945 年成立的国际货币基金组织;(7) 1946 年成立的联合国教育、科学及文化组织;(8) 1947 年成立的国际民用航空组织;(9) 1948 年成立的世界卫生组织;(10) 1950 年根据《世界气象公约》建立的世界气象组织;(11) 1956 年成立的国际金融公司;(12) 1958 年成立的国际海事组织;(13) 1960 年成立的国际开发协会;(14) 1967 年成立的世界知识产权组织;(15) 1977 年成立的国际农业发展基金;(16) 1985 年成立的联合国工业发展组织;(17) 1988 年成立的国际多边投资保证机构;(18) 1966 年成立的国际投资争端解决中心;(19) 1970 年通过其组织规约的世界旅游组织。[①]

(三) 专门机构与联合国的关系

如上所述,专门机构根据《宪章》第 57 条和第 63 条的规定通过签订协议的方式与联合国建立关系并从而成为联合国专门机构。因此,它们与联合国的关系是由相关的国际协议建立的。尽管各个专门机构与联合国建立联系的协议都有一些不同内容,但在规定其与联合国的关系上内容基本相同,主要包括以下几个方面:

1. 协调与被协调

《宪章》第 57 条的目的是保证联合国成为在国际经济及社会合作方面协调各国行动的中心,从而避免因各国际专门机构重复性资源投入造成的浪费或在行使其职能上可能产生的矛盾或冲突。因此,协调各个联合国专门机构的工作和活动是联合国的权利,接受并服从协调是各专门机构的义务。例如,在建立关系的协议中一般规定,联合国专门机构要向经社理事会提交报告,后者有权审议

[①] 参见联合国网站:http://www.un.org/chinese/aboutun/unchart2007.pdf,2009 年 11 月 28 日访问。关于世界旅游组织的成立日期说法不一,主要原因是该组织的前身是 1946 年成立的非政府组织——国家旅游组织。详见世界旅游组织网站:http://www.unwto.org/aboutwto/his/en/his.php? op = 5,2009 年 11 月 28 日访问。

这些报告并提出建议。为此,联合国还建立了一个协调工作行政长官委员会(the UN System Chief Eecutives Board(CEB))。① 该委员会可以在需要进行协调时直接或通过其小组委员会审查所有专门机构的整个运作情况,确定优先顺序以便集中精力和资源。经社理事会自己也建立了一个项目与合作委员会,与协调工作行政委员会联合召开会议。②

2. 互派代表

联合国组织与一些联合国专门机构之间可以互派代表参与对方的各种会议,但是没有投票权。这样的安排对于联合国与专门机构的相互沟通以及对联合国协调作用的发挥都是至关重要的。

3. 成员国资格方面的联系

大多数联合国专门机构在接受会员国方面都给予联合国会员国以一定的优惠待遇,即如果一国已经成为联合国会员国,只要该国接受该专门机构的组织文件就可以成为其成员国。而对于非联合国会员国的接受,必须经过申请、审议和批准等程序。

4. 专门机构与联合国不存在隶属关系

联合国专门机构都是具有独立法律地位的实体,不是联合国的附属或辅助机构。因此,它们与联合国没有隶属关系。除非在建立关系的协议中另有规定,它们的决议和活动无须得到联合国的审查或批准。

三、联合国的机构改革问题

(一) 改革的必要性

联合国建立已经 70 年了,但是联合国的体制和结构依然没有什么大的改变,它们是 70 年前按照当时的社会和历史发展背景确定的。因此,联合国的机构改革曾经多次提到联合国的议事日程上来,改革的必要性不言而喻。

因为联合国的体制和结构是根据《宪章》设置的,所以联合国的任何重要改革都会涉及修改《宪章》的问题。根据《宪章》第 109 条的规定,只要经过大会 2/3 表决并由联合国会员国 2/3,包括安理会全体常任理事国,各自依其宪法程序批准,对《宪章》的修正案即可生效。但是,联合国建立 70 多年来,修改《宪章》的工作仅进行过两次,而且基本属于扩大现有联合国机关的性质。第一次是 1963 年 12 月 17 日经联合国大会通过的《宪章》修正案。根据这些修正案,将

---

① 委员会由联合国秘书长和各专门机构的行政首长组成,委员会的主席由秘书长担任。
② 最初设计该机构时的名称是行政协调委员会(Administrative Committee on Co-ordination, ACC),参见 Philippe Sands and Pierre Klein, *Bowett's Law of International Institutions*, 6th Edition, Sweet & Maxwell, 2009, p. 80。

安理会理事国从 11 个增加到 15 个；将经社理事会理事国从 18 个增加到 27 个。① 第二次是 1971 年 12 月 20 日经联合国大会通过修正《宪章》第 61 条的修正案,将经社理事会理事国从 27 个增加到 54 个。② 此后,尽管在来自发展中国家关于改革联合国各种建议的强大压力下也曾作出过种种努力,但终因"冷战"的影响而未能取得任何实质性进展。③

"冷战"结束后,联合国改革的必要性得到前所未有的广泛共识。从在第 57 届联合国大会上,联合国秘书长提交的《加强联合国:进一步改革纲领》报告④到 2004 年联合国改革问题高级别名人小组提交的题为"一个更安全的世界:我们的共同责任"报告,艰辛努力终于有了初步进展。

(二) 改革方案

联合国改革问题高级别名人小组由来自世界各地具有广泛经验和专业知识的知名人士所组成⑤;称为"威胁、挑战和改革问题高级别小组"或"联合国改革高级别名人小组"(高级别名人小组)。该小组于 2003 年根据联合国秘书长安南的任命建立。经过一年的努力,该小组召开了 6 次小组会议并进行了 40 次区域磋商和专题研讨会,于 2004 年 12 月 1 日向联合国秘书长提交了上述报告,报告中包括他们提出的关于联合国改革的具体方案。

1. 关于大会的改革建议

关于联合国大会,高级别名人小组没有提出具体改革方案。但是,他们在报告中指出:"会员国应再次作出努力,使大会能够履行它作为联合国主要审议机构的职能。因此需要更好地拟定并缩短议程;议程应体现国际社会目前面临的各种挑战。缩小委员会的规模,更严格地规定重点事项,能有助于精简和改进提交给整个大会的决议。"⑥

2. 安理会改革原则和方案

关于安理会,他们首先提出了改革应遵循的四个原则:

第一,贡献越大,参与决策的机会越多。根据《宪章》第 23 条:"让那些在财务、军事和外交方面——具体而言,在联合国分摊预算的缴款、参加已获授权的

---

① 参见 1963 年 12 月 17 日联合国大会决议,A/RES/1991(XVIII)。
② 参见 1971 年联合国大会关于扩大经社理事会的决议,A/RES/2847(XXVI)。
③ 关于 1980 年以前修改《宪章》和促进联合国改革的各项联合国大会决议,详见赵理海著:《联合国宪章的修改问题》,北京大学出版社 1982 年版,第 188—229 页,此书在附录中收集了所有联合国大会的相关决议,其中包括 1974 年 12 月 17 日通过的关于设立一个联合国宪章特别委员会的决议以及 1975 年 12 月 15 日通过的关于将联合国宪章特别委员会改为"联合国宪章和加强本组织作用特别委员会"的决议。
④ 参见 2002 年 9 月 9 日联合国大会文件:A/57/387。
⑤ 由泰国前总理阿南·班雅拉春担任主席,组员来自 15 个国家,来自中国的是前外交部长钱其琛。
⑥ 联合国改革问题高级别名人小组提交的题为"一个更安全的世界:我们的共同责任"的报告,第 242 段。

和平行动、赞助联合国在安全和发展领域开展的自愿活动和支持联合国的目标和任务规定的外交活动等方面——对联合国贡献最大的国家,更多地参与决策。"①

第二,代表性越强,参与决策的机会越多。"让更能代表广大会员国、特别是代表发展中国家的国家,参加进程。"

第三,不损害安理会的效力。

第四,加强安理会的民主性和责任性。

根据上述四个原则,他们提出了改革安理会的 A 方案和 B 方案。按照方案 A,增加 6 个没有否决权的常任理事国和 3 个任期两年的非常任理事国;按照方案 B,不增加常任理事国席位,但新增加 8 个任期 4 年并可连任的理事国席位,并新增加一个任期 2 年(不可连任)的非常任理事国席位。

应该引起注意的是,上述两个方案都没有涉及扩大否决权或修改《宪章》关于安理会现行权力的规定。该报告指出:"我们认识到否决权发挥重大作用,使联合国最强大的会员国相信它们的利益得到保障。我们看不到有什么实际可行的办法来改变现有成员的否决权。"②他们同时也认识到否决权制度与民主盛行的时代步伐不符,但却没有提出任何削弱或者取消否决权的方案。只是敦促只在涉及重大利益时才使用否决权,却没有指出涉及谁的和什么重大利益。该报告用黑体字强调:"我们建议,任何改革提案都不应扩大否决权。"③

3. 建立"建设和平委员会"和"建设和平资助办公室"

该报告建议安理会"根据《宪章》第 29 条,在同经济及社会理事会协商后,成立一个建设和平委员会"。该委员会的主要职能是:第一,确定正处于困境或可能陷入暴力冲突的国家;第二,与相关国家政府合作预先安排援助以防止恶化;第三,协助制订从冲突向和平过渡的计划;第四,推动和维持国际社会为冲突后建设和平作出的努力。

至于该委员会的组成、规模、程序以及对谁负责等问题,该报告没有提出具体建议,只是认为应该注意:委员会应该有安理会和经社理事会的代表参加;委员会的会议应邀请相关国家的代表出席;该委员会的规模不能大;委员会的主席应由安理会批准的一名成员担任,任期至少一年或更长等等。

为了"建设和平委员会"更好地发挥作用,该报告建议在联合国秘书处成立一个"建设和平资助办公室",以便提供适当的秘书服务。该办公室应由大约 20 名或更多的联合国系统内有不同工作背景和在建设和平方面有丰富经验的人组

---

① 联合国改革问题高级别名人小组提交的题为"一个更安全的世界:我们的共同责任"的报告,第 249 段。

② 同上,第 256 段。

③ 同上。

成。该办公室应每年两次向"建设和平委员会"提交早期预警分析报告以便帮助该委员会安排其工作。①

4. 经社理事会的改革建议

鉴于把经社理事会作为主导世界贸易和金融的决策中心已经是不现实的事情,报告建议该理事会应增强其对集体安全的贡献。为此它可以建立一个"安全威胁所涉社会和经济问题委员会",以便研究经济和社会问题对安全的威胁。报告还建议经社理事会应该把自己变成一个"发展合作论坛",为此它应建立一个小型执行委员会,以便为经社理事会的工作提供方向和指导。

5. 人权委员会的改革建议

关于人权委员会的改革以及建立人权理事会的情况详见本书第十章。

6. 秘书处的改革建议

关于秘书处的改革,该报告建议加强对秘书处的协助,包括增设一个专门负责和平与安全问题的常务副秘书长②;对秘书处的人员进行一次性审查和替换,包括提前退休;立即为秘书长提供60个员额以便增强秘书处的能力。③

第四节 区域性国际组织

一、区域性国际组织概述

区域性国际组织是指其成员国仅限于某一特定区域范围的国际组织。目前欧洲、美洲、亚洲、非洲和太平洋地区都有许多各种不同的区域性国际组织。它们有的属于综合性的,例如,美洲国家组织、非洲统一组织(现在的非洲联盟)等;有的是专门性的,例如,阿拉伯石油输出国组织、非洲油料生产国组织等;还有的完全是冷战的产物,因此主要是军事性的,例如,北大西洋公约组织、华沙条约组织等。④

应当指出的是,有些区域性国际组织,例如,北大西洋公约组织或者欧洲安全与合作组织,成员国跨越了区域的界线。美国和加拿大都是这两个组织的成员国。但是,由于这些组织毕竟不是向世界开放的而且其主要成员国均在一个

---

① 联合国改革问题高级别名人小组提交的题为"一个更安全的世界:我们的共同责任"的报告,第263—265段。
② 第一个负责人道主义事务的常务副秘书长是来自瑞典的扬·埃利亚松先生,他于2012年上任。参见:http://www.un.org/zh/sg/dsg/index.shtml,2015年6月2日访问。
③ 参见联合国秘书长的报告"着力改革联合国:构建一个更强有力的世界性组织":http://www.un.org/chinese/reform/investing.pdf,2015年6月3日访问。
④ 冷战结束后,这些组织要么不得不调整其职能,要么只能解散。例如,华沙条约组织于1991年7月宣布解散。

特定区域,仍然可以将其视为一个区域性组织。

除了区域的局限性使其成为成员封闭的实体外,区域性国际组织与普遍性国际组织在国际法上的地位和特征以及其组织职能、结构等各方面都是类似的。

二、区域性组织与联合国的关系

《宪章》第八章在和平解决争端和采取强制行动两个方面规定了区域性国际组织与联合国的关系。根据第52条,《宪章》并不排除用"区域办法或区域机关"应付关于维持国际和平与安全的事件。但条件是,"此项办法或机关及其工作与联合国之宗旨及原则符合"。联合国会员国在将地方争端提交联合国安理会之前,应先交由区域机关用和平方法加以解决。

根据第53条,安理会在执行集体安全体制下的强制行动时,可以在适当情况下利用区域办法或区域机关。遇此情形,相关的区域组织应与安理会配合。例如,1965年安理会通过决议对南罗得西亚采取强制性制裁行动时就曾要求非洲统一组织协助安理会决议的执行。① 区域组织在采取制裁行动或使用武力维持国际和平与安全时,必须得到安理会的授权。

根据《宪章》第54条,无论何时,区域组织为维持国际和平与安全而采取或正在考虑采取行动,有义务向安理会报告。

"联合国改革高级别名人小组"的报告第16部分是关于区域组织的建议。② 该报告认为区域和次区域组织直接处理对和平与安全的威胁是应该鼓励的。但是"关键是要在《宪章》和联合国宗旨的框架内安排区域行动,确保联合国和与之合作的任何区域组织采用比以往更为统一的方式,安排这种行动"。为此,"区域和平行动,在任何情况下,都应征得安全理事会的批准,同时确认在某些紧迫情况下,可以在这种行动开始后再要求予以批准"③。后一种例外情况实际属于"先斩后奏",即在情况紧迫时,先采取区域和平行动,然后再申请安理会的批准。这个建议虽然可以解决紧迫情况下因申请批准需要时间而妨碍采取和平行动的问题,但是"先斩后奏"的权力很容易被滥用。

三、主要的综合性区域组织

与全球性国际组织一样,区域性国际组织也有各种不同的类型。这里仅介

---

① 参见联合国安全理事会1965年第217号决议,S/RES/217。参见联合国网站:http://daccess-dds-ny.un.org/doc/RESOLUTION/GEN/NR0/222/88/IMG/NR022288.pdf?OpenElement,2009年11月16日访问。

② 参见联合国改革问题高级别名人小组提交的题为"一个更安全的世界:我们的共同责任"的报告,第270—273段。

③ 同上,第272段(a)。

绍主要的综合性区域组织,它们是:美洲国家组织、阿拉伯国家联盟、非洲联盟和东南亚国家联盟。

(一) 美洲国家组织

美洲国家组织建立于1889年,称为"美洲共和国国际联盟",1948年通过《波哥大宪章》并将该组织名称改为现名。美洲国家组织现有35个成员国,加拿大、圭亚那和巴哈马没有参加,但在该组织派有常驻观察员。由于美国推行孤立古巴的政策,后者于自1962年被该组织驱逐。虽然2009年美洲国家组织通过决议废除了1962年中止古巴成员资格的决定,但古巴拒绝重返该组织成员。[①] 2015年4月古巴首次出席了在巴拿马举行的第7届美洲首脑峰会但仍然拒绝重返该组织。[②]

根据《波哥大宪章》第4条,美洲国家组织的宗旨是:加强美洲大陆的和平与安全;防止并和平解决会员国间可能发生的争端;为遭侵略的国家规定共同行动;解决会员国间政治、法律和经济问题;促进会员国间的经济、社会和文化方面的合作与发展。

美洲国家组织的主要机构包括大会、常设理事会和秘书处。大会是该组织的最高权力机构,每年召开一次会议;常设理事会是该组织的执行机构,由成员国大使级代表所组成。该理事会下面设有三个理事会,即经济及社会理事会、法律专家理事会和文化理事会。在这些理事会下面还有一些委员会,例如,法律专家理事会下设一个常设法务委员会,承担该理事会和该组织其他机构分派的研究及准备工作。美洲国家组织的总部设在华盛顿。

美洲国家组织在维护民主、保护人权、加强安全、促进自由贸易以及与贩运毒品和腐败作斗争等方面发挥着重要作用。在促进民主方面,2001年的《美洲国家民主宪章》界定了民主的基本要素并制订了在发生危机时作出有效反应的指导。该组织在美洲对其组织大多数成员的大选进行监督,帮助它们保证选举过程的透明度。在加强美洲安全方面,1998年建立了"反对恐怖主义委员会"以便防止资助恐怖主义,加强边境控制,增强各国间的执法合作。为保障该区域的安全,美洲国家组织会员国于2003年10月28日通过了《美洲安全宣言》。该宣言指出:"和平本身是一种价值和原则,和平建立在民主、正义、尊重人权、团结、安全和遵守国际法的基础之上。"[③]

(二) 阿拉伯国家联盟

阿拉伯国家联盟建立于1945年。组织宪章是1945年3月22日在开罗通

---

① 参见美洲国家组织网站:http://www.oas.org/documents/eng/memberstates.asp,2009年5月26日访问。
② 参见搜狐新闻:http://news.sohu.com/20150412/n411136286.shtml,2015年5月3日访问。
③ 该宣言全文可参见:http://www.state.gov/p/wha/rls/61292.htm,2015年6月3日访问。

过的《阿拉伯国家联盟公约》。

根据《阿拉伯国家联盟公约》第 2 条，该联盟的宗旨是：协调会员国间的政治活动以实现它们的紧密合作；保卫相互的独立和主权；全面考虑阿拉伯国家的事务和利益以及经济和财政事项、交通、文化、卫生等方面的合作。

阿拉伯国家联盟的主要机构是理事会和秘书处。理事会由全体会员国组成，是该组织的最高权力机构。根据《阿拉伯国家联盟公约》第 6 条，每个会员国有权在遭到侵略时要求理事会立即召开会议。理事会应决定采取必要措施以击退侵略者。理事会的决议需要全体一致通过，但侵略国的投票不计算在内。1952 年生效的《阿拉伯集体安全公约》进一步加强了这条规定的集体安全职责。该公约规定对任何一个联盟成员国的侵略就是对所有成员国的侵略。该公约还建立了一个常设联合防御理事会和常设军事委员会。秘书处由秘书长、助理秘书若干人和一些官员组成。秘书长已经成为在政治上发挥重要作用的行政长官。该联盟的总部设在开罗。突尼斯市也是该组织一些专门机构的总部所在地。

阿拉伯国家联盟在促进经济发展方面积极开展合作，于 2001 年召开了第一次"经济峰会"(the Economic Summit)，即"2001 年安曼峰会"。此次峰会是根据 2000 年通过的开罗峰会决议召开的第一次定期峰会。在法律方面，阿拉伯国家联盟从 20 世纪 80 年代开始的建立阿拉伯法院的努力，终于在 1994 年由筹备建立该法院的专门委员会向阿拉伯理事会提交了一个计划书。该计划书后来被转交到常设法律委员会，后者起草了一个综合性计划书。根据该计划书，未来的阿拉伯联盟法院将由 7 名法官组成，任期 3 年并可以连任。该法院负责受理争端当事方直接向其提交的争端、根据双边或多边协议提交的争端或国家通过声明接受该法院管辖的争端。该法院根据《阿拉伯联盟宪章》原则和国际法规则以及经争端当事方同意接受的其他渊源作出判决。除了准备建立法院外，阿拉伯国家联盟同时还在努力建立一个"保护、处理和争端解决机制"(A Machinery for the Protection, Management and Settlement of Conflicts)。

（三）非洲联盟

非洲联盟(African Union, AU, 简称"非盟")建立于 2002 年 7 月 10 日，是继欧盟之后建立的第二个在政治、经济、军事等方面实现一体化的全洲性国家间联盟。目前，非盟有 54 个成员国。[①] 其前身是 1963 年建立的非洲统一组织。

非洲统一组织建立于 1963 年。根据《非洲统一组织宪章》第 2 条，该组织的主要宗旨是：促进非洲的统一和团结；协调并加强非洲国家之间的合作；保卫

---

① 关于非盟的会员国参见：http://www.au.int/en/member_states/countryprofiles, 2015 年 7 月 23 日访问。

它们的主权、领土完整和独立；从非洲根除一切形式的殖民主义；在尊重《联合国宪章》和《世界人权宣言》的基础上促进国际合作。非洲统一组织的主要机构包括国家和政府首脑会议、部长理事会和秘书处。国家和政府首脑会议是该组织的最高权力机构，负责讨论整个非洲的重大问题并决定总的方针政策，每年召开一次会议。一切决议由该组织成员国2/3多数通过。部长理事会是该组织的执行机构，负责执行首脑会议的决议。该组织的总部设在亚的斯亚贝巴。

1999年9月，非洲统一组织第四届特别首脑会议通过《苏尔特宣言》，决定成立非盟。2000年通过了《非洲联盟宪章草案》，2001年决定向非盟过渡。2001年5月26日《非洲联盟宪章》生效。2002年7月8日，非洲统一组织在南非德班召开最后一届首脑会议。2002年9月10日，非盟举行第一届首脑会议，并宣布非盟正式成立。新成立的非盟总部仍然设在埃塞俄比亚首都亚的斯亚贝巴。

在2003年2月3日召开的非盟特别首脑会议上通过了《非洲联盟宪章》的修订案，该修订案的内容包括进一步加强妇女参与非盟事务、明确非盟大会职权并增加一个非盟正式结构——和平与安全理事会。在2003年的非盟第二届首脑会议上选举出非盟委员会。随着关于建立非盟泛非议会的议定书的生效，非洲联盟泛非议会于2004年在埃塞俄比亚首都亚的斯亚贝巴宣布成立。该议会由53个非盟成员国组成，每个成员国可选派5名议员。2004年5月25日非盟建立了和平与安全理事会，负责非洲的和平与安全事务。该理事会由15个理事国组成。该理事会下设大会、军事参谋委员会、贤人委员会、非洲快速反应部队和特别基金等机构。

非盟的一体化建设还在进行中。在经济方面，在2005年的第四届首脑会议上，非盟决定分别建立专门委员会，研究非洲在联合国的作用以及如何加快非洲经济一体化进程。2008年8月17日，南部非洲发展共同体自由贸易区已正式启动。此外，2008年10月22日东非共同体、东南非共同体和南非共同体三方联合首脑峰会在乌干达首都坎帕拉举行。峰会上通过的联合公报责成三方工作小组为创建单一经济共同体制订行动计划和时间表。在军事方面，非盟计划组建一支由1.5万人组成的非洲常备维和部队。

（四）东南亚国家联盟

东南亚国家联盟（东盟）建立于1967年8月8日，即《东南亚国家联盟成立宣言》（《曼谷宣言》）通过之日。当时只有5个国家，即印度尼西亚、马来西亚、菲律宾、新加坡和泰国。后来文莱（1984年）、越南（1995年）、老挝（1997年）、缅甸（1997年）和柬埔寨（1999年）先后加入，该联盟现有10个成员国。

根据《曼谷宣言》，该联盟的宗旨是：加速东南亚区域的经济增长、社会进步和文化发展；促进东南亚区域的和平和稳定；促进东南亚区域国家在经济、社会、文化、技术、科学和技术等方面的合作和互助并为这些方面的训练和研究提供援助等。

这些年来,东盟在经济方面的合作不断加强。1992年第四次东盟峰会通过的《加强经济发展框架协定》中包括了一个发展东盟自由贸易区(AFTA)的计划。AFTA的战略目标是把东盟作为一个单一生产单位以增强其区域竞争优势。1995年,东盟国家和政府首脑重申,"合作的和平与分享的繁荣"(cooperative peace and shared prosperity)是东盟的基本目标。同年召开的第五次东盟峰会上通过了"加速经济一体化议程",其中包括实现AFTA的时间表。1997年,东盟首脑通过了"东盟2020前景声明",号召建立有力发展伙伴关系(ASEAN Partnership in Dynamic Development),以期在该区域构建更紧密的经济一体化。目前,东盟的经济合作领域已经相当广泛,包括贸易、投资、工业、服务业、财政、农业、畜牧业、能源、运输和信息、知识产权、中小型企业和旅游。① 更重要的是,2007年11月20日东盟领导人在新加坡签署的《东盟宪章》于2008年12月15日起正式生效。这是东盟成立以来的第一份对各成员国都有法律拘束力的文件。特别值得注意的是,《东盟宪章》专门对建立东盟人权机构作出了规定。东盟政府间人权委员会已于2009年10月23日宣布成立。

第五节 国际组织法的主要内容

一、国际组织的会员资格

如上所述,国际法意义上的国际组织是由国家组成的。因此,理论上只有国家才能取得国际组织的会员资格。但是在实践中许多国际组织都允许国家以外的实体以不同的身份参加该组织的活动并给予它们以适当不同的待遇,从而产生了所谓"完全会员"和"非完全会员"或"部分会员"、"联系会员"、"观察员"等区分。此外,一般的开放性国际组织都把其会员分为原始会员和纳入会员。

(一)原始会员与纳入会员

原始或创始会员(original members)是那些在组织宪章上签字并依其宪法予以批准的国家。联合国有51个创始会员国,它们是参加旧金山会议或者以前曾签署1942年《联合国家宣言》并且签署和依法批准《联合国宪章》的国家。

纳入会员(admitted members)是按照组织宪章的规定接纳的国家。一般的国际组织都为接纳新的会员国规定一定的条件。换言之,几乎没有任何国际组

---

① 关于东盟发展概况,可以参见东盟官方网站:http://www.asean.org/asean/about-asean/overview,2015年7月23日访问。

织是无条件地向一切国家或实体开放的。例如,《联合国宪章》第4条规定:"凡其他爱好和平之国家,接受本宪章所载之义务,经本组织认为确能并愿意履行该项义务者,得为联合国会员国。"与联合国相同,许多国际组织只允许国家参加。

(二) 完全会员与联系会员

完全会员(full members)是指在国际组织中享有并承担所有权利和义务的会员。一般只有国家可以取得完全会员资格。但是一些国际组织也允许非国家实体成为完全会员。例如,阿拉伯国家联盟于1976年接纳巴勒斯坦解放组织作为巴勒斯坦的代表成为该组织及其一些专门机构的完全会员。又如世界贸易组织允许在对外商务中享有完全自治的独立关税区参加该组织,因此中国香港和中国台北都是世界贸易组织的完全会员。

联系会员(associate members)是指没有满足会员资格条件的实体,虽然不能作为完全会员参加该组织,但可以参加该组织的某些活动,甚至可以成为该组织某些机构的成员。联系会员只享有有限的权利。

(三) 观察员

观察员有临时和常设的两种。国际组织通常临时邀请一些非成员国或其他实体参加他们的会议。还有一些国际组织接纳常设观察员代表团,例如,联合国于1974年接纳巴勒斯坦解放组织作为一个非国家实体为常驻观察员。2012年11月29日,联合国大会通过决议接受巴勒斯坦为联合国观察员国。[1] 观察员(包括观察员国)在国际组织一般没有表决权。

二、国际组织的表决制度

国际组织的表决制度或表决程序关系到该组织决议和行为的效力,也反映该组织内部权力政治的均衡并从而涉及组织成员的权利。因此,尽管各有不同,但程序规则对于所有国际组织都是相当重要的。国际组织的表决制度(程序规则)主要有以下几类:

(一) 全体一致通过

依据全体一致通过制度,只要一个国家投反对票,决议就不能通过。这意味着每个国家都有否决权。这种制度建立在国家同意的基础之上,有利于维护国家主权。但是,因为每个国家都有否决权,在重大政治问题上,国家之间很难达成一致从而为决议的通过带来不可逾越的障碍。国际联盟的教训足以证明全体一致制度的弊端。

在充分强调国家主权的19世纪,全体一致通过的表决制度最为盛行。那时

---

[1] 参见新华新闻:http://news.xinhuanet.com/world/2012-11-30/c_124024879.htm,2015年5月4日访问。

大多数国际会议通过的实质性决议均奉行这项程序规则。只有关于会议日程的问题或其他程序问题才允许采取多数通过的表决制度。但是与其形成鲜明对比,那些科学技术方面的国际会议和国际组织多数都适用多数通过制度,只有在个别情况下才采取全体一致的规则。随着"弃权""部分同意"和允许国家对公约或协定提出保留的机制的建立,全体一致通过制度逐渐被多数通过规则所取代,成为当代国际社会普遍采用的表决制度。[①] 但是在一些会员国数量有限的机构或组织里,例如,欧洲理事会的部长委员会、经济合作与发展组织理事会和阿拉伯理事会等等,仍然适用全体一致通过规则。即便如此,全体一致通过制度也是仅仅得到有限的适用。[②]

(二) 多数通过

1. 简单多数与特定多数

简单多数指过半数的多数通过制度,一般适用于关于一般事项或程序性事项决议的通过。特定多数可以是 2/3 或 3/4 等,具体规则应根据组织约章的规定来确定。例如,根据《联合国宪章》第 18 条第 2 款,联合国大会对于重要问题的决议以到会及投票会员国 2/3 多数通过。又如,根据《马拉喀什建立世界贸易组织协定》第 9 条第 2 款,对该协定附件一中多边贸易协定作出的解释决定应由 3/4 多数成员通过。国际组织一般都在其组织约章中规定哪些是重要事项,但一般都是举例说明而不是穷尽列举。这样容易在会员国间产生关于所要决策的事项是否属于重要事项的分歧。遇到这种情况,决定重要性这个事项本身也需要通过投票表决,但是一般仅需要简单多数通过。

2. 加权或加重投票

尽管根据国家平等原则,理论上每个国家应该享有一个投票权而且其在法律上的价值也应该是平等的,但是在实践中,一些国际组织给予某些国家两个以上的投票权,即加权投票制(plural voting)或者给予一些特定国家的投票以更高的价值,即加重投票制(weighted voting)。例如,从联合国成立到苏联解体,苏联在联合国一直享有三个投票权,因为苏联的两个加盟共和国——白俄罗斯和乌克兰——也取得了在联合国的代表权。欧共体在世界贸易组织中的情况在某种意义上也可以视为加重表决的例子。《马拉喀什建立世界贸易组织协定》第 9 条第 1 款规定:"如欧洲共同体行使投票权,则其拥有的票数应与属 WTO 成员的欧洲共同体成员国的数目相等。"

加重投票制的目的是使某些国家在某国际组织中的利益得到真正的代表,

[①] 参见 Philippe Sands and Pierre Klein, *Bowett's Law of International Institutions*, Fifth Edition, Sweet & Maxwell, 2001, pp. 263—264。

[②] 同上书,第 264—265 页。

而他们的利益反映其在政治、经济或财政方面对该组织所作的贡献。例如,根据《国际货币基金组织协定》第12条第5项规定,每个成员国享有250个基本投票权,另外每享有10万特别提款权的份额便增加1票。

(三) 协商一致通过

协商一致通过是在联合国的实践中形成的,无须投票,通过成员国之间的协商达成一致意见,从而进行决策的制度。

协商一致通过制度是为了解决多数通过制度产生的问题应运而生的。例如,联合国大会以2/3多数通过的某些决议实际上需要少数发达成员国的积极合作才能得到有效实施。然而,这些少数成员国因为不能接受这些决议而投了反对票。结果,虽然决议在联大获得通过,但实际上根本无法得到实施。为了解决这个问题,联合国大会改变了完全以投票表决通过决议的传统方式,引进了协商一致这种新的决策机制。具体做法是,由一个协商委员会提出提案,这些提案的内容应尽量让那些能够使其得到有效实施的成员国接受,避免只能得到2/3通过但永远得不到此等成员国接受的提案。[①] 由于达到这样的一致需要协商委员会在相关会员国之间做大量的协商工作,可能要耗费相当长的时间。一些国际会议有时也适用协商一致通过制度。例如,1982年《联合国海洋法公约》就是协商一致通过的,协商的过程长达9年。

三、国际组织的法律地位

国际法意义上的国际组织不是超国家实体,而是国家间的组织。若干国家为了特定的目的通过签订多边公约的方式自愿建立并为了组织活动的需要间接或默示地赋予其一定的法律地位。因此,国际组织的法律地位不是它们固有的,而是其组织成员赋予的。正如梁西教授所指出的:"国际组织是基于特定目的而设立的,为此目的,它除需要组织内部的工作机能外,还需要在其职能范围内对外开展活动。国际组织对外开展活动的基础是在其活动领域内占有必要的法律地位,而这种法律地位的前提条件是必须具有相对独立于其成员国的一定的法律人格。"[②] 国际组织很少直接或明确地规定它具有国际法律人格或者它是国际法主体。一般规定国际组织为了执行其职务而具有一定的法律行为能力。例如,《宪章》第104条规定:"本组织于每一会员国之领土内,应享受于执行其职务及达成其宗旨所必需之法律行为能力。"

国际组织的法律地位可以归纳为以下几点:

首先,国际组织具有其成员国所赋予的国际法律人格(legal personality)。

---

① 参见梁西:《国际组织法(总论)》(修订第5版),武汉大学出版社2001年版,第138页。
② 梁西著:《国际组织法》(修订第4版),武汉大学出版社1998年版,第8—9页。

与国家相比,国际组织是派生的国际法主体,即它是由作为其成员的国家创立的。这就意味着,"任何一个国际组织,包括联合国组织,不仅不能凌驾于国家之上,而且也不能与创立它的国家等量齐观"①。国际组织不是国家,也不是超国家,而是国家之间通过协议建立的,享有国家所赋予的国际法律人格的实体。

其次,国际组织是有限的国际法主体。与国家不同,国际组织在国际法上的权利和义务是基于建立该组织的成员国之间的协议。因此,国际组织的特定职能以及相关的权利和义务,都是以建立该组织的约章为依据的。这就意味着,国际组织在执行其职务并行使其权利时,不能超越其组织约章规定的范围。例如,根据《宪章》,联合国大会不具有立法的职能。因此,联合国大会不能行使立法权从而制定国际法。此外,国际组织不是国家,它不具有国家的属性。"国际组织既没有领土,也不能对成员国国民进行统治,它所取得的法律人格,不管范围有多大,同主权国家所固有的完全法律人格比较起来,显然是很有限的。"②

最后,国际组织具有为执行其职能所必需的法律行为能力。作为有限的国际法主体,国际组织的权力和权利一般都不能超出该组织约章所规定的范围。但是,为了执行其职能,国际组织在特定情况下具有某些与其职能相关的"暗含权力",即其组织约章没有明确规定的权力。不过无论如何,所谓"暗含权力"必须是执行其职能所必需,而这些职能都是该组织约章明确规定的。

四、国际组织的特权和豁免

鉴于国际组织的上述法律地位,国际组织也享有一定的特权与豁免,主要内容可以分为两个层次:第一,是国际组织本身所享有的;第二,是国际组织会员国的代表以及国际组织的职员所享有的。根据《联合国宪章》第 105 条,联合国在每个会员国的领土内,应享有为达成其宗旨所必需的特权和豁免。联合国会员国的代表以及联合国的职员,也应同样享有为独立行使联合国的职务而必需的特权和豁免。

至于国际组织本身以及会员国的代表及国际组织的职员具体享有哪些特权和豁免,一般由国际组织与相关会员国签订协议或者制定国际公约加以规定。例如,1947 年《联合国与美利坚合众国关于联合国会所的协定》、1946 年《联合国特权与豁免公约》和 1947 年《联合国专门机构特权与豁免公约》,都属于这样的国际条约。此外,1973 年《关于防止和惩处侵害应受国际保护人员包括外交代表的罪行公约》也规定了政府间国际组织的官员及其代理人所享有的特权,特别是人身不可侵犯权。

---

① 参见赵理海著:《国际法基本理论》,北京大学出版社 1990 年版,第 161 页。
② 梁西著:《国际组织法》(修订第 4 版),武汉大学出版社 1998 年版,第 10 页。

关于国际组织的特权和豁免的内容和理论根据,应该注意以下几点:

首先,《宪章》第 105 条没有明确规定联合国组织、会员国的代表以及联合国的职员享有的是哪种特权和豁免,但是从会员国与联合国之间的相关协议及其实践可以看出,它们实际上都是比照外交特权和豁免的内容。

其次,虽然国际组织享有的特权和豁免基本都是比照《维也纳外交关系公约》中规定的内容,甚至《国际法院规约》第 19 条明确规定:"法官于执行职务时应享有外交特权和豁免",但是他们毕竟不是外交代表。① 因此,他们享有的特权和豁免是有限的,即在"执行职务时"才享有这些特权和豁免。

最后,国际组织享有特权和豁免的理论依据与外交代表不同。尽管国际组织本身、会员国的代表以及国际组织的职员因该组织职能所必需而在东道国享有一定的特权和豁免,但是国际组织与东道国之间没有对等关系从而缺乏因这种对等关系而产生的相互制约性。因此,国家责任制度中的反措施不能直接适用。此外,会员国与东道国之间也不存在相关权利和义务的对等关系。正是由于这个原因,东道国不能宣布某会员国的代表为不受欢迎的人。②

五、联合国人员的安全保护问题

随着参加联合国维持和平行动的人员(维和人员)在执行其使命过程中遭受伤害甚至被杀害的事件的频繁发生,对维和人员及其他有关人员的保护问题得到广泛关注。③ 由于维和人员是为了代表联合国完成其使命而进入一国管辖范围的,他们应该享受联合国的官员、专家或职员所享有的特权和豁免。因此,1946 年《联合国特权与豁免公约》和 1973 年《关于防止和惩处侵害应受国际保护人员包括外交代表的罪行公约》均应适用于维和人员,以便使他们得到适当的国际保护。

此外,为了保护联合国人员在执行使命时的安全,联合国大会于 1994 年 12 月 9 日通过了《联合国人员和有关人员安全公约》。④ 该公约共 29 条,主要内容包括联合国人员和有关人员的定义及其身份的识别和过境问题、缔约国确保联合国人员和有关人员的安全和保障的义务、危害联合国人员和有关人员的罪行

---

① 此处"外交"一词仅仅起着限定特权和豁免范围的作用。参见 Shabtai Rosenne, "The Law and Practice of the International Court", 1920—1996, Vol. I, *the Court and the United Nations*, Martinus Nijhoff Publishers, 1997, p. 427.

② 参见饶戈平主编:《国际组织法》,北京大学出版社 1996 年版,第 231—232 页。

③ 参见刘大群:"国际组织特权与豁免的新发展——对维和人员的保护",载于饶戈平主编:《国际组织法》第六章第四节,北京大学出版社 1996 年版,第 240—243 页。

④ 该公约于 1999 年 1 月 15 日生效,迄今已经有 92 个国家批准了该公约。参见联合国网站: https://treaties.un.org/pages/ViewDetails.aspx? src = TREATY&mtdsg_no = XVIII-8&chapter = 18&lang = en, 2015 年 7 月 23 日访问。

以及对罪行的管辖、起诉和引渡等。根据第 1 条(a)和(b),"联合国人员"指:(1)由联合国秘书长聘用或部署、担任联合国行动的军事、警察或文职部门的成员的人;(2)由联合国或其专门机构或国际原子能机构派遣、在进行联合国行动的地区具有正式身份的其他官员和专家。"有关人员"指:(1)由一国政府或政府间组织根据同联合国主管机关的协议派遣的人;(2)由联合国秘书长或专门机构或国际原子能机构聘用的人;(3)由人道主义非政府组织或机构根据同联合国秘书长或专门机构或国际原子能机构的协议所部署的人。根据第 1 条(c)款,"联合国行动"指联合国主管机关根据《联合国宪章》设立,并在联合国的权力和控制下进行的行动,但须:(1)该行动是以维持或恢复国际和平与安全为目的;或(2)为本公约目的,安全理事会或大会宣布参加行动人员的安全面临特殊危险。

由于该公约的使用范围仅限于上述人员及上述联合国行动,联合国大会于 2005 年 12 月 8 日通过了《联合国人员和有关人员安全公约任择议定书》。[①] 该议定书将该公约适用的范围扩大到包括联合国在建设和平中提供援助的行动。《联合国人员和有关人员安全公约任择议定书》第 2 条第 1 款规定,除了《联合国人员和有关人员安全公约》第 1 条(c)款界定的行动外,本议定书缔约国还将公约适用于联合国主管机关根据《联合国宪章》设立,并在联合国的权力和控制下,为以下目的而进行的一切其他联合国行动:(1)在建设和平中提供人道主义、政治或发展援助;或(2)提供紧急人道主义援助。但是该条第 3 款又规定,仅为应付自然灾害而进行的上述两项行动,该议定书的缔约国可以随时声明不适用本议定书。这种声明应当在行动部署前作出。

进一步阅读推荐书目

1. 梁西著:《国际组织法:总论》(修订第 5 版),武汉大学出版社 2001 年版。
2. 许光建主编:《联合国宪章诠释》,山西教育出版社 1999 年版。
3. 饶戈平主编:《国际组织法》,北京大学出版社 2003 年版。
4. 饶戈平主编:《全球化进程中的国际组织》,北京大学出版社 2005 年版。
5. 饶戈平主编:《国际组织于国际法实施机制的发展》,北京大学出版社 2013 年版。
6. Chittharanjan Felix Amerasinghe, *Principles of the Institutional Law of International Organizations*, 2nd. rev. ed. Cambridge University Press, 2005.
7. Henry G. Schermers & Niels M. Blokker, *International Institutional Law: Unity within Diversity*, 5th revised ed., Martinus Nijhoff Publishers, 2011.
8. A. LeRoy Bennett, *International Organizations: Principles and Issues*, 7th ed., NJ: Prentice Hall, 2002.

---

① 参见联合国大会 A/60/42 号决议。根据《联合国人员和有关人员安全公约任择议定书》第 4 条,该议定书在 2006 年 1 月 16 日至 2007 年 1 月 16 日的 12 个月内在联合国总部开放供所有国家签署。

9. Philippe Sands and Pierre Klein, *Bowett's Law of International Institutions*, Fifth Edition, Sweet & Maxwell, 2009.
10. Jan Klabbers, *An Introduction to International Institutional Law*, 2nd edition, Cambridge University Press, 2009.
11. Jan Klabbers, Asa Wallendahl (eds.), *Research Handbook on the Law of International Organizations*, Edward Elgar Publishing Limited, 2011.

第十七章　和平解决国际争端

和平解决国际争端是《联合国宪章》的原则之一，也是一项国际法基本原则，与禁止使用武力或武力威胁原则相辅相成，构成当代国际法的基础。和平解决争端的方法主要分为政治的和司法的两种。政治的方法包括协商与谈判、斡旋与调停以及调查与和解，司法的方法主要是国际仲裁和国际法庭。在政治解决争端中，国际组织，特别是联合国发挥着重要作用。在司法解决争端中，国际法院占有核心地位。此外还有国际海洋法法庭以及世界贸易组织的争端解决机制，这些专门性国际司法机制也是和平解决争端的重要方面。

第一节　概　　述

一、国际争端的概念

所谓争端是指当事双方在事实、法律或政策等问题上存在的分歧，其中一方依据这种存有争议的事实、法律或政策提出的主张遭到另一方的拒绝或否定。[①]国际争端是指国家之间、国家与国际组织之间或后者相互间产生的这种分歧。广义的国际争端还包括任何不同国家的公司和个人之间的这种分歧。但是本书所指的国际争端是指前者，并且主要是国家之间的争端。

在国际关系中国家之间发生各种各样的争端是司空见惯的事，构成国际关系的重要组成部分。国际争端可能涉及国际生活的各个方面，包括政治、经济、文化、法律等不同问题。特别引起人们关注的是那些关系到国家领土和资源的争端，例如，领土划界和海洋、专属经济区或大陆架划界争端等等。

国际争端通常被人们按其性质分为政治的和法律争端，后者还可以分为关于条约解释、国际法的任何问题、关于事实的存在以及关于因违反国际义务而引起赔偿责任的性质和范围的争端。[②]根据争端是否可以在法院作出判定，人们还把国际争端分为"可裁判性"(justiciable)与"不可裁判性"(non-justiciable)争端。一般政治性争端是"不可裁判性"的，法律争端是"可裁判性"的。但是，这种划分并非对所有国际争端都能适用。实践中的许多国际争端相当复杂，政治、

---

① 参见 J. G. Merrills, *International Dispute Settlement*, 3rd Edition, Cambridge University Press, 1998, p.1.

② 参见《国际法院规约》第36条第2款。

法律和事实问题往往混合在一起,很难作出区分。然而,有时为了确定某些国际法庭的管辖权,尽管作出这种区分比较困难,但却是不可避免的步骤。例如,《国际法院规约》第 36 条第 2 款规定国际法院的强制性管辖适用于特定的法律争端。因此,确定是否存在法律争端是国际法院行使其强制性管辖权的前提。[①]

二、和平解决争端原则

《联合国宪章》在第一章"宗旨及原则"中明确规定:"各会员国应以和平方法解决其国际争端,俾免危及国际和平、安全、及正义。"(第 2 条第 3 款)接着又规定:"各会员国在其国际关系上不得使用威胁或武力,或以与联合国宗旨不符之任何其他方法,侵害任何会员国或国家之领土完整或政治独立"(第 2 条第 4 款)。联合国的这两项原则前后呼应,表达了一个共同的意思,即为了维护国际和平与安全,国家之间的争端要用和平的方法去解决,不得使用武力或武力威胁。与禁止使用武力原则[②]一样,和平解决国际争端原则作为国际法基本原则之一得到国际社会的广泛接受,构成国际强行法的一部分。因此根据这项原则,下面谈到的那些传统国际法上国家单方面使用武力解决国际争端的方法,均已成为历史陈迹。

三、解决争端的方法

(一) 传统国际法上解决国际争端的方法

现行国际法仅允许各国用和平的方法解决国际争端。但是由于传统国际法并不禁止战争,也不禁止使用武力或武力威胁,一些用武力解决国际争端的方法也被视为合法。传统国际法把解决国际争端的方法分为两大类:强制性方法和非强制性方法。非强制性的方法,即现代国际法上和平解决争端的方法,本章将在后面重点详述。这里简单介绍传统国际法上几种强制性方法:反报、报复、平时封锁和干涉。

1. 反报(retortion)与报复(reprisals)

反报是指一国以同样或类似的行为来回报另一国对其造成损害的不礼貌、不友好或不公平的行为。[③] 反报行为本身是不违反国际法的行为,不涉及一国停止履行对另一国承担的国际义务。一般情况下,引起反报的行为属于不违反

[①] 参见 Malcolm N. Shaw, *International Law*, 5th Edition, Cambridge University Press, 2003, pp. 969—970。1924 年国际常设法院 Mavrommatis Palestine Concessions (Jurisdiction) 案、1950 年国际法院关于对保、匈、罗和约的解释问题的咨询意见(the Interpretation of Peace Treaties case)等案件对于我们了解国际法庭确定存在法律争端的标准是有帮助的。

[②] 关于禁止使用武力原则,详见本书第六章。

[③] 参见王铁崖主编:《国际法》,法律出版社 1981 年版,第 454 页。

国际法的行为。但是并不排除用反报来回报非法行为。[①] 在因另一国违反国际法而受害的国家对该另一国没有承担任何国际义务，因此不能停止履行国际义务时[②]，受害国在这种情况下可以采取适当的反报措施。比较常见的反报行为包括断绝外交关系、驱逐外国人或对其严加控制、停止或减少贸易投资、禁运、撤回无偿援助以及施加一些经济和旅行方面的限制等等。[③]

  报复是受害国采取的一种自助行为，它是受害国在提出要求但仍未得到补偿之后，针对加害国违反国际法的行为而采取的行为。这是 1928 年为解决葡萄牙与德国之间的争端根据《凡尔赛条约》建立的特别仲裁庭对报复下的定义[④]，也是对传统国际法上报复的一般理解。[⑤] 在这起争端中，德国认为其针对葡萄牙采取的惩罚性武力侵入该国领土的行为属于合法报复，因为葡萄牙人开枪打死了三个德国人。但是仲裁裁决驳回了德国关于合法报复行为的主张，认为报复的合法性基础是报复的对象违反国际法在先。但是在这个案件里，葡萄牙的行为没有违反国际法，开枪打死了三个德国人是事故中的误杀。[⑥] 此外，报复的合法性还有一个前提，即在采取报复行动之前提出的补偿要求没有得到满足。最后，所采取的报复行为应该与所遭受的伤害成合理的比例。但是此案中的报复行为完全不成比例。[⑦]

  与反报不同，报复是一国为了对另一国事先的违法行为作出反应而采取的其本身也是违法的行为。[⑧] 与反措施一样，一国的报复行为由于另一国违法在

[①] 参见 Malcolm N. Shaw, *International Law*, 5th Edition, Cambridge University Press, 2003, p. 1023。

[②] 否则就是报复行为。因此，反报与报复的主要区别就在于受害国采取的回报行为本身是否构成停止对加害国（或责任国）承担的国际义务。参见 Malcolm D. Evans, *International Law*, Oxford University Press, 2003, p. 511。

[③] 参见 Malcolm N. Shaw, *International Law*, 5th Edition, Cambridge University Press, 2003, p. 1022；Malcolm D. Evans, *International Law*, Oxford University Press, 2003, p. 510。

[④] 参见 Barry E. Carter et al (eds.), *International Law*, 4th Edition, Aspen Publishers, 2003, p. 971。

[⑤] 关于报复的定义，参见〔英〕劳特派特修订：《奥本海国际法》（下卷第一分册），王铁崖、陈体强译，商务印书馆 1981 年版，第 95 页。

[⑥] 由于德国官员听不懂葡萄牙语，当驻守葡萄牙属安哥拉瑙利拉的边防警备站的司令从德国官员得不到可以接受的回话时，自认为可能遭到攻击的危险，随后命令其部下开火。关于该案详情，参见 Gerhard von Glahn, *Law Among Nations: An Introduction to Public International Law*, 6th Revised Edition, Macmillan Publishing Company, 1992, pp. 641—642。

[⑦] 参见 Barry E, Carter et al (eds.), *International Law*, 4th edition, Aspen Publishers, 2003, pp. 971—972。可以看出，传统国际法对报复的界定和限制与现代国际法上的自卫有类似之处。关于报复与自卫的关系参见 Denis Alland, "International Responsibility and Sanctions: Self-Defence and Countermeasures", in *the ILC Codification of Rules Governing International Responsibility*, United Nations Codification of State Responsibility, Edited by Marina Spinedi and Bruno Simma, Ocean Publishers INC, 1987, pp. 143—195; Peter Malanczuk, "Countermeasures and Self-Defence as Circumstances Precluding Wrongfulness", in Marina Spinedi and Bruno Simma(eds.), *the International Law Commission's Draft Articles on State Responsibility*, Ocean Publishers, 1987, pp. 197—286。

[⑧] 参见 Malcolm N. Shaw, *International Law*, 5th Edition, Cambridge University Press, 2003, p. 1023。

先而排除了其非法性并因此免除了国家责任。① 反报与报复只有非武力的才会被现代国际法所允许,而且在采取这些和平方法时还要受到必要性和相称性以及不干涉和禁止侵犯人权等一般国际法原则的限制。② 最后还应当指出,允许用这些自助的方法解决国际争端,反映了国际法是调整对等的国家之间关系的法这一特性。在国际争端的当事方之间如果不存在这种对等关系,这种解决国际争端的方法会受到很大限制,甚至可能禁止使用。③ 例如在人权和国际人道法领域,报复行为是被禁止的。④

2. 干涉与平时封锁

干涉或者"惩罚性"干涉(punitive intervention)是指一种非战争的报复行为。⑤ 干涉的目的是为了强迫严重违反国际法的国家承担责任,干涉的形式多为武力或武力威胁,包括平时封锁。⑥ 平时封锁(pacific blockade)是指和平时期一国为了迫使另一国同意作出或停止某种行为而对其港口、海岸或其他领土实行武力封锁。干涉和平时封锁在历史上一直是强国侵略弱国的借口。由于这些解决争端的强制方法总是与非法使用武力或武力威胁联系在一起,已经被现代国际法所废弃。只有为了维护国际和平与安全,在联合国集体安全体制下或经安理会授权的情况下才可以使用平时封锁等武力的方法解决国际争端。⑦

(二) 现代国际法上解决争端的方法

根据现代国际法上和平解决争端和禁止使用武力或武力威胁原则,解决国际争端的方法分为两大类:政治的和法律的方法。《联合国宪章》第 33 条第 1 款规定:"任何争端之当事国,于争端之继续存在足以危及国际和平与安全之维持时,应尽先以谈判、调查、和解、公断、司法解决、区域机关或区域办法之利用、或各该国自行选择之其他和平方法,求得解决。"这项规定中列举的谈判、调查及和解是政治方法。这种方法,无论是否有第三方介入,对争端当事方都没有法律的拘束力。公断(即仲裁)和司法解决是法律方法。法律方法最终导致的裁

---

① 应当注意的是,反措施与报复不同。国际法委员会和国际法院都认为它们是不同的概念,反措施是一种工具,而报复带有惩罚的性质。参见 Malcolm D. Evans, *International Law*, Oxford University Press, 2003, p.511。

② 参见同上书。

③ 参见二读通过的《国家责任公约条款》第 50 条。这条规定了四种不能采取反措施的情况,即违反的国际义务是:第一,不得实行武力威胁或使用武力的义务;第二,保护基本人权的义务;第三,禁止报复的人道主义性质的义务;第四,依一般国际法强制性规范承担的其他义务。关于反措施,详见本书第八章国际法上的责任。

④ 参见《国家对国际不法行为的责任》条款草案第 50 条。

⑤ 参见 I. A. Shearer, *Starke's International Law*, 11th edition, Butterworths, 1994, p.95。

⑥ 一些西方学者将这种干涉视为例外情况下的合法行为,甚至是国际法上的正当权利。参见 I. A. Shearer, *Starke's International Law*, 11th Edition, Butterworths, 1994, p.95。

⑦ 根据《联合国宪章》第 42 条,在安理会认为采取非武力的办法不能解决国际争端以便维护国际和平与安全时,可以采取"包括联合国会员国的空海陆军示威、封锁"等在内的军事行动。

决或司法判决对争端当事方具有法律拘束力。此外,国际组织(例如,联合国大会和安理会)和区域机关(例如,区域国际组织及其机关)也是和平解决国际争端的重要方法。

第二节 政治解决方法

一、谈判与协商

谈判(negotiation)与协商(consultation)是解决国际争端运用最为广泛的方法。多数国际争端都是通过争端当事方之间的直接谈判解决的。谈判与协商都是没有任何第三方介入,仅在争端双方之间进行的活动,一般人们都不太注意两者之间的区别。但是根据梅里尔斯(J. G. Merrills)教授的观点,协商是国家在作出决策前,考虑到某项计划的实行可能对另一国造成伤害,为了避免争端而与该国协商讨论。因此,协商的特点是防止发生国际争端。此外,协商还可以在多边场合进行,而且通常可能需要建立某种结构形式,例如,根据1969年《南极条约》第9条建立的缔约国协商会议。[①] 然而,谈判一般不是为了防止国际争端的产生,而是在出现争端之后采取的解决争端的方法。

与其他政治解决方法相比,谈判与协商的共同特点是没有第三方介入。这个特点的长处是:谈判与协商的全部过程都由相关国家自己控制。缺陷是:如果争端一方拒绝与另一方解决,谈判便不可能;争端一方如果不承认另一方的谈判资格,例如,以色列曾经不承认巴勒斯坦解放组织的国际地位,没有外交途径,谈判也是不可能的;如果争端双方的立场相差太远,谈判的可能性也很小。[②] 实际上谈判的这些缺陷都是因为国际法上国家没有谈判的绝对义务。除非国家通过签订双边条约或参加国际公约承担了谈判义务,国家可以自由选择其他和平方法解决争端。

二、斡旋与调停

斡旋与调停是在争端当事国进入谈判遇到困难或者谈判未成功的情况下,由第三方进行干预促使当事国通过谈判解决争端的方法。但斡旋与调停的区别在于,斡旋的使命仅限于设法将争端双方撮合在一起以便开始谈判。斡旋者所起的作用是作为中间人帮助双方传递信息,转达双方的建议,为促成谈判提供便利。一旦双方开始谈判,斡旋的使命即告完成。调停者起着更加积极的作用,除

---

① 参见 J. G. Merrills, *International Dispute Settlement*, 3rd Edition, Cambridge University Press, 1998, pp. 3—8。

② 同上书,第22—26页。

了促进争端当事国进入谈判外,还向双方提出实质性建议并且参与谈判。因此,斡旋与调停主要是对争端双方介入程度上的区别,即前者不参与谈判,后者不仅参与谈判还提出解决争端的实质性建议。尽管调停者的建议对当事国没有拘束力,但由于调停者一般都是在国际政治中具有一定影响力或者都是对争端双方比较友好,他们的意见一般都会得到双方的尊重或重视。

国际组织、国家、非政府组织和个人都可以充当斡旋和调停者。因此,联合国秘书长或区域国际组织的行政长官、国家总统或政府首脑、国家的前总统或外交部长、教皇或其他宗教领袖等等,常常出面斡旋或调停以帮助解决国际争端。例如,在1982年英国与阿根廷关于马尔维纳斯群岛的争端中,联合国秘书长佩雷斯·德奎利亚尔和美国国务卿黑格都进行了调停或斡旋。又如,阿尔及利亚于1980年在美国与伊朗的外交人质争端中进行的斡旋和调停。

关于斡旋与调停应注意下面两个问题:

首先,斡旋和调停都必须得到争端各方的同意。任何争端当事国都不应被迫接受斡旋或调停,也不应被迫接受任何斡旋者或调停者。拒绝接受斡旋或调停的理由是多种多样的。例如,争端一方如果否认所争议的事项是国际关注事项,就不可能同意任何国际争端的解决方法。①

其次,斡旋者或调停者提出的任何建议,无论是谈判的程序性建议还是解决争端的实质性建议,对争端当事方都没有拘束力。

三、调查与和解

调查(inquiry 或 fact-finding)与和解(或调解,conciliation)的方法更适合解决因事实不清而引起的争端。实际上,解决争端的法律方法,即仲裁和司法解决都可能会包括调查的过程。但是这里的调查是独立的解决国际争端的方法,是指争端当事方在争端发生后临时设立专门机构或事先通过协议建立常设机构,一般称为"国际调查委员会",通过公正的调查,解决国际争端。最早规定建立常设国际调查机构的是1899年《海牙和平解决国际争端公约》。

在1899年和1907年的《海牙和平解决国际争端公约》中都详细规定了调查与和解的争端解决方法。根据两公约的规定,为了查明事实和进行公正的调查,争端当事国可签订特别协定,建立调查机构,通常称为调查委员会。在此等特别协定中规定委员会的组成、职权、调查事项和调查程序。委员会的职能只是查明事实并提出调查报告,为当事国解决争端创造条件。调查报告只限于阐明事实,而且对争端当事方不具有法律拘束力。

和解(调解)是将争端提交给一个由若干人组成的委员会,称为"和解委员

---

① 例如,南非曾一度坚持认为其实行种族隔离制度属于内政,它不会接受任何调停。

会",该委员会在经过调查后提交一个包括解决争端建议的和解报告,但该报告对争端双方没有拘束力。

在1899年和1907年两个《海牙和平解决国际争端公约》中都对建立和解委员会作出规定。和解委员会可以由争端当事方通过签订特别协议而建立,因此如此建立的和解委员会是临时性的。在国际实践中,也可以在争端发生前通过签订国际条约的方式建立常设的和解委员会,以便解决未来发生的国际争端。

1913年以及后来的一段时期内美国与许多国家签订的一系列双边条约中都规定用和解的方法解决国际争端。这些条约被统称为"布赖恩条约"。[①] 这些条约规定,一切外交方法所不能解决的争端应提交一个常设的国际和解委员会,由委员会进行调查并在一年之内提出报告。缔约国有义务将争端提交和解委员会,并且在该委员会调查期间或报告提交之前,争端任何一方均不得从事战争行为。由于"布赖恩条约"禁止缔约国在一年内从事战争,从而让争端双方冷静地考虑用和平方法解决争端,因此人们将其称为"冷却条约"。

调查与和解的区别在于:调查仅限于通过各种手段查明事实真相,和解是在调查事实的基础上提出解决争端的建议。因此,和解在解决争端中起着更加积极的作用。调查与和解的共同点是:调查报告与和解报告对争端当事方都没有法律拘束力。

四、联合国及区域国际组织与和平解决争端

通过国际组织解决国际争端的历史可以追溯到国际联盟时期。《国际联盟盟约》为第一次世界大战后建立的这个普遍性国际组织规定了许多和平解决国际争端的责任。该盟约规定国际联盟成员国之间发生争端应该以包括仲裁、司法解决和提交国联行政院在内的方式去解决,在仲裁裁决、法庭判决和行政院报告作出后3个月届满之前不得从事战争。[②] 但是如前所述,由于该组织没有能够有效地阻止第二次世界大战的爆发,"欲免后世再遭今代人类两度身历惨不堪言之战祸"而建立的联合国组织加强了国际组织在和平解决争端方面的责任。

联合国用政治方法和平解决国际争端的主要机关是安理会、大会和秘书处。现就这三个联合国主要机关在和平解决争端方面的作用分述如下。

(一)安理会和大会与和平解决争端

1. 安理会与大会在和平解决争端方面的职权

根据《联合国宪章》第六章和第七章,安理会在和平解决国际争端方面担负

---

① 布赖恩是当时的美国国务卿,以他的名字命名是因为他是首先倡导签订这些条约的人。关于"布赖恩条约",参见黄瑶:《论禁止使用武力原则——联合国宪章二条第四项法理分析》,北京大学出版社2003年版,第25页。

② 参见《国际联盟盟约》第12条第1款。

着重要职责。但是除了第 38 条规定的争端外,安理会有权解决的国际争端都具有其"继续存在足以危及国际和平与安全的维持"之性质。根据第 33 条第 2 款,在安理会认为必要时,应促请国际争端的各当事国用包括谈判、调查、调停、和解、仲裁和司法解决等方式,和平的方法解决争端(第 33 条第 1 款)。因此,一旦安理会认为争端的继续存在足以危及国际和平与安全的维持,它就有责任促请争端当事国用第 33 条第 1 款所列举的和平方法解决争端。

为了断定某国际争端的继续存在是否危及国际和平与安全的维持,《联合国宪章》第 34 条进一步规定:"安全理事会得调查任何争端或可能引起国际摩擦或惹起争端之任何情势"①。

根据《联合国宪章》第 36 条,在安理会通过调查断定属于其继续存在危及国际和平与安全的维持后,可以在任何阶段建议解决争端的适当程序或调整方法。但是,安理会应当注意两个问题:第一,对于争端当事方已经采取的程序,安理会应该予以考虑;第二,凡是属于法律性质的争端,"在原则上,理应由当事国依国际法院规约之规定提交国际法院"(第 36 条第 3 款)。

属于上述第 33 条所指性质的争端,如果按照包括谈判、调查、调停、和解、仲裁和司法解决等方式没有解决,争端当事国应将争端提交安理会(第 37 条)。

除了按照《联合国宪章》第 33 条至第 37 条所规定的程序解决争端外,安理会还可以根据第 38 条,在不妨碍第 33 条至第 37 条规定的前提下,应所有争端当事国的请求,向各争端当事国提出和平解决争端的建议。这实际上扩大了安理会在和平解决争端方面的权力范围。但是在实践中,安理会很少行使这种权力。②

与安理会相比,联合国大会在和平解决国际争端方面的职责更加广泛,因为只要不是国家的内政,它可以讨论任何国际争端,不受"争端之继续存在足以危及国际和平与安全之维持"的限制。《联合国宪章》第 14 条规定:"大会对于其所认为足以妨害国际间公共福利或友好关系之任何情势,不论其起源如何,包括由违反本宪章所载联合国宗旨及原则而起之情势,得建议和平调整办法,但以不违背第 12 条之规定为限。"

由于安理会是联合国主要负责国际和平与安全并且是唯一的一个有权在维护世界和平与安全方面采取行动的机关,大会在和平解决争端方面受到安理会权力的限制。根据《联合国宪章》第 12 条,当安理会对于任何争端或情势,正在

---

① 调查本身就是和平解决争端的方式之一。关于安理会的调查是仅以"断定某国际争端的继续存在是否危及国际和平与安全的维持"为目的,还是为了解决争端可以进行进一步的调查,在联合国建立之初曾存有争议。但是后来联合国的实践证明,安理会的调查权不仅限于第 34 条所规定的范围。参见许光建主编:《联合国宪章诠释》,山西教育出版社 1999 年版,第 245 页。

② 参见许光建主编:《联合国宪章诠释》,山西教育出版社 1999 年版,第 280 页。

执行其职务时,大会非经安理会请求,不得对该项争端或情势提出任何建议。此外,根据《联合国宪章》授予大会的权限,它只能就和平解决争端进行讨论并提出建议。

2. 安理会与大会在和平解决国际争端方面的作用

联合国建立以来,安理会和大会都在其权限范围内为和平解决争端作出了重要贡献。根据《联合国宪章》的规定,这两个机构在四个方面发挥作用:

首先,根据《联合国宪章》第36条第1款和第11条第2款,安理会和大会都有权对在其职权范围内的国际争端解决提出建议。例如,1948年在阿拉伯和以色列的冲突的早期阶段,大会就为巴勒斯坦的未来制定了一个详细的计划。① 又如,1976年安理会建议希腊和土耳其为解决争端而恢复直接对话。②

其次,在对事实的调查方面,安理会和大会都曾广泛利用调查的方法,对许多国际争端展开过调查。为此,曾经建立过许多辅助机构。建立专门辅助机构的目的可以是单纯地为了进行实地调查,例如,1947年安理会在希腊边境进行的调查;也可以是为了进行调停、调查与和解,例如,1947年联大建立的巴尔干特别委员会、1948年对印度和巴基斯坦争端、1949年对希腊与保加利亚等国的边界争端、1979年对阿拉伯领土争端、1987年对伊朗和伊拉克争端、20世纪90年代对伊拉克的核危机、2005年对黎巴嫩恐怖行为等进行的调查。调查一般采取由安理会委派专门调查小组或委员会等方式进行。除非争端各方同意作出相反的规定,调查报告一般不对外公布。

再次,安理会和大会也常常通过斡旋促进和平解决争端。特别是在联合国建立之初,这两个机构都曾为此建立专门委员会从事斡旋。例如,1947年安理会专门建立了一个由比利时、澳大利亚和美国的代表参加的斡旋委员会,以便促进恢复关于印度尼西亚独立的谈判并监督荷兰与印度尼西亚之间停火。又如,1950年联合国大会为解决朝鲜问题建立的各种机构中就包括一个由联大主席以及瑞典和墨西哥的代表组成的斡旋委员会以探讨解决争端的方法。③ 此外,安理会和大会都曾委派个人、联合国的其他机构进行斡旋。④ 例如,哈马舍尔德担任秘书长期间就曾经多次从事此类工作。⑤

最后,安理会和大会还可以将争端提交联合国其他机关去解决。首先,根据

---

① 联合国大会第194(Ⅲ)号决议。
② 安理会第395号决议(1976年)。
③ 参见 J. G. Merrills, *International Dispute Settlement*, 3rd Edition, Cambridge University Press, 1998, pp. 223—224。
④ 充当斡旋人或调停人是联合国秘书长在和平解决争端方面从事的最重要的活动,这个问题将在后面详述。
⑤ 参见 J. G. Merrills, *International Dispute Settlement*, 3rd Edition, Cambridge University Press, 1998, p. 225。

《联合国宪章》第 1 条第 2 款,大会应将需要采取行动的争端于讨论前或讨论后提交安理会。例如,1982 年联合国大会通过决议对南非入侵索托事件"促请安全理事会采取步骤"①。此外,虽然《联合国宪章》没有明确规定安理会向大会提交任何国际争端,但在实践中,安理会一般通过将某项争端从其日程中撤销的方式让大会来处理。其次,根据《联合国宪章》第 36 条第 3 款,原则上安理会应注意,凡是具有法律性质的争端应由争端当事国根据国际法院规约的规定提交国际法院解决。但是,在实践中安理会很少这样做。②

(二) 联合国秘书长与和平解决争端

根据《联合国宪章》第 98 条和第 99 条,联合国秘书长在和平解决争端方面发挥的作用主要包括两个方面:第一,受安理会和大会的托付完成的使命;第二,以秘书长的身份自己发起的与和平解决争端相关的使命。在联合国的实践中,后者具有十分重要的意义。

根据第 98 条,秘书长执行大会、安理会、经社理事会等机关所托付的其他职务。秘书长根据这项规定所作出的最大贡献就是当联合国这些机关授权他帮助争端当事国进入谈判时,他就可以作为斡旋人或调停人完成这种使命。特别应该提到的是,第四任秘书长瓦尔德海姆在 1979 年美国与伊朗之间人质危机中,建立了调查与和解委员会并为解决人质危机进行斡旋;1990 年伊拉克侵略科威特后,加利秘书长为解决海湾危机也进行了斡旋。2014 年 3 月潘基文秘书长曾先后访问俄罗斯和乌克兰对其进行斡旋。

根据第 99 条,联合国秘书长可以将其所认为可能威胁国际和平与安全的任何事件,提请安理会注意。但联合国秘书长仅在很少的事件上被认为是行使了该条规定的权力。例如,1960 年刚果事件和 1979 年德黑兰事件。③《联合国宪章》的这项规定是对秘书长在和平解决争端方面行使权力的主动授权,"是秘书长从政治上对联合国组织的行动及运作发生重大影响的源泉"④。在实践中,由于大会特别是安理会常常因为各种政治因素而反应迟缓或行动受阻,秘书长在和平解决争端方面发挥的作用越来越大,依据《联合国宪章》第 99 条的权力也得到宽泛的解释。例如,联合国大会曾通过决议要求秘书长应特别注意在早期阶段运用联合国的事实调查手段以防止争端与情势的发生,并指出,秘书长可以

---

① 联合国大会第/37/101 号决议。
② 到 2001 年为止,安理会明确建议争端当事方诉诸国际法院的事仅有一次,即 1947 年建议英国和阿尔巴尼亚将科孚海峡争端提交国际法院解决。参见 Bruno Simma (ed), *The Charter of United Nations: A Commentary*, 2nd Edition, Oxford University Press, 2002, p.627。
③ Bruno Simma (ed), *The Charter of United Nations: A Commentary*, 2nd Edition, Oxford University Press, 2002, p.1220。
④ 许光建主编:《联合国宪章诠释》,山西教育出版社 1999 年版,第 624 页。

自己主动或应相关国家的请求在争端或情势已存在时考虑派出事实调查团。①

秘书长依据第 99 条与依据第 98 条的授权在和平解决争端方面行使权力的方式基本相同,主要是斡旋、调停、事实调查等。

(三) 区域国际组织与和平解决争端

《联合国宪章》第 52 条至第 54 条对通过区域国际组织或区域机关解决国际争端作了具体规定。根据这些规定,缔结区域办法或设立区域机关的联合国会员国在将地方争端提交安理会之前,应按照该区域办法或由该区域机关解决争端,不过应将所采取的行动随时向安理会报告。

《联合国宪章》的规定目的是鼓励区域国际组织或机关在和平解决争端方面发挥作用,并协调区域国际组织与联合国在和平解决国际争端方面的行动。由于区域国际组织的成员多数都是联合国会员国,因此现存的区域国际组织一般都在它们的组织约章中明确规定和平解决国际争端的办法和机关。

第三节 国际仲裁

一、国际仲裁概述

国际仲裁是解决国际争端的法律方法之一,另一种法律方法是通过法院或法庭解决的方法,即司法解决。国际争端的法律方法与政治方法的主要区别是政治方法的结果对争端当事方没有法律拘束力,当事方没有遵守它的法律义务。但是,法律方法的结果,无论仲裁裁决或法庭判决,对当事国有法律拘束力,当事国有义务加以遵守。

国际仲裁是指争端当事方(主要是国家)同意将争端交给由双方选定的仲裁人来作出裁判并承诺遵守其裁决的解决国际争端的方法。国际仲裁是争端当事双方的政府间行为,不同于不同国家之间的法人所进行的国际商事仲裁。

国际仲裁的特点是:第一,仲裁是争端当事方自愿接受的解决争端的法律程序;第二,仲裁法庭由争端当事方根据仲裁协议的规定各自选派仲裁员组成;第三,仲裁所适用的法律,一般由仲裁协议规定,若协议没有规定,仲裁庭应确定法庭适用的法律和制定程序规则;第四,仲裁法庭根据仲裁协议的要求进行裁断。仲裁裁决对当事国有法律拘束力并且属于终判。

这些特点表明国际仲裁是介于政治解决和司法解决之间的一种和平解决国际争端的方法。一方面,正如下文将要谈到的,国际仲裁庭的建立、仲裁员的挑

---

① 参见 1988 年 12 月 5 日联合国大会通过的《关于预防和消除可能威胁国际和平与安全的争端和局势以及关于联合国在该领域的作用宣言》,联合国大会第 45/51 号决议附件;1991 年 12 月 9 日通过的《关于联合国在维持国际和平与安全领域事实调查宣言》,联合国大会第 46/59 号决议附件。

选等等,在很大程度上都是建立在争端当事方自愿的基础上。换言之,争端当事方通过谈判来商议这些事项,它们有通过政治方法解决争端时享有的对争端解决的主动权和控制权。另一方面,仲裁庭一经建立,依法作出的仲裁裁决一经产生,争端当事方有遵守并执行的法律义务。并且仲裁裁决属于终判。这些都与国际法院的司法解决类似。[①]

二、仲裁协议与仲裁条款

将争端交付仲裁解决是国家在自愿的基础上作出的决定。这种自愿可以通过两种方式来表示:签订"仲裁协议",接受"仲裁条款"。

（一）仲裁协议

"仲裁协议"是缔约国专门规定把某类国际争端提交仲裁解决的协议。一般称为"仲裁条约"、"仲裁协定"或"仲裁专约"。这类协议包括两种:一种是缔约国在争端发生之前签订的承诺未来它们之间一旦发生争端就交付仲裁解决。例如,1957年《欧洲和平解决国际争端公约》、1964年《非洲统一组织调停、和解与仲裁委员会议定书》等,就属于这种仲裁协议。另一种是争端发生后争端当事方在通过政治方法没有解决争端的情况下签订的关于将争端交付仲裁解决的特别协议。由于这种协议是专门为解决某一特定案子而签订的,因此也称"专案仲裁协议"。

（二）仲裁条款

在一般条约中规定将争端交付仲裁解决的条款,即所谓"仲裁条款"。例如,1970年《关于制止危害民用航空器安全的非法行为的公约》第14条第1款规定:"如两个或几个缔约国之间对本公约的解释或应用发生争端而不能以谈判解决时,经其中一方的要求,应交付仲裁。"这是明确强调通过仲裁解决国际争端的"仲裁条款"。还有些在争端解决条款中列举所有解决争端的方法,其中包括仲裁。例如,1959年《南极条约》第11条第1款规定:"如两个或更多的缔约国之间对本公约的解释或执行发生任何争端,则该缔约各方应彼此协商,以使该争端通过谈判、调查、调停、和解、仲裁、司法解决或它们自己选择的其他和平手段得到解决。"无论如何,条约当事国可以选择接受或不接受这种"仲裁条款"。[②] 应该注意,"仲裁条款"一般仅表明条约当事国有以仲裁解决其争端的意向,在以后争端发生时,如决定交付仲裁,往往还要签订仲裁协议,即上述"专案仲裁协议"。这是因为仲裁协议不仅规定争端双方自愿将争端交付仲裁,还要

---

① 参见 Malcolm N. Shaw, *International Law*, 5th Edition, Cambridge University Press, 2003, p.958。
② 如果选择不接受,条约当事国可以对该条款提出保留。参见本书第三章关于条约的保留部分。"仲裁条款"是迄今中国政府保留最多的公约条款之一,因为中国政府一般通过谈判方法解决争端。

规定仲裁庭的组成、仲裁所适用的法律、仲裁裁决的效力和执行等等重要内容。而这些在"仲裁条款"中一般都不会涉及。

国际实践证明,争端当事方自愿将争端提交仲裁的决定可以事先或事后作出。上述争端当事方在通过政治方法没有解决争端后签订的关于仲裁的特别协议或"专案仲裁协议"是事后的决定,在争端发生之前当事国约定将今后发生的某类争端交付仲裁解决是事先的决定。

三、仲裁庭的组成

仲裁庭依据上述仲裁协议而建立,一般由三至五个仲裁员组成,仲裁员的人数必须为奇数。有时,仲裁庭仅由一名仲裁员组成,称为"独任仲裁员"。① 三人组成的仲裁庭,由争端当事双方各选择一人,而且一般从本国国民中选择,最后一个中立的人由争端双方协商从第三国国民中选出。五人组成的仲裁庭,由争端当事双方各选择一人或两人,最后三个或一个中立的人由争端双方协商从第三国国民中选定。事先签订的仲裁协议一般仅确定组成仲裁庭的人数和选择仲裁员的方法或程序,待争端发生后再确定仲裁员的人选。② 实践中,中立仲裁员的确定是非常敏感的事情。如果争端当事方在这个问题上发生分歧,仲裁庭的建立就会受阻。考虑到这种可能性,一些仲裁协议规定中立仲裁员可以由国际法院院长或其他没有利害关系的第三方帮助指定。例如,1968年印度与巴基斯坦之间关于西部边界的仲裁案就是由联合国秘书长指定的中立仲裁员。③

仲裁庭的建立以及仲裁员的确定方式是国际仲裁与司法解决的重要区别。正如后面将要讲到的,国际法院的组成不是根据争端当事方的意愿,法官也不能完全由争端当事方来选择确定。

四、国际仲裁庭适用的法律

仲裁庭依据什么法律作出裁决是国际仲裁最重要的问题。争端当事方在仲裁协议中一般都会指定仲裁裁决所依据的法律而且一般都是国际法。不过,既然争端当事方可以协商决定,它们可以选择国际法之外的法律,例如,争端当事方其中一方的国内法。但是,适用国内法的情况一般在国际商事仲裁是比较普遍的现象,而且不是本书讨论的范围。

---

① 独任仲裁员的实践与历史上的外国主权者仲裁不无联系。虽然由独任仲裁员作出裁决比建立一个由三至五人组成的仲裁庭要快捷且经济,但并非所有争端都适合独任仲裁员的方法。参见 J. G. Merrills, *International Dispute Settlement*, 3rd Edition, Cambridge University Press, 1998, pp. 89—90。

② 在特殊情况下,仲裁庭可能由更多的仲裁员组成,7、9、11或更多,根据裁决的需要而定。参见同上书,第92页。

③ J. G. Merrills, *International Dispute Settlement*, 3rd Edition, Cambridge University Press, 1998, p. 93。

必须强调的是,无论如何仲裁裁决应该依据法律而且一般依据国际法而作出,否则仲裁就与调停或和解没有什么本质区别了。

五、仲裁裁决的效力及其执行

国际仲裁与政治解决方法的重要区别是,仲裁裁决一经作出,对争端当事方具有拘束力,各争端当事方应善意执行。而且一般为终判,不得上诉。[①] 然而,对仲裁裁决的解释及其执行产生分歧是实践中经常发生的事情。例如,在仲裁裁决宣布之后争端当事方发现新的事实从而需要对裁决加以审核。因此,有些仲裁协议可能会就如何解决这方面的新的争端作出进一步规定。

六、常设仲裁法院

常设仲裁法院于1900年在荷兰海牙成立。这是根据1899年《海牙和平解决国际争端公约》第20条至第29条的规定建立的。建立常设仲裁法院的目的是为了让争端当事国自己选择裁判者根据法律来解决国际争端,必要性在1907年《海牙和平解决国际争端公约》第41条得到重申。但是常设仲裁法院其实不是真正意义上的法院,因为它不是由固定数量的常任法官组成的,也不存在一个整体机构来裁决提交到该院的案件。它只具备一个仲裁员候选者的名单,争端当事国可以从这个名单中挑选仲裁员,组成解决它们之间争端的仲裁法庭。[②] 此名单由各缔约国[③]从本国或从别国提出至多4名精通国际法并享有最高道德声誉的法学家组成,仲裁员的任期为6年,可连选连任。目前这个名单中大约有三百多个仲裁员。

常设仲裁法院有两个常设机构:一个是"常设行政理事会",另一个是"国际事务局"。"常设行政理事会"由缔约国常驻海牙的外交代表和荷兰的外交大臣所组成,并由后者担任理事会主席。该理事会负责制定该法院的议事规则和其他必要的程序规则,指导并监督国际事务局的工作。国际事务局是常设仲裁法院的书记处,负责该法院的联系工作和保管档案及处理行政事务。国际事务局负责保存"仲裁员名单",并负责将名单的变化情况通知各个缔约国。

自1900年建立以来,常设仲裁法院在约一个世纪内审理的案件寥寥无几,

---

① 但是 Merrills 认为,仲裁裁决不一定是终判,可以上诉。不过既然争端当事方交付仲裁的目的是为了解决争端,规定可以上诉的情况比较少见。参见 J. G. Merrills, *International Dispute Settlement*, 3rd Edition, Cambridge University Press, 1998, p.105。
② 参见周鲠生著:《国际法》(下册),商务印书馆1981年版,第774页。
③ 缔约国是指1899年《海牙和平解决国际争端公约》或1907年《海牙和平解决国际争端公约》的参加国,根据常设仲裁法院网站提供的统计数据,目前的缔约国数目已经达到117个,参见:https://treaties.un.org/pages/ViewDetails.aspx?src=TREATY&mtdsg_no=XVIII-8&chapter=18&lang=en,2015年7月23日访问。

而且多数都是在 21 世纪头 10 年受理的。① 近十多年来,国际关系发生了巨大变化,国际社会利用国际司法解决国际争端的需求日益增多。常设仲裁法院的地位和作用自然成为人们关注的问题。常设仲裁法院也一直尝试着通过改革加强它在和平解决国际争端方面的作用。为此,常设仲裁法院于 1993 年 9 月在海牙召开了有史以来第一次全体仲裁员会议,决定和联合国加强合作。1994 年联合国大会在第 49 届会议上一致同意将常设仲裁法院接受为联合国大会的观察员。1999 年常设仲裁法院成立百年之际,常设仲裁法院的行政理事会和成员国大会通过决议,要求仲裁法院进一步加强与联合国系统的合作,使常设仲裁法院成为一个为国际社会服务的提供多种争端解决服务的机构。② 目前常设国际仲裁法院正在和国际商事仲裁理事会(ICCA)、联合国国际贸易法委员会(UNCITRAL)开展密切合作,更多地参与国际争端的和平解决。

实际上早在 20 世纪 30 年代,常设仲裁法院就被授权利用其和解机制为国家与私人之间的争端进行仲裁。③ 为了更好地解决这方面的争端,常设仲裁法院于 1992 年以来通过了一系列任择性规则,其中包括:1992 年《常设仲裁法院两个国家之间争端解决任择规则》、1993 年《仅一方为国家的争端解决任择规则》、1996 年《国际组织与国家之间争端解决任择规则》、1996 年《国际组织与私人之间争端解决任择规则》和 2001 年《关于自然资源和/或环境争端解决任择规则》。从这些规则的通过可见常设仲裁法院受理案件的范围之广,涉及国家之间关于领土、条约和人权方面的争端;还涉及私人与政府间国际组织的争端以及商务方面的争端,包括因双边投资条约引起的争端等等。目前常设仲裁法院的待审案件就有 94 个之多,其中国家间案件 5 个;国家与投资者间案件 55 个;其他,即涉及国家与国家控制的实体或政府间组织的案件 34 个。在已作出裁决的案件中,2010 年至 2015 年 3 月就有 23 个。④

第四节 国 际 法 院

与国际仲裁不同,司法解决是指争端当事国在双方自愿接受的基础上将争

---

① 参见常设仲裁法院 2007 年年度报告:http://www.pca-cpa.org/upload/files/09%20Annex%202%20en.pdf,2009 年 5 月 28 日访问。

② The International Bureau of the Permanent Court of Arbitration (eds.): *International Alternative Dispute Resolution: Past, Present and Future: The Permanent Court of Arbitration Centennial Papers*, Kluwer, 2000, pp. 233—239.

③ 法律依据是,1899 年《海牙和平解决国际争端公约》和 1907 年《海牙和平解决国际争端公约》都明确授权常设仲裁法院受理非缔约方之间以及缔约方与非缔约方之间的争端。参见常设仲裁法院的 2004 年年度报告,摘要第 16 段:http://www.pca-cpa.org/ENGLISH/AR/,2006 年 3 月 24 日访问。

④ 参见:http://www.pca-cpa.org/showpagea7cf.html?pag_id=1029,2015 年 7 月 24 日访问。

端提交给一个国际性的法院或法庭,由该法院或法庭根据国际法裁断该项争端并作出具有法律约束力的判决。与国际仲裁相比,司法解决具有以下几个特点:首先,国际法院或法庭是固定的和事先组成的;其次,法官是根据法院规约选举产生的,不是当事国指派的;最后,国际法院或法庭所适用的法律是国际法,不是当事国选择的法律。但国际法院或法庭并不是凌驾于国家之上的司法机关,国际法院或法庭对国家的管辖权以国家的事先同意为前提。换言之,国际法院或法庭对国家没有绝对的强制管辖权。这正是国际法与国内法的重要区别之一,也是"国际司法"与国内司法的不同之处。目前,国际社会有一些解决国家之间国际争端的机构,包括全球性的和区域性的,最重要的是坐落在荷兰海牙的国际法院。

国际法院是联合国的6个主要机关之一,根据《联合国宪章》第14章建立于1946年,同年其前身国际常设法院宣告解散。从国际法院与联合国的组织关系上看,国际法院的确是一个新法院。但是从《国际法院规约》与《国际常设法院规约》的关系上看,国际法院实际上是国际常设法院的延续。根据《联合国宪章》第92条的规定,《国际法院规约》以《国际常设法院规约》为依据。[①] 因此,实际上国际法院的组织形式和管辖权以及法院的程序等等都与国际常设法院基本相同。

一、法院的组织

(一) 法院的组成和法官的选举

国际法院由15名独立法官所组成。法官"应不论国籍,就品格高尚并在各本国具有最高司法职位之任命资格或公认为国际法之法学家中选举之"。在15名法官中不得有两人为同一国家的国民。法官以个人身份任职,不代表任何国家或组织。法官任期9年,每3年改选5名,可以连选连任。国际法院设有院长和副院长,由法院的法官自行选举产生,任期3年,可连选连任。法官是专职的,不得同时担任任何其他政治或行政职务,也不得从事任何职业性的活动。[②]

根据《国际法院规约》第4条,法官由大会及安全理事会就常设仲裁法院各国团体所提出的名单内选举产生。[③] 在常设仲裁法院没有此等团体的联合国会员国,由该国政府专为此事项而委派的团体提出候选人。委派的条件同于常设

---

① 除少数条款作了必要的或技术性改动或补充外,《国际法院规约》与《国际常设法院规约》的内容基本相同。
② 但是,名字列入常设仲裁法院仲裁员名单或充任仲裁员则不在此限。
③ "各国团体"(national groups)由每个国家在常设仲裁法院仲裁员名单中的不超过4名的仲裁员所组成。由这个各国团体提名国际法院法官的候选人。每一团体所提候选人不能超过4人,其中属于本国国籍者不能超过2人。

仲裁法院仲裁员的条件。只有在大会和安理会均以绝对多数当选的人,才能成为国际法院的法官。

(二)本国法官与专案法官

与国内法院完全不同,国际法院审理案件并不采取回避制度。根据《国际法院规约》第31条的规定,属于诉讼国国籍的法官,在法院受理该诉讼案件时,"保有其参与之权"。为此,该条又规定,在法院受理的案件中如果争端当事国一方在法院有该国国籍的法官,任何其他当事国可以选派一人为法官参与该案件的审理。如果在法院受理的案件中,当事国均无本国国籍法官,各当事国均可以选派法官一人参与案件的审理。此等法官因为仅参与该特定案件的审理,故称为"专案法官"。专案法官也应在上述选举法官的候选人中选派。这种不回避和专案法官制度受到学者的批评。认为这种制度引进了国际仲裁中争端当事方委派仲裁员的机制,虽然它对于保证争端当事方的观点不被忽视可能是必要的,但却很难与法官的公正与独立原则相协调。① 但是,根据罗森纳(Rosenne)的分析,国际法院在实践中并未遇到法官为维护本国利益而无视法官公正与独立原则的情况。相反,实际发生过专案法官投票反对委派他的国家的情况。②

二、法院的诉讼管辖权

国际法院的诉讼管辖权可分为"对人管辖"和"对事管辖"两个方面。"对人管辖"涉及谁可以成为国际法院的诉讼当事国的问题。"对事管辖"涉及国际法院可以受理哪些案件的问题。

必须指出的是,国际法院仅受理国家提交的案件。因此,国家之外的实体和个人都不能到国际法院提起诉讼。例如,南斯拉夫联邦1999年只能将北大西洋公约组织的几个国家分别告上国际法院,而不能直接控告北约,因为它是一个国际组织。此外,个人、公司或非政府组织也不能成为国际法院的原告或被告。

(一)国际法院的诉讼当事国

国际法院的诉讼当事国主要有三种:第一,根据《联合国宪章》第93条,联合国各会员国都是国际法院规约的当然当事国,因此联合国会员国均可到国际法院提起诉讼;第二,非联合国会员国可根据第93条第2款的规定成为《国际法院规约》的当事国,因此联合国的非会员国,只要是《国际法院规约》的当事国,也可以成为国际法院的诉讼当事国;第三,既非联合国会员国亦非《国际法院规

---

① 参见 P. Malanczuk, *Akehurst's Modern Introduction to International Law*, Seventh Revised Edition, Routledge, London and New York, 1997, p.282。

② Shabtai Rosenne, *The Law and Practice of the International Court of Justice, 1920—1996*, Vol. Ⅲ, Martinus Nijhoff Publishers, 1997, p.1129。

约》当事国,根据安理会决定的条件事先向国际法院书记处交存一项声明,表示愿意接受国际法院的管辖,保证认真执行法院判决和承担《联合国宪章》第94条规定的一切义务,也可以成为国际法院的诉讼当事国。总之,世界上的所有国家只要它愿意,理论上都可以成为国际法院的诉讼当事国。

(二) 国际法院的诉讼管辖权

根据《国际法院规约》第36条,按照其可受理的案件,国际法院的诉讼管辖权分为三种:自愿管辖、协议管辖和任意强制管辖。

1. 自愿管辖

所谓"自愿管辖"是指国际法院对于争端当事国自愿提交的一切案件所享有的管辖权。无论争端的性质为何,只要争端当事国双方在自愿的基础上将争端交给国际法院审理,国际法院对这样的案件当然有管辖权。与国际仲裁相同,争端双方可以在争端发生之后,通过签订特别协议(compromis)的方式,共同决定把争端提交国际法院解决。实际上,这种特别协议的形式对国际法院并不重要。国际法院可以从争端当事国的行为推定双方自愿接受其管辖。例如,在科孚海峡案中,先是由作为原告的英国向国际法院提出请求,然后作为被告的阿尔巴尼亚在信函中暗示了接受国际法院管辖的意思。这种通过提出诉讼的行为推定争端当事方接受国际法院管辖的做法被人们称为"当事人同意的法院主义"(the doctrine of forum prorogatum)。[①]

2. 协议管辖

协议管辖是指国际法院对于现行双边条约或多边国际公约特别规定应提交的一切事件享有的管辖权。与上述仲裁协议或仲裁条款类似,国家可以通过签订条约或参加国际公约的方式在争端发生之前,事先同意接受国际法院的管辖。国家之间签订或制定了许多这样的条约或公约。在这些条约或公约中一般有一个专门条款规定缔约国将关于某种性质的争端提交到国际法院解决。这种条款的措辞一般是:任何关于条约解释或适用发生的争端,应该在没有得到其他和平方法解决的情况下,争端任何一方可以单方面地,或者在争端各方都同意时,共同地将争端提交国际法院解决。[②]

应该指出的是,含有这些条款的国际多边公约一般是允许保留的。国家如果不愿意接受国际法院的管辖,可以对此类条款提出保留。[③]

[①] 有学者强调必须确定当事国的同意确实存在,不能是法院的技术创造。参见 Malcolm N. Shaw, *International Law*, 5th Edition, Cambridge University Press, 2003, p.974。

[②] 参见1984年《禁止酷刑和其他残忍、不人道或有辱人格的待遇或处罚公约》第30条和1959年《南极条约》第11条。

[③] 例如,中国在参加这些国际公约时一般都会对此类条款提出保留,因为中国不接受国际法院的管辖。

3. 任意强制管辖

《国际法院规约》第 36 条第 2 款规定:本规约各当事国得随时声明关于具有下列性质之一切法律争端,对于接受同样义务之任何其他国家,承认法院之管辖为当然具有强制性,不需另订特别协定:

(子)条约之解释。

(丑)国际法之任何问题。

(寅)任何事实之存在,如经确定即属违反国际义务者。

(卯)因违反国际义务而应予赔偿之性质及其范围。

根据上述规定,国家可以事先声明接受国际法院的强制性管辖。因为一方面国家可以事先作出选择,但另一方面,一经声明法院便有强制管辖权,所以人们将国际法院的这种管辖称为"任意强制管辖"。规定法院享有任意强制管辖权的目的是为了扩大国际法院的管辖范围。截至 2015 年 5 月 10 日,声明接受这种管辖的国家有 71 个,超过《国际法院规约》当事国(193 个)的 1/3。①

关于任意强制管辖应该注意以下几点:

第一,只有争端各方都作出这种声明,国际法院才可以行使任意强制性管辖;第二,任意强制性管辖的范围仅限于《国际法院规约》上述条款规定的法律争端;第三,关于接受法院任意强制管辖的声明可以作出保留②;第四,接受国际法院任意强制性管辖的声明可以有期限,可以修订,也可以撤销。

三、法院的诉讼程序

(一) 起诉

国际法院的起诉有两种方式:一是以提交请求书起诉,这种方式适合协议管辖和任意强制管辖的案件;二是以提交特定协定起诉,这种方式适合自愿管辖的案件。

(二) 书面程序和口头程序

国际法院收到当事国的起诉文件后,即以命令安排日期让当事国递交诉状和辩诉状,必要时还要递交答辩和复辩状,此即为书面程序。然后,法院以命令安排日期进行口头辩论,法院对当事国双方的证人、鉴定人、代理人、律师及辅助人进行讯问,此即为口头程序。

---

① 参见国际法院网站:http://www.icj-cij.org/jurisdiction/index.php? p1=5&p2=1&p3=3,2015 年 5 月 10 日访问。

② 各国的保留都是对国际法院管辖权的限制,目的是为了维护本国重大利益。但是美国的保留引起很大争议,因为它主张凡是属于美国内政的事项国际法院不得管辖,而是否属于美国内政由美国自己作出决定。美国的保留与《国际法院规约》第 36 条第 6 款不符,该款规定"关于法院有无管辖权之争端,由法院裁决之"。参见 Malcolm N. Shaw, *International Law*, 5th Edition, Cambridge University Press, 2003, p.981。

(三) 评议及宣判

法庭辩论终结后,法官即退席讨论判决,讨论应秘密进行。审理中的一切问题及判决须由出席开庭的法官表决并以过半数票决定,如票数相等,院长或代理院长可投决定票。判决应开庭宣读。判决是终局性的,自宣读之日起生效,不得上诉。

(四) 附加程序

除上述基本程序之外,审理过程中还常常有下列附加程序:临时保全措施、初步反对主张、反诉和参加。

1. 临时保全措施

《国际法院规约》第41条规定:"法院如认情形有必要时,有权指示当事国应行遵守以保全彼此权利之临时办法(provisional measures 或 interim measures)",称为"临时保全措施"。法院指示临时保全措施的目的是保护争端双方争议中的权利。① 根据《国际法院规则》第73条,争端当事一方可以在任何时候提出指示临时措施的书面请求。在请求书中应指明请求指示临时保全措施的理由和要求采取的临时措施。为了指示临时保全措施,法院不必证明自己对案件的实体问题享有管辖权,也不必被动地等待争端当事方请求后才能作出这种指示。② 国际法院关于临时保全措施的指示对于争端当事国是否具有拘束力的问题一直存有争议。这个问题在"拉格朗"(LaGrand)案中得到讨论,国际法院首次对此作了判定。法院在参照《国际法院规约》的宗旨和目的及第41条对这个问题进行分析后宣布,法院关于临时保全措施的指示具有拘束力,否则与第41条的宗旨和目的不符。③

2. 初步反对主张

根据《国际法院规则》第79条,在以请求书起诉的情况下,被告当事国可在法院指定期限内对法院的管辖权或该请求书的接受提出书面意见,这种意见称为"初步反对主张"。初步反对主张应以书面方式提出,并应列举反对主张所根据的事实和法律、诉讼主张以及可资佐证的文件的目录。在书记处接到反对主张时,关于实质问题的程序应暂时停止。法院在听取当事国双方意见后,应以判决书形式予以裁定,或支持或驳回该反对主张,或宣布该反对主张在该案情中不具有完全初步的性质。如果法院驳回该反对主张或宣布该反对主张在该案情中

---

① 一般情况下,临时办法保护的是争端当事国或其国民的重大利益。特别值得注意的是,在 LaGrand 案件中,国际法院指示的临时办法首次使这种制度与人权的保护联系在一起。但遗憾的是,美国没有执行国际法院的指示。

② 参见 Malcolm N. Shaw, *International Law*, 5th Edition, Cambridge University Press, 2003, pp. 987—988。

③ 参见 La Grand 案的判决,第98—109段,资料来源:http://www.icj-cij.org/icjwww/idocket/igus/igusframe.htm, 2006年3月24日访问。

不具有完全初步的性质,则应规定下一步程序的期限。

3. 反诉

根据《国际法院规则》第80条,如果与当事国另一方的权利要求的标的直接有关并属于法院管辖范围之内,可以提出反诉。反诉应在当事国提出的辩诉状中提出,并应作为该当事国诉讼主张的一部分。但是,由于《国际法院规则》并没有界定什么是"直接有关",因此这个问题由法院来确定。

4. 参加

根据《国际法院规约》第62条,当诉讼当事国以外的第三国如果认为该案件判决可能影响属于该国某具有法律性质的利益时,可向法院请求参加诉讼,但能否参加由法院裁定。根据《国际法院规则》第81条,参加的请求应尽速提出,一般不得迟于书面程序的终结。但在特殊情况下,也可以在稍后阶段提出。第三国的参加可能遭到争端当事国双方或一方的反对,但是这并不妨碍法院作出允许其参加的决定。由于参加的目的是为了保护可能受到法院判决影响的第三国具有法律性质的利益,因此不能以参加来代替诉讼,参加的第三国不是法院受理案件的当事一方,也不能将其参加视为一个新的诉讼。

国际法院并不轻易允许第三国参加诉讼。国际法院的第一个第三国参加的案子是尼加拉瓜参加萨尔瓦多与洪都拉斯之间关于"陆地、岛屿和海上边界争端"案(Land, Island and Maritime Frontier Dispute Case)。在1990年的判决中,法院一致认为尼加拉瓜证明了该案分庭的部分判决影响了它的具有法律性质的利益。①

四、法院的判决及其执行

根据《国际法院规约》第60条和第61条,国际法院的判决一经作出就是终局判决,不得上诉。当事国若不服判决,可向法院请求解释或申请复核,法院应以判决形式作出决定。根据《联合国宪章》第94条,联合国的每个会员国作为任何案件的当事国,承诺遵行国际法院的判决。如果一方当事国不执行国际法院的判决,他方可以向安理会申诉。安理会在认为必要时,可以作出建议或决定应采取的办法以便执行法院的判决。

尽管法院的判决仅对本案和本案当事国有法律拘束力,但是这些判决对于国际法的发展产生重大影响。

五、咨询管辖权

根据《联合国宪章》第96条的规定,联合国大会和安全理事会对于任何法

---

① 参见法院1990年9月13日关于尼加拉瓜申请参加诉讼的判决,资料来源:http://www.icj-cij.org/icjwww/icases/ish/ishframe.htm,2006年3月24日访问。

律问题可以请国际法院发表咨询意见。联合国其他机关及各种专门机构,对于其工作范围内的任何法律问题,可以随时依联合国大会的授权请求国际法院发表咨询意见。国家不能请求国际法院发表咨询意见,也不能阻止国际法院发表咨询意见。由于咨询意见是应联合国机关的请求并对这些机关而发表,因此国际法院作出咨询意见不用征得有关国家的同意。例如,虽然遭到西班牙(管理国)的反对,国际法院还是于1975年发表关于西撒哈拉领土的地位以及该领土在殖民时期与摩洛哥和毛里求斯的关系问题的咨询意见。法院认为,作为联合国会员国和《国际法院规约》的当事国,西班牙已经总体上同意国际法院行使其咨询管辖权。[1]

在联合国专门机构请求国际法院发表咨询意见时,应该注意三个问题:首先,该专门机构必须得到联合国大会的适当授权;其次,咨询的问题必须是法律性的;最后,咨询的问题必须是在该专门机构工作范围内产生的。例如,在世界卫生组织要求国际法院对于在武装冲突中国家使用核武器的合法性问题发表咨询意见时,国际法院驳回了其请求。理由是:该组织有权处理使用核武器以及其他有危害的活动对健康带来的后果,然而它要求咨询的问题是使用核武器的合法性,而不是这种使用对健康的后果。因此,法院认为世界卫生组织提出的问题不是其组织约章中规定的其工作范围内的法律问题。[2]

为了查明事实,国际法院在作出咨询意见时,可以要求有关国家到庭接受庭讯。虽然国际法院发表咨询意见的目的不是为了解决国家之间的国际争端,但由于国际法院在国际法领域的权威地位,咨询意见对有关争端的解决具有很大的影响。

进一步阅读推荐书目

1. 赵理海:"联合国在国际事务中的作用",载于《法学杂志》1986年第3期,第8—10页。
2. 黄惠康:"联合国宪章与和平解决国际争端",载于《中外法学》1986年第4期,第7—12页。
3. 邵沙平主编:《国际法院新近案例研究 1990—2003》,商务印书馆2006年版。
4. 叶兴平著:《和平解决国际争端》,法律出版社2008年版。
5. Duncan French, Matthew Saul and Nigel D White, *International Law and Dispute Settlement: New Problems and Techniques*, Hart Publishing Ltd, 2010.
6. J. G. Merrills, *International Dispute Settlement*, 5th Edition, Cambridge University Press, 2011.
7. James Crawford, *Brownlie's Principles of Public International Law*, 8th edition, Oxford University Press, 2012, pp. 718—743.

---

[1] 参见 Malcolm N. Shaw, *International Law*, 5th Edition, Cambridge University Press, 2003, p.1002.
[2] 同上书,第1003页。

8. Natalie Klein, *Litigating International Disputes: Weighing the Options*, Cambridge University Press, 2014.
9. Malcolm N. Shaw, *International Law*, 5th Edition, Cambridge University Press, 2003, Chapters 18 and 19, pp. 914—1012.
10. Peter Malanczuk, *Akehurst's Modern Introduction to International Law*, Routlege, 1997, Chapter 18, pp. 273—305.
11. G. Merrills, *International Dispute Settlement*, 4th Edition, Cambridge University Press, 2005.
12. Shabtai Rosenne, *The Law and Practice of the International Court of Justice*, 1920—1996, Vols. I-III, Martinus Nijhoff Publishers, 1997.
13. The International Bureau of the Permanent Court of Arbitration (ed.): *International Alternative Dispute Resolution: Past, Present and Future: The Permanent Court of Arbitration Centennial Papers*, Kluwer, 2000.

第十八章 战争和国际人道法

传统国际法有两个大的分类，即平时法和战争法。在格老秀斯时代，国际法的这两个领域具有同等的重要性，甚至战争法占上风。这是因为那时国家之间的战争不断，格老秀斯的巨著《战争与和平法》就是在著名的三十年战争期间写成并出版的。随着人类文明的不断进步，平时法慢慢取代了战争法在整个国际法上的地位。特别是国家战争权的废弃和第二次世界大战以后，战争法在国际法教科书中所占比例明显缩小，有的甚至避免使用"战争法"而采用"国际武装冲突法""国际人道法"等概念。① 虽然第二次世界大战后尚未发生世界性战争，但区域性国际武装冲突却从未停止过。因此，与平时法相比，战争法即使没有格老秀斯时代（以及后来相当长的历史阶段）那样重要，它的现实意义却依然不能忽视，特别是国际人道法的那部分内容更应该不断强调和广泛宣传。本章将以国际人道法为重点讨论战争法的一些问题。

第一节 概 述

一、战争的概念

国际法上的战争主要指两个或两个以上的敌对国家，以武力解决国际争端或推行国家政策造成的武装冲突和法律状态。②

根据上述定义，国际法上的战争包括三个基本要素：

首先，战争主要发生在敌对国家之间。战争的这一要素关系到战争法的主体和法律的适用问题。战争一旦在国家之间开始，作为战争法的主体，在它们之间的关系中就开始适用战争法。传统国际法上的内战，只有在反政府一方被该

---

① 关于战争法、国际武装冲突法或国际人道法，参见〔法〕夏尔·卢梭（C. Rousseau）著：《武装冲突法》，张凝等译，中国对外翻译出版公司1987年版；德国马克斯·普朗克比较公法及国际法研究所主编：《国际公法百科全书》（英文版）第三、四专辑（共12辑）：《使用武力、战争、中立、和约》（两卷本），中山大学法学研究所国际法研究室翻译，中山大学出版社1992年版；朱文奇著：《国际人道法概论》，香港健宏出版社1997年版；丛文胜著：《战争法原理与实用》，军事科学出版社2003年版；〔荷〕格老秀斯著：《战争与和平法》，(英文译者〔美〕A.C. 坎贝尔，中文译者何勤华，中文版从英文版译出)，上海人民出版社2005年版；Jean-Marie Henckaerts, *Customary International Humanitarian Law*, Cambridge University Press, 2005; Dieter Fleck et al, *The Handbook of Humanitarian Law in Armed Conflicts*, Oxford University Press, 1995; Ingrid Detter, *The Law of War*, 2nd Edition, Cambridge University Press, 2000.

② 参见王铁崖主编：《国际法》，法律出版社1981年版，第499页。

国政府或他国政府承认为交战团体时,才开始取得国际法上的地位并从而开始适用相应的战争法规。然而,1949年四公约的共同第3条为非国际武装冲突规定了必须遵守的最低限度的规则①,并为此专门于1977年制定了这四个公约的附加议定书。此外,为实现自决权而进行的反抗殖民主义和种族主义统治的武装斗争被视为国际武装冲突,同样适用战争法。②

其次,战争是具有相当规模和范围并持续一定期间的武装冲突。战争的这一要素关系到战争开始后的法律后果。战争一经开始,战争法立即开始适用,在敌对国、交战国、战时中立国等不同国家之间的关系受到不同法律规则的调整。因此有必要区别构成战争规模的武装冲突和不构成战争的地方性的、短暂的、小规模武装摩擦或边界交火。

最后,战争是一种法律状态。战争不仅是大规模武装冲突的事实,还是一种法律状态。战争一经开始,交战国之间在它们的关系上就进入了一种不同于平时的法律状态,而且这种法律状态并不因武装冲突的停止而结束。换言之,"可能会有没有实际战斗的战争,也可能有不是战争的战斗"③。是否存在战争状态要视交战国的意向以及第三国的态度而定。在国家之间发生了武装冲突,甚至是大规模且相对持久的武装冲突之后,如果一方面交战国自己没有进入战争状态的意图,例如,外交关系没有断绝;另一方面,第三国没有表示关于参加战争或保持中立的态度,很难说存在战争状态。④ 总之,由于战争状态是大规模武装冲突引起的,因此它与武装冲突有着密切联系。但是,战争状态是国家之间关系的一种不正常的法律状态。战争状态与武装冲突可以分别独立存在。两个国家之间存在战争状态但不一定存在武装冲突,例如,第二次世界大战期间,一些国家对德国宣战从而进入战争状态,但在它们之间从未发生武装冲突。武装冲突的结束并不自动结束国家之间的战争状态,例如,中国与德国之间的战争状态是1955年4月7日通过中国发表单方面声明的方式结束的。

二、战争的废弃

传统国际法在关于和平解决国际争端和战争的规定都是以承认国家的战争权(即诉诸战争的权利,jus ad bellum)为基础的。因此,所有这些传统规则或制度均停留在对国家的战争权加以限制的水平,只是随着人类文明的进步,限制的

---

① 白桂梅、李红云编:《国际法参考资料》,北京大学出版社2002年版,第263—264、275—276、286—287、316—317页。
② 参见1949年日内瓦四公约的第一附加议定书第1条第4款。
③ Malcolm D. Evans, *International Law*, First Edition, Oxford University Press, 2003, p.791.
④ 但是正如下面将要讨论的,没有战争状态不一定不适用战争法,特别是关于国际人道法的部分,无论是否构成战争,在任何武装冲突中都要适用。

范围逐渐有所扩大。现代国际法的产生使这种状况发生了根本变化:废弃国家的战争权。

1928年《巴黎非战公约》(又称《白里安—凯洛哥公约》[①])是近代国际法向现代国际法过渡的重要标志之一。该公约第1条规定:"缔约各方以它们各国人民的名义郑重声明,它们斥责用战争来解决国际纠纷,并在它们的相互关系上废弃战争作为实现国家政策的工具。"第2条规定:"缔约各方同意,它们之间可能发生的一切争端或冲突,不论其性质或起因如何,只能用和平方法加以处理或解决。"尽管《巴黎非战公约》本身存在这样那样的缺陷[②],但它对于消灭侵略战争以维护世界和平具有重要的历史意义。国家战争权的废弃标志着国际法的发展进入了一个崭新阶段。战争法的主要内容开始从对国家战争行为的一般调整向以国际人道法为主的限制作战方法和手段转变。

三、战争法和国际人道法的概念

废弃了国家的战争权,除自卫和在联合国安全理事会授权下采取集体行动外,战争成为非法。但是,战争在国际法上的非法化并不意味着战争法从此退出历史舞台。战争法,尤其是国际人道法部分,仍然是国际法的重要组成部分。

战争法是战争和武装冲突期间,以条约或国际习惯为形式的、调整交战国之间、交战国与中立国之间关系、限制交战行为、作战方法和手段以及保护非交战人员和平民的原则、规则和制度的总和。[③]

国际人道法是战争法的一部分,主要内容涉及战俘和伤者和病者待遇以及对平民和非战斗员的保护等内容。实际上,战争法中的许多规则都是出于人道才形成和发展起来的,例如禁止不分皂白的作战方法、禁止使用极度残酷的武器、禁止使用有毒、化学和细菌武器等等。这正是为什么人道法远比战争法受到更多重视的重要原因之一。

第二节 战争的开始与结束及其法律后果

一、战争的开始

战争开始的方式有两种:一是通过宣战而开始;二是一方使用武力,另一方

[①] 以当时倡导签订该公约的法国外交部长白里安和美国国务卿凯洛哥的名字命名。1927年,在西线作战的老兵到巴黎聚会以纪念第一次世界大战胜利10周年。法国和美国乘此机会提出签订一个废除国家战争权的国际公约的建议并得到十几个国家的响应。

[②] 参见王铁崖主编:《国际法》,法律出版社1981年版,第504—505页。

[③] 参见同上书,第508页。

将其视为战争行为而开始。

宣战是传统国际法对战争开始的要求。格老秀斯认为,国际法的规则是开战前必须宣战。1907年《关于战争开始的公约》(1907年10月18日海牙第三公约)第1条规定:"缔约各国承认,除非有预先的和明确无误的警告,彼此间不应开始敌对行为。警告的形式应是说明理由的宣战声明或是有条件宣战的最后通牒。"① 从"缔约各国承认"这种措辞可以看出,战争开始前的宣战要求不仅是海牙第三公约的规定,也是传统国际法上的一项习惯规则。不宣而战的行为是违反传统国际法的。在1946年4月29日向远东国际军事法庭提出的审判日本战犯的起诉书中,控告被告犯有55项罪状,第38项罪状是:"控告个别被告,参与共同计划或阴谋,从非法战争开始起,就违反一九〇七年十月十八日的海牙和平会议第三公约(开战条约——译者注)……。"②

1928年《巴黎非战公约》废弃国家的战争权后,不宣而战的情况比较普遍。一旦武装冲突的规模、范围和持续期间构成战争,并且交战双方有此意图以及第三国有明确态度,就交战国之间的关系而言,它们之间的和平关系就此转入战争关系并从和平状态进入战争状态。

二、战争开始的法律后果

无论因宣战还是因实际的使用武力行为而进入战争状态都会产生下列法律后果:

(一)外交和领事关系及通商关系的断绝

一般情况下,在战争开始前交战国之间的外交和领事关系就已经处于不正常状态,有的甚至早已断绝。对于那些尚存外交和领事关系的交战国,战争一经开始,外交和领事关系立即断绝。根据1961年《维也纳外交关系公约》和1963年《维也纳领事关系公约》的相关规定,交战国一方务应尊重并保护另一方的使馆馆舍以及使馆财产与档案。交战国另一方可以委托交战国一方认可的第三国代为保管其使领馆馆舍及其财产与档案并代为保护该国及其国民的利益。

战争开始后,各方面均处于敌对状态的交战国之间以及交战国的人民之间的贸易往来也将中断。在战争期间,与敌国之间的贸易和商务来往是被禁止的。

(二)相关条约

1969年《维也纳条约法公约》没有就战争对条约的影响作出任何规定。③

---

① 见王铁崖等编:《战争法文献集》,解放军出版社1986年版,第42页。
② 同上书,第5页。
③ 但是由于战争开始后引起外交和领事关系的断绝,该公约中关于因断绝外交和领事关系而影响条约效力的规定有一定的参考意义。参见《维也纳条约法公约》第63条,断绝外交或领事关系:条约当事国间断绝外交或领事关系不影响彼此间由条约确定之法律关系,但外交或领事关系之存在为适用条约所必不可少者不在此限。

因此,关于战争开始后条约的效力问题,按照国家之间的现行条约的具体规定处理。条约没有规定的,根据习惯法规则处理。1985年,国际法研究院通过了一个包括11个条款的决议对此作出专门规定。虽然这个国际法研究机构的决议本身没有法律拘束力,但它对我们了解这方面的国际习惯规则是有帮助的。总之,国际实践表明,战争开始并非对交战国之间的所有条约都产生影响,要根据条约的具体内容来确定。斯塔克(J.G. Starke)认为可以用两个标准来检验:第一是主观标准,即视缔约国的主观意向而定,看缔约国是否有让条约在战争开始后继续有效的意向。第二是客观标准,即视条约的执行与战争行为客观上是否冲突而定。①

根据上述两个标准和国际法研究院的决议以及国际实践,战争开始后与交战国相关的条约是否受到影响,主要概括为以下几种情况:

1. 交战国间的双边条约

一切人身条约,如"同盟友好条约"或"共同防御条约"等,立即终止。带有一定政治性的条约(如司法协助条约或引渡条约)以及经济性条约(如通商条约),除条约另有规定外,一般将停止实施。

关于确定某种情势或者划定边界的条约,例如,领土割让条约、划界条约等,不受战争影响,应继续有效。

2. 交战国参加的多边条约

交战国参加的普遍性多边公约,特别是关于战争规则的国际公约,例如,1899年和1907年海牙系列公约,不仅继续有效而且应立即开始适用。那些关于卫生、药物等的造法性条约并不因战争的开始而无效,但是可能根据其具体内容或者停止实施或者部分适用。

有些多边条约对是否受战争影响作出明确规定,战争开始后就按照条约的具体规定处理。例如,1944年《国际民用航空公约》(《芝加哥公约》)第89条规定:"如遇战争,本公约的规定不妨碍受战争影响的任一缔约国的行动自由,无论其为交战国或中立国。"

3. 与联合国安全理事会决议相悖的条约

为履行联合国安全理事会关于针对威胁和平、破坏和平或侵略行为采取行动的决议,凡是与此种决议相悖的条约均必须终止或停止实施。

(三) 战时敌国财产

敌国财产包括公共财产和私人财产。根据敌国财产的性质的不同,战争开始后对其财产有不同的影响。

对于敌国的公共财产,交战国可以没收所有在其境内的敌国动产,使用所有

---

① 参见 J.G, Starke, *Introduction to International Law*, 10th edition, Butterworths, 1989, p.545。

不动产,但使领馆除外。对于在被其占领的敌国领土内的敌国动产和不动产,可以将其用于军事目的,但不能变卖。对于带有军事用途的不动产,例如,桥梁、碉堡、兵营等,可以毁坏。对于海上的敌国军舰或其他公共船舶,可以将其捕获并没收,但对于从事探索或开发,或用于科学、宗教、医疗等目的的此等船舶除外。

敌国的私人财产,即该国国民拥有的财产,一般不是予以没收而是将其暂时加以限制、冻结或征用,到战争结束后通过和平条约加以处理。至于国际法是否禁止没收敌国国民的私有财产,是一个有争议的问题。但是交战国一般不夺取或没收在被其占领的敌国领土的私人财产,除非此等财产被敌国用于军事目的。①

三、投降、停战与战争的结束

投降、停战和战争结束在战争法中是相互联系并在含义上有所重叠的概念。

(一) 投降

1907 年海牙第四公约(《陆战法规和惯例公约》)附件《陆战法规和惯例章程》没有给投降下定义,只是在第 35 条中规定:缔约国之间议定的投降书必须照顾军人荣誉的通例。投降书一经确定,双方必须严格遵守。

投降分有条件投降(capitulation)和无条件投降(unconditional surrender)。有条件投降是指为了交出城堡、城镇、船舶或其他战地,或者交出特定战区作战的部队,地方武装部队之间通过签订协定(convention)而投降。有条件投降书是地方性的,由冲突双方的军事司令官签订。在实践中常常把有条件投降与局部停战(partial armistice)甚至与停战混淆在一起。② 然而仍然有学者试图把它们加以区分:投降的性质主要是地方性的;投降的效果是即时的,而由停战产生的义务在时间上则有延续性,而且期间还比较长;投降明确地阻止已经投降的部队重新拿起武器,而停战则是战争行为简单地停止。③

无条件投降在第二次世界大战后的含义是德国、意大利和日本等战败国通过简单的单方面文件同意盟军向它们提出的全部条件,而这些战败国不得提出任何条件的投降。因此,德国于 1945 年 5 月 7 日在兰斯、5 月 8 日在柏林签署了无条件投降书;日本于同年 9 月 2 日在东京湾美国海军的"密苏里号"战列舰上签署了无条件投降书。④

---

① 参见 J.G, Starke, *Introduction to International Law*, 10th edition, Butterworths, 1989, p.547。
② 参见 Wilfried Fiedler, Surrender, in: Bernhardt (ed.), *Encyclopedia of Public International Law* [Instalment 4], p.236。
③ 参见〔法〕夏尔·卢梭著:《武装冲突法》,张凝等译,中国对外翻译出版公司 1987 年版,第 140 页。
④ 然而,意大利的无条件投降是通过签订停战条款表述的。

（二）停战

国际实践中在战时或武装冲突中的停战与战争的结束之间加以区别。

所谓停战是指在战争状态尚未结束期间，通过签订停战协议、无条件投降、实际停止敌对行为等方式，交战双方停止战斗。停战可能导致，但不等于战争状态的结束。因为停战可能是暂时的或局部的，某些情况下停战后可能还会恢复战斗。但规定期限的停战，不到期限是不能随时再行开战的。即使是不定期的停战也要按照停战条件，再行开战要警告对方。局部停战协定由双方在相关地区的司令官之间签订，全面停战协定则应在双方军队的统帅或政府之间签订。

（三）战争的结束

停战之后签订和平条约是战争结束的主要方式，战争状态随着和平条约的生效而结束。但是，战争状态也有通过直接宣布终止战争状态而结束的。例如，第一次世界大战时，1919年9月3日，中国宣布中德之间已经恢复和平状态，而中德条约是在1921年才签订的。又如第二次世界大战时，中国与日本之间的敌对行为在1945年8月15日日本无条件投降后正式停止，但对日和平条约在1951年9月8日才签订。①

（四）战争结束的法律后果

战争结束的法律后果一般在战后签订的和平条约中加以规定，其中包括：停止所有军事行动；恢复或部分恢复因战争而停止实施的条约；恢复外交和领事、商务和贸易等关系；解冻因战争而冻结的私人财产等等。

四、武装冲突的法律后果

与传统的战争不同，作为不构成战争的武装冲突，没有开始的固定方式，其后果与上述战争开始后的法律后果也有所不同。武装冲突开始后，交战双方不一定断绝外交和领事关系；双方缔结的条约也不一定受到影响。但是，战争法中调整敌对行为、作战方法和手段，特别是国际人道法的内容都应开始适用。1949年8月12日签订的"日内瓦四公约"的共同第2条对此作了明确规定："于平时应予实施之各项规定之外，本公约适用于两个或两个以上缔约国间所发生之一切经过宣战的战争或任何其他武装冲突，即使其中一国不承认有战争状态。"②

总之，虽然没有构成战争的武装冲突不会产生与战争开始和结束同样的法律后果，但是调整作战行为和作战方法和手段的战争法规以及国际人道法应随着武装冲突开始和结束而开始和停止适用。

---

① 《奥本海国际法》（第8版）列举了三种结束战争的方式，除签订和平条约方式外还包括：交战国双方不再作战争行为，不知不觉地进入和平关系；交战国一方用灭亡对方的方法结束战争。参见〔英〕劳特派特修订：《奥本海国际法》（第8版），王铁崖、陈体强译，商务印书馆1989年版，第105页。

② 见王铁崖等编：《战争法文献集》，解放军出版社1986年版，第203、225、243和304页。

第三节 战争法规则

一、战争法规的编纂

战争法规的编纂始于19世纪中叶。到19世纪末20世纪初,由于战争的频繁发生以及军事技术的迅速发展使人类饱尝战争的苦难,限制战争方法和手段和保护无辜平民的呼声日趋强烈,种种因素促使战争法和国际人道法的编纂走向高潮。在大约不到二十年间,关于战争法的一系列国际会议相继召开,通过了许多国际公约和宣言。后来,特别是联合国建立之后,与武装冲突相关的国际公约相继出台,最重要的要数1949年签订的日内瓦四公约,这些公约在1977年又得到进一步补充,形成通常所称的"国际人道法"的主要内容。最近几十年来,联合国大会通过的一些相关国际文件,例如,1977年《禁止为军事或任何其他敌对目的使用环境改变技术公约》、1980年《联合国禁止或限制使用某些可被认为具有过分伤害力或滥杀滥伤作用的常规武器会议最后文件》[①]和1997年《关于禁止使用、储存、生产和转让杀伤人员地雷及销毁此种武器的公约》等。

这些国际公约和宣言大致可以分为两个方面或两个体系,即海牙公约体系和日内瓦公约体系。海牙公约体系以1899年的海牙公约以及后来的1907年海牙公约为核心,主要是关于战争的开始与结束以及调整战争期间交战国之间、交战国与中立国之间法律关系以及调整包括作战方法和手段的作战行为的规则和制度;日内瓦公约体系以1949年的日内瓦四公约以及1977年的两个附加议定书为基础,主要是国际人道法的内容,即关于保护战时平民和战争的受难者(包括战俘和伤者和病者)的待遇等。

尽管从19世纪中叶编纂战争法规就已经开始,但最重要的编纂工作要属1899年和1907年两次海牙和平会议通过的一系列公约和宣言。

1899年海牙和平会议通过的公约主要包括:《陆战法规惯例公约》《日内瓦公约原则推行于海战公约》《禁止自氢气球上放掷炮弹及炸裂品宣言》《禁止使用专用于散布窒息性或有毒气体的投射物的宣言》等。

1907年第二次海牙和平会议通过的公约和宣言很多,涉及的内容除了上次会议通过的相同问题外还有:关于战争的开始、陆战时中立国及其人民的权利和义务、战时海军轰击、海战时限制捕获权等等。第二次世界大战之后,除了修改和补充上述战争法规外,国际上还根据军事技术和各种新式武器的出现制定了

---

① 该最后文件包括内容十分重要的五个附录,其中包括《禁止或限制使用某些可被认为具有过分伤害力或滥杀滥伤作用的常规武器公约》《关于无法检测的碎片的议定书》《禁止或限制使用燃烧武器议定书》等。参见王铁崖等编:《战争法文献集》,解放军出版社1986年版,第475—489页。

许多新的国际公约或宣言。关于这些公约和宣言的内容将在下面讨论作战手段和方法时分别加以介绍。

二、作战手段和方法

(一) 基本原则

战争是暴力的最高形式,似乎无法用具体的规则来加以限制。然而实践证明,战争中确实运行着一系列战争法规则。这些规则赖以建立的基础是禁止某种特定武器和特定作战方法的"道德"或"人道"的基本原则。

1. 限制原则

根据限制原则,在任何战争或武装冲突中,各方选择作战方法和手段的权利不是没有限制的。例如,作战中各方都要受到国际法上关于禁止使用极度残酷的武器、有毒、化学和细菌武器、禁止使用不分皂白和改变环境的作战手段等限制。

2. 无条约规定不解除交战各方履行国际法义务的原则

在1907年10月18日海牙第四公约(《陆战法规和惯例公约》)的序言中,缔约各国指出,"缔约各国显然无意使未预见的情况由于缺乏书面的约定,就可以听任军事指挥官任意武断行事;在颁布更完整的战争法规之前,缔约各国认为有必要声明,凡属他们通过的规章中所没有包括的情况,居民和交战者仍应受国际法原则的保护和管辖,因为这些原则是来源于文明国家间制定的惯例、人道主义法规和公众良知的要求"[①]。此外,在1977年日内瓦四公约第二议定书第1条第2款中规定:"在本议定书或其他国际协定未包括的情形下,平民和战斗员仍受来源于既定习惯、人道原则和公众良心要求的国际法原则的保护和支配。"[②]这些规定就是通常所称的"马顿斯条款"。

在1899年和1907年海牙和平会议上,围绕与会国在被占领土上参加战斗的居民的法律地位问题产生争议。会议最终认为他们没有战斗员地位的主张反映到海牙第四公约的第1条和第2条中。相反,认为他们享有合法战斗员地位的建议由于没有获得多数支持,结果被占领土参战居民没有包括在上述条款列举的合法战斗员清单中。所谓"马顿斯条款"是专门为解决这个问题并被写进1907年10月18日海牙第四公约(《陆战法规和惯例公约》)序言中的。[③] 但是,如今该条款已经适用于所有国际人道法,演变成为"无条约规定不解除交战各

---

① 王铁崖等编:《战争法文献集》,解放军出版社1986年版,第45—46页。
② 同上书,第411页。
③ Friedrich von Martens(1845—1909),是沙皇尼古拉二世的代表,参加了两次海牙和平会议。因为他提出的上述条款,马顿斯条款因此而得名。

方履行国际法义务的原则",出现在大多数国际人道法条约中。① 它的基本含义是,由于关于军事和新式武器的科学发展速度大大超过战争法编纂的速度,在没有条约作出规定的情况下,交战各方仍然不能为所欲为,必须遵守条约以外的但"来源于"现有的习惯、人道原则和公众良知要求的国际法原则。

3. 区分原则（或正当目标原则）

军事打击目标的设定问题是战争法的根本问题,与战斗员和平民的区分问题同样重要,或者说这两个问题是一个问题的两个方面。② 这项原则要求战斗员本身要将自己与平民区别开。因此,1949 年日内瓦第一公约（《改善战地武装部队伤者病者境遇的日内瓦公约》）第 13 条规定了战斗员区别于平民的标准。③ 这项原则还要求军事打击所设定的目标应为战斗员和其他军事物体,不应是平民、民宅和其他任何不设防的地方和地带。1923 年《空战规则草案》第 24 条第 2 款列举了合法的轰炸目标,其中包括:军事部队、军事工程、军事建筑物或仓库、构成从事制造武器、弹药或明显的军需品的重要工厂、用于军事目的的交通运输线。此外,非军事化和中立化地区都不能作为军事目标。④ 在实践中,如何鉴别不能攻击的民用物体以及非军事化和中立化地区是实施这项原则的关键。⑤ 此外,大规模杀伤性武器、集束炸弹等类似武器的使用极易造成对区分原则的违反。

4. "军事必要"不解除交战各方履行国际法义务的原则

由于在制定战争法规时已经考虑到"军事必要"的问题,因此交战各方不能以"军事必要"为理由逃避履行根据战争法规而承担的国际义务。

5. 比例原则

根据比例原则,作战手段和方法必须与军事必要成比例,不能对敌人施行不成比例的或不必要的伤害。因此,容易引起过分损害或不必要痛苦的武器是被禁止使用的。⑥

---

① 参见 Dieter Fleck et al, *The Handbook of Humanitarian Law in Armed Conflicts*, Oxford University Press, 1995, p. 29。

② 参见 Ingrid Detter, *The Law of War*, 2nd edition, Cambridge University Press, 2000, pp. 276—277。

③ 甲、由一为其部下负责之人统率;乙、备有可从远处识别之固定的特殊标志;丙、公开携带武器;丁、遵守战争法规及惯例进行战斗。见王铁崖等编:《战争法文献集》,解放军出版社 1986 年版,第 207 页。

④ 当然,永久中立国和战时中立国以及其他第三国领土都不能作为军事打击的目标。

⑤ 1977 年第一附加议定书第 59 条为不设防的地方和地带规定了一些条件:(1) 所有战斗员以及机动武器和机动军事设备必须已经撤出;(2) 固定军事装置或设施应不用于敌对目的;(3) 当局或居民均不应从事任何敌对行为;而且(4) 不应从事支持军事行动的任何活动。该议定书第 60 条也为非军事化地带规定了类似的条件。

⑥ 1977 年日内瓦四公约第一议定书,即《关于保护国际性武装冲突受难者的附加议定书》第 35 条第 2 款规定:"禁止使用属于引起过分伤害和不必要痛苦的性质的武器、投射体和物质及作战方法。"参见王铁崖等编:《战争法文献集》,解放军出版社 1986 年版,第 428—429 页。

6. 环境原则

环境原则是指禁止敌对双方在战时或武装冲突中使用旨在或可能对自然环境引起广泛、长期而严重损害的作战方法或手段。① 1977年《禁止为军事或任何其他敌对目的使用环境改变技术公约》第1条规定："缔约国承诺不为军事或任何其他敌对目的使用具有广泛、持久或严重影响的改变环境的技术，作为毁灭、破坏、损害任何其他缔约国的手段。"根据1998年《国际刑事法院规约》的规定，故意发动攻击并明知这种攻击将附带致使自然环境遭受广泛、长期和严重的破坏，构成国际法上的犯罪行为。

（二）禁止或限制的武器

1. 极度残酷的武器

1868年《关于在战争中放弃适用某些爆炸性弹丸的宣言》(《圣彼得堡宣言》)宣布："各国在战争中应尽力实现的唯一合法目标是削弱敌人的军事力量；为了这一目标，应满足于使最大限度数量的敌人失去战斗力；由于武器的使用无益地加剧失去战斗力的人的痛苦或使其死亡不可避免，将会超越这一目标；因此，这类武器的使用违反了人类的法律……"② 由于当时轻于400克的爆炸性子弹或装有爆炸性或易燃物质的子弹属于此类武器，该宣言宣布，缔约国相互保证，在它们之间发生战争时，它们的陆军和海军部队放弃使用这种武器。1899年和1907年的海牙公约都特别禁止使用增加不必要痛苦的兵器、子弹及其他物质。

1981年签订的《禁止或限制使用某些可被视为具有过分伤害力或滥杀滥伤作用的常规武器公约》的三个议定书规定禁止或限制使用某种武器，其中包括：

（1）禁止使用主要作用在于以碎片伤人而其碎片在人体内无法用X射线检测的武器；

（2）禁止在一切情况下使用地雷（水雷）、饵雷和其他装置；

（3）禁止在一切情况下使用燃烧武器。

2. 生物和化学武器

在战争中使用有毒武器或者在敌人的供水系统中下毒已经有相当长的历史。早在公元前600年，雅典的索伦在普莱斯托斯河谷（Pleistos）的水里下毒；1155年，神圣罗马帝国弗里德里克·巴巴罗萨大帝（Fridrick Babarossa）攻克意大利城市托尔托纳也是用的这种战略。类似的实践还有将因瘟疫而亡的尸体抛在城墙上以散布病菌。16世纪时，欧洲人通过向美洲土著人给予或销售有毒的家用器皿来毒害他们，许多国家在殖民过程中都用了这种"武器"。殖民地建立

---

① 参见1977年日内瓦四公约第一议定书，即《关于保护国际性武装冲突受难者的附加议定书》第35条第3款的规定，王铁崖等编：《战争法文献集》，解放军出版社1986年版，第429页。

② 王铁崖等编：《战争法文献集》，解放军出版社1986年版，第7页。

之后，它又开始用生物和化学武器对付叛乱者，例如，用毒气将藏在洞穴中的叛乱者驱赶出来，如20世纪中叶法国在阿尔及利亚、英国在博尔战争（Boer War）中无疑也使用了毒气。[①]

与其他武器不同，生物和化学武器的特点是：第一，仅对生物造成破坏；第二，大规模毁灭性破坏。因此这两种武器一般都是在一起讨论，简称生化武器（biological and chemical weapons, CBW）。最早明确规定禁止使用毒物或有毒武器的是1899年的海牙第二公约和1907年海牙第四公约的附件（《陆战法规和惯例章程》）第23条。由于在所谓"现代化"战争中，这些武器常常作为"科学"武器被研发并使用[②]，近些年来引起国际社会的广泛关注并为限制其使用进行过多次长期协商和谈判。

1972年《禁止细菌（生物）及毒素武器的发展、生产及储存以及销毁这类武器的公约》为缔约国创设了以下义务：

（1）在任何情况下绝不发展、生产、储存或以其他方法取得或保有：凡类型和数量不属于预防、保护或其他和平用途所正当需要的微生物剂或其他生物剂或毒素，不论其来源或生产方法如何；凡为了将这类物剂或毒素使用于敌对目的或武装冲突而设计的武器、设备或运载工具。

（2）尽快但最迟于本公约生效后9个月内，将上述武器或运载工具转用于和平目的。

（3）不将上述武器或运载工具以任何方式转让或扩散到其他国家或国际组织。

（4）按照宪法程序采取一切必要措施以便在其领土内，在属于其管辖和控制的任何地方，禁止并防止发展、生产、储存、取得或保有上述武器或运载工具。

此外，该公约还规定缔约国有进行彼此协商和合作、尽可能充分交换相关情报的义务等等。

尽管与生物武器一起被关注，但是与化学武器相关的国际公约在二十多年之后才制定出来，即1992年《禁止研制、生产、储存和使用化学武器以及销毁此种武器公约》（简称《禁止化学武器公约》）。[③]

[①] 参见 Ingrid Detter, *The Law of War*, 2nd edition, Cambridge University Press, 2000, p.252。
[②] 例如，在20世纪80年代的伊拉克和伊朗战争（两伊战争）中就使用过这种武器。
[③] 该公约于1997年4月29日生效，现有188个参加国，中国于1996年12月30日批准了该公约，根据公约的规定1997年4月25日开始对中国生效。中国在批准该公约时作了五点声明：第一，中国一贯坚持全面禁止和彻底销毁化学武器；第二，中国号召拥有化学武器最多的国家毫不拖延地批准《禁止化学武器公约》；第三，该公约的宗旨、目标和原则应得到严格遵守；第四，任何在他国遗留化学武器的国家应有效地履行该公约总的相关规定，承担尽早地并彻底销毁这些化学武器的义务；第五，该公约应在化学工业领域为和平的目的促进国际贸易、科学技术交流和合作方面发挥良好作用。原文详见联合国网站：http://treaties.un.org/Pages/ViewDetails.aspx?src=TREATY&mtdsg_no=XXVI-3&chapter=26&lang=en#EndDec，2009年11月29日访问。

该公约把化学武器分为三类:超级有害、致命和有害。各缔约国在该公约下的义务主要包括:

第一,承诺不发展、生产、获取、储存、保有或转让任何化学武器;不使用或准备使用这种武器并保证不帮助或鼓励其他国家从事本公约禁止的任何活动。

第二,按照本国宪法程序采取必要措施,禁止其领土上任何地方或国际法承认在其管辖下的任何其他地方的自然人和法人进行本公约禁止的任何活动,包括针对此种活动制定刑事立法并将此立法适用于拥有其国籍的自然人在任何地方进行的本公约禁止的任何活动。

第三,在10年内完成销毁属于其管辖和控制的任何地方的以及遗留在其他国家领土内的化学武器以及生产设备。

为了保障有效实施,该公约制定了对缔约国违反公约进行投诉的严格程序和核查机制并于1997年建立了一个国际机构,即禁止化学武器组织。该组织由缔约国大会、执行理事会和技术秘书处所组成,总部设在海牙。禁止化学武器组织的主要职责是对所有现存化学武器的销毁进行核查并采取措施确保不再继续制造化学武器;向受到化学武器攻击或威胁的缔约国提供援助和保护;促进在和平发展化学方面的国际合作。

应该特别指出的是,销毁在其他国家领土内的化学武器的义务,对于过去的侵略国来说,不仅是根据上述公约应履行的义务,也是它们必须承担的责任。

据统计,日本军队在第二次世界大战结束后撤退时在中国遗弃了大约两百万件化学武器。由于这些化学武器很难自然降解并由于这些化学武器数量极大,埋藏范围非常广泛,目前仍然有相当数量未被发现,因此对中国人民的生命和财产安全以及生态环境均构成了严重威胁。为了解决这个问题,中国政府从1990年开始与日本政府进行严正交涉,要求日本政府对侵华日军遗弃在中国的生化武器给中国人民造成的巨大损害承担一切责任。经过一系列艰苦谈判,两国政府终于在1999年7月30日签署了《关于销毁中国境内日本遗弃化学武器的备忘录》。在该备忘录中,日本政府承诺将"根据《禁止化学武器公约》,销毁旧日本军遗弃在中华人民共和国境内的化学武器。在进行上述销毁时,日本国政府将遵照《禁止化学武器公约》核查附件第四(B)部分第15款的规定,为销毁遗弃化学武器提供一切必要的资金、技术、专家、设施及其他资源"。在该备忘录中"两国政府确认,有关今后销毁工作的计划、实施、运营等问题,将通过中日联合工作组等渠道协商解决"。[①] 该备忘录签订后虽然销毁工作有了一点进展,

---

① 《禁止化学武器公约》核查附件第四(B)部分第15款规定:"为销毁遗留的化学武器的目的,遗留缔约国应提供必要的财政、技术、专家、设施及其他资源。领土缔约国应提供适当的合作。"关于日本销毁遗留在中国的化学武器问题,详见上述网站的报道。

但是进展相当缓慢。因此中国政府利用一切重要场合,例如,中国政府在历届的禁止化学武器组织的执行理事会上都强调中国作为化学武器的受害国高度重视日本遗弃在华化学武器问题。最近的一次是在 2014 年 10 月 7 日,中国代表团团长陈旭大使在第 77 届执理会上指出:"化武销毁是公约核心宗旨,也是本组织的首要目标。有关化武拥有国和遗弃国,应按照公约及本组织决策机构相关决定,尽早完成销毁任务。本组织应继续确保在这一领域的投入。目前,日遗化武销毁进度明显滞后于销毁计划,中方对此深感遗憾和忧虑,希望执理会进一步予以关注。日遗化武由于缺乏埋藏信息,基本上是在事故、意外中被发现,对中国人民的生命财产和生态安全构成巨大威胁。尽早处理和安全销毁日遗化武刻不容缓。中方再次敦促日方严格遵守公约义务和执理会有关决定,加大投入,尽快完成销毁工作。"[①]

3. 大规模毁灭性武器与核武器

大规模毁灭性武器包括原子爆炸武器、辐射性物质武器、某种致命化学和生物武器;还包括未来发展的具有类似毁灭性效果的任何武器以及未来发展的任何与上述武器有相当毁灭效果的武器。[②] 大规模毁灭性武器的非法性在于它是不分皂白的武器,它不是毁灭单个的甚至也不是成群的战斗员,而是一个地区的大多数甚至所有人口,是整个城镇甚至整个国家。

核武器是典型的也是主要的大规模毁灭性武器。1971 年《禁止在海床洋底及其底土安置核武器和其他大规模毁灭性武器条约》的名称实际上已经暗示了这个意思。其他大规模毁灭性武器包括致命的生物和化学武器、放射性武器(radiological weapons)和环境武器(environmental weapons)。由于核武器是典型的大规模毁灭性武器,下面主要讨论这个问题。

自从核武器在第二次世界大战中首次被使用,人们就已经认识到这种武器对人类健康和环境带来的灾难性后果是自火药发明以来的所有常规爆炸物都不能比的。[③] 国际社会围绕试验、保有和使用核武器的合法性问题一直存有争议。国际法院曾就相关问题提出咨询意见。这些意见本身反映出现行国际法在核武器问题上存在的缺陷。

1994 年联合国大会请求国际法院就"威胁或使用核武器在任何情况下根据国际法是不是允许的"问题发表咨询意见。国际法院首先确定《联合国宪章》关

---

① 参见中国驻荷兰大使馆网站:http://nl.china-embassy.org/chn/jhwt/t1198327.htm, 2015 年 5 月 5 日访问。
② 这是 1948 年常规武器委员会在考虑其职能时为大规模毁灭性武器所下的定义,1977 年联合国大会在其 1977 年《禁止发展和制造新型大规模毁灭性武器和此种武器新系统》决议(A/Res. 32/84 B)中重申了这个定义。
③ 参见 Ingrid Detter, *The Law of War*, 2nd edition, Cambridge University Press, 2000, p.239。

于禁止使用威胁或武力的规则和国际人道法的原则和规则以及有关禁止使用核武器的条约是对本问题所应适用的法律。法院指出,凡是根据条约或习惯认为是不合法的武器,不会因用于宪章的合法目的就成为合法。核武器的特殊性质和使用这种武器的严重后果是必须考虑的,特别是它的破坏性,它可能造成危害几代人的严重后果。① 但是,从下面的这段陈述可以看出,国际法院巧妙地回避了国际法是否允许使用或威胁使用核武器的问题:

"习惯国际法和条约法都没有包括任何授权在一般场合、特殊场合,特别是在合法自卫的场合可以威胁或使用核武器或任何其他武器的说明。不过国家也不会有任何原则或规则规定威胁或使用核武器或任何其他武器的合法性取决于特别的授权。国家实践表明,使用某种武器的不合法不是由于没有授权,相反,它是由于受到禁止才成为不合法的。"②

国际法院虽然没有明确地指出威胁或使用核武器是合法或不合法,但却暗示:是否合法取决于这种威胁或使用是否受到国际法的禁止。这正是国际法院对这个问题的咨询意见的巧妙之处,也是它面对现实作出的无奈抉择。因为,迄今国际上确实没有任何明确禁止威胁或使用核武器的国际条约规则,有的只是1963年《禁止在大气层、外层空间和水下进行核武器试验条约》、1968年《不扩散核武器条约》以及上述1971年《禁止在海床洋底及其底土安置核武器和其他大规模毁灭性武器条约》等,这些国际文件的目的和使用范围的局限性从某种程度上说明了国际法在这个问题上的缺陷。然而,这种缺陷反映了国际政治的复杂性。

(三) 禁止的作战方法和手段

1. 不分皂白的作战方法和手段

不分皂白的作战方法和手段是战争法禁止的。不分皂白主要是指军事打击目标的不分战斗员和平民或非战斗员,不分军用物体和民用物体等等。战争法禁止的攻击目标主要包括:

(1) 平民

如果说实践中有些军事物体和民用物体很难辨别的话,那么可以肯定地说,手无寸铁的平民百姓绝对不能作为军事攻击的目标。然而,战争和武装冲突的历史表明,平民受到伤害的情况不可避免且其比例呈上升趋势。③

---

① 参见陈致中编著:《国际法案例》,法律出版社1998年版,第475—479页。
② 陈致中编著:《国际法案例》,法律出版社1998年版,第476页。
③ 第一次世界大战时期,平民受害者的比例是大约5%;第二次世界大战,48%;朝鲜战争,84%;越南战争,90%;后来的武装冲突中,受害者多数为儿童,比例维持在90%。参见 Ingrid Detter, *The Law of War*, 2nd edition, Cambridge University Press, 2000, p.286。

（2）跳伞人员

无论从防御还是进攻的角度来看,战时敌人的飞机都是合法的进攻目标。但是飞行员从遇难飞机跳伞后到降落以前,都不能将其作为攻击目标。这是因为只要没有降落到地面,他们都不是行动中的战斗员。1977年第一附加议定书第42条第1款规定:"从遇难飞机上跳伞降落的任何人,在其降落中均不应成为攻击的对象。"[1]

（3）和谈人员

授权与敌人和谈及其他信使不能成为攻击的对象。他们的不可侵犯性与外交使节的人身不可侵犯类似。

（4）食物供给和农作物

供平民保障生存的食物供给,包括粮食、牲畜、饮用水和农作物等,不能作为军事攻击目标。1977年第一附加议定书第54条第1款禁止将促使平民陷于饥饿作为作战方法。该条第2款规定:"不论是什么动机,也不论是为了使平民饥饿、使其迁移、还是为了任何其他动机,基于使对平民居民生存所不可缺少的物体,如粮食、生产粮食的农业区、农作物、牲畜、饮水装置和饮水供应和灌溉工程,对平民居民失去供养价值的特定目的而进行的攻击、毁坏、移动或使其失去效用,都是禁止的。"[2]

（5）含有危险力量的装置

1977年日内瓦四公约第二附加议定书第15条规定:"含有危险力量的工程或装置,如堤坝和核发电站,如果对之进行攻击可能引起危险力量的释放,从而在平民居民中造成严重损失,即使这类物体是军用目标,也不应成为攻击的对象。"由于对这种危险装置的攻击可能造成的极大危险,20世纪80年代以来召开的国际裁军会议都对这个问题予以关注。

（6）医院、医院船和医疗单位

无论是军用还是民用,医院和医疗单位都不能作为军事攻击的目标,不能对其采取任何敌对行为。1899年和1907年海牙《陆战法规和惯例公约》都在第27条中规定,在包围和轰击中应采取一切必要措施尽可能保全不作军事用途的医院和病者伤者的集中场所。[3] 1949年日内瓦第四公约(《关于战时保护平民的日内瓦公约》)第18条规定:"凡为照顾伤者、病者、弱者及产妇而组织之民用医院,在任何环境下,不得为攻击之目标,而应随时受冲突各方之尊重与保护。"[4]

---

[1] 但空运部队则不在此限。参见王铁崖等编:《战争法文献集》,解放军出版社1986年版,第430页。

[2] 王铁崖等编:《战争法文献集》,解放军出版社1986年版,第436页。

[3] 同上书,第15、52页。

[4] 同上书,第309页。

应当指出,为了使医院免受攻击,冲突各方有义务保证其医院远离军事目标并保证不能将其用于军事目的。此外,医院还应有明显标志以资识别。

(7) 文化财产

根据1954年《关于发生武装冲突时保护文化财产的公约》第1条给文化财产所下的定义,文化财产是指对各国人民的文化遗产具有重大意义的动产和不动产,例如,建筑、艺术或历史上的纪念物,不论是宗教性的或者是世俗的;考古遗址;具有历史或艺术上价值的整套建筑物;艺术品;手稿、书籍和其他具有艺术、历史或考古价值的其他物品;以及科学珍藏和书籍或档案中的珍藏或者上述各物的复制品。此外,还包括保存或展览上述可移动文化财产的建筑物,例如,博物馆、大型图书馆和档案库以及大量存放上述文化财产的"纪念物中心站"。①

根据第4条,文化财产不得用于可能使其在发生武装冲突时遭受毁灭或损失的任何目的,并不得采取针对此项财产的任何敌对行为;不得对文化财产实施任何报复行为。

该公约还规定对可移动的文化财产和具有重大意义的不可以移动的文化财产加以特别保护,但是这些财产须与大工业中心或易受攻击的机场、广播站、港口、火车站或主要交通线等地点之间有一定距离,同时也不能将其用于军事目的。此外,该公约还规定这些文化财产应该有明显的标志(第6条)并专门设计了这种标志(第16条)。②

(8) 其他禁止攻击的目标

战时的民用船舶,包括商船和其他非军舰,不能作为军事攻击的目标。区分军舰与非军舰是非常重要的问题。有一些一般接受的鉴别军舰的标准:必须在海军军官的指挥下;有在其权力下的机组人员;必须正式列入船旗国军舰清单中。③ 根据弗莱克(Dieter Fleck),除上述标准外,军舰必须有外部明显的国籍标志;其机组人员必须有常规武装部队的纪律;但军舰不一定有武装。④ 但是,战时的商船给敌人运送货物是经常发生的事情。尽管如此,商船也不是军事攻击的对象。遇到这种情况,只能作为海上战利品将其捕获,而不能攻击它或将其击沉。

---

① 王铁崖等编:《战争法文献集》,解放军出版社1986年版,第360—361页。

② 1977年日内瓦四公约第一附加议定书第53条采纳了1954年公约的原则,该条规定了对文物和礼拜场所的保护:"在不妨害1954年5月14日关于发生武装冲突时保护文化财产的海牙公约和其他有关国际文件的规定的条件下,禁止下列行为:一、从事以构成各国人民文化或精神遗产的历史纪念物、艺术品或礼拜场所为对象的敌对行为;二、利用这类物体以支持军事努力;三、使这类物体成为报复的对象。"1977年日内瓦四公约第二附加议定书第16条也有类似规定。

③ 参见 Ingrid Detter, *The Law of War*, 2nd edition, Cambridge University Press, 2000, p.290。

④ 参见 Dieter Fleck et al, *The Handbook of Humanitarian Law in Armed Conflicts*, Oxford University Press, 1995, p.406。

战争法对进行宗教礼拜的建筑和类似的地方给予特别保护,不能作为攻击的对象。但是这些地方受保护的条件是:第一,具有表示作为宗教礼拜之用明确标志;第二,不能用于军事目的。

此外,根据1977年日内瓦四公约第一附加议定书第52条和第62条的规定,用于民防的报警系统、防火、疏散和避难所等均属于民用物体,不能作为军事攻击或报复的目标。

2. 背信弃义的作战方法和手段

与战争中常用的诈术(ruses)不同,背信弃义(perfidy)是战争法所禁止的作战方法。1977年日内瓦四公约第一附加议定书第37条规定:"禁止诉诸背信弃义行为以杀死、伤害或俘获敌人。"该条给背信弃义行为所下的定义是:"以背弃敌人的信任为目的而诱取敌人的信任,使敌人信任其有权享有或有义务给予适用于武装冲突的国际法规则所规定的保护行为,应构成背信弃义行为。"该条还列举了这种行为的事例:(1)假装有在休战旗下谈判或投降的意图;(2)假装因伤或因病而无能力;(3)假装具有平民、非战斗员的身份;和(4)使用联合国或中立国或其他非冲突各方的国家的记号、标志或制服而假装享有被保护的地位。① 此外,根据1907年《海牙陆战法规公约》(第四公约)第23条第6款,滥用休战旗、国旗或敌军军徽和制服以及日内瓦公约所规定的标记,也是被禁止的背信弃义行为。②

为了区别于国际法并不禁止的诈术,第37条还对诈术加以界定:"这种诈术是指旨在迷惑敌人或诱使敌人作出轻率行为,但不违反任何适用于武装冲突的国际法规则,而且由于并不诱取敌人在该法所规定的保护方面的信任而不构成背信弃义行为的行为。"根据这个定义,该条所列举的诈术事例是:使用伪装、假目标、假行动和假情报。③ 例如,制作假机场、假飞机等设备以诱敌消耗其炸弹并扰乱其作战计划。

背信弃义行为的法律后果主要有两个方面:首先,暂停或丧失战争法和国际人道法的保护。例如,利用医院或医院船等医疗单位从事伤害敌方的行为,结果就会失去战争法关于禁止对该单位进行军事攻击的保护。其次,根据1998年《国际刑事法院规约》第8条第2款第2项的规定,"不当使用休战旗、敌方或联合国旗帜或军事标志和制服,以及《日内瓦公约》所订特殊标志,致使人员死亡或重伤"和"以背信弃义的方式杀、伤属于敌国或敌军的人员"均构成战争罪,属于国际刑事法院管辖范围内的罪行。

---

① 王铁崖等编:《战争法文献集》,解放军出版社1986年版,第429页。
② 同上书,第52页。
③ 同上书,第429页。

3. 改变环境的作战方法和手段

随着人类改变环境的科学技术的迅速发展,人们认识到将这种技术用于军事或任何敌对目的会对人类福利带来极端有害的后果。制定相关的战争法以禁止在战争或武装冲突中使用这种技术的必要性成为国际社会的共识。1977年《禁止为军事或任何其他敌对目的使用改变环境的技术的公约》就是在这种情况下产生的。

第1条规定:"本公约各缔约国承诺不为军事或任何其他敌对目的使用具有广泛、持久或严重后果的改变环境的技术作为摧毁、破坏或伤害任何其他缔约国的手段。"根据第2条,"改变环境的技术"是指,"通过蓄意操纵自然过程改变地球(包括其生物群、岩石圈、地水层和大气层)或外层空间的动态、组成或结构的技术"。

为了有效地执行该公约的规定,第5条规定建立一个专家协商委员会负责对缔约国提出的关于执行公约的任何问题"作出适当的调查结果并提出专门性意见"。第5条还规定,缔约国可以在有理由认为任何其他缔约国违反了公约规定的义务时,向安全理事会提出控诉,安理会将按照《联合国宪章》的规定发起进行调查并将调查结果通知各缔约国。

与上述公约相比,1977年日内瓦四公约第一附加议定书第55条的规定在保护环境方面的适用范围更加广泛,因为它不仅限于用高尖端技术改变环境的行为,而广泛适用于任何对自然环境造成广泛、长期和严重损害的作战方法和手段。第55条规定:"一、在作战中,应注意保护自然环境不受广泛、长期和严重损害。这种保护包括禁止使用旨在或可能对自然环境造成这种损害从而妨害居民的健康和生存的作战方法或手段。二、作为报复对自然环境的攻击,是禁止的。"

特别应该注意的是,根据1998年《国际刑事法院规约》第8条第2款第2项的规定,故意发动攻击并明知这种攻击将附带致使自然环境遭受广泛、长期和严重的破坏,构成战争罪,属于国际刑事法院管辖的范围。

第四节 国际人道法规则

从上述禁止使用的武器、禁止攻击的目标和禁止不分皂白的作战方法和手段可以看出,人道法规则贯穿整个现代战争法,构成其精髓。但是人道法与战争法还是有区别的。上述关于战时使用的武器、攻击的目标和作战方法和手段的人道规则多数属于消极性的,或称为"禁止性"规则。然而本节将要讨论的国际人道法规则除了类似的消极规则外,更多的是需要采取积极措施加以保障的积极性规则。这些规则主要涉及伤者、病者和战俘的待遇以及战时平民的保护等方面。

一、概述

(一) 国际人道法规则的编纂

如前所述,战争法中的所谓"日内瓦公约体系"构成国际人道法的核心。实际上国际人道法的编纂可以追溯到 1864 年由瑞士政府主持召集的外交会议上通过的《改善战地伤兵境遇的公约》。而这个公约的制定与红十字国际委员会的建立,特别是与瑞士商人亨利·杜南(Henry Dunant)于 1862 年发表的《沙斐利洛的回忆》这本书,有着密切联系。[①] 1864 年《改善战地伤兵境遇的公约》是第一个制定的战争法中关于伤者和病者待遇规则的国际公约。尽管该公约仅适用于陆战,但是它为国际人道法发展奠定了基础,是"日内瓦公约体系"的开端。

"日内瓦公约体系"的第二个公约是 1906 年《关于改善战地武装部队伤者和病者境遇的公约》。该公约共 33 条,是对上述 1864 年公约的补充。

1949 年日内瓦四公约,即《改善战地武装部队伤者病者境遇的日内瓦公约》(1949 年 8 月 12 日日内瓦第一公约)、《改善海上武装部队伤者病者及遇船难者境遇的日内瓦公约》(1949 年 8 月 12 日日内瓦第二公约)、《关于战俘待遇的日内瓦公约》(1949 年 8 月 12 日日内瓦第三公约)和《关于战时保护平民的日内瓦公约》(1949 年 8 月 12 日日内瓦第四公约)构成国际人道法的基础。

1977 年日内瓦四公约的两个附加议定书使国际人道法不仅适用于国际武装冲突,也适用于内战或国内武装冲突。第一个是《关于保护国际性武装冲突受难者的附加议定书》,第二个是《关于保护非国际性武装冲突受难者的附加议定书》。[②]

(二) 国际人道法与国际人权法的主要区别

1. 时间范围上的区别,国际人道法仅适用于武装冲突期间,国际人权法的一些规则可以在和平时期和武装冲突期间对个人提供保护。

2. 空间范围上的区别,国际人道法普遍适用于世界各个国家,不存在区域的国际人道法;然而,国际人权法除了普遍适用于所有国家的部分外还有不同区域的人权法,例如欧洲人权法、美洲人权法和非洲人权法等等。

3. 保护对象的区别,国际人道法保护的是在武装冲突中没有或不再参与敌

[①] 亨利·杜南在 1859 年意大利战争(the Italian War of Unification)沙斐利洛战场上亲眼目睹了 4 万奥地利、法国和意大利伤兵,他们因无人照料而死去或被当地居民抢劫或被杀死。杜南先生组织志愿者团队收容并照顾伤者和病者。红十字国际委员会就是在他的发起下建立起来的。

[②] 2005 年 12 月 8 日在日内瓦外交会议上通过了《1949 年 8 月 12 日日内瓦公约关于采纳一个新增特殊标志的附件议定书》(第三议定书)。参见红十字国际委员会网站:http://www.icrc.org/ihl.nsf/INTRO/615?OpenDocument,2009 年 11 月 28 日访问。

对行动的个人,而国际人权法保护的主要是和平时期的所有个人。①

二、战时平民的保护

战时或武装冲突中对平民的保护是国际人道法的重要组成部分。战争对平民带来的灾难有目共睹。据统计,在第二次世界大战的武装冲突中受害的人中,平民占48%②。这个比例随着大炮、飞机和大规模毁灭性武器的发展而增加。因此,国际社会对于在战时和武装冲突中保护平民以减少对他们的伤害非常重视,制定了一系列国际公约,限制和规范交战或冲突各方在战时或武装冲突中的行为。

(一) 战时平民和平民居民的概念

和平时期平民与军人比较容易区分,战时这种区分有一定难度。战时的平民可以分为两类:第一,从不参加敌对行为的人,是平民的大多数;第二,曾经是战斗员但因受伤而失去战斗能力不再从事敌对行为或者由于其他原因加入到平民中的人,是平民中的少数。

1949年8月12日日内瓦第四公约,即《关于战时保护平民的日内瓦公约》是第一个专门的全面保护战时平民的国际公约。③ 该公约得到1977年日内瓦四公约两个附加议定书的完善和补充。

根据1949年《关于战时保护平民的日内瓦公约》第3条第1款,战时平民是指不实际参加战事的人员,其中包括放下武器的武装部队的人员以及因病、伤、拘留或其他原因而失去战斗力的人员。1977年日内瓦四公约第一附加议定书第50条使这个定义更加广泛,凡不属于下列人员者均为平民:

1. 冲突一方的武装部队人员以及构成武装部队一部分的民兵与志愿人员;

2. 冲突一方所属的其他民兵及其他志愿人员,包括有组织的抵抗运动人员;

3. 自称效忠于未经拘留国承认的政府或当局的正规武装部队的人员;

---

① 参见国际红十字委员会中文网,"人道法与人权法有何区别?":https://www.icrc.org/chi/resources/documents/misc/5kzmuy.htm, 2015年6月5日访问。关于国际人道法与人权,参见:Francisco Rorrest Martin, et al (eds.), *International Human Rights and Humanitarian Law*, Cambridge University Press, 2011.

② 参见 Ingrid Detter, *The Law of War*, 2nd edition, Cambridge University Press, 2000, p.286.

③ 该公约共159条和三个附件,三个附件是:《关于医院及安全地带与处所协定草案》《关于集体救济物品之规则草案》和《拘禁邮片、信件、通讯邮片》。该公约现有194个参加国,中国于1956年11月5日批准。应该注意的是,根据《关于战时保护平民的日内瓦公约》第154条的规定,该公约对于在此之前签订的1907年海牙第四公约,即《陆战法规和惯例章程》具有补充的性质,并不取代该公约。

4. 未占领地的居民,当敌人迫近时,未能及时组织成为正规部队,而立即自动拿起武器抵抗来侵军队的人员。

此外,第 50 条还规定,遇到对任何人是否平民的问题有怀疑时,这种人也应视为平民。

"平民居民"(civilian population)是个集合体,包括所有作为平民的人。在平民居民中存在有不属于平民定义范围内的人,并不使该平民居民失去其平民的性质。

(二) 对平民的保护

这里主要是指法律的保护。① 1907 年海牙第四公约,即《陆战法规和惯例章程》第 3 编、1949 年《关于战时保护平民的日内瓦公约》和 1977 年日内瓦四公约两个议定书都对此作出了规定。这些公约和议定书的规定均建立在一个重要的基本原则之上,即区分原则,"为了保证对平民居民和民用物体的尊重和保护,冲突各方无论何时均应在平民居民和战斗员之间和在民用物体和军事目标之间加以区别,因此,冲突一方的军事行动仅应以军事目标为对象"。②

根据 1949 年《关于战时保护平民的日内瓦公约》对平民居民的保护主要分为三种情况:第一,防止敌对行动影响的一般保护;第二,在战争和武装冲突发生时对交战国或冲突各方领土内的敌国平民的保护;第三,对占领区平民的保护。该公约将在这几种情况下被公约保护的人统称为"被保护人"。但是,非缔约国的人民不受该公约的保护。不过,1977 年日内瓦四公约第一附加议定书扩大了"被保护人"的范围,使其包括难民和无国籍人。

1. 防止敌对行动影响的一般保护

该公约第二部分(第 13—26 条)对平民居民的一般保护作出规定。多数规定都需要缔约国采取积极措施以防止战争对平民的若干影响。这些措施包括:

(1) 设立医院及安全地带和处所,为了保护伤病者、老者、15 岁以下的儿童、孕妇以及 7 岁以下儿童的母亲,要适当组织以免受到战争的影响。

(2) 民用医院得到的保护不得停止,除非此等医院从事有害于敌方的行为。但是必须给予相当的警告,在合理的时限内仍然被忽视时才能停止保护。此外,公约对保护从事医院工作及管理的人、运送伤病者等受保护人的运输工具包括车辆、船舶和飞机等也作出了具体规定。

---

① 根据夏尔·卢梭,除法律保护外还有技术上的保护,例如,分发防毒面具、修造防御空袭或原子弹袭击的掩体,把居民转移到安全的地方等。参见〔法〕夏尔·卢梭著:《武装冲突法》,张凝等译,中国对外翻译出版公司 1987 年版,第 60—61 页。

② 1977 年《日内瓦四公约第一附加议定书》第 48 条,参见王铁崖等编:《战争法文献集》,解放军出版社 1986 年版,第 434 页。

(3) 设立中立化地带保护伤者和病者或非战斗员以及不参加战事及居住在该地带内而不从事军事性工作的平民。

(4) 缔结局部协定以便撤出被包围地带内的伤者和病者、弱者、老者、幼童及产妇。

(5) 采取必要措施保护因受战争影响而成为孤儿或与家庭失散的15岁以下的儿童,以有利于他们的抚养和教育。

(6) 为避免家庭失散,冲突各方领土内或其占领地内的所有人应能将纯属个人性质的消息通知其在任何地方的家人,并接收其家人的此等消息。1977年日内瓦四公约第一附加议定书第74条补充规定,缔约各方和冲突各方应以一切可能方法,便利由于武装冲突而离散的家庭得以重聚。

2. 在战争和武装冲突发生时对交战国或冲突各方领土内的敌国平民的保护

(1) 在冲突开始时或进行中,敌国平民有权离境,除非其离境有违所在国的国家利益。

(2) 除非根据公约(第27条和第41条)规定准许采取特别管制办法,原则上敌国平民应享有包括领受送来的个人或集体救济物品、与有关国家的人民同等的医药照顾与住院待遇、获准举行宗教仪式、与有关国家的人民同样的迁出战争危险区域等权利。

(3) 仅在拘留国的安全有绝对必要时敌国平民才能受到拘禁或被安置在指定居所。

1977年日内瓦四公约第一附加议定书对1949年日内瓦第四公约的上述规定作了一些补充,主要内容是:

(1) 无论何时何地,无论平民或军人均禁止进行下列行为:

第一,对人的生命、健康或身体上或精神上施以暴行,特别禁止谋杀、各种酷刑、体刑和残伤肢体;

第二,对人身尊严的侵犯,特别是侮辱性和降低身份的待遇,强迫卖淫和任何形式的非礼侵犯;

第三,扣留人质;

第四,集体惩罚;和

第五,以任何上述行为相威胁。

(2) 任何因武装冲突的行为被逮捕或犯有相关罪行的人,应得到法律程序上的公正待遇。

(3) 妇女应是特别尊重的对象,并应受保护,特别是防止强奸、强迫卖淫和任何其他形式的非礼侵犯。

(4) 儿童应是特别尊重的对象,并应受保护,以防止任何形式的非礼侵犯。冲突各方应采取一切可能的措施使15岁以下的儿童不参加敌对行动,特别不应征募其参加武装部队。此外,该议定书还就儿童的撤退问题作出规定(第78条)。

3. 对占领区平民的保护

(1) 在占领区内的平民有离境的权利。

(2) 禁止将其个别或集体强制移送及驱逐到占领国领土或任何其他被占领土或未被占的国家的领土。

(3) 占领国应采取一切必要措施为儿童的辨认及其父母的登记提供便利。

(4) 占领国不得强迫占领区平民在其武装或辅助部队服务。

(5) 占领国应在其所拥有的手段的最大范围内,并在不加任何不利区别的条件下,保证向被占领土的平民居民提供其生存所需要的衣服、被褥、住宿所和其他用品以及宗教礼拜所需要的物体(1977年日内瓦四公约第一附加议定书第69条)。

(6) 对没有获得上述供应的平民提供适当的救济,包括为救济物资的运送提供便利和对参加救济人员的保护。

三、伤者和病者的待遇

如上所述,国际人道法是从改善战时武装部队伤者和病者境遇开始发展起来的。关于伤者和病者的待遇主要有下述国际公约:1864年《改善战地部队伤者境遇的公约》、1906年《关于改善战地武装部队伤者和病者境遇的公约》、1929年《关于改善战地武装部队伤者病者境遇的日内瓦公约》、1949年《改善战地武装部队伤者病者境遇的日内瓦公约》(1949年日内瓦第一公约)和1977年日内瓦四公约的两个附加议定书。根据这些公约中的规定,国际人道法对战时或武装冲突中的伤者和病者提供各种保护。

(一) 伤者和病者的概念及其中立地位

根据1977年日内瓦四公约第一附加议定书第8条第1款:"伤者和病者是指由于创伤、疾病或其他肉体上或精神上失调或失去能力而需要医疗救助或照顾而且不从事任何敌对行为的军人或平民。这些术语还包括产妇、新生婴儿和其他需要立即予以医疗救助或照顾的,如弱者或孕妇,而且不从事任何敌对行为的人。"[1]

与伤者和病者同样受到保护的还有遇船难者。遇船难者"是指由于遭受不幸或所乘船舶或飞机遭受不幸而在海上或在其他水域内遇险而且不从事任何敌对行为的军人或平民。这类人如果继续不从事任何敌对行为,在被营救期间,

---

[1] 王铁崖等编:《战争法文献集》,解放军出版社1986年版,第414页。

直至其依据各公约或本议定书取得另外的身份时为止,应继续视为遇船难者"①。

关于伤者和病者及遇船难者的概念,特别应该注意的是他们的中立地位。如果他们因从事敌对行为不能保持中立地位的话,就不能被视为公约意义上的伤者和病者或遇船难者并因此不能得到公约的保护。保持中立,不从事任何敌对行为,这是公约对他们提供保护的必要前提。②

(二)伤者和病者的待遇

缔约各国对伤者和病者承担的义务主要包括两个方面:

1. 尊重和保护

根据日内瓦第一和第二公约共同第 12 条,伤者和病者或遇船难者在一切情况下应受到尊重和保护。根据 1977 年日内瓦四公约第一附加议定书第 10 条第 2 款,上述人员在任何情况下均应受到人道待遇,并应在最大实际可能范围内尽速得到其状况所需的医疗照顾和注意,在这类人中,不应以医疗以外任何理由为依据而加以任何区别。

对于落入敌方权力之下或被拘禁、拘留或以其他方式被剥夺自由的人,1977 年日内瓦四公约第一附加议定书第 11 条作出了特别规定:禁止迫使他们接受非其健康状况所要求的医疗程序;特别禁止对他们实行残伤肢体、医疗或科学实验以及为移植而取去其人体组织或器官,但按照公约规定进行的正当医疗行为则不在此限。

2. 对医疗队的保护

根据 1977 年日内瓦四公约第一附加议定书第 8 条第 5 款,医疗队是指"为了医疗目的,即搜寻、收集、运输、诊断或治疗——包括急救治疗——伤者、病者和遇船难者,或为了防止疾病而组织的军用或平民医疗处所或其他单位"。医疗队"包括医院和其他类似单位、输血中心、预防医务中心和院所、医药库和这类单位的医药储存处。医疗队可以是固定的或流动的,常设性或临时性的"。

为保障伤者和病者或遇船难者得到适当照顾,具有提供这种照顾功能的人员、组织和物质,例如,医务人员、单位和运输工具等,应该同样受到保护。

(1)尊重和保护。1977 年日内瓦四公约第一附加议定书第 12 条规定,医疗队无论何时均应受尊重和保护,并不应成为攻击的对象。在符合公约规定的条件下,该条规定同样适用于民用医疗队。

---

① 王铁崖等编:《战争法文献集》,解放军出版社 1986 年版,第 414 页。
② 参见 Michael Bothe, "Wounded, Sick and Shipwrecked", in: Bernhardt (ed.), *Encyclopedia of Public International Law* [Instalment 4], p.357。

(2) 不得为军事目的利用医疗队。在任何情况下,均不应利用医疗队以掩护军事目标不受攻击。冲突各方应尽可能保证医疗队设在对军事目标的攻击不致危害其安全的地方。

(3) 在任何情况下,任何人不应因进行符合医疗道德的医疗活动而受惩罚。对从事医疗活动的人不得迫使其从事或进行违反医疗道德规则、或违反其他为伤者和病者的利益而制定的医疗规则、或违反各公约或本议定书的规定的行为或工作。

(4) 医务车辆、医院船和沿岸救护艇应受到与流动医疗队所受的同样尊重和保护。医务飞机也应受到尊重和保护,但由于飞机是特殊的运输工具,1977年日内瓦四公约第一附加议定书第24—30条对不同情况下的医务飞机的保护作出了具体规定。

四、战俘的待遇

战俘是落入敌方权力之下的合法交战者。战俘的待遇是国际人道法的重要组成部分。1899年海牙第二公约第2章对此作出规定。1929年《关于战俘待遇的日内瓦公约》是第一个专门性国际公约,1949年《关于战俘待遇的日内瓦公约》(1949年日内瓦第三公约)对1929年公约予以修订,1977年日内瓦四公约的两个议定书进一步补充了1949年日内瓦第三公约,这一系列公约和议定书形成关于战俘待遇的国际人道法的一部分。它们的主要内容分述如下:

(一) 战俘的定义

关于战俘待遇的各项日内瓦公约,特别是1949年日内瓦第三公约(《关于战俘待遇的日内瓦公约》)第4条列举了8种战俘,它们都是落入敌方权力之下的人,即各种合法战斗员。[①] 只要是合法战斗员均应在落入敌方权力后取得战俘的地位。是否取得战俘地位是非常重要的,因为依据国际人道法,战俘享有一定的权利并承担相应的义务。

(二) 权利与义务

1. 享受人道待遇

1949年日内瓦第三公约(《关于战俘待遇的日内瓦公约》)第13条规定,战俘在任何时候享受人道待遇。禁止拘留国任何不法行为或因不法行为可导致其看管中的战俘死亡或严重危害其健康的行为。尤其不得对战俘加以肢体残伤或

---

① 根据1977年《1949年8月12日日内瓦公约关于保护国际性武装冲突受难者的附加议定书》(第一议定书)第43条和第44条,冲突一方的武装部队人员(但医务人员和随军牧师除外)是战斗员,战斗员有权参加敌对行动。冲突一方的武装部队是由一个对其部下的行为向该方负责的司令部统帅下的有组织的武装部队、团体和单位组成。该部队应受内部纪律制度的约束,该制度除其他外应强制遵守适用于武装冲突的国际法规则。

供任何医学或科学试验。战俘在任何时候应受到保护,尤其应避免使其遭受暴行或恫吓、侮辱等。对战俘的报复措施也是禁止的。

2. 禁止酷刑

对战俘不得施以肉体或精神上的酷刑或任何其他胁迫方式借以从他们那里获得任何情报。战俘如拒绝答复,不得加以威胁、侮辱或使其受任何不快或不利的待遇。

3. 享受人身及荣誉的尊重

战俘在任何情况下应享受人身及荣誉的尊重。妇女在一切情形下应享受与男子同等的优惠。除因在俘关系的需要,拘留国不得限制战俘在该国领土内外行使其在被俘时所享受的全部民事能力。

4. 生活和健康的保障

拘留国应免费维持战俘生活并给予其健康状况所需的医药照顾。战俘的住宿、饮食和衣服应得到保障。任何战俘营,如同时收容男女战俘,应为其分设宿舍。拘留国应负责采取措施保持战俘营卫生、清洁并采取防止传染病所必要的卫生措施。每一战俘营应设有适当的医疗所,医疗费用,包括维持战俘健康需用的器具,尤其假牙及其他假装置以及眼镜等费用,应由拘留国负担(1949年日内瓦第三公约(《关于战俘待遇的日内瓦公约》)第30条)。

5. 宗教、文化和体育活动

在遵守军事当局规定的例行纪律措施的条件下,战俘应有履行其宗教义务的完全自由。拘留国在尊重战俘个人兴趣的条件下,鼓励战俘的文化、教育、娱乐、运动和游戏活动。

此外,战俘要遵守拘留国武装部队的现行法律、规章和命令。对于违反者,拘留国可以采取司法或纪律上的措施。关于对战俘的刑事和纪律制裁,1949年日内瓦第三公约在第三部分第六编第三章中作出了比较详细的规定。

(三) 战俘的释放和遣返

根据1949年日内瓦第三公约,战俘可以通过不同方式得到释放和遣返。

1. 直接遣返及中立国的收容

首先是关于战俘中的伤者和病者的释放和遣返问题。根据1949年日内瓦第三公约(《关于战俘待遇的日内瓦公约》)第109条,冲突各方必须按照公约规定将经过治疗后适于旅行的重伤和重病的战俘遣返其本国,但在战事期间的遣返不能违背被遣返者的意志。第110条第1款为重伤和重病规定了具体标准,凡符合这些标准的战俘应直接遣返其本国。

第110条第1款也对可以收容于中立国的伤者和病者战俘确定了标准,凡符合这些标准的战俘,可以收容于中立国。如果收容于中立国的战俘健康状况下降到上述可以直接遣返的程度,应该遣返其本国。

2. 战事结束后战俘的释放和遣返

《关于战俘待遇的日内瓦公约》第118条第1款规定："实际战事停止后,战俘应即予释放并遣返,不得迟延。"关于遣返战俘的程序和计划一般规定在冲突各方的停战协定中,如无此等协定,应按照上述第118条的规定自行制定并执行遣返计划,不得迟延。

第五节 中 立 法

战时中立是指国家不参与其他国家之间的武装冲突。坚持这种立场的国家称为战时中立国。坚持这种立场的结果是在战争或武装冲突中取得中立地位。中立地位使中立国依据中立法享有一定权利并承担相应义务。中立法是战争法中调整中立国与交战国之间关系的规则的总称。因此,交战国在与中立国的关系上也享有一定权利并承担相应义务。

一、概述

(一) 中立法的编纂

中立法的绝大部分是习惯法规则。中立法的编纂主要在19世纪末20世纪初完成。1856年《巴黎会议关于海上若干原则的宣言》有一些关于中立法的条款;1907年海牙第五公约,即《中立国和人民在陆战中的权利和义务公约》编纂了陆战中立法的许多内容;1907年海牙第十三公约,即《关于中立国在海战中的权利和义务公约》编纂了海战中立法的内容;1977年日内瓦四公约的两个附加议定书也含有关于中立的条款。

(二) 中立法的适用范围

中立法适用于构成战争的武装冲突。在未构成战争的使用武力或武装冲突的情况下,中立法不适用。因此,不参加冲突的国家不能取得中立地位,也无所谓冲突各方与不参加冲突方相互之间的权利或义务。

除非属于永久中立国,或者依据已经签订的国际条约或协定承担了在特定情况下保持中立的义务,任何国家在战时或武装冲突中没有保持中立的一般性义务。因此,在传统国际法上,保持中立是国家的一般权利而不是义务。但是,随着国际法的发展,国家的战争权被废弃以及国际法禁止使用武力或武力威胁,武装冲突双方要么是侵略者,要么是侵略的受害者,中立法的适用遇到实际困难。[①]

(三) 中立地位的取得

战争爆发后,中立法在第三国之间即开始生效。尽管实践中第三国一般都

---

① 参见 Dieter Fleck et al, *The Handbook of Humanitarian Law in Armed Conflicts*, Oxford University Press, 1995, p.487。

有明确宣布中立的行为,但法律上中立地位的取得无需特别的宣告。不参加武装冲突的实际行动即可使第三国自动地取得中立国地位。因此,第三国的参战行为也自动结束其中立地位。但是,中立国使用武力与违反其中立的行为进行对抗,不属于参战行为。

二、中立国与交战国的权利和义务

(一)中立国的权利和义务

1. 中立国的权利

1907 年海牙第五公约(《中立国和人民在陆战中的权利和义务公约》)第 1 条规定:"中立国的领土不得侵犯。"这是中立国的一般性权利。中立国有权主张其独立和主权得到尊重。中立国有权与任何其他国家保持关系,包括交战国和其他中立国。

为此,第 2—4 条规定:

(1)禁止交战国的部队和装载军火或供应品的运输队通过中立国领土;

(2)禁止交战国在中立国领土上设立无线电或与交战国陆、海军联系的任何通讯装置;

(3)禁止交战国利用战前交战国在中立国领土上设立的纯为军事目的并且还没有公开为公众通讯服务的任何此类设施;

(4)不得在中立国领土内组织战斗部队和开设征兵事务所,以援助交战国。

2. 中立国的义务

(1)不得给予交战国以任何直接或间接的援助,其中包括不得允许其领土用于战争目的,并且不能偏袒交战的任何一方。

上述第 2—4 条规定的权利,从另一个角度也是中立国的义务。因此,第 5 条规定:"中立国不得允许在它的领土上发生上述第 2 条至第 4 条所指的任何行为。"1907 年海牙第十三公约(《关于中立国在海战中的权利和义务公约》)第 6 条规定:"禁止中立国以任何方式将军舰、弹药或任何作战物资,直接或间接供给交战国。"

不偏不倚地对待交战各方是中立国保持中立的基本义务。然而,不偏不倚并不是要求中立国在所有问题上以完全相同的方式与各交战国交往,而是在涉及冲突行为时采取公正不偏的措施对待交战各方。例如,根据 1907 年海牙第五公约(《中立国和人民在陆战中的权利和义务公约》)第 9 条和 1907 年海牙第十三公约(《关于中立国在海战中的权利和义务公约》)第 9 条,中立国对交战国制定禁止或限制措施应公正地适用于交战双方,而不能偏袒任何一方。

(2)中立国有义务防止其领土或其管辖范围成为交战任何一方进行敌对行为或支援敌对行为的基地。1907 年海牙第十三公约(《关于中立国在海战中的权利和义务公约》)第 7 条规定:"中立国政府应尽其力之所及,以阻止任何船只在它的管辖范围内得到装备和武装。"

(3) 中立国还承担容忍交战国某些行为的义务。例如,为防止中立船舶运载战时违禁品、破坏封锁或提供其他非中立服务,交战国各方对在公海上的中立船舶登船检查甚至将其拿捕的行为,中立国有容忍的义务,即应该允许其登船检查。

(二) 交战国的权利和义务

1. 交战国的权利

上述中立国的义务从另一个角度看就是交战国的权利。因此,交战国有权主张得到中立国不偏不倚的待遇。有权对公海上的中立船舶登船检查以防止运载违禁品或其他非中立的行为发生。

2. 交战国的义务

(1) 交战国有义务尊重中立国的主权,不得侵犯中立国的领土,不得破坏中立国的中立。因此,禁止作出 1907 年海牙第五公约第 2—4 条所指的任何行为,都是交战国应尽的义务。但是,根据 1907 年海牙第十三公约(《关于中立国在海战中的权利和义务公约》)第 10 条的规定,交战国军舰和捕获船仅仅通过中立国领海不影响中立国的中立。

(2) 交战国有义务采取必要措施以防止发生其军队或人民从事侵犯中立国的中立或侵害中立国人民的行为。

(3) 各交战国有义务容忍中立国与敌对的交战国交往的义务。例如,中立国与各交战国敌对的一方保持外交和商务和贸易(中立贸易①)关系等行为,各交战国不能予以干涉或加以阻止。

三、国际法的发展对中立法适用的影响

实际上早在第一次世界大战之后中立法的适用就开始在一定的国家之间产生问题。这是因为根据《国际联盟盟约》限制联盟会员国从事战争。② 凡违反这些规定而从事战争者,根据《国际联盟盟约》第 16 条的规定,应视为对所有联盟其他成员国有战争行为。其他会员国有义务立即与之断绝各种商业或财政上之关系,禁止其人民与破坏盟约国人民之各种往来并阻止其他任何一国,不论为联盟会员国或非会员国之人民与该国之人民财政上、商业上或个人之往来。遇有这种情况发生时,在国际联盟会员国之间中立法的适用就会产生一定问题,因为

---

① 关于中立贸易,详见 Erich Kussbach, "Neutral Trading", in: Bernhardt (ed.), *Encyclopedia of Public International Law* [Instalment 4], pp. 7—9。

② 《国际联盟盟约》第 12 条规定,会员国之间发生争端不能通过政治方法解决时,得交仲裁或司法解决或国际联盟行政院审查。在仲裁或司法判决或行政院报告后 3 个月以前,不得从事战争。

根据上述第 16 条的规定,所有会员国即使不参加反对侵略国的联合行动,也应该区别对待不同的交战国。[①] 由于上述国联盟约的规定没有彻底废弃国家自由诉诸战争的权利,中立法的适用仅在有限范围内受到影响。1928 年《巴黎非战公约》的签订并没有使这种状况发生明显变化,因为该公约的缔约国没有承担援助战争受害国的义务。因此,即使违反《巴黎非战公约》的非法战争爆发后,中立法仍然会得到适用。

第二次世界大战后,根据《联合国宪章》建立集体安全体系,在很大程度上使中立法的适用失去了机会。《联合国宪章》第 2 条第 5 款规定:"各会员国对于联合国依本宪章规定而采取之行动,应尽力予以协助,联合国对于任何国家正在采取防止或执行行动时,各会员国对该国不得给予协助。"根据这项集体协助原则,当联合国根据安全理事会的决定对某侵略国,如 1990 年对伊拉克,采取强制性经济制裁或武器禁运时,不仅联合国会员国,世界所有国家均无中立可言。[②]

此外,中立法的适用以战争状态的存在为前提条件。在国家的战争权被废弃之后,不宣而战的情况比较普遍且多数没有进入战争状态。在不存在战争状态的武装冲突中,第三国难以确立正式的中立地位,中立法的适用因此而受到影响。

第六节 对战争法和国际人道法的违反及惩治

一、国家违反战争法和国际人道法的责任

国家违反战争法和国际人道法应承担国际责任。1907 年海牙第四公约第 3 条规定:"违反该章程规定的交战一方在需要时应负责赔偿。该方对自己军队的组成人员作出的一切行为负责。"第一次和第二次世界大战后的经验表明,国家承担的责任的形式主要是赔偿,而且通常承担赔偿责任的问题都是通过战后的和平条约具体作出规定,根据战胜国与战败国间的协议加以解决。

(一) 战争赔款与赔偿

第一次世界大战之前,战争赔款不是对违反战争法规则承担或由发动侵略战争而引起的责任,而是战败国向战胜国承担的失败罚金。第一次世界大战之后这种情况有所改变。根据《凡尔赛和约》第 231 条,侵略国的赔偿仅限

---

① 参见 Rudolf L. Bindschedler, "Neutrality, Concept and General Rules", in: Bernhardt (ed.), *Encyclopedia of Public International Law*, [Instalment 4], p. 11。

② 因为《宪章》第 2 条第 6 款还规定:"本组织在维持国际和平与安全之必要范围内,应保证非联合国会员国遵行上述原则。"

定在其造成的直接损害的范围内,从而排除了任何战争费用的偿还或惩罚性赔款。第二次世界大战后建立的赔偿制度与第一次世界大战后的赔偿制度有两点不同:首先,赔偿的法律根据完全不同。要求赔偿的权利不仅根据所遭受的损失,还根据在取得战争胜利的过程中所担负的重担和所承担的份额。其次,赔偿的经济结构不同。第一次世界大战后赔偿制度包括黄金和外汇的划拨(即现金赔偿),第二次世界大战后建立了实物赔偿制度,包括设备转让、交出商船、扣押财产等。① 但是,由于造成的损失巨大(例如,理论上日本应交付的赔偿总额按1952年的价值计算为1000亿美元),得到完全赔偿实际上是不能保证的。②

(二) 战争犯罪及其惩治

如果违反的行为构成国际罪行,国家是否承担国际刑事责任?这是一个在理论上颇具争议的问题。这个问题在前面已经有过讨论,这里不予赘述。③ 但是,第一次世界大战和第二次世界大战后的国际实践表明,因犯战争罪而承担刑事责任的主要是个人,不是国家。

二、战争罪行

1945年《欧洲国际军事法庭宪章》第6条和《远东国际军事法庭宪章》第5条都规定,违反战争与武装冲突法的罪行统称为"战争罪行"。战争罪行包括:破坏和平罪、战争罪和反人道罪(危害人类罪)。

(一) 破坏和平罪

两个国际军事法庭宪章都把这项列为首要罪行。在这两个法庭受审的德国和日本战犯均被判决犯有此项罪行。④ 破坏和平罪是指策划、准备、发动或执行一种经宣战或不经宣战之侵略战争,或违反国际法、条约、协定或保证的战争,或参与上述任何罪行的共同计划或阴谋。

(二) 战争罪

战争罪是严重违反战争法规或惯例的罪行。《欧洲国际军事法庭宪章》加上了一句举例性质的规定,即"此种行为应包括但不限于对占领区内或在占领区内的平民之谋杀、虐待、或运出以从事奴隶劳动或其他目的……"1998年《国

---

① 例如,《波茨坦会议议定书》指出,前苏联所提出的赔偿要求,将以迁移德境苏联占领区物资及适当的在外国的德国资金来满足。参见世界知识出版社编:《国际条约集(1945—1947)》,世界知识出版社1959年版,第84页。
② 关于战争赔款以及某些国家放弃赔款的较详细情况,参见〔法〕卢梭著:《武装冲突法》,张凝等译,中国对外翻译出版公司1987年版,第151—155页。
③ 详见本书第八章关于国际责任制度的新发展。
④ 这正是他们被称为"甲级战犯"的原因。参见梅汝璈著:《远东国际军事法庭》,法律出版社1988年版,第16页。

际刑事法院规约》第 8 条为战争罪所下的定义更加具体,列举了更多的构成战争罪的行为,这些行为均为严重违反战争法规:战争罪是指严重破坏 1949 年《日内瓦公约》的行为;严重违反国际法既定范围内适用于国际武装冲突的法规和惯例的其他行为;在非国际性武装冲突中,严重违反 1949 年日内瓦四公约共同第 3 条的行为及其他行为。

(三) 违反人道罪

如前所述,所有严重违反战争法规的行为都是违反人道的残酷行为。但依据两个国际军事法庭宪章的规定,违反人道罪是指在战争或武装冲突开始前或进行中,对平民进行屠杀、歼灭、奴役、放逐和其他非人道的行为。

应该特别指出的是,首先,这个定义不仅包括战争或武装冲突期间,而且包括在战争或武装冲突开始前发生的此类行为。其次,此定义不仅包括违反当时现存战争法规和惯例行为,更重要的是它还包括当时没有条约和习惯法规定的行为。最后,该定义不仅包括针对敌国人民也包括针对其本国国民所犯罪行。[①]

1998 年《国际刑事法院规约》第 7 条将这个罪行称为"危害人类罪"。该条规定,"危害人类罪"是指在广泛或有系统地针对任何平民人口进行的进攻中,在明知这一进攻的情况下,作为攻击的一部分而实施的谋杀、灭绝、奴役、驱逐、酷刑、强奸、种族隔离等。

三、第二次世界大战后对战犯的审判

尽管第一次世界大战后根据《凡尔赛和约》第 227 条的规定建立了审判德皇威廉二世的特别军事法庭,但终因荷兰拒绝将其引渡而未能进行审判。而对其他战犯的审判也因为德国的拖延引渡而"索性把全部审判工作都委托给德国政府自己"完成,结果其之"乖谬荒唐,在历史上是罕有其匹的"[②]。因此,对战犯的审判活动实际上是从第二次世界大战后开始的。

(一) 纽伦堡国际军事法庭的审判

1943 年 10 月 30 日,美国、英国和前苏联通过《莫斯科宣言》以 35 个同盟国家的名义宣布,同盟国家对那些在其领土范围内犯罪的战犯进行审判,那些犯罪地点没有地理限制的主要战犯,由同盟国政府共同决定进行审判。1945 年 8 月 8 日四个主要同盟国(英、法、美、苏)在伦敦签订《控诉和惩处欧洲轴心国主要战犯的协定》。该协定的附件是《欧洲国际军事法庭宪章》。根据这些文件建立的纽伦堡国际军事法庭由 4 名法官和 1 名检察官组成。该法庭从 1945 年 11 月

---

① 参见梅汝璈著:《远东国际军事法庭》,法律出版社 1988 年版,第 15 页。
② 同上书,第 3 页。

10 日至 1946 年 10 月 1 日对 22 名主要战犯进行了审判。法庭判决其中 12 人绞刑、3 人无期徒刑、4 人 10 年至 20 年有期徒刑,另有 3 人被宣判无罪。

（二）远东国际军事法庭的审判（东京审判）

在 1945 年中、美、英三国签订的《波茨坦公告》（后来苏联也附属了该公告）中宣布："吾人无意奴役日本民族或消灭其国家,但对于战罪人犯,包括虐待吾人俘虏者在内,将处以法律之严厉制裁。"①1945 年 9 月 2 日,日本呈递的投降文书接受了《波茨坦公告》中的所有条款。1946 年 1 月 19 日,依据《远东盟军最高统帅总部特别通告》公布了《远东国际军事法庭宪章》。同时,远东国际军事法庭宣告成立。该法庭由来自与日本作战的 11 个远东国家选派的 11 名法官组成。② 从 1946 年 5 月 3 日至 1948 年 11 月 12 日,位于东京的远东国际军事法庭对 28 名被告中的 25 名③战犯进行了审判并予以判决。这 25 名战犯中,7 人被判以绞刑;16 人被判以无期徒刑;2 人被判以有期徒刑。④

（三）纽伦堡和东京审判的意义和影响

1. 实施战争和国际人道法的开端

这两个国际军事法庭审判的都是被称为"甲级战犯"的轴心国国家领导人,即当年纳粹德国和法西斯日本政府中对策划、准备、发动或执行侵略战争负有最高或主要责任的人物。他们对于国家侵略战争政策的制定和侵略战争的进行起过重大作用。"对于这类主要战犯或甲级战犯由正式组织的国际法庭依照法律手续加以审讯和制裁,是第二次世界大战后国际生活中的一件大事,也是人类历史上的一个创举。在这以前,一个战败国的领导人物,即使他们是发动侵略战争的元凶巨魁,一般都是逍遥法外的,从来没有受过法庭的审判和法律的制裁。"⑤两个法庭的审判具有重要的历史意义,标志着战争法和国际人道法的实施开始得到保障。⑥

2. 确定个人应为战争罪行承担责任

被告在两个法庭上都极力主张战争是一种主权行为,因此是"国家行为",

---

① 《中美英三国促令日本投降之波茨坦公告》,参见世界知识出版社编:《国际条约集 1945—1947》,世界知识出版社 1959 年版,第 78 页。

② 中国选派的法官是梅汝璈博士。关于东京审判详见他的著作:《远东国际军事法庭》,法律出版社 1988 年版。

③ 三个没有被审判的是松冈洋右等三人,原因是死亡或丧失行为能力。

④ 关于远东国际军事法庭的审判,参见《远东国际军事法庭判决书》,张效林译,群众出版社 1986 年版。

⑤ 参见梅汝璈著:《远东国际军事法庭》,法律出版社 1988 年版,第 1—2 页。梅汝璈博士认为,尽管落入敌手的战败国元首或政府显要被杀害或囚禁的情况屡见不鲜,但法律制裁战败国领导人,的确是第二次世界大战后的一个创举。

⑥ 关于纽伦堡审判,参见〔民主德国〕P. A. 施泰尼格尔编:《纽伦堡审判》（上、下卷）,王昭仁等译,商务印书馆 1986 年版。

个人不应为国家行为负责。两个法庭绝大多数法官认为侵略战争是国际法上的罪行,所有参加者都负有个人责任。[①] 所有甲级战犯都得到审判的事实实现了两个法庭宪章规定的原则,即从事构成违反国际法的犯罪行为的个人应承担个人责任,并应受惩罚。这个原则,连同其他原则一起被统称为"纽伦堡原则"。

3. 纽伦堡原则得到后来国际刑事法庭的接受

1946 年联合国大会通过第 95(Ⅰ)号决议确认了《欧洲国际军事法庭宪章》和两个军事法庭司法判决中体现的"纽伦堡原则",这些原则于 1950 年得到联合国国际法委员会的编纂,它们是:

(1) 从事构成违反国际法的犯罪行为的个人应承担个人责任,并应受惩罚;
(2) 不违反所在国国内法不得作为免除国际法责任的理由;
(3) 被告的官职地位不能作为免除国际法责任的理由;
(4) 政府或上级命令不能作为免除国际法责任的理由;
(5) 被控有违反国际法罪行的人有权得到公正审判;
(6) 违反国际法的罪行包括反和平罪、战争罪和违反人道罪;
(7) 参与这些罪行的共谋也是违反国际法的罪行。

前南和卢旺达国际刑事法庭规约以及《国际刑事法院规约》都接受了上述原则。

四、前南和卢旺达国际刑事法庭的审判

前南国际刑事法庭(前南刑庭)的全称为"起诉应对 1991 年以来前南斯拉夫境内所犯的严重违反国际人道主义法行为负责的人的国际法庭"。该法庭依据联合国安全理事会通过的第 808 号决议而建立,目的是审判在前南斯拉夫境内从事违反国际人道法行为的罪犯。紧接着联合国安全理事会又通过第 827 号决议,建立了卢旺达国际刑事法庭(卢旺达刑庭),以便对在卢旺达境内从事此等行为的罪犯进行审判。

与上述纽伦堡和东京审判不同,这两个临时建立的法庭不是由战胜国建立审判侵略国主要战犯的,而是由联合国安全理事会专门为审判在前南和卢旺达国内武装冲突中违反国际人道法的罪犯而建立的。这两个法庭的管辖权均有严格的地域和时间限制。前南刑庭仅受理 1991 年以后在前南斯拉夫境内所犯的罪行,但时间的截止期限没有确定。卢旺达刑庭仅受理 1994 年在卢旺达境内所犯的罪行。实际上这两个法庭不仅规约相同,一些机构上也是共享的。两个法庭的检察官由一个人担任,上诉庭也是同一个。

---

① 只有远东国际军事法庭的印度籍法官坚持他自己的见解,即:侵略战争不是犯罪,全体被告应被宣告无罪开释。参见梅汝璈著:《远东国际军事法庭》,法律出版社 1988 年版,第 17—18 页。

不过这两个法庭的专门性和临时性使它们的作用有很大局限。因此,国际社会呼吁建立具有相对广泛管辖权的类似常设机构。

五、国际刑事法院

(一) 法院建立的背景

早在20世纪50年代就已经提出建立一个常设的国际刑事法院的建议。但是直到1994年,联合国大会才决定以联合国国际法委员会起草的《国际刑事法院规约草案》为基础开始为建立这样的机构做准备。为此,联合国大会建立了一个专门委员会(the Ad Hoc Committee)。尽管在该委员会中就国际刑事法院建立的可行性、该法院的管辖权、与缔约国国内法院以及与联合国安理会的关系等问题上存在很大分歧,但在激烈辩论之后,该委员会决定建立一个符合正义标准的法院,而且保障这些标准的原则和规则都将规定在规约中。

1995年联合国大会又建立了准备委员会(Preparatory Committee,简称PrepCom)。该委员会由联合国大会成员国、非政府组织和各种国际组织组成。从1996年至1998年,准备委员会召开多次会议,对联合国国际法委员会起草的《国际刑事法院规约草案》提出了大量的修改建议。特别应该提到的是,1998年1月在荷兰聚特芬召开的会议上将各种修改建议汇总成"聚特芬草案",该草案在准备委员会的最后一期会议上又作了一些修改之后提交罗马外交会议考虑。经过准备委员会的修改,国际法委员会起草的《国际刑事法院规约草案》已经面目全非。[1]

建立国际刑事法院全权外交代表会议于1998年6月15日在罗马国际粮农组织总部召开。160多个国家派代表参加了会议。此外,各种国际组织和上千个非政府组织也参加了会议。会议期间两个组织起了重要作用:一个是所谓"共识集团"(the "like-minded"),由来自不同地区的国家组成,成员最终扩展至包括六十多个与会国;另一个是非政府组织联盟(the Coalition of Non-Governmental Organizations)。"共识集团"的原则是:建立一个对灭绝种族罪、危害人类罪、战争罪和侵略罪(核心罪行)实行管辖的法院;取消联合国安全理事会对起诉的否决权;设立具有自动启动诉讼程序权力的独立检察官;禁止对规约提出任何保留。这些原则最终全部成功地反映在规约中。非政府组织联盟在促进建立一个公正、有效和独立的国际刑事法院方面,特别是在提高国际社会对该

---

[1] 参见 William A. Schabas, *An Introduction to the International Criminal Court*, Cambridge University Press, 2001, p.14。

法院的认识、敦促签字国批准规约以加速规约生效等方面发挥了重要作用。①

《国际刑事法院规约》(以下简称《规约》)于 1998 年 7 月 17 日在罗马外交大会上通过。2002 年 4 月 11 日随着批准《规约》的国家超过了《规约》生效所要求的 60 个,根据《规约》第 126 条,该《规约》于 2002 年 7 月 1 日生效。② 人类历史上第一个常设国际刑事法院正式成立。

(二) 法院的组成

国际刑事法院坐落在荷兰海牙,由四个主要机关组成:院长会议;上诉庭、审判庭和预审庭;检察官办公室和书记官处。院长会议由院长和副院长组成,主要负责法院日常事务的管理和规约赋予的其他职务;上诉庭由院长和其他 4 名法官组成;审判庭由不少于 6 名法官组成;预审庭由至少 6 名法官组成。

法院的 18 名法官由缔约国大会选举产生。每个缔约国可在选举时提出一名候选人,候选人不一定是提名国的但必须是缔约国的国民。但是在任何选举时,不能有两个以上的法官同属一个缔约国国民。《规约》要求法官应具有法院需要的两个方面的素质:刑法和国际法。国际人道法和人权方面的经验也是在选举法官时的特别参考因素。③ 法官任期 9 年,除少数例外情况,不得连任。④

(三) 法院的管辖权

国际刑事法院的管辖权一直是一个非常敏感的问题。在《规约》起草阶段,围绕国际刑事法院管辖的性质和范围展开了激烈争论。

1. 补充性管辖权

国际法委员会的草案规定法院享有与上述两个临时国际刑事法庭类似的优先管辖权,即在与相关国家的国内法院发生管辖冲突的情况下,国际刑事法院有优先管辖权。在起草《规约》的专门委员会上提出了补充性管辖的概念。所谓补充性管辖权是指只有在相关国家的国内法院不愿或不能行使管辖权时,国际刑事法院才可以行使管辖权。⑤ 国际刑事法院管辖的这种补充性质最后规定在《规约》的序言中并体现在《规约》不同的条款中。《规约》在序言中"强调根据本规约设立的国际刑事法院对国内刑事管辖权起补充作用"。

---

① 该联盟在国际刑事法院建立之后依然存在,现有来自一百五十多个国家的两千多个非政府组织作为其成员,在推动罗马规约的普遍接受和批准、促进在缔约国实施罗马规约的国内立法等方面发挥重要作用。关于该联盟的具体情况,请访问他们的网站:http://www.iccnow.org。
② 截至 2015 年 7 月 23 日,该《规约》的参加国已经达到 123 个,参见,http://treaties.un.org/Pages/ViewDetails.aspx? src = IND&mtdsg_no = XVIII-10&chapter = 18&lang = en,2015 年 7 月 23 日访问。
③ 关于法官选举的具体方法,详见 William A. Schabas, *An Introduction to the International Criminal Court*, Cambridge University Press, 2001, pp.152—153。
④ 少数例外情况是指根据《国际刑事法院规约》第 36 条第 9 款,通过抽签决定 1/3 任期 3 年的法官可以连选连任一个满期。
⑤ 关于国际刑事法院的补充性管辖权,参见《国际刑事法院规约》序言和第 1,11,12,17,18,19 条。

2. 对人管辖

根据《规约》第 12 条,国际刑事法院对于下列国家行使管辖权:

(1) 有关行为在其境内发生的《规约》缔约国,如果犯罪发生在船舶或飞行器上,该船舶或飞行器的注册缔约国;

(2) 犯罪被告人的国籍缔约国;

(3) 依照《规约》规定声明接受本法院对有关犯罪行使管辖权的非缔约国。

按照《规约》的上述规定,国际刑事法院可能对发生在缔约国境内的非缔约国的国民行使管辖权。为了避免发生这种情况,美国与相当数量的《规约》缔约国签订了协议以便排除国际刑事法院对其国民的管辖。①

3. 对事管辖

国际刑事法院仅对四种核心犯罪行使管辖权:

(1) 灭绝种族罪;

(2) 危害人类罪;

(3) 战争罪;

(4) 侵略罪。

《规约》第 6、7 和 8 条对除侵略罪外的上述三种犯罪进行了界定,并根据《规约》第 9 条制定经缔约国大会 2/3 多数通过了《犯罪要件》(Elements of Crimes)。但是,由于存在较大争议,在此次缔约国大会上没有达成侵略罪定义和犯罪要件。经过近 10 年的努力,关于侵略罪的一揽子方案终于在 2010 年 6 月 11 日于坎帕拉举行的《罗马规约》第一次审查会议上获得通过。② 会议通过了一项修订《规约》的决议。该项决议将侵略罪的定义和法院对侵略罪行使管辖权的条件写入《规约》。根据该项决议,国际刑事法院实际对侵略罪行使管辖权的时间将在 2017 年 1 月 1 日以后作出的一项决定中加以规定,该决定须由与通过《规约》修正案所需的相同缔约国多数作出。③

关于国际刑事法院的管辖权还有一点应当注意,即属时管辖问题。根据

---

① 签订这种协议的目的是让对方承诺不将其境内发生犯罪的美国人提交国际刑事法院。参见《国际刑事法院规约》第 98 条:在放弃豁免权和同意移交方面的合作(一) 如果被请求国执行本法院的一项移交或协助请求,该国将违背对第三国的个人或财产的国家或外交豁免权所承担的国际法义务,则本法院不得提出该项请求,除非本法院能够首先取得该第三国的合作,由该第三国放弃豁免权。(二) 如果被请求国执行本法院的一项移交请求,该国将违背依国际协定承担的义务,而依据这些义务,向本法院移交人员须得到该人派遣国的同意,则本法院不得提出该项移交请求,除非本法院能够首先取得该人派遣国的合作,则由该派遣国同意移交。

② 关于侵略定义条款草案的讨论经过,参见〔德〕克劳斯·克雷斯、莱奥尼·冯·霍尔岑多夫:"关于侵略罪的坎帕拉妥协",陈大创译,载于《北大国际法与比较法评论》(第 9 卷总第 12 期),北京大学出版社 2012 年版。

③ 参见联合国新闻:http://www.un.org/chinese/News/story.asp? newsID = 13615,2015 年 5 月 6 日访问。

《规约》第 11 条,该法院仅对《规约》生效后实施的犯罪具有管辖权;对于在《规约》生效后成为缔约国的国家,该法院只能对在《规约》对该国生效后实施的犯罪行使管辖权,除非该国已经事先声明接受了该法院的管辖权。

(四) 国际刑事法院审理案件情况

目前国际刑事法院正在对 9 个情势中的 22 个案件行使管辖权。其中,4 个国家的情势是由《规约》缔约国自己同意提交的,这 4 个国家是非洲的乌干达、刚果民主共和国(简称"刚果(金)")、马里和中非共和国。中非共和国提交了两个情势,第一个于 2004 年 12 月提交,第二个于 2014 年 5 月 30 日提交;另外两个情势是由联合国安理会提交的,包括苏丹达尔富尔情势和利比亚情势,这两个国家都不是《规约》的缔约国;还有两个情势是由检察官根据《规约》第 15 条对缔约国主动展开调查的,包括肯尼亚情势和科特迪瓦情势。① 根据该《规约》第 14 条第 1 款的规定,缔约国可以向检察官提交显示一项或多项本法院管辖权内的犯罪已经发生的情势,请检察官调查该情势,以便确定是否应指控某个人或某些人实施了这些犯罪。第 13 条第 1 款规定,缔约国依照第 14 条规定,向检察官提交显示一项或多项犯罪已经发生的情势,该法院则可以依照该《规约》的规定,就第 5 条所述犯罪行使管辖权。

2003 年 12 月,乌干达总统决定将该国境内反政府有组织武装集团"圣主抵抗军"在乌干达北部地区实施的犯罪情势提交国际刑事法院检察官奥坎波。2004 年 7 月 29 日,奥坎波决定对乌干达北部的情势展开调查。2004 年 4 月 19 日,刚果(金)总统写信通知奥坎波,他决定把刚果(金)境内的情势提交国际刑事法院。2004 年 6 月 23 日,奥坎波决定对刚果(金)境内自 2002 年 7 月 1 日以来的属于《规约》范围的罪行进行调查,这是国际刑事法院成立以来的第一次调查。2005 年 1 月 7 日,奥坎波接到中非共和国政府的来信,该信件决定将 2002 年 7 月 1 日以来发生在中非共和国境内的情势提交国际刑事法院。

第四个国家是非洲的苏丹。苏丹是《规约》的非缔约国。苏丹南部达尔富尔地区在 2003 年爆发了严重的人道灾难,政府军和反政府军都涉嫌实施了严重的国际犯罪。由联合国秘书长任命的国际调查委员会对达尔富尔问题展开了调查,认定出现了可能涉嫌违反《规约》规定的国际犯罪的情形,建议联合国安全理事会将该情势提交国际刑事法院。② 根据《规约》第 13 条第 2 款的规定,安全理事会根据《联合国宪章》第七章行事,向检察官提交显示一项或多项犯罪已经发生的情势,国际刑事法院则具有管辖权。2005 年 3 月 31 日,联合国安理会在

---

① 参见国际刑事法院网站: http://www.icc-cpi.int/en_menus/icc/situations%20and%20cases/Pages/situations%20and%20cases.aspx,2015 年 5 月 8 日访问。
② 参见《2005 年 1 月 31 日秘书长给安全理事会的信》(S/2005/60)。

第 1593 号决议中认定苏丹局势对国际和平与安全继续构成威胁,决定把 2002 年 7 月 1 日以来达尔富尔局势问题移交国际刑事法院检察官。[①] 这是国际刑事法院根据《规约》第 13 条第 2 款收到的第一个情势。

关于苏丹的情势,第一预审分庭目前受理着三个案子:检察官诉阿哈玛德·哈蓝和阿里·库哈波(The Prosecutor v. Ahmad Muhammad Harun and Ali Muhammad Ali Abd-Al-Rahman)案;检察官诉巴希尔案(The Prosecutor v. Omar Hassan Ahmad Al Bashir)和检察官诉咖尔达(The Prosecutor v. Bahr Idriss Abu Garda)案。目前只有咖尔达(Bahr Idriss Abu Garda)于 2009 年 5 月 18 日自愿在第一预审分庭出庭,其他三位嫌疑人均属在逃。其中一个嫌疑人是现任苏丹总统巴希尔。对巴希尔的逮捕令是第一预审分庭于 2009 年 3 月 4 日发出的。逮捕令中指控巴希尔作为间接犯罪人或间接共同犯罪人对包括有意指示袭击平民人口、抢劫、谋杀、强迫迁移、酷刑和强奸等构成战争罪和危害人类罪的行为负有刑事责任。[②]

2006 年 3 月 17 日,国际刑事法院检察官办公室决定对刚果(金)一个名为"刚果爱国者联盟"的部族武装组织的首领托马斯·鲁邦加(Thomas Lubanga Dyilo)发出逮捕令,指控他涉嫌实施了《规约》中的战争犯罪(第 8 条第 2 款第 2 项第 16 目[③]或第 8 条第 2 款第 5 项第 7 目[④])。同一天,刚果(金)把该人引渡给国际刑事法院。3 月 20 日,第一预审法庭对该案进行了初步的开庭审理,主要目的是确定犯罪嫌疑人身份,告知被告涉嫌的犯罪以及他根据《罗马规约》所享有的权利,包括申请保释的权利。鲁邦加成为移送国际刑事法院受审的首名犯罪嫌疑人。

进一步阅读推荐书目

1. 王可菊主编:《国际人道主义法及其实施》,社会科学文献出版社 2004 年版。
2. 圣雷莫著:《海上武装冲突国际法手册》,任筱锋、杨晓青译,海潮出版社 2003 年版。
3. 朱文奇著:《国际人道法概论》,香港健宏出版社 1997 年版。
4. 高燕平著:《国际刑事法院》,世界知识出版社 1999 年版。
5. 〔比〕让-马里·亨克茨、〔英〕路易斯·多斯瓦尔德-贝克主编:《习惯国际人道法:规则》,红十字国际委员组织编译,法律出版社 2007 年版。

---

① S/RES/1593(2005)。

② 关于第一预审分庭的逮捕令,参见国际刑事法院网站:http://www.icc-cpi.int/iccdocs/doc/doc644491.pdf, 2009 年 5 月 29 日访问。

③ 该目规定了国际性武装冲突中的战争犯罪之一,即:"抢劫即使是突击攻下的城镇或地方"。

④ 该目规定了非国际性武装冲突中的战争犯罪之一,即:"征募不满 15 岁的儿童加入武装部队或集团,或利用他们积极参加敌对行动"。

6. 〔日内瓦〕马尔科·萨索利等著:《战争中的法律保护——关于国际人道法当代的案例、文件与教学资料》,红十字国际委员会 2011 年 3 月 16 日出版(出版物索引号 0739)。
7. William A. Schabas, *An Introduction to the International Criminal Court*, 3rd Edition, Cambridge University Press, 2007.
8. Cherif M. Bassiouni, "Observations Concerning the 1997—1998 Preparatory Committee's Work", (1997) 29 *Denver Journal of International Law and Policy* 397.
9. Jean-Marie Heackaerts, *Customary International Humanitarian Law*, Cambridge University Press, 2005.
10. Roberta Arnold and Noëue Quénivet (eds.), *International Humanitarian Law and Human Rights: Towards a New Merger in International Law*, Martinus Nijhoff Publishers, 2008.
11. Robert Kolb and Richard Hyde, *An Introduction to the International Law of Armed Conflicts*, Hart Pub., 2008.
12. Gerhard Werle, *Principles of International Criminal Law*, 2nd ed., T. M. C. Asser Press, 2009.
13. Antonio Cassese, Guido Acquavivia, Mary Fan, and Alex Whiting, *International Criminal Law: Cases & Commentary*, Oxford University Press, 2011.
14. M. Cherif Bassiouni (ed.), *International Criminal Law: Volume I Sources, Subjects, and Contents*, 3rd ed., Martinus Nijhoff Publishers, 2008.
15. Daniel H. Joyner, *Arms Control Law*, Ashgate, 2012.
16. Heike Krieger, *Inducing Compliance with International Humanitarian Law: Lessons from the African Great Lakes Region*, Cambridge University Press, 2015.

索　引

阿道夫·艾其曼（Adolf Eichamann）　198
阿戈　222
阿拉伯国家联盟　86,506,526,527,530
《阿拉伯国家联盟公约》　527
阿兰·佩莱　86
艾赫伦　62,469
艾斯特拉达主义　146,147,149
安茨洛蒂（Dionisia Anzilotti）　111
安全理事会　13,142,143,174,176—179,
　184—188,198,492,510—514,525,528,
　535,544,546,552,557,562,564,578,
　590,594,595,598
《奥本海国际法》　18,35—37,53,57—59,
　61,65,68,72,95,96,131,139,164,172,
　174,182,188,189,191,198,201,206,
　217,218,239,241,248,253,267,269,
　270,333,334,352,353,355,365,371,
　378,413,466,469—471,473,488,495,
　496,499,503,539,566
奥斯汀　1,5,21
《巴尔福报告书》（Balfour Report）　134
《巴黎非战公约》　12,141,142,174,175,
　177,562,563,590
《巴黎公约》　452,453
《巴黎航空公约》　414,415,417,423
《巴黎会议关于海上若干原则的宣言》
　71,587
巴拿马运河　146,339,342—344
《巴拿马运河条约》　339,344
《巴塞尔公约》　460,461
《巴塞罗那公约》　347,401
巴希尔　599
白板规则　155

白里安　175,562
《白里安—凯洛哥公约》　12,175,562
邦联　133,134
保持占有原则　354—357
《保护北极环境宣言》　365
《保护北极熊协定》　365,458
《保护臭氧层公约》　444
保护国　111,132,136,231,235,236,252,
　268,276,285,348,385,455,569,570,
　579,585
保护少数者　283
《保护世界文化遗产公约》　436
《保护所有人免遭强迫失踪国际公约》
　284,299
《保护所有移徙工人及其家庭成员权利国
　际公约》　299
保护性管辖　199,201—203
保留国　82—86,258,302
保留区　406
保证不重犯　231
报复　4,106,190,230,234,344,478,
　538—540,576—578,586
报告制度　162,295,298,303,308,315,
　328,329
北大西洋公约组织（"北约"）　5
北大西洋海岸渔业仲裁案　340
"北海大陆架"案　44,50,390,395
《北海油污合作协定》　450
北极　333,350,360,364,365
《北极环境保护战略》　365
《北京宣言》　60,61,161,440,460
北塞浦路斯土耳其共和国　142
背信弃义行为　577

被保护国 132,134,136,144,343
"被保护人" 581
被承认国 140,149—152
被承认实体 151
"被动国籍原则" 201,203
被感国 431,432
本国国民不引渡 216
比例原则 569
必要性规则 190
庇护 43,216—218,248,251,257,288,322
"边界争端"案 356,357
边境制度 333,336,352,359
边沁 64
宾刻舒克 21,52,368,379,425,486,490
《濒危野生动植物物种国际贸易公约》 161,457,506
并行管辖 207
并行管辖权 419
《波茨坦公告》 71,593
《波恩协定》 450
《波哥大宪章》 142,526
波罗的海三国 145,150
"波属上西里西亚德国利益"案 112
"玻利瓦尔铁路公司"案 226
剥夺国籍 259,262
博丹 171
博兹·库特号 200
渤海 395
补偿 10,156,232,233,235,301,407,454,459,539
《补充蒙特利尔公约议定书》 417
补充性管辖权 596
捕鱼自由 400
"不采取行动"政策 323
不承认原则 130,140—143,167
不承认主义 27,141,142
不得援引国家豁免 210,211

不干涉 50,168,170,172,179—181,197,224,335,476,486,540
不干涉内政 6,137,175,282,318,323
不干涉内政原则 92,137,167,174,335
不干涉原则 53,171,179—182
"不可裁判性" 537
不可抗力 230,381,494
不平等条约 12,90,103,104,156,272,339
不歧视原则 167,257,304,308
《不容干涉和干预别国内政宣言》 57,181
不使用武力或武力威胁 137,167,168
不使用武力原则 174
不受欢迎的人 235,477,478,483,486,487,498,534
不推回规则 321
布赖恩条约 543
布朗利 35,36,41,43,44,61,62,108,112,167,189,202,220,243,338,358
《布伦特兰报告》 441
部分条文无效 100
参赞 474
《残疾人权利公约》 284,299,308,309
草签 76,77
查尼 38—40,164
差别待遇 270,272,274
长城科学考察站 363
常任理事国 55,176,178,513—517,519,521,523
常设使馆 464,466
常设仲裁法院 266,340,349,357,550—553
《常设仲裁法院两个国家之间争端解决任择规则》 551
常驻使节 464,466,469,494,495
超国家 38,159,506,532,533
"超国民"差别待遇 274

索引　603

承认　9,10,17,18,21—24,26,30,34,39,
　44,48,55,56,61,63,64,72,74,87,92,
　118,129,130,132,135,137,139—153,
　156,159,163—165,167,169,170,173,
　174,182,185,190—192,194,199,201,
　205,207,209,212,218,227,232,238,
　239,241,254,255,257,260—262,265,
　269,278,285,287—289,292,295,296,
　300,301,303,305,306,313,314,319,
　330,335,336,344,356—359,361,365,
　371,375,378,405,414,415,421,435,
　440,466,467,472,478,487,493,498,
　508—510,541,555,561,563,566,
　572,580

承认国　140,143,144,147,149—153

承认原则　167

承袭海　370,392

1503 程序　323,325,326

1235 程序　323

"惩罚性"干涉　540

持续性违背国际义务的行为　228

冲绳海槽　391,397,398

臭氧层　363,442—444

出生地主义　256,259,261,262,264

初步反对主张　556

初级规则　222,223,243

处分性条约　154

传统习惯线　353

船舶的国籍　401,402

船旗国　196,200—202,256,376,381,
　384,402,450,576

船旗国管辖原则　201,202,453

创始会员　510,511,529

创始会员国　133,510,511,529

纯粹法学说　21,22

"次国民"差别待遇　274

次级规则　220,222,223,243

促进和保护人权小组委员会　323

错误　5,24,25,39,45,46,49,101,102,
　148,182,243,276,297,342,355

大规模毁灭　427,571,573,574,580

大规模屠杀　175,185

大陆基　388

大陆架　15,41,43,196,334,335,352,
　366,368,369,385,388—400,403,409,
　411,537

大陆坡　388

"大炮射程"说　379

《大清国籍条例》　264

大赦国际　2,160,504

大使　13,65,68,213,235,261,470—475,
　478,480,481,483—486,488,492,495,
　499,526,573

《大西洋宪章》　509

代办　348,470—472,474

代表说　16,479

单独承认　150

单独自卫　187

单方面解除条约　105

单方面行为　63,64,69,227

单一国　92,132,133,259

单一开发制　406

"当事人同意的法院主义"　554

"岛屿归属线"　399

到庭受审　206

道歉　232

"德黑兰的美国外交和领事人员"案
　227,492

登临权　404

等距离　395,396,411

"等距离"原则　355,395

低潮高地　373—375

抵偿　231,232

地理学上的大陆架　388

地图绘制错误　355

地位豁免　214,216

地下层　92,333,334,337,341,352
地心引力理论　424
第二次海洋法会议　369,384
第二代人权　292
第三次海洋法会议　369,370,383,384,
　　386,392,393,396,399,405,406
第一次海洋法会议　369,373,384,399
"第一次黑潮"　449
第一代人权　292
缔结条约程序法　74,101,120
缔约国协商会议制度　361,362
缔约能力　68,74
缔约权　74,75,101,136,467
钓鱼岛　333,397,398
调查　41,105,162,200,206,312,314,
　　325,331,361,383,405,425,475,476,
　　481,482,487,498,537,540,542—548,
　　578,598
调停　10,234,467,537,541,542,544—
　　548,550
丁韪良　9
《东北大西洋海洋环境保护公约》　436,
　　439,453
"东格陵兰"案　49,62,469
东海　391,395—398
《东京公约》　417,419,420
东京审判　593,594
东盟　65,318,528,529,593
"东盟2020前景声明"　529
东盟自由贸易区　529
东南亚国家联盟　506,526,528
《东南亚国家联盟成立宣言》　528
东沙群岛　395,398
独立权　93,137,138,171,173,196,335
杜鲁门　368,389,392
对人管辖　553,597
对人权委员会特别报告员豁免法律程序的
　　争议的咨询意见　221,224

对事管辖　553,597
对条约的保留准则草案　86
对一切的义务　3,23,108,203,233
对中华人民共和国的承认　148
多边条约　38,55,69,70,73,74,76,78,
　　80—82,84,85,88,89,92,93,97—99,
　　102—106,121,149,155,156,172,193,
　　262,343,350,365,443,510,564
多国公司　163,221
多瑙河　346,347,505
多数通过　120,340,528,531,532,597
恶意债务　157,158
儿童最大利益原则　304,306
二元论　110,111,114
法国革命　146
法国资产阶级革命　12,172,218,292,346
法兰西共同体　134,470
法律承认　146,150,152,153
法律确信　41—48,56,57,61
法律性条约　37
《凡尔赛和约》　157,213,237,342,353,
　　507,590,592
反报　538—540
反措施　106,169,230,234,235,465,471,
　　534,539,540
《反弹道导弹系统条约》　434
反对保留　84—86
《反对劫持人质国际公约》　421
反人道罪　20,237,282,591,592,594
反诉　212,487,556,557
梵蒂冈　135,136,511
"方便旗"　401,402
《防止及惩治灭绝种族罪公约》　83—85,
　　92,321
《防止陆源物质污染海洋的公约》　452
《防止倾倒废物及其他废弃物质污染海洋
　　公约》　451
《防止倾倒废物及其他物质污染海洋公约

的1996年议定书》 448,451
飞越自由 386,387,400
非国家实体 15,22,128,130,132,158,160,209,511,530
非航班飞行 416
非盟 527,528
非人身条约 154,155
《非统组织关于非洲难民某些特定方面的公约》 319
非战斗员 562,574,577,582
非正义战争 175
"非政府论坛" 161
非政府组织 2,13,15,27,128,129,158,160—163,315,317,318,323,324,326,329,330,506,519,520,535,542,553,595
非政治条约 74
非政治罪化 422
非殖民化运动 12,13,92,98,118,192—194,347,518
非洲联盟 317,524,526—528
非洲人权和民族权委员会 317
《非洲人权和民族权宪章》 316,317
非洲统一组织 317,319,356,460,506,524,525,527,528
《非洲统一组织调停、和解与仲裁委员会议定书》 548
非洲统一组织宪章 527
非自执行条约 115
非自治领土 57,154,160,518
菲茨莫里斯 111
菲拉缇加 205
菲利浦·桑兹 435,441
分道通航制 382,387
分离 101,140,141,144,154—156,158,194,209,304,337,399,469,518
分立 38,124,144,145,196,224
"风险预防原则" 439
否决权 137,176,178,513,515,516,519,523,530,595
浮标 359
福克兰岛 190
福希叶 413
辅助性解释 96
辅助性渊源 35
辅助性资料 35,51,52
妇女地位委员会 281
附条件的承认 149,151
附庸国 136,144,467
附属国 136,154,192
复合国 132,133
副领事 497
《改善海上武装部队伤者病者及遇船难者境遇的日内瓦公约》 579
干预公约 450
港口制度 377
高级专员 134,319,327,470,518
割让 11,174,258,337,350,351,358,564
格老秀斯 7,10,11,18—20,23—25,52,53,367,368,479,560,563
格老秀斯派 24
格老秀斯学说 18,23
个人的国际刑事责任 221,222,241
个人来文 295,296,300,301,310,328,330,331
《各国利用人造地球卫星进行国际直接电视广播所应遵守的原则》 429—431
公海 92,127,140,177,198,200,202,252,256,334—336,341,350,352,353,360,361,366,368—370,375,378,379,386,387,389,391—393,399—405,413,423,427,438,450,589
公空 413
《公民权利和政治权利国际公约》 70,71,81,88,113,115,123,174,193,206,248,254,258,269,282,284,287,290—296,298,299,328—332,506

公平原则 395—397
公使 20,469—473,475,487
功能理论 425
共管 338,339
"共识集团" 595
共同但有区别的责任 440,441,445,446
构成说 132,139—141
《关税与贸易总协定》 89,271,272,436
关塔那摩军事基地 207
《关于持久性有机污染物的斯德哥尔摩公约》 436
《关于从外层空间遥感地球的原则》 429,432
《关于大陆架的底土和海床的自然资源的政策的总统公告》 368
《关于防止和惩处侵害外交代表及其他应受保护人员的罪行公约》 465
关于干涉与国家主权的独立国际委员会 184
《关于各国探索和利用包括月球和其他天体在内外层空间活动的原则条约》 58,70,423,426
《关于各国探索和利用外层空间活动的法律原则宣言》 58
《关于国籍法抵触的若干问题的公约》 255,260
《关于国家和国际组织间或国际组织相互间条约法的维也纳公约》 67,68
《关于国家权利与义务的蒙得维的亚公约》 131
《关于国家在条约方面的继承的维也纳公约》 154,155
《关于化学和细菌（生物）武器的决议》 58
《关于开展探索和利用外层空间的国际合作，促进所有国家的福利和利益，并特别要考虑发展中国家的需要的宣言》 430

《关于空间实体造成损害的国际责任公约》 244
《关于湄公河盆地可持续性发展的合作协定》 455
《关于难民地位的公约》 319—321
《关于难民地位的议定书》 319,321
《关于侵略定义的决议》 55,57,337
《关于森林问题的原则声明》 455
《关于双重国籍某种情况下兵役义务的议定书》 255,260
《关于特别是作为水禽栖息地的国际重要湿地公约》 457
《关于外交保护的条款草案》 275—278
《关于无国籍的特别议定书》 65,255,263
《关于无国籍人地位的公约》 255,263
《关于武装冲突中人权尊重的决议》 58
《关于消耗臭氧层物质的蒙特利尔议定书》 444
《关于销毁中国境内日本遗弃化学武器的备忘录》 572
《关于在国际贸易中对某些危险化学品和农药采用事先知情同意程序的鹿特丹公约》 436,462
《关于在外层空间使用核动力源的原则》 429,433
《关于战俘待遇的日内瓦公约》 579,585—587
《关于制止恐怖主义分子爆炸的国际公约》 422
《关于中立国在海战中的权利和义务公约》 587—589
《关于注标塑性炸药以便探测的公约》 417
《关于自然资源和/或环境争端解决任择规则》 551
观察员 162,323,324,361,362,511,512,526,529,530,551

管理局　405—407,410,453

管理权行为　210,211

管辖　27,92,111,112,118,125,130,134,
137,138,172—175,179,180,196—208,
210—212,215,216,219,226,228,248,
251—253,260,266,271,275,282,285,
293,296,298,300,301,304,307,308,
311,313,314,317,328,334—337,340,
341,344—347,368,370,376,383,384,
387,389—393,398,399,402,405,409,
410,412,414,417,419—422,431,433,
437,438,448,450,453,456,457,459,
460,468,486,490—492,496,527,534,
535,538,552—557,568,571,572,577,
578,588,589,594—598

管辖豁免　66,136,152,205,211,213—
216,236,340,384,484,486,487,490,
491,501

惯例　9,18,41,43,44,56,96,101,237,
328,519,565,567—569,571,575,580,
581,591,592

归化　256,257,259—261,265

77国集团　448

国籍的取得　255,259,266

国籍法　65,81,112,125,254,256—259,
262,264,265,279,553

国际不法行为　3,147,220—224,227—
236,238,242,246,275

国际常设法院　12,48,49,62,72,112,
198,200,202,342,469,508,538,552

《国际常设法院规约》　12,48,552

国际逮捕令　215

国际道德　5,6,21,175

国际地役　338—340

国际电报联盟　505

国际调查委员会　542,598

国际法不加禁止的行为　243

国际法不加禁止行为　220,221,242,
243,245

国际法不禁止的行为　220

国际法的编纂　12,34,61,64,65,80,223,
496,513

国际法的发展　12,14,23,37,52—54,56,
61,138,173,180,222,249,251,336,
465,504—506,557,562,587,589

国际法的基本理论　16

国际法的基本原则　88,130,166,167,
267,335

国际法的主体　3,14,15,68,111,127—
129,164,249,282

国际法工作者　52

国际法基本原则　11,62,69,138,143,
157,166—168,170,171,173,174,176,
179—181,193,195,208,282,318,427,
537,538

国际法律秩序　32,113

国际法庭　27,49—53,67,70,95,112,
113,179,196,206,207,213,223,228,
239,243,270,340,356,357,365,442,
537,538,593,594

国际法为准　67—69

国际法委员会　41,63—66,86,92,107,
108,142,169,170,208,220—223,236,
238,242,243,246,275—278,348,369,
373,453,466,476,477,479,481,482,
489,495,539,594—596

国际法协会(International Law Association)
65

"国际法学家"　52

国际法研究院　65,161,163,564

《国际法原则宣言》　46,55,142,167,
180,194

国际法院　4,14,23,27,34—37,40—44,
48—54,59,61—63,70,72,80,81,83—
86,96,111—113,123,143,158,159,
179,181,189,194,206,215,216,221,

223,224,227,243,244,277,290,340,355—358,372,373,382,390,394,395,398,409,437,492,500,508,510—512,518,534,537—539,544,546,548,549,552—558,573,574

国际法院的诉讼管辖权 553,554

国际法主体 3,10,13,15,29,38,52,68,73,74,127—129,133—136,139,140,148,152,157—160,162—165,174,221,249,250,366,532,533

《国际干预公海油污事件的国际公约》 450

国际惯例 122,123,272,487

国际海底管理局 405

国际海底区域 13,15,98,198,335,336,350,360,366,370,390,399,404,405,410,429

国际海洋法法庭 407—411,537

国际海洋法法庭海底争端分庭 408

"国际海域" 399

国际航班飞行 415—417

国际合作原则 167,171,438,439

国际和解委员会 543

国际河流 93,94,346,347

国际货币基金组织 506,520,532

国际空域 413

国际恐怖主义 203,204,321,421

国际礼节 6,467

国际礼让 5,6,41

国际立法 38,39,55

国际联盟 12,55,64,65,80,81,86,141,142,175,176,283,319,369,415,504,506—509,511,518,519,526,530,543,589

《国际联盟盟约》 12,70,86,141,142,283,507,508,543,589

《国际民用航空公约》 414,415,564

国际民用航空组织 86,415—417,506,520

国际赔偿责任 221,242—245,443

"国际普通法" international common law 118

国际求偿 128,159,164,249,250,276

国际人道法 27,92,106,161,222,284,286,287,324,540,560—562,566—568,574,577—580,583,585,590,593,594,596,599,600

国际人格者 38,115,122,127,128,133,136,153,154,160,163,164,249,250

国际人权宪章 174,248,255,281,284,287,322

《国际水道非航行使用法公约》 348,453

《国际水道公约》 453—455

国际私法 1,152,196,207,244,245

国际铁路货运联盟 505

国际习惯 19,34—36,39—44,46,49—51,67,78,117,118,121,175,198,338—340,349,352,377,435,437,464,467,481,489,496,562,564

国际刑事法院 14,222,577,578,595—599

《国际刑事法院规约》 70,81,105,213,237,570,577,578,592,594,596,597

国际刑事责任 213,220—222,236—242,591

国际行政联盟 505

《国际油污损害民事责任公约》 245

国际运河 340—342,344

国际责任 4,112,114,115,121,147,163,164,167,217,220—223,228,230—232,235,238,241—244,246,270,338,384,404,427,429,431,433,492,519,590,591

国际责任公约 236,426

国际责任原则 167

国际仲裁 14,206,537,547,549—554

国际仲裁庭 52,196,547,549

国际组织的责任 245,246
国际组织决议 37,53,54,58,59,116
《国际组织与国家之间争端解决任择规则》 551
《国际组织与私人之间争端解决任择规则》 551
国际最低标准 270,271,278,455
国际罪行 175,204,205,218,220,223,236,238—241,252,311,320,421,422,591
国家船舶 376
国家单方面行为 34,61—64,227,353
国家的基本权利 130,137,140,175,187,196
国家的同意 38,39,59,212,250,330,412,423,464,467,494,558
国家的形式 132,172
国家的要素 130,135,139
《国家对国际不法行为的责任条款草案》 142,169,170,220
国家对国家指控制度 295,329,330
国家高级代表 470
国家固有的权利 11,137,187,191
国家管辖 92,140,180,196,198,199,201,206,252,256,334,335,352,353,371,396,403—405,413,431,437,438,453,457
国家管辖豁免 197,207—211,213
国家管辖权 23,125,196—198,200
国家航空器 416
国家豁免 207—210,212,215,218
国家基本权利 137
《国家及其财产管辖豁免公约》 208—213
国家间非条约性共同约定 53,54
国家解体 140,141
国家联合体 134,135
国家内政 13,180,185,271,282

国家平等 11,20,104,138,167,168,170,171,198,207,272,472,531
国家人权机构 323,324
国家人权委员会 301,316
国家实践 21,34,41—48,56,57,61,79,98,108,118,140,189,199,243,381,412,428,464,468,574
国家同意 15,21—23,38,39,46,88,91,102,169,173,212,335,397,494,530
国家意志 21—23,56,112
国家元首 63,75—79,124,136,145,197,206—208,213—215,240,249,356,464,467,468,473,475,476,495
国家责任 3,23,28,32,44,52,106,169,182,220—236,238,239,241—246,430,431,534,539,540
国家责任的援引 232
国家资格 130—132,137,139,140,192
国联 5,115,117,141,147,470,508,509,514,515,518,543,590
国民待遇 270,271,274,308
国内法原则 48,124
国内管辖 113,167,180,196,197,335
国内流离失所者 320
"国内载运权" 272,415
国书 93,473—475
果阿 190,382
过急承认 144
过境通行 370,386,387
过失责任 243,244
哈德逊湾 378
海盗 170,203,205,222,236,239,249,252,403
海底委员会 396,405
海底争端分庭 410
《海-庞斯福条约》 344
海湾 341,373—375,377,378,385
海湾封口线 378

海湾危机　546
海湾战争　107,241
海峡　341,378,382,385—387,437,449,546
《海牙公约》　417—422
海牙国际法学院　111,166
海牙和平会议　65,563,567,568
海洋法的编纂　368,369
海洋和空间比拟说　413
《海洋领有论》　368
《海洋主权论》　368
《海洋自由论》　367,368
海洋自由原则　167,369,379
韩桑林政权　143
"航程"说　379
航空法　13,196,272,334,412,417,422,425,434
航行自由　347,400
合并　140,141,144,154—156,158,160,351,477,512
和解　10,120,142,155,156,314,330,337,505,537,540,542—546,548,550,551
和平解决争端　65,76,92,137,167,168,395,408,427,508—510,519,525,537,538,540,543—547
河口　352,373,385,452
"荷花号"案　198,200—202
核动力船舶　381,382
《核事故或辐射紧急情况援助公约》　458,459
"核试验"案　62
《核损害民事责任公约》　245
核心国际人权公约　299,327
核准　76,79,120,124,208,260,447,458,459
赫尔姆斯—伯顿法　198
黑格尔　21

黑龙江　70,345
亨金　6,38,127,249,280,285,294,331
亨利·杜南　579
衡平法　48,50,51
红十字国际委员会　160—162,504,579,600
后法优于前法　115
胡伯　90,103,173,336,349,357,358
互不侵犯　142
划界委员会　355
环境原则　570
换文　72,78,261
黄海　395,396
恢复原状　231,232,314
贿赂　101,102,229
混合原则　256,264
豁免的放弃　207,211,212
或引渡或起诉　204,205,218,219,222,314,321,420—422
霍茹夫工厂　49
积极国籍抵触　255,259
积极权利　292,305
"积极使节权"　466
基尔运河　342
《及早通报核事故公约》　458,459
极度残酷的武器　562,568,570
"即时习惯"　44,47,56
集体安全体制　176—178,525
集体承认　150,151
集体自卫　3,179,182,187—189
技术性规范　6
继有国籍　256,259,264
加尔松　311
"加罗林号"事件　189
《加强经济发展框架协定》　529
加权或加重投票　531
加入书　81,83,87—89,154,208,300,407
间接武力　177

索　引

兼并　135,145,150,351
检讨　98
《减少无国籍状态公约》　105,255,263
简易程序　74,77,78
建造国际法所容许的人工岛屿和其他设施的自由　400
鉴别难民的要素　320
交换批准书　78—80,88
交换全权证书　76
交换意见的义务　408
交战国　108,340,343,484,561—567,581,582,587—590
交战团体　147,149,177,561
教皇　8,10,135,367,542
教廷　135,136,470,472
教廷大使　470,472
教廷公使　470
接受保留国　85
结构主义　29,209
结果义务　228,293,297
解释性决议　54,55,57
解体　14,98,116,131,134,144,145,151,154—156,158,356,531
界碑　359
界标　355,359,360
界河　154,344,345,353,354,360
界湖　348,349,353—355,359,360
界路　359
界牌　359
界山　353—355
界桩　355,359,360
津巴布韦　143,159
《仅一方为国家的争端解决任择规则》　551
紧急状态　172,231,293,294,311
紧追权　403
近代国际法　8—11,14,15,52,251,252,562

近代欧洲国际法　23,40,182
禁飞区　241
禁止保留　83—85
禁止反言　49,50,63,358,359,365
《禁止化学武器公约》　90,571,572
禁止化学武器组织　572,573
禁止酷刑公约　214,217,281,311,312
《禁止酷刑和其他残忍、不人道或有辱人格的待遇或处罚公约》　32,206,214,299,311,421,554
禁止使用武力或武力威胁　6,7,13,15,23,47,55,92,142,143,146,170,171,174—176,178,179,184,189,191,350,427,537,538,540,587
禁止使用武力原则　53,182,229,538,543
《禁止在大气层、外层空间和水下进行核武器试验条约》　433,436,574
《京都议定书》　441,447,448
经济、社会和文化权利委员会　297—299
《经济、社会、文化权利国际公约》　85,193,284,290—293,296—299
经社理事会　55,162,322,323,511—513,516,517,519—524,546
九段线　399
《旧金山对日和约》　338
局部无效　100,103
拒绝司法　48,276,278
拒绝引渡　216,217,237,421
绝对豁免主义　209,210
军舰　208,334,340—343,347,376,383,384,403,404,450,565,576,588,589
《君士坦丁堡公约》　343
"卡丁"案　201
卡尔迈勒政权　143
卡尔沃条款　271,278
卡曼管辖线　425
"卡奇沼泽地国际仲裁"案　356
卡塞斯　46,170

《卡塔西拿宣言》 319
《开罗宣言》 71
凯尔逊 21,22,110
凯洛哥 175,562
康多瑞利 45
科孚海峡案 244,554
科索沃 5,144,184,194
科学研究的自由 400
"可裁判性" 537
可持续发展原则 441
"克减条款" 293
客观解释学派 95
客观责任 243,244
肯尼迪 29,30
空气空间 412,413,415,423—425
空气空间理论 424,425
空下国 413
空中主权说 414
空中主权原则 412,414—416
空中自由说 413,414
口头协议 72
酷刑 32,169,170,175,204,205,214,
   217,239,249,252,281,286,288,290,
   293,294,308,310—314,322,327,328,
   582,586,592,599
酷刑公约 161,214,239,330
酷刑受害者保护法案 206
跨国公司 2,15,128,129,158,160,163,
   164,221,325
"拉格朗"案 500
《拉忒兰条约》 135
来文工作组 326
莱茵河 346,348,505
《澜沧江—湄公河商船通航协定》 345
劳特派特 11,18,23,35,139,174,188,
   333,334,378,539,566
雷斯曼 14,28
"冷却条约" 543

李浩培 1,36—38,40,53,57—59,62,
   66—69,72—74,77,79—81,90,92,93,
   95,96,100,102,104,108,109,136,168,
   195,254,279
《里约环境与发展宣言》 60,437—440
历史性海湾 341,374,378,409
立法管辖权 197
立法性条约 37,38
"利比亚/马耳他"案 395
联邦 63,68,92,115—118,122,132—
   134,144,172,193,209,253,345,426,
   468—470,485,504,553
联邦条款 92,122,123
"联合国的求偿权"案 51,52
联合国的宗旨 178
联合国改革问题高级别名人小组 323,
   522—525
联合国海底委员会 392,396
联合国环境规划署 436,437,444,445,
   450,453,461,462
联合国集体安全体制 175—179,188,540
《联合国家宣言》 509—511,529
联合国经社理事会 520
联合国难民署 286,319,320,322
《联合国气候变化框架公约》 445,447,
   448
联合国人类环境大会 435
联合国人权高级专员 14,325,327
联合国人权理事会 14,63,162,250,322,
   324,325,328
联合国人权委员会 14,281,288,291,322
《联合国人员和有关人员安全公约》
   534,535
《联合国人员和有关人员安全公约任择议
   定书》 535
联合国日 510
《联合国特权与豁免公约》 465,533,534
《联合国消除一切形式种族歧视宣言》

索 引

58
《联合国与美利坚合众国关于联合国会所的协定》 533
联合国专门机构 80,180,298,511,517,519—521,558
《联合国专门机构特权与豁免公约》 465,533
联合声明 71
联系会员 529,530
两极地区 336,350,360
临时保全措施 556
临时使节 494
临时使团 494
领海 6,43,122,177,321,322,333,334,337,338,340,352,353,366,368—376,378—389,391,392,396—399,403,404,413,449,589
领海基线 52,341,352,371—376,380,386,387,389—391,394,398
《领海及毗连区公约》 52,369,373,375,378,381
领空 92,229,241,333,334,413—416,423,424
领陆 92,333,334,352,353,375,376
领事裁判权 11,270,271,496
领事代理人 497
领事关系 6,23,27,70,107,130,464,465,480,481,483,486,494,496—498,500—502,563,566
领事官员 210,384,467,497,500—502
领事馆 218,234,235,268,464,465,482,492,497,499
领事通知义务 500
领事辖区 464,496,497
领事证书 498,499
领事专约 496,497,499
领水 65,92,283,333,334,352,353,375,376

领土庇护 218
领土管辖 174,200
领土内的一切都属于领土 199
领土主权 141,142,148,173,197—199,207,258,266,267,278,333—341,343,345,346,350,357,358,361,379,413,414,437,468
领峡 386
"隆端寺"案 49,355,356,358
卢旺达 14,184,185,246,594
卢旺达国际刑事法庭 213,594
鲁邦加 599
"陆地、岛屿和海上边界争端"案 356,357,557
"路德诉萨戈"案 153
绿色和平组织 2,160,504
《伦敦倾倒公约》 451
罗得西亚 140,143,514,525
罗马法 24,168,172,339,423
《罗马规约》 597,599
罗森纳 553
洛克 171,172
《麻醉品单一公约》 421
"马顿斯条款" 568
马尔维纳斯群岛 542
《马关条约》 350
马兰祖克 43,162,169,199,253
麦克杜格尔 22,25,26,28,129
《曼谷宣言》 318,528
"美国诉诺列加"案 213
《美洲安全宣言》 526
《美洲国家间关于妇女国籍的公约》 255
《美洲国家间国籍公约》 255
《美洲国家民主宪章》 526
美洲国家组织 142,315,316,485,506,524,526
美洲人权法院 27,316
《美洲人权公约》 293,315,316,318

美洲人权委员会　316
《蒙特利尔公约》　417—422
锰结核矿　404
秘密调查制度　312
灭绝种族　170,186,222,229,234,252,
　　321,595,597
灭种　237
"灭种罪公约保留"案　51,52
民用航空器　416,548
民族解放运动　129,130,144,159
民族自治地方　132
名誉领馆　502
名誉领事　496,497,502
明示承认　147,149
明示放弃豁免　212
《莫斯科宣言》　592
默认　42,49,182,358,359,365,378,423
默示承认　147,149,150,152
默示放弃豁免　212
目的解释学派　96
纳入　18,115,117,118,121,188,189,
　　510,511,518
纳入会员　529
南海　395,396,398,399
《南海诸岛位置略图》　399
《南极动植物保护议定措施》　362
《南极海豹保护公约》　362,457
《南极海洋生物资源保护公约》　362,458
《南极矿物资源活动管理公约》　363,364
《南极条约》　70,360—364,437,541,548,
　　554
《南极条约环境保护议定书》　362,363
《南京条约》　104
南联盟　179,183
南森护照　319
南沙群岛　333,398
难民　205,248,252,268,270,276,280,
　　286,304,307,318—322,331,518,581

内部性决议　54,55
内海　348,355,375,395,396
内海峡　386
内陆国　333,383,399,401
内水　333,334,340,341,343,345,346,
　　348,366,371,373,375—380,384—387,
　　395,399,403,451
内战　131,141,145,147,158,226,560,
　　579
内政　57,69,124,133,146,147,168,174,
　　175,180—182,194,278,282,285,311,
　　318,335,353,398,430,456,468,472,
　　476,477,486,542,544,555
"尼加拉瓜"案　41,44
尼日尔河　347
逆条件承认　151
1980年《国籍法》　254,258,259,262,
　　264,265
30年战争　11
纽伦堡国际军事法庭　213,237,592
纽伦堡原则　594
奴隶制　6,170,175,283,286,288,
　　321,402
女权主义　16,30—32,311
诺列加　213
"诺特鲍姆"案　52,112,277
欧盟　27,133,253,269,315,408,446,
　　474,504,506,527
《欧洲关于指导与会国间关系原则的宣
　　言》　60
《欧洲国家豁免公约》　210
《欧洲和平解决国际争端公约》　548
欧洲联盟　133,315,469,504
欧洲区域国际法　11
欧洲人权法院　27,250,315,330
《欧洲人权公约》　293,314—316,318
欧洲人权委员会　250,315
《欧洲社会宪章》　315

帕多　405
帕尔马斯岛仲裁案　103,336
叛乱团体　147,159
澎湖列岛　398
批判法学　16,29,30
批准　38,43,59,61,68,71—73,75—82,
　84,86,88,92,95,100,101,105,114—
　116,119—124,149,186,208,255,256,
　260,265,266,273—275,291,293,311,
　312,315,327,329,348,364,371,377,
　383,391,393,395,406,407,409,447,
　451,459,460,462,482,488,489,497,
　510—512,520,521,523,525,529,534,
　571,580,595,596
批准书　71,77—79,81,83,87—89,115,
　121,154,208,301,303,306,309,407
皮诺切特　206,214,311
毗连区　122,334,366,371,378,380,383,
　385,387,388,391,397,398,403,404,413
"贫铀弹事件"　245
平等权　93,137,138,194,196,293,303,
　304,310,316
"平等者之间无管辖权"　172,208
平民　237,248,280,284,562,567—569,
　574,575,577—584,591,592,599
平时封锁　538,540
平行开发制　406
破坏和平罪　237,239,240,320,591
铺设海底电缆和管道的自由　393,400
普遍定期审查　162,323,324
普遍国际法　38,39,46
普遍性管辖　199,201,203—206,236,252
普芬道夫　18,19,52
企业部　406—408,410
契约性条约　37
签署　9,75—82,87—89,92,124,149,
　193,255,262,265,268,291,301,303,
　306,311,315,318,344,345,364,383,

395—397,400,406,409,437,439,440,
　444,445,447,448,450,451,457—460,
　469,473,474,494,500,509,511,529,
　535,565,572
前南国际刑事法庭　169,213,594
潜水艇　364,381,386,387,471
强迫　59,100,102,104,112,180,181,
　237,258,260,272,311,313,314,325,
　327,475,540,582,583,599
强迫劳动　293,308
强行法　4,15,21,23,39,46,48,62,91,
　100,102,103,107,125,142,146,168—
　170,195,229,231,234,267,283,286,
　287,538
强制管辖权　4,23,179,552,555
强制性程序　408,409
强制引航　377
切尔诺贝利核电站　245,458
侵略战争　170,236,237,239,283,562,
　590,591,593,594
情势变迁　16,107,167,354
情势工作组　326
区分原则　569,581
"区域"　404—406,410,453
驱逐出境　269,273,321,477,486
权威公法学家的学说　35,51
权威解释　94,95
"全球论坛"　161
全权证书　74—79,87,469,512
全体一致　57,81,98,508,509,515,527,
　530,531
缺席审判　205,206
群岛国　15,333,341,370,371,375,379,
　380,384,385,399
群岛海道通过权　385
群岛基线　371,384,385
人道主义干涉　27,179,182—185,187,
　284

"人类的使者" 427
人类法 2,253
人类共同继承财产 405,406,427
人类共同继承遗产 198,335,350
人类共同利益 7,13,18,21,22,27,180,
 203,252,287,445
人民主权 171,172
人民自决原则 53,144,168,171,192—
 194,354,357
人权高专 291,296,299—301,303,306,
 307,309,318,326,327
人权理事会 14,281,322—325,512,524
人权理事会咨询委员会 325
人权事务委员会 71,84,249,282,294—
 296,328—331,506
人权委员会 287,288,292,299,316,318,
 322—327,524,529
人身条约 154,564
认证约文 75,77,97
任意法 168
任意强制管辖 554,555
《日韩共同开发大陆架协定》 397
日内瓦第二公约 579
日内瓦第三公约 579,585,586
日内瓦第四公约 575,579,580,582
日内瓦第一公约 569,579,583
日内瓦公约体系 65,567,579
日内瓦四公约第二议定书 568
入籍 256—258,260,263
入境签证 268,359
"软法" 161,244
软责任 244,245
塞涅卡 17
《沙斐利洛的回忆》 579
沙赫特 48,50,190,223
扇形理论 360,361
善意 18,50,76,88,96,101,103,113,
 167,348,351,550

商人领事 495,497
商业交易行为 112,211
社会契约论 171
社会学法学说 16
《申根协定》 268
深海海底 388,390,404,438
神法 10,171
《生物多样性公约》 161,436,456,457
《圣多明各宣言》 392
"剩余备用"程序 409
施瓦曾伯格 23,166,167,173,174
十月革命 11,12,146,192,292,472
时际法 90,102,103,228,349,357,358
时效 11,228,229,351
实际联系原则 277
实在法学 16,21—23,26,110,127—129,
 250,251
实质渊源 34—36,59
史汀生 141
使馆馆长 75,213,470—475,477,480,
 484
使馆馆舍 234,340,480,563
"使馆区" 472
使节权 136,466,467
使节制度 466,467,494
使用中的航空器 418
《21世纪议程》 442
世界法 2,4,253
世界国家 14,19,20,31,51,369,370,
 379,430—432
世界经济新秩序 51
世界贸易组织 271,274,506,530,
 531,537
世界气象组织 445,520
《世界人权宣言》 13,55,57,58,161,174,
 248,252,254,255,259,263,269,280,
 281,284,286—292,294,296,314,316,
 324,326,327,528

《世界土地宪章》 455
世界政府 5
事实承认 145,146,150,153
"视野"说 379
"收复失地" 190
手段义务 228
受国际保护人员 204,468,486,533,534
数个受害国 233
数个责任国 233
双边条约 3,12,35,69,73,74,76,78—
　82,87,97,98,102—104,106,135,138,
　155,172,175,198,212,216,244,255,
　258,261,262,270,271,274,283,343,
　347,436—438,453,455,496,541,543,
　554,564
双重国籍 65,258—262,264—266,277,
　278,417
"谁有土地,谁就有土地的上空" 423
水曲 373,377
司法管辖权 196,197,224
司法豁免 197,207—209,213,468
司法判例 34,35,51—53,59,118,212,
　228,372
私法行为 211
斯德哥尔摩大会 435,436
《斯德哥尔摩人类环境宣言》 436
《斯德哥尔摩宣言》 436—438,441,460
斯多葛派 17
斯特拉浦(K. Strupp) 111
苏亚利兹 17,18
苏伊士运河 63,342,343,513
苏之 21
随员 474
谈判 9,10,40,75—82,85,87—90,94,
　97,99—102,124,160,161,215,234,
　235,261,344,353,397,428,430,445,
　447,453,454,464,467—469,476,492,
　520,537,540—542,544—546,548,571,
572,577
唐家璇 395
特别报告员 63,64,86,108,222,243,
　246,278,325,331,466,482
特别法 36,62,123,237
特别使团 464,470,494,495
《特别使团公约》 465
特别行政区 68,71,122,123,132,133,
　209,265,309,333
"特雷尔冶炼厂仲裁"案 437,442
特里佩尔(H. Triepel) 111
特命全权大使 473
特命使节 470
特使 466
条约保管机关 81,86,87,102
条约保留 52,83,86
条约必须遵守 10,39,96
条约不拘束第三国 39,92
条约冲突 91,114
条约的保留 63,67,80,82,86,88,332,
　548
条约的冲突 91
条约的登记 72,86
条约的继承 154—156
条约的加入 81
条约的解除条件 105
条约的绝对无效 100
条约的签署 73,87
条约的生效 40,59,87,88,123,566
条约的适用 87,107,121,155
条约的无效 87,100,104
条约的相对无效 100
条约的修订 97,98
条约的修正 98
条约的要素 68,72
条约的暂时适用 88,89
条约的主体 57,68,285
条约国际法 38,124

条约机构 162,180,296—299,302,310,
  323,326—331,506
条约继承 154—156
条约嗣后履行之不可能 106
条约无效 100—103
停战 509,565,566,587
同意原则 167
统治权行为 210—212
投降 485,565,577,593
"突尼斯/利比亚"案 395
托巴主义 146
托管 57,510—513,517—519
"托里·坎荣号" 449
托马斯·阿奎那 17
托马斯·伯根索尔 82,276,278,379,
  438,439
托马斯·鲁邦加 599
瓦茨 35,37,53,57—59,61,65,68,72,
  95,96,131,139,164,172,182,188,189,
  191,198,201,206,217,218,239,241,
  248,253,267,269,270,333,334,352,
  353,355,365,371,378,413,466,469—
  471,473,488,495,496,499,503
瓦泰尔 18—20,52,480,481,490
外层空间 42—44,92,127,198,202,335,
  336,350,360,412,422—434,436,
  438,578
外层空间法 13,15,16,124,196,412,
  422—425,427,430,434
《外层空间条约》 426—429,431—433,
  437
外大陆架 391,411
外国人待遇 11,15,267,270,271,273
《外国人的入境、出境、过境、居留、旅行管
  理条例》 273
外国人侵权法 205,206
《外国主权豁免法》 210
外交保护 112,136,167,182,233,248,
  251—254,260,263,271,275—278
外交庇护 27,42,218
外交部长 63,75—79,146,147,175,184,
  205,215,216,318,468,469,473—476,
  492,495,509,522,542,562
外交代表 62,134,138,149,159,204,
  207,208,210,213,214,240,249,338,
  384,465,468—470,472—474,477—
  481,484—491,493,495,496,499,501,
  502,533,534,550,595
外交关系 45,87,107,118,133,136,145,
  147—150,152,172,235,262,266,428,
  464—466,470,471,473,477,479,481,
  482,485,494,496,503,514,539,561
外交机关 308,469,470,495
外交使团 469,470
外交团 471,472
外交邮袋 483,484,494,500
外交职员 474,477
外空非军事化 433,434
外空军备竞赛 433
外空委员会 424—426,430,433,434
外空委员会法律小组委员会 424,432,
  433
完全会员 529,530
万国邮政联盟 505,506,520
万民法 10,19,24,251
王铁崖 1,2,5,7,9,12,15,32,33,35,37,
  45,53,57—59,61,65,66,68,70,72,95,
  96,104,115,119,125,127,131,139,
  164,166,167,170,172,180,182,187—
  189,191,195,198,201,204,206,217,
  218,229,232,236,237,239,241,242,
  244,248,249,253,267,269,270,283,
  301,333,334,352,353,355,357,365,
  366,371,375,378,413,424,466,469—
  471,473,488,495,496,499,503,538,
  539,560,562,563,566—570,575—577,

581,583
危害人类罪 170,185,186,203,215,216,
222,237,252,320,591,592,595,597,599
危急情况 230,231
危难 230,376,403
威尔逊主义 146
《威斯敏斯特法》(Statute of Westminster)
134
《威斯特伐利亚和约》 8—10,23
威斯特伐利亚会议 505
"微小国家" 511
违反强行法 91,100,102,103
维多利亚 17,18,47,349,363
《维也纳关于国家在其对普遍性国际组织
关系上的代表权公约》 465
《维也纳领事关系公约》 70,80,218,234
维也纳世界人权大会 318
《维也纳条约法公约》 4,67—69,72,75,
77—80,82—93,95—107,112,168,169,
354,469,563
《维也纳外交关系公约》 70,72,80,
213—215,218,234,240,464,466,470—
472,474—477,479—484,486,488—
491,493—495,500,534,563
《维也纳宣言和行动纲领》 60,287
卫星轨道理论 424
"温勃尔登号"案 342
沃尔夫 18—20,117
斡旋 234,467,492,537,541,542,
545—547
污染者承担费用原则 440
无国籍 65,199,252,255,256,258,259,
262—266,276,307,319,401,402,
417,581
无害通过 43,337,338,371,376,379—
383,385—387,414,449
无条件投降 565,566
无条约规定不解除交战各方履行国际法义

务的原则 568
无主地 18,349,350
五大国一致 176,510,515,516,519
武力攻击 187—192
武力或武力威胁 13,55,102,138,139,
143,174,177,178,183,189,234,381,
515,538,540
武装冲突法 23,130,560,565,581,591
"西班牙国王仲裁裁决"案 49
西班牙学派 17,18
西迪诺 63,64
西沙群岛 333,398
希金斯 41,47
习惯国际法 19,38,40—48,55—59,61,
62,66,67,69,78,84,94,96,98,117—
119,124,125,179,181,183,188,191,
203,205,213,215,218,222—224,227,
228,233,242,254,255,263,267,270,
276,277,286,290,293,311,320,338,
347,376,381,401,403—405,413—415,
422,423,425,437,438,441,453,464,
465,483,484,486—488,493,496,574
先占 18,349,350,357
显明违反 101
现代国际法 7,10—15,43,53,131,138,
139,166,180,182,218,237,248,252,
336,350,351,538—540,562
限期出境 269
限制豁免主义 209,210,212
限制原则 568
限制主权 241,242
相称 189,190,234,235,450,540
相同原则 167,217
《消除一切形式种族歧视国际公约》 58,
149,280,284,296,299—302,329,330
消极国籍抵触 255,262
消极权利 292,305
"消极人格" 201

"消极使节权" 466
肖恩·墨菲 82,276,278,379,438,439
"效果说" 199—201
协定国际法 19
协商 76,80,151,155,156,158,162,207,215,258,261,312,316,344,345,350,352,355,360,362—364,378,384,397,430,433,450,454,455,459,465,467,474,505,523,532,537,541,548,549,571,572,578
协商一致 80,86,532
协议管辖 554,555
卸任国家元首 214
新独立国家 40,46,92,118,144,154,155,157,158,354,356,357
新国家 118,139—141,143,144,147—156,226,356,446
新赫布里底岛 338
新实在法学说 21
新习惯法规则 47
新政府 141,143—153,156,157,226,264
新自然法学说 20
刑事管辖权 198,199,202,203,383,384,419,496,596
行为义务 228,293
行政管辖权 197,198,202,224
行政协定 77,115
形式渊源 34—36
虚拟领土 202,334
宣告说 139,140
宣告性决议 54—56
宣战 114,133,138,174,561—563,566,591
学理解释 94
"雪弗洛"案 225
血统主义 256,259,261,262,264
鸭绿江 345
"雅尔塔规则" 510,515

亚非法律协商委员会 392
《亚非会议最后公报》 60
亚里士多德 17,24,50
亚历山大·基斯 244,435,438,440,442,456,463
严格法 50,168
严格责任 243
严重违背国际义务的责任 235,238
沿海航运权 272,380,415,416
遥感国 432
耶利内克 110
耶罗迪亚 205,215,216
一般法律原则 34—36,48—51,53,59,61,62,167,171,227,357,358
一般国际法强制规范 169,238
一般国际法强制规律 100,168
一般国际法强制规则 102
一般国际法强制性规范 234,238,540
一般国家责任 235,236
"一贯反对者"规则 46,48,62
一国两制 122,123,132,497
一元论 110,111,114
"伊格尔诉伊朗伊斯兰共和国"案 227
伊拉克 5,14,107,130,142,241,242,514,515,545,546,571,590
《伊拉克—英国引渡条约》 107
医生无国界组织 160
《移动设备国际利益公约》 426
移交协定 155
《已婚妇女国籍公约》 255,257,261
议定书 57,65,70,71,84,89,95,97,174,215,216,245,248,249,255,260,278,281,287,288,293,295,296,299,303,306,310,312—317,319,320,328—331,348,355,363,364,436,441,443—445,447,449—453,457,528,535,561,567—570,575—585,587,591
议会法令 114,115,118

索 引

引渡 66,70,72,78,107,124,125,134,
  154,167,198,204,206,216—219,248,
  251,314,321,417,420—422,467,535,
  564,592,599
应有法 410
英联邦 115,116,118,134,135,470
"英挪渔业"案 51,52,372,373
《营救协定》 426,427,429
影子会议 161
永久中立国 135,569,587
永远效忠原则 260
用尽当地补救办法 276
用尽当地救济 167,233,251,277,
  330,476
用于国际航行的海峡 341,370,385—387
"尤曼斯"案 226
有害的通过行为 381
有条件投降 565
有限主权说 414
有效控制理论 425
有效统治原则 146
宇航员 196,422,423,427
预防酷刑小组委员会 312
预防危险活动造成的跨界损害 221,243
预防性自卫 188,191,192
预防原则 439,451
原始国籍 256,259,264,265
原始会员 529
援引国家责任 231—234
远东国际军事法庭 213,237,246,563,
  591—594
约定必须遵守 22,50,88,167
约文解释方法 95,96
约文解释学派 95
约文解释学说 95,96
《月球协定》 426,428,429,433
越权 79,101,124,226
造法性条约 37,74,564

诈欺 101,102
詹宁斯 35,37,53,57—59,61,65,68,72,
  95,96,131,139,164,172,182,188,189,
  191,198,201,206,217,218,239,241,
  248,253,267,269,270,333,334,352,
  353,355,365,371,378,413,466,469—
  471,473,488,495,496,499,503
战斗员 568,569,573—575,580,581,585
战俘 260,284,562,567,578,585—587
战时中立 65,567,587
战时中立国 561,569,587
战争法 27,65,108,147,160,237,239,
  284,560—563,565—570,574—579,
  581,583,587,590—593
战争结束 351,565,566
战争开始 561—564,566
战争赔款 590,591
战争权 6,11,12,15,138,174,175,177,
  189,350,508,509,560—563,587,590
《战争与和平法》 11,23—25,53,560
战争罪 20,186,203,216,237,239—242,
  252,320,577,578,591—595,597,599
赵理海 1,15,16,19,33,36,49,66,125,
  165,224,366,383,386,389,390,392,
  393,405—407,410,411,449,511,515,
  522,533,558
折中派 24
真提利斯 21,25,368
"争取独立的民族" 2,5,15,68,74,128,
  158—160,221,222,466
征服 11,18,142,157,174,190,258,337,
  350,351,357,412,422
整个条约无效 100,101
正常基线 371,372,375
正统主义 146
正义战争 10,11,175
郑斌 43
政策定向学派 25,26,28,129,250

政策定向学说　16,25,26,28,29
政策抉择　26—29
政府承认　135,145,146,149,156,561
政府船舶　208,376,384
政府的承认　132,139,145—147,152,213
政府首脑　71,76,77,79,197,205—208,
　213,215,236,240,249,311,464,467,
　468,495,528,529,542
政治犯　124,167,204,216—218,314,422
政治条约　74
政治性条约　78,108,133,149,154
《芝加哥公约》　415—417,423,564
执行管辖豁免　212
《执行协定》　89,407,408
直线基线　371—376,384
职能豁免　214
职能主义　209
职务需要说　479
职业领事　496,497
殖民地条款　92,122
《制止核恐怖行为国际公约》　422
治外法权说　16,478,479
中国宪法　119,120,123
《中华人民共和国缔结条约程序法》　74,
　75,78,79,119,120
《中华人民共和国对外国籍船舶管理规
　则》　377
《中华人民共和国国籍法》　254,264
《中华人民共和国和俄罗斯联邦关于中俄
　国界东段的补充协定》　354
《中华人民共和国和俄罗斯联邦关于中俄
　国界西段的协定》　355
《中华人民共和国和缅甸联邦边界条约》
　360
《中华人民共和国和尼泊尔王国边界条
　约》　360
《中华人民共和国和越南社会主义共和国
　关于两国在北部湾领海、专属经济区和
大陆架的划界协定》　395
《中华人民共和国和越南社会主义共和国
　陆地边界条约》　354
《中华人民共和国外国人入境出境管理
　法》　273
《中华人民共和国外国人入境出境管理法
　实施细则》　269
《中华人民共和国外交特权与豁免条例》
　482,487,489,491
《中华人民共和国宪法》　75,101,119,
　120,132,274
《中华人民共和国引渡法》　217
《中华人民共和国政府和老挝人民民主共
　和国政府边界制度条约》　359
《中华人民共和国专属经济区和大陆架
　法》　393,395,396
中间线原则　396,398
中立法　342,587,589,590
中立国　10,108,135,340,562,564,567,
　577,586—589
《中立国和人民在陆战中的权利和义务公
　约》　587,588
《中美建交联合公报》　71
中沙群岛　398
中山站　363
终止不法行为　231
种族隔离　125,175,204,234,236,252,
　286,300,321,323,542,592
种族灭绝　6,146,175,184,204,215,236,
　282,286
种族歧视　170,249,286,300,302,323,
　327,328,330
"仲裁领事"　495
仲裁条款　548,549,554
仲裁条约　548
仲裁协定　211,548
仲裁专约　548
周鲠生　12,15,70,72,78,79,104,133,

索 引

136,164,257,260,261,334,336,337,
342,346,347,350,351,365,412,472,
477,503,550

主观解释学派　95

主权原则　11,15,23,30,39,59,74,79,
83,91,92,138,167,170,171,173—175,
179,182,185,336,414,430

属地管辖　197,199,200,202,208,251,
266,273,274,335,376

属地优越权　125,197—199,217,266,
271,275,335

属人管辖　125,182,197—199,201,202,
206,253,266

属人优越权　125,175,197,201,216,251,
252,275

驻使　470,495

专案法官　553

专门机构　13,81,158,282,298,299,323,
346,401,511,517,520,521,527,530,
535,542,558

专一原则　167,217

专属经济区　15,196,334,335,352,366,
370,375,385—389,391—397,399,403,
409,449,537

专属渔区　392,396

转化　110,115,117,120—122,227,276

"准会员国"　511

准条约　59—61

咨商地位　162

咨询管辖权　557,558

咨询意见　51,52,83—85,143,158,159,
194,457,518,538,558,573,574

自保　138,139,174,189

自然法学派　17,19,22,110,129

自然法学说　16—18,20,21,26,48,128,
137,251

自然延伸原则　390,395,396,398

自卫　4,27,137—139,167,171,174,176,
178,187—192,229,230,241,539,
562,574

自愿丧失国籍　258

自愿学说　38

自执行条约　115

自治权　132,133

宗主国　136,144,155,343

总领事　497,499

租借　338,339,343

最不发达国家　324,446

最惠国待遇　93,270—274

遵循先例　51,118

佐恩　110

作准文本　73,97

21 世纪法学系列教材书目

"21 世纪法学系列教材"是北京大学出版社继"面向 21 世纪课程教材"(即"大红皮"系列)之后,出版的又一精品法学系列教科书。本系列丛书以白色为封面底色,并冠以"未名·法律"的图标,因此也被称为"大白皮"系列教材。"大白皮"系列是法学全系列教材,目前有 15 个子系列。本系列教材延续"大红皮"图书的精良品质,皆由国内各大法学院优秀学者撰写,既有理论深度又贴合教学实践,是国内法学专业开展全系列课程教学的最佳选择。

- **法学基础理论系列**

英美法概论:法律文化与法律传统	彭 勃
法律方法论	陈金钊
法社会学	何珊君

- **法律史系列**

中国法制史	赵昆坡
中国法制史	朱苏人
中国法制史讲义	聂 鑫
中国法律思想史(第二版)	李贵连 李启成
外国法制史(第三版)	由 嵘
西方法律思想史(第三版)	徐爱国 李桂林
外国法制史	李秀清

- **民商法系列**

民法学	申卫星
民法总论(第三版)	刘凯湘
债法总论	刘凯湘
物权法论	郑云瑞
侵权责任法	李显冬
英美侵权行为法学	徐爱国
商法学——原理·图解·实例(第四版)	朱羿锟
商法学	郭 瑜
保险法(第三版)	陈 欣
保险法	樊启荣
海商法教程(第二版)	郭 瑜
票据法教程(第二版)	王小能

票据法学	吕来明
物权法原理与案例研究	王连合
破产法（待出）	许德风

- **知识产权法系列**

知识产权法学（第六版）		吴汉东
知识产权法学		杜　颖
知识产权法		张　平
商标法（第二版）		杜　颖
著作权法（待出）		刘春田
专利法（待出）		郭　禾
电子商务法	李双元	王海浪

- **宪法行政法系列**

宪法学（第三版）	甘超英	傅思明	魏定仁
行政法学（第三版）		罗豪才	湛中乐
外国宪法（待出）			甘超英
国家赔偿法学（第二版）		房绍坤	毕可志

- **刑事法系列**

刑法总论			黄明儒
刑法分论			黄明儒
中国刑法论（第五版）	杨春洗	杨敦先	郭自力
现代刑法学（总论）			王世洲
刑法学			张小虎
外国刑法学概论		李春雷	张鸿巍
犯罪学（第三版）		康树华	张小虎
犯罪预防理论与实务		李春雷	靳高风
犯罪被害人学教程			李　伟
监狱法学（第二版）			杨殿升
刑事执行法学			赵国玲
刑法学（上、下）			刘艳红
刑事侦查学			张玉镶
刑事政策学			李卫红
国际刑事实体法原论			王　新
美国刑法（第四版）		储槐植	江　溯

- **经济法系列**

经济法学（第七版）	杨紫烜 徐 杰
经济法学原理（第四版）	刘瑞复
经济法概论（第七版）	刘隆亨
经济法理论与实务（第四版）	於向平等
企业法学通论	刘瑞复
商事组织法	董学立
反垄断法	孟雁北
金融法概论（第五版）	吴志攀
金融监管学原理	丁邦开 周仲飞
银行金融法学（第六版）	刘隆亨
证券法学（第三版）	朱锦清
中国证券法精要：原理与案例	刘新民
会计法（第二版）	刘 燕
劳动法学（第二版）	贾俊玲
消费者权益保护法	王兴运

- **财税法系列**

财政法学	刘剑文
税法学（第四版）	刘剑文
国际税法学（第三版）	刘剑文
财税法专题研究（第三版）	刘剑文
财税法成案研究	刘剑文 等

- **国际法系列**

国际法（第二版）	白桂梅
国际私法学（第三版）	李双元 欧福永
国际贸易法	冯大同
国际贸易法	郭 瑜
国际贸易法原理	王 慧
国际金融法：跨境融资和法律规制	唐应茂
国际经济组织法教程（第二版）	饶戈平

- **诉讼法系列**

民事诉讼法（第二版）	汤维建

刑事诉讼法学（第五版）			王国枢
外国刑事诉讼法教程（新编本）		王以真	宋英辉
民事执行法学（第二版）			谭秋桂
仲裁法学（第二版）			蔡虹
外国刑事诉讼法	宋英辉	孙长永	朴宗根
律师法学			马宏俊
公证法学			马宏俊

- **特色课系列**

世界遗产法		刘红婴
医事法学	古津贤	强美英
法律语言学（第二版）		刘红婴
民族法学		熊文钊

- **双语系列**

| 普通法系合同法与侵权法导论 | 张新娟 |
| Learning Anglo-American Law：A Thematic Introduction（英美法导论）（第二版） | 李国利 |

- **专业通选课系列**

法律英语（第二版）		郭义贵
法律文献检索（第三版）		于丽英
英美法入门——法学资料与研究方法		杨桢
模拟审判：原理、剧本与技巧（第三版）	廖永安	唐东楚
法律文书学		马宏俊

- **通选课系列**

法学通识九讲（第二版）	吕忠梅
法学概论（第三版）	张云秀
法律基础教程（第三版）（待出）	夏利民
人权法学（第二版）	白桂梅

- **原理与案例系列**

| 国家赔偿法：原理与案例 | 沈岿 |

2015 年 8 月更新

教师反馈及教材、课件申请表

尊敬的老师：

您好！感谢您一直以来对北大出版社图书的关爱。北京大学出版社以"教材优先、学术为本"为宗旨，主要为广大高等院校师生服务。为了更有针对性地为广大教师服务，满足教师的教学需要、提升教学质量，在您确认将本书作为教学用书后，请您填好以下表格并经系主任签字盖章后寄回，我们将免费向您提供相关的教材、思考练习题答案及教学课件。在您教学过程中，若有任何建议也都可以和我们联系。

书号/书名	
所需要的教材及教学课件	
您的姓名	
系	
院校	
您所主授课程的名称	
每学期学生人数	学时
您目前采用的教材	书名＿＿＿＿＿＿ 作者＿＿＿＿＿＿ 出版社＿＿＿＿＿＿
您的联系地址	
联系电话	
E-mail	
您对北大出版社及本书的建议：	系主任签字 盖章

我们的联系方式：
北京大学出版社法律事业部
地　　址：北京市海淀区成府路205号　　联系人：陈欢欢
电　　话：010-62757961　　传　真：010-62556201
电子邮件：bjdxcbs1979@163.com
网　　址：http://www.pup.cn
北大出版社市场营销中心网站：www.pupbook.com